U0721275

三个月改变孩子一生

SANGEYUE
GAIBIAN
HAIZI YISHENG

李克富 / 著

8位妈妈，
9位宝贝，
3个月的原生态日记

90天的坚持，
她们都有怎样的收获？

青岛出版社
QINGDAO PUBLISHING HOUSE
国家一级出版社
全国百佳图书出版单位

作者简介

Brief Introduction to Author

李克富，出生于上世纪60年代，医学硕士，医生，心理咨询师，青岛新阳光心理研究所法人代表，宁夏医科大学等多家高校客座教授。

自1991年起，工作于青岛大学医学院附属医院；2000年后独立执业，从事与性暨生殖健康相关的知识普及和临床治疗；2003年创立青岛新阳光心理研究所，并获取国家劳动与社会保障部职业心理培训师资质，专职于心理咨询与心理治疗，以及企事业单位与心理相关的职场减压、阳光心态培养、积极思维、心理服务等培训。目前已经累加个案咨询数万小时，并有千余小时的培训经历。

临床咨询尤擅长于亲子关系、恋爱、婚姻、性心理问题，以及各类神经症。培训始终秉持好听、实用的风格，获得受众的广泛好评。常年被聘为中科美塑等多家知名品牌推广暨企业员工援助计划（EAP）顾问，每年为各学校、企事业单位讲座数百场。曾在国内数家媒体开辟心理专栏。

友情提示：

亲爱的读者，由李克富老师组织的《三个月改变孩子一生》家庭教育心理研究课题将作为常规的课程，持续推广。如果您有意参加，或想了解李克富老师更多有关亲子教育的讲座或文章，欢迎关注“新阳光亲子帮”微信公众订阅号，亦可加读者交流QQ，QQ号：2297972559，QQ群号：379207872。

编者的话

The editor's words

在这个世界上，有一门学科叫“父母”，父母对孩子的教育，是一项最复杂最重要的系统工程。有一个地方叫“家庭”，家庭对于孩子成长的作用至关重要，是保证孩子健康成长、决定孩子能飞多高的关键。有一种工作叫“妈妈”，妈妈是孩子最温暖最幸福的守护天使，妈妈为孩子撑起了一片天，给孩子的幼小心灵撒进爱的阳光。孩子只有和“家”、和“父母”建立起牢固的情感链接，才能真正实现内心强大，独立自强，成就人生。

孩子最需要父母的保护和爱的维系，父母给予孩子充分的爱抚、关注、积极回应和正面鼓励，能让孩子形成最初的安全感和自信心，为将来的成长打下良好的基础。父母与孩子，尤其是母亲与孩子，制造了孩子最核心的人格。人格决定了孩子将来能够取得的成就高度和幸福指数。

父母不经意的一句话、一次短暂的离别、一个小小的挫折，都有可能在孩子幼小的心灵上刻下伤痕。童年所经受的负面刺激会形成不同的心理阴影，对孩子的一生产生不容忽视的影响。孩子长大后出现的心理问题或精神症状都与幼年的养育偏差有关。

父母养育方式的偏差、来自父母和家庭的负面因素，都会影响孩子的心理成长，抑制孩子的创造力，让孩子难以调整和控制自己的情绪，孩子将来会在人际关系方面发生困难，甚至影响学业，甚至无法寻找到属于自己的人生幸福。

如何让孩子对自己和身边的一切充满阳光自信，如何让孩子顺利度过“第一叛逆期（3~4 岁）”和“青春期（10~14 岁）”，如何避免亲子冲突，如何让孩子免受负面打击或创伤恐惧，如何做一个温柔、平和、体贴、宽容且富有同理心的妈妈呢?

没有完美的父母，没有完全免于痛苦的生活。如何克服人生中的各种困苦，如何用阳光心态去塑造孩子，是每位父母的永久课题。

青岛出版社与青岛新阳光心理研究所心理专家李克富老师联合开展《三个月改变孩子一生》的家庭教育心理课题研究，筛选出 8 位妈妈参与课题研究，通过妈妈坚持三个月每天观察孩子的成长，写下孩子的成长日记，交由李克富老师点评，李老师将从专业心理医生的角度来观察和评析每位妈妈每天的思想动态，通过指导妈妈关注孩子每天的进步点滴，通过短短三个月的时间，让每个妈妈都变成积极阳光正面的心理导师，学会用平和温和的态度去教养孩子，从而实现三个月改变孩子的一生。

课题组的 8 位妈妈坚守了自己的承诺，坚持三个月，每天细致观察着孩子身上令人感动的闪光点，每天用文字记录着孩子的阳光日记。日记中，每位妈妈的拳拳爱子之心跃然纸上，展现的 8 个家庭、9 位宝贝的幸福生活，让人动容，令人羡慕。8 位妈妈的 92 篇精彩日记，共计 736 篇，全部收录在本书之中。

三个月来，李老师在完成平时日常繁忙工作的前提下，每天都对 8 位妈妈的日记进行精彩的点评回复，即使承受着如此高强度的工作量，也从没有间断对每位妈妈的温暖指引和善意建议。李老师精彩的反馈和温暖的指引，是每位妈妈坚持下来的坚强动力，让每位妈妈都变得如此内心强大和阳光积极，如同脱茧化蝶般的美丽蜕变，这样的阳光妈妈必然感染着孩子，让孩子也无比坚强，在自己人生的征途上坚不可摧，所向披靡。

三个月来，作为编辑，我每天都能收到妈妈们的日记和李老师的回复，每两周组织一次课题交流座谈，可以说，是见证着这 736 篇日记一篇一篇完成的。

三个月来，因为深入的参与，让我对这 8 位妈妈以及这本书都产生了深厚的感情。我每天都在为 9 个可爱宝贝和 8 个幸福家庭的幸福生活而感动喜悦，我每天都在接收着来自大家源源不断的正能量，每天都能让自己的内心得到滋养和浇灌。

三个月来，参与课题组的 8 位妈妈爸爸经历了人生中的一次修行。

三个月的修行——

让琪琪妈妈学会坚持的智慧，懂得如何接纳自己的情绪。

让东东爸爸心态更阳光，情绪更淡定，家庭氛围也更加和睦幸福。

让仔仔妈妈看到人生最美好的风景，也意识到了曾经错过的那份最真实的感动和喜悦。

让蹦蹦跳跳妈发现了平和的自己，提升了自己的幸福感。

让大澍妈妈学会控制自己的情绪，也懂得了要珍惜牵着孩子手的短暂时光。

让轶凡妈妈学会静下心来关注自己的内心，也慢慢参悟“妈妈”二字的含义。

让希希妈妈懂得了母女相处之道，加深了母女之间的感情。

让雨琪妈妈拥有了一双发现美的慧眼，体会到了养育孩子的乐趣，享受到了为人母的幸福。

三个月的修行，给予8位妈妈爸爸一个共同的成长机会——重新觉察自己，关注孩子，审视自己的家庭，也收获了一份珍贵的人生财富。

书中的日记除了因篇幅所限字数有所缩减外，都保留了原汁原味的呈现。这既是课题的要求，也是希望通过本书，让更多的爸爸妈妈能感受到，在看似平常普通的生活中，李老师在心理学层面的精彩深刻解读，而不是育儿理论的空谈。

《三个月改变孩子一生》这本书呈现的只是8位妈妈爸爸在漫漫时空中留下的片刻缩影，时间是流淌不息的长河，片刻的缩影也是对历史的记录，也是每位妈妈爱的见证，更是孩子幸福成长的足迹。

沉甸甸的一本书，凝聚着李老师团队的心血，呈现出8位妈妈精神的洗礼、自我的救赎，以及脱茧化蝶般的心灵蜕变，更传递着深厚的爱，相信这种深厚的爱，能通过这本书传送到更多的家庭、更多的妈妈、更多的孩子身上。

感谢李克富老师，感谢李老师助手徐少波老师、李德鲜老师，感谢漆琼娟老师（琪琪妈妈）、陈思纬老师（东东爸爸）、姜靓老师（仔仔妈妈）、贾小飞老师（蹦蹦跳跳妈妈）、姚雯雯老师（大澍妈妈）、孙磊彦老师（轶凡妈妈）、爱希尔老师（希希妈妈）、宋樱老师（雨琪妈妈），感谢每位读者。

编　者

2014年11月

当下有关亲子教育和心理指导的书籍——谈理论的讲方法的、简洁明快的纷繁复杂的，用“汗牛充栋”来形容一点也不过分。但是，有必要首先声明，《三个月改变孩子一生》与这类书是完全不一样的，因为我们有着完全不同的动机和目的。

作为一名在和求助者面对面的临床心理医生，根据近年来的统计，前来我们门诊寻求帮助的，2/3以上是因为孩子，包括家长对孩子的学习成绩不满意、网络迷恋、品行不良、意志力缺乏等诸多问题。稍加分析就会发现，这些认为孩子有问题的家长，和那些意识到自己有问题或“被认为有问题”的孩子，相较于那些没有求助的“好家长”和“好孩子”，他们所读过的书籍，所秉持的养育或教育理念、他们每天对孩子的耳提面命……一点都不欠缺，甚至还高出一些，这就意味着，对各种各样的道理他们不是不明白。再仔细询问或观察，也会发现，因为觉得自己或孩子存在问题而需要教育，家长们会通过各种渠道网罗与此相关的至真至理；孩子也正因为自己的问题或被问题化，自然少不了来自各方面的道理灌输。

可是，为什么懂得如此多的道理，问题依然得不到有效解决？是道理错了？还是我们的思维方式或其他方面出现了问题？

“医生，我到底该怎么办啊？”这是寻求心理咨询者最关心的和最普遍的问题，有人更直截了当："医生，你就直接告诉我答案，千万别让我想！这事儿，我一想就头疼。"无疑，他们是为寻求能解决其自身或孩子问题的"灵丹妙药"而来。他们以为这样的灵丹妙药就存在于心理医生的锦囊之中，可以像其他商品一样，用钱就可以买到。

可是我们没有，真的没有。

心理帮助的原则是"助人自助"或"助自助之人"。心理医生坚信，求助者所迫切需要并孜孜以求的锦囊妙计，其实就蕴藏于求助者自身！当求助者开始开发或挖掘这些宝藏时，心理医生不过是在旁协助而已。

协助的方法有很多种，当然也包括讲道理。由于始终信奉"有效比正确更重要"，我们认定所有方法的有效性必须经过尝试才能确定。但心理医生指导下的尝试，基于一个基本的前提，那就是首先得弄清楚求助者所提出的问题（Question）背后那个存在已久的问题（Problem）——只有实现了对问题本身的回归，才能做到有的放矢。

为此，我们致力于对那个基本前提的有效技术的寻找，日复一日，年复一年，期间之甘苦如鱼吞水。经过筛检和比较，效果最好且最具可操作性的，就是在我们的指导下让求助者坚持写观察日记——心理医生和求助者协同作战，一起来直面问题、看清问题、解释问题、解决问题。

这一发现让我们惊喜！因为这意味着，我们找到了一种在临床上可操纵并可控制的方法：用我们的努力和意志——只要每天对日记进行回馈，就可以提升对方的意志力，并进而达到双方商定的目的。

10年的时间跨度，无数次验证，我们已经对这种方法确定无疑。

《三个月改变孩子一生》所呈现的，就是又一次的验证。8位妈爸记录了90天，我们紧跟其后给出了90天的回馈。成熟的经验告诉我们，就像我们期待着每位妈妈都能坚持完成每一天的日记一样，这些妈妈们每天也同样都期待着我们及时的回馈，他们不在乎我们说了什么，而在于我们在一起完成一件事儿；妈妈们也坦言，如果没有每日回馈的引导或"引诱"，她们很可能坚持不下来。正如读者所见，我们的回馈更多的是对妈妈们毅力的喝彩，而非对日记中所描述现象的点评——这当然也是一种心理技术，但不是具体的指导。我们的目的是，除了让妈妈们坚持记录外，还要把口头的教育落实到行动中，以便更好地体验"教子的过程”。

相较于注重结果，注重过程的体验是一种更务实的心态。身处这个社会转型、经济转轨、文化重构、人格重塑的浮躁时代，很多人已经忘记了“百年树人”的古训，受当下凡事都追求短平快的影响，常常只给孩子讲大道理，而自身却置身事外，不想也不愿做出任何改变。孩子的成长绝非一朝一夕，只有注重过程，才能活在当下、关注当下；也只有注重过程，才是真正地关注那个活生生的儿女，也才能为他们美好的未来奠基。

孩子的成长是个过程，自有其规律，养育必然在这个过程中进行。道理是统一的、普遍的，孩子和父母则千差万别。普遍性寓于特殊性之中，可大一统的道理怎么才能落实到千差万别的父母和孩子身上呢?

这是个问题！如果回答不了，最终自身就会形成难以解决的问题。

《三个月改变孩子一生》就是为回答这个问题而设计的；我们和 8 位妈妈爸爸 90 天的互动，也给出了“如何避免出现问题或有效解决问题”的答案。

作为本项目的设计和指导者，我用两个字来形容此时的心情：欣慰。除了每两周一次的见面交流之外，在这 90 天的时间内，我和两位助手徐少波和李德鲜，每天都用超过 3 个小时的时间，仔细阅读 8 位妈妈爸爸的日记并予以回复，以期通过文字内容和叙述方式来加深对她们的了解，并引诱着她们坚持下去。

路是人走的，能走什么样的路，取决于是个什么样的人。

希望本书所呈现的理念能够给更多的父母带来帮助。

感谢青岛出版集团科技出版中心母婴部的编辑们能策划这个课题，感谢给予课题帮助的所有人员。

李克富

2014 年 10 月

目 录

Contents

孩子的改变 始自父母90天的重复

亲爱的读者，当翻开这本书时，会发现它和您的期待非常不一样：既不传授具体的育儿知识，也不讲解详细的亲子技巧。当然，它和您读过的众多的书籍也完全不同。但它能从根本上让你和孩子做出改变，其方法并非书中所言，但简单而直接：只要您能像书中的 8 位爸妈那样坚持每天记录 90 天——而先不要管写了些什么，也不要管到底写得是好是坏、是对是错。这就是《三个月改变孩子一生》课题的设计思想。

这个课题的设计与指导者，是由我和几位心理医生组成的团队。我们既不是教育工作者，也不是亲子关系专家。我们这些心理医生，每天所面对的，主要是那些在心理或行为上出现了问题的求助者，如果用专业术语来描述这个群体，他们的心理虽属“正常”，但是已经“不健康”了。

尽管我毕业于医学院的儿科系，但我并没有做过儿科医生，更没有任何想做针对孩子的心理咨询的打算。因此，在 2003 年正式注册做心理医生之初，对于孩子问题的处理，并非我之所长，也不是我之所愿。完全是被众多父母的需求所裹挟，我的关注点开始在孩子问题上聚焦，但在心理学的视野下，我很快就发现，在所谓的孩子问题的背后，都或明或暗地存在着较为严重的亲子关系问题。于是，我把工作重心倾向于亲子关系——当然是那些不健康甚至是病态的亲子关系，以便更有效地满足于临床咨询之需。

问题在于，前来心理门诊的父母们，至今对此都鲜有认识。在他们看来，孩子的问题根源于孩子，需要治疗的也只能是孩子。做父母的，都是为寻求解决孩子问题的具体方法而来——

“到底该怎么办啊？”

◇ 心理医生提供的方法不是教育助人，而是心理助人

面对前来求助的父母，心理医生不是老师，我们肩负的不是“传道、授业、解惑”重任，也就不直接回答诸如“该怎么办”这样的“问题”（Question），而是对求助者“从旁协助”，发现并解决问题背后的“问题”（Problem），进而达到“助人自助”、自我成长的目的。因此，我们需要做的，就是调动求助者的积极性，通过启发、引导、支持、鼓励，克服阻碍其成长的因素，实现双方商定好的目标。

必须把求助者带到问题的起点上，促使其看清问题的本质。就像那个叫《咕咚来了》的童话故事所喻示的：那只拼命奔跑不止，而且还在传播恐惧信息的小兔子，得首先止住步伐，然后回到发出声响的地点去看看，它就会明白，可怕的“咕咚”不过源自于树上掉落到水中的果子！

◇ 父母是亲子问题的源头

我们曾经尝试过各种各样的办法，试图让求助者止住惊慌的步伐，实现对问题本身的回归。

在这个世界上，孩子不可能独立存在，因为孩子不可能离开父母（或其抚养人）而独立生存。看到孩子也就找到了父母，看到什么样的孩子，也就看到了什么样的父母。父母就是孩子成长的背景和底色，孩子的一生可能会因父母的作为而改变，甚至被决定。也就是说，课题所要研究的不是孩子，不是如何教育孩子，而是父母。因为父母是教育的主体，为了孩子，父母须做出改变。

要解决亲子问题，先要找到问题的源头——父母，要先解决父母的问题。

◇ 写观察日记能解决亲子问题

最后比较发现，效果最好且最具有可操作性的，就是坚持每天写观察日记。一开始，是要求求助者把日记本定期拿给我们看，后来电子邮件实现了当天的传输，再后来的短信或微信就近乎与对话同步了——“即时性”这一维度的加入，大大提升了观察的客观性。

近 10 年来，我读过的日记逾万篇！作为认知 – 行为学派的推崇与实践者，我认可理性在维护和修复心理健康中的力量，并坚信理性的表达方式之一是语言，而能最高级别表达理性的则是文字！

由于和这些求助者都有过不少于 50 分钟的深层次交流，每次复习这些日记，面谈时的场景总能在脑海里清晰浮现：他们对我毕恭毕敬，他们对写观察日记的建议言听计从，他们对在执行过程中可能遇到的困难一笑置之，他们信誓旦旦，好像热血已经沸腾……每当此时，我都会反复而委婉地提醒他们：别被自己的热情蒙蔽，从而低估了这个过程的困难。因为我知道，热情不能替代认知，短暂的热情和持久的坚信是两回事；热情可以启动行为，但坚持恰恰在热情消退后才能体现出来。

很多人，很多父母，就这样在我面前展示了他的惊鸿艳影之后杳如黄鹤而去，从此与我相忘于江湖。而很多人则坚持了下来，结果就是，他们的问题都得到了解决，当然程度有所不同。

既然写观察日记可以有效地帮助那些有心理问题的人，同样的方法能否给那些心理健康或还没有发现问题的人助一臂之力呢？通过一项人数近百，时间跨度为半年的“试验”，我们发现，所有坚持下来的都成就感满满、收益多多：有人声称改变了自己，有人坦言磨炼了意志，有人说改善了各种关系……那些坚持不下来的，除了给自己找到各种理由予以搪塞外，他们都不愿意接受我们的跟踪和随访，因此更深入的研究无法继续。

◇ 坚持写日记和心理医生的回复正相关

数据统计让我们有了新的发现：坚持下来的人数，竟然和我们对其日记的回复次数和认真程度成正比！就是说，我们的回复越及时、越认真，他们就越能够坚持。对那些坚持下来的个别访谈，得到的比较一致的答复是：日记一发出去，就急切地盼望得到专家的回复，一旦受到一点指导和鼓励，就更愿意写下一篇日记……

我们为此发现而惊喜。这意味着，我们找到了一种在临床上可操纵并可控制的方法——用我们的努力和意志，就可以提升对方的意志力，并进而达到双方设定的目的。再后来，这个发现被不断验证，确定无疑。

◇ 把“皮格马利翁效应”作为理论依据

那么，写日记的理论依据在哪里呢?

年轻英俊的塞浦路斯国王皮格马利翁（Pygmalion），对一座少女的雕像产生了深深的爱慕之情。于是，他每天含情脉脉地倾心注视，每天满怀热情地坦诚赞美，每天充满期待地献上玫瑰花……终于有一天，雕像复活了！

多少年之后的 1966 年，美国心理学家罗逊塔尔（Robert Rosenthal）及其合作伙伴，通过科学实验证实了这个古希腊神话的寓意非虚：长久的期待能够创造奇迹——不但能改变现在，还能决定未来！这就是著名的“罗逊塔尔效应”，或称“皮格马利翁效应”。

但科学不能只是浪漫的情怀和真理般的结论，大众所呼唤和需要的是可操作的实实在在：“长久”到底是多长?“期待”应该是行动还是守望?“奇迹”又“奇”在何时、“迹”显何处?

◇ 记录日记的三个阶段

有不少研究显示，只要对个体的行为进行自我记录，就能够改善个体的行为表现。当该个体试图记录自己行为发生的频率以及行为的强度时，行为就会发生一些改变，而且可能经过以下三个阶段：

❶自我监控或者自我观察阶段：个体会很仔细地注意自己的行为。

❷自我评价阶段：个体将所观察到的行为信息与行为标准或者已有的某个特殊的行为标准进行比较，这样个体就能知道自己正在发生的行为与应该发生的行为之间所存在的差距，这种对行为的自我评价为个体提供了行为改变的动力。

❸自我强化阶段：个体相信强化应该建立在个体所表现出的行为与标准之间的差距上。如果个体对自己的行为进行评价之后认为已经达到标准，就可以对自己实施强化。自我实施强化可以促使理想行为得到不断改善，并继续保持。

◇ 习惯形成的三个阶段

行为主义从来就以具体、可行、能量化、可评估而著称。行为心理学明确指出：一个习惯的养成，需要连续 90 天的重复！习惯的形成大致也分为三个阶段：

第一阶段：第 1 ~ 7 天。此阶段的特征是“刻意不自然”。你需要十分刻意提醒自己改变，而你也会觉得有些不自然，不舒服。

第二阶段：第 8 ~ 21 天。只要不放弃第一阶段的努力而继续重复，便会跨入第二阶段，从时间的跨度上是第 8 ~ 21 天。此阶段的特征是“刻意且自然”，就是说，你已经觉得比较自然，比较舒服了，但一不留意，你还会恢复到从前，因此，需要刻意提醒自己坚持努力去改变，否则就会前功尽弃。

第三阶段：第 22 ~ 90 天。此阶段的特征是“不经意却自然”，其实已经算是养成习惯了，被称为“习惯的稳定期”。一旦跨过此阶段，你就完成了自我改造，这项习惯就会成为你生命中的有机组成部分，会自然而然地为你“效劳”。

◇ 父母变带动孩子变

以上所言，就是《三个月改变孩子一生》这一课题的启动背景和理论支撑。我们以《三个月改变孩子一生》作为书名，没有主语，还有一层含义，那就是我们承诺三个月“改变”孩子一生，并不是说三个月就“决定”了孩子的一生，改变不意味着决定。每个孩子都是独立的个体，其人生发展的轨迹，不可能也不能由他人来决定。

从客观层面上，孩子还是那个孩子，三个月不可能有多么大的变化。但如果父母的心态变了，看孩子的角度变了，父母所看到的孩子也会随之改变。通过 90 天日记，读者所读到的是父母对孩子的描述，其实那是父母内心的真实写照——三个月心路历程的真实记录，每个父母都是通过对孩子的描述来展示着自己内心的风景。

心中有什么，眼中就能看到什么，笔下就能写出什么。

◇ 倡导坚持记录孩子的阳光日记

只有进入水中才能学会游泳，这个常识可谓无人不知无人不晓。观察甚至检查一下那些想学却至今不会游泳的人，会发现他们的身体素质并不差，只是他们从来就没有下过水，或者浅尝辄止在水中扑腾几下就上岸了。

“学会游泳可真难啊！”慨叹和抱怨就成了他们的专利。

正是基于这样的慨叹和抱怨，我们才启动了这个课题研究；这本书，就是整个项目文字记录——整整 90 天，也是对那些慨叹和抱怨的正向回应。

“像我们一样，先到水中来吧。”这是 8 位妈妈的呼唤和经验：“我们在水中来探讨如何学会游泳！”

《三个月改变孩子一生》是一本适合在水中阅读的游泳教材：与其说是在教你学游泳，倒不如说是“引诱”着你先下到水中。经验告诉我们，只要身体力行，像这 8 位妈妈一样开始去做，你就会反复地翻阅这本书：不是补充欠缺的知识，而是寻找体验层面的共鸣。这 8 位妈妈，又一次用行动验证了我们的结论。

课题组的 8 位妈妈坚守了自己的承诺，坚信每天为儿女写日记的价值并最终坚持了下来。90 天的日记，本身就能够回应甚至回答那些声称爱孩子却不知如何去爱的妈妈们几乎所有的疑问。课题组的 8 位妈妈都明白，成功经验是成功者在成功之后的总结，带有强烈的人格烙印，只属于成功者本人而不能复制。在这本书中，8 位妈妈也只是想告诉你，她们曾经走过了一段怎样的路，她们所记录下的风景，或多或少地还有那“如鱼吞水、甘苦自知”的体验。

《三个月改变孩子一生》只是 8 位妈妈在某个时空下的留影，任何一个想了解其价值的父母，都可以和这些妈妈们交流，听她们说说酸甜苦辣，说说她们的坚信与坚持——那才是她们真正走过并走着的路。

第二章

将快乐和幸福
琪琪妈妈日记
植入孩子心里

Here we go,
mama

编者导语　享受拥有的快乐

著名的思想家柯赛马蒂说过，“这个世界上最困难的职业是怎样做人。”而我认为这个世界上最困难的职业除了做人之外，就是为人母。没有学历的要求，无需任何工作经验，也没有外貌身高的限制，只要你能成功孕育下一代，不经过任何岗前培训，从孩子呱呱坠地那刻起，你就光荣上岗成为妈妈。日记中的琪琪妈妈就是这样一位刚入职不久的新妈妈。在她任职的过程中，肯定经历过茫然，有过焦虑，有过挫败，但随着时间和经验的累积，琪琪妈妈越来越享受妈妈这个职业，从关注琪琪点滴成长的过程中感受到了喜悦和感动。

感谢琪琪妈妈 90 天的亲密接触，仔细观察，深刻揣摩，用自己的文字记录着琪琪成长的点点滴滴。让我们有机会从这些文字中，涌现出对这个小生命最柔软的感动。日记中的琪琪是爱哭的小精灵，在陌生的环境里会用哭来表示他的害怕，也会用哭来表示他对久别归来妈妈的思念，更会用哭告状来表示他受伤的委屈；日记中的琪琪也是一位爱笑的小天使，看到镜中的自己会发出“咦，咦”的笑声，听见拖鞋踩水的声音也会瞬间兴奋地大笑，更会在做游戏时露出嘎嘎的笑；日记中的琪琪也是一位破坏性强的小顽皮，他会用手弄乱排列整齐的玩具，也会用手折磨他心爱的玩具，更会用脚踩地上高高的草；日记中的琪琪更是一位爱探索的小萌娃，他会用手拿钥匙探索他看到的小洞洞，也会用手来探索他的玩具，更会用手揪着草来喂小兔子和小羊。琪琪在用自己的一言一行，一举一动告示着这个世界，他是不可令人忽视的特别存在，告诉着每一位爱他的人，既要享受拥有他的快乐，也要满足他探索未知世界的内心。

日记让我们看到了琪琪这么小的小宝贝，也会有如此丰富的情绪，喜怒哀乐皆呈现在脸上，表现在行动上；日记也让我们看到了琪琪手脚并用地探索这个未知的世界；日记中让我们看到了琪琪众多的人生第一次，第一次爬行、第一次迈步、第一声爸爸；日记中更让我们看到了不计得失、心甘情愿付出的琪琪妈妈，只要在清晨醒来时，看着琪琪安详熟睡的脸庞，这一切都是那么的超乎所值。母爱就是这样的伟大，温暖地照亮着前行的道路，尽心尽力地保护着这个幼小的生命，呵护着他每一步的成长。

琪琪喜欢插钥匙洞 6月20日 周五

下午刚打开家门，就听到琪琪大哭的声音。琪琪奶奶告诉我，他是看见我手里的钥匙，我便明白是怎么回事了。从琪琪11个月开始，就喜欢用钥匙插进钥匙洞、插子弹积木、插笔帽等这类动作，尤其自从给他添置了用钥匙开门的玩具之后，他已经能意识到钥匙与开门之间的关系。所以，下午琪琪看见我用钥匙开门，这就是他最喜欢的动作之一，不让他自己体验一把，他自然不会罢休了，于是用大声哭来表达自己的意愿。

我一直不愿意用“调皮”、“熊孩子”、“任性”这类词语来形容琪琪，因为作为妈妈，我的主观认识可能会影响到他对自己的认识。但说到情绪，我观察琪琪的情绪有两个特点，一个是琪琪喜欢大喊大叫，高兴的时候大喊，哭的时候也使劲哭，如果没有达到他的目的，哭得更凶了；二是缺乏耐心，读绘本给他听，他在我身旁爬个不停压根不听，不喜欢时还把绘本抢走扔掉。有时候不得不说，那种搂着孩子安静地在床前读绘本、哄睡觉的场景，真的只是梦想啊。

李老师点评：

“我一直不愿意用‘调皮’、‘熊孩子’、‘任性’这类词语来形容琪琪，因为作为妈妈，我的主观认识可能会影响到他对自己的认识。”这话很有心理学的韵味：不是可能，而是肯定，但你做的很好。

对世界的好奇与探索是孩子与生俱来的，如果父母不给予过多的限制，孩子会继续实践，通过尝试使行为日臻有效。

问题的关键所在，是父母往往不给予孩子这样的机会。例如，为什么不让琪琪插钥匙呢？当琪琪提出这个要求时，你想到了什么？另外思考一下：搂着孩子在床前读绘本、哄睡觉是你的梦想，还是孩子的呢？

破坏王 6月21日 周六

下午6点刚从万达商场玩回家，琪琪似乎饿坏了，大口吃着奶奶下午刚蒸的芸豆肉大包子，表现很不错。一直以来，琪琪喜欢吃饭，但在吃饭过程中，并不喜欢餐椅背带的束缚，吃饭的时候他还有多余的精力，喜欢从餐椅里站起来对周边事物进行各种探索，要靠他喜欢的玩具吸引他的注意力。儿保医生已经提醒，这个阶段的孩子喜欢自己抓饭，要训练孩子自己用勺子吃饭。作为妈妈自我反省，他自己吃饭的场面太难收拾。唉。

今天的琪琪是破坏王。一直以来，琪琪一贯喜欢把摆放整齐的东西弄乱，如堆放好的积木、绘本，以及收拾好的玩具，越是摆放得整整齐齐，他破坏时越是高兴。今天在万达商场里有促销的柜台，卖炒锅、保鲜盒和水杯之类的商品。琪琪看见一排排摆放得整整齐齐的水杯，非要伸出小手去摸，于是便抱起琪琪配合他能摸到水杯。这时候，琪琪喜欢破坏的特点突然显现，展销柜里被摆好的水杯被琪琪碰倒好些个，而他高兴得鼓掌以示庆祝。就是这样一个爱搞破坏的小宝贝。

李老师点评：

“作为妈妈自我反省，他自己吃饭的场面太难收拾。”——这个反省好。有多少父母是因为自己怕麻烦而剥夺了孩子成长的机会啊！不用说孩子，我们成人在学习一项新的技能时也会如此。

“破坏”行为是 1 岁左右的孩子出现的一种正常行为，是孩子成长的表现，每一次破坏都是一次脱壳，是一次化蛹成蝶的经历，只不过有轻有重而已。

妈妈能吃一口么？ 6月22日 周日

今早和姥姥视频电话的时候，琪琪正在吃点心。看着姥姥张开嘴笑，琪琪瞬间将要往嘴巴里递的小饼干塞进姥姥嘴里，然后碰到手机屏幕后，转脸瞪着眼睛看我，又把点心放回自己嘴里。上午吃水果的时候，尝试了将苹果和火龙果切小块，让他自己抓，小朋友吃得很欢乐，时不时将手里的水果递给我和琪爸。琪爸的回应是假吃，然后夸奖琪琪，让他自己吃，我便告诉琪爸，琪琪给你水果的时候就张开嘴直接吃了，孩子才能在这种互动中学会分享。

琪琪也有表现不好的时候，晚上大雨，本来晚饭后带琪琪一块上超市的计划被破坏，我和琪琪爸爸便单独约会，将琪琪放在爷爷奶奶家。出门前告诉琪琪，“爸爸妈妈出门，是给你买点心和水果。”回去捎给他鳕鱼肠，琪琪拿到鳕鱼肠之后，无论谁要都不给，即使是我张了张嘴，他迟疑了一下，还是将鱼肠放到自己嘴巴里。最后一小块的时候，告诉他给爸爸吃，他非常迅速地塞进了自己的嘴巴。不清楚这种大人不断向孩子索要食物的方式对不对，反正越是索要，他越是不给。

李老师点评：

1 周岁（非精确划分）之前的孩子还没有“主体我的自我意识”，也就是说还不能把自己与他人分开，玩具和食物当然也就“不分你我”。

“不愿分享”其实就是孩子的（情感）分享方式，是孩子成长的表现，是“自我意识”的萌发，是一个必经的阶段。“索要”可以当做一种游戏，也可以换另外的方式：分而食之。

切忌在孩子不分享时说一些负面的言语。

宝贝今天心情不好么？ 6月23日 周一

吃完晚饭带琪琪遛弯，琪琪依旧对外边的事物都感兴趣，草地、蚂蚁、鹅卵石小道、路灯，尽管走不稳，我牵着他的手，走一走，时不时再蹲下，看看地上能拾起什么宝贝，然后继续往前。想走台阶时自己拉着我的手一步一步往上迈，想捡树叶时自己爬上椅子，拾起树叶仔细看，遇见对面的小朋友手里拿着玩具，便要伸手拿走。

一路上，琪琪和我没有交流，沉默得和个大人似的。而我自己在不停地说："琪琪，这个是小草。""琪琪，那是小狗狗。"直到遇到小区门前的大圆球，琪琪紧紧抱住一个，可能触碰光滑的球面是从没有过的体验，他才抬起头和我笑了起来，然后我再逗他好一阵，才得以实现今天的亲子互动。

宝贝今天心情不好么？按我理解，1岁1个月的孩子应该每天很快乐，玩游戏会笑、大人逗会笑、出门上街会笑，琪琪貌似是个沉默的孩子。

李老师点评：

看了之前几天的日记，尤其是征集阶段的两篇日记中，每天都有精彩的细节描述，都有丰富的情感表达，要么笑，要么哭，并不"沉默"。让我感到些许变化的倒是妈妈，日记中细节性的描述在减少，总结性的描述似乎在增多，担心似乎也在增多：1岁1个月的孩子没有"应该"。

问一下自己：近来心情好吗？还有，与孩子交流时要尽量保持平视。这样的互动可有效避免"自己说个不停"的现象。试试。

我想玩你的小汽车 6月24日 周二

总体说来，今天琪琪心情很不错。晚饭后遛弯时，琪琪扶着小区里的圆圈木椅学走路，我坐在木椅上而没有拉着他的手一起走，琪琪走上三步便回头看看我，然后转过身走向我，趴我腿上咯咯笑，再继续往前走，走上三四步再回头找到我，大声笑。这是孩子在享受独立行走的胜利感，真为琪琪感到骄傲。

遛弯时琪琪能和小朋友分享玩具。看见同龄的小哥哥手里拿着小卡车，琪琪便伸出手想直接拿走对方的小卡车。我便轻声告诉他，"宝贝，你可以和小朋友分享呀，把你的小象给哥哥好不好？"琪琪递出手里的小象之后有点迟疑，收回手看看小象又看着我，得到我的肯定后再次把小象递给对面的哥哥。两个小人坐在木椅上，面对面坐着都低头开始玩对方的玩具，看、推、拧甚至摔哥哥的小汽车，只是似乎谁也没有相互交流的意思。

遛弯时琪琪还喜欢往草地里走。看见长得较高的草，便兴奋地蹲下用手摘，然后站起来用脚使劲踩，有时还加上一脚。这么一个孩子，哈哈。

李老师点评：

妈妈心中充满阳光、充满快乐，就一定会看到一个“心情不错的琪琪”。

心中有什么，眼中就能看到什么，孩子就会长成什么。人生就这么富有哲学，人生的哲学其实就这么简单！

刷牙是什么样的呀？ 6月25日 周三

晚上我坐在大床上，琪琪扶着床沿努力往床上爬，第一次，腿没能够得着床沿。第二次，上半身先到床下，又滑下去了，琪琪努力的小模样真的很可爱。第三次不成功时，终于着急了，开始发出“威胁声”，似乎是在说需要我的帮忙。在我的鼓励下，自己成功爬上床之后，便开始摸索他熟悉的事物，扑到叠好的、软乎乎的被子上，蒙着头呜呜地要说话；站在爸爸的枕头上，往软软的床头上使劲爬；揪小浣熊毛绒玩具，摸摸它的尾巴然后又要开始啃，还有自己站在软软的被子旁边，试图跳起来而不能，便扑到我肚皮上哈哈大笑，是想逗妈妈玩呢。

拿出小熊绘本给琪琪念刷牙。宝贝经常看见我们刷牙，满嘴的泡沫惹他笑，今晚一念到要刷牙，小朋友便高兴起来。问琪琪，“宝贝，刷牙是什么样的呀？”琪琪便用食指放进嘴巴里，哈哈。惊奇地发现琪琪的小手指似乎能很灵活地翻书，是能一页一页地翻了，每翻动一页，就仔细地盯着绘本未翻动的部分，用两个小手指拈着翻动第二页。一本书都能翻下来了。

李老师点评：

动作是婴儿心理发展的源泉，是婴儿认识世界的主要渠道，离开动作，婴儿的心理发展就无从谈起。手的抓握技能的发展，使婴儿操作物体的主动性日益增加；通过爬行和独立行走，婴儿能够主动地接近和探索自己感兴趣的事物。随着动作能力的发展，婴儿与周围人的交往从依赖、被动逐渐向主动性转化。动作的发展可以诱导婴儿社会交流能力的发展。

父母要做的就是给孩子提供探索世界的机会，而不要过多限制、替代。

今天妈妈和琪琪沟通得很好，现在的主动权还在妈妈手里。

我们来画琪琪吧 6月26日 周四

晚上领着琪琪画画。为了吸引他注意力，我特意在画板上了画了小朋友的脸，一边自言自语地说，“这是琪琪的大圆脸，肉肉的大圆脸真可爱。”“这是琪琪的小头发，软软地竖起来。”“这是琪琪的大眼睛，笑起来一条缝。”琪琪听着听着就爬到我身边。看到画板里的小朋友，琪琪高兴坏了，立马拿走我手里的画笔，自己开始画，一边画一边大声地笑，似乎在为自己能用笔画出东西高兴坏了。然后，我把琪琪的小手摁在画板上，画出了五根手指的形状，琪琪看着自己小手出现在画板上，一边举起自己的小手，一边高兴得大喊大叫。

让琪琪玩有不同形状洞的玩具箱，小朋友现在还不能按照洞洞形状将相应的积木插进去，一次插不进，试着将积木换了个方向，但还是插不进，琪琪似乎要开始发脾气、摔积木了，估计他承受失败的极限快到了，我立马帮助他找到对应形状的洞，他自己再试着慢慢地找准，将积木成功插进去之后，立马为自己鼓掌。

真是一个爱表扬自己的孩子。

李老师点评：

婴儿的兴趣发展经历三个阶段：先天反射性反应阶段（出生至百日前后），相似性物体再认知觉阶段（半岁前后），新异性事物探索阶段（一岁前后）。琪琪正处在第三阶段，对新异性事物反应敏感，较少注意持续存在的物体。同一块画板，因妈妈附加的解说而新异，琪琪因此获得一番新体验。

“估计他承受失败的极限快到了，我立马帮助他找到对应形状的洞”，很好。孩子能做到的我们坚决不替代，孩子做不到的我们一定要帮助，恰到好处的爱就在点滴中蔓延。

琪琪这样和小伙伴相处 6月27日 周五

回家后，领着琪琪在小区里转悠，遇到小伙伴阳阳在蹲在地上玩小草，刚走近小伙伴，琪琪一巴掌直接拍在阳阳的脑袋上。我赶紧拉住琪琪的小手，和琪琪说这样做不对，不能打小伙伴，但这时的琪琪转身就拉着我的手要走开。

遇到小伙伴鑫鑫骑着红色的三轮小车，两个把手上绑上了可爱的小鹿。小车停下后，琪琪一把把小鹿玩具拉过来，用手指不断地捏。这时候鑫鑫也不愿意了，开始吆喝，又从琪琪手中抢走了小鹿。失望的琪琪便蹲下开始玩小车的脚踏板，扒拉着一圈一圈转。琪琪这样用这样的方式和小伙伴相处，已经有一段时间了。

琪琪扶着圆形的座椅练习走路。我想和他捉迷藏，便趁他低头看地上树叶时，躲到了圆形座椅的另一边。奇怪，好一阵没看见琪琪走过来，也没听见他吆喝，于是走到琪琪的视线范围内：只见小朋友已经围着座椅爬了很远一段路，看不见我又往回爬，看到我之后突然笑了。是不是没看见妈妈着急得又开始爬了，是不是这种让孩子没有安全感的游戏还是不做的好。

李老师点评：

孩子从出生到步入社会是由自然人成长、发展为社会人的过程，通过与他人交往，接受社会影响，并学习掌握社会角色和行为规范，又被称为社会化。孩子用感官碰触环境，目的很单纯，只是判断、肢体协调能力尚未发展完善，无法做到成人认可的“度”。此时，家长适时、非批判、柔和的引导即可帮助孩子顺利实现社会化。

“只见小朋友已经围着座椅爬了很远一段路，看不见我又往回爬，看到我之后突然笑了。”孩子表现很棒！你的担心只是处在成人角度所建构的，丢掉担心，留下游戏。

妈妈不要离开我 6月28日 周六

今天终于周末了。中午和琪爸去照相馆选琪琪周岁的照片，只好将一上车就睡得香的琪琪送到了爷爷奶奶家。回去接他时，琪琪和奶奶正在院子门口的树荫下乘凉。本来面无表情的琪琪看见我们俩瞬间高兴起来，远远地就伸出手要求抱。隔壁的奶奶笑话琪琪说，“你终于见到你亲人回来了，从下午睡醒了到现在就没个笑模样，一到奶奶家就这么严肃。”琪琪看着这位奶奶不好意思地转过来，趴我肩膀上狠狠咬了一口。

回家时，我拉着琪琪练习走路。摔倒后，旁边的阳阳爷爷鼓励琪琪自己站起来，这样更容易把握身体平衡。小伙子表现很棒，两只手撑在地面上，直起腿，使劲站起来，然后笑眯着眼给自己鼓掌。鼓掌的模样把大家都逗乐了，阳阳爷爷便伸出手抱走琪琪，用手高高举起琪琪逗他开心，但琪琪拧着扑到我身上，又是狠狠地咬着我的肩膀不松口。

琪琪不情愿离开妈妈而我重新抱着他的时候，都会被狠狠地咬上一口。似乎，这是他在用咬人的方式告诉我，妈妈不要离开我？

李老师点评：

心理学用“依恋”来解释琪琪的表现，指的是婴儿与主要抚养者（通常是母亲）之间最初的社会性联结，是在婴儿与母亲的情感交流过程中形成的，对婴儿整个心理发展具有不可忽视的作用。母亲对婴儿的教养方式好与否，可从三个方面来衡量。

❶ 反应性：指通常能正确理解婴儿发出信号的意义，并能予以积极的应答和反馈。

❷ 情绪性：经常通过说、笑、爱抚等积极行为，进行感情交流，以满足婴儿愉悦的需要。

❸ 社会性刺激：通过互相模仿、亲子游戏、共同活动等社会性互动，通过不断调整自己的行为，以适应婴儿的活动节律和社会活动需求。

以此，来衡量一下自己吧。

琪琪喜欢玩遥控汽车　6月29日　周日

不知道从什么时候开始，琪琪已经开始喜欢玩遥控汽车。下午坐在爬爬垫上，琪琪拿起手边圆形的遥控器，看了一眼，便开始到处爬，时不时发出“哦”、“哦”的疑问声，没等我明白过来，琪琪揪出压在米菲小兔身下的红色轿车，并放在爬爬垫上，回过身找到遥控器，开始操作起来。无论是向前、向后还是拐弯，琪琪掌握得并不好，并看着汽车慢慢移动，还时不时发出闪闪的灯，琪琪玩得很专注。

琪琪还能很聪明地区分不同的遥控器，圆形遥控器对应红色的小汽车，方形黑色的遥控器则是大喇叭车。下午琪琪先拿起了手边的大喇叭车，翻过车身，仔细地拨弄红色的开关。因为开关太过细小，琪琪今天没能成功打开喇叭车的音乐，反而是拉着我的手帮助他打开，然后稳稳地在玩具箱里扒拉了好一阵，终于把遥控器找出来，安静地坐下遥控起来，而且还看着大喇叭车前行、翻滚，琪琪竟然还会两只手同时操作。

真是聪明的小朋友。

李老师点评：

今天的记录很棒。之前的记录曾多少夹杂着担心，现在看来，纯属“杞人忧天”。孩子对周围的一切倍感好奇，并尝试探索，还能主动把物体间的联系建立起来，真的是一个专注、聪明、很棒的小朋友。

在孩子成长的道路上，从来就不可能孤身一人，形单影只，而总有家人陪伴左右，一起发展、变化。期间，家人正向、积极的态度最重要。

琪琪不断学会新本领　6月30日　周一

下午回到家，琪琪奶奶便让宝贝给我演示今天学会的新本领：洗手、打蚊子。琪琪仰起头，两只手掌拍在一起，似乎是出于掌握新本领的喜悦，琪琪非常高兴，笑眯着眼盯着我看，似乎在等待我为他鼓掌。持着鼓励的态度，我拍手后举起大拇指，“真棒！”“好孩子！”我也心存疑惑，总是让孩子表演新本领，在引导孩子身心发育的过程中，可取么？

最近几天，琪琪学会了从床上爬下来。同时，也神奇地学会了不同的方式从茶几上爬下来。晚上我穿着花裙子转圈，张大的裙摆逗得坐在茶几上的琪琪非常高兴，非得伸出手来抓我。这时，琪琪看准了茶几与沙发之间的空隙，两只手爬到沙发上，身体重心往前，一只脚丫便往沙发、茶几的空隙里伸，并且不断用脚尖试探能否碰到地面，直到脚丫踏实地踩在地板上，另外一只腿便伸下来，两条腿站稳之后，扑在沙发上的上半身便直起来，这样就从茶几上爬下来了。

孩子真是在瞬间就学会新本领了。

李老师点评：

作为独立个体，孩子的身心发育特点有共性也有个性，共性寓于个性中。你的疑惑总是无法得到明确回复。但可以肯定，这种鼓励会给孩子正向的回馈，增加某些动作出现的机会。孩子瞬间掌握新本领，也是向我们说明，他越来越能掌握探究环境的主动权，能更主动地接近和探索自己感兴趣的事物，她在尝试更好地与环境融合。

成长，就是对外部世界的探索与适应。一旦这种探索与适应转为内心世界，成长就变为成熟。

琪琪，看看镜子里的妈妈！ 7月1日 周二

琪琪似乎不大关注镜子里的自己。家里大衣橱的全身镜是可以活动的，每次抱着琪琪照这个全身镜，宝贝看到镜子里的孩子，第一动作是翻过镜子想看看后边有没有人，而对镜子里自己细微的表情与五官并不大关注。

晚上，在卫生间抱着琪琪洗手，抬眼镜子里就是我们俩洗手的场景。通过镜子，我看着琪琪的眼睛说："琪琪，琪琪，看妈妈！"宝贝像是突然发现新大陆似的，和镜子里我的眼神对视上了，立马高兴得吆喝起来，看看我，再看看镜子；我移动身体，使自己的身体不出现在镜子里，无法实现对视时，琪琪又好奇起来，发出"咦"的声响，转过头看看我。于是，我又伸进头，让镜子里的自己出现在琪琪视线范围内，再次对视的时候，宝贝又高兴起来。看来，做这个游戏，琪琪是非常高兴的。

李老师点评：

心理学曾做过研究：在婴儿的鼻子上偷偷涂上一个红点，然后给他照镜子。如果婴儿碰触鼻子或试着抹掉这个红点，就有证据说他们至少有一些身体特征的知识，或说能意识到镜子中的那个孩子就是自己。结果显示：大多数婴儿，到 17 个月甚至 24 个月大时才会知觉到镜子里的自己。

因而，"琪琪不关注镜子里的自己"才是正常现象。

琪琪在认识自己 7月2日 周三

下午，带着琪琪游戏的时候，在画板上一边写一边念："大琪琪，妈妈的小宝贝。"琪琪凑过头来看，好奇地看着这些符号与琪琪、宝贝之间的关系。看不明白，从我手中拿走画笔，自己在画板上认真地画出线条。这几天的进步是能更好地抓住画笔，画出线条了。妈妈为宝贝的进步感到骄傲。

我再看着琪琪的眼睛，摸着他的头说：“大琪琪，妈妈的小宝贝！”小朋友就开始拍着自己鼓鼓的肚皮，似乎在表达“我就是小宝贝”的意思。这就开始我们日常的亲子互动了。拍完肚皮，我一一问琪琪，小宝贝的鼻子在哪儿，嘴巴在哪儿，眼睛在哪儿，臭脚丫在哪儿，琪琪现在不仅能指出五官的位置，还能搬起自己的脚丫，在说眼睛的时候会眨眼出怪样，说嘴巴的时候会吧嗒嘴，可爱的小嘴还会发出不同的声响。甚至，问琪琪怎么吃好东西呀，小嘴吧唧吧唧吃得可香了。

李老师点评：

当琪琪做出那些可爱的动作时，有没有看着他的眼睛给予积极的回应？有没有发现当琪琪接收到积极回应时，会表现得更加积极？

人生，需要的是积极的回应和喝彩。没有人例外，当然也包括琪琪。

琪琪喜欢欺负笨笨　7月3日　周四

下午，琪琪把智能兔米宝从桌子上摔下来，我赶紧捡起来摸着它的脸，和琪琪说，“你把米宝兔都摔疼了，都快流眼泪了，快亲亲兔兔！”琪琪看着我，张嘴亲了亲玩具，然后扭头爬走了。因为琪琪很长一阵都喜欢摔玩具，我经常这样告诉它玩具也会疼，要好好对待它们。

琪琪爬走以后，又找出笨笨，又开始认真地折腾它了。笨笨是玩具狗，摸摸它的鼻子之后，会智能地爬行、唱歌、背诗。在所有的玩具里，它最智能化，琪琪也最喜欢欺负它。在笨笨爬行的时候，琪琪揪住它的尾巴，举到自己眼前，然后一松手，笨笨就摔在地上了；手里拿着积木的时候，用积木敲打笨笨的头、尾巴，时不时还拿起笨笨看看它有没有反应，今天甚至还学会抠笨笨的眼睛了。晚上特意把琪琪放在小床上，用护栏围起来，去给他冲奶，回来时看见琪琪高高地站着，举着笨笨，要往下扔，越是告诉他不能扔，扔了会摔坏、会摔疼笨笨，他撒手越快，自己还高兴得滚到床头咯咯地笑，给他拾起来，还高兴地继续往下扔呢。

李老师点评：

类似的“坏行为”是孩子成长的必然，比如：什么东西都会往嘴里放、看到孔就用手指往里戳、见水就用手拍……“扔玩具”是每个孩子都有的经历。此年龄段，孩子的肌体发育及运动协调能力欠佳，“扔”的行为不代表有“破坏”念头，即“思与行不一致”。

换个视角：某一天，孩子发现抛落的玩具不会像蝴蝶一样飞舞，他很好奇，会有意识地抛掷玩具来观察落点和着地时的情形……孩子对这个世界的兴趣无处不在，我们要做的是给他充分的尊重和自由。

琪琪的依恋 7月4日 周五

琪琪最近喜欢好几个颜色鲜艳的毛绒玩具，比如蓝色的企鹅、黄色的小浣熊，不知道从什么时候开始，已经时不时会趴在这两个毛绒动物身上睡觉。午睡起床后，睡眼蒙眬的宝贝，还赖在床上不愿意动弹，便开始时不时啃这个大企鹅的鼻子，并且不允许任何人碰这个玩具。这是对物品依恋形成的体现么?

说到依恋，琪琪这一阵明显依恋爷爷。每次爷爷出门的时候，都伸出身子非跟着走不可。但如果有好吃的东西在嘴巴里，谁走也顾不上。

今天晚上，琪琪姨奶奶来家里玩的时候，琪琪安静地坐在我脚边翻绘本，我给他喝水。姨奶奶说，“每次琪琪跟着你一个人在家的时候，也挺安静不闹，一个人也能玩得很好，在场的人越多，他自己坐不住，喜欢闹。”这个事有这么明显么？作为妈妈，不够仔细，还没观察到这个现象。暂时一记。

李老师点评：

依恋是一种社会性情感联结，一般被定义为个体和他的照顾者（一般为母亲）之间存在的一种特殊的感情关系。常表现为个体对抚养者的一种追随、依附和亲密行为，以及由此带来的归属感和安全感。

依恋不等同于依赖，“有好吃的东西在嘴巴里，谁走也顾不上”，这就是孩子，当他跨越这个时段，“顾不上”就很难再出现。

至于姨奶奶的观察，你心里的感受是什么？认为孩子闹不好还是其他？这个阶段孩子与他人交流，因缺乏丰富的言语表达而采用“闹”的方式，凸显孩子有很好的交际能力，很棒！

琪琪逗得大家都笑了 7月5日 周六

上午和琪爸带着琪琪在百丽广场地下一楼玩。有个房地产开发商搞活动，凡是登记信息的人都能获取一个装大米的容器。领到之后，琪爸竟然将小朋友放进这只箱子，刚刚够琪琪坐下，腿还伸不直，不知道是因为视线范围的降低，还是身体空间的改变，这时的琪琪瞬间就高兴起来。因为有滑轮，琪爸走一步用脚往前踢一步，滑动的时候琪琪高兴得鼓掌、吆喝，还时不时用手拨拉地砖感受手指在滑动。这时，不少人都开始围观这只被装起来的小朋友。突然，听见有个路人说，“能用根绳拉着走就好了！”这时，神爸又想出办法，把斜挎包放在琪琪腿上，带子够长，绕在琪琪腰上，就开始拉着琪琪就在广场里转悠开了。看见的路人们“哄”地都笑开了。

去超市，琪爸看见一瓶粉红色的果酒很漂亮，琪琪看见酒瓶就非得上口咬。排队付款的时候，我抱着琪琪，但琪琪往前伸出身子和爸爸抢酒瓶、张口就咬酒瓶盖的场景，让排队的人都笑开了。琪琪时不时记住了爷爷在家喝酒的动作呀。

李老师点评：

“神奇”爸爸的“奇思妙想”给孩子增添如此美妙的体验，很好！

你的顾虑看起来并不是问题。孩子通过尝试接触、模仿等，更多地参与并了解世界，也许记住了爷爷喝酒的一系列动作，当遇到类似酒瓶或酒时便开始再现所学动作，很好的学习过程。

我们常认为，有些事，类似“喝酒”，孩子决不允许碰触。其实，禁止越厉害，它对孩子的吸引力越大，心理学称之为“禁果效应”。适当给孩子体验的机会，有助于孩子顺利跨越！

受挫的感觉 7月6日 周日

早上琪琪起床后，在地上爬着玩。昨天晚上我看书后没有及时收起来，便放在爬爬垫上。我在厨房给琪琪做饭，一踏进客厅，看见琪琪玩着自己的吸管杯，早上倒给他喝的温水，已经全部倒在我的书上了。好在我自己情绪没有任何变化，没有暴躁，整个白天，我都晕晕乎乎地沉浸在良好的自我感觉中：我是越来越能接受孩子各种表现了。

晚上喂琪琪吃饭，琪琪在吃饭这件事上一直表现很棒，所以晚上琪琪不坐餐椅，甚至不坐在爬爬垫上好好吃饭就让我很恼火。很安静地坐着吃了三口之后，琪琪开始反动，低着头玩汽车，我使各种劲找到他的嘴；不吃胡萝卜，面条里只要沾点胡萝卜便张口全吐出来；围着茶几转圈爬，爬过门槛非得去厨房，我跟在后边一趟趟强抓回来，强行让他坐；这时喂琪琪吃鱼肉面，似乎爱吃，吃上三口，瞬间一把将碗打翻了，我们两个人满身都是面条。我瞬间就恼火了，叫琪琪吃饭的语气已经很生硬了，意识到自己情绪的变动，严重的挫败感油然而生。唉。这个周末过的。

李老师点评：

“这个周末过的”，准确地说，这是“周末的晚上”，晕晕乎乎的整个白天是不能算在内的。

对妈妈的“执拗”也很感兴趣：使各种劲找到他的嘴、一趟趟地强抓……没有这些，不知是否会有后来的打翻碗？

有晕乎的时候，有受挫的时候，这就是生活而非真空啊。

今天琪琪闯祸了 7月7日 周一

晚上吃完饭带琪琪出去遛弯，遇见鑫鑫妈妈便站在一块聊天。鑫鑫妈妈手里拿着一个透明的塑料袋，装着小宝贝的玩具之类。琪琪指着这个可爱的塑料袋，扑着身子伸手要够。鑫鑫妈妈问："琪琪看好什么了呀？"直接将袋子递给了琪琪。

可是，不知道是塑料袋有点重的关系，还是琪琪随手扔东西习惯了，宝贝接过阿姨手里的塑料袋之后，瞬间，塑料袋掉在地上了。"嘭"一声，里边，竟然还有鑫鑫喝水的玻璃奶瓶，直接碎了。塑料袋里盛满了玻璃渣子和热水。琪琪一直瞪着眼盯着地面上看，似乎没有将摔东西和这个动静联系起来。我第一反应是赶紧给鑫鑫妈妈道歉。

和琪琪说，"宝贝，你今天闯祸了！"似乎也不大合适吧，他知道是怎么个事么？

嗯，第一次遇到小朋友在外边闯祸，不知道如何处理。

任何事情发生，背后原因有多种，而我们进行解释时，往往过于单一。此时，人与人的差异就在如何解释之中初显。积极阳光的妈妈会认为这是偶然事件，平和处理；负向退缩的妈妈会认为孩子太差劲、没什么希望；而悲哀焦虑的妈妈则徒增 N 多担心……

"第一次遇到小朋友在外边闯祸，不知道如何处理。"想必是我们"小刺激出现大反应"。随着成长，他可能会不断"制造祸端"，我们能做的是，肯定他的成长并陪伴他成长！

琪琪最喜欢咬妈妈 7月8日 周二

琪琪喜欢咬我有好长一阵时间了，遇见生人紧张的时候会趴在我肩膀上咬我，和我亲密嬉闹的时候会咬我。平时，我用来逗琪琪笑的办法始终管用的有一条，就是伸出食指让他追着咬，无论何时何地，琪琪都能开心地笑起来；甚至，他会互动地伸出他的小食指往我嘴巴里送。

下午，琪琪趴在我腿上，咬一口便抬起头看我，我疼得大声吆喝，琪琪又张大嘴，看见我要推开他，他便轻轻地咬了一口。这个聪明的小宝贝都能自主地控制咬我的力度了。我指着被咬疼的地方说，"琪琪，你把妈妈咬疼了，你吹吹吧！"琪琪便噘着小嘴，呼呼地吹气。哈哈，真可爱。

琪琪喜欢咬妈妈的原因，似乎找到了：有时候亲亲他、逗他的时候，会张大嘴，咬咬他的肩膀甚至腰，宝贝便高兴大笑起来。琪琪咬我，也是想和我闹着玩吧。

琪琪前两天学会爬床头，看见床头上的开关会使劲往上蹬，然后摁开关，看见灯亮了，便自动地滑下来，继续在床上用舒服的姿势哼唧；把灯摁灭了，便发出“哦，哦”的动静，在黑暗中再次努力爬上床头把灯打开。

李老师点评：

孩子出生就具备某些行为（反射），如吮吸奶头获取食物。随着成长，开始通过模仿、学习获得新行为。琪琪的“咬”是学习而来的，只是，在他的认知里，妈妈通过类似的方式表达着对琪琪的喜爱，琪琪通过模仿，也用“咬”表达着对妈妈的爱。他的行为控制力并未成熟，才会让妈妈“疼”了，“补救”足以将疼融化！

琪琪控制这个世界的能力又有长进，“床头”、“灯”已如他的囊中之物，不知他的下个领地将在何处！

琪琪今天晚上不大好带 7月9日 周三

下午一回家，就被告状，说琪琪今天去抢小朋友的扭扭车，骑上之后又不溜道，从车上摔了下来，眼睛旁被擦破了，有点肿。

琪琪今天晚上不大好带。可能是有点感冒不舒服，鼻子不大透气，一直有点叽叽歪歪，或者是白天摔跤受了惊吓。晚上，我便带着他打开几个不同的抽屉，引导他能专注地玩上几分钟；但今天显然玩了一会儿就烦，开始吵着要抱，非抱不可。被我抱着的琪琪显然不知道要干什么好，要上厨房玩垃圾桶，要玩门的把手想开门，要开水龙头并把脚丫伸进洗手池里，不如他的意便大声哭，甚至给他换下湿透的衣服也哭成一个泪人了。直到最后用遥控器吸引他的注意力，自己摁开了电视看上五分钟才心情好了点，躺在大床上摆出舒服的姿态，想和我一块玩。刚才，终于哄睡了。

真是希望家里所有成员都能关注琪琪的心理成长，不仅仅是喂养得好、吃各种营养、要孩子聪明，还有好多功课要做。

李老师点评：

真是每个父母都有难念的经！

当你“真是希望家里所有成员都能关注琪琪的心理成长”，背后必然隐藏着对琪琪成长的焦虑。这时，你看到更多的是孩子心理成长的家庭因素，而忽略其他因素，同时焦虑也削减了你的心理能量！

心理学思维并不是给你一个确定的答案，而是给你一个更积极、正向的视角。尝试着自己去找一找，一定可以找得到。

琪琪有时候很紧张 7月10日 周四

下午回家时，琪琪正和奶奶遛弯。我抱着琪琪让他看看树叶，但小宝贝非得下来，自己没有方向地乱走，然后蹲下扶着小栅栏玩路边的小草。这是学步敏感期的小宝贝啊！

这时候，正好遇见一位妈妈推着一对9个月的双胞胎宝贝出来遛弯。一起站着聊天的时候，这对双胞胎孩子相互感染似的，先后哭起来，这位妈妈举手无措，抱了这个哄不来那个。琪琪凑过身子，往推车里看着这两个哭闹的小宝贝。我也顺手便帮着推小车、用摇铃哄哄。瞬间，琪琪走到我身边，紧紧地抱着我大腿，我知道他有点紧张了，便转身抱起他。有位奶奶开玩笑地和琪琪说，“妈妈抱抱小妹妹了，不要你了。”扑在我肩膀上的琪琪瞬间“哇”的一声大哭起来。

这个年龄段的琪琪一直不愿意我们家人亲近其他的小朋友。有的老人是喜欢用这种方式逗孩子玩，把琪琪给逗哭了。

李老师点评：

这个年龄的孩子，“不愿意家人亲近其他的小朋友”的反应很正常，我们要尽可能去满足孩子的这种需要。“有的老人”的行为我们无法干涉，但他们的做法也给亲子之间提供了很好的亲近机会。当你温柔地把孩子抱在怀里的时候，孩子就会明白一切。

琪琪的分离焦虑 7月11日 周五

琪琪的分离焦虑一直不强烈。爷爷奶奶一直从琪琪出生，照看到现在，与琪琪关系也非常亲密。从八九个月开始，琪琪每天下午看见妈妈回家时会高兴地吆喝，从11个月左右开始，看见妈妈上班出门发出不高兴的声音，并且爬着跟着妈妈出门，除此之外，没有其他比较强烈的反应。

不知道是不是有情绪，晚上爷爷奶奶回家时，琪琪今天突然有很强烈的分离情绪。趴在爷爷肩膀上无论如何也不下来，我从爷爷手中接过小朋友的时候，琪琪十分不情愿，“嗷”的一声大哭起来，我只好抱着琪琪走到阳台上，转移他的注意力。虽然一时被眼前的水龙头以及其他叮叮当当的东西吸引住了，但回到客厅里，似乎与爷爷离别的焦虑情绪又回忆起来，玩玩具也好，穿尿布也好，稍有不如意便又哭开了。

琪琪是不是有比较强烈的离别焦虑了，而且对象是爷爷。作为妈妈，我真心有点沮丧。

李老师点评：

“琪琪是不是有比较强烈的离别焦虑了，而且对象是爷爷。作为妈妈，我真心有点沮丧。”想一想，这份沮丧背后是什么？

“分离焦虑”是一个概念，当你不知道“分离焦虑”这四个字时，会怎么看待琪琪的这种表现？这些表现是成长中的正常现象，但妈妈对孩子的这份成长感受到的是失落。我想失落的不是成长本身，而是孩子对妈妈的那份依赖与需要的减少。

看来，妈妈需要调整自己，与琪琪共同进步啊。

 今天的亲子阅读时光 7月12日 周六

周末是24小时的亲子时光啊，很享受也很累的24小时。

下午琪琪睡醒后精神状态很好，自主地爬到图书旁，一本一本地扒拉，翻开《点点点》之后，时不时拉着我的手，让我指着绘本上的点念给他听。我拿到一本口袋书，是大孩子看的《古典诗词》，我坐下来每首诗慢慢地读，并且时不时大声地念出来，我自己在感受诗歌里优美的风景与意境。琪琪没有理会我，坐在我身旁一页页翻他自己的认物卡片，但一发现我停下不念的声音，便凑过头来看我手中的口袋书，并时不时用手指着画面，发出“噢、噢”的动静。小宝贝，难道你是在听妈妈念诗么？哈哈。

发现于昨天写的分离焦虑，我认真反省自己当妈妈的状态。似乎很浮躁，虽然每天晚上和周末全天都在照顾琪琪，但似乎沉浸在照顾宝贝的乐趣与亲密的亲子关系中的时候少，而压在心头更多的是责任，考虑做什么饭、吃什么水果、适时添加零食和玩具、补钙等诸如此类，似乎背离了宝宝自由成长的初衷。

 李老师点评：

反思得非常好。

虽说照顾孩子是为人父母者义不容辞的责任，但只要能“沉浸在照顾宝贝的乐趣与亲密的亲子关系中”，这份“压在心头的责任”就会化于无形，反之则是长久的压抑与痛苦。而这种压抑与痛苦又“不可说”、“不能说”，就将进一步导致父母的情绪出现一系列问题，导致夫妻之间、亲子之间的关系出现一系列问题。

问题是，为什么有那么多的父母体验不到照顾孩子的乐趣呢？

 去见见远方的亲人 7月13日 周日

今天带琪琪去舅姥爷家做客。开始，琪琪一直紧紧地趴在我肩膀上，舅姥爷、舅姥姥都热情地拍手要抱抱，谁都不让；但过了害怕被抱走的一阵，显然有想和大家打招呼的小心思，不时展示一些拍手、谢谢等小本事给大家看，一点不怯场；年纪尚小的小舅、小姨坐在地板上玩扑克牌，琪琪走过去站在他们身后，看了一阵，似乎在思考用什么方

式和他们打招呼呢，最后便伸出手要抓小舅的衣服，等小舅回过头，琪琪“噢、噢”地和他交流着。

中午舅姥姥强行抱着琪琪出去遛弯，让我吃饭。楼下，琪琪表情非常严肃地看小狗，摘了狗尾巴草拨拉着玩。据舅姥姥说，琪琪身体一直往楼道的方向使劲，而且已经意识到门在西边，走到二楼的时候，都要扑上了，舅姥姥告诉琪琪，“妈妈在三楼，我们再走一层”时，小朋友似乎听懂了，便安静下来，由舅姥姥抱着走到三楼。见到我在门口等着他，扑到我身上，继续低着头，用手里的狗尾巴草往钥匙洞里伸。被夸奖是很听话的孩子了，虽然不愿意，但是不哭，是个小小男子汉。

李老师点评：

孩子的表现很好，妈妈也没有焦虑，都值得表扬。

获得“小男子汉”的赞誉，就得付出“虽然不愿意，但是不哭”的代价；好孩子的标准之一，就是“听话”……诸如此类成年人的生活构图，会很快随着第一、第二反抗期的到来而打破。

怎样告诉你，妈妈最爱你了 7月14日 周一

晚上带琪琪那么长时间，都没能实现我们的互动。先是坐在我腿上，我们俩面对面坐着，本来是亲密的亲子时光，但小朋友的精力并不集中，一会儿往我身上扑，要拿我身后的富贵竹叶，一会儿爬走去拿玩具。拿到摇铃之后，琪琪低着头拨摇铃很成功，便高兴得又要鼓掌。

琪琪最喜欢喝三精的液体钙，一口咕咚咕咚喝完之后便玩起了吸管和玻璃瓶，拔出吸管后自己尝试着插进去，偶尔不成功便拉着我的手帮忙，成功的时候便高兴得鼓掌。看着琪琪对我笑的时候，真心觉得挺幸福的。

我想和他互动起来，甜蜜地和他说，“琪琪是妈妈的小宝贝儿，妈妈最爱你了。”但貌似小朋友对这句话是理解不了，没有抬眼看我，继续趴在我身上扭着，要打开鱼缸盖去捞鱼。嗯，说要主动和孩子表达爱，怎样和小宝贝表达这种爱呢？这样说有效么？

李老师点评：

对小宝贝表达爱的最好方式，莫过于专心、用心地陪他玩。动手，动情，而不要动嘴。

孩子还小，慢慢来，少干涉，他自然会渐渐找到专注的方向。

应该肯定的是，凡事能换个角度。——角度能改变观念。

琪琪，你是喜欢妹妹么？ 7月15日 周二

下午回家时，琪琪正在楼下和一群小伙伴玩。在一群同龄的孩子中，只有琪琪拉着我的手往外使劲，原来他是想追几只小狗，一边跑一边高兴地大声吆喝，跑累了停下来之后，便蹲在小道上认真地玩白色小栅栏上的螺丝，发现扭不动之后又对几棵高出的野草感兴趣。接着继续跑，上陡坡，下长长的缓坡，似乎可有意思了，琪琪貌似都跑不累。

在我告诉他分享的话中，琪琪很大方地将自己随身带的玩具分享给小朋友，自己则蹲在地上玩小朋友的小车，扒拉着能转动的脚踏板、安装小车的螺丝钉、车轱辘，这都是琪琪最感兴趣的地方。这时候，10个月大的小美女坐在车上认真地玩琪琪的小象，琪琪站起来伸手直接拍在她头上，我赶紧拉着琪琪的手，和他说，“宝贝，和妹妹打招呼要温柔一点，不能这么使劲啊。”小美女的妈妈站在旁边说，“琪琪，你是喜欢妹妹么？”听到“喜欢”两个字，琪琪竟然扑向前，用他张大的嘴去亲亲小美女。宝贝，这真的是你喜欢小朋友的方式么？

李老师点评：

对琪琪的活动观察得很细致，是个贴心的妈妈！

孩子成长过程中，“教”他“学”东西是很有技巧的，尤其在言语方面。当孩子拍小妹妹的头时，妈妈及时的引导做得很好。但从长远来说，还需一点变化。

孩子对“禁止”的行为是充满好奇的，总会找机会跨入禁区。因而，“宝贝，和妹妹打招呼要温柔一点，不能这么使劲啊。”可稍作调整，去掉“不能那么使劲”，或改为行动加言语，边说“要这样子”，边用手轻抚小妹妹的头。

洗澡的亲子时光 7月16日 周三

天气太热导致琪琪洗澡很频繁，但今天晚上的洗澡时间竟成为琪琪最兴奋的时间。

洗澡的手帕是最抢手的玩具。因为发现手帕会滴水，琪琪从洗澡开始便举着高高地举着已经沾水的手帕，看水滴往下掉；被我抢走后，又好奇地看着我用手帕给他洗澡，然后又抢走手帕，高高地举起，真是可爱的小朋友。

听见我光着脚丫在地砖上使劲踏水的动静，琪琪瞬间兴奋得大声叫起来，然后用手打盆里的水，打淋浴头喷出的水，溅得满脸都是水滴，自己还低着头笑得咯咯的；然后抬起头眯着眼看我，似乎等待我第二次在地砖上踏水的动静，他好跟着这个“程序”继续玩水。还没兴奋完呢，看见我拿出浴巾铺在腿上，琪琪立马放下手中的手帕往浴巾上爬，直到粉红色的浴巾将琪琪包裹住，被包裹住的两只小手还在兴奋地挥舞着。今天很听话地穿上尿不湿和衣服，低头开始扭护臀霜的瓶盖，这可是从出生到现在一直没玩够的东西。

李老师点评：

为什么会有这么快乐的亲子时光呢？是因为宝宝的表现好？还是因为妈妈的表现好？

有种情绪理论（詹姆斯理论）认为：一个人不是因悲伤而流泪，而是因流泪而悲伤。我们可否推断：不是宝宝的表现好而让妈妈快乐，而只有快乐的妈妈，才能看到宝宝好的表现呢？

感时花溅泪，恨别鸟惊心。想想，“境由心造”也很有道理嘛！

和琪琪捉迷藏 7月17日 周四

晚上，琪琪本来是在地垫颤颠颠地走，一边走一边大笑着抓我的花裙子。

突发奇想，和宝贝玩捉迷藏吧。趁琪琪还没转过身的瞬间，我便跑到他身后、跳到床上，推拉门便挡住了琪琪的视线。从门缝里偷偷看琪琪，本来大笑的表情瞬间变成好奇，伸着头到处看，还往卫生间方向走，看见没有，又想往厨房爬，还是不开口叫“妈妈”的小宝贝！这时，按捺不住的我，开始敲敲玻璃门，听见这个动静，琪琪高兴得瞬间吆喝起来，往床的这个方向走，抓住我的裙子后高兴得哈哈笑。

继玻璃门之后，我不断地躲在沙发后边，躲在窗帘里，琪琪便跟在身后抓。当我用窗帘包住自己的时候，琪琪貌似很安静，我偷偷往外看，原来琪琪蹲在地上用另一层窗帘纱往自己身上裹，太可爱了。

快乐地亲子时光后，是洗澡时间了。今天宝贝坐在盆里继续玩手帕，一只手高举手帕，另一只手接着滴下的水。时间太长，水已经快凉了，强行抱出他擦干、穿衣服的时候，冤得大哭起来。本来非常愉快的晚上，最后哭着哭着喝奶睡了。

李老师点评：

快乐玩耍、冤得大哭，让母亲在“火与冰”间徘徊。孩子在用行动告诉妈妈：既要爱我的快乐，也要爱我的顽皮。——妈妈不但要学会与孩子平静相处，还得学会在极端情况下的应对。

对孩子不如我们意的行为的接纳与呵护，才彰显母爱的伟大。

琪琪最近喜欢的小游戏 7月18日 周五

琪琪最近很喜欢喝水后吐出来，然后还眯着眼看你笑，似乎是调皮的小朋友故意干坏事了，在和爸爸妈妈宣战呢。晚上，琪琪趴在被子上玩，递给他水杯后，喝一口然后让水从嘴角流出，然后全洒在被子上。我摆摆手告诉琪琪，不可以吐出来，这是爸爸睡觉的被子！他偏偏吐得更欢，声音弄得更响，并伴随一阵得意的大笑。所以，这真是，越不让做的事，做得越欢乐。

琪琪对跑步跃跃欲试。一般小朋友刚学走路都是很小心地一步一步往前迈，生怕摔倒，但琪琪无论是在家，还是在小区遛弯，似乎总是毫不犹豫地直接往前冲出去，但还是习惯拉着大人的手。晚上，琪琪站在鱼缸旁玩，突然松开手猛往前跑，家里空间本来不算大，地上还到处摆放着他的小玩具和图书，琪琪一边跑，自己还张着大嘴乐。我赶紧冲上去保护他，用脚扒拉开他的玩具和图书，留出空间给他跑。似乎发现自己敢一个人跑之后特兴奋，屡次趁我不注意上演这样的惊险动作，然后自己乐得笑开了花。

李老师点评：

孩子从小游戏中体验着快乐，妈妈从孩子的快乐中体验着快乐。相对于孩子对未知世界的探索以及在探索过程中获得快乐，弄湿衣服被子就显得微不足道，磕磕碰碰也是必须付出的“代价”。日子就在对孩子的大惊小怪中行进。年轻的父母啊，你可能从没有想过：什么时候不再惊与怪的时候，是孩子大了呢，还是父母老了？

琪琪亢奋的一天 7月19日 周六

琪琪似乎从今天早上开始就很亢奋。上午捉迷藏的方式很特别，看见琪琪拖拉着自己米奇的小被单在地垫上到处走，我便一把抢过来，直接向上呼啦一扔，把琪琪整个头蒙住了。我以为琪琪会烦躁地使劲揪开被单，谁知道，琪琪瞬间发出了“嘎嘎”的笑声。我便将自己的头伸进去，琪琪看见我的脸在被单下出现，更欢乐了，想用手来抓我的脸。于是，我爬出来，剩琪琪自己蒙住头，竟然在被单里各种手舞足蹈，时不时发出“咯咯”的笑声。这真是琪琪喜欢开始玩捉迷藏的节奏啊。

中午对我的黑色拖鞋喜欢异常。琪琪瞬间发现了我新的黑色拖鞋，似乎是因为没见过，看见我拖着拖鞋走路“哒、哒”地响，就“嘎嘎”地笑起来。发现他的这个笑点之后，我守着他，特意走路发出这种声响，琪琪竟然笑得喘不上气。趁我脱下鞋的时候，宝贝一把将鞋抢过去，仔细地揪着拖鞋看，还坐地上试着往自己脚丫上套。哈哈，这么亢奋是因为听到鞋响的原因么？

今天白天一整天琪琪就睡了半个小时，真心体力各种累。

李老师点评：

亢奋的一天！妈妈的周六变得与往常不同，不加干预，不进行中断，陪伴并协助孩子“嘎嘎”笑了一天，这是对母子精力的极大考验。

保护孩子天然的兴趣与探索欲望，孩子的生活必然丰富多彩。

真希望也能听到那“嘎嘎”的笑声！这才是人间最美的韵律。

今天琪琪在商场 7月20日 周日

天太热，实在不适合户外玩耍，只能去凉快的商场里，恰好给琪琪找点好东西吧。

在万达孩子王，琪爸把他放到试玩的秋千上，晃着晃着琪琪就高兴地笑起来，眼前的玩具摸一摸，头上的饰品想站起来够一够，一旦秋千缓缓地慢下来，便用眼神和“噢、噢”的声音吆喝琪爸，是在提出要求，想继续荡秋千呢！我本来是想领走琪琪去奶粉区，但宝贝似乎不舍得这些玩具，尽管被强行抱出秋千，都快要哭出来了，而且紧紧地抱着爸爸的脖子，坚决拒绝我。看来是真心喜欢爸爸带他玩各种玩具啊！

在零食区，琪琪似乎认出这些花花绿绿的盒子是“好东西”了，指指这个，摸摸那个，看见漂亮造型的零食还会想用手拿。我们什么都没买就往外走，敏感地意识到琪琪的情绪没那么兴奋了，不知道是不是他已经明白没给他买零食了，或者是玩累了吧。

在商店里，琪琪现在还能被转移注意力，担心大一些的时候就可能出现“非要不可”、“不买就哭”的情况了。该怎样平衡孩子的心理需求与实际，怎么不让孩子从小就产生一种物质的匮乏感?

李老师点评：

“匮乏感”是只存在于父母心中的概念。或者说是父母因自己曾“匮乏”过而产生的一种内心恐慌的感受。当你写下“怎么不让孩子从小就产生一种物质的匮乏感”的时候，心中想到了什么呢?

“非要不可”、“不买就哭”只是父母配合孩子上演的“双簧”，“蹲在桌子后面的人”才是主角儿。

从妈妈所提的问题来看，还真是有些焦虑。好好享受和孩子互动的美好时光，即使将来会遇到这样那样的“问题”，那也是将来的事情。别让未来那虚无缥缈的问题影响了现在！

关于骗琪琪的事 7月21日 周一

晚上爷爷奶奶要回家，爷爷想试一试琪琪愿不愿意跟他走，所以说，“琪琪，今天和爷爷奶奶回家住吧。走，上街去。”琪琪似乎听到了“上街”便很兴奋，小身体使劲往外伸。这时候，爷爷便抓着琪琪的手，说：“那和妈妈再见，挥挥手。”琪琪扭回头，疑惑地盯着我看，似乎是不知道怎么办才好的意思。然后，我又去把琪琪抱回来，小宝贝一直低着头趴在我肩膀上，似乎还处在要上街、要跟爷爷奶奶走和要妈妈抱的纠结中。

这种逗着玩而导致孩子不知所措的情况，以后肯定避免不了。和琪爸交流时，坚持一种观点，以后不能问琪琪是喜欢爸爸还是喜欢妈妈这个问题，让孩子怎么回答。

今天拿着琪琪的周岁相册给办公室同事看，看着琪琪调皮的眼神，同事说：“上幼儿园后，你们做好心理准备，老师肯定经常找你们。”回去晚上和琪琪奶奶说这件事，奶奶说：“喜欢打人可是不好，怕遇到比你厉害的，你得挨揍了。”

唉，琪琪，关于你的调皮，我得把持住立场啊！

李老师点评：

每个人的成长历程都是独特、唯一、无固定模式的。

当我们焦虑未来时，焦虑本身并不会对当下以及未来产生积极影响，相反却占用大量心理资源。何不专注于此时的陪伴？孩子的成长必然会伴随着坎坷。如果说“想为孩子建造完美的避风港，本身就是一种伤害”，你会怎么处理呢？

琪琪要开始唱歌啦 7月22日 周二

晚上我自己坐在地垫上看杂志，爷爷奶奶已经回家。百无聊赖的琪琪坐在我脚边，一会儿摁音响和机顶盒的开关，一会儿凑我跟前看看杂志上颜色鲜艳的人，一会儿朝着我大声吆喝，甚至以要哭的动静和我打招呼，一会儿又被手边的积木所吸引，低着头认真地玩起来。直到最后躺在地垫上，头枕在我腿上，眼睛不停地看着我，小手小脚丫时不时搞点小动作，似乎想用他独特的方式逗我玩。哈哈，真可爱，已经会主动找人玩了。

晚上给琪琪洗澡后在床上，手边有本育儿书，里面有生动的故事，我本来想念给琪琪听，但显然他对这个故事不是很感兴趣。自己舒服地靠着被子上，开始张嘴唱歌了，“啊—哦”，“哦”……我想到一个游戏办法，便凑到他身边，开始随着他的音调一起唱。一听到我陪唱，琪琪似乎更加兴奋了，将所有能发出的不同的音唱了一遍，自己唱完便看着我的嘴，似乎希望能听到我再唱一遍。唱完之后不时地倚着床头，开始“咕噜”、“咕噜”说话，似乎在展示他所有的表达能力。

琪琪不愿意看书的晚上，唱得很开心。

李老师点评：

“主动找人玩”的描写很传神。孩子更关心的是妈妈能不能陪他，能不能配合他的游戏。只要妈妈在，只要开心，有书没书不重要。

琪琪喜欢玩水 7月23日 周三

下午琪琪奶奶带着小宝贝在小区里等我下班。天阴阴的，似乎树叶和草丛上都还滴着雨滴，我看见琪琪的时候，他正站在树丛旁边拽叶子，雨滴便往地上滴落，琪琪一边大笑着，一边往后退。雨滴停下之后，琪琪立马又走过去，拽树叶，又是一阵雨滴啊。这时候，琪琪看见我更是乐得开了花，立马跑过来，趴到我肩膀上，并且使劲咬了一口。

琪琪奶奶说，这样的下雨天琪琪在家也待不住，上午的时候站在家里就不知道怎么好了，玩什么都使劲往门外冲。于是，爷爷奶奶两人打着伞，抱着宝贝去遛弯，还非得伸出小手去接伞外的雨滴。下午雨停之后，出门看见明晃晃的水滩就使劲踩，然后蹲下用手划拉，已经换下四五套衣服了。真心是喜欢玩水的小宝贝啊！

李老师点评：

对爷爷奶奶抱着孩子在雨中遛弯、让孩子玩水的行为给予高度赞扬。这不仅给孩子提供了探索未知世界的机会，更满足了孩子探索未知世界的内心需要。而支撑这个行为的，是内心高度的安全感与对孩子的爱。

琪琪会干活了 7月24日 周四

清早琪琪醒得挺早，在我身上爬着、翻着，并“噢、噢”地说话，我睡眼惺忪地亲了他一口，解开了他的尿不湿，告诉他，“宝贝，去把你的尿不湿扔了吧，白天不用穿尿布了。”这时候，琪琪骨碌一翻身，很快爬下了床，捡起尿不湿便往卫生间的方向走。只见琪琪推开卫生间的门，准确地将尿不湿扔进了垃圾筒。小宝贝真棒！真的会干活了。

这时候，光着屁股的琪琪还想爬到床上玩，我说：“宝贝你没有穿尿布了，尿床上怎么办？”这时候，只见琪琪跑起来，原来他跑到大衣橱前，将门拉开，扒拉着自己新尿不湿，是想穿一个新的好上床玩啊。真是小精灵！

下午雨后潮湿的天，做晚饭的爷爷一身大汗，奶奶也忙着给琪琪洗洗涮涮。琪琪正拿着扇子玩，小手已经掌握了连续扇风这个动作。我说：“琪琪，奶奶洗衣服太热了，你给奶奶扇扇风吧！”坐在地垫上的琪琪够不着奶奶，竟然自己站起来，站在奶奶跟前一把一把扇起来。奶奶高兴坏了，合起手掌告诉琪琪，“谢谢宝贝，奶奶凉快了。”

李老师点评：

多么灵动与美好的瞬间啊。

只要我们能静下心来观察，孩子每天都会给我们惊喜。惊喜是最好的馈赠。

其实，这样的馈赠不是来自于孩子，而来自于我们自己的内心和行动。孩子，只是传递这份馈赠的使者。

感恩，像奶奶那样合起手掌吧！

不大美妙的清早 7月25日 周五

琪琪今天醒得很早，不到5点，天都没大亮，就开始在床上翻滚，闭着眼吱哇、吱哇地说话。本以为是台风天，阴阴沉沉又能接觉继续睡，小家伙却没有睡意，自己爬下床，将睡眼惺忪的我直接弄起床了。冲奶、抱睡、奶嘴、遥控器、零食，都一一尝试过了，但琪琪完全睡醒了，开始在屋里到处比画，非让抱，要摸摸高处的富贵竹，要打开鱼缸喂鱼，要上厨房拧水龙头，甚至指着门是想往外走，甚至不如他的意就任性地大哭。真是一个小屁孩。

是不是真是如育儿书上所讲，这个阶段的孩子睡眠时间要逐渐减少了。

我其实很困，但前两天看网上很火的视频，睡得正香的哥哥，被8个月的妹妹折腾醒了，小哥哥直接搂过妹妹亲一口。我也想这样做，让琪琪一大早就感受到妈妈的爱和温柔，但这个小朋友，不如他意就张嘴哭，让我在这个大清早产生了不耐烦的情绪，感觉不大美妙。

李老师点评：

孩子不会按育儿书来成长，更不会按作息时间起床。他所要做的就是睡醒了玩，玩累了才睡。如果不如他意就哭，如意了就哈哈乐。

可问题是我们是有作息时间的，我们是有工作的，这就产生了矛盾。如果双方合拍，就其乐融融；如果不合拍呢？孩子就会“张嘴哭”，我们的感觉就会“不大美妙”。这里没有对错，没有好坏，仅仅只是双方的需求（父母想多睡会，孩子想多玩会）都没有得到满足。

怎么办呢？

阿姨们笑了 7月26日 周六

今天带琪琪和几个阿姨一块玩。阿姨们见到小宝贝都非常热情，想伸出手抱抱，但认生的琪琪一个劲地扑在我肩膀上，时不时地斜着眼偷偷地看看几个阿姨。给琪琪喝橙汁，喝一口，酸得浑身抖擞，出小样，阿姨们都笑了；似乎知道自己出小样会逗阿姨们笑，琪琪便自动地开始眨眼、咬牙出小样，宝贝自己都逗笑了。

让琪琪亲亲阿姨们，探过头伸出脸让大家亲，自己不张嘴；站起来照墙壁上镜子时看见自己，一个劲地扑上去亲，阿姨们笑了。听见大家笑，琪琪回过头看着大家，自己也乐了，然后又自动地开始指指镜子里的自己，时不时亲亲。

吃面条时，因为吃到好吃的西红柿牛肉面，琪琪没有咀嚼，一口一口地往下咽，阿姨们示范给琪琪看，嘴巴吧嗒吧嗒怎样咀嚼，琪琪又象征性地咀嚼两口，阿姨们看见宝贝原来会嚼啊，又笑了。琪琪吃着好吃的东西，似乎知道自己又逗得大家都开心地笑着，也高兴坏了，跟着大家也笑开了。

李老师点评：

琪琪与阿姨们的几个互动片段，让琪琪成为今天“交际”的中心。琪琪尝试掌控局势，在互动中，根据环境做出行为调整。孩子的成长给成人带来种种欢乐，在欢乐的同时，不知妈妈是否意识到，琪琪又长大了！他会更多地参与社会互动，慢慢从妈妈安全的臂弯里走出来，实现他的个体化。妈妈是否做好了准备？

琪琪今天去上早教课 7月27日 周日

有家早教中心一直邀请我们去参加体验课程，于是这个周日从大清早开始就忙着张罗这件事。进了早教教室，琪琪有点认生，不大听老师指挥。做游戏的环节，跟着音乐音乐节奏敲手中的小棒，同龄小朋友都坐在家长跟前，跟着音乐敲出欢快的节奏。琪琪小宝贝似乎是“监工”状态，手中拿着两根小棒到处走走，还时不时到处指点别的小朋友，老师们都乐了。

让琪琪钻呼啦圈，低头—弯腰—跨脚—爬出，四个连续的动作，前边的小朋友们都做得不错，尽管琪琪最小，走路还不大稳，但站在呼啦圈跟前，坚决不低头、不弯腰，第一个动作就是迈腿，自然成功不了。引导琪琪低头走过时，小朋友“哇”的一声哭了，然后坚决地不再触碰呼啦圈道具了。

最后，琪琪的注意力又被转移了，他感兴趣的是老师手里的道具——有两根小辫子、脸上有小雀斑的大娃娃。玩了一会儿，老师要上课，将大娃娃拿走时，琪琪又“哇”的一声在教室里哭开了。

“认生”就像个标签，存在于妈妈的心中。有了这个标签，妈妈就会在孩子身上寻找证据来证明，而且一定可以找到。也就是说，孩子的“认生”只是妈妈找出来的，而不是孩子本身存在的。如果我们建立一个积极的标签呢?

看到孩子不配合、哭，你感受到了什么?

今天很想当全职妈妈　7月28日　周一

今天只有我自己在家，带琪琪的感受很特别。

琪琪跟着妈妈的时候，似乎总是更听话些的。特别是下午，领着琪琪在小区里的草地里玩。看到小伙伴手里有吸引的玩具，琪琪走近想伸手拿，但小伙伴不让碰，便转移注意力领着他玩小栅栏。在小区进出车的栅栏旁玩了一阵，因为对高高抬起、又降落的黑黄色栅栏很感兴趣，没车的时候便跑过去摸摸各种螺丝钉，和保安叔叔还打起了招呼；在小木桩栅栏旁也玩了很长一阵，蹲在地上认真地看爬行的小蚂蚁，揪小草去逗小蚂蚁，将手里的小草、小树叶、小石头都扔进水篦子里。琪琪玩的时候很认真，表情很严肃。后来给爸爸看照片，遭到批评，不应该让小朋友玩这么脏的东西。

其实，也许是因为每天都被限制，有那么多“不应该”玩的东西，所以琪琪会去抢小朋友的玩具，伸手就一巴掌落在人家身上。让他自己玩的下午，真心没发生一件“抢、打、扔”事件。今天有个想法，是真心想在家当全职妈妈，陪伴琪琪健康、快乐长大。

妈妈在孩子成长过程中的重要作用，怎样强调都不会过分。当然，最理想的妈妈指的是心理健康的妈妈，具体表现为：情绪稳定；对人生、人性的经验丰富。情绪稳定，就会为孩子营造一个宽松、平缓并易于掌控的成长环境；对人生、人性的经验丰富，就会对孩子的成长抱有合理的预期，不苛求、限制孩子。能做到这些，是否全职就不那么重要了。

对孩子过分限制（控制）的现象很普遍，造成的不利影响也挺多。遇到你提到的“抢、打、扔”该如何处置就很有代表性。

过分控制使孩子有不自由和受压抑的体验，有时便爆发为不合理的冲动行为——抢、打、扔。这对于孩子是一种解脱，本身伴有冲破约束的快感。这样，每次“抢、打、扔”都被快感强化，容易形成习惯。为什么在妈妈的陪伴下，一下午都没有“抢、打、扔”的行为呢？因为妈妈给足了孩子自由！

琪琪长大了 7月29日 周二

最近觉得琪琪长大了，是因为小伙子似乎对很多事物都变得赖乎乎的，对妈妈赖，有时候黏在身上不下来，有时候全身没劲似的趴在妈妈腿上，用手拨拉玩具；对好几个小被单都赖，对几个毛绒玩具也赖，非得抱着搂着才能安稳地睡觉，即使睡着了，从他的怀中抽出来，睡梦中都"哇"的一声哭出来。

晚上给宝贝洗完澡后，我便在地垫上收拾玩具。发现琪琪站在自己小床旁，一直踮起脚丫够床上的东西，原来是想拿黄色的小浣熊。我递给琪琪之后，宝贝便将玩具在地上拖拉着玩，一会儿从床下扔到床上，自己爬上床，弯着腰趴在小浣熊上，脸朝下一直使劲蹭；或者头舒服地枕着小浣熊，两条腿蹬着玩；或者将小浣熊扔下床，自己再爬下来，揪着小浣熊的尾巴在地上跑；或者直接坐在地上使劲啃这个小动物。这时候，我走路时不小心碰到了这只小浣熊，并且"恶意"地揪着小浣熊的尾巴想拿走，琪琪立马大声地哭起来。

这样一个赖乎乎的小伙子。

李老师点评：

妈妈把"赖"释义为琪琪长大了，这更是妈妈"长大"的表现。

随着孩子长大，一系列"问题"会"无情"地呈现在父母面前，而有些父母常做的是"否认"、"不接纳"，尤其是青春期所谓"叛逆"的孩子。然而，当父母能用"长大了"来解释孩子的行为时，一切变得理所当然，父母内心就不再有冲突、不再抱怨指责，孩子就能真正顺利地长大！

琪琪去"寻宝" 7月30日 周三

今天晚上，琪琪玩得不专注，东走走、西逛逛，叽叽歪歪，似乎不知道干什么好，我便特意说，"宝贝，我们洗澡吧！"这时候，琪琪立马往卫生间的方向走；回过头，见我没有站起来的意思，便又开始赖我身上，叽叽歪歪。为了吸引他的注意力，我特意说，"宝贝，去找找你的大浴巾，没有浴巾洗完澡怎么包琪琪。"

这时，开始了他的"寻宝"之路。

先是在打开小柜的两个抽屉，扒拉了好些衣服扔在地上，然后打开大衣橱的拖拉门，几乎要爬进衣橱最下层大格子了，还是没发现；爬上我们的大床，扒拉了好一阵被子枕头，还是没看见；聪明的宝贝竟然开始往阳台方向走，因为每天洗完澡将浴巾晾在阳台上。

这时候，找不到浴巾的琪琪站在地垫上，开始拉着我的手，我知道，这是他寻求帮助的信号了，哈哈，小宝贝将家里找了一圈，就是没找自己的小床，看见叠得整整齐齐的粉红色浴巾在小床上，琪琪高兴得一把抓过来，直接扑地垫上，又一边啃着，赖在浴巾上不起来了。

李老师点评：

感慨妈妈能带着欣赏，安静地旁观孩子的一举一动，耐得住“主动替代”的焦虑，给孩子创造如此恰到好处的“寻宝历险记”！

在父母的陪伴下，孩子慢慢学会与父母（尤其是母亲）分离并实现个体化，更独立地探索外部世界，掌握更多的技能，这也为未来更高更广层面上的独立奠定基础。在这个过程中，父母自身适当“禁言禁行”，即不替代，才能更好地促进分离与个体化的顺利实现。

厚脸皮琪琪 7月31日 周四

发现琪琪的厚脸皮有一阵子了，你朝他摆出生气的样，他回应你嬉皮笑脸；有时候惹到要挨揍的节奏，打了掌心，还回应你无辜的笑。有时候觉得这是性格好、情商高的体现；有时候也觉得，这个小宝贝会不会太难管教。

晚上和琪琪躺床上看书，我在声情并茂地朗读小熊宝宝去散步的故事，里边有小鸟啊、小狗狗啊，宝贝似乎都没有兴趣，而是在床上往窗户旁边跑，拨拉着窗帘上的小珠子，会时不时跑过来看我一眼，如果感兴趣便把书本抢走。读着读着的时候，小朋友直接蹲下，竟然一把抓着我的头发拽，疼得我嗷嗷叫。以为我发出怪动静逗他玩呢，琪琪竟然乐了，本来松开的手又拽我头发了。瞬间我火了，“呼”地坐起来，抓过琪琪的手，朝他掌心打了一下。但小宝贝显然不当个事啊，继续一巴掌呼我脸上了。

唉，对这样爱打人的孩子，这可真是考验妈妈耐心的时候。

李老师点评：

我们常说：大人要有大人的样儿！其实，孩子何尝不需要大人的一句：孩子要有孩子的样儿！

在这样完全天真无邪的年龄里，他的“东跑西趟”、“拽头发”、“呼脸蛋”还没掺杂社会评价，也无预先设定的目的，这是他尝试感受这个世界的途径和手段。而恰恰是成人的回应强化了他的行为——当你“嗷嗷叫”的时候，孩子感觉很新奇，就像偶然碰触照明灯开关的孩子，他会不断去尝试，把“开与关”与灯的“明与灭”链接到一起。所以，漠视比惩罚更容易实现他的行为消退！

今天去挖沙 8月1日 周五

晚饭后带琪琪去挖沙。带着琪琪光着脚丫踩在沙滩上，他似乎是习惯了穿鞋走路，爱干净的小宝贝怎么也不愿意光脚踩地面，我们便将鞋都脱了给小宝贝演示，他才试着用脚趾头慢慢地踩在沙子里。

涨潮，带着宝贝在海水冲刷的沙滩上走路，琪琪尝试了好一阵，才敢走进这片潮湿的沙滩，看见有白色泡沫的海水往前涌，害怕得快要哭起来了。我一直蹲着地上扶着他，站得稳稳的琪琪慢慢适应了。

在干燥的沙滩上，琪琪学会了怎样玩小铲子。严肃的琪琪一直自己低着头，尝试用小铲子将沙子运送到大卡车上。琪琪用铲子还不熟练，在运送沙子的过程中便将沙子扬了，全扬在奶奶身上。听见奶奶“哎呀呀”的动静，小宝贝“嘎嘎”地笑起来了，便一次次地将沙全扬在奶奶身上了，奶奶为了逗琪琪，也一次次“哎呀呀”地回应着。

以为奶奶的笑脸回应是鼓励，一会儿工夫，已经适应环境的琪琪见到旁边玩耍的小朋友，也将沙扬到小朋友身上。大人对孩子行为的回应作用可真大。

孩子适应环境的能力非常强。——只要家长能提供更多的机会，并在孩子适应、尝试的过程中忍住焦虑。像“扬沙”这种行为很“正常”，对孩子来说这只是一种游戏——不为别的，就为好玩儿。

琪琪摔跤了 8月2日 周六

晚上在爷爷奶奶家吃晚饭，想饭后去万达广场玩。等奶奶收拾的功夫，很多邻居家的爷爷奶奶都过来逗琪琪玩，七嘴八舌地说着他们的“育儿经”，比如这个年龄段要学会走路啦、要说话啦之类，琪琪本来坐在小车里，琪琪爷爷按捺不住了，将宝贝从小车里抱出来。琪琪到处跑，听见不断有人夸，“这个小家伙跑得很快”、“走得很好了”，更加亢奋了。

于是，失控摔跤了，头似乎忘记抬起来。小脸也擦伤了。

摔跤后，有一个细节，我拉起琪琪，仔细地检查他的伤口，包括他的鼻子、嘴巴和牙齿，因为全是水泥地面，琪琪右脸颊擦在地面上，肿起来了，还好牙齿没有咬在嘴唇上。这时候，琪琪爷爷冲过来，一把抱走了琪琪，他想安抚正在哭的琪琪。

有时候我真的很笨拙，一点也不如其他妈妈那样会保护、照顾小朋友，小朋友摔跤后我也不是那么紧张，没有像琪琪爷爷那样冲过来，抱走小宝贝。回家的路上，琪琪疼得大哭，小宝贝似乎有点“怨恨”我没有抱住他，拒绝我抱他，直到最后睡着了。

李老师点评：

孩子摔跤了，引发了妈妈心中那“翻江倒海”的负性情绪。写出来，是种很好的方式，还可以多看几遍。

还有一种方式，就是去多发现琪爸身上的优点和爷爷奶奶身上的优点，最重要的是发现自己身上更多的优点。

我们脑袋的容量是有限的，当看到更多优点的时候，抱怨就无容身之地了。

琪琪自己玩了一上午 8月3日 周日

天气太热，整个白天都带着琪琪在家玩。

想改变以往自己每分钟都围着琪琪转的现状，于是试着让琪琪自己玩。琪爸抱着手机看电影，我就找个舒服的姿势看书。琪琪一会儿跑到玩具箱里扒拉玩具；一会儿拿小碗里的水果吃，而且自己尝试着用勺子舀起来，送到嘴巴里；一会儿爬到床上和爸爸做游戏；一会儿跑到沙发旁，时不时往沙发上爬，甚至似乎为了吸引我的注意力，故意抢走我的书。引着琪琪去看自己的绘本，小朋友不愿意，非得抢走我的，那就和宝贝交换看。没想到这样两个小时下来，我能看上20来页书，琪琪自己也玩得挺好的，能自主地在家里转悠，发现属于他的乐趣。偶尔这样放松的一个周末，觉得非常惬意。

晚上又去挖沙，小朋友已经了解了沙滩这个神奇的“世界”，看着来来回回的潮水，拉着我的手就得往前冲。真是大胆的小朋友。

李老师点评：

在孩子未踏入社会前，家人尤其是父母的榜样示范作用，对塑造孩子的行为模式极为重要。这一点，估计唯有尝试才会发现其奥秘所在。要相信：行为比言语更能影响和带动人“向善”。

温柔的坚持 8月4日 周一

琪琪一直对“悠悠荡荡”的游戏乐此不疲，就是将他放在被单上，两个人抓住被单将琪琪摇晃起来。晚上，和琪爸晃完琪琪之后，小家伙抱着两个大脚丫，直接躺着被单上不下来，想到一个好办法，将他的玩具兔放在被单上，和琪琪说，“琪琪，我们让米菲也来晃晃悠悠吧！”琪琪一骨碌翻下来，帮助爸爸抓住被单的两个角，小家伙也像模像样地摇晃起来，体验到不同的角色，宝贝乐得嘎嘎大笑。但摇晃了三下，小宝贝便失去了耐心，一撒手，米菲小兔掉下来，又把宝贝乐得笑不拢嘴。

琪爸给他一个漂亮的瓶子玩，是装着抚触油的黄色透明瓶。谁知道，琪琪现在已经能旋转开瓶盖了，将油油挤得到处都是。琪爸不高兴，直接将他的瓶子拿走。小家伙委屈得大哭起来。琪爸坚持不给，说，“爸爸妈妈可不惯你毛病。”

想到要顺应孩子的天性，也要做到“温柔的坚持”，于是我便抱着大哭的琪琪玩抽屉，以转移他的注意力，直到自己爬进大抽屉玩起来，才忘记漂亮瓶子这件事。

“顺应孩子天性，温柔的坚持，”——面对大哭的孩子，妈妈做到了。

何谓天性？好玩；要求和欲望被即时满足；如得不到满足便直接表达情绪——又哭又闹；对任何玩具往往三分钟的热度；最重要的是不记仇。还有很多，父母肯定都有体验。

为什么要温柔地坚持？这一原则通常用在疏导孩子的负性情绪上，如哭闹和培养孩子的良好习惯。因为以上两者都需要一个过程，都需要以良好的关系为基础。既然是个过程，就不可能一蹴而就，就需要持之以恒。要保持良好的关系，就必须以情绪稳定为前提，温柔就是情绪稳定的代名词。

如果“不温柔”会怎样呢？

要欺负董梁的节奏 8月5日 周二

晚上和琪爸带着琪琪去附近的超市遛弯，琪爸在排队付款，我自己带着不知道要干什么的琪琪，遇到了小伙伴董梁。4岁多的董梁是我们办公室同事的孩子，精力充沛，调皮型。在办公室同事集体活动时，当时两岁多的董梁已经相当结实，会欺负其他的小朋友了。

琪琪本来是在空地上跑，这时我强行抱起琪琪，让他和叔叔、阿姨打招呼，谁知道，琪琪似乎不愿意，在我身上不断扭动，并一上来就转身抓住了董梁的衣领，小伙伴条件反射地向后退，我立马抓住琪琪的手，说，“琪琪，你是喜欢哥哥么？”但今天琪琪不大吃这一套，又对热情伸手要抱的阿姨下手，想一把抓董梁妈妈的脸。唉，说实话，我还是蛮尴尬的。

这种尴尬，不仅是因为琪琪爱动手，还因为自己总是弄不了小宝贝的节奏。好在后来，琪琪对手推车感兴趣起来，蹲在地上，开始拨拉手推车的轱辘、螺丝，不断用小手指抠抠、指指，才转移了要欺负董梁的注意力啊。

弄不了小宝贝的节奏，是因为总想着让小宝贝按照自己的节奏，比如说强行抱起、

打招呼等。对一个1岁的孩子，他哪懂这些世俗的礼节呢?

体验一下养孩子的四个不同境界吧：把孩子当成自己→把自己当成孩子→把自己当成自己→把孩子当成孩子。最高境界，是“把孩子当成孩子”来养!

和外婆视频聊天 8月6日 周三

晚上和远在南方的外婆视频聊天。无论外婆怎样和琪琪打招呼，闲不住的小宝贝在摄像头前都坐不住，一会儿爬走去找玩具；一会儿趴到我大腿上，想让我逗他玩；一会儿拿走手机看几眼外婆，又将手机扔在地上，似乎没有进入视频聊天的状态。今天的外婆似乎也不大在状态，“每次视频，琪琪都是光着屁股在家的，羞羞羞啊，你们大人不给他穿裤子的呀？”“宝贝今天怎么不看着外婆笑啊，是不是不喜欢外婆啊？”“怎么没一刻停啊？”不大有正能量的时候我就会沮丧，似乎我的人生追求就是得到她的肯定，即使在养孩子这件事上。

妈妈对我们姊妹一直高标准、严要求，目的是培养优秀的孩子。这段时间以来，学习剔除自己在当妈妈这件事上的“遗传基因”和潜意识行为。一定要避免自己的情绪焦虑，避免对孩子寄予自己的期望，毕竟我们要做好自己，养育孩子是为了自己的人生更加完满；希望琪琪长大后遇到不开心的事，能够信任我们，从我们这里得到安慰和正确的引导，希望琪琪有很好的心态，一生幸福。

李老师点评：

看到这些思考与感悟，很高兴。

焦虑是在所难免的，每个人都会有，我们所做的就是让焦虑少一点。

佛曰：念起即觉，觉即不随。先别试图理解，而是不断念诵。真正帮你的不是经文本身，而是你念诵经文的行动。

“欺负”琪琪的方法 8月7日 周四

为了引导琪琪能专注地玩上一阵，今天晚上想了好几个办法。

一个是拆东西。琪琪喝完水，我便将他的吸管杯拧开，杯盖、两截吸管都拆开了。这可好了，小朋友总想把吸管装上，但上半截留下的插口怎样都找不着了。插进杯盖上的窟窿，不行，吸管就掉下来；两只手倒换了一把，吸管也插不上。于是看着我开始叽叽歪歪，动手帮他将上半截吸管固定住，小宝贝又专注地开始插下半截吸管了。

一个是骗他。琪琪特喜欢新买的紫草膏，用手指头戳戳似乎很有质感。给药盒玩，

小宝贝送回你手里，指着“要打开”；于是打开后，趁他看盒盖的时候将装满药膏的盒身藏起来，他回头找，我说：“宝贝，你把药膏放哪去了？”小朋友瞬间就凌乱了，伸着头四处找，并且试着拿走地面的玩具，确定这个小药膏不见了之后，开始不好意思地看着我笑，然后自主地转移注意力，开始玩别的东西。

说实话，看见琪琪“不好意思”地笑，我觉得很有趣，但又深深地觉得，这样欺骗小朋友，也许不应该是妈妈的行为。

我没有看到什么“欺骗”，看到的只是一个用心陪孩子游戏的妈妈。

最后一段应把“但又……”之后的文字删掉，要不然短短二十几个字就会把之前的美好全部抹杀。去掉这二十几个字，一种新的思维模式就会渐渐形成。

望注意。

爷爷奶奶哄着睡 8月8日 周五

因为我明天要早起体检，出于琪爸在家无法给宝贝做早饭的现状，我们晚上8点多决定到爷爷奶奶家住，方便让琪琪睡个好觉，也有好的早饭吃。

似乎是天黑琪琪就困了，宝贝在车上时就比平时安静，面对着我、坐在我腿上，两只手竟然张开抱着我的胳膊，或者坐在我腿上安静地看车窗外红红绿绿的霓虹灯。

到了爷爷奶奶家，琪琪一脸严肃，直到爷爷哄着了好一阵，才慢慢恢复了平时的调皮样。爷爷奶奶愿意哄着他睡，这是琪琪第一次不和妈妈睡。事实证明，只要有安抚奶嘴就很好。关上灯，喝完奶之后，听见琪琪在哼哼唧唧，要哭不哭的，然后含上安抚奶嘴之后，没听见任何动静了。过了两三分钟，突然听见琪琪“嘎嘎”地大笑起来，估计是和奶奶在做游戏吧！笑了一阵，琪琪伤心地哭起来。也不知道是因为实在太困了，还是第一次在蚊帐里睡觉，或者真的是想找妈妈了，好在也没有哭得很厉害，哼哼唧唧地睡着了。

事实证明，这个年龄的孩子，不是离不开妈妈，是妈妈离不开他啊！

环境的变化给琪琪提供新鲜的刺激，增长一份不一样的体验。随着孩子成长，离开妈妈是必然，对妈妈的依恋也就不会像以往那么强烈。如何实现对孩子成长的支持，这需要妈妈在“妈妈”的角色里努力与孩子比肩成长。当你能适当放下对孩子的保护时，孩子自然会成长得更强壮。

今天在万达表现很不错 8月9日 周六

上午领着琪琪去万达玩。今天在蛋糕店遇到一场演唱会，美国的乐队唱得很有激情。我们在蛋糕店里坐了一会，带着琪琪吃一些小点心。

要记录的细节就是，虽然吃蛋糕的地方人多，坐得挤挤巴巴，我带着琪琪与其他的三位美女坐在一条沙发凳子上，但琪琪今天的表现很不错，不是传说中的“熊孩子”！

琪琪先是安静地吃完了手里的水蜜桃，然后接受了琪爸给的牛角面包，拿在手里先看了好一阵，然后咬下一口之后，发现好吃，便自己靠着沙发背，非得将大腿放在我腿上，安静地吃起来。

吃的过程中，虽然时不时不老实地站起来，但转过身去揪摆设的小植物，认真地研究着一片细细小小的树叶。

最后，吃到大半饱之后，终于忍不住揪了旁边美女阿姨鲜亮的防晒衣，阿姨转过脸和琪琪笑，小宝贝竟然也回应她笑了起来。

听见服务员“欢迎光临”的语言，便自主地拍手，好几位服务员都过来亲切地和琪琪打招呼。最后，吃完点心，和几位服务员阿姨再见、飞吻，将大家逗得非常开心。

李老师点评：

作为妈妈能如此细腻的观察、记录孩子的一切，很好！

有位名叫马勒的心理学家提出了“分离个体化理论”，认为孩子在四个月以后就进入分离个体化阶段，在此阶段会经历四个亚阶段，即分化、实践、和解、情感客体恒定及个体化。通俗地讲，孩子要慢慢离开妈妈的怀抱，开始要向外与别人交往，建立关系。只是受能力所限，他需要在父母的帮助下，慢慢实现个体独立的目标。

琪琪在妈妈的陪伴下，开始进入实践阶段，并一步步实现个体独立。妈妈对琪琪的依恋需要继续调整了。

挖沙界小能手 8月10日 周日

晚上带着琪琪去海边挖沙。

沙滩上偶遇了一个比琪琪大一个月的小朋友。当调皮的琪琪坐在沙里，用小铲子、大卡车开始了自己安静的玩沙时间，身旁的这个小朋友不敢碰沙子，抱着他往沙滩上放的时候，两个胖墩墩的小脚丫一直往上翘。好在这个小宝贝对大卡车上的绳子感兴趣，让他拉着卡车慢慢走的时候，小宝贝终于坐在沙上，自己玩了一阵。当然，两个小朋友抢玩具的场面时时发生，在抢玩具的过程中，琪琪简直一声不吭，自己使劲地用力夺，另外一个小宝贝时不时喜欢大声吆喝。后来，琪琪呢，被琪爸用沙盖住了脚丫，慢慢盖住了大腿，时不时用手拍、推、握自己跟前的沙子，玩得非常专注。

两个这么大小的孩子坐在沙滩的路灯下，时不时有带着孩子的爸爸妈妈路过进行各种比较。怎么说，这么大小的孩子在生长、发育上都有不同的曲线，有标准么？随着慢慢长大，更会有各种各样的标准，虽然关于如何引导琪琪做最独特的自己，我还没有想法，但以后要想着法子这么做。

让孩子成为“最独特的自己”的最好的办法也许是陪伴，而不是引导。一棵小树，只要阳光水分充足，是不需要告诉它怎么成长的。

成长的力量，每个人天生具备，就像一粒种子。

琪琪害怕“大老虎” 8月11日周一

晚上喂琪琪吃饭的时候，可能琪爸做的面条不是那么美味，小宝贝不愿意吃，嘴巴里满满的一口全部吐出来。于是，地垫上、琪琪身上都是细细碎碎的面条。而且，小宝贝还想逃离现场，要爬走的瞬间，满身、满腿都沾上了黏黏糊糊的面条沫沫。

现场有多不堪啊。

给琪琪洗澡后，我们将宝贝放在他的小床上，开始擦地垫。琪爸喜欢用吸尘器收拾家里，拿出吸尘器。之前不愿意待在床上的琪琪一直吱哇乱叫，看到吸尘器之后立马安静地坐在床上，玩自己的被单。吸尘器呜呜地响，宝贝站起来安静地看着。直到收拾好地板、地垫，琪爸没有及时将吸尘器收起，而是放在靠近电视机的方向。谁知，将宝贝抱下床之后，琪琪站得远远的，并且不停地走动，用手指着吸尘器“吱哇、吱哇”地说话，一点也不敢走近啊。将琪琪抱到靠近吸尘器的地方，小朋友转身就走，与吸尘器保持着至少一米的距离。

哈哈，我们注意到宝贝害怕吸尘器之后，决定以后不想让琪琪靠近的地方，可以用“大老虎”来吓唬他。

每个人在成长的过程中多多少少都是被“吓”大的。心理学的研究提示：为达成父母的某种愿望而吓唬孩子，会妨碍孩子安全感的建立。

也许吓唬会短暂地让孩子远离危险、远离喧闹，但却是以打掉孩子的安全感为代价，得不偿失！

琪琪要荡秋千 8月12日 周二

晚饭后带着琪琪去遛弯。天还很亮，小区里的孩子们还玩得不亦乐乎。遇见好几个小伙伴，都在排队荡秋千呢。和琪琪一般大的小美女夕夕这时候眼馋得不行了，使劲伸出手去抓秋千绳，而秋千上的小朋友还不愿下来，夕夕扑在妈妈肩膀上，急得大哭起来。

本来抱着琪琪隔得秋千远远的，但小朋友要下地走路的意愿很强烈。将琪琪放下来后，他就往秋千方向走，我便拉住他的手并告诉他，“秋千会荡到琪琪身上的，很危险。”但小宝贝全然不顾我的话，一个劲往前冲。他走到秋千跟前，看到秋千上的小宝贝，用手指着，并和我“噢噢”地说话，似乎是在告诉我，让我抱走那个小朋友。见我没有动弹，琪琪高举双手，似乎想自己动手抓住秋千，我强行抱着琪琪离开了危险的地方，但小朋友不顾一切地再往秋千方向使劲抻，要伸手抓。

最后，秋千上的小朋友被抱走的时候，琪琪走到秋千跟前，一把抓住秋千，看着我，让我抱他上去坐呢。

真是行动能力强的小男孩啊。

李老师点评：

前面提到过“标签”的问题（认生），而今天的“行动能力强”就是一个很积极的“标签”。妈妈心中有了“行动能力强”，眼中就看到了“行动能力强”的小男孩。

琪琪的“不担当” 8月13日 周三

注意到琪琪“不担当”的特点有一段时间了，琪琪小朋友似乎是有这样的表现。

晚上，和琪琪一起用彩色笔在纸上画画。宝贝拿着彩色笔并不能很好地画在纸上，而是自己胳膊腿上、地垫上都是，那就回头再给他洗吧。似乎又玩够了，就随手把彩色笔一扔，我在后边拿着笔帽，念叨琪琪，“宝贝，快来把笔帽盖上，彩色笔会画得很脏。”但琪琪全然不顾我的念叨，自己立马走开，找别的新鲜东西去了。

琪琪开始玩发条小象。这只绿色的发条小象头上有两个大耳朵，经常会头朝下绊倒。琪琪把小象送到我手里，眼睛盯着我看，似乎是想我上紧发条。照他的意思，上紧发条，琪琪很高兴地跟着小象背后追，但小象头朝下绊倒之后，我说，“琪琪，快把小象救起来，小象摔坏了！”但他依旧不顾绊倒的小象了，走路的时候绕过去，走到鱼缸前，去翻自己的绘本。

我一直觉得，家里零零碎碎的玩具太多了，孩子玩起来总是不专心。琪爸却嫌乎地说，“这个孩子，自己惹事了立马就跑开，太没担当了。”

李老师点评：

养育孩子的过程中要坚守一个理念：把孩子当孩子养大！

孩子的行为本身没有任何的意义，是成人用丰富的联想，把孩子的某些行为与成人世界中一些褒贬之词连接到一起。如果我们一直用“不担当”给孩子的行为赋意，未来的孩子就有可能真的“不担当”。

为孩子的行为赋上更积极向上的意义吧！你期待阳光，孩子就不会黑暗！

琪琪好奇了 8月14日 周四

最近逗琪琪开心最有效的方式，就是捉迷藏，一直是我躲，琪琪找，虽然琪琪都知道能躲的地方只有那么几个，但小宝贝还是乐此不疲。

今天的捉迷藏过程中，发生了这样一件事。家里面积小，客厅和卧室就一个推拉门之隔。晚上卧室黑着灯，我躲在左侧的推拉门之后，小宝贝特意到沙发后、窗帘后找了一圈，不时发出“咦咦”的动静，可爱得让我心里都痒痒的。这时候，琪琪走到推拉门来了，我屏住呼吸，这时，琪琪先是向右侧的推拉门方向看，突然，宝贝不转头了，明明他一转头就能看见我呀！

小宝贝盯着右侧的推拉门看了好长一阵，我才反应过来了，原来因为卧室黑着灯而客厅的灯亮着，我的影子完全映在窗户玻璃上。所以，琪琪往右侧玻璃门的方向看，玻璃上看见的是我的影子呀。宝贝好奇了好长一阵呢。于是，我干脆抱着他坐在我旁边，琪琪一声不吱，静静地看着窗户玻璃上我们两个人的影子。看了一会，自己爬下床走了。

李老师点评：

多么美好的瞬间！不用多，如果父母每天都能发现一处孩子身上的闪光点，心中何愁没有阳光？生活何愁没有快乐？谨记，孩子身上的闪光点随时随地存在，缺少的仅仅是一双发现的眼睛和安静的心灵。

洗澡时这么玩 8月15日 周五

晚上给琪琪脱衣服洗澡时，发现宝贝的大腿上粘了一块雪花片积木，嗯，那就直接放洗澡盆里玩吧。谁知道澡盆里放满水后，这个塑料雪花片会浮起来啊。这下可有乐趣了。琪琪先是一次次地将雪花片使劲摁下去，发现积木还是会自动地浮起来；然后是用手抓浮动的雪花片，有时候抓不准便抓起一把水，小朋友又乐得嘎嘎大笑；最后是我将雪花片藏在琪琪大腿下，宝贝惊奇地发现雪花片不见了，便用手在水里到处找、到处捞，场景真的很可爱。

第二个玩具是给琪琪洗澡的香皂。给琪琪打上香皂后，我没够着香皂盒而随手将香皂放在马桶盖上，因为马桶盖是塑料的，白色的香皂竟然不停地滑动。琪琪注意到这个动静，为了配合琪琪的好奇心，我特意说，“小香皂，你坐好，不能到处乱走。”这把琪琪乐坏了，哈哈地大笑起来。看着香皂一次次滑动，琪琪特意拉住我给他洗澡的手，示意让我拿住香皂不让它滑走。而我一说，“小香皂，你坐好。”小宝贝就笑得手舞足蹈。今天快乐地洗了个澡。

李老师点评：

能感受到孩子洗澡时的快乐，说明妈妈的内心是舒展的；能配合孩子的好奇心，给孩子制造快乐，也说明妈妈的内心是舒展的。内心舒展，孩子就会舒展，就会快乐。反之，如果内心拧巴，世界也将是拧巴的。

拧巴人是有颗拧巴的心，也就总做拧巴的事儿。

琪琪在迪卡侬　8月16日　周六

今天带着琪琪去迪卡侬玩。以为琪琪会对球感兴趣，于是将宝贝带到皮球区，但小宝贝对球似乎不是很感冒，而直接冲向了自行车区。一排整整齐齐的自行车，宝贝先是不停地摸橡胶轮胎上的花纹，似乎软软的很有质感；然后是不同位置的螺丝钉，总尝试着去拧动；最后琪爸用一个卡通造型的自行车喇叭吸引住了他，于是一直捏在手里听喇叭响。

我们也拖了一个筐，本来是想将琪琪放在筐里可以拖着他走，但小宝贝新鲜地坐了一会儿，就伸出腿非要爬出来，那就让他自己拖着小筐溜达吧。这时，偶遇一个小伙伴，小朋友的框里可全是小皮球等各类玩具，琪琪立马走上去拉着人家的筐就要走。那个小伙伴立马吓得开始哭，一边哭一边大声喊，“这是宝宝的，这是宝宝的！”而我越是要拉走琪琪，琪琪越是使劲拽着那个筐不撒手，而且整个过程，强悍的琪琪一声不吱。

没办法，我强行掰开了琪琪的手指头，那个小伙伴已经哭得坐在地上了。唉！

拉走不情愿的琪琪之后，小朋友的注意力很快又被转移了。

李老师点评：

文字里琪琪淡定且正大光明地“惹祸”，但并未激发父母的焦虑，这点值得肯定！

孩子做的事情本身是正常的，此处的“正常”常把父母的心揪起来，有些父母，焦虑先于一切发挥作用，硬性的言语及行动随之介入。这样，孩子以及父母的注意力范围就都被禁锢在了“惹祸”的行为上，父母的智力水平迅速降低，双方的行为互相强化，开始恶性循环——小的哭，大的叫。

那么多人都爱琪琪 8月17日周日

琪琪的二姨奶奶最近从天津回来了，时常到我家来帮忙照看琪琪。这个二奶奶，从琪琪出生以来就很亲他，就时常过来照看。这两天我在外出差，据说，二奶奶都能独自抱着琪琪坐公交车回她自己家，在她小区里玩好一阵。宝贝高兴得嘎嘎笑。

今天晚上二奶奶再来家的时候，琪琪和她已经再次很熟了，还时不时爬到二奶奶腿上玩。二奶奶横抱着琪琪开飞机，宝贝配合地张开手，高兴得合不拢嘴；喂琪琪喝水，小宝贝喝水吐出来，满脸、满身都是，二奶奶耐心地给换，还逗琪琪嘎嘎地笑；看见二奶奶包里的大墨镜，琪琪还伸手要拿，不住地往自己脸上带，肯定是二奶奶带琪琪出门的时候带着大墨镜呢。小宝贝别提多开心了。

正在思考的问题是，现在的小宝贝，家里长辈那么多人，物质上每个人都在满足他成长的需求，精神上都非常喜欢他，非常爱他，几乎都是怎么开心怎么来。琪琪应该是很幸福的吧！是父母怎样的行为，会导致孩子缺少安全感呢？

李老师点评：

首先要明确，从某个角度讲，心理学是“后言学说”，不是“预言学说”。通俗地讲，就是我们先看到了某类行为，然后说是因为“安全感缺乏”造成的，但不能说“安全感缺乏”就一定会导致人的某类行为。

其次，“安全感”只是某些理论流派的心理学家，为解释人类的某些行为而“创造”出的一个概念，并非“真实的存在”。

现在这个概念到了你的大脑当中，并造成了你的焦虑。如果让它继续驻扎下去，就一定会产生消极的影响。驱逐它，别理它，把注意力放在爱孩子的行动上，远比纠结于一个虚幻的概念更重要。

琪琪想妈妈吗？ 8月18日周一

别说，琪琪的适应能力很强。

中午给宝贝打电话时，问琪爸宝贝这两天的表现，说和以往没有大的差别，白天问宝贝妈妈在哪里呀，琪琪便指指墙上的照片，然后继续玩手中的玩具。晚上睡觉时由奶奶哄睡，但时不时想叽歪时，给安抚奶嘴，然后趴在爸爸宽厚的肩膀上就能平静入睡。

我自己估计，琪琪最多在情绪上没那么嗨，总体上真是表现很棒的小宝贝。只是五六天的时间对于这个大小的婴儿来说，真是很长了。宝贝加油，相信妈妈很爱你，相信妈妈很快回来了。

和琪琪打电话，我叫“琪琪”，宝贝回应“baba”；我叫“小宝贝儿”，琪琪回应“ba”；然后听见他一长串的“LuluLulu”；最后我说，“宝贝再见吧！”然后听见琪爸说，“哦，这样和妈妈再见呀！”我估计，可爱的琪琪在和我飞吻吧！

李老师点评：

俗话说：儿行千里母担忧，母行千里儿不愁！

父母的这份担忧，这份对孩子的相信与爱，无论在时空上相隔多远，孩子都会感受得到，因为父母已经内化在心中。儿，之所以不愁，不仅是因为适应能力的强弱，更是因为父母在心中的形象——高大、无所不能。

思考一下：母子之间的“相濡以沫”和“相忘于江湖”，哪种更代表心理的成熟?

琪琪和汤姆猫做游戏 8月19日 周二

琪爸今天和我说，宝贝今天和手机上的汤姆猫玩了很长时间，非得用手指头不停地戳它，然后看这只大猫有什么不同的反应，看它被戳晕了还嘎嘎大笑，发出自己的动静，听它的回应；做游戏的时候，非得发射泡泡做游戏，看不同颜色的泡泡弹出便乐得开花了。嗯，通过这几句描述，我都能想象出宝贝专注玩手机的场景。

琪爸说，要不给他买个iPad玩吧。我回应他，买也行，但明确一下，是想买给他玩，还是我们自己想玩。虽然很多孩子把这么多电子产品当玩具，但我一直有点排斥，我总觉得，靠手机，靠iPad，靠电视机吸引住孩子的注意力并不那么可取，希望能带孩子多到户外活动，多带着他游戏，学会互动，甚至长大后带他过精神富足的生活，是不是更好一些。

希望自己能坚持。

李老师点评：

客观外界事物作用于人的感觉器官，通过大脑的活动将客观外界事物变成映像，从而产生了人的心理。由于每个人固有经验的不同，因此在每个人头脑中形成的映像就有了或大或小的差别。

在这个信息时代，电子产品大量普及，本身无所谓好坏，关键在于我们如何使用。同意妈妈的观点，再多的电子产品也无法取代亲子之间的互动，无法取代亲子之间情感的链接与交融。

有“熊孩子”出没 8月20日 周三

下午乘坐大巴车从张家界去长沙，车程好几个小时，挺长的。过了午休时间，车上的孩子们纷纷睡醒了，都一个个扎堆开始闹腾起来。先是祝姐外甥将整桶矿泉水洒在车里，整个一排，大家放地上的行李都泡水了；接着是她闺女将水洒在自己身上，整个座椅、小朋友全身都湿透了，小朋友还乐得哈哈大笑；接着有个7岁的、掉了两颗门牙的小朋友满车厢跑，这可是湖南的国道，拉着50来号人的大巴车上，时速至少70~80码呢。家长们心态普遍挺好的，至少没有表现出烦躁；我的想象中，我们这代人小时候如果有这种表现，肯定得挨揍，但现在的孩子似乎都是这样了，所以，对于我这种有孩子的人来说，似乎也能接受孩子的这种闹腾。

另一辆车上，王姐带着12岁的宝贝出门，爱闹腾的孩子扎堆之后，叫外号、揪小辫时时发生，家长们都有打不完的“官司”。这个王姐为人也谦虚礼让，总是教育自己孩子的不对。小朋友总是冤得直叫：“妈妈，你要相信我！”

对于养孩子，真是一个家长一个养法。

每个人都是这个世界上独一的——父母是，孩子也是。所以，一个家长一个养法是必然的。但“养法”背后有父母教育理念的支撑，如果在这个层面上父母没有深刻的思考，就会被某些“理论”“绑架”，比如“穷养儿富养女”、“不能让孩子输在起跑线上”，等等。到了这一步，又必然会出现雷同。

任何理论都必须通过我们大脑的独立思考与消化理解才会真正起作用，“拿来主义”是行不通的。

孩子玩得很快乐，但在这种公共场合是否合适呢？素质教育，有多少人真正想过什么是“素质”这个问题？

琪琪见到妈妈了 8月21日 周四

到家的时候已经是傍晚6点多了，琪琪正在吃晚饭。打开门，我放下行李，问：“琪琪，你在干什么呢？”琪琪才抬起头看见我。瞬间，宝贝瞬间“嗷”的一声大哭起来，满嘴的饭从嘴巴里喷出来。琪爸赶紧把宝贝抱起来，我迅速去卫生间洗手换衣服，瞬间，我也泪如雨下。琪琪哭一嗓子后，立马从爸爸身上要下来，快速走到卫生间看我。等我洗完手蹲下要抱他时，琪琪扑上来，立马就笑了。

之前设想过，五天时间没看见妈妈的琪琪，见到我会有怎样的表现。是不是有点生疏了，会继续低着头玩玩具，要哄一阵才能熟悉起来；或者生气了，直接不理我；或者扑到我肩膀上使劲地咬我一口，没想到宝贝自己先哭起来。琪爸分析，晚上琪琪见到我而大声哭的表现，是因为太激动了，所以哭完立马自己跑到妈妈跟前，伸出手要抱。

后来，没吃完饭的琪琪谁什么也顾不上了，我坐着吃饭，站着收拾东西，宝贝也一直黏着我。即使我去洗澡，宝贝在卫生间门口敲门，直到被二奶奶抱走了。

孩子亲妈妈、孩子想妈妈了。其实我们不需要分析原因，只要给予孩子积极的充满情感的回应即可。爱，不是用言语表态，而是陪陪、亲亲、夸夸、抱抱。妈妈对儿子的爱是如此，儿子对妈妈的爱也是如此。

和琪琪一起看视频 8月22日 周五

晚上和琪琪一块读绘本《谁哭了》，是告诉小朋友们，大家已经不是小宝宝了，不能再哭了。翻到最后一页，有一个小小熊在哭。我问琪琪，“宝贝，怎样哭呀？”琪琪便挤着眼睛“呜呜”地回应我，然后看着我再哈哈大笑。

瞬间我想出一件有意思的事，就是找出相机上的视频，让琪琪看看自己哭的场景。第一段是月子里的琪琪，当时是脖子歪到一侧了，时不时发出哼哼唧唧的动静，应该是很不舒服吧！还不会照顾孩子的妈妈，还在录视频。第二段是在宝贝130多天的时候，琪爸大清早在逗宝贝，这时候的琪琪已经学会用手指戳到嘴巴里，开始“啊、啊”地哭。最近的一段，是琪琪骑绿色大马，正是心情不好的时候，我在录视频问他，“琪琪怎样生气呀？”琪琪立马用手指戳到嘴巴里，“嗷”地哭出来，眼泪啪啪地掉。

琪琪很震惊地看着视频里的自己，一直很沉默，似乎沉浸在哭泣的场景中缓不过来。我拿着绘本说，“琪琪，你看，谁哭了？”宝贝竟然，“嗷”的一声，又哭起来了。

妈妈“瞬间想出一件有意思的事”，并且把宝贝弄懵了、弄哭了，让我看到了妈妈心态的平和——游戏的心态一定是平和的，游戏的心态也是亲子之间一种很高的境界。

游戏，不是不认真，而是不那么严肃。

妈妈的纠结 8月23日 周六

和琪琪外婆视频，宝贝坐在摄像头前吃饭，但闲不住的琪琪要不就是跑远，然后被我抓回来，要不就是手里拿着东西，低着头专注地玩。我顾不上和琪琪外婆聊天，就听见摄像头那边的琪琪外婆在和别人聊天。

“这个宝宝吃饭很棒，一口一口吃，长得很结实。”

“应该是，个头很高。”

“怎么就是没一刻停，吃饭也得拿着东西玩，还到处跑。”

“等他来这，在我跟前也这样跑，我得好好教他，哪能这样没一点规矩没原则。”

整个上午，我都质疑我妈妈的话，现在的琪琪是很没有规矩的表现么？那什么样的孩子是规矩的？这个年龄段的孩子，得用什么样的规矩来教导他？现在这个社会，听话的就是好孩子么？我们从小就被教育要遵守这种礼节、那种规矩，真的就很优秀么？

质疑是质疑，但吃晚饭的时候，在琪琪奶奶家，爷爷奶奶一直百依百顺的行为让我也挺质疑的，这个方式也合适么？那问题是，爷爷奶奶、外公外婆都是外人，他们有他们亲孩子的方式，那我呢，作为妈妈，我到底该怎么办？

李老师点评：

外婆的言语勾起了你怎样的回忆与情绪？爷爷奶奶照看孩子的方式又引起了你怎样的担心？社会上宣传的各种教育理念是否也让你左右摇摆过？有了纠结，就有了思考。但不要被纠结引起的情绪所控制，更不要把这种情绪带到养育孩子的过程中来。让自己的心静下来，沉下来，就可以淡看外界的波诡云谲。反之，就会被轻微的风云变幻左右。

最后还是“闯祸”了 8月24日 周日

今年公司的家庭日活动，是组织孩子们到世博园参观。总体来说，琪琪今天表现很好。同事们过来逗琪琪玩，宝贝乐呵呵地和大家笑，本来不大的眼睛笑起来都成一条缝了。一路上，琪爸抱着琪琪，我拉着同行小哥哥的手一起走，小宝贝回头看着高兴地笑，一个劲要和小哥哥顶顶头。琪琪一旦到了自己喜欢的场所，就玩得非常专注，在童梦园里看泥雕小人，都入了迷，用小手拍打小人的各个部位。吃饭的表现也不错，不论是面条稀饭，还是水果，都大口吃，让同行的阿姨、奶奶一个劲夸奖。玩得非常嗨的一整天。

直到晚上吃饭的时候，奶奶帮琪琪夹鱼肉的瞬间，一巴掌打在奶奶脸上。我拿过琪琪的手，收起笑脸说：“琪琪，这样做不对。”今天一直心情舒畅的宝贝又一巴掌打过来，将我手里的饭碗打掉了，汤汤水水洒了一地和我一身。我抓过琪琪的小手，用力打了他一下，没忍住的琪琪于是哭了起来。

李老师点评：

晚饭时的小插曲，让这美好的一天有了跌宕起伏，但妈妈并没有因白天的美好而加重对宝贝“不良行为”的恶评和惩罚——孩子就是孩子，但妈妈的表现却越发成熟。

思考一下：对于这么大的孩子，是“闯祸”正常，还是“不闯祸”正常啊？

琪琪会看书了　8月25日　周一

琪琪最近长了好些本事，会堆积木了，会倒着走路了，会睁只眼闭只眼出小样了，其中，最大的本事是会读书了。

下午照看琪琪起床、喝奶后，我说，“宝贝，我们一起看书吧。”小朋友先是要抢走我的书，看见一页页黑乎乎的字，便到自己的书架前，一本一本抽出，直到抽出第四本《打开打开》，一把拿起走到我跟前，并坐下，用手指一直戳戳戳。

我开始给他讲，“第一个漂亮的小盒子，打开打开，呀，是小熊。”琪琪高兴地扑上前，亲了小熊一口。分别打开了好几个漂亮的盒子，琪琪都认真地听着，到最后一个蓝色的小篮子，我快速地翻到后一页，“打开打开，呀，是小猫咪。”琪琪高兴得哈哈大笑，不断地拍手。

读完第一遍，琪琪再次拉着我的手，不断地指着这本书，我便开始读二遍。第一个漂亮小盒子打开的是小熊，琪琪看完第一个盒子打开后，一把拿走了绘本，并把书合上，原来，这个金灿灿的小熊和封皮上的小熊是一样的呀。琪琪是非常喜欢这只小熊啦，又一把扑向前，亲了一口。

李老师点评：

“琪琪最近长了好些本事，会堆积木了，会倒着走路了，会睁只眼闭只眼出小样了，其中，最大的本事是会读书了。”——相信任何人都可以想象得出，当妈妈写下这段文字，以及在生活中观察到孩子进步时的那份喜悦。也相信，所有妈妈在孩子小时候都会有如此细腻的观察与体验。

问题是，为什么随着孩子的成长，妈妈们就渐渐丧失了这种能力了呢？

原因很简单，因为我们对这么小的孩子没有预期，没有固定的标准——几个月学会堆积木，几个月学会倒着走路，几个月学会读书……所以孩子的任何进步都出乎我们的想象，我们都会因此而欣喜若狂。

随着孩子渐渐长大，“应该”就出现了——应该讲卫生，应该有礼貌，应该和小朋友团结友爱，应该考100分……而随着预期与标准的建立，进步成了理所当然，亲子之间的那种良性互动以及由此带来的愉悦心情就消失了。

琪琪太爱叽叽歪歪了　8月26日　周二

说是小孩病一次长一次心眼，出差回家这几天，琪琪奶奶说宝贝也有明显的长心眼过程。我这回家几天的时间里，发现琪琪确实哼哼唧唧的时候越来越多了，想够东西时也唧唧，想吃零食时也唧唧，没达到他的目的时也唧唧，有时都能冤得哭起来。

下班到家的时候，马上到晚饭点，宝贝唧唧着要到厨房去，奶奶正热火朝天地做着晚饭呀。我洗完手抱住他，哎呀，宝贝似乎没有了前两天亲妈妈的那个劲，而是各个方向使劲扭，无论哪个姿势都不如他的意。叽叽歪歪得着实让人不知所措，于是，琪爸只能用他最独特的一招，逗汤姆猫玩，从而转移了小宝贝的注意力，让他能专注地坐下来。

晚饭后，给宝贝洗澡后，本来是床上的亲子时光，琪琪似乎在白天没有很好地发泄精力，一个劲地往床头爬，开灯－关灯－开灯－关灯，快把开关玩坏了；又在床上、床下爬，茶几上爬，即使拿出他感兴趣的绘本《打开打开》，也被小宝贝一把揪走，直接扔在地板上。

今天晚上的琪琪，让我筋疲力尽。这是宝贝在长大的表现么？

很多父母有意无意地会用头脑中“既定的框架”——想象中孩子应该怎么样，或者育儿宝典上明示的孩子发展规律来要求孩子，结果往往事与愿违。就像医学院学生毕业后到临床发现：病怎么不像教科书上说的那样啊？！

三岁，是孩子生理、心理发展最迅速的时期，所以不要用既定的框架去要求孩子，也不要用昨天的眼光来对待孩子。

孩子正在迅速地成长，父母要跟上节奏。

琪琪的浮躁 8月27日 周三

今天家里有点乱糟糟的，琪琪几个爷爷奶奶白天带着太姥爷去养老院咨询入住事项，下午，家里又坐了满满一屋人，一直在讨论这件事。琪琪也一直处于被多人逗着玩的状态，似乎情绪也很浮躁。

琪琪的晚饭是米饭和香菇油菜，用平时喜欢的玩具，甚至用他最感兴趣的车钥匙，也没能吸引他的注意力。吃饭时紧紧闭着嘴，一把把饭碗推开，开始不停地爬上茶几、沙发，甚至自己爬上床，高兴地打滚呢。琪爸只有用交换条件哄吃饭，比如，知道琪琪一直想去外边玩，琪爸便哄，“你吃一口饭，爸爸带你去乘坐电梯。”本着不欺骗孩子的心理，只能吃上一口，便抱着琪琪去电梯里转一圈；回来吃一口，玩一圈，直到最后把米饭吃完。

说实话，我还挺烦躁的。用这种方式给孩子喂饭，我本来是最反感的。但家里老人都在说话，我在这个环境下不知道怎么办，只能顺应着他来。甚至，琪琪都有心眼了，在人多的场合，可真是为所欲为啊！

李老师点评：

突然看到这么多人，多好玩啊，吃饭多耽误时间啊。

孩子不吃饭大约有这样几种情况：❶有更重要的事情，比如玩；❷根本就不饿；❸控制爸爸妈妈的一种方式——我不吃就有人哄我……

家长着急的原因也有几种：❶必须让孩子养成按时、定点、定量等吃饭的好习惯；❷不能让孩子缺了营养；❸缓解自己的焦虑，孩子不好好吃饭是毛病啊；❹体现自己存在的价值，连个孩子都喂不饱？可以对号而入座。

床上的亲子时光 8月28日 周四

琪琪今天的情绪很好，重新回到“天使宝宝”的状态了。

琪爸为了参加明天的考试，躺在床上看书。给琪琪洗完澡以后，也将宝贝放在大床上，穿衣服。琪琪一爬上大床便高兴得嘎嘎大笑，光屁股仰头躺在爸爸身上、翻滚、大笑，看见我抓他穿衣服，更高兴坏了，使劲往窗户方向走。收拾好琪琪之后，琪爸便主动挪地，将大床让给我和宝贝玩，谁知道，宝贝急坏了，爬下床主动拉着爸爸，然后“嗯”、“嗯”地指着大床，是想和爸爸一块躺在大床上呢！那我主动下床，去收拾地板上的玩具吧。谁知道，刚爬上大床的琪琪又爬下床，主动拉住我的手，往大床的方向使劲，呀，宝贝是想三个人都躺床上玩呢！

在大床玩了一阵之后，宝贝似乎是要爬下床自己找玩具了，这时候，逗琪琪说：“宝贝，爸爸妈妈关上门睡觉了哈。宝贝晚安，你自己上小床睡吧。”说着我便关上推拉门。宝贝急坏了，小跑过来，一把将推拉门推开，并瞪着眼看着我，两只手使劲拍，以表示他生气了。哈哈，笑坏我们了。

李老师点评：

是宝贝的努力，造就了这样美好的“一家三口床上的亲子时光”！不知这温馨的一幕会在孩子心中留下怎样的印象？也不知多少年后，它又会引发怎样的情感波澜？

于快乐之中制造些许的变化——宝贝急，父母笑，再一次彰显了妈妈的“调皮”。

琪琪骑车了 8月29日 周五

一到周五，琪爸便按捺不住了，说晚上一定要带琪琪出去玩，去离家最近便的麦德龙吧。超市宽敞、人少，琪琪好抬腿就跑啊。

在自行车区，琪爸发现一个滑板车，小宝贝可以坐在上边。这下可欢乐了，琪琪坐在隔层上，先是全身不敢动弹，脚丫不敢离开地面，被琪爸扶着走了几步后，琪琪敢将脚丫踩起来了。哈哈，这时候，琪琪直接紧紧地抱着前边的扶手，脚不敢踩在地面上，只是时不时吆喝琪爸，让爸爸推着走。适应了小车之后，琪琪甚至直接站在脚踏板上，虽然不大会用脚丫蹬着车滑行，但会试着扭扭前边的车把手，简直高兴坏了。

这时候，琪琪转眼又看见了展示区的自行车，直接指着红色的小自行车，法拉利啊，要骑起来。哈哈，这个好动的小宝贝。琪爸将宝贝抱上小自行车，神气的琪琪两个小手紧紧地把着自行车车头，还时不时扭动起来，一会眼睛又盯着脚踏板，两只脚丫还使劲往下踩呢，瞬间仿佛长大的琪琪会骑自行车啦。

李老师点评：

观察越来越细致，描述越来越流畅，情绪越来越稳定。

不知是对孩子的观察改变了我们，还是我们改变了对孩子的观察。

我们在变，孩子也在变，唯愿越变越好。

领琪琪看话剧 8月30日 周六

到开学季了，贴心的物业组织了好些小朋友的活动，晚上就有一出话剧表演，叫《海豚小哆菲》。舞台设计、灯光以及背景布置都非常漂亮，开始，我想等演员们撤了，得领着琪琪上舞台上去玩呢。

琪琪专注的时间并不长，看到舞台上漂亮的姐姐们一起跳舞的时候，或者看见灯光变化的时候，琪琪会转过头目不转睛地盯着；其他时候呢，要不戳戳前边的阿姨，或者摸摸旁边漂亮小姐姐的板凳，后来我干脆抱着他走出了观众区，围着大舞台遛弯，那些大铁架子、音箱，以及从舞台上撤出的道具，那可是琪琪最喜欢的东西啊！不让宝贝摸摸这些东西，就会在舞台后吆喝。于是，还是没等到演员们谢幕，只有带着琪琪提前回家了。

有一个细节也有挺有意思的，剧情里有个大鲨鱼，一个高高的男演员画着黑黑的眼圈，要出来吃漂亮的海豚，不少年龄尚小的小朋友可是吓哭了。抱着琪琪在舞台后遛弯的时候，遇到这个大鲨鱼哥哥，琪琪竟然伸出手要去摸摸人家，可真是“初生牛犊不怕虎”啊，哈哈哈哈。

李老师点评：

妈妈对于孩子注意力的不停转换（戳戳这个，摸摸那个……）表现出了完全的接纳，也没有执着于自己开始时的预期（等演出结束领孩子到舞台上玩），而是顺应孩子的天性，把观看正规的话剧表演转换成了随性的“游荡”，少了些刻板，多了些从容。

初生牛犊不怕虎。为什么？因为孩子的恐惧在很大程度上是跟父母学来的，另一些则是父母通过言语灌输给孩子的。

琪琪的“腻歪” 8月31日 周日

8月的最后一天了，早晨、晚上出门都能感受到秋天凉飕飕的风了。

琪琪最近显然是长大了。最明显的是，他还是只会发出“baba”的音节，但他会亲密地爬到我们身上，不停地叫“baba”了，而且，他已经会点头、摇头来表示他的意愿了。

上午琪爸在家收拾厨房，给中午的客人准备午饭，琪琪时不时想到厨房去看一看究竟，但被我抱在客厅里玩了好长时间。这时候，琪爸回到客厅休息，琪琪立马爬到爸爸身边，张口“爸爸”，琪爸回应“琪琪”；琪琪也跟着回应“爸爸爸”，琪爸乐呵地回答“琪琪琪”；最后，琪琪竟然发出深情的声音，“爸！”琪爸也这样答着，“琪！”看这个场景，快亲死了。

“宝贝，你喜欢爸爸么？”点点头。

“琪琪，你喜欢妈妈么？”点头；看看我，然后摇头。看见我要开始“欺负”他，立马嘎嘎笑，爬开，还会逗妈妈玩呢！

“宝贝，我们去洗澡，好不好？”使劲点点头。

“琪琪，我们不吃葡萄，吃碗米饭好不好？”摇头，不愿意！

李老师点评：

可以肯定，每个家庭都曾出现过这个“快亲死了”的场景，亲子之间也一定上演过无数次这样的“腻歪”，可有几人能记录下这美好的瞬间呢？

随着时间的推移，随着我们慢慢老去，有一天当我们回首再看到这段记录的时候，会有怎样的心情？当我们的孩子也有了孩子的时候，当他们再看到这段记录的时候，又会是怎样的心情？

妈妈的恼火 9月1日 周一

从下午回家后，我就感觉自己一阵恼火。

琪琪奶奶给我讲了下午发生的打人事件。小伙伴夕夕想玩琪琪手里的汽车，但不敢抢，就直接站在琪琪面前哭，琪琪小朋友一巴掌直接拍在夕夕胸前。琪琪奶奶说，“琪琪肯定在寻思，站我跟前哭什么哭，一巴掌把你打开。”把琪爸、琪琪爷爷逗得哈哈大笑。

看见一家人都在大笑，宝贝也高兴得鼓掌。瞬间，我就觉得这个气场不对，打人事件有那么好笑吗？这么小的宝贝看见大家笑，以为自己是对的呢！于是，琪琪跑到我跟前笑着鼓掌的时候，我拉下脸，一把抓住他的胳膊问，“是不是打小朋友了？”琪琪看见我低沉的脸色，也是甩出他的胳膊，使劲拍手，表示他生气了，然后一巴掌打在我大腿上。

总之，我很恼火，似乎看见这个“天使宝宝”的种种坏了。

“天使宝宝”不能有种种“坏”吗?

其实，所谓的好坏只是成人给予孩子行为的一种评价，这里面掺杂了很多我们个人的喜好，跟孩子的行为没有太大的关系。比如，孩子一巴掌拍在别的小朋友胸前，跟妈妈认为的“打人”，根本就不是一个概念。在孩子还没有语言表达能力的时候，肢体动作仅仅是他们表达自己想法或情绪的一种方式。

琪琪会挑衣服穿了 9月2日 周二

天气转凉，早上起床后，打开抽屉给宝贝找秋季的衣服了。

打开抽屉，琪琪立马跟过来，开始揪自己的衣服。小背心、小T恤，直到找到他的小衬衣，我想拿出给他穿上。但宝贝似乎对手里的小背心更感兴趣，一直揪着，并爬到沙发上，正儿八经地坐好，时不时用手指指划着这件小背心。我抓过他的胳膊穿衬衣，但显然小宝贝不愿意，开始叽歪，然后举着小背心给我。我晕，这是要开始自己挑衣服的节奏么?

最近给小宝贝穿衣服、脱衣服是有点费劲了，因为无论如何，他都不愿意。尤其是尿裤子之后，将湿漉漉的裤子脱下来，可费劲了。早上给他穿好衬衣后，想解开他的尿布，先是自己在床上各种爬，不想让我抓住他；然后，强行给解开之后，琪琪哭得那个伤心欲绝的劲，直到最后哄着他去扔自己的尿布才缓过来。

我总觉得，琪琪似乎偷偷地在长大，似乎在生活的点点滴滴都体现出来了。要跟上孩子成长的步伐呀，想看看其他的妈妈，是怎样和这个阶段的宝贝斗智斗勇。

李老师点评：

孩子的成长，尤其是心理的成长，往往超乎成人想象。

孩子的行为，当用成人世界的思维去解读时，往往是误读。这时候，就要求成人能适时放慢自己的脚步与思维，耐心地陪伴孩子体验成长的快乐！

接纳你们的情绪 9月3日 周三

晚上琪爸和宝贝在家闹着玩。一会儿嘻嘻哈哈，一会儿叽叽歪歪，两个人找出了各种玩具，摆满了整个地垫。近期，琪琪越来越愿意玩一些“奇怪”的东西，夹子、奶粉勺、小喷壶，玩得还挺专注呢。当时吃完葡萄后，宝贝要玩装葡萄的大碗，还一直将小玩具往大碗里装呢。然后，装满玩具后，琪琪想端起这个碗，结果将这个大碗砸碎了。

琪爸瞬间愤怒了，一把抓起琪琪吆喝，开始“打”他屁股。宝贝看见爸爸的情绪变化，又被摁在床上，手足无措，开始大声哭。要接纳你们的情绪啊！于是，我处理完地面上的玻璃碴子之后，抱开琪琪，让琪爸处理他自己的情绪。而面对这个不知所措的琪琪，我也只是抱着他来回走动，让他大声哭。

有个说法，宝贝有的行为不能接受，但他的情绪要全部接纳。有时候，宝贝有情绪了坐在地上哭，怎样做才属于接纳宝贝的情绪呢？比如，他打人是要表达他的情绪，那该怎样引导他，有一种合适的情绪表达方式吗？

李老师点评：

在这个问题上，我更想带你换个思路去看，而不是直接告诉你该怎么做！

想一下：“一个有问题的孩子”和“一个孩子的问题”有什么不同？

当关注孩子的“问题”时，问题就被放大，父母眼里就很难再看到孩子的其他部分。一定要转换思维：问题是小的，孩子本身是大的！另外，把孩子当人看。是人必然有人的本性，即有七情六欲。当你能足够了解和尊重人性时，你的这些困惑自然不复存在。

能哭能笑的小宝贝 9月4日 周四

琪琪最近很能哭。晚上，琪爸下楼去送爷爷奶奶回家，我带着琪琪在家骑绿色的大马。忽然，琪琪转头，看见书桌上的笔记本电脑了，因为以前成功地摁开了电脑，出现了琪琪照片的桌面，所以这会儿，琪琪指着电脑，一个劲地要往书桌上爬。我用绿色的大马、积木以及空插排吸引他的注意力，都没能成功。没让他玩，于是，宝贝开始放声大哭。

宝贝骑在绿色大马上闭着眼哭时，会时不时睁开眼看看我，有时用小手擦擦眼泪，然后一把擦在大马眼睛上，我就差点忍不住笑出来了。这时候，琪爸回来说，“服了你了，在电梯里都能听见你哭！”一听到“服了你了”几个字，宝贝竟然笑了！

尽管天黑了，带着宝贝在小区里遛弯。一出门就欢呼雀跃，大声吆喝，一旦开始你追我撵的游戏，趴在爸爸肩膀上的琪琪便嘎嘎大笑。旁边路过的宝贝妈妈们都停下来，看看这个欢乐的小宝贝，都说，“这个宝贝真爱笑！”

真是小孩的脸，说变就变。

哭笑既是孩子情绪的表达，也是满足自己需求的沟通方式。孩子哭笑，在很大程度上是由父母的反应来决定的。如果通过哭，自己的需求就可以被满足，那么哭便会延续下来，变成一种控制父母、满足自己需求的重要手段。

小孩的脸可以说变就变，但父母的心可要保持稳定。

在小哥哥家 9月5日 周五

晚上领着琪琪上朋友家玩。家里有一个7岁大的小哥哥，自己在家玩呢。

看见大鱼缸直接摆在地上，里边两条较大的金鲤鱼游来游去，琪琪一把就要伸进手去抓，我拉住他说，“可不敢，小鱼会咬你呢！”于是小哥哥领着琪琪到封闭的鱼缸旁边玩。这个封闭的鱼缸亮着灯，里边好多水草不停地摆动，非常漂亮。可能因为都是小鱼以及小小的螺类，琪琪压根没看见，一会儿就腻了，开始玩小哥哥的玩具。这个性格好的小哥哥在一旁认真地给琪爸讲解，鱼缸内的各种鱼以及螺类的名称。这么小的年龄就能讲出这么多东西，真棒。

看见琪琪在玩自己的玩具，这个小哥哥走过来拿起车，想给我讲讲他最得意的玩具。谁知道，琪琪一把站起来，直接拍在小哥哥肚皮上。我已经见怪不怪了，就摸摸小哥哥的肚皮，和琪琪说，“宝贝，你的小手是往哪儿放呢？轻轻摸摸哥哥就行了。”又和小朋友说，“弟弟是想和你打招呼了，他还不会表达自己。”小哥哥一把拉着琪琪说，“没事没事，我送给他一个玩具吧！”

李老师点评：

妈妈对于孩子“充满个性”的打招呼方式——“直接拍在小哥哥的肚皮上”，已经有了很好的认识和应对策略。相信在这样的引导下，随着孩子的成长，一定会逐渐找到并掌握更好的方式。

关于孩子“打人”行为的解释及应对，可参看7月15日、7月28日的日记。

琪琪在游乐场 9月6日 周六

下午领着琪琪去万达广场玩。在二楼的游乐场里逗留了好一阵，琪琪最先是对摇摆车感兴趣，这个游乐场的摇摆车显然太多了，宝贝看花了眼，不知道要坐哪一个。坐在米老鼠上，转了几把方向盘，使劲摁了摁屏幕上的小老鼠，就指着小飞机要坐上；坐在小飞机上，对眼前的各种小摁钮感兴趣了一会儿，又立马就对大马车感兴趣，直到遇到一个较大的双人汽车型，琪爸也坐上了上去，宝贝竟然高兴得哈哈大笑，狂奔向爸爸在的那个摇摆车。

在商场里，琪琪这个也要摸摸，那个也要打开，终于遇到一个喜欢的玩具——会滑动的小木马。就说孩子玩玩具是有天性，琪琪一坐上小木马，就知道两个手紧紧地把着扶手，两个脚丫就开始在地上蹬。小木马滑动起来后，琪琪还不大能掌握好平衡感，于是时不时撞在货架上。但小宝贝一直很乐呵啊，哈哈哈地大笑，怎么都拉不下来，直到最后用荡秋千的方式吸引了他的注意力，玩起来了。

这个年龄段的小朋友，三分钟热度，真是不知道买怎样的玩具合适啊！

李老师点评：

孩子正处在一个高速发展的年龄段，“喜新厌旧”、“三分钟热度”正是这个阶段典型的特征。在孩子眼里，任何的东西都可以是玩具，比如一个纸盒、一个瓶盖、一把钥匙，等等，都会玩得不亦乐乎。所以，聪明的家长，大可不必把目光仅盯着商场中出售的玩具。当孩子能够把整个世界都当成玩具，从而玩于股掌之间时，他就成了整个世界的主宰！

和琪琪独处的时光 9月7日 周日

难得琪爸今天中午去参加同事的婚宴，我和琪琪两人在家，我觉得很 high。

现在的琪琪已经能自发地坐在地垫上，玩好一阵自己喜欢的东西，比如家里肥皂盒的托盘被拆开了，宝贝尝试着逐个套上；用钥匙插小床上大小不一的洞洞，还懂得用不一样的钥匙去尝试了；我们坐在地垫上和外婆视频聊天的时候，玩了一阵，宝贝觉得无聊了，就自己爬到床上，用舒服的姿势坐着玩子弹积木。看见我去找他，还扑哧一笑，以为要和他玩捉迷藏了。即使他的这种专注只有 10 多分钟，或者更短，但已经能让我去厨房给他做午饭了。这比之前，我一到厨房做饭，他就在客厅号啕大哭，进步可大多了。

上午趁着琪琪自己玩的时候，我认真地看了一篇名为《中国不缺优秀的妈妈，只缺正常的妈妈》的文章，文中那段“孩子也许永远达不到自己的同样的高度”直击我心。唉，每句话说得太好了，巴不得打印出来贴在脑门上。但对于这类文章，我又似乎没有很好的鉴别能力，到底是不是该多看些这类文章呢？

李老师点评：

任何的文章，如果仅仅是看看而未经独立反思，都不会起任何的作用，所以看多看少无所谓。就像微信中转发的那些至理名言或人生感悟，很多人一天会看 N 条，但不会因此而发生些许转变。

任何的文章，都是由抽象的语言符号组成，用来描述从生活中提炼出来的经验或感悟。看书的人首先要读懂这些语言，然后才能理解文章所要表达的意思，最后才能学以致用。这需要一个过程，需要自己独立的思考，需要改变自己的勇气。

和琪琪一起摘无花果 9月8日 周一

上午和琪爸领着宝贝去琪琪爷爷单位的大院里溜达，本来以为，空旷的大院正好让琪琪走着玩，路边的一些狗尾巴草也是琪琪喜欢的玩具。大院隔壁有棵高大的无花果树，大半个树丫伸到了大院里，正是果子熟的时候，无花果掉了好一地，飘着清香。琪爸跳起来摇了摇树枝，有几个熟透的无花果掉下来，也差点掉在琪琪头上。但小宝贝一点没有害怕的意思，似乎对天上掉东西非常感兴趣，也对琪爸的跳跃动作很感兴趣，所以一直抬着头往上看；看到琪爸跳第二把的时候，琪琪也要伸手去够，也知道伸出双手让我抱着他往上看了，然后看见有一个两个无花果掉下来，兴奋地嘎嘎大笑。小朋友学东西是真快啊！

一边摇树枝，一边掉果子，一边给琪琪擦手，一边掰开吃。第一个，鲜美多汁，琪琪吃得满嘴、满手都是；而第二个就没那么好吃了，宝贝竟然将手里的果子一把扔了，往琪爸手里要第三个。嗯，可能因为眼前有好几个，琪琪竟然出现了这样的选择，让我想起猴子掰玉米的故事。嗯，不大好。

我看到的是一个美好的画面，其乐融融！多少年之后，琪琪长大了，某一天，他读《约翰·克里斯多夫》，我想，有段话会让他共鸣："啊，甜蜜的回忆，亲切的形象，好似和谐的音乐，会终身在心头缭绕！……至于异日的征尘，虽有名城大海，虽有梦中风景，虽有爱人倩影，其刻骨铭心的程度，决比不上这些儿时的散步，或是他每天把小嘴贴在窗上嘘满了水汽所看到的园林一角……"

爸爸妈妈带琪琪的区别 9月9日 周二

晚上趁着我收拾厨房的时候，琪爸带着宝贝在客厅玩。突然听见琪琪嘎嘎大笑的声音，原来是琪爸带着宝贝在踢球呢。最近走路已经越来越顺当的琪琪，现在能自主地感受眼前绿色的皮球，有时能踢动皮球滚动，宝贝便高兴得大笑。发生这样的动作后，琪琪看见屋里不同大小的球，甚至滚动的小木头鸭蛋，都认真地盯着看，嘴巴里发出"ti-u"，似乎总想踢上一脚，让我们忍俊不禁。

而洗澡后带着宝贝读绘本，一直是我的任务。因为琪琪已经知道自己洗澡、刷牙、拉粑粑这些事了，今晚看的是小熊宝宝的《洗澡》和《刷牙》两本。小宝贝还是对刷牙时“咕噜—咕噜—扑哧”的动作非常喜欢，一听见读到这里，琪琪便大笑，甚至高兴得直接趴在大被子上笑；而《洗澡》里一听到“擦香皂、搓泡泡”，琪琪便自主地开始在自己大腿上摸，我说，“琪琪，在大腿上擦香皂。”“在脚丫上擦香皂。”“在脑袋瓜上擦香皂。”小宝贝坏坏地盯着我，然后开始在我脚丫上摸，宝贝是要给我擦香皂呢！哈哈哈哈。

李老师点评：

寓教于乐，妈也快乐，孩也快乐！

很喜欢这段传神的描写：“小宝贝还是对刷牙时‘咕噜—咕噜—扑哧’的动作非常喜欢，一听见读到这里，琪琪便大笑，甚至高兴得直接趴在大被子上笑……”让一个孩子高兴是多么简单的事情！我们曾经有的快乐怎么没有了？是丢失了？什么时候丢失的？到了哪里？……人啊！

聪明的琪琪　9月10日　周三

下午回家的时候，琪琪奶奶正带着宝贝在读口袋书。

琪琪自己翻着绘本，似乎是乔比和爸爸吵架的故事，有一页没一页的，琪琪奶奶拿着《三字经》的书，给宝贝念着：“人之初，性本善；性相近，习相远。”这时候，琪琪放下手里的书，在屋里转悠着到处看，然后竟然开始在玩具箱里扒拉起来。我们都以为宝贝是不愿意听《三字经》，自己走开找玩具去了。

谁知道，琪琪找到智能小狗笨笨，启动开关，也不欺负它，而是坐在地垫上安静地看着笨笨在做游戏。

突然，我们意识到，这只智能狗会念诗的，念的也是《三字经》啊！宝贝听到奶奶念着三字经，知道这也是笨笨会说的诗歌，就把笨笨找出来了。真是太聪明了。

李老师点评：

“琪琪自己翻着本，有一页没一页的，琪琪奶奶念着：‘人之初，性本善……’能想象出这个画面吗？那么的安然，那么的随意，那么的祥和。

没有教育，没有引导，更没有指责，有的只是静静的陪伴。在陪伴中，在轻松愉快的氛围里，大量的信息会进入孩子的头脑，聪明的孩子自然会将“一颗颗珍珠连成线”。或者说，当孩子能把这“一颗颗珍珠连成线”时，就变得越来越聪明了。

琪琪会愣神了 9月11日周四

早上起床后洗头洗澡，巧在今天琪爸也在起床时间在厨房忙乎。我洗头出来后，发现琪琪已经一觉睡醒了。本来，琪琪每天早晨睡醒后都会看着我笑，然后在我身上各种翻滚赖呼呼，今天却盯着我面无表情。难道是因为睡醒的时候，我们没有在他身边的关系么？我喊了好几声，“琪琪，么么哒，么么哒！”琪琪这才缓过来，冲着我笑，然后从床上爬下来找我抱。

晚上和琪琪两个人独处的时光。白天似乎在单位将身体的能量消耗完了，我便赖在沙发上，琪琪也直接爬上沙发坐下，看见我拿过手机，小脑袋瓜便凑过来。那就继续带琪琪看以前的视频吧，琪琪看了自己之前欺负笨笨、吃香蕉的视频，时不时乐呵呵地笑出声来，我问他，“亲不亲琪琪？”他点点头，扑上手机亲了自己照片一口。忽然，他一把打掉手机，直接坐在我肚皮上，愣起神来。我惊呆了，这是什么情况，宝贝是有心事了么？我在琪琪眼前挥挥手，“宝贝，么么哒！”他缓过神之后，看着我不好意思地笑了。这是什么情况？

李老师点评：

琪琪开始知道“不好意思”了！这在心理学上叫个人羞耻感。一般而言，始于孩子光屁股而大人说“羞！羞！”的时候，而产生的前提是良好的依恋，没有依恋，就不可能发展出任何高级情感。知耻而后勇。琪琪，开始步入“勇时代”。

谢谢 9月12日周五

琪琪最近喜欢翻大汽车的卡片，一张一张指着，让大人念给他听。尤其是最近琪琪奶奶家后院在拆房子，每次去都会看见一个大的挖掘机。琪琪经常看得惊呆了。

晚上给琪琪念卡片书，给他念车的名字，时不时让他看辆黑色的轿车，便告诉他这是爸爸的车。翻到公共汽车时，琪琪就两个手拍一块表示谢谢的意思，没去理会他；继续由他翻卡片，没翻几页，又到公共汽车了，宝贝又手合一块，要谢谢的意思。这是怎么回事呢？

这时候，琪琪奶奶在旁边，说琪琪最近跟着二姨奶奶快玩疯了，每次来看琪琪，都领着他坐公共汽车上外边玩。心想，是不是在公车上有人给让座了，一直谢谢人家。琪琪奶奶赶忙电话问二奶奶，果然是这个样呢！在公交车上有个让座的大姨，琪琪就一直合着双手给人谢谢呢，还咧着嘴一直和人家笑。

真是好孩子。最近性格越来越好了，这一阵在超市也好，在路上也好，遇见想逗他的大人，都会眯着眼张嘴笑；有的阿姨想伸手拉拉他，还不好意思地往妈妈身后躲了。

李老师点评：

也许孩子还不懂得“谢谢”的真正含义，但这个行为本身却给让座的大姨很好的回应。

为什么要“谢谢”？因为“让座”不是应该的，不是义务，而是公德。既然是公德，我们就要给予回应。再进一步，我们还要遵守，还要呵护。如果我们每个人都能像孩子那样真情地表达感恩，那世界真的会变成美好的人间。

琪琪看花眼了 9月13 周六

海信广场四楼摆在桌台上的玩具很多，琪琪充分发挥了“见一样、爱一样”，“玩一样、扔一样”的特性，直到遇到一个可爱的玩具，有个大盘上都是小洞洞，用不同大小、颜色的小蘑菇，插进小洞洞，然后摆出不同的图案。琪琪似乎很喜欢，指着旁边的板凳让我坐下，然后踮起脚尖非坐我腿上，开始一个个地插进去，成功的，自己鼓掌；不成功的，把小蘑菇扔一旁，重新换一个开始插。好孩子，眼手协调能力越来越强了。

转完玩具区，在四楼的拐角处看见有养兔子的，似乎是卖有机蔬菜、有机肉类礼盒的，养了几只小兔子，引起了我们的围观。琪琪不害怕，抱起他看兔子，他非得往笼子里进去，还想伸手揪兔子耳朵。展示的有机蔬菜盒种着高高的红辣椒，琪琪想去挖挖黑色的泥土，被我制止了，瞬间，眼睛好使的琪琪看见了一棵细细的小草，揪着小草就要去喂兔子。被工作人员制止之后，转身就给身边的“小羊”吃草。

这个“小羊”可只是个摆设呀，宝贝可是没看出来呢！

李老师点评：

在妈妈心中，“小羊”是个摆设，而在琪琪心中那就是个生灵，他不是没看出来，而是要借助于这样的生灵，通过喂草这类动作来探索世界、适应环境。

过不了多久，你会发现一些“泛灵论”现象，比如凳子把他的腿磕疼了，他会去安抚凳子，琪琪会把人的意识动机、意向推广到无生命的事物上。

不准拍妈妈 9月14日 周日

上午在家收拾衣服、地垫，用酒精清洁琪琪的玩具，琪爸躺在沙发上打游戏。琪琪不断跑来捣乱，真心无法控制这个小朋友东翻翻西瞅瞅的行动啊，于是让琪爸领着玩出去。琪爸不愿动弹，然后我开始念叨。琪爸不愿意听，就跑到床上躺下了，我继续念叨。

这时候，琪琪一把爬上床，“啪”的一巴掌打在琪爸腿上，然后看着我，似乎想在等待我的肯定，至少是我的笑脸。我惊呆了，开始琢磨他是不是已经懂得和妈妈站一边了，也可能是宝贝想自己下去玩，但看见爸爸不动弹反而上床躺着了，但宝贝这个行为可不好。琪琪看我没有反应，继续拿着他手里挖沙用的耙子，开始在琪爸背上挠、头上挠，时不时还敲一下。我都被琪琪的行为逗乐了。

琪爸跳下床，从抽屉里拿出小饼干开始逗琪琪了，“给你一块小饼干，你去拍妈妈。”“给你两块，去吧！”琪琪忍不住零食的诱惑，跑到我跟前，一把想拍我腿上，被我搂住了，一边用头顶他，一边说，“不让拍，不让拍！”琪琪被我逗乐了，哈哈大笑起来。

随着小东西逐渐长大，像今天这样的互动会越来越少，把今天发生的一切如实记录下来也就弥足珍贵。

我们把一个孩子用圆圆的笑脸迎到这个世界上来，用圆圆的笑脸陪伴他一个阶段，以后，我们的脸型会由椭圆逐渐变长。任何一个因孩子处于青春期而整天耷拉着长脸的家长，都该读读这篇日记，回忆一下当年那段快乐的时光，想象自己圆脸的模样。

越来越控制不了的节奏 9月15日 周一

天气不大好，但带琪琪走进亮堂的超市，宝贝的兴致还是高起来。依旧在自行车区逗留了很长时间，琪琪时不时摸摸车轱辘、会转动的脚踏板，而且，当我们心急地要领走他，并假装“爸爸妈妈要走了”，宝贝却依旧停留在自行车跟前，指着车轱辘要和我们说。即使我们消失在他的视线里，宝贝会向前跑两步，大声地喊“妈妈”、“妈妈妈”，直到看见我们重新出现，又自动跑回自行车跟前，开始倒腾他的零部件。看样子，红色以及零部件繁多的自行车，是琪琪的真爱。

堆满了各类大箱子的超市门口，琪琪也逗留了好长一阵时间。明知宝贝去触碰那些脏脏的箱子不大合适，也没有阻拦他奔向大箱子的脚步，感兴趣就让他玩一会儿吧！这下可好，宝贝灵巧的小身体一把直接走到了箱子垛的缝了，还时不时拍打着超市的玻璃门，趁着琪爸没有注意到，赶紧侧着我越来越胖的身体，将他高高举起地抱出来。

差点走丢在箱子里了，小宝贝。

在这种大型超市，宝贝是越来越控制不了的节奏啊！

李老师点评：

“感兴趣就让他玩一会儿吧！”说起来容易，但这可不是一般父母能做到的。原因在于，多数父母都是以自我为中心，以自己的标准来判断孩子的行为是否合适，比如文中提到的“脏脏的箱子”。父母会为了满足自己的需要——不能让孩子碰“脏东西”，或者为了缓解内心的焦虑——孩子怎么能碰“脏东西”——来阻止孩子的行为。而文中提到的这句话却是以孩子的标准为标准，这是完全不同的两种境界。

“己所不欲，勿施于人”的境界，远低于“人所不欲，勿施于人”。

琪琪和妈妈打电话 9月16日周二

早上7点多出差的时候，琪琪刚刚睡醒。我凑到琪琪跟前，说，“来，妈妈抱抱宝贝。”以为我要逗他玩呢，哈哈地笑着，往床里头跑。我说，“琪琪，妈妈要出门了，晚上给你打电话，好不好？”能听懂“打电话”三个字的琪琪使劲点头，和真事似的。哈哈！

琪爸撵着我出门，担心我磨叽，怕误了高铁。

在南京晚饭结束后，发现天都黑了，给琪爸打电话，说爷爷奶奶带着宝贝在楼下姨奶奶家玩，看好人家家里养的乌龟，不回家了。等到快9点了，说都快困得睁不开眼了，才回家。

我对着电话，喊“琪琪，你干什么去啦，看见小乌龟了？”

“……”

没有动静。

听见琪爸说，“你得亲亲电话？妈妈不在电话里。”

是不是琪琪听见我的声音，在亲电话么？

听见琪爸说，“你喊妈妈，妈妈和你聊天呢。”

“……”

我说，“宝贝，今天跟奶奶一块睡，好不好？妈妈过几天就回家啦。”

“噜噜噜……”琪琪就开始聊天了。

宝贝，隔着电话，你要说的话，妈妈是真心听不懂，但也真心知道，你也想妈妈了。

李老师点评：

需要听懂孩子说的话吗？“噜噜噜……”的发音不重要，重要的是妈妈从这含混的音节中感受到了什么。从妈妈的感慨当中我们感受到：妈妈感受到了爱，而且这种爱是双向的。爱，就在这字里行间蔓延！

闹心的事 9月17日 周三

整整一天的培训，到晚上9点半结束时，已经头昏脑涨。

吃晚饭的时候给宝贝打电话，据说直接把电话扔一旁了。琪琪摆出了“爱谁谁，什么电话”的姿态。那好吧，为娘只好认真参加学习，也顾不上你了。

说是闹心的事，其实是同事家的事。孩子快两岁了，平时姥姥姥爷在家帮忙看，马上要秋收了，老两口想回去收玉米。很快要过国庆了，同事两口子准备回男方老家，想将爷爷奶奶接过来帮忙看孩子。但爷爷奶奶也有自己的地，也是秋收的时候，这边老人的思维方式似乎是，“哪能耽误自己收玉米，帮你看孩子，没有这个理。”于是两口子就在各种商量，怎样协调能让两边老人各看一段时间。

于是想起，现在城市里的孩子也真是太幸福。一个小家伙，都上赶着帮忙看。就琪琪二姨奶奶家，刚出生的小宝贝，爷爷奶奶亲不够，姥姥到天津帮忙看；这都预约上琪琪奶奶的时间，要趁我们回琪琪外婆家的时候，将琪琪奶奶约到天津，去看小宝贝呢！

记录的主题虽定为“闹心的事”，但字里行间都洋溢着阳光与欢快！

世界，我们也许无法改变。但世界在我们头脑中、在字里行间会如何呈现，该如何呈现，却是由我们决定的。而且，你会发现，当我们改变了世界在头脑中、在字里行间的呈现方式时，世界就真的改变了。

妈妈回家了 9月18日 周四

高铁晚上9点半到青岛。没想到，琪爸、琪琪奶奶一块带着宝贝到火车站来接我。路上一直告诉宝贝，“妈妈要回家了，坚持别睡，坚持别睡。”但我下车出站之后，琪琪实在困得睡着了。

琪琪奶奶转手将睡着的宝贝送到我手里的时候，琪琪被折腾得醒了。一睁眼看见是我，似乎是看见我的脸，是安全的，继续闭上眼趴在我肩膀上睡；但一会儿，想换这个姿势、那个姿势不停动弹，睁开眼的琪琪似乎清醒了，在我肩膀上各种动弹。我便抱起琪琪到我眼前，“宝贝，你想没想妈妈？”小朋友竟然不好意思地笑起来，然后钻到我胸前，继续两个手搂着我的腰，躲起来笑。这就是我们第二次分别后的相见，与第一次宝贝“哇”地大哭起来，这次小宝贝没有那么激动的情绪，是长大了。

然后，又开始了在车上的各种折腾，指外边闪亮的霓虹灯和开动的汽车。小手指比划起来，发出“呜”的动静，告诉我外边的小汽车是这么开呢。前两天井喷式大声喊“妈妈”，今天又忘记了。哈哈。

李老师点评：

母子终于再次“久别重逢”，宝贝夹带着困意的折腾，泛出暖暖的亲情。经过了时间的洗礼，直观地见证了宝贝的成长，唯有妈妈能解其中滋味！

前两天的井喷，已经转换成了今天的折腾。

琪琪得了“娇娇病” 9月19日 周五

琪琪从小不大爱哭，很多人都夸奖他是个小小孩却表现出男子汉特性。但最近琪琪似乎有点变化，开始有点得“娇娇病”了。

今天我自己在家照看他，地垫上叮叮当当的玩具太多，而琪琪喜欢像风一样奔跑，所以时不时被绊倒。小朋友一旦被绊倒，就大哭起来，非得指着自己的膝盖或脚趾，“噜噜噜”地要告状，至少需要得到语言上的安慰。下午，带着琪琪去遛弯，喜欢小朋友的扭扭车，一把坐上之后，头左顾右盼，身体左翻右翻，瞬间扭扭车翻了，好在我赶紧扶住了他。然后，琪琪可是哭破嗓子了，我抱着他安抚他的情绪。其实，根本没有问题！情绪本来快要平静下来，突然遇到要去买醋的琪爸，这可好了，要告状的琪琪一把扑向爸爸怀里，一把眼泪一把鼻涕地要和爸爸说啊，把小区里的老人都乐坏了。

宝贝真是长大了，有自己的情绪，有自己的表达方式。我们要完全接纳他，让他感觉到安全地成长。

李老师点评：

“小朋友一旦被绊倒，就大哭起来，非得指着自己的膝盖或脚趾，‘噜噜噜’地要告状，至少需要得到语言上的安慰。”

非常清晰的步骤，谢谢如此精彩的描述。看到此篇日记的妈妈们，也可以回想一下自己宝宝在摔倒时，是不是也经历了如此的过程。

看到孩子摔倒，妈妈要如何应对呢？是着急地跑上去，面露焦躁、恐惧，不停地安慰并查看孩子是否摔伤？还是用推卸责任的方式，比如指着凳子说“都怪你，绊倒了宝宝”，以此来宽慰受伤的心灵？还是淡定地鼓励孩子站起来继续玩？

妈妈的应对方式，将直接决定孩子在下次摔倒时乃至将来长大后，遇到挫折、困难时的应对方式。

琪琪妈妈感言 爱和陪伴

经历了十一长假回老家、琪琪生病的这些生活常事，似乎内心又浮躁起来；回过头再重新整理这三个月的日记，诸多感受，想和大家分享。

从这个课题中获得的智慧很多，比如接纳情绪。作为年轻的妈妈，没有人将系统的知识传授给我，该怎样教养好一个孩子。在孩子行为能力迅猛发育的阶段，每天面临孩子不可预知的状况，我纠结在怎样给孩子养好习惯、改掉孩子的坏毛病上，自己时常都有拧巴的情绪。在李老师团队的帮助与指导下，我认识到自己焦虑的情绪从根本上影响着对事物的看法，对孩子发育也存在潜在影响，认识到这么小的宝贝也会有丰富的情绪，比如对这个未知世界的探索与好奇、因自身能力受限而产生的种种挫败感。在今后陪伴孩子成长的过程中，去除自己的焦虑，接纳孩子、老公以及自己的情绪，是给孩子最好的成长礼物。

还有，关于坚持的智慧。三个月下来，记录了孩子成长的点滴，很多日记中描写出来的片段、场景都渗透着对孩子成长的喜悦、关怀和焦虑，以及对孩子的爱。90 天的仔细观察、揣摩、拍照，即使是短短的三个月，能坚持记录，让自己沉淀下来，也是一件骄傲的事情。就如李老师所说，宝贝，当你长大了读到这些日记中的片段，能让你也感受到心里软软的，沉淀下来，带着爸爸妈妈给你最初的爱和陪伴，开启你更美好的人生。

琪琪，每次看到你早晨睡醒时甜甜的笑容，我就非常想谢谢你，让我的生命更加完整，让我更有动力地做好每件事，争取每天都有进步，不计得失，心甘情愿，因为要源源不断地为你输送正能量，陪着你健康、快乐地长大。

李老师点评　把快乐和幸福植入孩子心里

琪琪妈妈的日记给我们展示了两点：一，琪琪是个孩子；二，她想把自己的快乐和幸福植入孩子的心里。

无论是比作精灵还是天使，客观上琪琪就是个 1 岁的孩子。他像这个年龄组的绝大多数孩子一样，喜欢玩沙玩水，喜欢各式各样的孔孔和洞洞，比如钥匙孔，总是通过肢体的接触来认识外部的世界，比如见到什么都去啃咬去触摸；只要满足了吃喝玩乐，琪琪的情绪一般是高涨的，这个时候他会被认为很“听话”、比较“好带”；琪琪也有“紧张”、“焦虑”、“做事不担当”，甚至与小朋友“互殴”的时候，从而成为一个让人“闹心”、“纠结”的“熊孩子”——他竟然“嬉皮笑脸”地“用巴掌扇妈妈的脸”呢！

做家长的都别吹牛，如果你能像琪琪妈妈这样，把孩子的天真和可爱用文字记录下来而且持续 3 个月，就没有人会觉得你这个妈妈不合格。只有那些给孩子写过成长日记的父母才会体验到，这样的文字背后是多么细致的观察和多么坚强的意志！而在心理学的视野下，能否坚持三个月，所依靠的是比观察和意志更为重要的——稳定的情绪。

看得出来，琪琪妈妈是个情绪稳定的女性，这在很大程度上来自于原生家庭，尤其是父母的教养。研究发现，一个人情绪的稳定常常是“代际遗传”的结果，就是说它与父母情绪的稳定正相关。毫无疑问，一个情绪稳定的女人所带给丈夫和儿子，乃至于公婆和其他社会成员的，都是福分。情绪稳定不是不发火，也不是不吵架，而是她有能力让别人知道，“此时”的表现有着“彼时”的原因，从而让对方对其下一步的情绪状态做出较为准确的预测，以便能够及时且积极应对。面对那些有心理障碍的求助者，心理医生总能看到那种“忽如一夜春风来，突然之间冰雪至”的父母，他们的典型表现就是“狗一阵儿，猫一阵儿”，对于承诺去做的事情，总是以“虎头”始，却以“蛇尾”或“无尾”终。

人生最大的幸运之一，就是像琪琪这样有个好妈妈。对于好妈妈之“好”，可以见仁见智，但必须具备一个共同点，那就是：她们能够把孩子当孩子看待，进而把孩子当孩子养育。要知道，孩子是以直觉感知的方式而非逻辑推理的方式来认识世界的，他们的头脑中还没有建立起“必须”和“应该”——成人认为“不应该”的，他们不但认为“应该”，而且认为正常。事实上，孩子们的行为是没有“不应该”和“不正常”的。

在过去10多年的时间里，我们曾经通过孩子的表现，而跟踪和比较过无数个妈妈，最终发现，所谓“好”妈妈，其实不过是些“作为女人的妈妈”，而不是“作为妈妈的女人”——她们首先是个女人，其次才是妈妈；她们把自己当“人”看，也就能把孩子当“人”看，而不执着于“妈妈”和“孩子”这样固定不变的角色和等级观念，从而在养育孩子过程中保持着良好的弹性限度。因此，她们能用自己的柔韧教会女儿柔韧，也能以“杏花春雨江南”般的情怀，哺育儿子“骏马秋风冀北”的雄风。

尽管只有1岁，琪琪已经“不是一盏省油的灯”：他“一贯喜欢把摆放整齐的东西弄乱，如堆放好的积木、绘本以及收拾好的玩具，越是摆放得整整齐齐，他破坏时越是高兴”；对于自己喜欢吃的东西，“无论谁要都不给，即使是妈妈张了嘴，他迟疑了一下，还是将鱼肠放到自己嘴巴里”；琪琪还“学会了从床上爬下来”、“从茶几上爬下来”……我想提请读者关注的，不是琪琪妈妈日记中这些细致入微的描述，而是去体验琪琪妈妈的那份恬淡与欣喜，然后静心想想：这样的记录，会给琪琪、给丈夫和自己，留下怎样的记忆?

我们的传统文化过于强调“苦”的价值，常常说的是“不做父母，不知道养育孩子有多辛苦”。可这只是硬币的一个面。“我模仿着不同小动物的叫声给他听，琪琪愣愣地盯着我看，直到遇到小羊‘咩’的卡片，我特意将‘咩’拖得很长，估计和奶奶平时发音不大一样，小朋友瞬间被逗乐了，哈哈地笑起来。”琪琪妈妈告诉我们：不做父母，永远体会不到养育孩子到底有多快乐、多幸福!

大约在2040年，今天这个还未度过蹒跚阶段的琪琪就会有自己的孩子。可以设想，在那个时候的某一天，他会再次翻开这本书，按照妈妈的记录来回味一幕一幕，反刍爱的含义，并依此来教育和影响“琪琪二世”。

幸福和快乐可以通过记录而代际传递——“长大后，我就成了你！”

第三章

现实版的“神勇奶爸”

东爸东妈日记

编者导语　现实版的“神勇奶爸”

读完东爸东妈的日记，浮现在我眼前的分明是一部现实版的《神勇奶爸》。所不同的就是东爸虽不是电影中威猛神勇的特战队员，但也是一位上得厅堂，下得厨房，写得了代码，查得了异常，带得了萌娃，玩得了摄影，只要宝贝一声“爸爸”即刻变身的神勇“全职奶爸”。而东东则是那个调皮的，爱哭的，懂事的，天真的，可爱的，令东爸抓狂的小萌娃。

日记中出场数次的小黄被、大沙皮狗笨笨，还有玩具大铲车，这些被东东视为珍宝的东西也勾起了我对童年的回忆，令我无数次在脑海中勾勒出东东骑着他心爱的大铲车去挖土的画面。这画面也让我无限感慨，童年的时光是那般的快乐美好，即便是重复千万次的挖土，也会让自己乐此不疲，小孩的快乐来得如此简单。

就像再平静的水面也会泛起涟漪，再晴朗的天空也会阴云密布，东爸在放弃了自己的事业回归家庭，面对三岁的东东时，有时也会抓狂，情绪失控。东爸在语言威慑不成的情况下，也会在东东的屁股上留下红红的手掌印，从中让我看到了东爸严父的一面。我想这种痛打在东爸手上，定会疼在东爸的心里。而接下来，冬冬头上红肿的大包，摔伤的小嘴，又让我看到了严父面孔下那颗真切的爱子之心，那种深深的疼惜也让我为之动容。真是当家才知柴米油盐贵，养儿才知其中艰辛。

父爱如山，母爱如水，正是东爸东妈完美的结合培养了东东的淡定、从容、坚毅和勇敢。正是基于此，东东才会在东妈排队等待产生焦躁情绪时，那句“妈妈，你别急，很快就会到我们了”，让我看到了东东的淡定；也会在东爸在柜台点餐时，不惧周围人的驱逐，安静地坐在餐桌前；更会在小朋友欺负妈妈时，勇敢地挡在东妈面前，高喊“妈妈，我来保护你”，让我看到了东东的坚毅和勇敢。

日记结束了，东东骑着他那辆大铲车慢慢地驶出我的视线，而东东一家手牵手，数着天上繁星点点的画面却永远地定格在我的记忆中。

东东第一次来开会 6月20日 周五

今天东东跟爸爸妈妈一起到妈妈单位开课题组启动会。开会时，东东能基本安静地待上10多分钟，这对于第一次出现在严肃的会场上东东来说，已经很不错了。

十几分钟后，东爸怕东东影响会议秩序，带东东离开会场后，东东剧烈痛哭，要求妈妈陪伴，这说明只要东东在妈妈旁边，对妈妈的依赖性过大，也表现得比较任性。

以上内容这样似乎更好：

十几分钟后，东爸怕东东影响会议秩序，带东东离开会场后，东东剧烈痛哭，要求妈妈陪伴，这说明孩子想让妈妈多陪一会儿，也能用如此强烈的方式（方式可以慢慢引导）表达自己的不满。表达不满和愤怒的能力还是很重要的。

爸爸用巧克力和糖转移东东的注意力，当东西吃完以后，继续哭着要妈妈，而且哭个不停。同事阿姨送来贴纸，玩了一小会儿，又继续哭闹。没有办法，妈妈只好把东东送到电梯门口，爸爸带东东强行离开，东东剧烈哭闹5分钟左右，出了大楼，离妈妈远了，依赖性就少了，也停止哭闹，将注意力转移到其他地方。这说明东东离妈妈越近，依赖性越强。只要东爸果断带东东离开，虽然东东剧烈痛哭，在东爸的坚持下，东东几分钟后情绪就恢复正常。

以上内容这样似乎更好：

爸爸用巧克力和糖转移东东的注意力，当东西吃完以后，继续哭着要妈妈，而且哭个不停。同事阿姨送来贴纸，玩了一小会儿，又继续哭闹。没有办法，妈妈只好把东东送到电梯门口，爸爸带东东强行离开，东东剧烈哭闹5分钟左右，出了大楼，离妈妈远了，依赖性就少了，也停止哭闹，将注意力转移到其他地方。这说明东东适应能力还是挺强。

然后去了超市，买玩具时，想给东东买“红色警报”大型导弹发射车玩具，因为服务员不在所以没有买，东东能够在爸爸诱导下没有剧烈痛哭，基本能够控制住情绪，没有过度地执着于买这个玩具，而是去看别的东西，虽然东东很喜欢这个玩具。要换作妈妈，如果不买的话估计是回不了家了。

以上内容这样表达似乎更好：

然后去了超市，买玩具时，想给东东买“红色警报”大型导弹发射车玩具，因为服务员不在所以没有买，东东能够在爸爸诱导下没有剧烈痛哭，基本能够控制住情绪，没有过度地执着于买这个玩具，而是去看别的东西，虽然东东很喜欢这个玩具。

今天东东的问题是：东东对妈妈的依赖性太强，只要妈妈在身边，东东基本不听爸爸管教。这是因为妈妈没有树立起管教的规则，爸爸妈妈管教东东存在较大的差异。这种差异如何克服也是很头疼的问题。最近东东也对爸爸的依赖程度加深，担心几个月以后进入幼儿园，爸爸妈妈不在身边的时候，东东能否顺利适应。因为东东从来没有离开过爸爸或妈妈。

以上内容这样表达似乎更好：

今天东东的问题是：只要妈妈在身边，东东基本不听爸爸管教。爸爸妈妈管教东东也许存在较大的差异，这种差异如何克服需要爸爸妈妈多多沟通。最近东东也对爸爸的依赖程度加深，担心几个月以后进入幼儿园，爸爸妈妈不在身边的时候，东东能否顺利适应？因为东东从来没有离开过爸爸或妈妈。相信他能适应。

今天东东的进步是：东东在会场表现很好，情绪控制能力和社交能力都超过了3岁这个年龄段。东东今天晚上吃饭的表现有进步，能够很乖地跪坐在大人的椅子上，学着用筷子，比以往有进步。

李老师点评：

正向表达，体现的是积极关注，关注孩子的积极方面。

东东只有三岁！用成人的规则来要求他当然没错，但未必有效。当有效与正确间发生冲突而必须做出选择时，是追求有效，还是坚持正确？

无论如何，我们坚信东东的成长本身就是在进步，明天一定比今天更好！

被爸爸连续打屁屁 6月21日 周六

晚上，娜娜妹妹来家里玩。东东用塑料锯子模仿光头强锯电视柜，爸爸阻止，东东不听，东爸就走过来轻拍东东屁股。东东还继续锯，东爸抓起东东揪到卧室，噼里啪啦地打屁股，东东号啕大哭着出来来找妈妈。东爸跟出来指着东东鼻子说：“还锯不锯啦？”东东叛逆地指着爸爸，也很凶地“嗯嗯嗯”表示不服。

东爸又抓起东东揪到卧室，第二次噼里啪啦地打，东妈这次跟进去，让爸爸告诉东东第二次挨打的原因，东妈对东东说：“在这个世界上最爱你的是爸爸，东东永远不可以对爸爸凶。”

东爸打骂东东时，娜娜妹妹和浩丽阿姨都在场。挨打之后，东东一声不吭地继续玩。过会儿，娜娜要玩汽车运输车。东东不让，娜娜继续抢，东东去掰娜娜手，东爸怕东东伤害到妹妹，一把夺过玩具，谁也不能玩。东东又开始剧烈痛哭，妈妈抱着东东安抚。

晚上洗漱，发现东东屁屁已被东爸打出血印了。东东在看《NO大卫》，要妈妈讲，东爸说已经很晚，直接关上了灯。东东又开始剧烈痛哭，东妈继续安抚。

李老师点评：

三四岁时，孩子进入“第一叛逆期”，出现诸如不听话、不认错、顶嘴等现象，实在正常。而“不正常”的是，父母控制不住情绪，气血上涌，继之以教训、讲道理、打、关小黑屋……直到孩子服输、认错，或因哭闹精疲力竭，或家长经过打骂这一剧烈运动而自身筋疲力竭，或家长情绪宣泄致使理智得以恢复，才告一段落。

这现象极为普遍，多数人都曾有过儿时被惩罚、为人父母后惩罚孩子的经历。父母需思考的是：惩罚是为了教育孩子还是发泄自己的情绪？父母的答案当然是前者且理直气壮，但心理学的研究结论却恰恰相反——只是在情绪宣泄。其实，只要静下心来扪心自问，答案就会清晰。

教育、引导孩子，请在双方都心平气和的状态下进行。也只有在此种情绪状态下的教育，才能称得上是教育。

东妈在东爸教训孩子过程中与东爸保持一致，是对的，父母的一致性会让孩子形成对对错的统一认知。

孩子的做法真的错了吗？这是个问题，一个很大的问题。

一个人想管理好自己的情绪是非常非常困难的，专职妈妈或专职爸爸也不例外。

整天守着一个“不懂事”的孩子，做着琐碎、繁杂、很难有成就感的事务，且成年累月，环境没有变化——上班还有下班的时候，可离开孩子的机会很少——情绪就难以得到疏解。

对爸爸而言，面对社会的世俗，做着“本该”妈妈做的工作，自己的事业被耽搁，内心的纠结以及负性情绪难免就更强烈，虽然嘴上可能不说。

我们爱孩子，这不需证明。

但孩子的到来，毕竟“扰乱”了我们生活，“分散”了我们的精力，让我们不得不做一些事情，“恨”就会油然而生，尽管我们不愿也不敢承认。

三岁，该是把孩子慢慢“推远”的时候，也该是回归二人世界的时候了。找回了二人世界（其实是独立的个体世界），夫妻感情好了，情绪就好了，孩子也就更“享福”了。

全职奶爸的心声 6月22日 周日

为什么要带孩子

1. 大部分男人都不会带孩子，带孩子是带有挑战性的工作，越是难做的事，我越是想尝试，看看自己能否胜任，也是对传统观念的挑战。

2. 东东出生时，我正在照顾偏瘫在床的母亲，当时感觉以自己照顾生病母亲的经验，照顾孩子应该不是困难的事。

3. 我是一个对血缘很看重的人，自己的孩子，自己带着走出人生第一步，既是自己的责任，也是自己的期望。

4. 如果请保姆，不仅每月几千元的保姆费是沉重的负担，而且我还得照顾保姆和全家饮食，还得监督保姆，请保姆还不如自己带着放心。

我的父母对我的教育

我的父母对我非常严格，母亲脾气急，导致我也很暴躁，青春期相当叛逆。母亲虽然在做人方面要求严格，但生活中却比较溺爱，导致自己很长一段时间懦弱、任性、胆怯，直到后来经过社会磨炼才完全改变。我父母对我的兴趣没有做出相应的引导，只是强调应试教育，也使我很多兴趣和特长在萌芽中就被磨灭了。

照顾东东中出现的问题和我的应对方式

1. 我从东东3个月时开始照顾东东，当东东哭脸时，我分两种情况处理，第一，生理需求和心理需求，我会及时回应；第二，如果东东哭脸只是情绪宣泄，我一般让他哭下去，不予理会，当然不能哭太久。我的严格教育让东东很有礼貌，性格开朗，社会性和沟通能力也比较好。

2. 随着东东年龄的增长，当东东不听话或犯了严重错误时，口头教育慢慢失去效果，只能用体罚来控制局面。体罚让东东学会糊弄爸爸，有几次东东有些惊恐，这时我会立刻停止体罚，并认真安抚，直到他感觉到安全和情绪放松为止。

3. 爸爸照顾东东时，东东能遵守规则，比较独立，但只要妈妈在，东东就变得难带，脾气变得暴躁，容易生气，经常爱哭，懦弱任性。往往我5分钟就能哄睡，但妈妈需要1个小时以上。东东一刻也不愿意离开妈妈，离开一会儿就哭闹。

4. 对于孩子的教育，我认为品德最重要，首先要孝顺父母。对于学习知识，我尽可能让东东在放松的状态下自己培养出兴趣爱好，而不是我父母那样填鸭式教育。比如学习汉字，我用兴趣诱导识别的方式，东东学得很快乐，记忆力惊人。

李老师点评：

如此长的文字，拜读了，学习了。只想对全职爸爸说三个字：不容易！

能从东爸的日记中看到男性长于理性和逻辑分析的特征。

这两天的日记，是东爸对三年来照顾孩子的回顾和总结，发现了较多问题，也显露出些许担忧。

具体问题我无法给出具体答案，有待于今后我们共同努力并在日记中展示改变。

社会心理学研究发现，人与人之间交往的频率与喜欢的程度之间呈倒U型曲线。正如俗语所言：远香近臭，仆人眼里无英雄。这同样适用于亲子之间，也可成为全职妈妈、爸爸难做的原因之一。

让孩子在放松的状态下学习与成长，很好。这里的“放松”指的就是情绪上的放松，比如教东东认字时的状态。

通过日记描述，我感觉父子之间的情感间的链接缺乏柔性和弹性。由此推想，孩子“依赖”妈妈，应与父子之间的关系“紧张”有关。

全职奶爸的各种担心 6月23日 周一

上午，东爸带东东出门过小区马路，东东竟然不看汽车，此时正好有车从后面开过来，幸亏东爸一把拽住，才免于危险。东爸严厉地教育了东东，但收效甚微。

东东最近一直不怎么爱吃饭，玩心太重，吃饭不多，很担心东东营养不良。长时间带东东，感觉比较辛苦，白天讲故事陪东东玩，多少感觉力不从心，有时候让东东看电视，好让自己休息会儿，担心没有给东东足够的启蒙教育。

最近东东对爸爸的依赖有所加重，午睡中途醒来会要求爸爸在旁边陪着，在外面玩时，我试着躲在旁边，东东找不到爸爸，会很焦虑，真希望东东独立起来。

东东很想上幼儿园，想玩幼儿园里的滑滑梯，但又想爸爸或妈妈陪着他。东东从来没有离开过父母，所以比较担心父母不陪他的情况下，能否在幼儿园听老师的话。

东爸和东妈对东东的教育态度存在太多差异，东妈太溺爱孩子，没有建立起规则，常常被东东主导。

李老师点评：

教育心理学提示，孩子总会朝着我们担心的方向发展。我们“看到”孩子的问题，就会盯着孩子的问题，就会强化孩子的问题，孩子的问题就会持续，孩子就会成为“有问题”的孩子。因此，要反其道而行之：强化优点，漠视缺点。

给予东东的好评与差评 6月24日 周二

下午，全家坐飞机到长春，登机前在商店里东爸给东东挑选玩具，东东想买客机模型，只是商店里比网上贵好多，标价80元，而网上只要20元。

东爸起初不愿意买，东妈跟东东商量，要不要回家在网上买，这里太贵，东东劝说无果。东妈便答应，劝说东爸，反正就是要给东东挑一个玩具，不如挑东东喜欢的。

东爸很不情愿地付了钱，埋怨东妈太娇惯东东。东爸对东东说，根据东东今天的表现，要给予东东差评，给予东妈差差评。东妈说东东表现不错，东妈给东东好评。

东爸和东妈教育方式方法差异太大，东爸严厉地管教东东，东妈太放纵溺爱。

东东在候机厅和飞机上基本表现良好，无淘气或捣蛋行为，不怎么大声喧哗。

飞机上空姐送来橙汁，即使飞机颠簸，东东也能自己端起来喝，能平稳放回，很棒。会议主办方接机招待吃晚饭，东东大方地坐在餐椅上和大家吃饭，还热情干杯，3岁的东东能做到这些真的很棒。

李老师点评：

父母态度和行为的一贯性和一致性，对孩子十分重要。如果父母不和，意见分歧，孩子便不能（至少很难）形成评价事情好坏的统一标准，也就不能发展出无冲突的价值观。东爸、东妈对东东的行为同时给予不同的评价，值得商榷。

这件小事映射出东东的情绪，同时也映射出东爸东妈的情绪，而且父母的情绪更多不是指向孩子，而是指向对方。也就是说，夫妻间的不满在对待孩子的方式上露出了尾巴。

面对孩子优秀的表现，尽可能给予回应，比如点点头、鼓鼓掌、认可的眼神、轻轻的抚摸或者热烈的拥抱，最没力量的是口头表扬。在这一点上，孩子和成人似乎不该有区别：跟老婆说一万次“我爱你”不如去把碗洗出来。

旅行真是修复感情的好机会 6月25日 周三

东东第一次住宾馆很新奇很开心，问东爸这是什么地方，东爸说这是我们的新家，暂时的新家。上午东爸带东东购物，下午东妈泻肚子发烧，在宾馆休息。

东爸发现东东和爸爸在一起时很乖很听话，一旦东妈出现，东东就像变了一个人，任性娇纵脾气大爱哭闹，无法管教，东妈没在东东面前建立威信，没有建立规则，总被东东主导。东爸认为东妈和自己对东东的教育方法差异太大，这样对东东成长不利。东妈常年加班，照看东东的辛苦工作全部落在东爸身上，这让东爸异常艰辛烦躁。

东妈下班到家总是累得筋疲力尽，晚上照顾东东显得力不从心，东爸忍不住会训斥东东，和东妈争吵。东爸正在努力克制和变得耐心，东东也变得更亲爸爸。

晚上东爸和东妈讨论两人教育方式差异太大，大家都希望各自更中庸些，严的那个松些，松的那个严些，旅行真是修复两人感情的好机会。

李老师点评：

教育方法没有哪种更好，关键是在和孩子的互动过程中，依照孩子的情绪及反应做及时的调整。但相对来说，父母间的一致性还是非常重要，这样孩子就“无缝可循”。而夫妻间感情的修复正是增加一致性的优良途径。真希望把每天的生活都变成旅行。

长白山下的白桦林 6月26日 周四

早上5点半就起床，早餐后坐6个多小时大巴，下午1点多到达白云山度假村。长途旅行对3岁的东东是个考验，东东一路上安静愉快，没有哭闹，吃点东西，睡上两觉，就到了。东爸本来怕东东剧烈痛哭，没想到东东表现良好，东爸说给东东优评。只是东妈一路上晕车吐了两回，还好泻肚子止住了。

长白山下，蓝天白云，空气清新，蓝莹莹的小湖，一片片白桦林，让人想起《这里黎明静悄悄》里的画面，也许密密的白桦林里藏着美丽的年轻女兵？

下午带东东在坐观光车在度假村散步，东妈当翻译让司机把两位老外游客送回酒店，热情开朗的洋阿姨和东东互动很开心。

东爸在这里终于能够放松自我，做自己喜欢的事，抓紧时间拍几张风光大片。

今天东东表现很好，自制能力提高，和周围的人交往自如大方，给予优评。

李老师点评：

轻松惬意的一天，给予优评！

人，真的需要换个环境体验一下，换个环境也相当于被动地换了个活法。

记得给东爸拍的风光大片以优评哦。

松桦恋 6月27日 周五

一早去长白山景区，路上九曲回转如坐过山车般紧张，东东竟然表现自如，妈妈下车便吐，晕车厉害。路上见识了奇特的“松桦恋”，浅绿蓬松的白桦之间总会冒出尖尖的深绿松，松树和白桦如同感情深厚的恋人，紧紧依偎在一起，才能抵挡住严冬凛冽的寒风生存下来。艰辛的育儿过程更需要夫妻两个相濡以沫互相扶持才能支撑下来。

东东跟东爸的感情越来越深。景区游览中东爸一旦稍稍远离，东东就要着急催妈妈跟过去。

紧凑的景区旅程中午便已结束，下午回长春市区又是6个多小时的车程，对小东依然是个考验。令人惊喜的是，东东一路上新奇地看着窗外风景和各种工程车辆。累了就靠在妈妈怀里睡上一大觉，饿了就吃些饼干，基本自如愉快地坚持到晚上8点半回到酒店。

就是连日在酒店吃自助餐，东东蔬菜吃的不多，维生素也没有补充，东东下午说自己嘴巴里面疼，东爸反省最近东东一直在酒店吃自助餐，东东又有些挑食，在路上都吃的是方便食品，导致东东有些上火……

李老师点评：

“东东竟然表现自如”，孩子的表现迥异于期待，着实会让“有预设”的家长感到惊奇。陪伴孩子成长的过程中，家长的头脑中都有N个预设，对孩子行为反应的评价，更多是看孩子与预设的吻合度。从心理层面讲，你的预设决定了你对孩子行为结果的解释。若是领悟这些，我想孩子的“嘴疼”就不复杂了。

一连三日，东东都有非常好的表现，东爸东妈不仅情绪稳定，而且感情也得到很好的修复，一家三口其乐融融。

孩子是一个家庭的主导吗？孩子表现不好的时候，父母更应紧密团结在一起，不是吗？

七年之痒正式来到 6月28日 周六

难忘短暂的旅行快结束，晚上抵青。旅行游览期间，东爸需要背着沉重的三脚架和照相机，还要背着东妈和东东的物品，还要承受东妈泻肚子、发烧、晕车呕吐、胃疼、体力差等各种不利情况，还要协助东妈照顾东东，影响了自己的摄影计划。两人对东东的教育方式也存在严重分歧，出现几次激烈争吵。

飞机起飞滑行时，东东一直跪在座位，频繁打开小桌板和遮阳板，这样很不安全。东妈的劝说无任何效果，东爸越过东妈用手背快速拍打东东前额，东东马上张嘴大哭，第一声哭憋气无声，第二声响亮哭出，引得前排乘客回头注目。

东爸觉得拍打脑门，简单体罚能马上奏效，有助东东安静坐好。东妈却把东爸轻轻拍打上升到家暴级别，表示严重不同意和不接受这样的体罚行为。东爸强硬回应：“那你去找不这样的人吧。”随即冷战升级互不理睬。

旅行可以修复关系，也能恶化关系。旅行中，东东表现优秀突出超过预期，东爸和东妈的冲突也更加激烈突出。二口之家的七年之痒正式来到。

李老师点评：

短暂四日旅行给一家人带来独特的体验，原本无所谓好坏，人为加以比较并重新赋予意义，才让旅行有血有肉、有情感。记录中火药味蔓延，“七年之痒”的到来，它更多的意义是表明你们的婚姻迈上一个新台阶，在我看来，值得庆贺。

家不是一个讲理的地方，用道理说服对方，只能是隔靴搔痒。心理学有条规律，对于一个人好的行为，你如果表扬，他会几乎百分百保持、发扬下去；但对于不好的行为，你如果批评指责，他改变的可能并不大。夫妻双方尝试用正向的语言回应，“七年之痒”也如白驹过隙，定会余味无穷。真想现在就知道，在50年后，重新读这篇日记时会是什么模样。

和妈妈争辩事理的小大人 6月29日 周日

昨晚11点终于回到阔别5天的家啦！东东开心地在家里奔跑，抱抱心爱的小黄被，翻翻自己的玩具箱，洗完澡盖着散发太阳公公味道的小黄被睡着了。

上午东妈拖地，东东拿扫帚帮忙，把妈妈清理到厨房门口的狗毛又往回扫，妈妈再三要求东东往厨房方向扫，东东还是执意往回扫，越帮越忙，东妈气得抓了东东大腿一下。

东东大声哼了一声表示不服，严肃地伸出一只手，就像在辩论一样地对妈妈说："妈妈你这样做很不对，这样做对小孩很没有礼貌，会伤害小孩的。"

东妈赶紧说，"妈妈抓你大腿是不对，但是你乱扫，弄得满地都是狗毛，增加妈妈工作量，让妈妈更辛苦对吗？"

东东继续不依不饶："那我就往厨房扫好了。但是妈妈，你这样做很不对，这样做对小孩很没有礼貌，这样做会伤害小孩的。"

东妈只好说："妈妈保证，以后不再抓东东了。"

东爸听到这里都笑起来，奇怪为什么东东从来不对东爸说这些话呢。

3岁2个月的东东早成长为有主见的小大人了，能和妈妈争辩事理了。

李老师点评：

东东的言语与行为是儿童"逆反期"的典型表现：要实现自我意志，实现自我价值感；要参与成人的活动，常常逆着父母的意愿，按照自己的想法去做；喜欢听"你真棒"等表扬。

所谓"逆反"，实指父母不适应孩子的这种个性和社会性的发展，还是以一贯的方式，来对待无论是在认知，还是言语和行为都已经有了明显进步的孩子。因为在这个年龄之前，孩子处处依赖父母，父母是"一手遮天"的。也就是说，不是孩子"逆反"，而是父母没跟上孩子成长的速度。

正如"力和反作用力并存，且大小相等、方向相反"一样，假若没有父母的"反"，怎么会有孩子"逆反"的存在呢?

我喜欢妈妈，不喜欢爸爸 6月30日 周一

晚上东东和娜娜妹妹晚上在广场看节目，娜娜想玩东东的小火车，东东不给，几次下来东东推了妹妹一下，幸亏东妈扶住妹妹才没摔倒，妹妹大哭，东妈让东东赶紧说对不起，东东小声道歉。

快9点，东东坐着摇摇车，还不愿回家，东爸便出来找东东，随后东东很开心地牵着爸爸妈妈的手，一家三口去买冰激凌。

东爸问东东喜欢和爸爸在一起还是和妈妈在一起，东东说喜欢和妈妈在一起，不喜欢爸爸，爸爸凶，妈妈不凶；爸爸爱生气，妈妈不生气。东妈赶紧纠正说，东东如果做错事，不是妈妈不生气，而是妈妈平静地和东东讲道理。

东爸听了心里很失落，话说这三年含辛茹苦地照顾东东，竟换来不喜欢的结果。东妈安慰说，严师出高徒，严父才教育出优秀的好儿子，东东现在还不懂，对爸爸比较逆反，将来东东会明白爸爸的苦心的。

李老师点评：

“东爸听了心里很失落，话说这三年含辛茹苦照顾东东，竟换来不喜欢的结果。”让人感慨且沉思。当问父母：爱你的孩子吗？所有父母都会肯定作答；反问一句：你觉得父母爱你吗？结果就逊色许多。原因何在？在“给出爱”到“体验爱”的过程中，“体验”才是重要的，经过这一环节，给出的爱又被接收者重新赋意，于是差异产生了。

小小摄影师 7月1日周二

今天东爸送给东东一个旧相机，把相机装在三脚架上让东东玩，东东俨然像个摄影师一样模仿爸爸照相，不时按下快门，伴随着咔嚓咔嚓清脆的快门声。

问题一：东东吃饭问题。今天东东一天都没好好吃饭。东妈傍晚下班回家，给东东带回肉包，东东只咬几口，就要妈妈带着自己出去玩。

问题二：东东下午午睡前必须由爸爸陪伴才能睡下，睡醒时没看到爸爸就剧烈哭闹，东妈连续带东东9天后，东东明显变得依赖性增强。这样东东到幼儿园怎么才能适应？

问题三：中午，东东主动和一位4岁小姐姐玩，后来有一位六七岁的大姐姐拿来玩具，三个人一起玩，东东拿了大姐姐的玩具玩，小姐姐就去抢玩具，东东不给，小姐姐就直接用手掌拍东东，抢不到玩具就用拳头打东东，小姐姐频繁打东东，东爸便断喝一声阻止。这时大姐姐说，你们为什么打人，玩具都是我的，你们不应该互相打斗。东爸想问，小孩子在一起玩难免冲突，遇到冲突的时候，大人该如何处理呢？

李老师点评：

答一：行为动机来自于需要，有需要才会产生获得满足的动机并付诸行动。在吃饭的问题上，孩子要比成人忍耐饥渴的能力差许多。要相信他知晓饥饱，如果饿了、渴了，自然会主动寻求满足。

答二：我曾见过这样的妈妈：孩子八岁，在送孩子上学的路上遇到乞丐，妈妈就对孩子说：“你在学校一定要好好学习，否则就考不上重点中学，考不到重点中学就考不到好的大学，考不到好大学将来就找不到好的工作，没好工作未来谁给你养老啊？你会连这个乞丐都不如……”我这样说，不知对你是否有启发。家长常将自己的焦虑投射在孩子身上，然后做出某种糟糕至极的推理和悲惨想象——孩子才八岁，已经替他想到八十岁的悲惨生活了。要坚信：我们的孩子一定比我们更适应他们的生活，而他们的生活是未来的生活。

答三：东爸的“断喝”、“生气”源于对东东的保护，源于把“小姐姐的拍打”知觉为危险。但从描述来看，孩子遭到“拍打”，却没有出现感到“疼痛”后的本能的应对行为——逃离，哭闹，甚至反击。这是否在告诉我们，“这都不是事”，或者他认可这种孩子间的沟通方式。三四岁的孩子，开始更多的与人互动，与同龄孩子类似的互动给他提供处理冲突的机会，是成长必经之路。此时家长需做更仔细的观察与判断。

我来保护妈妈！ 7月2日 周三

东东非常爱坐小区里吐泡泡的摇摇车，每次都要做三五次，一旦有别的小朋友在旁边想坐，东东坐完一次都能同意先下来让小朋友坐。

东东还非常向往地看着大哥哥们踢足球灵巧的脚法。每当哥哥们把足球踢过来，东东都冲上去给哥哥们踢回去。

东东看到两个小哥哥在玩警察抓小偷的游戏，用石头分析小偷的线索，然后跑来跑去地抓小偷。东东一直开心地跟在小哥哥们后面一起跑。

两个小姐姐过来跟东妈说，那两个小哥哥不让她们在旁边玩。东妈便说警察哥哥要保护妹妹，而不是限制妹妹在这里玩。其中一个小哥哥说他们在抓小偷，用手对着东妈开枪，说东妈就是坏人。东妈笑着推开小哥哥的手，说警察哥哥搞错了，阿姨不是坏人，小偷已经逃窜，快去抓捕吧。东东马上挡在妈妈面前，说：“妈妈不是坏人，我来保护妈妈！”

东妈好是感动。东东已成长为勇敢的小小男子汉，能够保护妈妈了。

李老师点评：

“不当家，不知柴米油盐贵。”不遇“险”，不知东宝威！

孩子这个阶段的发展需求满足，需要父母的循循善诱。最好的方式是通过游戏，特别是社会角色扮演的游戏，满足其参与社会活动的需要，并在活动中实现自我价值。

不吃饭就不能出去玩！ 7月3日 周四

早上东东平静地和妈妈说再见，若是以前，东妈常在东东响亮的哭声中离开家上班。东东现在已会主动提要求，一会儿说想吃蓝莓，一会儿说："妈妈给我煮鸡蛋吃吧！""妈妈，我要吃《NO 大卫》里的大鸡腿！"

东爸依然头疼东东的吃饭问题，牛奶燕麦片不喝，肉包子不吃，中午只吃了几块肉皮，喝了几口稀饭和果汁。

晚上开饭，东东还在看动画片，不愿到餐桌旁吃饭。东爸东妈只好先吃饭，东妈端一碗牛肉米饭到客厅喂东东。东爸说，如果东东不吃饭，就取消晚上出去玩的机会，东东这才让妈妈喂一碗米饭。东东的饮食习惯还需要引导。

李老师点评：

把东宝的饮食习惯当成问题，父母的焦虑就会持续。

饮食习惯的养成需要一个过程，多数父母会经历曲折的抗争。但若跳出来，你会担心十年后东宝的饮食习惯吗？会担心他不知饥渴吗？

尝试漠视并坚持，同时用自己的习惯为榜样，孩子的问题将不再是问题。

妈妈，我非常有礼貌！ 7月4日 周五

早上，东爸东妈带东东来到东妈单位开座谈会。东东跟妈妈同事能自如大方地问候。东爸边开会边照顾东东，东东大部分时间都很乖地坐在爸爸旁边。这对3岁两个月的小朋友来说，表现很棒。

开完会东爸先去银行办事，东东看到爸爸离开，即使妈妈在身边，还是剧烈哭闹。东东对爸爸的感情依恋明显加重。

吃饭购物完毕，东妈送东爸和东东回家，再回单位上班。临走前东东紧抱妈妈，不愿妈妈离开。妈妈出门前用糖果、冰激凌、蓝莓转移注意力，东东依然剧烈哭闹，东爸抱着东东和妈妈说再见。东东在东妈离开后只哭1分钟，便和东爸一起午睡，这说明东东适应能力良好。

晚上出门，东东和一个小姐姐一起坐飞机摇摇车。东东主动问小姐姐好，然后对妈妈说，"妈妈，我跟姐姐打招呼了，我非常有礼貌。"妈妈马上点头称赞："东东是一个有礼貌的好孩子，妈妈很喜欢东东。"

坐完摇摇车，一起去买酸奶，给东爸买回冰激凌。希望每天晚上东东都能快乐玩耍，开心享受酸奶和冰激凌美味时刻。

李老师点评：

“东东对爸爸的感情依恋明显加重”，话中似乎透露出些许的担忧。“依恋”不等同于“依赖”。依恋是人类最初始的也是影响最深远的一种情感，是健康成长不可缺少的环节，是几乎一切社会情感发展的基础。依恋的发展有两种可能，一是独立自主精神的发展，一是转变为对父母的依赖。随着孩子年龄的增长，父母就必须逐渐“放权”，鼓励孩子在家庭外与同龄人交往，鼓励孩子独立自主。也就是说，孩子能否独立自主，关键在父母。

妈妈对孩子讲礼貌行为的表扬很到位——及时，具体。及时，就会强化孩子讲礼貌的行为；具体，是表扬孩子时的一个重要原则。因为表扬的时候具体，批评、否定的时候就会具体。切忌对孩子这个“人”取否定态度，也就是说，不要说孩子是“坏孩子”，而只能说某种行为是不好的或坏的，而行为是可以改变的。

男人，就要看球赛！ 7月5日 周六

中午在肯德基吃饭，东爸看到旁边有位爸爸在大声批评七八岁的儿子，引得大家侧目注视，一位老人忍不住上前劝阻。东爸观察，孩子很乖地跟爸爸说话，爸爸还是凶悍烦躁地训斥孩子，然后不搭理孩子。东爸感觉这位爸爸非常情绪化，这种态度无法起到教育作用，反而会给孩子造成心理压力和负面影响。

东爸想起李老师温和平和对待孩子的建议，东爸一直在平复自己烦躁的情绪，尽量温和平和地对待东东，没想到短短几天的努力，东东就变得更加爱爸爸，更依恋爸爸，东东用更加热情积极的爱来回应爸爸的努力。

晚饭后东爸东妈和东东一起散步，一家三口在清凉静谧的夏夜喝着酸奶，吃着冰棍，看着头顶飘过的白云彩，数着天上的小星星，东爸东妈坐在小木凳上聊天，看着东东在每个健身器材旁跑来跑去。

回到家，东爸让东东靠在自己怀里一起看阿根廷和比利时的球赛，东爸在给东东讲解，东爸告诉东东，“男人，就要看足球比赛！”东东很喜欢和爸爸一起看球赛。

李老师点评：

置身事外“观看”别人的教育，更能扰动自己并向内看到自身。正所谓“不知庐山真面目，只缘身在此山中”。

一家三口温情的相伴，让不常表达的爱四溢，勾画出如此美的天伦之景——“看浮云飘飘、数点点星辰、陪东东欢愉。”心中有如此美景，何患世间纷杂?

玩和吃哪个重要？ 7月6日 周日

幸福的周日，东爸睡到中午才起床，午后的天空蔚蓝澄亮，是难得的摄影好天气。吃完午饭便收拾行装，骑摩托去田横岛拍照，抓紧拍几张风光大片。

下午东东和娜娜妹妹一起去万达玩沙子，沙子一直是东东的最爱，和娜娜妹妹玩得非常开心。东东接着去玩丢小球游戏，很多小球都准确地滚进了小洞里，赢得了铅笔和小镜子两件小礼物。

在万达吃晚饭，东东吃一小会儿就跑开去玩，引得娜娜妹妹也没怎么好好吃饭。在商场里，东东在前面乱跑，娜娜也跟着乱跑，两个妈妈只好在后面紧追，同时照看两个宝宝实在是比一个宝宝累多了。疯玩到晚上快8点，才回到家，东东直接倒头就睡着了。

李老师点评：

第一段给我的感受是：东爸很放松，东妈也发自内心地接受了东爸的放松。东东去哪儿了？没骚扰东爸吗？

对于这个年龄的孩子，“玩”一定比“饭”重要。但在家长眼里，正好反着。孩子自有其成长的规律，饿了自然会吃。是“跑”、“顽皮”本身不好，还是这种行为使得家长非常辛苦而觉得不好？

内心强大的小宝贝 7月7日 周一

中午东爸带东东去吃快餐，快餐店里人很多，找好位置以后，东爸让东东坐在座位上等东爸去买饭回来。期间，爸爸看到有个十几岁的小哥哥跑到东东面前，指手画脚，气势汹汹，看架势是东东占了他的位置，要东东离开，爸爸远远地望着东东的背影，看东东并没有惧怕离开的意思，而是跟小哥哥说着什么。

过后小哥哥坐在东东对面不停地对着东东说话，有几次挑衅性地头向前倾，离东东很近，东东并没因为害怕而回头叫爸爸，又有两位阿姨带着一位十岁左右的小姐姐过来，同样是要求东东离开，东东并没有惧怕，还是坐在那里，一直没有回头寻求爸爸的帮助。

爸爸对于东东面对社会中的困惑表现出的冷静沉着颇感惊讶，在没有爸爸帮助的情况下，能自己独立面对困难不畏惧，很让爸爸欣慰。

李老师点评：

“初生牛犊不怕虎”，畏惧并不是生而存在的，是习得的。就像孩子生来并不怕毛毛虫，也不是每个孩子都怕毛毛虫，只是成长过程中，成人有意或无意的影响，孩子习得了害怕！

东爸“并不知道”自己已经帮助东东冷静沉着地面对这件事。类似情境下，有些父母已经先于孩子而紧张焦虑，并早已插足“战争”。而恰是东爸“远远地望着东东的背影”，时刻关注孩子的表现……这也不难推知东东的泰然自若是必然。

 小宝贝的大玩伴 7月8日 周二

这几日晴空万里，蓝天白云，是摄影难得的好天气，东爸早早要求东妈一下班就马上回家，好抓紧去石老人海滩拍照。

东爸晚上9点多回来，刚停下摩托，东东便叫着爸爸飞奔过来，扑在爸爸怀里，爸爸把东东抱起，东东搂着爸爸脖子说：“我想爸爸啦！”爸爸很是开心：“东东为什么想爸爸呀？”东东说：“因为爱爸爸，所以想爸爸。”东爸便抱着东东，和东妈一起去小卖部买东西，一家人喝着酸奶，吃着冰激凌，一起回家。

最近东东对爸爸的依恋与日俱增，以往妈妈一回家东东便不理爸爸，现在晚上妈妈即使在家，东东还是要爸爸陪自己踢足球、玩战斗机飞行游戏。东爸很耐心温柔地回应东东的要求，能和东东一起玩很久。

东爸最近常带东东踢球、跑步，东东模仿爸爸双手握拳，挥动双臂跑步的样子，虽说姿势还有些笨拙，双臂还不能协调挥动，但是跟着爸爸后面跑步的样子，非常有趣可爱。

又一个清凉的夏夜在快乐中度过。

李老师点评：

一家人的生活如此美满充实！

东东与日俱增的“依恋”背后，是单纯对爸爸的“粘连”，还是对爸爸“游戏陪伴”的需求？我看到更多的是对“游戏陪伴”的依恋。东爸温柔地回应并陪伴孩子玩，在玩的过程中，东东在发展自己的社会能力。东爸的“正向小宇宙”越来越多地被东东接收，奶爸很成功！

小宝贝在全面均衡地成长呢！ 7月9日 周三

早上东东醒来没有哭着找妈妈，而是平静地叫爸爸，爸爸陪着东东在床上读会儿书。

中午，爸爸带东东散步去肯德基吃饭。沿途给东东讲古力盖上标示，熟视无睹的古力盖竟然有“联通”“移动”“污水”“热力”“电力”“TV”“路灯”等多个种类。东东对每个古力盖都要一探究竟，走过去的古力盖，东东还要爸爸退回来再讲一遍。

东东在肯德基玩滑滑梯，有两个10多岁的大哥哥在里面推搡打闹，有几次东东只能躲在角落里，爸爸在外面也看得心惊肉跳，但没有干预，东东勇敢地对两个大哥哥说：

“干什么呢？不要这样哦！”

晚上出门，东东总会冲向吐泡泡的摇摇车，耐心等待直到坐上。有两个小妹妹也想坐，东妈便和东东商量，“坐完这一轮，让妹妹坐好吗？”东东刚开始不答应，东妈继续做工作：“大家都在排队，一人坐一次，我们先去买酸奶喝，喝完再回来坐。”东东马上爽快地下来。

东爸很欣慰地说：“东东最近在全面均衡地成长进步呢！”

孩子成长进步是必然的，但这份“全面均衡”我想更应归功于东爸东妈的付出！陪孩子成长的三原则，即：①父母首先要调整自己的心理状态；②夫妻关系是孩子良好成长的基础；③关系大于教育。当做到这三点，就无需寻求教育良方了！

东爸昨晚通宵看球，今天顶着晕晕的脑袋坚持陪东东。晚上东妈迟迟回家，一进门就埋怨东爸没让东东吃早上蒸的鸡蛋糕，也不拔掉电饭锅插头，费一天电，东爸顿时强烈烦躁：“我已经很辛苦地在看孩子，你回来这么晚，一进门就批评这个批评那个！”东妈意识到自己不对，连连说好话，东爸依然以拒绝吃晚饭和拒绝一起出门来抗议。

东东出门和娜娜妹妹、苓苓姐姐一起玩。有个陌生姐姐想加入，东东不同意，苓苓也推开小姐姐，东妈在旁边劝阻无果，小姐姐难过得哭着找妈妈。

回到家，东妈继续向东爸承认错误，东爸态度稍稍缓和。东东开心地吃着冰棍，东妈趁机“哼哼教导”：“如果下次碰到想一起玩的小姐姐，就一起玩好吗？今天小姐姐被你们推开，都难过得要哭了，大家一起玩会更开心的。”东东痛快点头说好。

难道3岁就开始“拉帮结派”了么？

之前对东东“劝阻无果”，后来却是“痛快点头”，其间的反差正说明了情绪对于一个人行为的影响，以及亲子间关系的重要。所以，“教导”孩子之前一定要先观察孩子的情绪。而情绪又代表了亲子关系的品质。“教导”老公也要这样！

悄悄煮好了面，烤好了鱼 7月11日 周五

晚上快8点，东妈加班回家，东爸先吃了方便面，东妈带东东去吃拉面，路上遇到澄澄妹妹，便和妹妹一起去买麻薯球吃。

面包房里碰到苓苓姐姐，两个好朋友手拉手一起玩。苓苓姐姐很厉害地双脚跳下有小腿那么深的干水池，而且稳稳当当地站住，这对东东来说属于危险高难动作。东东很小心，要求妈妈扶着，学姐姐往下跳。

东爸到小卖部买了新鲜的荔枝，在小水池旁找到东东，给东东剥荔枝吃，然后抱着东东回家。东爸让东妈赶快吃饭，令东妈感动的是，一贯拒绝下厨做饭的东爸竟悄悄煮好了面，烤好了鱼。

李老师点评：

“一贯拒绝下厨做饭的东爸竟悄悄煮好了面，烤好了鱼。东妈好感动。”

生活中，我们往往说的太多，做的太少，夫妻间更是如此。点滴的行动，远比甜蜜的千言万语更有效。

 和梅花鹿宝宝交谈 7月12日 周六

东爸今天幸福地睡懒觉，东东和娜娜妹妹去动物园看大熊猫。傍晚给东爸带回一盒寿司和芝士蛋糕，东爸端出了香喷喷的烤排骨和新鲜的荔枝。东妈给东爸讲今天去动物园的经历，夸东东表现很棒，无哭闹无捣乱，而且走了很长很长的路，都没有让妈妈抱。

东妈说东东今天在动物园给两只小灰兔喂了冰激凌的蛋筒皮，看了坐在猴山顶上的猴王和几只惬意挠痒痒的小猴子，还有睡午觉的非洲狮、浑身披着长刺的豪猪、可爱的小浣熊、抖着大驼峰的骆驼、脑袋像羊身体像骆驼的羊驼、大热天披着厚厚长长皮草的牦牛，还给温顺的梅花鹿喂树叶，学梅花鹿宝宝“咦－咦”的叫声，一遍遍和梅花鹿宝宝交替回应，好有趣。熊猫馆里，一只懒洋洋的大熊猫在凉棚里酣睡，胳膊还悠闲地搭在栏杆上，另一只大熊猫扭呀扭地在散步。

李老师点评：

东妈说东东在动物园的见闻时，东东在做什么？下次建议引导东东自己说所做所闻。这不仅能增强孩子的表述能力，也更能增添一家三口的温馨。

 今天有点小淘 7月13日 周日

东爸凌晨骑摩托出门摄影，一路奔袭来到石岛。石岛风景怡人，让人流连忘返，深夜才回到家。东妈给东爸热饭，弄淡盐水喝。

东妈告诉东爸，东东今天有点小淘，中午把妈妈手里的碗打翻在地，满地汤水和面条，东妈没忍住，打了东东的手。下午东妈累得先睡着，东东把东妈推醒好几次，最后一次

说快要尿裤子了，结果只尿了两滴，东妈气得打了东东屁屁。东东一直说：“妈妈你不要生气了。”看来东妈在家照顾东东两天就开始烦躁了。

晚上东东故意把花生米倒在沙发上，还拒绝捡回碗里，而且把东妈捡回的又倒出来。东妈这次终于忍住，没用武力惩罚，只是严肃地说，“如果不捡回，取消晚上出门玩的机会。”东东终于和妈妈收拾好，一起出门玩。

在小区和苓苓姐姐一起玩。苓苓姐姐要回家，东东哭着不愿放开姐姐的手，东妈说那就送姐姐回家吧。走到姐姐楼下，两个好朋友终于愉快再见。

东东爱用哭闹来表达诉求，也许是东妈的溺爱影响了东东男子汉气概的形成。

李老师点评：

孩子在和父母相处的过程中，为了“生存”，就必须要适应父母的行为模式（如溺爱），久而久之，这种适应方式就会固化（如用哭闹来表达诉求），继而便是亲子之间的相互强化，使这种互动模式稳定的维持下来（哭闹—满足）。

打破这一平衡的方式，只能是父母认识到自己行为模式中不合理的部分，然后做出改变。父母变了，孩子就必然会改变。就像跷跷板的两头——力量大的一方做出调整，另一方不变是不可能的。

那我们为什么总是希望对方改变呢（亲子之间、夫妻之间，等等）？

安全着陆，棒！ 7月14日 周一

傍晚，等东妈快要下班时，东爸便带着东东一起到大拇指和妈妈会合。东妈远远出现，东东快乐地张开双臂飞奔扑向妈妈怀里。

东爸带东东坐了会儿碰碰车，全家人喝着清凉的冷饮，去吃米线。东东自己拿筷子吃海带和米线，吃得很好。吃完饭，东东蹦蹦跳跳地和爸爸妈妈一起走回家。每到一处小台阶，都小心地让妈妈扶着跳下，妈妈每次都夸奖东东：“安全着陆，棒！”跳了一阵，东爸担心东东双脚同时着地会震荡受伤，告诉东东最好脚尖先着地，但这样的技术要领东东还不能马上掌握。

回到小区，东东继续在广场玩耍。东东有N种好玩的游戏项目，坐摇摇车，在单杠上打滴溜，坐跷跷板，和舟舟弟弟玩警察抓小偷游戏……小区就是东东开心游戏的乐园。

李老师点评：

今天的日记让人读得很舒服。“东妈远远出现，东东快乐地张开双臂飞奔扑向妈妈怀里。”宛如影视中的画面，温馨而感人。

 再给奶奶一块比萨！ 7月15日 周二

东爸中午打电话叫外卖比萨，东东很喜欢吃，东爸给爷爷奶奶遗像前放了一块比萨，东东提醒东爸：“再给奶奶一块比萨！”东爸心中好生感动，赶紧又放了一块，问东东：“东东还记得奶奶么？”“当然记得！”奶奶在两年前去世，当时东东才10个月，东东直到现在竟然还记得奶奶。

记得当时奶奶体弱多病，时常糊涂，常常只顾笑眯眯地看着孙子而忘记吃饭。东东当时还不会说话，常和奶奶微笑对视，时不时用小手轻拍奶奶的胳膊，揪一揪奶奶的衣袖。祖孙两个会无声地交流对彼此的爱。

东爸经常遗憾东东的亲人太少，爷爷、奶奶、外婆都已去世，外公也年岁已高，不能在青岛陪伴东东，大姨二姨姑姑曾来短时间帮忙照顾东东，平时东东只有爸爸妈妈。

亲情如此珍贵和稀缺。东妈早早决定十一带东东回老家看外公。

 李老师点评：

言传不如身教。很多父母感慨孩子自私，不会尊重与孝敬老人，恰恰是因自身忽略了对孩子的“身教”才有了上述的果。东爸无言的“孝行”，我想比充耳说教更有效。

“亲情如此珍贵和稀缺”，并不是所有人都能意识到这点，当你心中有亲情，你才会看到亲情，才会更珍惜亲情。三口的小家，亲情一样弥足珍贵！

 打开电视讲安全 7月16日 周三

下午东爸让东东自己在床上玩，东东第一次独立睡着，东妈感到很惊喜。

晚上东妈做好晚饭，碰巧娜娜妹妹来家玩，东东一口饭也不吃，只想和妹妹出去玩。东爸说：“现在不吃，过了点饿也不会给吃的。”东东玩到9点多才回家，回来胃口大开，拿筷子吃豆角扇贝，吃面包，东爸说的过了点不再让吃的话，东爸也没做到。

东妈打开电视，电视新闻里正在播放高雄气爆消防车救援场面，东东好奇地问这问那。高雄气爆、昆山爆炸和最近青岛油门当刹车导致母女一死一伤的事让人心情沉重，趁机再对东东进行安全教育，一定要绕开古力盖，马路上一定让妈妈牵着手，注意避让。

临睡前，东爸希望替东妈哄东东睡觉，让东妈赶紧写日记，别熬夜。东东做游戏希望爸爸陪，可是睡觉希望妈妈陪，哭着要妈妈来。东妈只好和东爸互换工作岗位，只见东东边擦眼泪边埋怨妈妈：“大半夜的干吗不睡觉，大半夜的怎么还不睡觉？”这话怎么听起来这么耳熟？小孩子的嘴里总能蹦出些大人的话。

李老师点评：

生活既有多彩多姿的一面，也有灰冷黑暗的一面。你选择看什么，在很大程度上决定了你的生活色彩。研究数据显示，三天不看负面新闻，快乐指数就会上升。过度接触负面新闻，只会产生消极作用。学会选择新闻及获得新闻的渠道，就显得非常重要，因为有些新闻媒体更喜欢煽情，而不是客观报道。

安全教育是必须，但需注重方法，要避免在孩子的世界里人为“建造”恐惧！

孩子不仅能模仿大人的话，在人格层面更是深深地打着父母人格的烙印。我们经常会说孩子“随谁”（像父母中的哪一方），仔细观察会发现，孩子“随”的那一部分通常都是父母不希望的。这就引出了一个重要的教育理念：父母是什么样的人，比用什么方法更重要！说到底，教育孩子其实是在“教育自己”。

爱问为什么的聪明宝宝 7月17日 周四

东东最近特别喜欢读《识标志》书，东爸惊讶东东能读出好多标志上的汉字。当看到一个大人带小孩的“步行”标志时，东东竟然说是“禁止大人牵小孩”，逗得爸爸哈哈一笑，赶紧说这个标志的意思是只允许大人小孩通过，不允许任何车辆驶入。

东东对这个世界充满浓厚的原始求知欲，常常一点就通，一学就会，只是学得快，忘得快，需要重复记忆。大部分车标了然于心，各种车型的汉字也认识不少，对消防车、警车、军车、工程车、飞机、火箭、建筑工地、UFO、外星宝宝、动物等持有广泛兴趣，每天问无数个为什么，专注地玩玩具，自己主动选择喜欢的书看。如何不辜负上天赋予的天分，如何在应试教育中保护东东的兴趣爱好，如何将璞玉变为美玉，这是东爸东妈的长期课题。

东爸在培养东东独立午睡的习惯，以便去幼儿园能更快适应。中午爸爸在门口修车，东东一个人在床上安静玩耍，果真独自睡觉，东爸暗自欣喜。

李老师点评：

当孩子问“为什么”时，不要着急地去告诉孩子一个答案，要引导孩子自己去思考。答案不重要。重要的是孩子独自思考的过程。有了独立思考的能力，“璞玉变美玉”的可能性就会大大增加。

东爸有意识的引导，是真正爱孩子的体现。因为他在帮助孩子学会更好地适应未来环境的本领。

 打人的小暴龙 7月18日 周五

傍晚，东东因为没抢到喜羊羊摇摇车，打了娜娜妹妹，妹妹大哭，娜娜妈妈抱起安慰，东妈要求东东说对不起，并拿出餐巾纸让东东给妹妹擦眼泪，东东又对妹妹很凶地叫，东妈阻止，东东又用小拳头打妈妈，事态持续升级。东妈没有在众人面前训斥或打骂东东，只是迅速带东东回家，中止东东在外面玩耍，以此惩戒。东东一路哭闹不愿回家。回到家，东爸听完经过，态度平静地劝说东东。

东妈给娜娜妈妈打电话，替东东向妹妹道歉，说已带东东回家反省。东爸在门外遇到娜娜，也向娜娜妈妈说抱歉。东爸回到家对东东说：“你做错事，还连累爸爸跟娜娜妹妹道歉。”东东说他再也不这样了。

门铃响起，娜娜来看望东东，一进门就问：“哥哥你没事吧？”东东说没事。东妈趁机教育东东，“你看妹妹多关心你呀，妹妹心地善良，你打了妹妹，妹妹还要过来看你，快跟妹妹说你以后不这样了。”东东复述了妈妈的话，只是没有对妹妹当面说。东东和妹妹和好，送妹妹回家。

李老师点评：

面对孩子的“暴力行为”，父母情绪平稳，没有“以其人之道还治其人之身”，这就给了孩子另外一种行为模式的引导，一种榜样。

需要考虑的是，孩子的“暴力行为”从何而来呢？孩子有没有表达自己愤怒的权利呢？除了“小拳头”以外，该如何引导孩子合理地表达自己的愤怒呢？

 临睡前默默流泪 7月19日 周六

东妈中午炖肉，东东问爸爸：“你闻到了么？好香呀！”东爸温柔地微笑回答：“爸爸也闻到啦！”东东很爱喝肉汤和乌冬面，不怎么吃肉和菜。

晚上洗完澡睡觉，东东要“摇呀摇”。妈妈坐起抱着东东，东东靠着妈妈怀里，妈妈边摇边念歌谣。

摇呀摇，摇呀摇，摇到大东的外婆桥，
外婆给我买蛋糕，我对外婆点头笑，
外公给我买烤地瓜，我最爱吃的就是烤地瓜。

摇呀摇，摇呀摇，摇到大东坐的飞机上，
飞机飞得好高呀，比云彩还要高好多，
飞到长白山看到小松鼠，东东很想自己家。

东东这时竟无声抹眼泪说："我好想妈妈，我好想自己家。"

妈妈很奇怪："妈妈就在陪着你呀，为什么还要想妈妈？你就在自己家呀，为什么还想家？"东东没有回答。也许东东重现了以往与妈妈分离和旅行离开家的难过和平时的各种委屈。东东临睡前在妈妈怀里默默流泪，这让妈妈很心疼。比起东东细密的内心，妈妈也许过于粗放。妈妈做的还很不够。

李老师点评：

"比起东东细密的内心，妈妈也许过于粗放"，很多的"也许"也许并不重要，重要的是孩子情感展露时，有妈妈温暖的怀抱与温柔的抚慰！

在我看来，东爸东妈都成长不少，更能把东东当做"独立、自主的个体"，一家人的成长是同步的！给个赞！

妈妈，你快看稿子吧！ 7月20日 周日

东爸一早出门摄影，晚上8点打电话告诉东妈很快到家。9点多到家门口刚停下摩托，东东便飞奔过来，抱着爸爸大腿说："爸爸你终于回来啦！"

东妈回家给东爸煮面。东妈告诉东爸，东东上午东东第一次晃晃悠悠地坐吊床，好开心。东爸高兴地说今天去海阳捕捉到很美的晚霞。

东妈说起下午东东在卧室午睡，东妈在客厅加班看稿子，东东半梦半醒时看妈妈没在身边，时不时叫妈妈，妈妈只好一遍遍过来，后来干脆在床边看稿子。东东很好奇妈妈在看什么稿子，爬过来瞅瞅。妈妈正在看东东，东东忽然蹦出一句："妈妈，你快看稿子吧！"妈妈一愣，马上说"好的"，继续低头工作。

临晚前，东东躺在妈妈身边又蹦出一句话："一个人会很孤单呢！"妈妈说："妈妈不是在陪你么？你不是一个人呀！"爸爸也应声过来陪在东东旁边，东东一只手抱爸爸，一只手抱妈妈，开心地左右看。妈妈说："看东东多幸福呀，左拥右抱，这是一家人最幸福的时刻。"东东安心地快速睡着。

李老师点评：

爸爸热爱摄影，妈妈加班工作。一个是爱好，一个是自愿。都是那么的发自内心，都是那么的神情专注。既不消极，也没有抱怨。这种从小的耳濡目染，不知会对孩子的未来产生怎样的影响？

孩子正在长大！在一个幸福的家庭中长大，在一个健康的家庭中长大！

妈妈，你孤单吗？ 7月21日 周一

傍晚，东东骑大铲车，霖霖骑扭扭车，乐乐骑自行车，三个好朋友在广场驰骋。有几个七八岁的小姐姐和小哥哥不知为何不太友好地围住乐乐哥哥。东东勇敢迎上去，保护乐乐哥哥，愤怒地发出海豚音。东妈夸东东勇敢挺身保护好朋友，同时告诉东东，海豚音不解决问题，应该学会用语言来表达愤怒和拒绝，比如：“哥哥姐姐请不要这样，这样不礼貌。”

晚上东妈加班看稿子，东东在旁边画画，一本正经地涂写，抬头说：“妈妈，我也在看我的稿子。”

东东很好奇妈妈的工作，时不时要在妈妈的稿子上乱画，妈妈赶紧要回，就这样时不时就来一次有趣的抢夺。

过会儿，东东离开餐桌，走到妈妈身后说：“我不陪妈妈了，妈妈会觉得孤单吗？”妈妈回答：“妈妈有爸爸和东东陪着，很开心，不孤单。”东东又问：“可是妈妈看不到我了呀，会觉得孤单吗？”妈妈回答：“妈妈虽然看不到东东，但是知道东东就在妈妈旁边呀，妈妈不会觉得孤单的。”妈妈不禁好奇东东是否常常孤单？

李老师点评：

能把母子之间对稿子的抢夺形容成“有趣”，足可看出妈妈情绪的稳定。

孩子嘴中的“孤单”和家长听到的“孤单”（由此引起的内心体验）是两回事，妈妈不要太在意。只要用心地去陪孩子，孩子是会感受到的，过多的焦虑反而会影响亲子之间的互动。

“孤单”作为一个概念，是后天学习来的，至于此孤单是否是彼孤单，值得玩味！有人曾做过调查，让父母与孩子共同解释一些词汇，如“淘气”、“不听话”，等等，结果显示：年龄较小的孩子，对这些词汇的理解跟父母大相径庭。

比如“淘气”这个词，当一个孩子玩弄家里的紫色水晶瓶时，父母说：“真淘气，爸妈喜欢不淘气的孩子。”好，孩子知道，这个东西是不能碰的，碰了爸妈会不高兴。过了一会儿，孩子开始玩弄蓝色的水晶瓶，父母又开始新一轮淘气教育。这时，孩子很迷茫，怎么碰什么都是“淘气”呢?

一样，孩子对“孤单”的理解也许与成人相差极大。尝试让孩子用语言或其他方式细致表达，看看孩子“孤单”背后真正想表达的是什么。

好想小黄被和自己家 7月22日 周二

中午，东东问大沙皮狗笨笨：“笨笨，你的爸爸妈妈在哪里？笨笨想妈妈么？你会不开心么？会孤单么？”东爸回答：“东东的爸爸妈妈就是笨笨的爸爸妈妈，笨笨在自己家和爸爸妈妈一起，很开心的，不会孤单的。”

晚饭后东爸让东妈躺沙发上休息，对东东说：“妈妈昨晚熬夜工作，东东陪妈妈休息会儿。”东东抱出自己心爱的小黄被，和妈妈躺在一起。东妈睡着，东爸自觉“加班”照看东东，给东东洗澡，叫醒东妈到大床接着睡。

讲完睡前故事，东东靠在妈妈怀里自己念“摇呀摇，摇到大东的外婆桥”，念到坐大巴去长白山时，东东抱住心爱的小黄被说，当时好想小黄被呀，好想自己家呀！说着又要掉金豆了。原来长途旅行对东东的小心灵也有影响哦！

妈妈边摇边问：“爸爸让东东一个人午睡，东东是不是觉得孤单？”东东有点小委屈：“是孤单。”妈妈解释：“爸爸是在训练你独立，过一阵东东上幼儿园，中午就要一个人睡觉，所以现在就需要练习呀！”

东东在消防员故事中睡着。

李老师点评：

非常富有生活气息的一个晚上。

要保护好“小黄被”和“自己家”在孩子心中的形象。只要孩子心中有“家”，今后无论走多远，无论遇到怎样的困难，就都不会觉得孤单。

但现实中，太多的父母在让孩子学习的过程中，在培养孩子特长的过程中，渐渐地把孩子心中的“家”毁了。这些孩子不仅对学习及特长不再感兴趣，对父母也不再感兴趣。一个心中没有“家”的人不会走远。即使走远，也终将是孤单一人。

妈妈陪我去踩水 7月23日 周三

暴雨让小区水池积上齐脚深的水，东爸下午带东东在水池里蹚水，然后回来洗澡。傍晚东东拽着刚下班到家的妈妈出门玩，东妈只好晚些做饭。

东爸在窗外修剪树枝，广场在放露天电影，东东直奔水池踩水，东妈担心池子里的雨水是否卫生，环顾周围没有一个家长同意小朋友下水，正在犹豫，东东正要奋不顾身地跳下去，东妈只好豁出去先迈进池子，再把东东平稳放进水里，挽起东东的短裤。就这样，东妈顶着压力，在众目睽睽之下牵着东东的手在水池里并肩游走。东妈边走边说：“我们到大海里游泳去啦！我们去抓小鱼去啦！我们看到了鱼群！快去抓呀！”东东干脆甩开妈妈的手，在水里尽情扑腾玩耍，激起好大的水花，不一会儿，短裤都湿了，东妈只好脱下东东的湿短裤。东东又爬进小水池去研究水管，脚下一滑，坐倒在水里，东妈一手抓住，幸亏雨水没灌进嘴里，赶紧脱光东东的衣服，准备回家洗澡。幸亏救兵及时赶到，东爸把东东抱出水池，回家给东东洗第二遍澡。

李老师点评：

设想一下，东东长大了，有了自己的孩子。偶然间看到了今天的日记，看到了妈妈顶着压力，在众目睽睽之下陪自己玩水，会有怎样一份感动？

还记得儿时父母陪我们一起玩耍的情景吗？

小小飞行迷和军事迷 7月24日 周四

傍晚预报台风将要到达青岛，快下班时就开始下雨，东妈终于在瓢泼大雨前赶回家。刚到家，外面便哗哗哗地大雨倾盆。外面的暴雨丝毫不影响东东的玩兴。

东东喜欢让妈妈抱起来玩飞行游戏，妈妈抱起东东，“起飞啦！”飞旋起来以后，东东便展开双臂像翅膀一样上下挥动，“飞呀飞呀！”妈妈再把东东轻轻靠在沙发的靠背上，“安全降落！”就这样，起飞降落的游戏玩到妈妈抱不动为止，东东还是意犹未尽。

东爸中午带东东去大拇指玩，买了一辆很酷的红警导弹战车，大大的导弹可以竖起发射，东东学着倒计时发口令：“3，2，1，发射！”导弹车还配有武装直升机和越野摩托，3名身穿迷彩的陆军士兵和飞行员可以摆出各种动作，这些都是小小军事迷东东的最爱，一直到睡觉时，都要把导弹车放在身边，陪伴自己睡着。

李老师点评：

相对于爸爸、妈妈的陪伴，相对于有爸爸、妈妈参与的游戏，再酷的玩具也要“退居二线”。这条公理不仅适合东东，也适合所有的孩子。

玩具可以暂时替代父母，可以适时地参与到亲子关系之中，但玩具就是玩具，不能让玩具永远地取代了父母的作用！当然，它也没有这种能力。

不知东爸在陪孩子、买战车以及旁观母子游戏时，有怎样的情绪体验？

掰断妈妈的眼镜 7月25日 周五

临睡前东妈去拿水杯，短短几秒钟回来，东东指了指床头柜，结果发现花1000多块买的眼镜被东东掰断，妈妈顿时心疼不已，拿着残肢断腿问东爸能否接上，东爸摇头表示只能去眼镜店重新配。

东妈严肃地和东东讲："东东为什么要掰断妈妈的眼镜？眼镜花1000多块买的，妈妈工作半个月才能挣这么多钱，现在被你掰坏了，需要重新配，妈妈只能多工作半个月，就得少陪你半个月，你知道么？！"东东表面安静地听着，左手下意识地揪自己大腿，小声说："没关系的，爸爸能修好的。"东妈怕自己的糟糕心情给东东增添心理压力，便走开冷静。

东爸抱着东东来给妈妈道歉，妈妈还是有些小激动："眼镜被你掰坏，妈妈很难过，妈妈没有眼镜什么也看不清，明天必须带你去配眼镜，如果你在商店乱跑，妈妈很担心找不到你，走丢了再也找不到爸爸妈妈怎么办？"爸爸安慰妈妈别那么焦虑，明天一起去眼镜店换眼镜腿就行了。妈妈心情郁闷地凑在电脑前写日记，平静了好一阵，去哄东东睡了。

李老师点评：

之前我们讨论过关于孩子"发怒"的问题，那父母的愤怒情绪该怎样处理呢？

今天的整个过程就是一个很好的示范——表达情绪，在行为上又不过分。表达了情绪，自己就不会过分压抑。更重要的是，让孩子感受到了因自己的过错所造成的不良结果。行为上不过分，说明会运用有效的行为——独自冷静、思考、陪孩子睡觉。这很重要。可以回想一下，当你搂着孩子的时候，还能生气吗？而打骂对缓解负性情绪是无效的，只会越打骂越生气。另一个潜在的重要作用，是让孩子看到、感受到一种合理的应对问题的方式。

从细致的描述不难看出，孩子是知道自己是否犯了错误的。其实，每个孩子都有这种觉察能力，无论何时、何地，并且会在今后加以注意。但前提是：感受到不良后果（如他人的负性情绪），确实是自己的过错（不是欲加之罪），没有得到过分的惩罚（简单说就是我犯了错，你打了我，两抵了）。

如果眼镜是1块钱买的呢？

抱着地球仪入睡 7月26日 周六

全家上午去眼镜店换眼镜腿，东爸对东东说，"因为东东弄断了妈妈的眼镜腿，需要花400块重新配，按照1天坐5次摇摇车，东东就损失了80天坐摇摇车的机会。"东东答应再也不弄坏妈妈眼镜了。

买完东西，妈妈带东东去看望刚生宝宝的同事。刚出生两天的小宝宝粉嫩粉嫩的，大大的眼睛双眼皮，好精神好可爱，东东专门让妈妈抱起来仔细看小床里的小宝宝，还摸了摸小宝宝的小脚。

回到家，东东好喜欢刚买的地球仪，问妈妈我们的家在哪个位置，妈妈告诉以后，聪明的东东每次都能准确指出。东东指着地球仪上的大洋暖流寒流的箭头，问妈妈是什么，指着每个国家，让妈妈说出名字。

当东东指着“马来西亚”问时，妈妈边指边说有一架客机从荷兰阿姆斯特丹起飞，准备飞向马来西亚的吉隆坡时，路过乌克兰时被导弹击落，东东又好奇地追问个不停，睡觉时也抱着地球仪入睡。

李老师点评：

关于摇摇车、眼镜腿的价值对比，当东东答应再也不弄坏妈妈眼镜后，东爸东妈有什么样的感受？儿少时，“破坏”在每个人身上时有发生，但“破坏”带给成人及孩子的心理感受是不一样的。尝试换位体验一下。

终于让妹妹坐心爱的大铲车 7月27日 周日

东爸昨晚便向乳山进发，赶在日出前拍几张风光大片。中午给东妈发短信说给东妈买了面膜，还在乳山的山里拍溪水。东妈回短信说正在给东东喂牛肉面。

东爸终于在下午5点多回到家，东东还在床上赖床，东爸进门便来看东东，问东东想爸爸没？东东抱起爸爸亲了一口，小小委屈地说：“想爸爸啦！爸爸终于回来啦！”

东妈赶紧给东爸煮牛肉面，特意放了好多块炖得很软的牛肉。东爸长途奔袭，又累又饿，一大碗香喷喷的牛肉面全数进肚。晚饭后，东妈带东东骑大铲车出去玩，好让东爸安静休息。

出门碰到娜娜妹妹，一起坐摇摇车，在小区里散步。妹妹一直想坐东东哥哥的大铲车，东东的物权意识很强烈，东妈和东东商量让妹妹玩玩大铲车，东东不肯。直到一起去吃小麻薯球面包，一起喝酸奶，一起吃冰激凌之后，东东突然很大方地主动让妹妹坐大铲车，东妈马上夸奖东东表现棒，娜娜妈妈也说明天奖励东东哥哥一朵小红花，东东很开心。

李老师点评：

面膜与牛肉面，小小的行为，传递的却是夫妻间浓浓的爱意。而这种爱意又会不自觉地通过我们的情绪和行为体现出来，孩子也会不自觉地感受到。这是对孩子最好的教育，最好的爱。

孩子“不分享”的时候，好多父母会发火，会批评指责孩子，这显然是不合适的。其中的道理我们暂且不说，先体验一下看到孩子“不分享”时的感受——是不是感觉“没面子”？那我们是为了自己的面子，还是为了孩子？

志同道合的小伙伴 7月28日 周一

晚上出门玩，东东又来到卖夜灯玩具的小摊，执着地拿起昨天就想买的蓝色大蝴蝶结发卡，希望东妈给买。

东妈说：“蝴蝶结是女生戴的，东东是大男生，男生带蝴蝶结就不帅了，我们选个蓝色兔耳朵好吗？”东东对兔耳朵不感兴趣，一把拿起蓝蝴蝶结发卡，就想离开。

东妈提醒：“我们还没有付钱，不可以拿走哦！”

摊主向东东推荐魔法棒，东东终于放下蝴蝶结，挑了一个心形魔法棒。

东东接着和几个哥哥一起玩大铲车挖土游戏，忘记带铲子，东东就用手捧起沙土倒进大铲斗中，再操作大铲车的手柄来卸土，玩得不亦乐乎。妈妈在旁纠结是否阻止东东弄脏手，但实在不忍心破坏东东的兴致。有小朋友也想玩沙土，妈妈不许，于是在响亮的哭声中被妈妈带回家。

清凉的夜风中小伙伴们在快乐嬉耍，东东终于找到志同道合的战友了。

东爸出来和东妈东东会和，东爸扛起东东，让东东坐在自己肩头，全家人一起享用着美味甜蜜的冰激凌，慢慢走回家。

李老师点评：

可以思考一个问题：东东若继续执着蓝蝴蝶结发卡，妈妈会怎么处理?

人出生后，经历“社会化”，慢慢建立起性别的概念，知道男孩子应该穿什么样的衣物、玩什么样的玩具，等等。妈妈的引导就是在帮助孩子强化男女两性的角色差异。既然是引导，就不能着急上火；既然是引导，就不能希望“毕其功于一役”。

很多父母会纠结于沙土（还有很多的东西）的“脏”，这无可厚非，也可以理解。但因此而破坏了孩子的兴致，就有点得不偿失。

心理学告诉我们，客观世界并不存在“脏”这个东西，“脏”只是一个概念，它只存在于我们的大脑，我们的心中。心理学对此有一种解释：过分追求洁净其实是内心“脏”的外在体现。大体的意思是：我喜欢“脏”的东西，但我不敢表达出来，因为我怕遭到惩罚（深深的潜意识当中），所以我只能洁净。

我不要吃饭！ 7月29日 周二

晚上东妈做好饭，东爸叫东东过来一起吃，东东不舍得离开电视，突然很凶很烦躁地对爸爸叫：“我不要吃饭！”东爸很生气，后果很严重，走过来掐了东东屁屁。东东马上扑到妈妈怀里痛哭。妈妈抱东东坐上餐椅，边给东东擦眼泪边严肃地说：“爸爸是世界上最爱你的人，妈妈都从来不舍得对爸爸这么凶，东东永远不可以对爸爸凶。”东东慢慢平静下来吃饭。

晚饭后，东东骑着大铲车带着小铲子出门挖沙，爸爸在门前灯下修车。转眼已9点多，东妈叫东东去看望爸爸，让东东问爸爸想吃什么冷饮，我们给爸爸买。买完回来的路上，东东主动提着袋子，自豪地说：“我能帮妈妈拿东西啦！我很有力气的，我很棒！”东妈很欣慰：“谢谢东东！”东东把冰棍送给爸爸，爸爸很开心。

一家人坐在单元门口，在灯下吃着香甜的冰棍，指点着越野大摩托的帅气构造。

李老师点评：

“一家人坐在单元门口，在灯下吃着香甜的冰棍，指点着……”场景很美，我的思绪随之飘逸，只是指点的后面是“夏夜天空的繁星”。

东妈对东东的哭诉，既给予温暖的陪伴，又适时维护东爸的威严，没了起初的“护犊子”，更多展现的是“爱孩子他爹”。在这样的氛围里，爱，最终加倍地流向孩子！

爸爸，你要向笨笨道歉！ 7月30日 周三

中午东爸和东东带笨笨出门，笨笨乱嗅，东爸制止，笨笨不听，东爸打笨笨屁屁，东东上前阻止：“爸爸不要打笨笨，这样很不礼貌，很不好的，笨笨会很不开心的！爸爸你要向笨笨道歉！”东爸说好，以后不打笨笨了。东爸没想到东东对笨笨非常有爱心。

中午下起雨来，东爸拿雨伞带东东出门吃饭，东东要求骑着大铲车去，东爸解释下雨无法骑车，要么在家里骑大铲车，不出门，要么出门走路，不骑大铲车。东东坚持骑车出门，剧烈哭闹。东爸说那你就哭吧，哭完想清楚再出门。东东哭了3分钟，看爸爸不搭理他，就下车跟着爸爸出门，一路很开心，也很听话。

晚上东爸和东东一起玩地球仪，东东一边看着地球仪，一边随口说了一句：“多多岛被蔚蓝的大海所包围。”爸爸很惊喜地问：“大海在哪儿呢？”东东指着地球仪蓝色的区域说，“这就是大海呀！”

李老师点评：

从东东的言行举止，可看出东爸东妈的影子。幼儿与家庭接触的最多，更容易潜移默化地复制父母的行为模式。因而，父母的榜样示范作用极为重要！从某种意义上说，这个时间家长的所作所为，比较符合“种瓜得瓜，种豆得豆”这句俗语所要表达的意思。

说狠话的小宝贝 7月31日 周四

晚饭时，东东不小心碰掉了妈妈手里的碗，稀饭撒了一地，妈妈并没有生气，边清理边跟爸爸解释东东不是故意的。东东突然冒出一句："我一下把妈妈踢到那边去！"爸爸严厉批评东东不可以这样凶，要求东东对妈妈说对不起，东东磨蹭了一会儿才说。东爸和东妈都奇怪东东跟谁学的这句话。

晚上阵雨过后，空气清新，凉风阵阵。东东骑着大铲车出来玩，外面地面湿滑，没有多少小朋友出来玩，东东到处找："娜娜妹妹呢？乐乐哥哥呢？"妈妈解释下雨大家都没出来。东东每次用铲子挖起土，都给妈妈看，妈妈便夸奖东东一次能挖出这么多土，效率很高，让东东把土倒进铲车的铲斗中。

东东很专注地挖土，熟练地操作大铲车卸土，接着再装，周而复始，乐此不疲。东东问妈妈："铲斗臂上是什么图案？"妈妈回答是黄黑警示条。东东接着问为什么放警示条？妈妈继续回答铲斗容易挤伤人，要让大家注意避让，避免危险。

李老师点评：

三岁的孩子，打翻饭碗太平常不过。妈妈的解释、爸爸的批评背后暗含的是——"打翻饭碗是不应该、不对的"这一评判。此时无言的清理所带来的结果一定胜于言语指导！

东东突然冒出的一句话，正所谓"说者无心，听者有意"。试想三岁的孩子如果对你说：我今天吃了两碗饭，力大无比，我可以打倒熊二！你真的会认为孩子要去和熊二打架吗？童言无忌啊！

妈妈，我来安慰你！ 8月1日 周五

早上6点，东妈趁东东睡醒前准备会议材料，东东却早早醒来要妈妈陪自己玩，妈妈说先忙工作，过会儿陪东东。东东拽着妈妈胳膊，要妈妈离开电脑桌，妈妈举起一个手指说："1分钟！妈妈再工作1分钟就陪东东。"东东边摇头边很凶地大声说："不可以！不可以工作！"妈妈听这话特耳熟，原来自己就是这样对待东东的，这样的确不好受。

妈妈示弱地说："妈妈就忙1分钟好吗？"东东说："不行！妈妈你快哭呀！"妈妈假装呜呜哭，东东赶紧过来抱抱妈妈说："妈妈别哭了，我来安慰你，妈妈！妈妈工作吧！"终于在上班前弄完材料。

李老师点评：

每个人都希望成为强者，希望成为"救世主"。因为在这种角色下，我们可以体验到成就感，体验到价值感，包括孩子。所以"示弱"往往会让问题迎刃而解。

东东当老师 8月2日 周六

经过李老师的指导，东爸在与东东沟通时，尽量让自己更耐心平和些。令人惊喜的是，东东和爸爸越来越亲了，东东更开心了。

晚上，东东要爸爸坐在挂图前，自己拿着小棍棍当教鞭，指着挂图里的蔬菜，要爸爸讲出名称。爸爸很乖地坐在挂图面前，问：“东东老师，爸爸想提个问题。”小老师很认真地回答：“你问吧！”爸爸指着挂图上的“大”字，问：“老师，这是什么字？”小老师显然备课不足，就说：“我们讲别的吧！”

爸爸晚上一直在跟东东扮演学生和老师的角色。

爸爸说：“老师是不会乱丢东西的，请老师把玩具捡起来！”

“请老师把桌子整理好，明天学生还要用的。”

东东老师变得非常配合，很快就整理好，两个学生都在鼓掌，齐声夸：“老师棒！老师做的好！”东东老师被夸奖之后，显得非常非常开心。

提问：像做游戏一样，让孩子扮演老师，爸爸妈妈扮演学生，孩子是否更加觉得有趣，能更加配合听话呢？

李老师点评：

答案就在问题中，我再说就成了多余。倒要问：东东显得非常非常开心，你们呢？

对于孩子的成长，没有比游戏更好的了。一个在幼儿阶段以游戏为主导的孩子，会为以后的“游戏人生”奠定基础，而“游戏”人生乃人生的至高境界。奇怪的是，为什么有那么多的父母不愿意陪孩子一起游戏呢？

谁拿了我的军用卡车？ 8月3日 周日

东爸今天继续出门摄影，欣怡阿姨来接东妈和东东去万达广场逛街。逛完万达，又转战大拇指，为的是再去买军用卡车玩具，因为东妈前天晚上把玩具弄丢了。

说来奇怪，东东周五晚上挖沙时，有小朋友从东妈手里拿军用卡车去玩，健忘的东妈忘记要回，等想起的时候，小朋友早已不在，而东妈也忘记是哪位小朋友拿走了。东东伤心得直哭，很生气地说要教训那个小朋友，东妈有些无奈地安慰：“也许是我们忘记要回就走开了，小朋友想还给我们却找不到我们了。”

周六晚上东东还在原处挖沙，东妈很期待那个从自己手里拿走玩具的小朋友能主动送回，但是并没有。今天只好再去买，结果已经卖光，东东很快选了一套塑料餐具玩具，似乎忘记了丢玩具的不快。

从某种意义上说，孩子比成人更“专一”。他们更能遵循“就事论事”的原则，专一地因卡车玩具生气，又专一地喜欢餐具玩具。跟成人的顾此及彼截然不同，他们的世界是单纯的，他们注意力的转移（不是分散）更灵活，他们更能“活在当下”！

东东家的三条军规 8月4日 周一

每当东东淘气调皮时，东妈总忍不住大声制止，东东总会像个小大人一样地说：“妈妈不要凶，不要烦躁，这样对小孩不礼貌！”东妈马上意识到自己有些失态，赶紧承认错误：“妈妈不应该烦躁，妈妈一定注意。”

东妈建议全家定个约法三章，全家人都要遵守，东妈提出第一条：“禁止烦躁。”

东爸也对东东的海豚音提出第二条：“禁止喧哗。”

东东也对东爸打屁屁提出抗议，自己主动增加第三条：“禁止打骂。”

就这样，东东家的三条军规就定好了。每当东妈烦躁，东东马上念出口号：“禁止烦躁！”每当东爸要打东东屁屁，东东马上说：“禁止打骂！”然后补充：“打小孩是非常不礼貌的，不可以打小孩！”东爸一听，本来生气地想惩罚，都忍不住笑起来了。

常见的约法三章，总是父母“约法”，孩子“三章”。父母以成人优势不予遵守，只是用三章约束孩子的行为，结果往往是孩子不停突破章法，章法便失去意义。看到东爸东妈东宝的三章，很想说“公平、公正”，不仅实现了制约，更是平添许多乐趣。

童言无忌 8月5日 周二

下午东爸网购的战车和客机玩具送到，东爸压抑不住自己的兴奋，把玩具铺在床上，和东东一起玩。东爸建议将新买的客机玩具送给受伤休养的娜娜。东东说：“不！”然后拿出网店附赠的小小汽车，说把这个送给娜娜。

东妈说，“去看望生病的娜娜，就拿这么小的汽车，有点送不出手哦！”

东爸说，“先把飞机送给妹妹，爸爸再给你买你个飞机和洒水车。”反复做工作，东东终于同意了，东妈便带着东东去看望娜娜。

娜娜一直在家卧床休息，东东把飞机送给娜娜。娜娜开心地说谢谢。东妈和娜娜妈聊天时，东东猛然蹦出一句：“家里好乱呀！”所有大人顿时石化。娜娜妈妈有点尴尬，东妈无奈地说：“东东你说话别这么直接好么？”

问题一：东东最喜欢的玩具因为不爱惜随手一丢或不小心摔坏，大人是否需要给东东建议爱惜自己的玩具，还是随东东自然而然地娱乐？

问题二：所谓童言无忌，东东在邻居家唐突的言语，大人是否需要适当引导，还是随孩子自然而然地表达自己的想法？

李老师点评：

答一：人们对易到手的东西往往不珍惜。“锦上添花”相比于“雪中送炭”，珍惜程度不可同日而语。还能记起我们童年时珍惜的玩具吗?

答二：“童言”是孩子见闻的真实表达，“忌”则是父母脑中的规则。当“忌语”出现时，父母可以故意视而不见，也可以转移话题，当然还可以在事后跟人家解释或正向教育孩子，但就是不能当面惩罚。随着自身成长和父母的引导，尤其是亲身体验，规则会在孩子心中内化。

爸爸，禁止烦躁！ 8月6日 周三

幼儿园要求今日去医院体检，东东自己打伞走在雨中，东爸东妈合打一把伞。医院里路窄车多，东爸想抱起东东走，东东想自己打伞走，父子争执不下，东爸马上烦躁训斥打屁屁，东东同样大声回敬冲爸爸凶，一时间三条家规“禁止烦躁”“禁止喧哗”“禁止打骂”齐齐违反。东妈抱起东东，温和地劝说东东不可以对爸爸凶，给东东解释爸爸是怕东东一个人走被车撞到。东东很生气地对爸爸说：“禁止烦躁！”

轮到东东称重和体检时，也许害怕穿白大褂戴口罩的大夫阿姨，东东哭着抱住妈妈不放，好不容易检查完毕。

东爸埋怨东妈平日溺爱导致东东如此哭闹，担忧这样去幼儿园怎么能行。平日里东妈常常吓唬东东去医院让大夫打针，徒增对医生的畏惧感，而且今天没有事先告诉东东要到医院查体，小家伙实在没有心理准备，哭闹难免，不过哭哭也没什么关系。

值得称赞的是，东东抽血时只是皱着眉头说疼，但并没像其他小朋友号啕大哭，东妈对东东竖起大拇指，夸东东坚强不怕疼。

李老师点评：

“哭闹难免，不过哭哭也没什么关系。”很赞成这句话所表明的态度。

很多父母对孩子过分关注，注意力全部指向并集中在孩子身上，一点风吹草动就犹如惊弓之鸟，实在是没必要。过分关注不利于孩子的成长。因为在这种状态下，往往会使缺点放大。家长心态的宽松与平和才是最重要的。

妈妈不是我的好朋友 8月7日 周四

每晚东东都要骑着大铲车到广场挖土，为方便小伙伴们一起玩，每次都带4把铲子。每当有小朋友加入，东东都很热情地送上一把挖土利器。今天东东主动给两个小姐姐铲子，两位妈妈都夸东东这么小就知道分享。东东开心地对两个小姐姐说："我们三个人一起挖土吧！看我们三个人在挖土呢！这是我们堆的高山！"

玩了一会儿，东东想起什么，抬起头问："娜娜妹妹呢？乐乐哥哥呢？他们怎么不出来玩？"妈妈解释也许他们回家了或者到外面玩了。记得有一次下雨刚停，东东迫不及待地出来挖土，发现没有一个小朋友在外面玩，失落地说："就剩我一个人了。"妈妈蹲下和东东一起挖，说："你还有妈妈呀！妈妈陪你一起挖！"就这样，在清凉空旷的广场上，东东和妈妈一起挖泥巴。

妈妈趁机套近乎："妈妈是东东的好朋友吗？"

"妈妈不是我的好朋友，娜娜妹妹和乐乐哥哥是我的好朋友，妈妈是妈妈。"

妈妈失落无奈地说："好吧！"小家伙总是有着自己的逻辑。

李老师点评：

有父母陪着玩的孩子，头脑中的"逻辑"肯定异于没有父母陪着玩的孩子！

随着孩子的成长，伙伴关系的比重必然会增加。关于这一点，爸爸妈妈要做好思想准备，要不然，到时会失落的。

面试出色的小考生 8月8日 周五

上午东爸东妈带东东去幼儿园面试报到，在外面等待时，东东开心地玩着小城堡和扭扭车，和新朋友吹泡泡。

轮到东东面试，东东自如地回答老师问题："我叫陈柄中！我三岁啦！这是我的爸爸妈妈！小兔子爱吃萝卜和白菜！"又快速回答老师出示的红色、黄色、蓝色、绿色，准确地数了玩具的数量："1、2、3、4，是4个！"老师露出了赞许的笑容。简单的面试出奇快地通过了。东爸东妈惊喜地夸奖东东面试的出色表现。

东妈办好手续，去买小被褥，为了冲淡东东对小黄被的执着，夸张地说："多可爱的小苹果被子呀！好喜欢！"相信东东会喜欢幼儿园的小被子，而不是非要小黄被不可。

面试报到异常顺利，也许东东没觉得什么，东爸东妈的心情着实有些小激动，东东的人生从此有了新的起点，从此开始新的历程。特别是东爸非常开心激动，三年来日日夜夜的照顾陪伴，现在终于可以长出一口气，终于熬出来，终于可以轻松些，终于能有点自我空间和宝贵的自由了。

李老师点评：

几个“终于”验证一个事实：极为健康的爸爸妈妈！

东东入园，东爸东妈如此评价：东东的人生从此有了新的起点，从此开始新的历程。虽有些许担心，但更多的是激动。

遗憾的是，常见那些焦虑的父母，对孩子的担心遮盖了成长所带来的激动。

临睡前的折磨 8月9日 周五

东爸照顾东东一天后，晚上“下班”休息。与以往不同的是，东东越来越依恋爸爸，即使妈妈在旁边陪伴哄睡，还希望爸爸也来陪自己，东爸只好“加班工作”。东东躺在爸爸妈妈中间，一手拉着爸爸，一手拉着妈妈，还要把爸爸妈妈的手一起搁在自己胸口上。

东东临睡前常常有无数个要求，要妈妈讲故事，要抱起来摇一摇，要喝水，要尿尿，要妈妈频繁安装油罐车车头，折腾妈妈起来躺下N次，最后妈妈的耐心被折磨用尽，干脆闭上眼假睡，对东东要求再次安装车头不予理会，东东其实已经很困很累，但又开始哭闹，东妈只好安上车头，安抚哇哇大哭的东东。

东东这时靠着妈妈怀里，闭着眼睛抽泣，弱弱地说：“妈妈你不要不理我，你这样对小孩不礼貌，妈妈。”

东妈的智商完全比不过3岁的智商，赶紧保证：“妈妈一定不这样了。”

东东终于在和妈妈一声声肉麻的回应中睡着。“妈妈”“东东”“妈妈”“乖乖”“妈妈”“宝贝”“妈妈”“小可爱”……

李老师点评：

三口之家，看似孩子最弱，但实际上他掌控整个家，就像木桶，总是最短的木板决定桶的容水量，即心理学所言的“弱势控制”。

若想提高木桶容水量，要么换桶，要么把短板加长。类比到家庭，我想“短板加长”才属现实，即静待孩子成长。

爱哭的小小“男子汉” 8月10日 周日

东妈中午去开幼儿园第一次家长会，东爸带东东去超市购物。东东在淘气堡里玩得很疯，和一群五六岁的孩子一起剧烈冲撞摔打，也不惧怕，玩得精疲力竭，然后回家接着玩新买的玩具火车，直到妈妈回来，整个下午都没有睡觉。

晚上东东因火车翻车脱轨而频繁着急哭闹，爸爸对东东说：“你碰到一点点小事就哭脸，怎么是一个男子汉呢？碰到困难可以说出来寻求大人的帮助，而不是哭脸呀！”东东慢慢安静下来。妈妈抱着东东讲了会故事，摇呀摇，东东8点刚过就睡着了。东爸计划这几天强化调整东东的作息时间，以便跟幼儿园的作息同步。

李老师点评：

有些父母会抱怨孩子不适应变化了的生活，比如上幼儿园，比如上学，比如离开家庭独自生活。根本原因真的不在孩子，而是父母没有培养孩子适应变化的能力，或者说父母剥夺了孩子成长的机会和权利。

引导、培养孩子去适应他们自己的生活，这才是爱。

早睡计划泡汤 8月11日 周一

晚饭后东东出门玩，碰到好朋友乐乐哥哥。乐乐想来东东家里玩，东妈便请乐乐外公一起到家里做客。东爸把蒸汽火车放在铁轨上呜呜转圈，火车脱轨翻车，东东就大哭，东爸再把火车放好，要求东东向安静懂事的乐乐哥哥学习，不要一不顺心就哭。

乐乐和东东接着出去一起挖土，转眼就到9点半，乐乐听话地跟外公回家，东东也回家洗澡讲故事拉臭臭摇呀摇，折腾到11点多才睡着，调整作息早睡早起的计划今天泡汤。后天就要8点去上幼儿园了，明天晚上一定早睡！

幼儿园安排头几天只让家长全程陪同，半天便带孩子放学回家。东爸和东妈都相信东东在幼儿园会有超乎想象的出色表现。

李老师让思考东东若继续执着蓝蝴蝶结发卡会怎么办，妈妈也可能会妥协给东东买，只怕东东戴上会被小朋友笑话。

李老师点评：

给妈妈的思考，更多是希望妈妈能跳出来看问题。很多事情发生，并非事情本身存在什么问题，往往是我们抢先给予赋意，让“事情”变得不再是“原来的事情”。也许东东要了漂亮的发卡，会把它戴在妈妈的头发上！

东东的幼儿园生涯即将开始，东爸东妈即将面临新的解放，真的想知道，“父母对孩子的依恋与孩子对父母的依恋，到底哪个更强些？”

小宝贝自觉回家 8月12日 周二

晚上东东跑到土堆前加入挖土队伍。有小朋友带来了海边细软的沙子，东东很喜欢。东妈询问得知是阳阳弟弟带来的沙子，阳阳看到哥哥们在玩自己心爱的沙子，很难过，又不会表达，只让爸爸抱着，不肯下来一起玩。东妈让东东说谢谢阳阳弟弟，邀请阳阳一起玩，并把东东的火箭玩具给阳阳玩，阳阳终于开心地拿着火箭一起玩。

东东喜欢小为弟弟的翻斗车，小为喜欢东东的火箭运输车，两个人开心地交换玩具玩。很快到了9点多，大家都要回家了，东东很爽快地把翻斗车还给弟弟，道完别竟然在前面快步回家，说明天要早起去幼儿园，今天要早些睡觉。

东妈进家门连声向东爸夸东东这么自觉回家。晚上简单洗漱，东东顺利地在10点多便睡着了。

明天是第一天去幼儿园，东爸和东东很沉着，东妈很激动紧张。

李老师点评：

沉着，就会看到沉着的世界；紧张，就会有令人紧张的事情发生。孩子还是那个孩子，之所以每个人看到的不同，就是因为每个人内心的不同。

把紧张放下，留着激动。

快乐的幼儿园试读第一天 8月13日 周三

大雨中爸妈陪东东第一天上幼儿园，老师要求让孩子最依恋的家长全程陪同，东妈于是请假半天陪伴东东。东东和小朋友玩生日蛋糕游戏，都把老师吸引过来，一起唱生日快乐歌。

老师让大家搬椅子坐过来听故事，东东两次走到老师跟前想看书中内容，东妈需要跟东东强调秩序意识。

就餐前要小便、洗手、擦手、排队领餐，餐后要喝水漱口。这些要求有助于养成良好的卫生和进餐习惯，对于三个年轻女老师管理全班40个小朋友的庞大集体，更是必要。相信东东很快就能熟悉这些要求。

东东基本能独立洗手、喝水、小便。东东从未用过蹲式马桶拉臭臭，这是个挑战。东东中午恋恋不舍地离开幼儿园，盼着明天继续上学。妈妈把东东赢得的两枚红苹果贴在卧室墙上。快乐的幼儿园试读第一天预示着美好的开始。

（东妈注：老师要求的指令东东执行还有困难，日记中“屏蔽”了东东不好的行为。阳光日记的背后有不阳光的事实，希望以后能变成真实的阳光日记。）

李老师点评：

阳光的背后肯定有阴霾，选择阳光不代表阴霾的不存在。

针对你的疑问，我的问题是：当一件事情发生的时候，你无意识地会关注积极的一面还是消极的一面？在你的生活中，阳光与阴霾各占多少的比例？或者直白地告诉我：你现在是幸福还是悲伤？

阳光日记只是转变思维模式的一种手段，目的是让你更多地关注事情积极的一面，直至养成习惯，从而达到调整你生活中阳光与阴霾配比的功效，最后让你的生活变得更加幸福。只要坚持90天的记录，神奇的效果就会出现。

阳光与阴霾并存，才是完整的世界。

自如的第二天 8月14日 周四

中午，东妈的心就开始扑通扑通猛跳了，这是东爸陪东东去幼儿园的时间。手机终于在快下班时响起。东妈惊喜地下楼迎接，东爸和东东放了学，来单位接东妈下班了。

放学后的东东平静快乐，看来今天换爸爸陪同，东东第二天上学也非常顺利。东爸夸奖东东表现良好，能正确辨认学号取用毛巾和杯子，能完成老师指令，能和老师愉快交流，还在院子里玩滑滑梯。

东爸并没有像东妈贴身陪同，而是远远注视观察。东爸说班上有好几个男生比东东更高大更强壮，特别有一个男生在抢夺玩具和玩滑滑梯时比较凶。东爸很关注东东在玩滑滑梯的安全。

东东跟妈妈说："我非常害怕幼儿园滑滑梯里的蜘蛛，老师用电蚊拍打死了蜘蛛，这样我就敢在滑滑梯里玩啦！"东妈心里奇怪，其实东东是10多天前来报名时碰到的蜘蛛，东东的话也许是想象。东妈附和说："哇！老师真厉害！"

一家三口在下班人流中慢慢走回家，没睡午觉的东东靠着在爸爸肩头睡着。

李老师点评：

客观现实是既定的，关键在于我们用怎样的心态来呈现它。

比如孩子昨天不配合的哭闹，如果内心紧张不安，就会怀疑孩子的适应能力，进而对孩子日后的幼儿园生活产生恐惧，这些情绪又会在行为上表现出来，对孩子产生影响。

如果内心坦然，把孩子的反应看做是适应新环境必经的过程，相信孩子会很快地适应，那么这份坦然就会给孩子以很好的榜样示范。

孩子今天的表现已经证实，父母很多的担心都是没有必要的，是自己吓唬自己的游戏而已。但父母为什么这么喜欢吓唬自己，你考虑过吗？

平静的第三天 8月15日 周五

早上7点多，东妈叫东爸和东东起床，简单吃早饭，8点就要去幼儿园。东东刚开始哭着抱住妈妈，要妈妈陪着去幼儿园，后来经东妈东爸劝说，不情愿地和妈妈说再见，妈妈先上班，然后东爸带东东上学。

中午东爸给东妈打电话，约好一起吃午饭。东爸夸东东在幼儿园适应良好。老师问起东东为何穿靴子，而不穿轻便的凉鞋。东爸解释东东特别喜欢这双靴子，怎么劝说都不愿穿凉鞋。东东最近对自己的衣服鞋子有了审美主见，一直要穿带有托马斯小火车图案的衣服，一直喜欢光屁屁而不愿穿裤子，一直要穿靴子而非凉鞋，东爸东妈除了要求必须穿小短裤以外，基本尊重东东的穿衣意愿。

一家三口继续在午后的阳光中慢慢走回家，东东在妈妈怀里睡着。

李老师点评：

非常好。给个赞！

在喧嚣的城市里，有多少人能够一家三口黏在一起？又有多少人能够有时间享受一下午后的阳光？又有多少幼儿渴望能够在妈妈的怀里睡着？自然的赋予，竟然成了奢侈。

肯德基痛哭记 8月16日 周六

今明两天是东爸珍贵的休息日，东妈提前向东爸建议，希望东爸周末陪伴去买给娜娜妹妹的生日礼物。东爸东妈带东东逛迪卡侬运动商店，最后决定买粉色自行车。东东虽然很喜欢自行车，但是很大方地同意送给娜娜妹妹。东东在蹦蹦床上蹦了好久，拿着足球踢了很久，非常喜欢军绿色的迷彩衣服，但没有执着要求买。

东爸扛着自行车，到肯德基吃午餐休息。东东在玩滑滑梯，东妈去家乐福买《潜水艇》《航空母舰》的书，回来发现东爸脸色阴沉，东东脸上挂着泪花。东爸没好气地说，东东不见妈妈哭了很久，问“妈妈去哪儿”问了四五十次。东妈赶紧道歉，解释说看东东玩滑滑梯好开心，就去买书了，下次妈妈一定带东东一起买书，不随便离开东东。

李老师点评：

周末的生活总是弥足珍贵！想必东东更是珍惜！

对于妈妈的突然离开，对于东爸阴沉的脸色，对于孩子不厌其烦的追问，甚至是持续的痛哭，都给这个周末增添了情趣与记忆。阳光是因为阴霾的存在才显得那么明亮，这个周末也正因这些不愉快的存在才显得更加弥足珍贵。

妈妈的内心，是否因这个小东西的牵挂而注满了幸福？

玩具又丢啦！ 8月17日 周日

东妈昨晚通宵加班，东爸本想出门摄影，但怕东妈劳累，就在家帮忙照看东东。东妈喂完东东早饭，便靠在爬爬垫上小憩。中午东爸让东东简单吃了面包、萨其马和火腿，东妈带东东去大床上继续午睡，东爸这才放心出门。

傍晚东妈带东东出来玩。东东坐完摇摇车，吃完冰棍回到摇摇车旁，东东才想起把公共汽车玩具拉在摇摇车座位上，走时忘带，此时已不知去向。

东东难过地大哭起来，妈妈问理发店老板，老板说没人捡到送来。东妈问东东要不要去小卖部找找。东东哭着摇头，说没带到小卖部。东妈对东东反省说妈妈也很粗心，忘记提醒东东带好玩具。旁边的爷爷安慰东东，说让爸爸再买一个。东东稍稍平静，自己也说让爸爸再买一个。

晚上东爸回来，东妈主动向东爸承认错误，说自己没看好玩具又丢一个。东爸埋怨东妈已经不是第一次丢玩具了，答应东东在网上再买一个。

再买一个没问题，如何让东东爱惜珍视自己的玩具呢？

李老师点评：

爱惜与珍视均源于人对“物”或“人”的喜欢与爱。当把着眼点提高，我们会发现，孩子与他人、与物建立关系，都是在重演与父母的关系。所以，处理方式就变得简单了，脱离具体的这个事，重在父、母、子三者关系的建立与加深，同时给孩子提供好的榜样示范。

玩具丢了，哭一通，就会有个新的，多好的事啊。

玩具丢了，没了，不知下次是否会保管得仔细一点?

玩具丢了，妈妈认错，爸爸批评妈妈，不知孩子会怎么想?

踢全场的小球员 8月18日 周一

早上东爸送东东上学，出门前东东哭着拽住妈妈，要妈妈一起去，东爸果断带走，东东哭着出门，走到窗外情绪就已平静。

中午东爸陪读结束，东妈在大拇指和东爸东东一起吃午饭。东爸说老师很喜欢东东，还喂东东吃饭，老师还表扬东东有进步。东妈问东东在幼儿园开心吗？东东说开心。看来在东爸的陪伴下东东适应良好，下周没有东爸的陪伴，相信东东也能顺利适应。

下过雨的夜晚清新安静，摇摇车也藏在斗篷中早早睡觉了。东妈陪东东出来玩，东东竟然第一次勇敢地加入大哥哥们的足球队，在宽敞的广场四处奔跑，踢起了全场。

东妈在场外又激动又开心又担心，大哥哥们的个头几乎是东东两倍，东东依然积极

拼抢围堵，真怕东东摔倒受伤。当东东奔跑过来时，东妈问东东是哪一方的，磊磊哥哥马上回答，“是和我们一帮的！”

快乐玩耍后，东妈带东东回家，开心地向东爸夸东东第一次勇敢地和大哥哥踢全场，真希望东爸能亲临指导。东爸也夸东东长大了。

李老师点评：

人、事、物的发展是必然的，但发展并非单向的直线，包括变好与变坏两个不可或缺的维度，而我们往往只认为变好才是发展，变坏就不是发展。当我们夸赞孩子长大的时候，也不自觉将长大倾向性的界定为有好的行为、好的表现。

当我们能认可孩子的一切都是在发展进步时，我们和孩子一样，会有更多的欢乐。

男人的吵闹就是哭泣 8月19日 周二

下午东爸陪读，放学时东爸告诉东妈，老师讲故事时东东说话做小动作乱跑，连累东爸被老师约谈。东爸要求东妈晚上认真教育东东。

东爸晚饭时严厉教训东东，东东向东爸拍桌子，东爸用筷子猛击东东脑门，东东顿时痛哭向妈妈求助。东妈假装低头吃饭。东爸再无胃口，生气地冲出门去。

东妈把痛哭的东东抱着怀里说，“这个世界上最爱你的是爸爸，永远不可以对爸爸凶。妈妈从来没有对爸爸拍过桌子。妈妈从来都不舍得对爸爸凶。”

东东摇头：“最爱我的是妈妈，不是爸爸。”

妈妈说：“爸爸每天白天晚上都陪着你，妈妈只有晚上才陪你。爸爸陪你的时间最多，是爸爸最爱你呀！”东东依然摇头。

东爸回来，东妈要求东东对东爸说对不起，保证再也不对东爸拍桌子，东东倔强不讲。东妈让东东去抱抱爸爸，安慰爸爸。东东说：“爸爸又没哭为什么要安慰？”妈妈解释：“男人的吵闹就是哭泣，是爸爸心里在哭。”东东马上去拥抱爸爸，父子两个拥抱在一起，那一刻东妈很感动。

李老师点评：

父子两个拥抱在一起是妈妈的功劳。

老师通过约谈把压力传递给了爸爸，爸爸通过教训又把压力传递给了孩子。虽然孩子弱小，但他只能扛起来。随着孩子的成长，也许家长被老师约谈的机会还有很多，希望家长能把老师传递过来的压力扛起来，和孩子站在同一战壕，共同抵抗那些所谓的问题或毛病，而不是相反。

第六天被表扬 8月20日 周三

今天是最后一天陪读，明天东东就要独立上学了。东爸今天就试着放手，送东东去幼儿园之后，自己便假装离开，在保安亭里待了很久，再回去看，令人欣慰的是东东在没有爸爸的情况下依然自如愉快，而且遭到了老师的表扬，说东东听故事时安静坐着，没有说话做小动作乱跑。有趣的是，东东和一位小姐姐坐在一起，正当东东不老实站起来时，小姐姐一把拽住，东东终于安静地坚持下来。老师夸东爸昨天教育得好，今天东东有进步。

昨晚东爸东妈煞费苦心地和东东玩老师讲课游戏，东东老师教东妈和东爸学习《交通工具》。

东妈假装起来乱跑，东东老师说："请妈妈同学坐回原位！"

东妈故意揪东爸头发，东东老师说："请妈妈同学不要影响别人！"

东妈乱讲话，东东老师说："请妈妈同学保持安静！"

东妈晚上给东爸念李老师的点评，和东爸聊到深夜，希望东爸多承担压力，保持情绪平稳，别压迫孩子。东爸说自己所有的苦心与努力都是为了让东东能适应社会。

李老师点评：

煞费苦心的游戏，体现了父母的爱，体现了父母的智慧。

口头的说教以及肢体上的惩罚，是教育方式；陪孩子做游戏，同样是教育方式。而且是更好的方式，对父母来说更难的方式。

孩子的适应能力一定远超乎我们的想象，重要的是要相信孩子。

第七天托马斯惹的祸 8月21日 周四

今天东东全班40个小朋友第一次合班，第一次无家长陪同上半天。早上东爸送东东上学，刚到教室就听到小朋友的号啕哭声，老师没等东东反应，迅速接过东东抱着，要求东爸马上离开，值得称赞的是东东并没哭。

中午东爸去接东东，又被老师留下着重约谈，说东东整个上午都抱着从家拿来的托马斯书，拒绝放下，几位老师劝说无果，请来保安叔叔来扮演警察，要求东东放下书，东东依然哭闹拒绝。

今天有小朋友从早上哭到中午，有小朋友要冲出教室回家。老师取消户外活动，40个孩子在小小的教室哭喊打闹，老师累得胃疼，老师真心不容易。

东妈反省今天不该给东东带托马斯书，以至于东东书不离手，不配合管理。东东对书如此热爱，东妈很感动，爱书的孩子有前途。警察叔叔介入都不为所动，说明东东内心强大刚毅，将来一定是个勇敢坚强的男子汉。

东爸东妈晚上又当起了东东老师的学生，这将成为每晚的功课。相信东东明天会非常顺利开心。

李老师点评：

从描述来看，父母的情绪稳定，非常好。

情绪稳定是解决问题的基础。当我们情绪处于消极、激情状态时，认识范围会变得狭窄，分析能力和自我控制能力都会降低，我们就会被情绪所控制，所作所为仅仅都是情绪的宣泄，而与实际问题的解决无关，甚至会让问题变得更糟。

第八天老师夸有进步 8月22日 周五

爸爸中午抱着再次被老师约谈的准备去接东东。令人惊喜的是，老师说东东今天表现有进步，懂礼貌，会对老师说“谢谢”和“请”，不过因为想爸爸有一次小小的哭脸，吃饭是让老师喂的，小手伸进小椅子缝被卡住，但是没什么大碍。

东爸中午接了东东和东妈在大拇指会和，一起吃午餐。东爸夸东东今天表现有进步被老师表扬，夸东东在幼儿园慢慢走上正轨，虽然有些小问题，但肯定能适应良好。东爸说昨天自己忍着没有去训东东，进行老师角色扮演游戏很有效，东东当老师来维持秩序，要求爸爸同学和妈妈同学听东东老师指挥，东东自己的秩序意识也得到强化。

午饭后东东平静和妈妈分手，坐在爸爸肩上回家，路上便睡着，回到家一直睡了整个下午，看来在幼儿园消耗不少体力。晚饭后的东东又开始在广场里追逐踢球了。

李老师点评：

八天。有情绪起伏，有冲突。但经过小小的努力，已逐渐适应。只要控制好情绪，以解决问题为导向，适应就会是必然的。

笨笨让东东受伤 8月23日 周六

天气阴霾，东爸没法出门采风摄影，在家里陪伴东妈东东过周末。早上东妈带东东骑着大铲车买早点，一起和东爸吃早饭。

中午东妈和东东坐在单元门口，在邻居爷爷下棋的小桌上看书。东东老师教妈妈学数字，一起念数字歌谣，爸爸在旁边修摩托车。

在单元门口笨笨碰到东东，东东撞在摩托车上，疼得大哭，妈妈抱着揉，东东还是哭着要爸爸，爸爸抱起东东，东东才平静下来，东东对爸爸的依恋越来越深。

晚上炖牛肉，煮米饭，东东史无前例地自己吃了两碗米饭，东爸东妈很惊喜。

一周多的幼儿园生涯，让东东瞬间又长大一些。东爸感觉东东昨天晚上情绪有些急躁，今天晚上又有些脆弱，小小的事情就会剧烈痛哭，需要耐心平复。

李老师点评：

对孩子不要做一些总结性、标签性质的消极定论，以就事论事为宜。

心理学研究发现，我们容易注意那些能够证实我们想法的证据，而忽视那些与我们想法矛盾的证据。如果大脑中有了“孩子对爸爸的依恋越来越深”这个框架，就容易把父子之间正常的依恋都归结于此。

踢足球讲故事学字母歌 8月24日，周日

东东执着于穿系鞋带的厚靴子，老师建议东东穿方便穿脱的运动鞋，东爸和东妈便带东东去买。东东在商店蹦蹦床上蹦很久，戴上拳击套打沙袋，用手拍大篮球，但不配合试穿鞋子，东爸只好对比大小买了一双方便穿脱的蓝色运动鞋。

晚饭后东爸东妈陪东东在广场踢足球，东爸灵巧地倒脚，快速带球奔跑，东东积极拼抢，全场奔走，特别开心，满头大汗，全身也被汗水湿透，爸妈让东东回家休息，东东还意犹未尽。

晚上东爸东妈继续扮演学生听东东老师讲课，东爸惊喜于东东能完整地讲述《托马斯》里的故事：“多多岛被漂亮的蔚蓝大海包围……迎接游客到岛上观光的码头……”东东又开始对“ABCDEFG”的字母歌特别感兴趣，让妈妈唱很多遍，自己一直在学习跟着唱。

李老师点评：

发展心理学研究显示，幼儿期言语的发展，是幼儿心理发展的助推器。幼儿期又是掌握口头言语发展的关键期。两位“大”学生对东东老师的支持，对东东老师的成长助益匪浅啊！

第九天被着重表扬 8月25日 周一

早上东爸东妈送东东上学，然后一起到单位开课题组两个月座谈会。

东爸认为东东对幼儿园还在适应中，东东最近情绪变得急躁或脆弱爱哭，李老师告诉东爸，人的心理没有逻辑性，不要人为寻找情绪的逻辑原因。教育体制改变不了，可以改善与老师的关系，多多体谅老师的辛苦。应试教育的严格要求各有利弊，孩子进入幼儿园，是人生非常重要的环节，父母需要给予积极引导，孩子需要在社会中学习社会规范，变得社会化，在狼群生活要成为狼，不能成为羊。

果真应了李老师的话，当我们还在为孩子焦虑发愁时，孩子早已突飞猛进地在变化发展，当东爸今天中午继续抱着被老师约谈的准备去接东东时，竟然被老师第一次着重表扬，说东东表现进步明显，没有哭闹，有礼貌，懂秩序。东爸又惊喜又开心，在超市里给东东买了巴士玩具、彩笔和数字板，以示奖励。

李老师点评：

古语说：是骡子是马拉出来遛遛。

如今很多父母，很舍不得“遛”自己的心肝宝贝，也因此用逻辑去解读没有逻辑的心理，附带的只是增加父母的焦虑。不管时代如何变迁，能压抑住个性的，绝对不单纯是死的教条与制度，而恰恰是我们硬生生地将原因归结到教条与制度上。值得思量！

远道而来的亲人 8月26日 周二

早上6点东妈去北京出差，要到大后天29号晚上才能回来。东爸早早起床，按时送东东上学，跟老师讲中午能否早些接回，因为东爸姨夫远道而来，中午一起吃个便饭就匆匆回去。老师同意。

中午11点，老师抱出东东交给东爸，东东和老师很亲，老师一直夸东东表现不错，虽说有小错误，马上就能承认错误，并向老师保证再也不这样了，把老师都逗笑了。

中午东爸带东东和姨夫一起吃饭，东东很乖地叫爷爷。远隔千里的亲人弥足珍贵，远道而来的特意探望更让人感动。

没有妈妈陪伴的东东，虽时不时问妈妈还不回来，但和爸爸在一起依然快乐安定。

李老师点评：

心理学家皮亚杰曾提出，心理发展的适应理论与主动建构学说。其中有四个基本概念：图式、同化、顺应、平衡。孩子进入幼儿园就是把与父母的相处模式（已有图式）应用到新环境，并通过同化、顺应，适应幼儿园的生活。虽说在适应的质上会有所差异，但每个孩子都终将适应，需要的只是时间。

静心陪伴、支持孩子，你会发现他无限的潜能。

继续被表扬 8月27日 周三

早上东爸一如既往地顺利送东东上学，中午按时接回。东爸主动问老师东东表现如何，老师夸东东一直表现不错，今天全班同学都能按秩序排排队出门活动了。老师夸东东午饭吃得很好，还主动去要求添饭。

中午东妈在图书展上看书，没打回电话。东爸中午给东东烤了美味的比萨，炒了五色玉米，然后让东东在电话里和妈妈说说话。东东在电话里一直问妈妈你怎么还不回来呢，妈妈解释在北京开会，再过了今天和明天，就回家。

晚上东爸带东东到小区南门的肯德基玩滑滑梯，给东妈打电话，夸东东和小朋友一起玩得很开心。没有妈妈帮衬的日子，东爸一个人辛苦照顾东东，一样自如快乐。

李老师点评：

“没有妈妈帮衬的日子，东爸一个人辛苦照顾东东，一样自如快乐。”一句话，既显示了妈妈对孩子的牵挂，又显示了妻子对丈夫的体谅与关爱。

没有妈妈在身边的快乐，也许才是真正的快乐——此时妈妈在心中！

总有那么一天，没有爸妈的照顾，我们会生活自如、快乐依旧——这也许是父母之于孩子最大的爱与期望吧！

戴蝴蝶结的小男孩 8月28日 周四

上午老师打电话让东爸来接时带双鞋子，说东东去厕所不小心尿湿裤子和鞋子，老师已给换备用裤子。东爸去接时，很感动老师已把尿湿的裤子洗好了。

东爸告诉东妈，东东昨晚一个人睡，半夜做梦哭醒说爸爸妈妈都不见了，爸爸过来安慰，东东哭着找妈妈。东爸发现班上孩子哭闹减少，下周开始上全天课，要在幼儿园午睡，相信东东能在可爱的小床铺上好好午休。

东爸说在东东强烈要求下买了蓝色蝴蝶结，东妈担心被别人笑话，东爸说戴头上一闪一闪，很有趣，没什么。东爸没让东妈和东东在电话里说话。

东妈说记得东爸爱吃黄桃，爱屋及乌，东妈在酒店吃早餐看到黄桃，也吃了好几块。东妈归心似箭，不知是东妈更想念东东，还是东东更想念妈妈。

李老师点评：

“不知是东妈更想念东东，还是东东更想念妈妈。”这话很有诗意，甚至有些禅意！

你在外地想东东，东东在家中想你。思念，是你的旅程；盼归，是东爸和东东一起，整日都在做着的梦。哈哈，狗尾续貂。

出差归来团聚 8月29日 周五

东妈今天晚上终于出差回来啦。东爸接东东时，老师说东东听课时又有点不专心，东爸要东妈晚上继续做角色扮演的游戏。

晚上东爸先带东东去吃饭，然后给东妈带饭，在小区门口等东妈回来。东妈下出租车，很远就看到东爸魁梧的身影，很远就听到东东呼唤妈妈的声音，一家三口终于团聚回家。

东妈在北京给东东买了托马斯的英文书和贴纸书。东东非常喜欢，马上开始玩贴纸，一起和妈妈唱ABC字母英文歌，东妈惊喜东东已经把26字母歌完整地唱下来，东东真棒。

出差劳顿，回到东爸和东东身边，无比快乐幸福安宁。

李老师点评：

透过文字，我看到了一幅幸福、安宁的画面，很美！

都说人生如戏，现在看来，人生同样可以如画。而且，只要我们愿意，这幅画随时都可以变得唯美。

小小乐高迷和军事迷 8月30日 周六

幸福的周六，东爸终于可以出去摄影采风了。东妈做了丰盛的早午饭，吃完饭，东爸骑摩托出门，东东骑大铲车出门，东妈是东东的护卫。

乐高在小区广场搞宣传。东东非常喜欢乐高的拼接玩具，一直玩到中午。东妈很高兴东东如此专注，不时夸奖东东堆出的各种造型，计划下周带东东到乐高课堂去亲身体验。比起以刻板的题海战术为主的应试教育，乐高玩具可以在玩中培养空间感、想象力、机器人编程，也许这才是更好的学习方式。

东爸晚上回来，晚饭后东爸给东东看海军演习的纪录片，东东很爱看，特别喜欢导弹护卫舰、舰载飞机、潜水艇、航空母舰等各种很酷的军事装备，还问爸爸好多问题，为什么预警机有个大锅盖？为什么飞机能发现潜水艇？一时间全家人都变成了军事迷。东东拿出自己的军用玩具说，“我长大不当警察了，我要当解放军！”

李老师点评：

今天说，不当警察了要当解放军，改日会说不当解放军了要当科学家，说不定过不了多久就又不当科学家了却想当厨师……孩子内心的职业以满足自己的需要为导向，不像成人那么功利，当然也不会有高低贵贱之分。

对比孩子，长大的过程是在进步还是退步呢？

人生第一份作业 8月31日，周日

出差一回来，东爸就交代东妈东东的作业。作业是把东东照片贴在卡片上，写上东东自我介绍，再来一番漂亮装饰。

上午东爸专门给东东拍了笑容灿烂的靓照，然后全家一起去超市冲洗照片，东妈顺便把长白山之行的合影冲洗两张，镶在漂亮的镜框中。

从超市出来，东爸看到一位老爷爷坐轮椅被台阶挡住去路，就上前帮忙，东妈很感动，不禁想起东爸以往细心照顾行动不便的婆婆。东妈对东东说，爸爸心地很好，在热心地帮助老爷爷，我们也要学爸爸这样。东东一直在旁边注视安静耐心等待。

晚上东妈把东东照片贴好，全家人一起讨论东东自我介绍的措辞，东爸这样写："我叫陈柄中，小名东东，今年3岁了，我喜欢小火车托马斯，喜欢唱ABC字母歌，我很喜欢我的幼儿园，也喜欢和小朋友一起玩，大家来和我做朋友吧！"

东妈把爸爸帮写的自我介绍念给东东听，和东东一起把托马斯贴纸贴在了卡片上，漂亮的自我介绍就做好了。这可是东东人生中第一份作业呀！

李老师点评：

孩子为什么会一直注视并安静耐心地等待？是什么吸引了他？是什么样的力量克制了天性中的活泼好动？只要有了注视、安静、耐心这样的状态，什么都可以学好，包括助人为乐，也包括学习。

脑门长包包 9月1日 周一

今天东东第一天正式上学，东妈对东爸说，辛苦东爸这么多年，从今天开始享受一下真正的自由吧！

东爸下午打电话给东妈，老师说东东午睡嬉笑打闹，影响大家睡觉，老师批评后东东哭着要爸爸。东东额头太阳穴附近有个包包，东爸很担心。东妈安慰东爸，男孩磕磕碰碰是常事，脑门上的小包包不碍事，也许是磕到了，也许是蚊子咬的，别在意，明天一早问问老师就行了。

东妈下班一进门便拥抱东东，问东东第一天正式上学开心吗？有没有升国旗？东东点点头，对升国旗还手舞足蹈地比画。东东堆的积木很漂亮，用妈妈的手机对玩具不停地按快门拍照，东东还要妈妈陪自己坐在跑步机上一起读书。

晚饭后东爸带笨出门，东妈带东出来铲土，然后一起回家，东爸给东洗澡，东妈哄东睡觉，东东靠在妈妈身边，闭上眼睛说："幼儿园的被子太热了，我在幼儿园是装睡的。"妈妈回答，"被子热就只盖肚皮，把腿露在外面。东东安静装睡很乖呀，这样就不会影响大家了。"

李老师点评：

孩子的适应能力是惊人的，如果没有过多的干涉（尤其是来自于父母的过分保护），他们会很快地适应各种新环境。道理很简单，他们要在没有父母的环境中活下来。当然，在这个过程中如能得到父母积极的引导与帮助，那这种适应也将变得更加积极与顺畅。

东东和妈妈一起上班 9月2日 周二

早上东东脑门包包基本消退，只剩一小红片，东爸继续在包包上涂药膏。东爸在窗边注视东妈带东东上学，东妈向东爸招手再见。东东和每个老师说早上好，配合晨检，进教室后老师马上给东东准备早餐。东妈很惊喜没有一个小朋友哭闹，东东也没哭着要妈妈，教室窗明几净，气氛平静愉快，东东很快融进伙伴中。

东妈在门外和班主任老师简单聊几句，问起东东脑门包包，老师解释是蚊子咬的，因为幼儿园有绿化带，即使老师给抹了花露水，还会咬包包。东妈说老师要照顾一班40个孩子太辛苦了，都累得胃疼。老师说没事，这就是工作。

东爸下午接东东在大拇指玩，等东妈下班一起回家。东爸默默接过东妈的手提包，自己拎所有东西，让东妈撑着大伞牵东东走回家，自己打一把小伞。走了一半，东东让妈妈抱，东爸便为两人撑伞。就这样，一路上唱着小雨点滴滴答，一家人在雨中漫步回家。

李老师点评：

透过对孩子行为和情绪的观察可知，孩子对于幼儿园的生活还是很适应的。而且不仅仅是东东，还包括东东的39个小伙伴。想想前几天吧，哭的哭，闹的闹……

就这样，一路上唱着小雨点滴滴答，一家人在雨中漫步回家。

东爸对脑门包包的恐惧 9月3日 周三

爸爸担心，如果东东脑门包包是被同学打的，如果父母置之不理，东东就会觉得，自己受欺负时，父母不一定站在自己一边，下次再受欺负时，就会非常害怕，有可能不再告诉父母，有可能再被欺负，独自承受过大的心理压力，会对东东幼小的心灵造成阴影和伤害，所以爸爸今天给东东强调，如果有人欺负东东，东东要学会保护自己，要勇敢地大声说：“这是不对的，不可以这样。”而且要及时向老师反映，回家要告诉爸爸妈妈，不要懦弱怕事，要相信爸爸妈妈一定会保护自己。

东东在家吃饭要玩玩具，要妈妈喂，注意力不集中，睡觉要长时间哄，这和东妈过度溺爱有很大关系。为了在社会上不被人欺负，孩子也要改正毛病，东妈不能一味纵容。

这并不是给东东施加压力，而是让东东逐步习惯社会规则。建立规则不需要打骂训斥，但东东在没有习惯规则时会哭闹，这时东爸东妈要坚持住规则，只有这样才能让东东逐渐适应社会，成长起来。

李老师点评：

东爸的态度，展露的是很纯、很深的“父性”情怀。无所谓对错，这是一个父亲所能表达的、对儿子最深沉的爱，是在“护犊子”！

脱离事件本身，爸爸的反应有“灾难化”倾向！爸爸心中有太多“恐惧”，不免“杯弓蛇影”。人从出生那一刻起，就注定要在挫折中前行！一个事件发生并非必然导致某个结果，一个结果的出现也必然不是一个因素决定的。

“爱儿心切”，切勿让爱变成“爱的锁链”！

爱上小提琴 9月4日周四

早上东爸被东东的哭声惊醒，原来昨晚东妈熬夜写材料，早上快8点才叫东东起床，在东东睡梦中就把裤子鞋子穿好，结果东东哭着要可爱小黄被继续睡，不愿穿衣服上学。东爸在窗户边目送东妈抱哭闹的东东离开。

上学路上东东被大货车吸引，很快就不哭了，东东进教室把帽子放进橱柜，然后搬小椅子坐下。东妈凑在窗口上看看东东在哪里就座，结果东东发现妈妈，哭着冲出来，东妈赶紧向东东挥手再见离开，东东哭着回到教室。

下午3点多东爸接到通知去开家长会，4点多给东妈发短信，让东妈接东东先走，自己继续开会。

东妈接东东出来，东东在门口创意画板前画画，一直等爸爸开完会一起去大拇指。东东在超市挑了一把可爱的小提琴玩具，付账后迫不及待地拿起演奏，拉琴的姿势有模有样，东妈不禁赞赏地说，也许东东有音乐天赋呢！

晚上9点多便洗澡上床讲故事，10点多东东就抱着小提琴睡着，作息调整顺利！明天上学肯定比今天更顺利！

李老师点评：

抱着小提琴睡，很可爱！

“爱我就要陪陪我，爱我就要夸夸我，爱我就要抱抱我，爱我就要亲亲我。”——真正的爱，就得抱着睡。

变成孩子王 9月5日 周五

早上7点半，东东顺利起床穿衣洗漱，和妈妈一起上学上班。路上东东让妈妈抱着，头靠在妈妈肩膀上说不想去幼儿园。妈妈回答，妈妈也不想上班，可是必须要挣钱。东东是大孩子了，和妈妈一样每天都要上班，东东在幼儿园上班，妈妈在单位上班，妈妈去挣钱，东东也要去学知识。妈妈说老师多温柔呀，多漂亮呀，懂的可多啦！

一进大门，东东哭着不肯松开妈妈，帅气魁梧的曾老师领东东进去，保安大叔笑着说：“哭也是成长！跨出这一步就是成功！”东妈顿时心生佩服，幼儿园保安大叔都这么有水平。

傍晚东爸和东东在大拇指等妈妈，一看到妈妈，东东便飞奔扑来。东爸夸东东会蹲下拉臭臭啦，老师夸东东表现不错。

回家后，东东找出5把小铲子，带着翻斗车和挖掘机出门挖土。爸爸贴心地送来手电筒，妈妈帮忙照明，一会儿便吸引好多小朋友一起玩。东东热情地给大家分配铲子，东东的建筑工地热闹繁忙。

李老师点评：

还是那句话，父母的镇静与从容，是孩子成长、适应新环境的最大动力。从孩子回家路上以及回家后的表现来看，幼儿园适应良好。

今天日记的标题是“东东变成孩子王”，这是领导与协调能力的初步展现，父母可做适当的配合与引导，争取让“孩子王”长大后变成“大人王”。

耐心的小宝贝 9月6日 周六

早上东妈带东东出门买油条。排很长的队买回油条，东妈向东爸夸东东排队时非常耐心安静，东妈都有些急躁，结果东东劝妈妈：“没关系，等一会儿就买到了。”引来前面阿姨赞赏的目光。东爸听了冷静地说：“东妈可以夸奖东东，但别过度赞扬。”

幼儿园老师布置了假期作业，要买指定包装的彩笔、太空泥、油画棒、胶棒、彩色打印纸。上午去大拇指买，只买到彩笔。下午东妈哄东东睡觉，东爸继续去别的超市买。

傍晚东妈把东东心爱的小黄被丢进洗衣机，东东顿时大哭，东妈解释小黄被要洗澡，东东每天都洗澡，不洗澡会又脏又臭，小黄被就不可爱了。东东哭了好半天。东东晚上睡觉前哭着要盖小黄被，妈妈说小黄被在阳台等着太阳公公来晒干，干了马上就可以盖。东东很快睡着，东妈欣慰的是，东东对小黄被的执着终于有所减轻了。

李老师点评：

表扬不能过度，惩罚不能过度，爱不能过度，关注不能过度，保护不能过度……说的都是真理，可“度”在哪里?

我们为什么会表扬孩子?

一是因为孩子的表现达到或超过了我们心中的标准。也就是说，是否表扬孩子，跟孩子的具体表现没有关系，只跟我们心中的标准有关系。很多成年人回忆说自己从来没有得到过父母的表扬，也有很多的父母会时时刻刻把表扬挂在嘴边，只因为父母心中对孩子的要求标准不一样。那我们就需要自问：我们心中对孩子的要求标准是否合理?

另一个原因是把表扬当做手段，好让孩子学会或保持我们希望的某种行为。比如，我们希望孩子有礼貌，当看到孩子主动和他人打招呼时就会表扬他。既然是手段，就不能和目的相混淆，不能使手段目的化——为了表扬而表扬。上文提到的那些时刻把表扬挂在嘴边的父母，就是把手段当成了目的。这样做的坏处是让孩子对表扬习以为常，会让孩子仅仅为了表扬而去做某事，而不会对事件本身产生兴趣。

拿捏好“度”，对任何人来说都是难题。

中秋前的狂欢夜 9月7日 周日

今天全家人去大润发买上学用的油画棒和打印纸。买完坐出租车回家，司机开得挺快，东东缩回妈妈怀里，妈妈问：“害怕啦？”东东点点头说：“我会放松的！”东妈向东爸夸东东：“东东都学会放松啦！肯定是老师教的。东东在幼儿园学到很多呢！”东爸说东妈又开始过度吹捧。

晚饭后东东拿出5辆玩具，全部打开开关，大巴车、校车、警车、消防车、救护车同时乌拉乌拉地响着警笛，闪着警灯，来回转悠。东东关上吊灯，客厅顿时就像开派对一样霓虹闪耀。东东站在其中开心不已。中秋节前夜简直是东东的狂欢夜。

东爸躲到卧室寻清净，东妈在电脑前上网。10点多东东走到妈妈面前，说想妈妈了。东妈知道东东累了，东爸便给东东洗澡，东妈讲故事哄睡，快乐的一天在东东的美梦中结束。

李老师点评：

很好，但很可惜，因为狂欢不可能成为生活的主旋律。

无论东爸躲在卧室享清净，还是东妈在电脑前上网，都不过是插曲，短暂的插曲。不过，难得有这样的插曲。

中秋节的冲突 9月8日 周一

昨天深夜东爸去乳山拍日出，无奈雾霾只踩点未拍照。下午两点到家，东东在床上听妈妈讲故事，看到爸爸回来，兴奋地叫着爸爸，扑上去拥抱亲吻。东妈给东爸热饭，吃完饭东爸和东东睡下。

中秋节丰盛晚餐准备完毕，东妈叫东爸起床吃饭。东东要拿玩具到餐桌来，东爸拒绝。东妈问东东：“东东老师，吃饭时可以带玩具吗？”东东不好意思地笑着摇摇头，但还是抱着救护车不放。东爸严肃制止，东东大声哭闹，父子俩开始僵持，东东站在客厅抱着玩具哭着要妈妈，妈妈硬着心肠配合东爸一起坐在餐厅吃饭。东爸无心吃饭，暴怒摔门而去。

东妈抱东东坐电脑前看汽车照片，等东爸消气回家。10多分钟后东爸进门，东妈和东爸一起吃饭，东东在电脑前玩。东妈剥只大虾送进东东嘴里，再夹一块鱼肉给东东吃，把东东的馋虫子挑逗出来，过会东东便主动来餐桌吃饭，把救护车忘到脑后。东东开心地举起茶杯，和爸爸妈妈干杯祝中秋快乐。

充满冲突的序曲竟然戏剧性地转变成美妙的和弦。

李老师点评：

这爷俩，气得快，和得也快。如此看来，冲突与和谐并不矛盾，也许二者的交替出现才是常态。充满冲突的序曲让美妙的和弦听起来更美了。

妈妈功不可没！

患上周一上班综合征 9月9日 周二

连休三日，东东在家恣意享受无比自由，光着脚丫满屋乱跑，光着屁屁拒穿裤子，歪躺在爬爬垫上做无数POSE，各种零食尽情享用，这日子简直放浪形骸，肆意人生。

到了黑暗的周二早晨，东东貌似也患上周一上班综合征，哭着说不想上幼儿园。东爸在东东哭声中惊醒，担忧地问是否中午就接回，东妈说不用。东东虽哭着说不去，但路上让妈妈抱着，还是进了幼儿园大门，让老师顺利领进教室。

下午东爸接回东东，东东在大拇指广场开心跑跳，等妈妈一起吃饭回家。9点不到东爸便给东东洗澡，9点多东东便已睡着，为的是明天7点多能顺利起床。

哄睡完毕，东妈给东爸讲，东东睡前问：“为什么每天都要上幼儿园？”妈妈说自己也要每天上班。东爸说：“东东还有周六周日和寒假暑假可以休息嘛。”东东还说：“我今天午睡时装睡很难受也没哭。”东妈夸奖东东，“东东能装睡也很棒哦。东东不哭很棒呀！”东爸觉得东东早上痛哭说明还是有反复，幼儿园适应肯定是一个长期的过程。

李老师点评：

“周一上班综合征”，成人只不过在控制自己情绪方面比孩子稍微好了一点点而已——不会动不动就痛哭。其实，在本质上，这些患有“周一上班综合征”的成人和孩子没有任何的区别：喜欢整天的吃喝玩乐。

从容上学 9月10日 周三

东东早上醒来，一想起要去幼儿园就开始痛哭，看不到爸爸更哭个不停。东妈抱起安慰，解释爸爸去拍日出啦，太阳公公刚升起是最美的时刻。东东顺利穿衣洗漱去幼儿园。比起昨日路上哭泣，东东今天从容很多，到门口和妈妈大方挥手说再见，悠哉地溜达进了教室。

晚上回到家，一起看班级博客，在《宝宝第一幅涂色作品》相册中看到好多小朋友都举起自己的涂色小作，在一张照片的角落发现东东的涂色却丝毫未画。东爸和东妈都有些失望，东爸说爸爸那么辛苦地跑了四五家超市去买画笔，东东却不用画笔画，警告东东再不好好表现，爸爸就不去接东东放学了。东妈摇头示意爸爸别那么严厉，只是温和地问东东为什么不画，东东并未回答。东妈努力掩饰失望，告诉自己不必在意东东的一时表现，反省自己平时让东东涂色练习太少。

睡前东妈拿出油画棒，让东东给小糖豆涂色，东东很喜欢研究油画棒，涂了好几个，相信东东在以后的涂色课上一定会拿起画笔涂抹属于自己的靓丽色彩。

李老师点评：

像上幼儿园这种“大事”孩子都慢慢适应了，涂色这种“小事”就更不在话下了。但前提依然是爸爸妈妈从容的心态。别着急啊！

小宝贝说不怕洗头啦 9月11日 周四

早上7点半准时叫醒东东，东东赖会儿床，玩会儿车，就和妈妈洗漱穿衣整装出门。东东出门前，说的两句话让妈妈感动：“我去幼儿园不哭了，装睡难受也不哭。”然后和爸爸说再见便出门一路小跑，还叫妈妈快点跟上。

东爸下午接回东东，老师说东东中午又尿床了，让把褥子和被套拿回晒洗。老师说为预防东东午睡尿床，睡前都小便过，而且事先把东东裤子脱了，虽然尿床，起码裤子“幸免于难”。东爸被老师的幽默逗笑了。

晚上东爸给东东洗澡，洗头时东东捂着眼睛顺利冲水，东东自豪地说，“我不怕洗头啦！”东爸看东东不害怕，就先让东东仰着头冲，又第一次尝试让东东低着头冲，竟然都很顺利。

东东睡前依然问好多遍：“为什么明天还要上幼儿园？为什么明天妈妈不能在家陪我？”妈妈回答，妈妈明天再工作一天，妈妈就可以在家陪东东两天了。

李老师点评：

孩子到了问“为什么”的年龄，答案对于他们并不重要，重要的是要引导他们去思考。对于思考的结果，对错也不重要，重要的是思考的过程。

爱上过家家 9月12日 周五

淅淅沥沥的小雨中，爸爸妈妈送东东上学，东东大方地和爸爸妈妈挥手再见，不需要老师引领，自己拿着打印材料走进教室。东爸东妈在雨中共撑一把伞，一起去单位参加课题组座谈会。东爸在 11 点提前离开去接东东放学。

东东很喜欢爸爸买的小房子玩具，晚饭后要妈妈陪自己玩过家家游戏。妈妈和东东一起先摆好几把小木椅，让小人偶坐上小椅子上，大家围在小圆桌旁，等待聚餐。再拿出小炉灶、小烤箱，放上小平底锅、炒锅，锅里炖上鸡和鱼，再炒一炒卷心菜、玉米。

东东很喜欢玩过家家游戏，一直咧着嘴笑个不停，到睡觉时也要抱着心爱的小房子。

李老师点评：

没必要多说了，赞一个吧。

东东睡觉时抱着心爱的小房子，将来会有一个大房子抱着他。那是他未来的家家。

陪妈妈加班 9月13日 周六

幸福的休息日，东爸买来早点，然后出门摄影。东妈白天在家加班看稿，东东坐在桌旁画画陪伴。

东妈拿出全家在长白山的合影，支好镜框摆在桌上。照片中的东爸俏皮地嘟起嘴巴，东东的手自然地搭在爸爸腿上。东东不时拿起自己和爸爸的合影开心地端详，也学着爸爸嘟起小嘴，还问妈妈：“这真的是爸爸吗？还有我哦！”傍晚，东东对着照片里的爸爸说：“爸爸你在哪儿哦？我想你啦！”

初秋的天气无比晴好，东爸拍了不少风光大片，晚上到家时东妈已做好晚餐，全家人围坐在一起享受安宁的晚餐时光。

东东晚饭自己用勺子大口吃着蒜薹，还不时喂爸妈一口。东爸听说东东白天拿着照片和爸爸说话，好一个感动，马上给东东来一个幸福的熊抱。东妈夸东东吃饭棒，问东东在幼儿园吃饭是不是也这样棒，老师是不是都夸东东了。东东很自豪地说老师夸自己了。

晚饭前娜娜妹妹来找东东哥哥玩，两个小伙伴一起玩过家家游戏，一起在沙发和爬爬垫之间蹦跳嬉闹，顿时安静的家里添了很多生趣。

“两个小伙伴一起玩过家家游戏，一起在沙发和爬爬垫之间蹦跳嬉闹”，竟然感觉“顿时安静的家里添了很多生趣”，真是一种境界啊！

孩子的蹦跳嬉闹，到底是带来了烦恼还是生趣？这和孩子无关，而和当事人此时的心境有关。

为什么要上幼儿园？ 9月14日周日

第二个幸福的休息日，东妈早上做了香香的排骨拉面，东爸起床一起吃早餐，东东特别喜欢吃荷包蛋，把原本不爱吃的蛋黄也吃光了。早饭后东爸本来还想出去摄影，看东妈继续忙着看稿加班，就在家帮忙照顾东东。

东妈在客厅边陪东东看动画片，边看稿子。东东对《消防员山姆》百看不厌，拉着妈妈的手总想让妈妈细致解释里面的情节，跟着哼唱每集的英文片头曲。

晚餐东东捧着玉米啃得很香，大口吃着蛤蜊和酱汁大虾，东爸夸东东自从上幼儿园后饭量增加了，吃饭也好了。东东吃得差不多了，就说：“我吃饱了，我要去玩了。”顿觉东东长大了。

东东在家休息了两天半，到了今天晚上，一想起明天要上学，就不开心地问：“为什么明天要上幼儿园？为什么不能在家里待着？”东爸也没想出好的答案。东妈反问东东为什么，东东没有回答，东妈建议东东去幼儿园问问老师为什么。

李老师点评:

对于孩子的“为什么”，只要我们不给出一个具体的答案，孩子就一定会自己思考，就一定会自己寻求问题的答案。

我们给出的答案，对孩子仅仅只是一个抽象的概念，孩子能否听懂很难说，即使听懂了能否接受也是问题。就像“为什么要上幼儿园”，虽说已经得到了多次答复，但仍然无法说服自己，仍然会继续问同样的问题。

我有好朋友啦！ 9月15日 周一

早上东爸和东妈一起送东东上学，东东一出门便快乐奔跑，到幼儿园愉快地和老师说早上好，和爸妈说再见。东爸看到一个男孩在门外停留很久，不愿进去，老人劝说无效，只好先把被褥送进教室。东爸跟东妈说，东东真的算适应良好的。

晚饭时东爸拿出隔壁奶奶亲手种的无花果给东东吃，东东一口气吃了好几个甜甜的无花果，东爸嘱咐东东碰到奶奶时一定要谢谢奶奶。

晚饭后东爸为东东明日视力检查做准备，拿出英语字母书，找到字母“E”，训练东东一手捂眼睛，一手指示字母“E”的方向。东东能正确指出，表现很棒。

晚上东爸躺沙发上休息，东东顺势躺在爸爸身边，枕着爸爸胳膊玩耍嬉闹，东妈说：“东东陪着爸爸好甜蜜哦！”东东问什么叫甜蜜。东妈说甜蜜就是像吃了巧克力一样开心，像吃了蜂蜜一样甜。

东妈问：“东东的好朋友谁？我猜一定是陈子轩！纪蓉蓉！尚瑞娟！孙明德！”东东开心地说：“是尚瑞娟！我们一起牵手上台阶呢！”真高兴东东有好朋友了。

李老师点评：

任何人的生活都会有磕磕绊绊，但只要能扩大我们生活中的美好与快乐，磕磕绊绊就会被不断地稀释。就像一把盐，撒进碗里和撒进海里，当是不同的两种风景——这是今天日记让我想到的。

小小暖男初体现 9月16日 周二

下午东爸接东东放学，等东妈下班一起在大拇指吃饭。东爸告诉东妈，老师今天表扬了东东，夸东东今天表现很好。东妈开心地问东东是这样吗，东东自豪地点头。

秋雨的夜晚凉意阵阵，没伞遮雨，东妈便把自己的外套穿着东东身上，说：“东东披上红色斗篷，变成斗篷骑士啦！”东妈抱起东东快步回家，终于在雨点变大时冲回家中。

进了家门，东妈让东东问爸爸淋湿没有，东东竟贴心地走到爸爸身边，摸摸爸爸胳膊，摸摸爸爸脸颊，又跷起脚跟摸摸爸爸头发，问爸爸冷不冷，别感冒。小小暖男气质初体现。

东妈问东东今天幼儿园查视力如何，东东熟练地用手上下左右地比画着，东妈欣喜地夸东东查视力配合得很棒。

睡觉前，东东讲起好朋友张美涵穿了一个漂亮的白裙子，还穿了黑底白色波点裤子，说自己也想穿裙子。东妈惊喜东东都会说“波点”这样的术语了，东妈说：“张美涵穿得真漂亮，女生穿裙子很漂亮，男生要穿裤子，很酷很帅的。东东是男生，是最酷最帅的男子汉。”

李老师点评：

孩子的贴心，来自于对父母行为的模仿，或者是父母耐心的引导，这也包括孩子对于性别的认同。

磕伤送医 9月17日 周二

下午东爸接东妈电话，东东在幼儿园跑得太快磕伤，班主任已送医院，让家长去医院。东妈的同事开车捎上东爸，一起奔向医院。

东爸路上和东妈同事平静镇定地聊天，班主任打N遍电话，询问东东是否对药过敏，过会儿说医生已开药让抹抹就可以了，已在医院门诊大门等家长。东爸下车一路小跑过去，看到东东让老师抱着，情绪稳定。

东妈抱起东东，老师拿出开的药，仔细说明服用方法和饮食注意，一直在表示心疼和道歉。东妈微笑回答男孩磕磕碰碰是常事，请老师别内疚。

东妈同事开车送我们回家。到家给小伤员涂药，东妈夸东东能一只手拿小镜子，一只手用棉签涂药，真能干。

李老师点评：

遇到孩子受伤送医院这种情况，家长仍能保持情绪的稳定，实属不易。

是什么，可以让一个人的情绪稳定？又是什么，可以让一个人的情绪出现高频次的、大幅度的波动？我想，经过三个月日记的记录，妈妈们最有发言权。

踏浪 9月18日 周三

早上东妈带东东到大门口迎接老家来的表姐慧艳、表姐夫志鹏和外甥牛牛。东东虽是牛牛的舅舅，但是舅舅比外甥还小两岁，矮半头。东妈让东东问牛牛哥哥好，慧艳姐姐好，志鹏哥哥好，牛牛向我这姨外婆问阿姨好，一时间辈分全乱，甚是有趣。

稍一休息，牛牛哥哥便领着舅舅东东弟弟满小区奔跑嬉闹，下午一起到海边玩到天黑，东爸说东东去海里踏浪，衣服打湿换了两三套才回家。晚上东东也许因为吹海风受凉发烧了。

慧艳姐姐是护士，照顾患儿经验老到，哄上几下，东东便欣然服药、涂药、喝水、吃饭，东爸东妈连声赞叹。

两个活宝兴奋打闹，好不容易睡下。东东睡前说起同学杨昊天的名字。妈妈开始漫天忽悠：“今天妈妈遇到杨昊天啦，他很想和陈柄中同学（东东大名）一起玩，还问你好点没？张美涵又穿了漂亮的白裙子，她也很挂念你，都盼着你下周一上学和大家一起玩呢！”连东爸也信以为真了。

李老师点评：

妈妈的“漫天忽悠”也许是无心之举，但却做了一件对孩子很重要的事情：让孩子对“人”产生兴趣，跟“人”产生链接。我们生活在社会里，人际关系是第一重要的。孩子是因为喜欢幼儿园里的人才喜欢幼儿园的。我们成人虽说在很多情况下是因为钱而工作，但良好的人际关系同样是我们快乐工作的基础。

可以继续忽悠。

节日幸福感提前到来 9月19日 周五

早上慧艳一家去极地海洋世界玩，东东发烧不能同去，东爸在家陪伴东东，中午带东东小区门口的肯德基玩。

晚上东妈下班，一进门就有一种久违的扑面而来的家庭幸福气息，简直就像国庆节日提前到来。两个小宝贝都穿着迷彩外套，沙发上清一色军用卡车玩具，手拿冲锋枪都变成了小士兵。东东冲到妈妈面前说：“我变成解放军啦！”

东妈做晚饭，慧艳姐姐照顾东东喝水吃药，东东很喜欢温柔漂亮的慧艳姐姐，非常配合。晚饭时关上电视，两个小宝贝竟然快速坐在餐桌旁，若是平时，关上电视和到餐桌旁吃饭，都是很困难的事。而在慧艳姐姐温柔的坚持下，东东竟然非常听话配合，两个小宝贝一起吃饭，东东比平时吃得好很多。东妈一定向慧艳姐姐取取经，是什么法宝让东东如此听话配合呢？

东爸在餐桌上开心地和大家计划着明天出去玩的方案，东东稍稍羞涩地问妈妈：“哥哥为什么不吃啦？”东妈让东东直接问哥哥，志鹏哥哥开心地亮出了碗底，说吃饱啦！

李老师点评：

提前到来的节日幸福感，恰与三个月期满重叠，相信三个月的坚持，会让这份幸福感更轻松、欢快地蔓延！

东爸感言

在课题进行的这三个月，每天依照李老师的指点，观察东东的闪光点，记录东东的阳光日记，一点点积累，虽说每一天孩子的变化比较细微，但东爸内心深处的改变却翻天覆地，心态更阳光，情绪更淡定，原本时常焦躁的脾气改善不少，家庭氛围也明显改善，而且东东对爸爸的感情深厚很多，即使现在父子冲突依然存在，但是冲突的强度和频率都明显下降，而且很快都能重归于好，东东的性格也变得更好。

虽然李老师主持的课题只有短短三个月，但照这个方向做下去，东爸仿佛拥有了神奇的魔法，仿佛能够看到东东可控的健康的未来，东爸相信东东的性格和人格都会健康良性地发展，东爸对东东未来的人生走向有着坚定的信心。

东妈感言

课题历时三个月，李老师每天的睿智指点和温暖鼓励，让我时刻保持觉察，坚持记录东东的闪光之处和三口之家的感动瞬间，努力形成积极阳光的思维模式。李老师告诉我们，要学会接纳，接纳自己，接纳我无法改变的现实，不必陷于矛盾的纠结。李老师告诉我们，有些现实无法改变，需要改变的是自己的心态。

当自己的心态真正发生改变后，我惊喜地发现，我的生活更加温馨幸福，东爸更加耐心温柔，东东更加阳光快乐，东妈和东爸也寻回以往的感情热度，东妈的工作也有条不紊。这就是课题组带给我的惊喜收获和莫大奖赏。

东爸东妈 90 天的用心记录，李老师 90 天的睿智点评，也是东东人生之中无比宝贵的礼物和福分。当东东长大成人之时，当他能够看懂爸爸妈妈文字中深厚的爱，能够感受到李老师温暖的指引时，这便是大家共同馈赠于他的无价财富。我相信，拥有这么丰厚的精神财富，东东的人生将更加幸福美好。

李老师点评 全职奶爸的“智”与“慧”

谁都知道“不做父母不知道父母有多辛苦”那句老话，但不少为人父母者所深切体会到的却是：不做父母，不知道父母在教育自己时曾经犯了多少错误！我们看到，当下正有越来越多的家长，基于不想在自己的儿女身上让父母犯的错误重复，而选择了一种全新的抚养理念和行为。

“我的父母对我非常严格，母亲脾气急，导致我也很暴躁，青春期相当叛逆。母亲虽然在做人方面要求严格，但生活中却比较溺爱，导致自己很长一段时间懦弱、任性、胆怯，直到后来经过社会磨炼才完全改变。我父母对我的兴趣没有做出相应的引导，只是强调应试教育，也使我很多兴趣和特长在萌芽中就被磨灭了。”

作为全职父亲，东爸在6月22日的日记中所说出的“全职奶爸的心声”，是值得认真阅读并反思的。当我们对东爸的出发点和动机有了认识，再看由东爸口述、东妈形成文字的日记，就会觉得一切都顺理成章。

东东3岁，属于幼儿（3~7岁）初期，且正处于“第一反抗期”（一般3-4岁）。自然地，东东会要求自己的所作所为自主自由，要求实现自我的意志，并体现自我的价值，而与之相伴的，就是对父母控制的反抗。

比如6月28日：“东妈拖地，东东拿扫帚帮忙，把妈妈清理到厨房门口的狗毛又往回扫，妈妈再三要求东东往厨房方向扫，东东还是执意往回扫，越帮越忙，东妈气得抓了东东大腿一下。听东妈说，当时东东很反叛地看着妈妈，大声哼了一声表示不服，东妈说东东这种态度，以往只有当东爸体罚时才能看到。东东当时很严肃地伸出一只手，就像在辩论一样地对妈妈说：‘妈妈，你这样做很不对，这样做对小孩很没有礼貌，这样做会伤害小孩的。’”

再比如7月29日：“东爸进门看东东还坐在客厅看动画片，便叫东东过来一起吃，东东不舍得离开电视，突然很凶很烦躁地对爸爸叫：‘我不要吃饭！’”

诸如此类，东东在用自己行为和语言，向父母以及亲近的人表达“我长大了！”“我很能干！”的“现实”——他希望被接纳。

像多数逆反期幼儿的行为表现一样，东东就不该到了这个年龄还温温顺顺，可我们在东爸东妈的日记中所见到的，除了如上所举的细节描述外，更是一种对东东成长的期盼与欣喜。正因为有更多时间的接触，东爸也就对东东有着更多的了解，因此，在面对东东的各种“不如意”表现时，东爸总能表现出那种举重若轻、胜券在握的霸气与淡定。——这大概是全职奶爸的优势所在吧！

读东爸妈的日记，明显感受到的就是“变化”——心态的变化，引发了自身行为的变化；而自身行为的变化，又进一步影响了东东的行为；时间久了，“描述的真实”就变成了“真实的真实”。其实东东还是东东，依然是那个只有 3 岁的小不点儿，与生俱来，且正在迸发的能量正催生着他，要参与成人的生活；以为别人能做到的，自己也能做到，并大胆付诸行动；对自以为能干的，或自己要做的事情，若被成人替代，往往要坚持退回到原状态让自己重做；常常逆着父母的意愿说“不”，并按自己的愿望说“我自己做”；喜欢听“你真棒”等表扬……只是父母的心态变了，其他孩子身上的“逆反”，在东东父母的眼中就成了“成长”。

对东爸而言，面对世俗，做着“本该”妈妈做的工作，而自己的事业被耽搁，内心总免不了纠结，负性情绪也常不期而至，虽嘴上可能不说。爱孩子不需证明，但孩子的出现，毕竟扰乱了两人既定的生活，“分散”了精力，而不得不做一些不情愿的事情，“恨”就油然而生，尽管不愿或不敢承认。问题的关键在于，一个人的行为，在很大程度上，恰恰由这些内心感受所左右，由情绪掌控。

我们可以透过诸如“东东屁股上的血印”（6 月 21 日）等真实生动的记录，来体会这位全职奶爸的情绪表达，也能想到一位全职奶爸的不易。可随着时间的推移，日记中就基本见不到这种情绪失控的时候了。

是什么导致了这样的变化？日记中没有明确答案，但读东爸妈的日记，答案又是不难体会到的。无疑，抚养孩子不但靠科学的知识，更需要人生的“智”（急中生智）和“慧”（定能生慧）。东爸东妈的日记，向读者展示出自身的机智和定力。这些，当然是在文字背后所隐含着的，别指望一目十行的阅读，而是用心体会。

我们是应该“纠正孩子的不足”，还是“发挥孩子的优势”？能否同时做到“既纠正了不足又发挥了优势”？是否可以“既不纠正不足也不发挥优势”？“既纠正不足又发挥优势”是否就一定比“既不纠正不足也不发挥优势”更好呢？……我常在心理门诊上用这些看似无聊的问题来挑战那些觉得儿女有问题的父母，促使他们换个角度思考。当然，我知道，与每一个问题相对应的，都是一些不确定的答案，可孩子只能在不确定中才能长成自己的样子。做父母的，唯一能确定的是——孩子一定比我们更适应他们的生活，而他们的生活是未来的生活！

给予爱，接受爱

仔仔妈妈日记

编者导语　给予爱，接受爱

作为父母，尽管我们为了工作有时筋疲力尽，为了生存有时疲于奔命，尽管我们有时也会面临生活的曲折和坎坷，但当我们推开家门，面对孩子稚气的脸庞，我们好像已经忘记所有的不安与不快。日记中的仔仔妈是一位正孕育二宝的孕妈咪，身体的不适与内心的波动却从来没有影响她对仔仔温暖的爱。在仔仔成长的道路上，她没有停止过思考，也从没有停止过反思，放下曾经的焦虑与急躁，放慢自己的脚步，用淡定从容的心态重新审视仔仔的时候，看见了人生最美的风景，也感受到了最真的幸福。

在日记中，给我印象最深刻的就是仔仔妈是一位懂得给予爱，也懂得接受爱的妈妈。她不会拒绝仔仔递过来的果冻，更不会拒绝仔仔的心意。然而又有多少家长像日记中仔仔的外婆，无论是在物质极其匮乏的年代，还是在当下物质极大丰富的今天，多少次在面对孩子送过来他最喜欢吃的零食时说一句："我不吃，你吃吧！"久而久之，就像仔仔一样，孩子就会很自然地认为外婆不喜欢吃这个零食，他又怎么在吃东西想起分你一份呢？所以，又何须埋怨我们的孩子还没有学会分享。正是如此，小小的仔仔在不知不觉的成长过程中，他学会了懂得爱，接受爱，给予爱。爱让仔仔学会了分享，他虽仍不愿意把自己的玩具车给还未出世的伊娜，但却一次次为伊娜收集婴儿玩具与礼物；爱也让仔仔学会了体贴，他会担心在医院抽血的妈妈晕倒怎么办，会和妈妈一块送独自回家的小伙伴，也会娇羞地为姥姥拿拐杖，嘴里不断地提醒："姥姥，你慢点，别滑倒了！"爱也让仔仔的语言中多了一份细腻与机智，他会同时送妈妈和伊娜花，也会非常真诚地要给爸爸买五毛钱的宝马车。

在我们不断前行的道路上，会忘记偶尔回头看那错过的花瓣，而日记却让我们将曾经遗失的美好，像花瓣一样一片又一片地捡起，经过岁月时间的洗礼，却依然散发着曾经的芬芳，仔仔妈的包容和理解，仔仔的善良与体贴，令人充满着无限的感动和喜悦。

得不到的拥抱 6月20日 周五

平时都是外婆去幼儿园接仔仔，会给他带点吃的去，今天正好我得闲，主动去幼儿园接孩子，满以为仔仔会开心得蹦起来。

然而，在教室里一眼望到我两手空空，仔仔的嘴巴就嘟到天上去了。我豁然明了，还是假装不明所以地问他：“怎么不高兴了？是不是和同学闹别扭了？还是……肚子饿了？”一说到肚子饿，被戳中心事的小家伙就直接翻脸了，扭过头径自往外走去。路上有任何小吃，都不入他法眼，只因为他期待的落空了，错误，无可弥补！

我默默地跟着他，偶尔逗一逗他，均无效果。不过，没走几步，他就停下来了，说：“我走不动了。”瞧，这就是小孩子的逻辑：你没给我吃东西，我就累了，就不走路了。

我蹲下来，问他：“妈妈能不能抱你？”

虽然我刚怀老二，肚子还没大起来，仔仔却从一开始就知道妈妈抱着另一个宝宝，是不能抱自己了。他没有理我，因为这个难题太难了，抱也不行，吃的又没有，他只好更生气地往回家的路上走……

走啊走啊……走到他忘记不愉快，主动和我提起幼儿园发生的故事。感受着仔仔自我调节好的情绪，我悄悄在心里感动了一把，我亲爱的孩子，妈妈欠你好多拥抱。

能体会到孩子的心情，难；看到了孩子的“任性”，却能保持观察姿态而没有采取进一步的干预措施，这更难！妈妈就得在这样的“难”面前与自身的焦虑斗争。看得出来，你的情绪是平稳的，从容会带给孩子无限的力量。

当你说“妈妈能不能抱你”而孩子没理你时，内心体验到了什么？

周末爸爸不缺席 6月21日 周六

周末爸爸休息，一定会带仔仔外出玩耍，有时候是放风筝，有时候是去看植物、吹蒲公英，今天是到江滩玩滑板车。尽管爸爸平时工作很忙，陪仔仔的时间不多，但是不得不说，周末爸爸从不缺席，和爸爸玩起来，仔仔更像个男子汉。

摔倒了，爸爸既不心疼，也不鼓励，就像鞋带散了顺手系一下般，把仔仔屁股一拍，仔仔立马爬起来继续跑。

听说了昨天的事，爸爸问仔仔：“每天在幼儿园吃饭都不吃饱吗？”“不好吃。”“可是我们已经把仔仔的饭钱交给幼儿园了，以后要吃饱才可以放学，妈妈才能接你。”爸爸和仔仔边玩边聊天，一句不赘述。仔仔对爸爸不敢撒娇，尽管爸爸从来不跟他发火。

“知道了吗？”见仔仔不说话，爸爸追问。

仔仔连忙点点头，然后立马带爸爸去远处滑车去了。他不像和我在一起那样，长时间纠缠在一点小事上，和爸爸聊天的节奏比较快，也果断。我想，周一即使不给他带吃的，他应该也不会再介怀了吧！

看见父子俩朝着广场飞奔而去，远处传来父子俩的欢声笑语，没有太阳的阴天也真好啊！

孩子在父亲和母亲面前，有不同的表现，这是为什么？这种现象在很多家庭中都会看到，有些父母疑惑不解。道理很简单，是在互动的过程中学习并强化的。

爸爸总有想不完的花招，而且是有效的，因为有父子俩的欢声笑语为证。

昨天的妈妈从容，今天的爸爸从容，明天的儿子也就学会了从容。

没有太阳的阴天真好！而且明天太阳还会升起——有太阳的日子更好，只要去发现。

孩子世界也有生存法则 6月22日 周日

今天在附近的小公园里碰到了仔仔的同学，也是我熟悉的一个孩子。

我问仔仔：“咦，那是不是王思语啊？”

小家伙看了一眼，拉着我远离他们，嘴里嘟囔着：“王思语好几天都没来上幼儿园了……”他在顾左右而言他。

我问：“那是不是他啊？”对方正背对着我们，但是仔仔明显认出来了，他说：“可能是的吧！”却仍然反方向离开。

这个平时在家里敢说敢做的小家伙，竟然面对同学扭捏起来。我及时叫出人家的名字，对方循声望过来，没想到是同样的扭捏！

两个妈妈很快交谈甚欢，两个孩子却相敬如宾。他们铺着野餐垫，摆满了玩具，我看出仔仔想要去玩的心思，故意去拿了一个玩具来把玩，并和小朋友互动起来。

仔仔这才悄悄靠近，只是每拿一件玩具，他都会先小心翼翼地询问王思语的意愿，彬彬有礼，先后有序。

不倔强、不跋扈、不争抢，真是令我见所未见，家里的小霸王，那骄纵与任性，怎么能消失无影踪呢？孩子也在不断适应社会吗？大概这就是他感受到的生存法则吧！

李老师点评：

孩子在和小朋友的关系中似乎有点“情绪”，不知是装作“视而不见”，还是没注意到，但通过妈妈的引导，结果是很好的。这正符合心理的规律：增加交往的机会，“不良关系”就可以得到修复。孩子是在不断地适应社会，这种适应只有在和同龄小朋友交往的过程中才可以完成。

什么都可以给伊娜，除了车 6月23日 周一

因为身体不适，我常常卧床休息，仔仔放学后第一时间就过来问我："妈妈，是不是肚子里有宝宝，你不舒服啊？"

大约是平时听我这么说过，他也有所了解。听他说来，还是觉得无比窝心。我点点头，他问："伊娜在里面干什么呢？"

伊娜是仔仔给我肚子里的宝宝起的名字，其实是《汤姆的小妹妹》里妹妹的名字，他认定我怀的是个妹妹，所以也要叫伊娜。

我说伊娜在睡觉，他就躺在我旁边，乖乖不说话，怕吵醒妹妹。

忽然，他像想到什么一样，翘起小脑袋告诉我："妈妈，你要多吃肉，免得妹妹和我一样贫血。"

我点头答应，他心满意足地开始想象未来的日子……

"妹妹哭的时候，我要跟他玩；妹妹饿了，我就喂她喝牛奶；爸爸妈妈工作很辛苦，我就帮你们带宝宝……"

说得我都要喜极而泣了，问他："那你的车给妹妹玩吗？"

他顿了一顿，答："妹妹还小啊，她还不会玩车。"说着就跑去和他最爱的车车们亲近去了。

囧！

李老师点评：

看到最后一幕，我悬着的心落地了，这才是孩子啊——既有乖巧的一面，也有调皮的一面，是个多面的精灵。

家长都喜欢"懂事"的孩子，也会用"不懂事"来批评孩子。但这个"懂事"是父母的标准，以是否满足父母的要求为前提，并不以孩子的成长规律为基础。成长的过程，就是建立规则、适应规则的过程，单一了不好。一个内心丰富的人，首先是情感的丰富，酸甜苦辣都尝过。这需要从小给予充分的空间。

别让蚂蚁搬走我们的家 6月24日 周二

早上，仔仔一如从前般意兴阑珊地吃着早餐。大约是自己没有足够好的厨艺，孩子一直以来都对吃饭没有热情。

我也不要求他每天必须吃多少，担心他更加排斥吃饭，只是要求他要独立进餐。

平时每天早上时间有限，孩子一吃完就匆匆忙忙背上书包去幼儿园，今天特地起得早一点，想让他自己独立吃完，可惜一半地上，一半桌上，唯独肚子里没有。

他问我："妈妈，掉到地上的不能吃了对吗？"

我正想用"粒粒皆辛苦"来教育教育他，刚说了是，他就用脚把饼干给碾成碎末。

我有点哑口无言，只好改变策略："仔仔，你还记得外婆家的蚂蚁群吗？只要有食物在地上，蚂蚁群很快就会来把他们搬走了。你弄了这么多饼干在地上，蚂蚁群会不会趁你上学，就把我们家都给搬走了啊？"

爱家的小男人，慌了。连忙想要伸手去捡，才发现，已是徒然……

看我一点一点地打扫干净他周围的食物，再提醒他一句"粒粒皆辛苦啊"，后来我再偷偷瞄他，发现他开始知道要把头伸到碗的上方再吃，并且咀嚼的时候，还会用另一只手接住掉下来的粉末了。

赞啊！

李老师点评：

赞！

一赞妈妈的情绪稳定。很多家长在看到孩子掉食物、用脚碾的时候火气往往就出来了，不是一通道理，就是一通批评。

二赞妈妈引导有方。这充分表明如果孩子出现"问题"，一定是父母"笨"的结果。

三赞这个爱家的小男人。

游戏瘾你别来找我 6月25日 周三

晚上仔仔向我告状："妈妈，爸爸又在玩手机了。"

当下我真不知道该作何反应，这是仔仔第一次有意识地跑来向我告状，我如果不采取行动，他似乎会很失望；可我应该进去制止老公玩手机吗？那岂不是进一步在孩子心目中建立母亲一手遮天的形象？

我试探性地问了一句："爸爸能不能看手机？"

"当然不能啊，会把眼睛看瞎的。"仔仔说得理所当然。

很快我被仔仔拉进房间，我只好认真地凑过去看爸爸在玩什么——飞机大战的游戏。仔仔很快看得入迷，无法自拔，我猜他让我进来制止爸爸玩游戏的原因是自己的游戏欲望被拨动了，爸爸又不会给自己玩，只好让妈妈来督促爸爸……

我拍拍老公，语气温柔："哇，爸爸在玩游戏啊，要和仔仔一样少玩一会儿哦，不然眼睛会近视的，对吧？"

仔仔意识到什么，连忙爬下床，说："是啊，我都不玩。"

我话锋一转："爸爸是大人了，他会控制时间的，妈妈先带你去洗澡玩水吧！"在我看来，不能企图改变别人来控制自己，孩子要逐渐养成自控的习惯，从小一点一点去影响，也是有必要的。

“好啊！”洗澡是仔仔最爱的生活项目之一，或许这样能缓解他也在尽力控制的“游戏瘾”了，转换一下注意力，看来效果还算不错！

控制，是人类发展的中心主题，可分初级控制和次级控制。初级控制指通过改造环境而控制环境的企图，次级控制指透过改变自己以顺应环境的企图。从个体发展来说，初级控制是人的根本愿望；次级控制功能是在个体对外界控制不成功，或没有能力控制外界环境时出现的。

从日记的描述看，整个过程基本都在妈妈的掌控之中，既有内控也有外控。

我的包裹我签收 6月26 周四

前两天给他在网上拍了小汽车，仔仔十分期待，反复问我什么时候到，并且和我模拟签收场景：“那个叔叔是不是会喊‘仔仔，你的包裹到啦！’啊？”

我说是啊，到时候还要让签字呢！仔仔笑得像吃了蜜一样甜，我一点也没注意到孩子兴奋的不只是即将收到的小车，还有其他……

今天，包裹正式抵达，快递大叔在楼下叫着我的名字，说收包裹。仔仔陪着我一起下楼拿包裹，双手撑着自己的小脸，等我打开包裹。

我打开一看，正是玩具小汽车，满以为仔仔会特别兴奋，殊不知他瞬间跨下了小脸。

没有拿玩具，他掉头就跑，在我再三追问下，他才告诉我：“我的包裹为什么不是叫我的名字？讨厌妈妈！”

啊！我恍然大悟，原来他这几天喜的是能收到专属于自己的包裹了，而今生气则是因为他每天演绎的情节并未能正式上演，失望盘踞于心。

我连忙向他致歉，他还是扭着头不愿意原谅我。无论他如何，我坚决地追随其后，告诉他：“下次妈妈一定写你的名字啦，今天别生气啦！”

逗着逗着，他很快也就开怀大笑了。

三岁的孩子正处在心理发展的第一逆反期，其心理需求在于实现自我意志、自我价值感，处处想参与成人的生活活动，不愿被替代。你虽“一点也没注意到孩子兴奋的不只是即将收到的小车，还有其他……”，却能通过社会角色扮演，循循善诱间，让孩子适当满足并充满期待，值得称赞！

 完美的"A" 6月27日 周五

仔仔今天放学回来特别高兴，远远地就看见他拿着一张画到处给人看，原来，一向没有什么绘画天赋的仔仔今天的美术作业拿了一个"A"！

他给人人看，人人都在夸，唯独宝爷爷没有，而是一处一处地指出颜色涂得不好的地方。

仔仔弯弯的嘴角立马瘪了下来，从宝爷爷手里夺走了画纸，嘴里嘀咕着："再也不理你了，你真不是一个好人！"

不知何时起，孩子的耳朵已经只能听顺耳的，不能听逆耳了……我常常因此忧心忡忡，却也不敢去碰触。他委屈地投入我的怀抱，我不安地沉默了，不敢夸他，也不敢批评，因为曾经有过他因此而仇视我的经历，我找不到好的办法去纠正他的思维。

回家后，还来不及和孩子谈谈，外婆已经将他的画贴到墙壁上了，夸他棒。

我阻拦不了长辈们对孩子的这种宠溺，眼看着他逐渐形成不容侵犯、不容置疑的性格……有时候脾气上来了，我会狠狠地批评他，却也只能换来他愈发的倔强。

不得不说，一时间，我乱了方寸。

 李老师点评：

陪伴孩子成长，很多家长曾经或正亲历类似的纠结："我不安地沉默了，不敢夸他，怕他越来越唯我独尊；也不敢批评……"初来人世的他，相信绝对不存在"只能听顺耳的，不能听逆耳"的现象，这些都是被"养"出来的，是强化的结果。当孩子出现"好表现"，得到的是奖励——实物的、言语的、情感的；"坏表现"对应的是无奖励、惩罚，甚至是恶语相向。人有趋利避害的本性，孩子的行为反应正说明他是正常、向上的人。尊重孩子的成长，关注和调整自己的行为方式，对孩子的培养和陪伴意义更大。

 "狠心"的妈妈 6月28日 周六

这个周末，爸爸负责在家做饭，我便一个人带他下楼玩耍。尽管和邻居小朋友们都不熟，但仔仔能以极快的速度与小伙伴们打成一团，并且特别喜欢在小团队中"发言"。

他像小燕子一样和一群孩子们在广场上飞奔，玩得风风火火。

于是，直接后果就是我们回家的路上，他百般却步，问我："妈妈，为什么这里的房子没有电梯呢？你们装一个电梯吧！"眼看他是爬不上七层楼了！

我做了一番为何没有电梯的解答，仔仔立即心生一计："我们把爸爸叫下来吧！"因为每次都是爸爸抱他上楼的……

我开始打感情牌："爸爸做饭好辛苦的，我们怎么能让爸爸跑下来又跑上去呢？多

累啊！”仔仔无计可施了，终于摊牌：“妈妈，我好累啊。”我答应他停在二楼休息一会儿，但是上楼，唯有靠自己的双腿。

困难当前临阵退缩，我当然不会同意！我选择默默地时而走在他前面，给他紧迫感，他跟着加快速度爬楼梯，时而又悄悄落到他身后，给他一点辅助力量。

他很烦躁，嘴里抱怨着这里没有电梯，以后周末都不想回家了，还是不知不觉地上到了七楼。我不禁感叹还是妈妈狠心啊，换做爸爸，早已把他抱上去了！

这是一个“斗智斗勇”的过程，妈妈“胜利”了。没有给仔仔在“困难当前”“选择逃避和退缩”的机会，也就培养了孩子直面问题的能力。在这个过程中，妈妈很好地控制了自己的情绪，没有像爸爸那样被孩子的“软磨硬泡”所“打败”。

当孩子付出了“艰苦卓绝”的努力爬上 7 楼的时候，妈妈有没有为孩子感到由衷的高兴，并把这种高兴传递给孩子呢？好一个“狠心”的妈妈！

这个冷战不太冷 6月29日 周日

不知从何时开始，我们发现仔仔爱上了“叽歪”。有不顺心的事，他第一时间可能是爆发，可是很快就会由“地上”转为“地下”，尤其是每天晚上睡觉前夕，因为关灯了，看不到他的脸，和他发生一点小争执后，他先是嘟囔几句，而后便不再说话，等我以为他快睡着了，靠近他才发现他在小声地抗议。

外婆说：“怎么像个女孩子一样闹别扭啊？”

我每次则是再三询问，也换不来任何回应。

他是笃定了不说话，闹到底，让每个人的脾气都陷入崩溃的边缘。

在客厅看电视的爸爸受不了了，进来后正式地问了一句：“你哼什么？有什么事你就说！”

依然没有反应。

索性，爸爸一把抱起他来，放到客厅的沙发上，道：“哭完再进来！”

我们默契地决定：与他死磕，必须让他有事说事，不许这样形成习惯！

……

15 分钟，漫长的 15 分钟，他终于哭了个大爆发，在外面唤我，我忍不住要出去，被老公拦着：“时机未到，让他多哭一下，现在只是宣泄情感，没有想清楚问题。”

3 岁半能想清楚多少问题，我不知道，我只知道，这次终于有了效。

李老师点评：

相对于行为的“对错”，父母在教育孩子过程中，保持一致性更为重要。三岁的孩子，有些违抗父母意愿的行为实属正常，这也是成长的表现。三岁也许想不清楚多少问题，但他们可以从父母的言行中来预测未来。

像外婆平时那样带有概括性和暗示性的言语还是少说为妙。就事论事，无论是对于成人还是对于孩子，都是很好的方法。

遇强则强，遇善则善 6月30日 周一

仔仔最近常常叫肚子痛，医院B超显示：肠系淋巴结发炎。

小孩子生病就是这样，病起来了，没气没力，一好转就生龙活虎。今天吃了药，睡一觉，就像肚子没有疼过一样，出去和孩子们玩去了，玩得浑身是汗，回来肚子饿得慌。

狂吃荔枝，我说上火，不要！那小嘴立刻就嘟起来。

要吃炸薯条，我说油炸食物不利于消化，不要！小家伙气得直跺脚。

从冰箱里拿酸奶，我都来不及阻止，就往嘴巴里倒，我说太凉，放一会儿再喝！仔仔浑身的刺都竖起来了，一副要与我干架的架势，真是前所未有的凶悍啊！

我忽然意识到——孩子的行为是我们行为的镜子，是我刚才的态度太过强硬？已经无法去挽回刚才电光火石间的措辞，只好默默地帮他暖着酸奶，让他尽量小口小口地吸到嘴里，含温热了再吞。

孩子的天性就是敏感的，他一边喝，一边也恢复成暖男，谄媚地说：“妈妈，我只喝几口就不喝了，喝多了肚子会疼。”

我的孩子，你每次都会让妈妈如此后悔对你发脾气……

李老师点评：

“孩子的行为是我们的镜子。”——希望所有的父母都能意识到。

无法预测我们的行为会带给孩子怎样的影响，只能从孩子的反应来判断与调整，就像你做的那样。而孩子同样在这个过程中调整着自己的应对方式。

“默默地帮他暖着酸奶”，这种温情更能影响孩子。——这样既承认和满足了孩子的需要，又让孩子感到了妈妈的关心与爱。

 乐趣第一，比赛第二 7月1日 周二

晚上，仔仔和几个孩子在小区里玩滑板车。

一群孩子中，他年龄相对较小，实力较弱，所以他建议："我们不比赛吧！"

可是，他只是个小跟班，大家都在比赛，他也唯有随波逐流。每个回合，都慢人几步，被甩在最后。我远远地想要和他互动，一改往日喜欢问他谁赢了，改问道："仔仔，比赛结果怎么样？"

只见他玩得兴奋，以高亢的嗓音回答我："妈妈，比赛结果还是很好的！"

他没有说他最爱的口头禅："我第一名！"也没有告诉我他是最后一名，而是故意措辞了一番，说结果还是挺好的！看得出来，他依然很在乎名次。

看着他一轮又一轮地赶鸭子，看着他不厌其烦地一次又一次跟在孩子们屁股后面，我忽然意识到李老师之前提到过——孩子的表现是环境造就的！仔仔平日喜欢争强好胜，不是第一就觉得特别难堪，或许是因为我们家长过于关注他在比赛中的输赢，导致了他越来越在乎自己的名次。

今后，我要更加注意自己对孩子的措辞了。挂在嘴边的话可能正一点一点塑造着孩子的性格！

 李老师点评：

"争第一"是孩子的天性，因为孩子都唯我独尊——我就是第一！我就是唯一！

游戏对于孩子的成长无比重要。在两人以上的共同游戏中，孩子学会遵守规则，学会合作，学会竞争，学会社交和相互理解。这是"真实生活"的模拟，是为成年后适应社会做的预演。

善于游戏者，游戏本身就是目的，他们既"永争第一"，又不过分看重成败，充分体验游戏本身的乐趣。在这个过程中，只要不强化孩子"为了第一而争第一"即可。

 "光头强"模式受阻啦 7月2日 周三

每一次亲手为孩子剃头都觉得特别幸福，我也非常庆幸仔仔总能极度配合地给我剃，剃圆剃扁，乐趣无穷。只是近几次来，他开始有了要求：我要剃成光头强那样的！

光头强是仔仔的偶像，在他懵懂的心里，坚持认为光头强是个勤劳的伐木工程师。他也想拥有一个他那样的"光头"造型！

我答应了他，却并不想真的剃成光头，于是按照自己的意愿，给他剃了个有造型的小平头。谁知，他迫不及待地照了镜子后，就开始生气："这根本就不是光头强！"他边摸头边发脾气。

我敷衍他：这就是。他坚持：这不是！

……

有时候我也倔强，不想和孩子为一个自己不认为是问题的问题纠结，夏天剃光头容易晒伤头皮，可我并不打算向孩子解释。

他撅嘴，不高兴极了。可是全体人都忽略他的情绪，没多大一会儿，他竟然也就好了。

晚上，我躺在床上回想此事，总觉自己亏欠他一点解释。孩子的情绪可以通过转移注意力而扭转，可记忆会一直留在脑海里吧，而被妈妈敷衍，在我看来，真不是件好事。

如果认为孩子的需要是不合理的，那全体人的忽略就是合理的；如果认为孩子的需要是合理的，那全体人就是在用自己的价值观、科学知识敷衍孩子。

是靠什么来判断孩子的需要是否合理呢？这是个很重要的问题，直接关系到我们对孩子的爱，是否是真爱的问题。

你能给出答案吗?

真正的勇敢可以换来自信 7月3日 周四

一直以来，仔仔的说话吐词都显得不够清晰，拼音里G、K、H的音，他一个也发不出来，我趁着暑假带他去医院检查，果然要做手术：剪舌系带！

不是第一次听说要“剪舌头”，只是第一次在医院里真的面临“剪舌头”，仔仔哭得那叫一个惨绝人寰。

要换作是平时耍赖、硬脾气的哭，我也能扛住，这一次他是伤心、恐惧，甚至充满了绝望的哭，一双手抱着我，即使我怀着孩子，还是忍不住要将他抱在身上，安慰久久。

三岁多的孩子，其实已经不会问我抽血、剪舌系带疼不疼，他们深知这就是一件会疼的事。所以我并不想欺骗他，而是诚恳地告诉他：“会有一点疼，疼一下就没事了。”

故事书里孩子们做完口腔手术后要吃冰激凌的故事，是他曾经最感兴趣的，我拿出来跟他讲，殊不知他反而开始思索，然后回答我：“不可以的，剪了之后舌头会疼，不能吃东西的。”

“嗯，那好吧，那我们就忍一忍，等舌头不疼了，仔仔就能把话说得很清楚了……”我知道他就打从心眼里羡慕别的小朋友能把话说得那么清楚。他的眼泪里依然噙着泪水，依然恐惧、伤心，却又多了一丝期盼！

手术时间很短，激光烧焦的味道扑鼻而来，孩子还是忍不住哭了，我除了紧紧抱住他以外，也真的爱莫能助。

回家的路上，我怕他疼，怕他再伤心，不断地说着鼓励他的话，而仔仔已经迫不及待地开始练习咬字，并向我展示。

其实舌系带与孩子的发音并没有绝对的牵制关系，语音练习还需要后期的矫正，可是看着他信心满满的样子，我也有了信心和勇气！

经历“手术恐惧”，仔仔的哭泣，有妈妈“将他抱在身上，安慰久久”，虽然爱莫能助，但陪伴、夸赞给了他最好的支持。

孩子信心满满，妈妈也有了信心和勇气，再加上坚持不懈的努力，世间就不会再有难事。

给伊娜的礼物 7月4日 周五

外面下着大雨，我安静地靠在床上看书，仔仔在一旁自己玩他心爱的小车们。

他偶尔会蹦一句：“妈妈，这个车是你什么时候送给我的啊？”

我瞟一眼就能说出一个故事来。母子俩就这样有一搭没一搭的，相处得很舒服。

忽然，他拿出一个娃娃跑到床边上来，对我说：“妈妈，这个可以留给伊娜玩，她是女生，她会喜欢娃娃的。”我顿时有一种吾家有儿成人了的感觉，仔仔对“伊娜”的爱，或许远远超越了我们的想象，他会在毫无预警的情况下，自己想到那个尚未降临的“妹妹”。我说好啊，仔仔真是个好哥哥！随后他又从玩具堆里选出了许多来，清一色的婴儿玩具：摇铃、视觉卡片、带音效的娃娃等。

他将它们一一摆好，我建议他以后亲自交给妹妹，他欢天喜地地点头。

后来他又跟我讲了一个自己偶遇孕妇的故事，他说阿姨肚子里面也有一个小宝宝呢！3岁半的仔仔，我们已经开始精神层面的交流了吗？

看来，“妹妹”会是我给仔仔人生最大的礼物，这个世界上，他多了一个亲人，他这么小就开始体会这份情感，我感到无比的幸福。

李老师点评：

孩子也许并不知晓“妹妹”二字的涵义，但他却已用实际行动来认同妹妹的存在。因妈妈对妹妹的照顾与期待，孩子也就有了超越我们想象的对妹妹的爱。这是对妈妈认同的结果，妈妈的“无比幸福”也定会被孩子认同。妹妹未出生，却已融入这个家庭。

幸福的一家人！

妈妈的道歉 7月5日 周六

仔仔的眼睛发炎了，每天都要点他最惧怕的眼药水。今天他正在看动画片，我回家了。

他一看到我，就说："妈妈，我等下点眼药水吧，我今天看电视……"话没说完，我已不经思考，眼疾手快地关了电视。

电光火石之间，我正萌生悔意，怪自己太急，他也已经瞬间爆发，号啕大哭起来！

像是一场较劲，像是一场对峙，我收回了打算去开电视的手，仿佛我的退让会成为一种妥协。不愿助长孩子动辄发脾气、用哭来达到目的的坏习性。我悄悄地将特地给他带回来的小零食藏了起来。

外公、外婆等救兵相继到位，各种安抚并对我责备，我差点就被激怒成一只暴躁的狮子。我沉默地从长辈手里抱走孩子，到我的房间去单独教育。

我抱着他，拍他的后背，他推开我，说我是臭妈妈，我表示同意，喃喃自语地道："不让仔仔看电视的臭妈妈是为了仔仔的眼睛不再发炎了。"

他继续哭，由大哭变成小哭，我继续讲："眼睛不发炎了，就能吃饼干吃糖果了……"

他赶紧问："那能吃巧克力吗？"

见孩子渐渐不哭不闹了，我也趁机连忙道歉："下次妈妈要关电视前跟你说一声好吗？今天对不起啦！"

小家伙有点不好意思地钻到我的怀抱里，矛盾总算化解了。

在和孩子互动的过程中，有一类父母是不知道自己犯了错误，不知道自己伤害了孩子，道歉也就无从说起；另一类是知道自己错了，但由于各种原因不愿意也不敢和孩子承认错误；还有一类就是知道自己错了，并及时、巧妙地向孩子道歉。

不同的行为一定对孩子有着不同的影响，他们不仅会反思自己行为的合理性，还将从父母的身上学会相同的的处事方式。

小家伙有点不好意思了。可以断定，妈妈在他心目中的形象一定是有所提升，而不会降低。其中道理，不难明白。

青蛙去哪儿了 7月6日 周日

傍晚带仔仔到月湖散步，荷塘月色百般美好，蛙声四起。

爸爸带着他沿着湖边走，寻找蛙声发源地，仔仔充满了好奇与期盼。

他边走边问："爸爸，青蛙在哪里呢？"

爸爸也只是循着声音走，无意识地说着前面、前面。殊不知孩子的渴望已经被撩拨得很高。

然而夜越来越黑，荷塘上只听蛙声，不见蛙影，仔仔急了，追问着青蛙到底在哪里，越来越有必须要找到的气势。

果然，最后仔仔急得哭了，说爸爸骗他，一定要看到青蛙不可。

爸爸投降说找不到，仔仔恼怒，认为我们欺骗了他，气急。

我见势躲到一棵树的后面，叫着："仔仔，仔仔！"

他先是不理，而后不知为何又带着怒气循声过来，找我，我躲，他找不着，爸爸连忙解释："我们能听到妈妈的声音，却看不到妈妈，对吗？青蛙就像妈妈一样躲起来了。"

仔仔似乎想到什么，抬头问爸爸："青蛙是怕被我们吃了吗？"

爸爸连连说是，这才大事化小。

我没有看到孩子的急躁，看到的只是一个"渴望被撩拨得很高"的孩子的正常反应，看到的是夫妻之间默契的配合，看到的是一家三口的天伦之乐。

随着孩子成长，自然会更好地控制自己的情绪，会更加清晰地分辨谁是骗子。

家长不那样急躁，孩子就不会那样急躁。

真的胆小吗　7月7日　周一

幼儿园里的蚊子多，仔仔常常被咬得浑身是包，有家长带了驱蚊水去，我的父母也效仿之。然而，外婆忍俊不禁地问了一句："你在幼儿园里痒敢跟老师说吗？""不敢。"虽然一向知道仔仔胆小，但真不知道他会如此勇敢地告诉我们他不敢。

我又问："那你想尿尿敢跟老师说吗？"这是上幼儿园第一天，甚至更早我们就在教他的事情，一直也都没问题，怎么忽然之间就不敢了呢？可是，再深入地问就问不出什么答案了。

晚上放学后，立马给他看了麦兜响当当——麦兜把便便拉到裤子里了，回家后麦太教他举手，叫道："老师，我要拉屎！"麦兜也跟着叫，我于是也跟着举手，如是叫；爸爸从厕所里洗澡出来，也跟风叫；仔仔还是不叫。

不能逼，直怕越逼越怕老师。我们家反而是全家人形成了习惯，谁要上厕所之前，都举手，玩味地叫一句："老师，我要拉屎！"

希望有一天，叫着叫着，小家伙也能胆子大起来吧。

李老师点评：

胆大、胆小是比较的结果。孩子的“胆小”是跟谁比的?

当建立“仔仔一向胆小”的观念，就会不自觉地把很多事情归因于“仔仔胆小”，这对改变胆小无益。

换个视角来看——

“痒”与“跟老师说”之间，有必然的联系吗? 如果认定孩子“一向胆小”，那我更愿意认为是家长在故意寻找孩子胆小的证据，或者说在想方设法让孩子变得胆小，以证明自己的“论断”。

憋尿本身对孩子来说是痛苦的，且孩子对排尿的控制力并不强，若孩子并未出现“尿裤子”现象，是否可以认为在其承受范围之内?

从之前的日记来看，无论“胆小”“胆大”，孩子对幼儿园的适应都是良好的，不知为什么今天的妈妈会如此焦虑?

存零食 7月8日 周二

街坊邻居们看到小孩子总是特别喜欢给些小吃、零食。今天接仔仔放学路过邻居家，又被叫住了。

一路上收到各种食物，小家伙一一答谢，我都默许着，觉得孩子受人以礼，能礼貌应对，也算好的人际交往。直到一位邻居阿姨给仔仔买了一包苏打饼干。

这下好了，“3+2”的饼干——集硬、尖锐于一身，正好是做手术的医生说仔仔短期内不适宜吃的食物。仔仔看着我，意识到这一点，还是忍不住伸手接过了饼干。

抢白道：“妈妈，这是阿姨非要给我吃的。”

我问：“那你记不记得医生怎么说的？你的舌头现在能不能吃这个？”

他不做声了，手却在一点一点地拨开饼干袋子……

“仔仔！”我每次都试图用声音的变换来警告他一些什么，他也确实收到了信息，于是变得很不高兴，似乎我再说一句不可以吃，他就能立马掉下眼泪来。

我便不说了，等他慢慢平静下来，再等他自动放弃饼干，我说不是不吃，只是像存钱一样，把它存起来，等过几天，口腔恢复了，再吃。

“好啊！”情绪平和的仔仔真的很好说话，一个良好的协议顺利达成，仔仔恢复开心的心情。

李老师点评：

邻里街坊用“好吃的”表达对孩子的喜爱，仔仔礼貌相应，这种“奖励”把仔仔讲礼貌的行为强化。良性循环——大家更愿意用“奖励”表达对他的喜爱。

“我便不说了，等他慢慢平静下来……”尊重孩子的情绪，引导孩子学会等待，延迟满足。最终，“协议达成，仔仔还开心得不得了”，很棒的互动！

冰激凌也好啊 7月9日 周三

又能去幼儿园接仔仔放学，我特地早出门几分钟，因为若能被最先接走，他总是特别开心，我也特别愿意去满足他。

然而，我挺着肚子雀跃自豪地挤在前五名里接到孩子，孩子却一脸的落寞，甚至小声问我：“外婆呢？”

曾经他多次跟我说过他最喜欢妈妈和爸爸去幼儿园接他，为何此刻却如此失望呢？

难道还是因为我——双手空空，而不似外婆那样总是带着小吃。他在幼儿园门口驻足了良久，我多番询问原因，他就是不说。

我索性忽略他的不悦，在短暂的沉默后，他竟也没有像之前那样沉浸在低落的氛围里，而是跟我讲起他在幼儿园里看的动画片的事……

我能深深体会到孩子在进行情绪的自我调节，心中一丝感动。

然而，对孩子真是残忍不起来，天气闷热得难受，边走我边打起主意，想给孩子买只冰激凌吃。于是，问他热不热，又说家里暂时没有凉开水……最后，自圆其说地提出：要不我们买只冰激凌吃吧！

“好啊！”仔仔充满了期待。

我闷笑着自嘲，暗忖：想给孩子买点东西还要找这么多借口，当妈不容易啊！

李老师点评：

孩子的情绪，较之于成人，更为单纯。当妈妈空手接他，相当于去除原有的“奖励”（外婆带着零食）——不开心，太正常了。妈妈“索性忽略他的不悦”，等同漠视他的某些行为，结果必然是这些行为的消失。

“当妈确实不容易！”当“伟大”的妈妈更不容易！陪伴孩子成长也是父母成长的过程，成长注定不是件简单的事！

是你太乖巧，还是我太紧张？ 7月10日 周四

小时候就被“看”得很紧，为人本分、规矩的仔仔，最近一周频发“不安分”危机。

继周日回家把搁置了一周无人处理的白开水给喝了之后，今天一放学就把窗台上放了三天的泡塑胶子弹的杯子里的脏水给喝了。

全家人都惊呆了！他是被调教成去超市买任何东西都要先问“过期了没有”，在家只喝自己的杯子，且喝之前一定会问“是不是今天的水”的孩子啊！这一杯喝下去……简直不敢想象后果。

望着孩子干着急，我紧张地握住他的肩膀，已不知所措，只是道：“喝了这个会肚子疼，会生病，你明明知道，为什么还要喝？”

语气和态度都已失常，仔仔一句话也不说，呆呆地看着我。

没有办法的我们互相探讨着水有多脏，孩子有什么可能性，决定先静观其变。

不一会儿后，仔仔照样吃喝玩乐，像没有发生过这件事一样。直到爸爸回来，我迫不及待地把事情告诉了孩子他爸，换他紧张不已，责问仔仔：“你最近是怎么回事啊？你为什么要喝？”

仔仔依然闭口不说话。爸爸气急败坏，我及时按捺住，怕他对孩子发火，更问不到原因。百般周折，花言巧语地引诱之后，我们终于从仔仔嘴里得到答案：“好玩。”

真实到令人无从反驳的理由——孩子做一些没有做过的事情，无非也就是贪图个好玩啊。紧张妈竟然为了一个如此简单的理由盘问了孩子一整晚。心中忽然空空的。

我不禁反思，是否自己平时忽略了孩子的探索欲呢？

李老师点评：

看到最后一句话多少有点意外，因为大部分父母在这种情况下会认为孩子“不听话”，而你却在反思自己。

孩子在这个年龄前处处依赖父母，往往被“看得很紧”，这给父母带来了很大成就感，也习惯了亲子之间的这种模式。但从这个年龄开始，就到了所谓的“第一逆反期”，孩子要实现自我意志，实现自我价值感，常常逆着父母的意愿说“不”，这就会让很多的父母极不适应，直接导致亲子之间剧烈的冲突。说到底，这只是父母不适应孩子因成长所带来的变化。

孩子的“好玩”来自于规则的突破，而如此“不知轻重”又和之前的“为人本分、规矩”形成强烈对比，让全家人不得不惊呆了。

你的反思有道理。孩子的成长就是在不断探索的过程中，常常是通过“尝试－错误”这一模式，使行为日臻有效的。

家庭风波　7月11日　周五

今天因为一点家事，一家人起了争执。

仔仔也没能幸免隔离于事外，虽然他被安排全程玩手机（平时一律禁止的）。

外婆声音大一点的时候，他拿着手机玩“萌脸”，问我：“妈妈，这个可以吗？那个可以吗？”

外公声音高亢起来的时候，他拿手机又来问我：“妈妈，这个图是什么意思啊？”

当我也忍不住飙高音的时候，仔仔又是一堆问题……我终于扮演了从前自己很不屑的形象，对孩子说：“仔仔，你自己玩，不要吵妈妈！”

家里的各种声音仍然此起彼伏，仔仔靠近我，也大声说：“喂，你们别吵了！你们……”

“你安静！”我压根没有听他在说什么，就制止了他的发言。

就这样，他成了家庭纷争的“牺牲品”，真的沉默了。

仔仔平日最爱的游戏，此刻也兴致索然，当我起身走开，他立马跟着我离开客厅，并率先打破僵局，问我：“妈妈，有宝宝在肚子里，上楼很累，我牵着你啊。”

牵着他的小手，我想，或许每一次我们无法控制自己情绪的过程，都会给他带来一些伤害，尽管平时都刻意注意了，在这样的时刻，依然无法回避。

对不起，我的小孩。

李老师点评：

家庭的纷争，是在“亲情爱”的基础上进行的，通过如此激烈的争执实现最大化的信息交流。作为最弱小的家庭成员，仔仔也身在其中，并用“掺和”的方式保持了与家庭的联结。他感受到了家人的情绪，当然，也感受到了自己的情绪。

至于大人的情绪是否“伤害”了仔仔，要看未来仔仔的发展。是今天所处的境况决定了我们对昨天发生事件的解释。假若未来仔仔成为优秀的企业家，再回想这些事，那么对这件事的解释更可能是正向的：当年家里的争执，让我很早就学会处理人际冲突；若未来他过得不如意，有可能是另外的解释：我从小生活在那么一个恶劣的环境，导致我一直不幸福。

因此，所谓的“伤害”也许正是成长的催化剂。

吃饭＝打仗　7月12日　周六

总是听老师说仔仔在幼儿园里很会吃饭，可是在家仍旧是另一番景象。

今天大厨爸爸给仔仔做了一盘炒鸡，香喷喷的，一出锅仔仔就迫不及待地要尝鲜。

可是每吃几口，就嫌弃手上有油，要去洗干净才肯拿勺子继续吃。如此反复吃了洗，洗了吃。一来二去的，饭没吃几口，洗了三五次的手和脸。我和他爸交换了下眼神，决定批评他，我说：“大家吃饭的时候都不洗脸的，就你边吃边洗，这是坏习惯！”

小家伙也不客气，立马回嘴：“你才有坏习惯！”

爸爸继续说：“对妈妈说话不能没礼貌！你边吃边玩，边吃边洗，本来就是坏习惯！”

这下不得了，所有人都在批评他，仔仔受不了，猛地号啕大哭起来。

我们一个严肃地收走其他碗筷，一个温和地鼓励他继续自己吃……十分钟过去，依然无效，爸爸索性收走了他的碗筷，告诉他：“等你饿了再吃。”

直到下午4点，小家伙开始想吃饼干，想吃糖果，想找酸奶喝，通通没获得批准，一直饿到晚餐，爸爸端出饭菜，他才大快朵颐起来。

可是，要改变习惯，这是一场长期的战争，看来我们要做好坚定、冷峻的准备。

既然是战争，那敌人是谁?

是孩子身上的不良习惯，而不是孩子本身！——学会和不良习惯斗，而不是和孩子斗。高明的家长和孩子是“战友”！如果爸爸妈妈是要帮孩子养成良好的习惯，而不是为了缓解自己的焦虑、愤怒情绪，就一定会赢得这场“坚定、冷峻”的长期战争。

我不想回家 7月13日 周日

一到外婆家，听说邻居小朋友曾在中午来找过自己，仔仔急忙拿了玩具就往人家家里跑。我追过去，小家伙撒丫子已经跑进了人家家里，而我和那户人家并不熟悉，只好站在门口望门兴叹。听见两个孩子在里面对话。

“《熊出没》！我也最喜欢看《熊出没》了。”“那我们一起看吧。”“好啊！太好了！”

仔仔最近迷光头强迷到不行，这一看，估计是短期不会离开了，而时值午后，是他一贯睡午觉的时间。

于是，我在门外各种引诱：“仔仔，你的电瓶车充电充好了……仔仔，我们去买点果汁喝吧……那你一个人在这里玩，我回家了哦。”

毫无反应，毫无作用。

忽然，儿时的类似画面出现在我脑海里，自己也喜欢赖在别人家不走，把别人家里玩得乱七八糟，然后长辈回来了挨批评……此刻，我也像多年前自己的父母一样，感到无奈，我叫不回我的孩子。没办法，只好我妈妈出面，去领回了仔仔，我却坐着沉思良久，不知要如何去告诉仔仔，这样不好。

再仔细想想，也说不出到底哪里不好，越来越陷入矛盾。

李老师点评：

仔细想想。

思考一下：对于孩子来说，别人家巨大的吸引力在哪里？为什么我们会觉得孩子去别人家里不好？如果小朋友到自己家里和仔仔一起玩，你会有怎样的感受？如果我们能通过自己的努力，为孩子创造更多的和小朋友一起玩耍的机会，而不是事后批评孩子，又会是怎样的局面？不求答案，唯愿深思。——把自己当成孩子，换位思考。

我送他回家 7月14日 周一

仔仔放学后和同路回家的同学难分难舍，他牵着小伙伴的手说：“到我们家来玩吧？”对方也十分留恋仔仔，牵着仔仔的手，邀仔仔去他们家玩，更是搬出了他们家的各种玩具名称来。

仔仔也急忙效仿之，说：“我们家也有啊！”接着描述一番，有什么样什么样的，并向对方的家长做出渴求之势。

边说边派外公先行回家，把玩具拿一些出来，要立刻与同学分享。

外公“领命”，连忙配合。

转眼，仔仔已经和小朋友玩起了玩具，玩得人家不愿意回家，对方的家长却要赶着回家做饭，不得不出面干涉了。

小朋友乞求奶奶：“就让我再玩一会儿吧。”

仔仔也帮腔：“就让他在我们家玩一下吧，等下我送他回家。”

3岁半的孩子，说要送别人回家，那场面太美，我简直不敢笑。

在我的允诺下，对方奶奶便先回家了，俩孩子一直玩到天都黑了……

小朋友有点害怕，对仔仔说：“我要回家了。”

我也故意刁难仔仔：“仔仔天黑了，我们回家吃饭吧。”

玩得很投入的仔仔却未忘初衷，及时对我说：“妈妈，我们一起送我的好朋友回家吧，他一个人很危险。”

我安静地陪着走啊走，小时候的友谊就是要这样呵护着，多好、多纯的感情啊！

李老师点评：

对于这个年龄的孩子，没有什么能比和小朋友一起游戏更重要的事情了。外公、妈妈能一起帮着孩子达成和好朋友一起玩的心愿，更值得肯定。

“我安静地陪着走啊走，小时候的友谊就是要这样呵护着！多好、多纯的感情啊！”——让我想起了自己儿时的玩伴。

 孩儿的花，最香的花 7月15日 周二

在仔仔心目中，只要是女生，都是喜欢花的。从前是在爸爸的带领下，每每遇到路边有花，都要摘一朵送给我。最夸张的一次是我们坐在大巴上，他看到路边的花开得五颜六色的，立刻就跟我说要下去采了送给我。

然而今天，我随意地问了一句："以后你要给伊娜送花吗？"

他理所当然地点头，说："当然送啊，她也是女生啊！"

一种醋意涌上心头，我竟然和我未出生的宝宝争风吃醋，我继续问："那先送妈妈还是先送伊娜？"仔仔选择了伊娜。

我竟然像个孩子一样沉默了，这么久以来，我疼爱孩子的过程中，我也被孩子全力以赴地爱着，这一刻，忽然有种失落感。

似是看出我的想法，仔仔转而补充道："一起送给你们啊！因为我有两只手啊！"

一念天堂，就是如此简单。我这个敏感的孕妇，是要影响孩子让他变得有多敏感才罢休啊……就让我肆意享受一会儿这任性的幸福吧。

都说"女儿是爸爸上辈子的情人"，看来"儿子是妈妈心目中的男神"。

妈妈的敏感也许会影响仔仔，给他多添一份"细腻"及"幽默与机智"。如此理解时，"让他变得有多敏感"的焦虑即得以缓解，仔仔也不会被焦虑缠绕，大家各自享受一份期待、一份幸福。体验到醋意和失落，是爱，坦承这份醋意与失落，是母爱！

 让你也尝尝药水之苦 7月16日 周三

仔仔今天放学碰到表哥，两个孩子一碰面，就特别兴奋，玩得不亦乐乎。

很快，仔仔在转圈圈的过程中，"晕头转向"地摔跤了，紧接着，小表哥也激动不已地蹭到了台阶上。仔仔是膝盖挂彩，小表哥是胳膊肘血流成河。

考验两个小家伙勇气的时候到了，小表哥在几分钟前才自诩勇敢地说过："我摔跤从来不哭。"先抹好药水的孩子在几分钟后立马回击了一句："我抹药都不哭。"两个妈妈静观其变。

摔得较轻的仔仔眼泪在眼眶里打转；而小表哥则坚决不肯抹药，疼得眼泪已经出来，被仔仔一激，更生气，他说："你要是摔成我这样，看你哭不哭！"

仔仔推我回家去拿药："你去拿药给他抹！你去啊！非要给他抹药水！"

因为就在一天前，仔仔才刚受了抹药疼痛之苦。所以，今天换了"勇敢"的小表哥，他是不依不饶地想让他尝尝这苦头。

小表哥当然不会听他的，端着胳膊肘回家了，徒留仔仔站在原地跟我生气：“你为什么不去拿药？！我讨厌你！”

真心无奈啊……

从描述来看，两个妈妈静观其变，而没有“打击和贬损”孩子的自尊（不是刚说的不哭吗），是非常好的做法。

在平常我们要培养孩子勇敢地精神，但当孩子遇到困难时，尤其是困难已经超出孩子承受能力的时候，为人父母者就应勇敢地和孩子一起承担。这样，孩子就会把父母内化为心理上坚强的后盾，因为他知道父母和自己同在且永在！这也是为他们的将来奠基。

疼妈妈的好宝贝 7月17日 周四

今天产检，抽了四管血，人晕晕沉沉了一天。

外婆接仔仔放学后，小家伙进门就问：“妈妈呢？”外婆说妈妈天天躺着，是个“懒虫”！仔仔立刻纠正：“妈妈是身体不舒服！”心疼之意溢于言表。

傍晚，天空放晴，我带仔仔外出散步，买了他最喜欢吃的冰激凌，让他分我一口，他舍不得。

不过，当我跟他聊起今天去医院抽血的事，小家伙竟然像个大人一样询问我：“爸爸陪你去的吗？”

我说爸爸上班啊，妈妈自己去的，还抽了好多血，头晕。

他站在街道上，拿着冰激凌看着川流不息的车流发呆，我问他：“你看小汽车发呆了吗？”

他眼神并无呆滞现象，转而望着我道：“我没有，我是在想，你一个人在医院里晕倒了怎么回家呢？”

此情此景，若换作别人，或者听说，亦或是另一种局面，我一定不会有此刻这种强烈的真实的震撼。我从来都未曾这样关怀过自己的父母，我的孩子竟然在为我设身处地地考虑。

我笑着告诉他，外婆陪着我呢，他这才放心下来。

我还是想讨一口他的冰激凌吃，以为自己这么“可怜”了，他会分我一口吧。可惜，他找了另一个借口：“抽血了是不能吃冰激凌的。”

……

不过，晚餐时，他悄悄地把他最爱的鹌鹑蛋放了一粒到我碗里。

这就是弥足珍贵的孩子的爱啊……

李老师点评：

当孩子出现“护食”行为，很多父母会即时跟上评判，诸如你怎么这么抠门啊，妈妈真是白养你了，好东西要学会分享啊，这些可都是妈妈给你买的啊……殊不知，对于这么大的孩子，“护食”才正常！家长即使不说不干预，随着年龄的增长，孩子也会渐渐变得慷慨。孩子的这粒鹌鹑蛋，其意义不亚于你捐出一半的家产。

“弥足珍贵的孩子的爱”，一定是父母养育的结果！

落空的愿望 7月18日 周五

今天爸爸史无前例地去幼儿园接仔仔啦！

我拭目以待的爷儿俩欢乐归家的画面，并没有如期而至，取而代之的是仔仔气嘟嘟地回来，看到我的第一眼，终于忍不住哭了出来！

爸爸一头雾水，我则很快明白了个中缘由——早上出门他曾嘱咐过我下午要带家里的香蕉去接他！可我把这事儿给彻底忘记了！

一切弥补的方法都无效！

爸爸有些焦急，跟我嘀咕着：这孩子怎么这样倔强？

我顿时意识到这不能怪孩子，今天确实是我答应过他的，是我失职了。而此刻，如果我们都去否定他，批评他，才是真的伤害了他。一个满怀期待的愿望落了空，换作我，也……首先，我向他道歉，是我的失误，没有转告爸爸要带香蕉。

其次，我希望他明白爸爸平时上班好辛苦，能有一天去接你放学，很不容易，香蕉天天可以吃，爸爸接放学却很难得，有时候我们要忘记不愉快，记住愉快，对吗？开心起来，好不好？仔仔似乎听懂了，爸爸再来逗逗，他也就展露了笑颜。只要解开误会，其实孩子真的不那么“倔强”。

李老师点评：

感触良多。

没有科学家研究过，早晨得到的一个承诺，孩子会在一天中默念多少次。但现实的经验告诉我们，孩子不会忘。孩子对这个小小约定的重视程度，要远远大于父母。当父母没有把这“鸡毛蒜皮”的小事放在心上，违背了约定，孩子因此而哭闹时，父母却往往又冠以“倔强”“不懂事”的恶名。这对孩子实在不公。

自己的合理需求未得到满足，孩子就会及时用哭闹表达，而不会像成人一样用理智压抑自己的负性情绪。无法否认，任何人的需求都不可能百分百被满足。从这个层面讲，所谓成长，就是压抑自己需求的过程，但前提是不能过分。过分压抑的结果，会让我们不知道自己真正的需求是什么，而仅仅以获得别人的赞扬或避免惩罚为出发点。这样的成人比比皆是，他们的生活毫无乐趣可言。

6 岁以下的幼儿多是“以自我为中心的”，其实父母又何尝不是。父母只要不“以自我中心”，能切身地站在孩子的角度去考虑孩子，去体验孩子的内心，就没有不能解决的问题。是妈妈的平和与从容、智慧与担当，化解了这小小的误会。

教育孩子真的不需要太多的理论。

第一次一个人在家 7月19日 周六

外面下着暴雨，家里只有我和仔仔两个人，给他准备了奶黄包和牛奶等食物，自己却一直饿到 10 点才干完家务活，发现肚子饿。

住七楼，没有电梯，要出去买点吃的，挺个肚子再带个孩子，实在多有不便，琢磨着，能不能让仔仔一个人在家里，我去去就回呢？

这样想着，就和他商量起来。没想到，从未有过这番经验的仔仔，一口就答应了。他说：“好啊，你去啊，我在家里很乖的。”

得到他的支持，我立马开始收拾东西，处理家里的各种隐患，边和他确认，在家不要动哪些东西，以及有人敲门就如何如何……仔仔却频繁打断我，主动告诉我他会怎么做。

我不禁夸赞：“仔仔怎么这么聪明？”“巧虎教过了啊！”我终于放下心，打算出门。

门才刚关上，就听到仔仔在里面叫，我连忙又开门进去，问他怎么了，他淡定地看着我，竟然说：“你带了钱包没？手机呢？还有钥匙呢？……好吧，那你可以去了。”“……”

我刚一关门，他又叫，我没再开门，快步地离去。

来回大概 20 分钟，开门那一刹那，我在路上想过无数种可能，他会哭着，或者紧张地待着？他反而是自若地玩着玩具，只是叫了我一声：“妈妈，你回来了！”

反观自己紧张兮兮，孩子如此淡定自若，不觉失笑。其实，放不开孩子手的，有时候真的是家长自己啊！

李老师点评：

很成功的一次尝试！孩子的淡定自若，让紧张兮兮的妈妈不觉失笑，脑海里编导的各种场景一拍而散。

研究显示：中国的妈妈对孩子的依恋比孩子对妈妈的依恋要多。妈妈 N 多担心，背后的言语是“孩子离不开妈妈的照顾”。事实上，三岁的孩子正处在与妈妈“分离个体化”的过程，由最初全方位的依赖妈妈转而慢慢实现个体独立。所以，“放不开孩子手的，有时候真的是家长自己啊！”应改为：放不开孩子手的，真的是家长自己！

聪明的爸爸 7月20日 周日

一周没来江滩公园，赫然发现，仔仔从前玩耍的地方，已被涨潮淹没。

仔仔他顿时乱了阵脚，着急地问："爸爸，我们去哪里呀？玩什么呀？"

聪明的爸爸则不像妈妈一样幼稚地表现出失落，而是拿着我们带来的吊床、水枪等，开始寻找新的"阵营"、新的玩法，没有时间去悲春伤秋。

爸爸系好了吊床，让我在上面躺着，他带着仔仔去岸边"钓鱼"。没有任何器械，唯有爸爸在树上掐下的一条树枝，远远的，却看到父子二人"钓"得不亦乐乎。

一会儿玩水枪，一会儿把脚丫放到水中戏水，一会儿把伸入水里的树枝拉起来，取下上面摇摆的树叶，说那是他们钓起的"鱼"。

渐渐的，仔仔也开始开发自己的玩乐方式，我和老公都适当参与，却是由他来主导。我想，这就是父亲和母亲的不同，在我们这个家庭中，我的角色更多的是陪伴与关怀，爸爸的角色则是带领与领导。

接下来，我们要做的或许是学习对方的优势，让自己变成更加全面的家长了。

李老师点评：

在家庭中，"子之乐、父之乐、母之乐"若都是"为己乐"才真的是"不亦乐乎"。"让自己变成更加全面的家长了"，孩子成长的过程更是父与母成长的过程，理想的家庭就是让各自长成各自！

很赞同"我们要做的或许是学习对方的优势"！当互相欣赏、互相学习优势成为习惯时，大家的眼睛就会习惯和善于发掘美好，这将是父母给子女最大的礼物。

讲道理好"干" 7月21日 周一

今天的睡前故事，就从《孔融让梨》开始吧。

仔仔听得极其认真，一字一句都不放过，边听边想，思考令大脑兴奋无比。等我讲完，我问他，你觉得孔融是个什么样的孩子呢？

尽管我已经重点渲染了孔融的优点，以及"谦让"的意义，可是第一次听这个故事的仔仔依然回答我："他是个不聪明的孩子！小孩应该吃大的，大人才应该吃小的！"

当下我有点哑口无言，难道这就是所谓的"教育失败"？

如果我一定要反过来，说孔融很聪明，仔仔怕是无法接受，如此反差的结果。只能顺势而上："嗯，孔融真不聪明，怎么自己吃最小的呢，聪明的孩子是吃最大的！但是，仔仔你怎么也有一次把最甜的橘子给妈妈吃了，自己吃不甜的橘子呢？"

"妈妈怕酸，我不怕。"

我亲亲他的脸颊，感叹着："嗯，仔仔也像孔融一样了，把好的东西留给别人了，你们不聪明吗？不对，是你们懂得谦让了，是孝顺的好孩子啊！"

讲着讲着，仔仔竟然睡着了……我不禁好笑，讲道理真的是一件好"干"的事情。

李老师点评：

震撼于你的感慨——"讲道理真的是一件好'干'的事情！"

教育本身不是死的教条，包括道理。所谓教育失败，只是结果与预期不相符。但自然的结果与预定的结果孰好孰坏，只有时间能告诉一切。

"融四岁，能让梨。"我相信。因为仔仔有一次也把最甜的橘子给了妈妈，但这是偶尔为之。若把"让梨"当作孩子在该年龄"就要"或"就应"具备的，那就违反了人性。道德或伦理是慢慢学会的，谦让当然不例外。

也许圣人可以做到。

恐怖的意外　7月22日　周二

武汉骤然升温，这两天一直高居40℃不下，孩子也蛰伏在家，直到晚上，才到小区里放放风。

仔仔要玩滑板车，我坐在一旁的椅子上看着他玩。

然而，还没有滑出两步，迎面一个大叔双手练着钢饼，倒退着过来，左手的钢饼扎扎实实地砸到了仔仔的头上。孩子顿时倒地，3秒后开始号啕大哭……我这才看清楚夜色下发生了什么，冲过去。

一摸仔仔的头，不好，像是被挤压了一样，一块瘪下去，而另一块凸出来，表面皮开肉绽，渗血。我再转头一看"凶器"——比我手掌还大的钢饼，吓得差点晕倒，眼泪唰唰地掉出来。第一次遇到这样的事情，完全没法镇定，呆在那里，嘴巴里胡言乱语地念叨着："怎么搞的，怎么搞的呀？"

仔仔似乎是被我的举动给吓着了，反而不因疼痛哭泣，定睛看着我，流露出无比的恐慌。抱着他，他看着我，我看着他。他的恐惧渐渐镇定了我的情绪，而我的拥抱与抚慰也安抚了他的疼痛。我掏出电话给老公打电话，他匆匆赶来，接过孩子一刹那，他问仔仔："疼不疼？"

仔仔点点头，却不再哭了，说："妈妈哭了。"

赶去医院的路上，三人相互安慰，相互关心着，直到医生宣告平安，我和仔仔都破涕为笑。没有批评，没有教育，没有过分的宠溺，让一切都留到下一刻吧。这一刻，我们共同享受着彼此给予的"家"的温暖。

李老师点评：

下一刻，仍不需要批评、教育和过分宠溺！

没有什么，比拥抱与抚慰，比发自内心的怜惜与关爱——爸爸没有批评妈妈，也没有教育孩子，比家的温暖更重要。研究显示，我们对痛苦的记忆是深刻的，其意义在于避免再次被伤害。孩子也不例外。更何况，对于这种纯粹的意外，也远不是批评、教育所能避免的。

太多父母在孩子遇到伤害、挫折时，不仅体验不到孩子心中已有的痛苦和恐惧，反而批评教育。表面看，是心疼孩子，是为孩子好，其实只是在发泄和缓解负性情绪，而这一行为又使孩子的痛苦“雪上加霜”。

说教，意味着情感的隔离。没有了情感，也就没有了心与心的交融，这对孩子也许才是最大的伤害！非常惊讶于孩子在遭受巨大痛苦时，竟能两次因妈妈停止哭泣。是什么力量让一个三岁的孩子如此表现？妈妈的眼泪！

肇事者要受到惩罚 7月23日 周三

午睡醒来后，和仔仔在床上聊天，他兴致勃勃地唱了一首我从未听过的儿歌，我感觉调子有点不对劲，于是开玩笑说：“仔仔会唱好多歌啊，可惜有点五音不全，哈哈。”

尽管不知道五音不全是什么意思，他却从“转折”的语境中听出这是句贬义的话。立马警告我：“你再说我五音不全？！”

我还真的又重复了一遍，这下好了，真的把他给激怒了，一颗小脑袋生气地撞过来，正巧撞到我鼻子上，我有旧疾的鼻子立刻血流如柱……

仔仔吓傻了，在一旁又是道歉，又是吹吹，看到我手上都是血，忙去拿纸给我。

我因为多年来习惯了流鼻血，倒不那么在意，一边止血，一边悄悄观察孩子的表情——他歉疚极了。我曾经吓唬过他，血流完了，人就死了。他此刻守在我身边，不断地叫我，只要我稍微一会儿没有回应，他就紧张得不行。

可我并不打算轻易原谅他，他那容不下坏话的耳朵，以及粗鲁的行为，需要得到惩罚。我将计就计，受伤了便不能四处挪动，让他伺候着，同时假装不经意地教育他：“不要随便去伤害别人，更不能因为别人和自己意见不一样就使用暴力……”

我絮絮叨叨的，他忙前忙后，认真听我说，边点头，这场面真是令人又好气又好笑。

妈妈真是个“厉害角色”：鼻子都“血流如柱”了，竟然还能不急不恼，还能悄悄

观察孩子的表情，还能智慧地“惩罚”孩子。

要承认孩子“发怒”的权利。不要打掉了孩子“发怒”的能力。需要引导的，只是“发怒”的方式！

蛋糕王子欲罢不能 7月24日 周四

今天是小表弟的生日，吹蜡烛、吃蛋糕，成为仔仔最为期待的环节。

内心很想纵容他一下，喝点平时不让喝的可乐，吃块奶油蛋糕……可是，孩子永远对于这些“挚爱”的渴望远远超越了我们所能想象的地步。蛋糕面前，他还是乱了分寸。

人均一块蛋糕，他以我从未见过的姿态狼吞虎咽一份后，立即跑到桌子前，端起另外一块没有人吃的蛋糕，拿起叉子就大快朵颐。

人多，我不愿让他没“面子”，只是小声，但语气严厉地叫他名字。从来都会因此而住手的仔仔，竟然充耳不闻，他停不下来了。

我甚至拿出了腹部淋巴发炎的事情来吓唬他，亦无效。

亲戚朋友们当然希望孩子能吃个痛快，仔仔也就仗着这股“势力”又干掉了一大块生日蛋糕。

回想一直以来李老师的指点，我或许该收敛收敛自己对孩子的“控制欲”，另一方面，还是暗自担心，仔仔在受过约束的事情（如喝饮料、吃奶油等）上，一旦遇到爆发口，就一发不可收拾，毕竟孩子还不懂得自我保护。

想想我们小时候有没有这种经历？父母不让干的事情，不让吃（没得吃）的东西，不让看的书……现在呢？

孩子还不懂自我保护，但已经能体验到内心需求的压抑。这种需求如果得到适当的满足，就永远不会爆发。更何况，以妈妈的智慧，引导其走上“正途”不会是多难的事。

包子不能被元元分走 7月25日 周五

元元妹妹一大早被送到我们家，那时仔仔正在吃早餐，准备去上幼儿园。

元元也没吃早餐，外婆将仔仔同样的早餐递了一份给元元，小丫头拿起包子就大口大口地吃。我不禁夸奖了句：“元元自己吃饭真棒啊！以后上幼儿园没问题了！”

外公外婆都在表扬元元，这下仔仔不高兴了，怒道：“我最棒！她不棒！”

作为“地主”，仔仔又是哥哥，有点不爽的架势。可因为赶时间，仔仔确实又一次地被“喂着”，并且慢吞吞，一副不想吃的样子。

四个包子，一个孩子两个，仔仔看元元大口地吃，连忙把另外三个都藏起来，说不给她吃。

我怕元元伤心，安慰她：“姑姑等下给你多喝一杯牛奶。”

外婆一边喂仔仔，一边批评我：“孩子要上学了，别惹他生气。”

尽管不认同妈妈的作为，我还是转换了方法，陪着元元，看着仔仔，可怜巴巴地道：“元元的肚子还是瘪瘪的呢，怎么办呢？”

仔仔还是生气，还是不理我，却在临走的时候，粗鲁地扔下一个包子，在元元的碗里。

4 岁的孩子，开始由与生理需要相联系的情绪体验（愉快、愤怒），向社会性情感体验（自尊、羞愧）发展。幼儿最重要的情绪体验之一就是自尊，它是自我对其价值的评价和体验：我是最棒的，我是好的，不能说他丑，不能说他笨，不能说他不乖、不听话、不好……自尊需要得到了满足，才会使儿童自信，进而体验到自我价值，并产生积极的自我肯定。还能回想起小时候父母对我们的表扬吗？

妈妈变成了暴躁的狮子 7月26日 周六

我和仔仔都有“洁癖”，只是仔仔毕竟是孩子，在很多人的饭局上，有亲戚给他喂菜，他也张口就吃。吃饭的过程总是周折不断，他非要挤到围满人的角落去和另一个小朋友玩，边玩，对方的家长边喂饭，也不时给他两口……尽管我十分忍受不了别人的筷子伸进仔仔的嘴巴，他终究还是在我没想到好办法之前，被人家喂的鱼肉给卡住了！

第一次被卡，小家伙脸色苍白，告诉我，喉咙有鱼刺，急得哭了。

我心里发毛得很，苛责孩子行动不听指挥，而且跟他说过不要随便吃别人喂的东西，他却没做到。一想到鱼刺卡喉的难受与解决问题的麻烦，我变成了一只暴躁的狮子，当着众多人的面，吼了仔仔，让他的眼泪更加疯狂了。

而就在同时，老公也以同样的语气“回敬”了我：“孩子已经够可怜了，你吼什么？！”

还能回忆起不久前仔仔被砸到头的场景，也记得李老师曾经对我的指点与认可，反观此刻的自己，十分惭愧，在孩子遭遇问题的时候，我成了那个“只顾发泄自己情绪的人”。看着老公抱着孩子，帮助他呕吐，我在众人的尴尬中，默默地反省。

我觉得，是这件事触动了你内心深处的“洁癖”情结。你所忍受不了的，是别人的筷子伸进了孩子的嘴巴，也可以说是自己的嘴巴。（我这是“弗洛伊德式”的表达，别较真！）有此情绪正常，莫自责。保持觉察即可，谁都不可能完美。

游泳，又怕又爱 7月27日 周日

今日酷暑，孩子们都去游泳了，仔仔好生向往，可惜今年我的状态实在不宜陪伴，他又表示一定不愿意单独和爸爸去玩。于是，两相权衡，最后决定到江边去简单地戏水。

平时不少夸孩子勇敢、坚强，可仔仔就是一向胆小。面对江水，他怯场了。在我们反复的鼓励下，终于打算伸只脚丫进水里，忽然，台阶上的青苔让他脚底一滑，摔疼了膝盖，他就再也不敢下水了。

我们俩轮番对他软磨硬泡："想去游泳池游泳吗？"

他说想。

我便说："你连水都不敢碰，我们才不去游泳池呢！"

"我敢啊。"说着就往水边走。抓着爸爸的手，都抓出血痕来，脚才渐渐沾了水，一沾到立马要出来。

此时，正好一帮大孩子们游过来，有的仰泳，有的蛙泳，有的挂个游泳圈狗刨，仔仔看得兴奋不已。爸爸伺机把他身上都弄湿了，他终于趁着热闹壮胆钻进了水池。

可是，恐惧之心总无法免除，进退犹豫之间，天色近黄昏，我和老公都不禁有些烦躁，且不说游泳，只是用脚戏水都如此之难，毫无进步，收拾包袱走人了。

这真是一次失败的外出，仔仔不开心，我们也很纠结，我们到底是如何养出了一个这么胆小的孩子啊！

爸爸妈妈有点太急了。不要再纠结于孩子"胆小"，那只会让你们看到孩子的"胆小"并进而强化，之后，孩子勇敢的行为就再也看不到了。

何为"胆小"，何为"胆大"？只存在于父母的心中，只是比较而已，没有绝对的优劣。为什么觉得"胆大"好呢？爸爸妈妈是"胆大"的人吗？

一般来说，我们有什么样的品质，就会对什么样的品质有着较高的鉴赏力。真正的胆大不是敢于临渊履冰，而是在日常生活中保持情绪平稳或无大的起伏。

小心被警察开罚单哦 7月28日 周一

盛夏日，仔仔的外婆也喜欢喝几口啤酒。看到外婆喝啤酒了，仔仔倒是异常兴奋，也想跟着学。外公觉得无所谓，将酒杯递给仔仔。小家伙起先只是浅尝一口，朝我露出一个大大的笑容，同时观察我的表情。我不禁有些好笑，因为他像模像样的动作。

这下他像是被放开了闸门的骏马，飞奔而出，猛地喝了一大口，畅快得不得了。

我惊呆了，叫道："仔仔你干吗？！"他笑着说："冰冰的啤酒好像可乐啊！"不等外公问他好不好喝，他就主动告诉了我们——好喝！

我以为我的叫能让他明白不可多喝，殊不知我们吃饭期间，他总偷偷摸摸地去拿外公的酒杯，嘬一口，无比满足的样子！

想继续制止，又琢磨着适当的满足才不至于孩子某日欲望的大爆发，于是改为轻轻又幽默地阻止："哇，赛车手仔仔喝酒的话，就不能开车了，会被警察拦下开罚单的！"

仔仔还是喝，只是渐渐地从大口变成了小口，从小口变成了把酒杯递给外公，说："你不开车，你多喝一点。"

研究提示，严重的惩罚比如打骂、罚站等，并不能有效阻止孩子后来行为的再次重复，而只是在惩罚及其相关刺激存在的场合，比如父母在场时，使行为出现的概率下降。但某些轻微的威胁（比如严厉的眼神）却可以在相当长的时间内仍阻止孩子的行为。

给自己的行为找个理由不仅是一种心理过程，而且也是人类的一种普遍需要。所受到的威胁越不严重，所能够找到的外部理由越少——"我不这样做不是因为父母的威胁"，就越需要去寻找内部理由——"我不这样做是因为我不愿意这样做"。轻微的惩罚为孩子提供了构建自身内部理由的机会，是向建立个人持久价值体系迈出的一大步。

轻轻又幽默地阻止，就是很好的方式。

"抽烟"抽黑了小白牙 7月29日 周二

幼儿园快要放假了，很多孩子提前休息，幼儿园人数缩减，所以本周正式"合班"了。

我问仔仔："你都是和新同学玩，还是和以前班上的同学玩呢？"

他说："老同学"。我又问："那你玩新玩具吗？"

他答："是啊，这里有积木，我们以前班上没有，可好玩了。"

老师一直都向我反馈说孩子在幼儿园比较内向，我觉得有些不可思议，在家明明是个小霸王啊，所以我尽可能地从他的各种描述来了解他在幼儿园的处境。

问了一圈，我发现他又多认识了三个孩子，还说有个孩子问他的牙齿为什么是黑的。

我忍着笑，问他怎么回答，他带着小傲气说："我没理他。"

他就是这样，骨子里有些骄傲的东西，牙齿黑是不光彩的事，他又不懂得如何解释，看来这样就白白浪费掉了一个交朋友的机会啊。

我安慰他："你这么有学问，你应该告诉小朋友，巧克力和可乐吃多了，就会这样嘛。"说着我们一起哈哈大笑起来。他嘴上说："我不告诉他。"但是我知道他心里肯定有了小"阴谋"，下次要这么去吓唬吓唬人家。

李老师点评：

人际交往中，开朗、外向的人被认为更容易获得别人的关注，成为人群中的焦点。但内向、外向本身是比较的结果，并无好坏之分。当你把一个内向的孩子放入比他更内向的孩子中，你会发现他竟然变得如此外向！

妈妈的幽默维护了仔仔的骄傲，同时给他一个学习应对方式的很好的榜样，促成仔仔心里“小阴谋”的达成。一个健康、活泼的孩子就这样成长起来！

接受孩子的爱与分享 7月30日 周三

今天没去接仔仔放学，没想到他放学后自己奔上楼来找我，手里拿着两颗他最爱的果冻。

他问我：“妈妈，你要哪一个？”他两只手都紧紧地抓着，看得出他有多么爱。

我说：“随便哪一个都好。”

他踌躇了几秒，决定了把其中一个给我，我都拆开吃了，他还盯着我的那只果冻，似乎还在比较是我的多还是他的多。

外婆也跟着进了房间，喃喃地说：“他呀，一回家开了冰箱就要拿两个果冻，我以为是他要吃两个，没想到是给你的。”

仔仔连忙回答：“好东西要给妈妈吃呀！”

外婆有点心不甘情不愿，回道：“就不给外婆吃了？！”

“外婆不喜欢吃。”仔仔如是说。

其实孩子说得一点也不假，平时孩子给外公外婆吃什么他们都不吃，都是省给孩子吃，或者让孩子多吃一点，只有我，从来不拒绝孩子的好意。即便他再喜欢、再看重，只要他愿意分给我，我就不会让他有机会一人独吞。孩子给予的爱，我都乐于接纳。外婆想吃仔仔的心头爱，就要向我学习啦！

李老师点评：

希望那些说孩子“自私”、不知道“分享”的父母们能看到这篇日记。

省吃俭用、宠着孩子，可以说是我们的“优良传统”。在物质匮乏时代，孩子对于整个社会、家庭的状况，对于父母省吃俭用，对于父母的艰辛与苦痛有着切身体验。等他们长大，会理解这背后隐含的爱意，他们会成为感恩的人，孝顺父母的人。

但时代已巨变，物质极大丰富。在环境改变的前提下，我们的应对方式必须随之而变。否则，孩子就可能会长成我们不愿意见到的那种人，留给我们的可能就是一声叹息！

仔仔的“叛逆”模式 7月31日 周四

武汉进入“烧烤”模式，根本无法出门，在家上网给老公买袜子，仔仔看见了。

他问我在干吗，我告之后，没料到，他说了一句：“买最丑的！”

我一惊！孩子为何会对爸爸有排斥心理呢？周末两个人玩得像忘年交一样，今天这是何出此言呢？问他，他说：“因为爸爸总是骂我。”

真的不明就里，爸爸吼骂他的次数真是屈指可数。

几个小时后，又一次令我震惊。我们一起睡午觉，他总是不经意就把一双腿搁到我身上，正好打到我的小腹，我一身冷汗，告诉他不要打到里面的宝宝了。

他却说：“就要打他！”

仔仔最爱的“妹妹”平时总是不容许别人有一分欺侮的，偶尔又会出现如此情绪。

不过，辗转之间，又觉得尚可理解，或许是我对“小腹”的过分保护，令他觉得那个未来的小宝宝分享了他专属的爱吧，可是，对爸爸呢？情绪从何而来？

孩子的心，也是海底针啊！

如果我们敢于承认、接纳一个人的心中（包括孩子）可以有“恨”，那产生这种情绪的原因就不重要了。

“惩恶扬善”在行为层面，百分百值得肯定和提倡，但不能将此规则搬到思维层面。也就是说，坏事不能干，但可以想。其实，也不是“可以想”，而是我们根本没有能力控制自己的思维，让自己“不想。在某种情境下，这种恶、这种恨是必然产生的。奇怪的是，你越想控制自己不想，反而会想得更厉害。这就是我们意志局限性的体现。这不是什么大道理，相信每个人都有过无数次的切身体验。

情绪是种能量，不会因压抑而消失，只能转化。说出来，就是很好的方式。只有那些被压抑没有得到处理的负性情绪，最终才会在行为上表现出来。

告别饭桌教育 8月1日 周五

仔仔的老大难问题——吃饭拖沓，在他放暑假后变本加厉了。

而我工作回来，听到最频繁的教育就是：

外婆说：“你看人家元元什么菜都吃，谁像你一样，都瘦了！”

外公说：“你要多吃一点才能长高，以后就可以低着头对你的同学们说话了。”

……

我大约就是听着这些话长大的吧，所以此刻觉得过于熟悉，却又有种说不出的味道，为何我们要赋予吃饭这么多的意义呢？

曾经和长辈们约定了无数次：孩子不吃就不要强迫，零食全部没收即可。然而，实际生活中，我们始终做不到，随着孩子的成长，仔仔快四岁了，依然没有良好的饮食习惯。

从晚餐开始，我就把仔仔放到离我最近的位置吃饭，在我的“保护”下，饭桌上不要有任何的教育。为了不让他们有机会，我和仔仔玩石头剪刀布，输了的人不可以吃饭，仔仔喜欢赢，所以赢着赢着也吃了不少的饭。可是，这绝不是办法，面对观念差异的长辈，孩子养成习惯，真是考验人啊。

世界上没有“问题”，“问题”只存在于我们心中。你之所以焦虑，是因为心中认为一个四岁的孩子应该养成良好的吃饭习惯，不拖沓。也就是说，不是孩子吃饭拖沓本身是“问题”，而是因为你不接受才成了“问题”。解决方法有二，一是让孩子离开外公外婆；二是接受这本来不是“问题”的“问题”。你会发现，当你接受了的时候，“问题”也会随之而发生改变。

妈妈是听着这些话长大的，说明小时候吃饭也是老大难问题，现在怎样呢？

仔仔“着魔”啦 8月2日 周六

仔仔有时候非常贴心，有时候真是令我神伤。比如，他今天又化身“奥特曼”对我展开了攻击。

我带着他在院子里和几个孩子一起玩，每人一把手枪，扮演着各路英雄的角色。免不了的，就有孩子用枪指着我，叫道：“站住，不许动！”

我也角色扮演，表现出“害怕”的样子。没想到，这似乎是激发了仔仔的战斗精神，他竟也跟着那个孩子一起用枪指着我，以同样的姿态叫嚣，且有过之而无不及地把枪口直接抵到我身体上，显示出他特别英勇、威武。

虽然只是小游戏，我却感到一丝不快，这个平时维护我到不容许受到半点伤害的孩子，怎么能在枪战游戏中这样对我呢？

就在此时，一个孩子倒是令我十分吃惊，张开双臂拦在我面前，对他们说：“你们不要欺负阿姨，阿姨肚子有小宝宝。”

没想到仔仔并没有因此停下，而是上前补枪：“坏人，不许动！这次你们再也跑不掉了。”

“光头强”附身，我只能学熊大、熊二一样“逃亡”了……仔仔还是带领小分队追赶我。我想，这就是孩子吧，在怀抱里是最爱的亲人，在情境里是最佳的游戏伙伴。

李老师点评：

在孩子单纯的世界里，入戏快、出戏快！真正进入角色后，“妈”就不再是妈，而是被赋予伙伴们公认的游戏角色——奥特曼与坏人。对角色采取的行动，并不代表对角色掩饰下的人本身有攻击。而我们的不快，更多的是不专心、太复杂导致的，父母脑袋中“应该……不应该……”的思想必然显得不合时宜。

他竟然撇下我们了 8月3日 周日

带仔仔去游泳回来，筋疲力尽。迫切地想要回家倒头大睡一觉，路上恰逢我的父母，他们正要去吃夜宵。在车窗外，顺口问了我们一声：“一起去吃吧？”

我实在动弹不得，摇头婉拒了，然而，出乎意料的，仔仔成了“小叛徒”，一溜烟就自己从座椅上滑下来，开门要下车。

我和老公都劝仔仔不要去，天色已晚，小孩子也不宜吃火锅。

可是，他压根就听不进去，咕噜咕噜地已经爬下车去。

我和老公同时用眼神警告他，他的眼睛虽然看着我们，带着一丝畏惧，还是匆匆忙忙地摆脱了我们，离我们而去。

一路上，我伤感不已：“四岁不到就开始有强烈的自己的主见了，儿不由娘了。”

老公也表示难以接受，要知道这个小家伙从来都是选择跟着我们饱经风霜，也要紧紧贴着父母不放的，怎么今天忽然改头换面？一路惆怅。

李老师点评：

看来，儿不仅不由娘，也不由爹啊！孩子出生即是从母体分离，随后便开始进一步的分离与个体化，通俗讲即“离开父母，成为他自己”。孩子离开引发的阵痛与难以接受，不是因为孩子的“叛变”，而是源于孩子成长附带给父母的丧失感！

如果我说这么大的孩子“有奶便是娘”，能接受吗？切不可太敏感，那会“很受伤“的。

不能游泳真遗憾 8月4日 周一

昨天游泳游得欢乐，今天就上了瘾，晚饭一过，就吵着嚷着要去游泳。

可是老公不在家，不会游泳又有孕在身的我自然不是合适人选。我边安抚他，边给他找些可以替换的游戏，比如逛街、去游乐园，或者去好朋友家里玩。

不行！统统不行！在某个特别想要某个特定事物的时刻，对孩子来说，真的是千金不换的。

周旋良久，不见解决方案。仔仔开始发脾气似地提出些无理要求：那我要吃糖果！我还要喝可乐！这是他的“人生最爱”！

我不想把A问题转移成B问题，于是正色告诉他：“不能游泳是因为爸爸不在家，没人带你去，和可乐、糖果都没有关系。”

我相信他听得懂我的话，再闹也于事无补。

他总算没有倔强太久，找了台阶下，虽然语气不好，言辞却有了松动：“那爸爸什么时候带我去？”

我抱着他坐在我的大腿上，和他聊起来。我真喜欢这样的氛围，可以相互平和地讨论一点什么事，他战胜了自己的坏情绪，我也能去体谅他的伤心与难过。

养育孩子的过程中，父母都会遇到类似问题，它涉及规则的制定与执行。孩子的“耍赖”并非天生，定是通过“学而时习之”建立起来的。因此当成人制定规则后，想让孩子遵守，前提必然是父母要以身作则，那孩子在经历些许挣扎后自会习得并遵守规则！对于孩子，这确实是自己战胜自己的过程。

灰太狼来啦 8月5日 周二

歌剧院的暑期活动每天都满当当的，我也带上仔仔凑了凑热闹，去看木偶剧《喜洋洋与灰太狼》。

这可是他平时津津乐道的动画片，主题曲还能唱上两句，我满心以为他会无比喜爱。事实却始料未及。

我们的座位极佳，喜洋洋一出场，就与我们近在咫尺。小朋友们都欢呼雀跃，仔仔却愣了，紧紧地抓住我的手。

他似乎有一点怕，我开始跟他讲述舞台上正在表演的故事……灰太狼出来的时候，他问我：“妈妈，它们都是真的吗？”

我想都没想，点头说是啊。

这下他是愈发紧张了。一双手把我的手臂拉过去一大截，盯着灰太狼良久，对我狠狠地吐出几个字：“你为什么要带我来看这啊？！”

说着竟然就哭了。

我抱着他坐在我的腿上，再怎么跟他解释“这是假的灰太狼”都没用了，他认为我是在安慰他，灰太狼“活生生”的在他面前，他一刻也不能放松。很快，他的小手湿润了，后背一身的汗。看完出来，他都不能释怀，嘟囔着：“再也不要来这里了！”

我心中感慨：对孩子来说，每一次新的体验，都要给他做好预习功课才行啊。

李老师点评：

突发的、超出想象的情况总会发生，这时的父母要保持情绪的稳定，多运用肢体的沟通方式（如抱着、抚摸等），少说话或者不说话。因为语言在这种情况不起什么作用。切忌的是不能打击、贬低孩子——这有什么好怕的？你不是男子汉吗？

铁面无私的小警员 8月6日 周三

今天我要外出工作一阵子，回来的时候仔仔正被外婆带着在警务室里玩。

警务室一直以来都是仔仔又爱又恨的地方，从小就被街坊邻居们吓唬着“叫警察把你抓走”，特别害怕警察及其周边人物形象，可是心里又无比向往自己成为一名威武的警察，每天拿着玩具手枪耀武扬威。

警务室里的“黄爷爷”是仔仔最敬重的人，我回来的这会儿恰逢黄爷爷在指导仔仔“工作”。大家给小家伙装备上了帽子和红袖章，仔仔正拿着扫帚帮人打扫办公室呢。

“仔仔，你在干吗？”他特别自豪地答道：“妈妈，我在执勤，你不许乱丢垃圾！”

“哦！遵命！”我配合地答道。

可是，就在五分钟后，大家吃冰棍，随手就把冰棍的包装袋扔在茶几上，正吃着冰棍的仔仔勃然大怒：“你们不许乱丢！”

情绪一下子激动起来，不容置疑地执行任务，并且铁面无私。

我想他定是又投入角色无法自拔，积极配合，外婆比我更“上道”，早就按照仔仔的吩咐把袋子都捡起来扔进垃圾桶了。仔仔得意地笑了，我又怅然：这确定不会养成孩子唯我独尊的性子？我真怕他情绪涌上头的样子……

孩子是在“角色”当中，俗话说“入戏了”。“角色扮演”会出现在幼童的很多游戏中，他们也是通过这种方式来了解并掌握一定规则的。

只要家长不唯我独尊，不要经常让情绪涌上头，孩子就不会唯我独尊。一是因为孩子的行为来自对家长的模仿；二是我们往往会因为“恨”或者“怕”一样事情才走向它的反面。

美好时光经不起浪费 8月7日 周四

爸爸出差了，今天晚上仔仔主动要求和妈妈一起睡，我欣然答应。

8点，我刚好手头有点工作，一边打字一边跟仔仔说：“你看一小会儿电视，我就陪你去睡觉。”他说好。

一转眼我已工作到9点，他趴在自己的床上玩玩具，我一边上网一边说：“再等一会儿啊，我还有一点点事儿了。”

他明白事理地说：“好啊，我知道啊！”此时，他已连连打了三个呵欠。

再抬头，已是10点。我这工作瘾一发不可收拾，细枝末节都想处理好，偶尔看一眼孩子，发现他睡眼惺忪，仍然打起精神直勾勾地盯着我的方向。

歉意袭来，我连忙关上电脑……却不得不告诉他一个残酷的事实：“再等一会儿好吗，妈妈去洗个澡。”他已经无力点头回答我，只是一再强调一定要和妈妈睡，等多久都愿意的样子。

我迅速洗完澡，仔仔果然没有睡着，一看到我就打起十二分的精神，陪我去我的房间睡觉。躺在他身边，听着他很快进入梦乡后发出的均匀呼吸声，我真讨厌自己就这样浪费了两个多小时的亲子时光。好时光是经不起一推再推的！

李老师点评：

儿子在小学时曾问我：“爸爸，你爱我还是爱你的工作？”我有些愕然，考虑了一会，认真的回答他：“爸爸爱工作。”儿子哭了。后来儿子写了一篇作文，题目是《诚实的爸爸》。

今天的日记，唤醒了我的这段记忆。

他学会了宽容 8月8日 周五

今天天气温凉，带仔仔去室内游乐场玩。

他异常兴奋，上蹿下跳，发起主动攻势，很快就在人群中挑选了自己喜欢的玩伴。

仔仔在家有些骄纵，有些霸道，还有些小气，一旦把他丢入人群中，他就变了一个人。他追着一个比他高出半个头的哥哥玩，和对方一起设计场景、对白，进行角色扮演。

我便放心在一旁坐着休息。

忽然，他满头大汗地跑过来，跟我说他在海洋球里摔跤了，让我看他的后脑勺摔肿了没有。

我正在看，“肇事者”跑来了，我告诉仔仔没事，没红也没肿，他立刻放心了，还主动对对方摆摆手，道：“我没事，我没受伤，我们再去玩吧。”

我远远地看着他，露出开心的微笑。

不久，我又看到他囤积了好一阵子的特殊形状积木被一个冒失的女生给全部撞散了，我不由自主地走过去，怕他动手。而他并未指责小妹妹，像个大哥哥一样，耐心地捡起了积木，重新搭建。

我停下步子，折返回来……依旧远远地观望着，看他身边发生的一切，看他又如何处理一切，也真有意思。

李老师点评：

很多家长都有过类似体验，甚至是极端的体验——在家是狼，在外是羊。

从积极的角度看，孩子懂得“因人制宜”，懂得如何适应环境；另一个侧面，也说明家庭中父母或其他重要抚养人，与孩子的互动模式存在一定问题。

孩子在家的些许骄纵、霸道、小气，外出后荡然无存，看来更多的是因“人”制宜。这么微小的一个“社会人”，值得我们察言观色，乐在其中。

我依然远远地坐着，看他身边发生一切，看他如何处理一切。

史上最难——淋浴 8月9日 周六

仔仔一直不愿意用淋浴洗头的事，终于在今天大爆发出来了。他害怕回家后爸爸给他淋浴洗头，竟然要求住在外婆家。

当天晚上，浴室里就发生了一场大战……

先是听到仔仔悲痛欲绝的哭声，继而知道是老公接了两盆水从仔仔头上给淋了下来。

孩子哭闹不休：“你们对我太不好了，我不要这样洗头，我要出去……”

爸爸严厉不动摇：“你眼睛疼吗？你鼻子疼吗？水有什么好怕的？！”

孩子的哭从剧烈变为惊恐，我听到水盆接水的声音，猜到爸爸的下一步动作，连忙冲进洗手间制止。我平和地对老公说：“不要那么急，吓唬他只会给他留下更重的心理阴影，你也有怕的事，这样对你，你会怎么办？”

最后，我们折中选择了卧式淋浴的洗头方式，仔仔啜泣着度过。

父子俩洗完后，轮到我洗澡了，我边洗边听着父亲回归“慈爱”的角色，在床上同仔仔讲起成长的故事：“你小时候不会走路，现在会蹦会跳；你小时候不会看书，现在会读很多故事……小时候躺着洗头，长大了就可以站着洗头了，知道吗？”

仔仔心平气和地听着，似乎在想些什么了。

李老师点评：

爸爸的“满灌”方式使用的前提是：爸爸相信没有危险，认为水不可怕。只是对于年幼的孩子，一颗黄豆、一杯水、一片异样的树叶，也许就可上演一部恐怖电影，所以更赞赏妈妈的处理方式。

如果我们头脑中能建立起时间的维度，也许就不会再这么焦虑。当站在三十年后看现在，洗头真的不是问题。三十年后的他，更不会把淋浴当成问题处理。

时间能解决的问题，还是问题?

是我想太多 8月10日 周日

跟仔仔闲聊，正好胎动来了，仔仔很着急为什么只有我能感觉到伊娜在动，而他不行。

我未作多思考地问仔仔：“妈妈这么爱你，以后没有这么爱伊娜怎么办呢？”

仔仔很大方地说：“没事呀，我爱伊娜就可以了。”

他的回答让我感动地无以复加，我满以为他会特别欣喜、特别自豪，因为能独享妈妈的爱，没想到他对尚未到来的亲人，有了这般浓烈的爱。

本不应该让孩子有比较的想法，自己还是很幼稚地问了他：“那以后妈妈是多爱你一些还是多爱伊娜一些呢？还是爱你们一样多呢？”仔仔想了很久，说：“一样多吧！”

我立刻赞美了他，懂得分享，便不再碰触这个话题。其实，家长真的是比孩子更多的杂念，他们要的只是爱而已，并不存在比较之说，是作为独生女的我想多了，哈哈。

孩子的表现比我心中的任何一种设想都更真实，更美好。

李老师点评：

是的，很多时候皆是父母想的太多，而且不经意间将心内所想外投（投射）到孩子身上，变相地帮孩子建立与自己一样的想法。对于家庭新成员的即将到来，若是父母满怀期待，孩子也一定满怀期待；若是父母担心爱无法均衡，那未来一定会失衡。去除担心，时刻把爱外投，相信仔仔和伊娜体验到的都是满分的真实与美好。

都怪他 8月11日 周一

今天我需要工作一会儿，仔仔一个人在旁边看书，看他幼儿园里发的教材，津津有味。

忽然，他翻到一页掉页了，不由得带着一点怨气道：“妈妈，这不是我搞的，这是我同学弄破的，都怪他。”

听到“都怪他”，我有丝纳闷，我可从未指责过他破坏书，为何要强调责任是谁呢？一时间，他在我心目中成了一个喜欢推卸责任的孩子。

我对他说：“小朋友弄坏你的书不是他的问题，是你没有保护好自己的书。”

可是，说完之后，他还是很不情愿，说要怪别人，就像前天他把一满杯绿豆汤泼到自己身上，然后怪爸爸突然刹车；就像之前他摔跤了，怪鞋子不好一样。

问题出在哪里？再仔细观察仔仔，发现他有慌张的表情和自我维护的企图。

难道是我对他在别的事情上有所责怪过，令他害怕承担责任？比如他小时候尿湿床单被我抱怨……诸如此类的小事，我的“大声”、“严厉”、“责备的目光”，等等，都成了他今时今日逃避责任的源头。

我下意识地陪他把书粘贴好，却不知道给他带来的内心的影响要如何修复。

李老师点评：

是先看到了“逃避责任”这个“果”，然后才找出了我的“大声”、“严厉”、“责备的目光”等这些“因”。那是不是这些“因”导致了这个“果”呢？很难说。因为我们很多人在小的时候都曾经被父母如此对待过，但并没有出现“逃避责任”这个“果”，所以不需要纠结于这些“因”。不仅因为这些“因”已成过去，也因为当过分纠结于这些“因”时，问题并不是更容易解决。相反，会因为你的迫切，使自己置身在问题之中，“一叶障目”会使问题会变得更难。

正视“问题”，正视自己的“过错”，并付诸有效行动，这就叫负责任！

陪你戒电视 8月12日 周二

仔仔放假后每天看电视、玩手机的时间有了显著增加，这真是我的渎职。每当看见我玩，他就积极加入，见势头不可收拾，我的谈判条件立马自动生成。

最近有意让他看一点神话剧集，他也饶有兴致。今天打算用一集《西游记》来换取一整晚的“告别屏幕”。他讨价还价了一轮后，同意了。

很守信用的孩子，我快进着看完，他虽意犹未尽，还是主动关了电视。

晚上洗澡后，来个赛车比赛也就8点多了，他说：“《熊出没》开始了。”

我及时提醒他：“仔仔——？”

一句不同语调的话，不等我说具体，他就主动放弃了，朝我呵呵地笑。一整晚，任何人要开电视，他都义正词严地跟我说一句：“我不看电视了。”

不看电视，需要有替换品，陪他背诵诗歌、唱儿歌、说顺口溜，也真是美好呢！

李老师点评：

妈妈说了一句即普通又充满智慧的话：不看电视，需要有替换品。

任何人醒着的时候，都需要用件事来填充。对于孩子，之所以选择一个而放弃另一个，完全看这件事能否给他带来乐趣。而有爸爸妈妈陪伴的游戏，一定是最有乐趣的。

他善良又体贴 8月13日 周三

生病住院了几个月的姥姥，终于康复归来了，但毕竟80多岁的人，神智、行动各方面大不如前。仔仔看到久违的姥姥后，竟然不好意思起来，躲在我后面，只是探出小脑袋观察姥姥。大家都在问姥姥的情形，仔仔也按捺不住了，跟我说：“妈妈，你问问姥姥手能不能动啊？”

我们曾经去医院探望姥姥的时候，仔仔听说过姥姥半身不遂的病情，看来，他如今都还记得清楚。

我连忙代问。

得到肯定的答复后，仔仔继续跟我说："你还要问下脚能不能动啊？"

我笑，问他："你怎么不自己问？"他害羞地跑了……

到了中午，姥姥吃完午饭后打算回房休息，可是起身不便。仔仔见状，连忙跑进姥姥房间帮她拿拐杖，嘴里还不断提醒："姥姥，你慢点，别滑倒了。"

一个人对人亲近与否、是否真的会关心人，是装不出来的，我在这方面都不是太擅长，真没有想到仔仔如此这般亲近人，心中真是倍感欣慰。

尽管他有时候不好意思，有时候又不擅表达，但是只要姥姥出现的区域，他都目光相随，看得出，他真是个善良的孩子。

只有善良的妈妈才会看到、才会养出善良的孩子！

虽然带点娇羞，但孩子的关心是真诚的，正像妈妈所说"是装不出来的"。孩子关心人的行为会通过模仿而习得，更会因为恰当的肯定而得以存留。妈妈欣慰的同时，更应给孩子、给自己一个大大的赞。

宝贵的旧拖鞋　8月14日　周四

我们要正式搬家了，很多旧了、小了的物品就打算不带去新家了，这其中就包括仔仔目前正在外婆家穿的一双小拖鞋。

小拖鞋上有一副"熊出没"的图案，以及一排字，其中，这排字已经濒临破损的边缘。今天仔仔一激动，跑了两步，那字就掉了。

我说："孩子，我们买了新鞋子，这个不要了。"

仔仔伤心痛哭，嘟囔着："我要！我要！"

我拿起来端详一番，看看有没有修理的可能，可是穿了两年的橡胶拖鞋，图案部分已经老化，我一碰，便又掉了一小块碎片下来。这下，仔仔哭得更伤心了，眼眶都红透了。

再好、再新的他都不要，就是要把这双鞋子修理好。

我一方面感到无奈，一方面又不禁被孩子感动，已经有多久，我没有过这种喜爱到不能放弃的感觉了，再好的东西坏了，顶多惋惜下，却真的丢失了像仔仔这般对事物本身带有感情的热爱。

我说："好吧，妈妈陪你一起粘粘看，看能不能粘好。"

找出各种胶水、镊子，我们开始了一场以爱为名的"修理"工作。

李老师点评:

许多孩子在这个年龄都有类似的情况——钟爱在父母眼里不可思议的一个“小物件”，心理学也有专业的解释，我们不细讲。

对于父母，这双拖鞋就是一双拖鞋，几块钱的事；但对于孩子，这双拖鞋在他心中的意义就绝不仅仅是一双拖鞋了，差别极大。当出现这种矛盾的时候，父母一定要以孩子的感受为准绳，即使不理解孩子为什么要这样。

打个不太恰当的比喻：“拖鞋”就是孩子心仪的恋人，别拆散他们。

新的职业梦想 8月15日 周五

搬新家，全家人除了我都在忙碌，当然，这其中还包括仔仔。

自从看到几天前搬家公司的人，一人背负几十公斤重物后，仔仔就受到了莫大的震动，每天在家练习搬重物。

今天只要我提起任何袋子，搬起任何小箱子，他都要第一时间赶过来，从我手上接过去。

“妈妈，放着我来！”他半个小时内，说了不下十次。

我干脆坐在沙发上休息，他每搬一轮就跑来问我：“妈妈，还要搬什么？你告诉我，我来搬！”

只见他一个小身影穿梭在搬家工人与家人之间，我真怕他绊倒别人，或者被别人绊倒，可任何阻止都没有用，他忙并快乐着。

后来，坐上车，他悄悄告诉我：“妈妈，我搬家棒不棒？以后我要去搬家公司！”

这是他继赛车手、清洁工、餐厅服务员、伐木工、飞行员后，又一个新的“人生目标”！外公外婆说他没出息，可我看着他他默默思考的样子，眼里带着要成为搬家工人的执着。我反而鼓励他：“好啊，那要多吃饭，变得强壮！”

在孩子眼里，世间没有贵贱之分，每个职业都这样有魅力，多好啊！

李老师点评:

世间本没有贵贱！

遗憾的是，只有孩子的眼睛，才真实反映了这个世间的面目。

贵贱只存在于成人的大脑之中，是我们用来自缚的绳索而已。

佛曰：众生平等。而我们，随着所谓的成长，由佛变成了人。

 我想自己买东西 8月16日 周六

带仔仔在小区里玩，几个孩子玩玩打打，好不热闹。其中一个孩子，据说今天已经花了5块钱买泡泡糖吃，他妈妈正气定神闲地说着，孩子就立马过去，伸手找妈妈要求："给我一块钱，我要吃糖。"

那个孩子才3岁。仔仔看着眼前的一切，还懵懂不知一块钱到底有什么价值。

好心的邻居给自己孩子一块钱的同时，也给了仔仔一块钱……立马，两个孩子就朝便利店飞奔而去，阻止已经来不及。很快，一人买了一袋泡泡糖回来。仔仔兴奋地告诉我："妈妈，这是我自己买的。"他很自豪，自己又能独立完成一件事情了。

我却忧心忡忡，平时他在家存了几罐子的硬币，会不会在他尚未建立金钱与价值观的年龄里，纵容了他不成熟的欲望，某一天，全部变成了糖果和饮料？

父母总无法"全包围"地保护住自己的孩子，按部就班地去教给孩子知识，孩子学得远比我们想象的快，看着他快乐地吃着泡泡糖，我却有点措手不及。

 李老师点评：

看到了妈妈对孩子满满的爱与责任，也看到了妈妈内心深处的那份担忧与不自信。"不成熟的欲望"，一定是家长纵容的，一定是因为家长的心中有"不成熟的欲望"才纵容了孩子。你的心中有"不成熟的欲望"吗？既然没有，还需要担心吗？

如果父母想"全包围"地保护孩子，完全可以做到，只需转换一下思维方式——由外在的保护转变为内在的保护。简单地说，就是让孩子把良好的父母形象内化在头脑中，把父母良好的价值观内化在头脑中。这样，孩子无论走到哪里，无论做什么，时刻都会想到父母，时刻都会处在父母"全包围"的保护中。

这就又牵扯到一个思维模式的转变——做好自己，才是对孩子最好的教育！

 你们一点也不爱我了 8月17日 周日

搬家总是有很多琐碎需要处理，尤其是周末更不得半点空闲，仔仔看着我和爸爸忙出忙进的，也激动不已，总想最大限度地参与。然而，参与的结果就是……抱着一大盒物品跑来跑去，终于摔了个狗吃屎。

他面露难色地看着我们，一时之间爬不起来。孩子就是这样，小时候我们从来不扶他，他都自己站起来，觉得理所应当，可自从最近几次摔得比较严重，我们扶过他之后，他就变成这样，泪眼汪汪地等着人来扶。

可我和老公都双手抱满了东西，尽管我温柔地对他说让他自己起来，他还是"啧"了一声，很不耐烦。

终于爬起来了，小家伙还是有很重的情绪，两手一摊，原本抱着的东西，散在地上，他不管了！

“你们一点也不爱我。”仔仔生闷气说。

“我们爱你啊！”爸爸一边捡东西，一边以肯定的语气对他说。

我看了一眼他的膝盖，破一点皮，无大碍，我猜测他是习惯了父母对他过分的关怀和疼爱，如今稍有缺失，便觉得我们不爱他了。

“妈妈回去帮你抹一点油就好了，我们爱你。”我也给了他一个无比肯定的答案，便不再纠缠此事，他念叨念叨着，也就算了。

仔仔最大限度地参与搬家，不免让我想起一句俗语：跟着大鱼上串！意思是，特别想参与到成人的队列和活动。对于三岁的孩子，确实处在一个特别的时期：即有“无所不能”的长大感，又因实际能力的欠缺而必须“依赖父母”。所以父母要适时、适当满足他“很能干”的价值感，并给予及时的表扬和认可！

吃饭是个老大难 8月18日 周一

新环境要从第一日开始养新习惯。仔仔搬进新家的第一顿饭，我就规定了他：吃东西只许在餐桌上，离开了就不许吃了！

前面几顿，他都吃得很不开心，从前习惯了边吃边玩，甚至吃几口就开始玩，然后等着人喂。可是因为新家里白天只有我和仔仔二人，我不给他别的选择，他也没办法。

可今天，我午觉都睡好了，竟然发现仔仔还坐在餐桌上，一手拿勺子，一手抱着一口未动的碗，小鸡啄米地打盹中……这份抗议我算是领教了！

赶紧把碗和勺子放好，把他抱到床上，也决定晚餐前不再给他任何东西吃。

果然，下午他开始饿了，拿桌上的苹果问我可不可以吃，又打开冰箱打各种食物主意，除了水果外，我一律拒绝了：“等晚上吃饭吧！”

接着，下午带他到小区花园里和孩子们疯狂地玩了一个多小时，他跑得满头大汗，见我吃“孕妇餐”他盯着发呆，我三口并作两口吞下。终于，晚上我第一次见识了仔仔大口吃饭的样子。“粒粒皆辛苦”真是要体会了才能有所领悟啊！

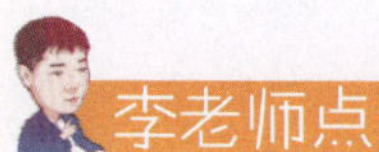

做妈妈不容易！做孩子也不容易！做好妈妈的孩子更不容易！

确实，孩子习惯的养成，是父母养育孩子过程中面临的极大挑战。能承受对孩子的“恶”才能坚持到底，也才会小有成效！

为了变形金刚，拼了 8月19日 周二

爸爸和仔仔定下一个约定：只要仔仔能站着淋浴一个星期，爸爸就送给仔仔一个变形金刚。

今天是我们住在新家的第五天，也就是说仔仔站着沐浴五天了。早上，仔仔睁开眼睛就问我：“爸爸呢？”“上班去了啊。”

他想了一会儿又问我：“我站着洗头，爸爸是不是说要给我买变形金刚啊？”爸爸答应过的奖励，他是心心念念地想要。我说是啊，等你洗了一个星期后，爸爸就会买回来了。他喃喃抱怨：“一个星期太多了。”

不过从这五天来看，仔仔一天比一天敢用淋浴了，今天晚上已经能主动跟我说：“妈妈，我们去洗澡吧。”洗完之后，他主动把小脑袋神给我闻：“香不香？”

晚上自己玩小火车玩到流汗，也要把脑袋凑到我鼻子前问我：“有没有汗味？”

直到晚上11点，爸爸回来，我才知道为什么孩子一直关心头发香不香，他是为了给爸爸闻一下，然后可以自豪地告诉爸爸：“爸爸，我今天又站着洗头了！”

他才不直接问爸爸什么时候给他买变形金刚呢！唉！

李老师点评：

孩子道德情感的培养大致会有这样几个阶段：为了外部的物质奖励，为了外部的精神奖励，最后是自己对自己的肯定。在这个过程中，需要家长的耐心引导与帮助。

午夜梦醒 8月20日 周三

仔仔11点多才睡觉，半夜两点发梦，说了一长串梦话。我没理。

半夜4点多，不知是梦还是醒，哭着叫了起来。“怎么了，仔仔？”我问。

“我的被子呢？只有一个被子。”他不高兴地说着。

他依然睡在婴儿床里，两条他不离手的小被是我睡之前给他盖的，不会掉出来，肯定在他床上。“在你床上，你找找。”

“不在！在你床上，你怎么盖我的被子啊？”他越来越不耐烦，说着说着就哭起来。

忙到1点才睡觉的我，更烦躁：“在你那里！”索性不再理他。

他估计是醒了，不依不饶地哭。我睡意浓烈，急躁地吼了他一句：“你干什么啊仔仔？！”然后粗鲁地走到他床边，把他的小被子从他身体下面拉出来，丢他身上。

正要回床，他忽然小声说了一句：“妈妈，我要睡你的床上……”

原来，是害怕了。搬新家后，孩子有情感、情绪上的不适应，尤其是半夜醒来见到陌生的一切会更加慌张，而我这个粗心的妈妈竟然都没有发现。

李老师点评：

妈妈也是人，也会有累的时候，也会有睡意浓烈的时候，不要为自己的不完美而自责。

在为人父母、陪伴孩子成长的过程中，我们都会不自觉地想给孩子营造一个完美的、没有危险的环境，但不现实，因为世界上没有完美，完美只存在于我们的头脑中。现实情况是，表面上看起来越完美、越安全的情景，背后一定隐含着同等强度的残缺与危险，只是在时间维度的表现上有先后之分罢了。

对于心灵的成长，注定要在不完美中走向完美。

迷路 8月21日 周四

早上我在家办公，外婆带仔仔下楼去花园玩耍。

不到10分钟，外婆就打电话回来："我们家是几栋？怎么走？"

我有些无语，因为花园就在步行2分钟的距离内。我连忙下楼去把他们接回来了。

我问仔仔："你去花园玩了那么多次，怎么还不认识路呢？"仔仔答："是外婆不认识。"好吧，我没有再说什么，而是带着仔仔又到楼下把我们的楼栋和下面的标识都认了一遍。

到了下午，午睡后，仔仔又想出去玩，可我手头的工作吃紧，想让外婆带。谁知道小家伙还不同意了："外婆不认识路，我不去！"我只好放下工作，自己带他下楼去玩。沿着路，我又一点一点地给他讲了一次我们家的位置和回家的路线。他从头到尾都把我的手抓得紧紧的，我想，这个适应期或许比我想象的要更久一点吧。

李老师点评：

不要强化这种适应，故意为之往往会适得其反，比如激起孩子的恐惧心理。最好的适应就是顺其自然，一次不行就两次，一个月不行就两个月。急什么呢?

再也不出去玩 8月22日 周五

新小区里的人工沙滩是仔仔的最爱，每天都要去玩好几遍。

可是今天，他真的是嗨过头了，玩着玩着就把沙子弄到了小朋友的眼睛里。

对方哇哇大哭，仔仔却埋头继续玩，看起来就像事不关己一样。我连忙站起来去看对方小孩，不经意从仔仔的沉默之中发现了他的悔恨和一丝倔强。他也很自责，他不知所措，却保持着沉默。我提醒他："你要跟小哥哥说什么啊？"他不做声。

我进一步提醒他："做错了事应该怎么样？要不要去看一下哥哥的眼睛有没有受伤？要不要去跟人家说对不起？"他依然不做声。

当着一众孩子、家长的面，我也不再说什么，我知道仔仔只会越来越拗。

收拾东西回家，我一路上都不做声，回家后等他洗澡了，才和他聊一聊。

然而，无论是我体贴百般，还是严厉教训，他就是不愿认错。

我问：“你这样对别人，以后还有小朋友和你玩吗？”

他回答：“以后我再也不出去玩了。”

我无言以对，我更沮丧万分，因为我发现仔仔做错事，是从来不说对不起的，无论我们如何去教育他，去身体力行地影响他。唉！

李老师点评：

玩对于一个孩子的重要性，以及给孩子带来的那种愉悦感，是不言而喻的。不可能有第二种替代方式。可在“道歉”和“不出去玩”之间，孩子却选择了后者。为什么？

之前日记中提到过的“喝脏水”事件，似乎是对于规则的反抗。今天的“一向谨言慎行”，似乎是规则造成的结果。那这些规则是如何而来的？不遵守规则又意味着什么？“规则”、“应该”是不是太多了呢？

给爸爸买五毛钱的宝马 8月23日 周六

因为仔仔一周表现良好，我答应过他，每天自己看书，不打扰妈妈工作，周末买巧克力蛋送给他。今天就去兑现承诺，我买了三个巧克力蛋，他开心坏了，一个个拆开来“领取”里面的玩具。三辆小车摆在面前，仔仔既高兴又感动，分别给了我和老公一人一个吻。

可这完全不足以表达孩子的情感。开车回家的路上，一辆奔驰从我们身边飞驰而过，老公感叹了一声：“开奔驰真爽啊！”

我也笑着和老公调侃了几句，仔仔一直不做声，似乎在想什么……不久，他忽然说：“爸爸，等我长大了给你买一辆宝马吉普车，有天窗的，我可以把头从这里伸出去，好不好啊？”我紧紧地抱着仔仔，一时之间竟然不知道说什么，宝马是他认知世界里最好的车，他说要买给爸爸。

无论是因为什么，听到一个三岁多的孩子，在听出爸爸的愿望后，尽自己最大的想象力，想要去满足爸爸，除了抱着他，亲吻他，说谢谢他，娘复何求？

爸爸玩笑地说：“带天窗的宝马吉普，那可是X系列啊，仔仔你知道多少钱吗？”

“五毛钱！”

李老师点评：

三岁的孩子，已经可以延迟满足自己的愿望，不容易。

三岁的孩子，已经在尽自己最大的想象力去满足父母的愿望，更不容易。

天使爱帅气 8月24日 周日

因为昨天下了大暴雨，仔仔的两件背心都洗了没有干，晚上睡觉的时候只好给他穿了件T恤。

“不穿睡衣我就不睡觉了！”孩子的脾气来势汹汹。

这也不是第一次，这几个月仔仔有了明显变化，喜欢臭美了，不穿有开口的上衣、裤子，有任何新衣服就要第一时间穿上，不爱旧的。

换任何其他的衣服，他都不答应，最后没办法，我只好去给他翻箱倒柜地找了件旧衣服，抱着“他不愿意穿那就穿T恤”的想法。

果然，仔仔望着那旧衣服，一脸不高兴：“我不要！破了。”

一点点开线的地方，被他看到，各种哭闹开始上演，时间已经接近晚上11点。

爸爸进来，严肃地给了两个选择：“衣服没干，你要么穿旧衣服，要么就穿T恤！不许哭了，快点睡觉！”

爸爸的威力下，仔仔不敢吭声。爸爸这才软下来，洗澡后故意穿了条破睡裤出来，教育仔仔：“破了也不影响穿，穿里面，还可以透气呢，凉快！”

仔仔虽然被逗笑了，可半夜我还是听到了他带气的梦话：“我不要穿这衣服！”

李老师点评：

百分百地满足孩子的要求，不现实；完全拒绝孩子的要求，不合适。量力而为之。最坏的是以自己的情绪为基点：情绪好的时候怎样都行，情绪不好的时候怎么样都不行。

我们每个人的成长，都是以压抑自己欲望的及时满足为基础的。

关于孩子穿衣服的问题，不知前面是否提到过。孩子在这个年龄出现所谓的“臭美”很正常，是自我意识成长的一种表现，无需过多关注。

吓妈妈一跳 8月25日 周一

今天带仔仔下楼玩耍，他跟着一帮小朋友骑自行车比赛，快活极了。

我挺着越来越大的肚子，跟着他四处走，不敢让他离开我的视线。

可是大太阳，加上胎动越来越剧烈，我的不适感越来越强烈，稍微一坐下，眨眼之间，仔仔就飞出了我的视线。我连忙起身去找，已经人去车无影。

第一次，这还是第一次带孩子玩着离开视线，我的心怦怦直跳，这可是新小区，我们搬来刚一周，孩子还完全不识路，只能祈祷和他一起玩的孩子能带他回来。

我围着小区走了三圈，看到了个别其他小孩，却不见他，最后终于在一栋楼的门禁处看见他了。一个孩子拉着人家的楼栋大门，他和另外的孩子一起到处找石头，说在想办法卡住大门，以免被锁上。

孕妇不经吓，总是往坏的想，因为他身高不够，生怕他被关进别的门栋，给锁住出不来。当场就对孩子们一顿教育，夸大地提到了被拐骗的可能和被锁住出不来、找不到妈妈的可能，仔仔吓得不敢说话……

自己真是矛盾，孩子胆小的时候也担心，殊不知胆大起来了，更忧心。

孩子的行为本身没有什么意义，意义是父母根据自己的情绪或认知给赋予的。同样一个行为，我们可以赋予胆小或谨慎的意义，也可赋予莽撞或勇敢的意义。

很多时候确实是自己吓唬自己，因为自己心中的恐惧，因为把自己心中的恐惧投射到了外面的世界。那些孩子的父母在哪儿呢？他们看到这一幕会作何感想呢？

挥之不去的噩梦 8月26日 周二

近半年来，仔仔就常常提起他的一个噩梦。

每次都是晚上睡觉的时候提起，这是他讲过的第一个“梦境”，他能明白、清晰地描述整个梦境情节，前所未有地完整。因为是噩梦，每次叙述到一半就开始红眼眶，然后泪流满面。

今天，在我们的新家里，他又一次临睡前，提起了这个梦境。

我打断他：“仔仔，梦是假的，醒来就没事了，忘掉吧。”

“怎么忘掉？”孩子懵懂地问我。

我只好改个话题：“我们说说你做的别的梦吧，比如爸爸妈妈带你玩的，快乐的梦。”

“我想不起来快乐的梦。”于是，他继续说他的噩梦，眼泪掉下来。

不愿让噩梦伴随他睡去，临睡前，我会讲一个另外的故事，转移他的注意力，可孩子大了，他似乎能看出我们的目的，故意将话题又转回来。

从前也试过各种办法，都没有办法阻止他深深的悲伤。他深信梦境，任何办法都无法跳脱，我只好抚摸他，尽量顺着他说的梦境安慰他，告诉他我们会保护他，让他暂时平复下来。可是，这个心魔会缠着他到什么时候呢？

我们每个人都有过做梦的经历，而且是从小就有，每天都有，只不过往往记不得而已。现代心理学研究还发现，有些梦甚至是人类共同的，比如在一个没有边际的黑暗空间中不停地下坠，考试忘记带铅笔，被人或动物不停地追赶，等等。也许你会发现，这些梦都是平常所说的“噩梦”。何谓“噩梦”？感到恐惧！这种恐惧的情绪体验与在真实生活中没有差异。这种恐惧的情绪一旦达到某种强度，就不可能凭借意志的力量让其消失，比如我们经常安慰自己或别人“别怕”。更加出乎意料的是，对于这种纯粹的心理现象，越是想压制它、远离它，反而会被纠缠不清。

怎么办？说起来很简单，但做起来却似乎有些难度：迎头而上，面对它。别无他法！

再说一点。当孩子在我们面前流露出恐惧的时候，我们如何做才能让孩子的恐惧情绪减轻呢？镇静从容，还是和孩子一样恐惧，甚至比孩子还恐惧？

我想，当任何一个人意识到自己有坚强后盾的时候，就不会再恐惧。就像小孩打架时常说的：你等着，我去叫我哥！

念旧幼儿园 8月27日 周三

之前打算因为搬家而给仔仔换个就近的幼儿园，仔仔从我们的谈话中也了解一二，所以他会时不时跟我说些“幼儿园的坏话”。带他考察周边的幼儿园，每一个他都无比喜欢，似乎只要不去从前那一家，他都觉得好。

可是，经过了多天的讨论，我们终于决定还是不要转园。这个消息尚未传达给仔仔，他却心里已经有了数。

我问他：想不想XX老师啊？他点头说想！我问他喜不喜欢以前的同学们啊？他说喜欢啊，还特别说了几个小朋友的名字，表达特别的喜爱。

我也陪着他一起回忆在幼儿园的点点滴滴，春游啊，和小朋友放学一起回家啊，还有幼儿园联欢会，等等，他也重拾对幼儿园的喜爱。

陪他感受着这一切，不禁觉得孩子真是很棒，既能充分选择，也能完全接受，听从安排。我既欣慰又感动，当然，我更会和他说明为何不换幼儿园的原因。

李老师点评：

我们在成年之前，基本上生活于一个稳定甚至是固定的环境。如果变动，也是集体或几个人一起“迁移”，比如小学升中学。现在的孩子不同了，由农村到了城市，由一小区到了另一个小区，由一个幼儿园到了另一个幼儿园……对成人这没什么，但对一个孩子而言，不就是时空的穿越吗？似乎，我们能理解为什么他们那么喜欢看穿越剧了！

等爸爸 8月28日 周四

爸爸这几天特别忙，晚上回来得很晚，而我为了仔仔调整作息时间迎接开学，从今天开始让他9点一定上床。这时候，仔仔提了一句：“爸爸还没有回来呢。”

一周的淋浴陪伴，让小伙子对爸爸情谊渐浓，我告诉他爸爸很辛苦，要很晚才回，我们先睡吧。

一个小时过去了，又一个小时过去了，11点……我带他回顾了十首诗歌、八个故事、三五件童年趣事，他依然没有睡着，无奈问苍天啊！

只听得门声一响，他立马跳坐起来，高兴地说：“爸爸回来了！”

谁知，爸爸告诉他的第一个消息是：“爸爸明天要出差了。”

“啊？！”仔仔明显的失落表情和语言，爸爸却没发现，去洗澡了。

等他洗完，仔仔已经睡去，全然不知的爸爸还满嘴抱怨：“孩子就喜欢你一个人……”他不知道孩子把爸爸送给他的变形金刚摆了造型放在柜子上，等爸爸回来一起玩呢！

调整作息时间迎接开学这是多大的事啊，妈妈竟然还能不急不躁的陪孩子玩到11点，这需要怎样的心理素质啊。赞。

饭桌上的完胜 8月29日 周五

今天蔻蔻妹妹来我们家做客了，仔仔欢天喜地，两个孩子在小区里玩得乐不思蜀，被我下了一番苦功夫才给叫回来。

这时候外婆做的饭菜端上桌来，蔻蔻和仔仔比邻而坐。我和蔻蔻妈心有灵犀地说了一句：“比比看哪个小朋友吃饭最棒哦！”

平时最害怕和人比赛吃饭的仔仔，今天却格外自信，他连忙大声说好啊！然后吃饭全程独立、自主，毫不需要我发话，反而一再让我帮他夹这个菜，那个菜。

因为……蔻蔻妹妹一下要喝水，一下发呆，这和平时的仔仔如出一辙的行为，让仔仔觉得太有发挥空间了。

蔻蔻喝水的时候，他说：“吃饭喝水会肚子疼的。”

蔻蔻发呆的时候，他连忙狼吞虎咽地吃着自己的饭，并且号称等他吃完了要去用手机录音“蔻蔻快吃”，反复播放给蔻蔻听。

蔻蔻吃着吃着离开了桌子，他则邀功了：“妈妈，没吃完不能离开桌子！”

这顿饭，他吃得真香啊，最后当然是大获全胜。我不由得想着，等到肚子里的宝宝出来后，这场景能否一直持续下去呢？呵呵！

李老师点评：

很有意思。不难发现，孩子完全具备独立、自主进餐的全部能力，可为什么在大多数情况下就是“不好好吃饭”呢？

还有一个明摆的事实，在一个“不好好吃饭”的孩子旁边，一定有一个或多个家长陪伴，并会不时地发出各种指令。

第三个事实，家长一贯地把“不好好吃饭”的全部责任推到孩子身上。

最后一个事实，如果让家长在孩子吃饭的几十分钟内不发出各种指令，那会有相当一部分家长坐立不安，甚至会憋坏的。

在物质极大丰富的今天，在多个家长看护一个孩子的今天，孩子的吃饭一定会成为问题吗？响声已经出来了，但只看见孩子这一个“巴掌”，另一个在哪里？

祝寿 8月30日 周六

远在外地的爷爷今天寿辰，爸爸让仔仔打电话回去给爷爷祝寿。

我先问仔仔的意见，他正在玩乐高，头也不回地说：“不要！”

我只好循循善诱，跟他讲爷爷对他的百般好，跟他说人们要互相祝福的道理，动之以情，晓之以理。虽令他动容，还是无法“感化”他。

爸爸在一旁催促，我只好先拨通了电话。可是电话交给仔仔，小家伙平时利索的嘴巴，这时候就像是被胶给黏住一样，无论如何就是不说。

我起头，他也不接茬；我瞪他，他也无所畏惧；我从抱着他改为推开他，他依然不开口……我只好放弃了，自己跟公公聊起来。

聊完后，爸爸向仔仔大发脾气，我有点不知所措，现在去和一个发脾气的人讲理是讲不通的，而和仔仔沟通，也似乎不见得有效。

我转而挑了个别的话题：“仔仔，爷爷说过两天来武汉给你带好多好吃的水果，你吃吗？”

“什么水果啊？”孩子这才动了点心，和我进入同一个沟通频道。

我绕了一大圈告诉仔仔，爷爷对你好，你也要在爷爷生日的时候，祝福他……尽管他今天愣是没有说，下一次，我相信他会开口的。

李老师点评：

妈妈在循循善诱、动之以情、晓之以理、瞪孩子，推开孩子、最后只好放弃时，内心有没有挫败感？有没有压抑自己的负性情绪？

父母“逼着”孩子，给远在外地的爷爷打电话祝寿，是认为孩子已经知道了”孝顺“二字的含义，还是因为如果孩子不给爷爷祝寿自己的脸上没有光彩？

人与人之间除了血缘，还有情感，而情感的建立离不开近距离的长期接触。

一秒钟变奏曲 8月31日 周日

今天带仔仔在院子里玩，他骑着自行车飞奔，我跟着好累，不跟又生怕丢了。

谁知道，他忽然掉头过来，停在一个休息椅旁边，对我说：“妈妈，你休息下，我就在这里骑，你坐着就能看到我。”

我还没来得及说话，旁边的一位奶奶就激动不已地赞叹这孩子怎么这么懂事。我也是欣慰得不得了，想着仔仔万般的好。

然而，回家后，他的倔脾气又发作了，只因为他午饭后一直不睡觉，在床上倒腾了一个多小时，我吼了他一声，他就眼泪汪汪了，嘴里叨念着："我再也不爱你了，把你丢掉！"这是他的语言世界中最凶残的句子，在他气头上的时候，不管是谁，都要狠狠说出来。

他的话浇熄我的怒火，令我忍不住想起早上他的乖巧与懂事，他说的狠话，我都用爱来回应，说着说着他就睡着了。

他醒来后说的第一句话，令我意外至极！他说："妈妈，这个新房子多少钱买的啊？"

我说很多。

他半梦半醒之间自言自语："15 块钱吗？（15 块是他意识里最大最大的数字了）谢谢你妈妈，谢谢你买这么贵的房子给我住。"

我呆呆的，真受不了这小子在孝顺、懂事与顽皮之间无节操地自由跳转。

李老师点评：

正是孩子在孝顺、懂事与顽皮之间"无节操"地自由跳转，才让生活彰显出五彩斑斓。没有孝顺与懂事，顽皮就会显得不那么"顽皮"，反之亦然。手心手背都是肉，只要一面是做不到的。

快乐开学季 9月1日周一

迎来开学季，虽然提前几天已经跟仔仔说要上幼儿园了，真正到了早上该起床的时间，他还是不能适应这突如其来的生活改变。

我也心疼他昨天睡得晚，今天又起得早，任由他闭着眼睛帮他刷牙洗脸，渐渐逗他开心，助他从睡梦中醒来。

去蒸个包子的时间，他又在地板上快要睡着了，嘴巴里嘟囔着："我不想上幼儿园，为什么要上幼儿园啊？你为什么要给我报名啊？"我如常地回应他，幼儿园有玩具，有小朋友玩。他改变策略，说冷，说肚子疼。我给他添衣，冲牛奶。他干脆倒头在胳膊上睡着。

"走哦，抱这个小朋友抱出去卖个好价钱哦！"平日里，他最爱玩"兜售商品"的游戏，这次他被我当成了商品，自己觉得好笑不已，咯吱一声笑出来。并且，要从我身上挣脱开，不让我抱他。他说："你快点把我放下来，你肚子这么大，我会把它压坏了！"

给他一个吻，牵着小手，拿着我蒸好的包子，背上牛奶杯，快乐的开学第一天，我们出发喽！

李老师点评：

哈哈，从现在起，妈妈和孩子之间的斗智斗勇就开始了。

有了一次成功，就积累了一次成功的经验，以后的无数次成功也就有了可能。

“不抛弃，不放弃。”不是行为的坚持，而是内心的智慧！

爷爷今天回家吗？ 9月2日 周二

远在海南的爷爷，今天驾到了！仔仔看到爷爷，害羞了一阵子，在众人的邀请下，总算热络地叫了声爷爷。

不过，晚饭时间，仔仔表现依然不尽如父意。孩子的父亲由于常年远离父母，所以特别希望仔仔能和年迈的爷爷、奶奶亲密一些，他希望仔仔能帮爷爷倒酒，能主动将好吃的食物分享给爷爷，能主动关心爷爷身体好不好……他迫切地心情导致他疏忽了仔仔只是一个不到四岁的孩子。

晚饭过后，仔仔坐在沙发上看电视，忽然，爷爷拿出炒股用的 iPad，想让老公帮忙连网，正好被仔仔看到了。“爷爷，这是 iPad 耶！”他忽然之间变得异常热情。

“爷爷，你会玩这个游戏吗？”“爷爷，你会玩那个游戏吗？”……仔仔在想办法靠近爷爷，甚至在晚上外公外婆要回家的时候，仔仔居然没有去跟他们道别，而是悄悄问我：“妈妈，爷爷今天走不走啊？”

爸爸及时拆穿他：“你是想问 iPad 今天走不走吧？”全家人这才会过意来，笑成一团，仔仔更是不好意思地笑了。无形间，爷爷和仔仔的距离却是拉近了不少啊！

一个不需要证明的公理是：想让孩子和大人搞好关系，最好的方式是大人主动和孩子搞好关系。对于孩子，由物质链接到情感链接是再正常不过的途径，拆穿了似乎远没有会心的一笑对孩子更有益处。

我希望妈妈送我 9月3日 周三

开学后，真是有些疲于奔命。因为幼儿园距离太远，仔仔每天早上7点起床，然后坐一个小时的车奔波去幼儿园。

上班时间，路上拥堵，车上拥挤，车程之外更有遥远的路途要步行，实属不易。家人都劝我不要亲自送孩子了，我打算先做好仔仔的思想工作。

晚上睡觉的时候，和他谈起此事，不料他反应特别大，他振振有词地说：“幼儿园里都是妈妈接，只有一两个是外婆接，没有人是爷爷接的。”

“那是因为他们的妈妈都没有怀小宝宝啊！”这可是在平时觉得很自豪的事情，我用来引导他。

可是他说：“我就是想要妈妈送，也要妈妈接。”他说这句话的时候我仿佛从他的语气中感觉到他心中的幸福，而不是我所想象的孩子的任性。

说着，他一个翻身靠近我，一只手臂搂住我，说：“妈妈，你当睡美人吧！”这是我们常玩的游戏，他会等我闭上眼睛，就亲我一下，然后我苏醒……

陪他玩着，心里默默决定：尽管辛苦一点，还是趁着不用工作的日子多接送他吧。人生又有什么幸福是超越于此的呢？

李老师点评：

当把“孩子”、“妈妈”当做独立的两个个体来看时，需要的冲突似乎更容易处理。在家庭里，常见的是一个人为了爱人或孩子放弃了自己的需要，但这不一定就是“爱”，背后隐含很多深层意义。作为“牺牲者”，潜意识里一般是有“求”，才会选择牺牲。

作为妈妈，体验人生幸福的同时，也让孩子学会因“牺牲”自己而给最爱的妈妈增添幸福！这是孩子由温室的小树苗长成参天大树的助力！

“第一名”的床位 9月4日 周四

新学期，仔仔换了新教室，当然也换了新的床位。今天接他放学的时候，看他的小脸都被咬成了包子脸，一问之下才知道，老师说可能是因为他睡在角落里，角落的蚊子多一点。我没有要求老师给他换位置，换了也无非是让别的孩子被蚊子咬，于是跟老师简单讨论了驱蚊的办法。

回家路上，仔仔却特别高兴地跟我说：“妈妈，我很喜欢我睡觉的位置，因为我是第一名，所以我睡第一个位置！”我忍不住笑了。他真的很爱得第一呀！

我说：“好啊，那仔仔就要最会睡觉，睡觉的时候也不讲话，起来自己穿衣穿鞋，给小朋友们当榜样，好不好？”

“那肯定啊，我什么都会，我都是第一名！”仔仔自豪地说。

我不禁思绪飞扬，对于外界给自己的安排，仔仔似乎很少会排斥，排队站在最后，他觉得自己长得高；睡觉在角落，他又觉得自己是“第一名”……这种心态，也好，不是吗？

李老师点评：

从妈妈的表述方式来看，对孩子这种心态的好坏似乎还不太肯定。

任何事情，本身都没有意义，意义都是我们赋予的。我们生活在同一个世界，但每个人对这个世界赋予的意义都不同；同样一件事情，每个人赋予的意义也会有天壤之别。钱，有的人看得比命还重要，有的人却会视之为粪土；分数，有的父母看得比孩子的快乐还重要，有的父母却认为分数之于孩子的快乐就如同粪土；是否亲自送孩子上幼儿园，妈妈和其他人也分别赋予了不同的意义。

意义来自于我们每个人的内心，是我们向外的一种投射，就像“苏东坡和法印”故事里讲的那样。妈妈现在能确定了吗?

不许你先过生日 9月5日 周五

明天是我的生日，今天放学后带仔仔去订生日蛋糕，以为他会特别高兴，还记得他在人家的生日宴上大口吃蛋糕的情景啊!

可事实并非如此，他问我：“妈妈，你为什么不让我先过生日？！”

我一时语塞，应该怎么跟他解释?

上楼、进电梯、跑步、我都可以让着他，可是过生日这件事，怎么让着他呢?

突然心生一计：“妈妈比你老啊，所以妈妈先过；你比伊娜大，所以以后你比伊娜先过生日啊！”

当下的“气”被我给浇熄了，以后的教育还是要慢慢进行。对待外人谦和有礼的小家伙，在家真有点放纵了。

选蛋糕又面临一轮激战，他喜欢漂亮、花哨、奶油厚重的，我只想买个简单的起司蛋糕，想着，这样他多吃点也无所谓。

一听我的意见，他就反弹得特别厉害，威胁我：“你买这个蛋糕，我就不吃了！”

高高兴兴的生日，我唯有妥协才能换来他的愉悦。我想，或许一开始我就不应该带他来选吧，说不定明天直接拿个蛋糕出来，还能是个意外的惊喜呢!

孩子渐渐长大，有了自己对世界的看法，有了自己的主意；父母已经是大人，对世界的看法更是早已固定，主意更加老到。不容置疑的另一个事实是，我们每个人都会按照自己头脑中的框架，来要求这个世界，比如对蛋糕的偏好，这就必然会出现矛盾。

为什么我们不能为所欲为? 很简单，因为他人不同意。

种“番荔枝” 9月6日 周六

在妈妈的生日里，仔仔又如愿吃到了生日蛋糕，很是开心，各种摆拍。

下午，我们决定去花鸟市场买些植物回来，种在新房子的阳台上。仔仔对于植物的热爱，超过了我的想象，我带他观察市场里的各种成型植物，然后问他是要买种子，咱们自己回去种，还是买已经长好的。他选择了前者。

可是，种植物可不是一件简简单单、随随便便的事情，买了工具和种子回家后，才发现老板所说的那些简单步骤，怎么此刻变得记忆模糊、一片混乱。倒是小家伙不知道记得有多清楚，竭尽所能地用他的语言，搭配动作、手势描述给我听，我们便真的按照他的指示进行。

培土完成后，洒上水，我以为大功告成，没想到，他这小脑袋机灵一转，顿生一计：妈妈，我们把爷爷带来的番荔枝吃了吧，里面有好多种子，可以种在那个空花盆里！

我和老公都忍俊不禁，仔仔真是长心不长个啊，就是在市场听老板说了句果实的核就是种子，他就立马结合生活，派上用场了。

我们依他说的办，不管番荔枝能不能长得出来，又有什么关系呢？仔仔在生活中实践了他新奇的想法，好快乐！

李老师点评：

很高兴看到父母能征求孩子的意见，并真正按照孩子的想法进行。父母的这种行为给了孩子以尊重，孩子也会在这整个的过程中体验到自尊。

无论是买的种子，还是番荔枝的种子，能不能长得出来又有什么关系呢？关键是孩子在生活中，实践了自己新奇的想法。有了实践，就至少有50%成功的可能。如果失败了，孩子也会在实践中总结经验教训，继续实践。也就是说，只要有了实践的机会，孩子一定会在错误中走向成功。

征求孩子的意见，尊重孩子的想法，这是父母心理高度健康的表现。

第一次独自接电话 9月7日 周日

昨夜入睡晚，早上如何都起不来。仔仔率先醒了，在我耳旁不耐烦地说了句：“妈妈你起来啊！”得不到回应，他抱怨了一句：“妈妈是懒虫。”便到客厅去玩去了。

蒙眬之间，我隐约听到座机在响，还是不想动，很快，就传来仔仔接电话的声音。

“喂，我是仔仔……我在新家……你来玩啊，这里可好玩了……我爷爷买菜去了……爸爸妈妈在睡觉……我在玩我的小汽车啊。”

天啊，这是我第一次听仔仔这么完整、淡定地讲电话，我不由得开始好奇对方是谁了，再说下去，我们家家底快被他暴露无遗了。

“陈子轩呢？他今天也没有上幼儿园吗？……我们老师说要休息三天，我才休息了两天……还要休息……一天。”

我更加震惊了，平时问他在学校学了什么，都是一问三不知的小孩，竟然做了一道减法题。

"好的，拜拜。"

听他挂了电话，我满以为他会进来跟我报告发生了什么事，殊不知他留在客厅继续玩玩具了，直到我忍不住跑出去，问他，他才告诉我刚才谁打电话来了。

这孩子，难道已经长大啦？我在洗手间里仰天长笑三声……

妈妈虽然睡意蒙眬，但心是敏感的。只要保持这份敏感，就会在孩子身上不断地得到惊喜，因为孩子每时每刻都在发生着变化。

狠心的抛弃 9月8日 周一

仔仔现在只要一不高兴，就会对我说："我不要妈妈了。"

我告诉自己要用爱和宽容去面对他的坏脾气，可难免有时候也想治治他。晚上逛完超市回家的路上，仔仔犯懒说他不想走路，要已经扛着米的爸爸抱，我们不理他，继续走。他发脾气："我不要妈妈了！"

"好啊，那拜拜！"我顺着他的话说完后，给自己和老公刷门禁卡进了小区，仔仔被拦截在匝道外面。

尽管他可以一弯腰就钻进来，他也可以向已经朝他伸出援手的保安叔叔求助，他却倔强地站在那里边哭边嚷："我不要妈妈了！臭妈妈！"

邻居将他救了进来，他追着我就要打我。我告诉他我要把他拦在楼栋的门禁外，再不会有人救他了。他吓得不轻，等我一刷卡，他就钻了进去，并把我们关在了外面。

我们还真的就不进去了，任凭他一个人站在大厅里，四下无人，手足无措，却攀不够开门扭，在里面又气又怕地直哭。

不想真的吓唬他，没多大一会儿我们便进去了，他拉着我的手怎么也不再放开。

坐在客厅里，我对他说："你可以说妈妈哪里做得不对，但是不可以说不要妈妈了，妈妈可从来没有不要你过呢！"他似懂非懂，行为和眼神却温顺了许多许多。

李老师点评：

孩子对于妈妈讲的道理肯定是不懂，但对于爸爸、妈妈在这整个过程中表现出来的态度和情绪肯定是"似懂非懂"了。

成年人往往过于注重语言的表达，表现在两方面：一是过于注重对方说了什么，比如文中提及的"我不要妈妈了"，而不去体会言语背后对方真正想表达的意思；二是过于注重讲道理，无论是对自己，还是对他人（尤其是孩子），而不去体会自身的感受。

孩子说这句话真正要表达的是什么？是他生气的情绪。

妈妈为什么要跟孩子讲道理？是因为听了孩子的话内心感到不舒服。孩子因为小，说不出妈妈哪里做得不对，就直接表达了自己的情绪；妈妈因为是妈妈，知道孩子哪里做得不对，就用讲道理的方式掩盖了自己不愉快的情绪。但可以肯定的是，无论父母如何掩盖，孩子都会读懂父母的情绪（道理肯定听不懂）；可无论孩子如何直白地表达自己的情绪，父母读懂的可能性却很小。

熟悉的不安　9月9日　周二

早上送仔仔去幼儿园，因为路上喝了很大一杯牛奶，问他要不要小便下再进去，他说不要。我假装不经意地问："你在幼儿园里要小便的时候会跟老师说吗？"他答："老师会要我们尿的，不要我们尿的时候我都没有尿。"

本着对孩子的了解，我还是让他小解了一下，果然尿一大泡尿，这要是没小便就进去了，铁定得憋到早操、早餐后。

他自己拿着书包进教室了，双手向后伸得直直的，像只小飞机一样，跟老师弯腰说早上好，然后把自己的书包放到书包架上，再回到老师面前。

我想等他落座便离开，可他在这里晃晃，又去那里晃晃，两只手交缠在一起，杵在老师面前，不知如何是好。他的小动作暴露出了他的局促不安，那简直是我最熟悉不过的画面……心疼地未及多想，就走过去悄悄提醒老师说："仔仔不知道坐哪里"

老师立马笑盈盈地给仔仔安排了座位，他在里面笑着朝我挥手道别。

走在回家的路上，不禁想象着我刚才若没有出面，仔仔会怎么样？他似乎更需要这样的锻炼，晚上我想和他聊聊。

李老师点评：

孩子的小动作暴露了他的局促不安，为什么会是妈妈最熟悉不过的画面？

"我依然远远地坐着，看他身边发生一切，看他如何处理一切。"这是8月8日日记中的一句话。看起来什么都没做，实际上却尽在掌握。这句话阐明了爱的真谛，阐明了最佳的教育方式。

播种好品德　9月10日　周三

晚上回家坐公共汽车，黑压压的人群，一车的重点高中学生，没有一个人给肚子像个西瓜球的我让座，我不禁深思：将来我也希望我的孩子这样吗？

回家后，便和仔仔聊起坐公交车的事情来。曾经我带着他坐车，有阿姨给我们让座；而这几天我们总在始发站上公交车去幼儿园，他因为不便坐我身上，我们通常会坐两个座位。

我问他："还记得上次有阿姨给我们让座吗？"

他点点头，那次他疲累至极，印象颇深。

可我转而问："那以后我们早上上学，有小朋友或者老爷爷，或者像妈妈一样的孕妇上车，你要不要让座呢？"他摇头。"为什么？"我问。他答不上来。

我话锋一转："那妈妈把自己的位置让给别人坐，然后和你挤一个椅子坐好不好？"

他还是摇头，不过表情，比刚才柔和许多，至少我没有要求他了……

我也深知这样的教育对于不到四岁的孩子来说，没多大用处，可我觉得这小小的意识会在他的脑袋里种下种子，有一天终会开花。

耕地，播种，施肥，浇水，除草，收获，种地的整个过程需要几个月。开始时的那些劳作，是看不到任何后期变化的，但农民相信：一分耕耘一分收获。稻盛和夫称之为"田间精进"。所以，妈妈这种不急功近利的心态，是非常非常值得赞扬和肯定的。打好基础，再问收获。

既然深知这样的教育，对于不到四岁的孩子来说没有多大用处，为什么还要继续呢？

睡不饱，醒不来 9月11日 周四

前天开了家长会，幼儿园通知每天必须8点半以前到校了。虽然我们住得远了一些，我还是希望就像老师说的那样，不迟到是一种习惯，要从小培养孩子的好习惯。这就无意间增加了我的忧虑……

今天早上我起床后，迅速给孩子做了早餐，冲调牛奶，再任由他闭着眼睛，给他换衣服，穿鞋袜，甚至刷牙、洗脸。直到洗脸，仔仔才算是真正醒了过来，却像一摊软泥一样耷拉在我身上……心疼孩子每天不足8个小时的睡眠。

不过，冷水洗脸果然是"特效药"，不一会儿就振奋起来，我又马不停蹄地送上早餐，仔仔以缓慢的速度咀嚼，我迫不及待地喂他喝牛奶，想着总能让他快点下咽。

就在这他缓我急的状态下，我的性子终于按捺不住了，眼看就7点20了，包子还有两个，仔仔却常发呆到忘记咀嚼。"快点啊仔仔！""你快点嚼啊！再不嚼就迟到了！"

我一边严厉地吼着，一边却在脑海里不断翻滚最近看到的那篇文章《牵着蜗牛去散步》……矛盾纠葛的内心，直到把孩子送上车。回来一定要从长计议啊！

李老师点评：

朋友间闲聊，偶然说起，他很不理解现在为什么有那么多家长，为孩子早晨上幼儿园、上学纠结。因为他家8岁的孩子自打上幼儿园开始，每个早晨过得都很从容，经常是第一个起床，催促着父母起床做饭。

他给出了三点解释。1全家会在晚上10点前上床，而且节假日也都没有睡懒觉的习惯；2边界清晰，自己的事情自己负责；3能沉住气，你慢我比你还慢。你敢坐着，我就敢躺着。不知“他山之石”是否“可以攻玉”。

吃醋 9月12日 周五

朋友送了一双婴儿袜给我，色彩斑斓，很是可爱。我随手放在茶几上，未知它会成为一个导火索。仔仔放学回来后一眼就看到了这袜子，绽放甜美笑容，又半带羞涩地问我：“妈妈，这是你买给谁的啊？”我愣了一下，把问题抛给他：“你说呢？”

“买给我的。”仔仔更加羞涩地回答了我。

我不忍心欺骗他，摇了摇头。他脸色瞬间僵硬了，说：“买给伊娜的。”

我连忙说：“是别人送的，不是妈妈买的。”

可是，这也抑制不住仔仔突如其来的悲伤，他双手捂脸，嘤嘤着：“妈妈再也不爱我了，只给伊娜买那么美的袜子，不给我买……”他哭了。

这是第一次仔仔在我面前这般吃伊娜的醋，我想该来的始终会来。

晚上洗澡、睡觉，仔仔一直情绪低落。我不放弃地用语言安慰他，并抱着他，抚摸他，亲吻他，一次又一次地告诉他，伊娜最爱的就是仔仔哥哥了，现在伊娜什么都没有，哥哥却有很多玩具、衣服……

入睡前，我小心翼翼再问一次：“仔仔爱不爱伊娜呢？”他认真地点了点头。

李老师点评：

接触了很多家有二宝的父母，他们就像文中所写到的那样，在遇到类似的情况时通常会说：爸爸、妈妈爱你，也爱小宝，对你们的爱是一样的。

回忆一下，在面对这种情况的时候，心中是怎样的感受？紧张、愧疚、不知所措，还是从容、淡定、爱如从前？面对感觉或直觉敏锐的孩子，说什么并不重要，重要的是怎么说，重要的是言语背后附带的情绪、情感。因为孩子会快速地滤过语言，直接感受爸爸妈妈言语背后所要表达的，或者所要掩盖的真意。

绝世好哥哥 9月13日 周六

看来昨晚的交谈是有意义的，早上一起床，仔仔就特别平和，给他刷牙洗脸后，他再次看到了昨天被他扔在客厅里的婴儿袜。

我生怕会勾起他伤心的回忆，谁知他主动捡起袜子来，对我说：“这是给伊娜的，我们把它收起来吧！”太意外了，我连忙笑盈盈地回应他，“好啊！”

“放我房间吧，放我衣柜里！”仔仔说着就跑进去把袜子给放好了。

我不由得想起多天前，我们搬家的时候，他硬是装了满满一书包的小摇铃玩具过来，舍弃了几部他钟爱的小车，就是为了将来给伊娜玩。

他每一次跟我说“把这留给伊娜”、“把那个留给伊娜”，我都答应他，并且让他自己保存好，将来亲手交给伊娜，他不亦乐乎。

感谢你，我的宝贝，你是我们家第一个为未出生宝宝准备“家当”的人，你这么小就能懂得给予和设身处地为人着想，我真为你自豪！妈妈又怎舍得少爱你一分一毫呢？

李老师点评：

孩子定是感受到了妈妈那没有分毫减少的爱。家有二宝，或者三宝、四宝，这不是问题的根源，根源在于父母的情绪状态和应对方式。

深藏不露的“人来疯” 9月14日 周日

正在陪仔仔午睡，老公的同事突然打电话说到我们家楼下了，想上来看看。我和仔仔正躺在被子里，我悄悄告诉他：“把眼睛闭上，我们假装睡着了好吗？”他已经在床上玩了一个小时了，我希望他尽快睡着。他嘴上是答应我了，还跟我做出“嘘”的手势。

一听到门铃响，小家伙却立马兴奋了，骨碌爬起来坐着。我强压他躺下，听到老公带着客人们参观我们家的脚步声，止于我们房间外，他告诉客人我们在睡觉。

仔仔才不管三七二十一，一首欢快的“小苹果”脱口而出。嘴巴正对着门的方向，他是故意的！外面传来阵阵笑声，仔仔就更活跃了，唱得越来越大声……是谁说咱家仔仔内向的？是谁说他不大方的？我拍拍额头，真不知拿这小家伙如何是好！

李老师点评：

多么欢快！如果当初妈妈得知家里要来人后，跟孩子说：反正你也不睡觉，一会儿给客人唱一首“小苹果”吧。不知孩子是否会有后来活跃、欢快的歌声？

你让我唱——我需要为自己找一个说服自己的理由，把服从命令变为意志自由。

你让我睡觉——我唱歌就体现了意志自由，不需要再找其他理由。

真不知道拿小家伙如何是好?

 甜言蜜语 9月15日 周一

今天我一回到家，爷爷就乐不可支地告诉我："你们都不在家，仔仔跟我说真心话了，说他最爱爷爷。"晚上我说给老公听，老公和我皆不禁感叹：这娃是打哪儿学来的嘴巴功夫哟，我们俩都不是八面玲珑的人，小家伙却深谙人心。

我陪仔仔睡觉那会儿，又忍不住问他："仔仔，你最爱谁呢？"

他用双手捂住嘴巴，眼睛贼溜溜地四处一望，小声告诉我："我最爱妈妈，别让爷爷听到了！""为什么？"这几天我若出去工作，孩子都是和爷爷单独在家，但毕竟是久未见面的爷爷，还不至于撼动妈妈在仔仔心中的地位，我也想知道个原委，到底仔仔是嘴巴甜会哄人，还是别有隐情。

"要是爷爷听到了，又把 iPad 放到高高的地方不给我玩了。"小家伙继续小声地告诉我。我轻轻拍他屁股，道："那你说爱妈妈就是为了妈妈陪你睡觉吧？！"

孩子常常用一句话逗得我们开怀大笑，我却真怕孩子在笑声中，学会了"市侩"，而忘记了真心。

李老师点评：

"……，我却真怕……"，这种表述方式在之前日记中也出现过："……，但是……"。有点追求完美的味道，有点想吃糖又怕胖的味道。心中有了"真怕"、有了"但是"，眼中就会看到"真怕"，就会看到"但是"。扔掉它们吧！

 别和老师亲嘴巴 9月16日 周二

今天无意间发现幼儿园老师的 QQ 空间里许多和小朋友的亲密照——竟然是亲吻每个小朋友的嘴巴。惊呆！一天坐立不安等着孩子放学回来，明明思考了多种和孩子沟通的方式，却还是劈头盖脸地问了："老师有没有和你亲嘴巴？"

仔仔回避了，跑到沙发上玩，不搭理我。

我感觉事情不妙，转而换了温柔地语气引导他："亲了一次还是很多次呢？"

"你问这干什么啊？"仔仔不耐烦。我急了，告诉他我有照片，他连忙跟着我去电脑上看。我随便翻了一张给他看，他笑，说："这不是我，你弄错了！"

我使尽各种绝招，他都不愿意谈及此事，最后我忍无可忍，吼了出来："告诉妈妈，

有没有？！不是跟你说过，任何小秘密都要告诉妈妈吗？”哭，不做声，回避。

直到晚上，哭完，累了，洗澡，睡下，才告诉我实情。事态虽不严重，我已极度自责，自己没有保护好孩子，更没有教他要如何保护自己。孩子在面对老师这样行为的时候，到底该如何应对呢？当时不艰难，此刻也不会如何回避，我真不是个细心的妈妈！

在孩子这个年龄，有时候知道该干什么和不该干什么，是决定不了行为结果的。比如即使孩子知道老师不该亲吻自己的嘴巴，但依然无法拒绝，因为孩子是弱势，而且在亲吻行为的过程中又处于被动地位。

我想，唯一的处理方法就是向老师指出此类做法不当，让其道歉并确保下不为例。需要思考的是，在事实已经确证的状态下，是否还有必要和孩子当面对质？但愿老师的行为对孩子没有不良影响，更希望今后能有效避免。

病一次，成长一次 9月17日 周三

仔仔咳嗽了两天后，症状终于在昨天夜里大爆发，咳了一整晚未曾停歇，今天一早就风风火火奔向医院。生病的孩子情绪特别差，不想吃，不想喝，不想玩，一边朝我发脾气，一边又紧紧把我抱着，生怕我放开他。我让仔仔趴在我的腿上，我帮他推拿，咳得直不起腰的小家伙却说：“不要，免得压到小宝宝。”心疼又难过。

想做完雾化后带仔仔到外面玩玩，他实在打不起精神，作罢。眼睛盯着人家小宝宝的玩具，表示想要：“妈妈，那个音乐棒好像很有意思。”我终于明白为何医院门口的玩具店生意特别好，因为我居然鬼使神差地跑过去问人家那个玩具多少钱，要知道那可是婴儿玩具！理智回归，我逗了仔仔一句：“哇，你变成小婴儿了，玩这个？我们还是碰到大宝宝玩的玩具再买吧。”仔仔害羞地躲到我肩膀上，真是生病了都这么听话……

孩子不一定是因为听话才不要玩具的，就像文中妈妈提到的那样，孩子知道“害羞”了，这是一种更高级的社会情感。

奔医院 9月18日 周四

仔仔又咳又喘，病情渐趋严重，我一大早就和奶奶冒着雨带孩子去医院。新住宅区的交通不便利，就连计程车都很罕见，必须步行一千米走到大马路上。生病的仔仔，怀孕的妈妈，再加上年近六十的奶奶，冒着大雨，三个人艰难前行。奶奶心疼孩子生病赶雨路，要抱。我则心有余而力不足。仔仔是真的强弩之末，无力行走，遂爬上了奶奶的背。

边走边拦的士，仍然一无所获，不知不觉来了公交车站，一上车，就又好心人让了位置给仔仔。仔仔坐着，我和奶奶分站他两侧，“争宠”的戏码，就看这小子有没有人情味儿了。他拉拉我的衣角，示意我坐。我指指奶奶，以为他懂得，他却大叫了一声：“不要奶奶坐！”我没坐，并让奶奶一定坐下，最后给了仔仔一个“请你配合下”的眼神，他这才没有吵闹。

仔仔常常就是这样，不愿意将仅有的座位与爷爷、奶奶分享，他懂得爱爸爸、妈妈，却尚不能去体恤、关心老人。而这大概是三口之家里孩子们的共性问题，我们应该更身体力行地带着孩子多和老人们相处了。

李老师点评：

不做父母不知道父母多辛苦。“生病的仔仔，怀孕的妈妈，再加上年近六十的奶奶，冒着大雨，三个人艰难前行。”这一幕会通过今天的文字而定格，多少年后再读，辛苦没有了，感动出现了。给“身体力行”赞一个！

我看见你的努力 9月19日 周五

仔仔今天算是和SIRI较上劲了。我在写东西，他自己坐在客厅闲极无聊地和SIRI对话，可惜口齿不清，令SIRI伤透了脑筋。频繁地听到SIRI回答：“对不起，你说什么？我没听明白。”仔仔在重复几次都无效后，语气略重地道：“我就是说的这！”

“对不起……”“你怎么总听不明白？我都说了这么多遍了！”仔仔不耐烦了。

其实也真是难为SIRI了，仔仔吐字本身有问题，我琢磨着要如何告诉仔仔发现自己的问题呢？谁料到他心若明镜，跑进来问我：“妈妈，老虎（shu）要怎么说？”边说还边做老虎的样子。

我尽己所能地教了几遍，他也全力以赴地跟着学了几遍，却始终没法说清楚。

眨眼他又跑走了，不久又听他在和SIRI对话，一字一句，说得尤其认真：“我要看巧虎！”不知道小家伙重复了几遍，我终于听到iPad里传来熟悉的巧虎音乐。

李老师点评：

再智能化的SIRI也不如妈妈啊！

如果今后仔仔所碰到的老师或者以后的妈妈，能像今天的妈妈一样不厌其烦地重复，会有什么学不会的吗？孩子一次学不会是必然，学会了是幸运，教与学都离不开重复。

仔仔妈妈感言 谢谢你的爱

三个月的点滴记录，此刻再回首，诸多感慨。

一直在向前走，会忘记偶尔回头拾起错过的花瓣，重温这 90 个日夜里发生的小小事，我仿佛一片一片拾起遗落的花瓣，充满感动和喜悦。

我的淡定和从容，曾带给孩子无所畏惧的勇气与自信；我的包容和热爱，曾影响孩子选择善良与向上；而我的急躁和偏执，也曾带给孩子伤害与失落；我的局限与狭隘，更影响了自己对孩子片面的判断。

我从未意识到自己是一个如此温暖的妈妈，能够在生活的细枝末节处善于感受孩子的真善美；我亦未意识到自己也常常运用所擅所长的教育知识，束缚了孩子的自由发展与随性思考……不阅读自己的文字，不知道自己错过了什么，又得到了什么。在李老师的帮助与指点下，我阅读日记就像照镜子一样，找到自己的不足，看到一个个曾经挑剔孩子的不足背后，所蕴藏的人生奥秘与哲理。

他慢，是因为他还不擅长；他倔强，是因为他有一份执着；他胆小，是因为我们总拿他放在强者的面前；他的“问题”，大多是我们把他丢在了问题的圈套里，不但没有解救他，而是将他推向真正问题的深渊。孩子，他其实多么难啊！

这 90 天，我还正经历着孕育二宝的特殊时期，内心的波动与不平静总是不请自来。两个孩子的磨合期，是仔仔给了我莫大的鼓励，他对手足的关心、爱护常常令我无比动容。不得不说，当他一次次给爱美的妈妈送花，一次次表示他要帮我照顾宝宝，一次次问我累不累让我多休息，一次次为小宝宝搜集玩具与礼物的时候，我觉得，幸福已经被最完美地诠释了。谢谢你的爱，我的宝贝，是你带领着爸爸和妈妈，看见人生最美好的风景！

李老师点评 “做到”比“做好”更重要

确切地讲，仔仔妈写的不是日记，而是 90 篇独立而优美的文章。必须承认，在妈妈这个庞大的群体中，能为儿女写出这样的文章的，少之又少，因此，当项目开始 10 天左右时，我的两个助手就质疑：当初让仔仔妈入选是不是合适？因为她每天写出来的文字，简洁凝练、文笔优美且主题明确，这会让众多的读者妈妈，也包括我们这些课题组成员们，只能欣赏而难以效法，更不可能复制！

于是，我试着让身边的几位妈妈——她们都认为自己是“合格的好妈妈”——看了仔仔妈的日记，然后问是否可以做到。她们比较一致的回答是，尽管没有能力像仔仔妈写的那样好，但完全可以像仔仔妈那样坚持去做！而且，她们真的就这样做了，每天都在坚持。

同样的日记，我还试着让那些认为自己的孩子“有问题”的妈妈们看了。她们的反应不一：有人觉得做到很简单，只是拿出一点时间就够了；有人觉得很难，自己根本就做不到；还有人承诺回去试试……其结果就是，我没有见到一个妈妈能够坚持。

坚持与否，意愿是否变成意志，就是妈妈和妈妈的相同与不同。3 个月过来，我逐渐相信，仔仔妈的日记从一个不同的侧面让我发现了开展本课题之外的价值和意义，正如我反问助手的：你觉得仔仔妈是在向我们、向读者们“秀”她漂亮的文笔吗？又是什么力量，每日都支撑着她完成了如此细腻的观察，并有了深切的感悟呢？当仔仔妈在写下一段文字时，是出于自己的兴趣爱好，还是为了履行帮助孩子成长的责任？

我不是教育专家，而是一个心理医生。可能正因为每天都在接触着“变态”和“不正常”，使我对“常态”与“正常”有着不一样的认识。养育孩子，是科学、艺术和人文的三位一体，也可以认为，所谓“成功的”养育就是这三个方面的有机统一。可这样正确的理念，如何才能变成有效的行动呢？我的临床经验是，反复强调科学的重要性，因为只有科学的，才能直接学会或被教会，才能复制。

科学修养，使我更多专注于共性而非个性。在抽象的层面上，“树上的叶子是一样的”——颜色相同，化学成分无异，都会随风而动……这种抽象，是我们认识“树叶”，并让他人能通过你的认识，也认识其他更多类树叶的基础。只有发现了“好妈妈”那些“好”的共性，才能用这样的共性去指导更多的妈妈成为好妈妈；也只有找到了那些有问题的妈妈们的共性，也才能让更多妈妈有效地避免。

孩子当然是作为一个个体而存在的，是独一无二的，就像“树上没有两片相同的叶子”。可现实生活中，我们发现，很多在养育孩子方面出现了问题的妈妈，过于相信个性而忽略共性了。她们认定自己的孩子和人家的孩子不一样，因而养育孩子完全凭借上一辈传下来的经验，觉得既然父母能把自己养育好，养育自己的孩子也就没有问题……因此，她们不相信，在养育孩子方面，诸多知识和技能是可以通过看书学习、面对面交流等方式而间接学会的，有些时候，踏着人家成功的足迹，会绕过许多弯路。因此，她们也就不具备借鉴别人成功经验并付诸实践的能力。

而更多妈妈，认识到了自己在养育孩子方面知识的不足、经验的欠缺和技术的空白，想学、能学、苦学，但却总觉得所学与所用脱节，总觉得投入和产出不成正比，总不能收到预期效果。这是为什么？我们用实证研究可以给出答案：这些妈妈们学习的目的和出发点错了！——她们只是看重那些科学的育儿知识，却把“在有了孩子以后首先得学会适应亲子关系，完成对自身的改造”这一点给忽略了。

对孩子的养育不能仅靠知识的多寡，更是父母智慧的体现。记忆是人类智慧的根源，心理学按照能否加以陈述，将记忆分为陈述性记忆和程序性记忆两种。陈述性记忆是可以用语言传授并一次性获得，但需要意识的参与才能加以提取的对某个事实或事件的记忆。程序性记忆是往往需要通过多次识记才能获得，在利用时又往往不需要意识的参与的对如何做某件事的记忆，包括对知识技能、认知技能和运动技能的记忆。当我们在阅读仔仔妈日记时，所记住的那些描写都只是读者的陈述性记忆而已，而如何才能像仔仔妈妈一样把孩子养育好，靠的却是程序性记忆。也就是说，在读了仔仔妈日记之后，并不是按照她养育仔仔的方法去重复，而是要像仔仔妈妈一样为仔仔写日记。

只有在水中才能学会游泳，只有与自行车相伴，你才能学会骑自行车。

希望更多妈妈不要止于对仔仔妈日记的欣赏，而是像仔仔妈一样去为孩子而记。如果你坚持做到了，就会发现，你这个妈妈和仔仔妈其实是一样（好）的。

人的高级在于能够思维，人的伟大在于能够有目的的行动。“做好”的前提是“做到”。很多妈妈就是为了“做好”，把“做到”放弃了，于是，本想做个好妈妈，到头来连一个妈妈本该做的都没有做到。

孩子是妈妈内心的风景

蹦蹦跳跳妈妈日记

编者导语　妈妈等你

一直在想有两个孩子的家庭生活是什么样子的呢？读完蹦跳妈的日记，使我有了直观的印象。并没有想象中的因为姐弟打架而弥漫着的火药味；也不是想象中的因为姐弟争宠而弥漫着浓浓的酸味；而是像孩子都爱吃的彩虹糖，最外层的是令人惊异的酸涩，而紧随其后是令人回味的甘甜。我想蹦跳妈在生活中，肯定头疼过、抓狂过、生气过，体会到了养育两个孩子的那种小酸涩。但是正是因为经历过这种酸涩，所以在吵过、骂过、累过之后，才会更深地体会到了那种酸过之后的甘甜。

感动蹦跳妈 90 天的坚持，让我从日记中认识到这位可敬的妈妈。感动蹦跳妈对蹦蹦说的那句“我等你”，等待着蹦蹦完成那幅画，也是等待着蹦蹦的成长。没有催促，没有埋怨，没有批评，有的只是默默的等待，最终蹦蹦完成了画。也感动蹦跳妈陪着跳跳在教室外玩了三周，期间没有急躁，没有打骂，也没有强迫，有的只是温柔的坚持，最后成功让跳跳进入教室学习。也感动蹦跳妈充满智慧的引导，顺利培养蹦蹦对爵士舞和绘画的兴趣。

感动蹦跳妈 90 天的坚持，让我看到日记中的孩子都是活生生的，喜怒哀乐都那么清晰地跃然纸上。日记中我看到了蹦蹦跳跳的古灵精怪，看到了蹦蹦跳跳的吵吵闹闹，也看到蹦蹦跳跳的相亲相爱，更看到了蹦蹦跳跳的成长。虽然蹦蹦还是会为了好吃的食物与跳跳争吵，但她也会说:“跳跳过来，姐姐喂吃饭。”跳跳也还是会和蹦蹦吵架，但也会勇敢地挡在姐姐面前说：“这是我姐姐啊，你干什么！”蹦蹦也还是会和跳跳争宠，但是也会为跳跳细心地贴上创可贴。我想这就是成长的过程，排斥，接受，互相关爱。

在长大某个时间，翻看这本日记，蹦蹦跳跳是否会感慨：在小的时候，在我们都不懂爱，也没有学会去爱别人的时候，我们就拥有世界上最深最浓最真切的爱——母爱、父爱，以及手足之爱。

选择困难VS照单全收　6月20日　周五

带蹦蹦去书城，蹦蹦兴高采烈地跑到儿童读本区。有一段日子蹦蹦不是很钟爱公主、芭比了，没想到今天又想起来了，跑去翻了几页“芭拉拉”，最终又无甚兴趣地放下。因为蹦蹦之前很长时间喜欢公主和芭比，跳跳也跟着整天要看芭比，很担心跳跳会跟着姐姐学一些女孩子的喜好。大宝带小宝确实会让小宝学得快，但小宝容易照单全收，比如学姐姐一些娇媚的表情等。

蹦蹦翻了20多分钟书，也没选定自己要什么，最后说要买一本涂色书。来回选看了十几本，也不知挑选什么好，让我给意见，我建议：“你为什么不自己画出来，然后涂色呢？”她说：“那就不叫涂色了！”我说：“自己根据想象来画，自己爱画什么颜色就画什么颜色，不好么？”她一方面因为犹豫不知该选哪本，一方面因为我提反对意见而生气。最终，我没有给她买书，因为她自己没有做出选择。

晚餐跳跳要跟先生坐在一起，跳跳拿起一条炸沙丁鱼给先生放到碗里，先生很高兴。“好儿子”话音未落，跳跳嬉皮笑脸地说：“爸爸你给我拔拔刺吧！”先生满腔欣喜化为无奈。太好玩了。

李老师点评：

问题一：选择困难是问题么?

“选择困难”是你的内心给孩子的行为所赋予的概念，也算是一种标签。选择困难其实也是一种选择，是在选和不选之间的第三种选择，为什么不可以呢？耐心给予引导，女儿一定会做出选择，做不出选择也是一种选择。从描述来看，女儿选择“涂色书”似乎让你心有不满，反思或回味一下当时的感受吧。

问题二：小宝学大宝照单全收好不好?

性别认同是指对自己是男是女的生理、心理和社会身份的认同和确定，一个人从两三岁开始，就有了初步的性别意识。比如，小孩子会体察到爸爸和妈妈的不同；在幼儿园和小朋友一起玩耍，会发现男孩和女孩身体的不同；也会发现老师、父母对待男孩和女孩的要求有所不同。他们就从这些差别中渐渐明白男孩子和女孩子的区别，从而完成性别认同。

小宝不光有姐姐，当然也就不会“照单全收”。

谁是老大？ 6月21日 周六

早上吃完饭，蹦蹦跳跳在小床上一起玩，蹦蹦嗲嗲地喊："哥哥保护我！"做出柔弱状。跳跳很是大气，一把搂住蹦蹦，"嗯，哥哥在这里！"散发凛然之气。最近蹦蹦总喜欢扮演"妹妹"，装弱小。前一阵蹦蹦放学路上告诉我胳膊被叮了个包，让我看看，这时邻居小姐姐很关切地来看蹦蹦，跟在后面的跳跳以为小姐姐欺负蹦蹦，一个箭步蹿上来，拉着架子大声吆喝："你要干什么！"只要先生批评蹦蹦，跳跳必然上前挑战他老爸。

晚上吃饭，我鼓励跳跳多吃："你多吃长得壮，长大就和爸爸一样，你就是我们家老大啦。"跳跳很开心："我是老大！"蹦蹦说："我才是老大！"两人为"老大"争执，蹦蹦说："我是一号老大，你是二号老大，都是老大。"平息啦。饭后跳跳跑到我面前，"妈妈我全吃完了，我是不是老大？"

问题一：时不时地会告诉跳跳："你是男子汉，将来要保护姐姐。"难道是给了跳跳做男子汉的心理暗示？这种暗示好不好？

问题二：蹦蹦扮演妹妹，是不是认为当小的更受宠爱？

李老师点评：

回答一：我们的文化传统对男性的雄性气质一直是压抑的：听话、老实、不骂人、不打架，进而发展到在自己的正当权益甚至人身安全受到侵犯时，既不愤怒，也没有正当的防卫行为。看看欧美的运动项目就可知这中间的差距：篮球、足球、橄榄球、冰球，等等，没有十足的雄性气质是不可想象的。如果遇到现实的竞争呢？诸如好与不好之类的价值判断，没有答案。

回答二：我看到了温馨的一幕：姐弟俩在游戏中体验着不同的角色，这对他们很重要。至于他们是怎么想的，都是我们的猜测。

大的照顾小的 6月22日 周日

上午带蹦蹦跳跳去大拇指广场，两人看见充气城堡，二话不说脱鞋子冲过去，也没有征求大人的意见，我在后面喊都没喊住。两人在充气滑梯上疯玩，蹦蹦直接头朝下往下滑，跳跳试图跟随，但感觉不对，立即退回去，改成常规姿势下滑。玩了十几分钟后，跳跳胆子大了，也开始头朝下下滑。过程中，有别的小朋友一起闹，蹦蹦几次上前看了看跳跳，怕他被别的小朋友欺负，临走的时候，蹦蹦跳跳还互相看着，生怕掉了一个。最近蹦蹦在"在意"弟弟这件事情上很有长进，不是过去不带弟弟玩的状态了。很是欣慰啊。记得跳跳往日还在地上爬行的时候，蹦蹦还用脚踢踢他，"走开，别挡路！"感觉对于她来说弟弟跟小宠物一样。现在终于开始"平等相对。"

下午进超市，蹦蹦又在为选哪个口味的小糖果自己纠结，跳跳拿了一盒就走，毫不犹豫。蹦蹦问我和奶奶意见，放下、拿起，反复，她的纠结我也纠结啊。

问题一：姐弟之间的“照顾”需要特别强调么？

问题二：蹦蹦的选择困难更集中在在同类几个中意的东西中选择最中意的，选择起来特别费时间，而且总会后悔或者遗憾，让我很头疼。

李老师点评：

回答一：姐弟间“照顾”的基础是血浓于水的亲情，自内心溢出。最糟糕的事情，是把这种自然而然的关系变成义务、变成“工作。”

回答二：孩子之所以征求我们的意见，说明她“举棋不定”，如果我们给予了意见，那就给孩子又增加了一个需要平衡的维度，就会更加的“举棋不定。”由于我们是父母，手中握有“钱、权”，孩子往往会倾向于采纳我们的意见，从而压抑自己的需要。

问题之关键在于：为人父母者为什么如此急于给孩子以“正确的指导”呢?

周一综合征 6月23日 周一

周一早上，蹦蹦起床有点闷，眼睛肿了，我问：“是不是昨晚哭了？”蹦蹦说没有。跳跳说：“昨晚我和姐姐看电视了，看熊大熊二！可吓人了。”我问：“是不是关电视的时候闹着哭了？”蹦蹦不好意思地说没有。跳跳回答：“哭了，姐姐哭了。我关了电视就睡觉了。”蹦蹦有些恼，跳跳看蹦蹦不承认，上前戳了蹦蹦脸一下，蹦蹦回戳，“别动手了！”我一手摁住一个。

上学路上，蹦蹦问：“妈妈中午能不能早点来接我？”我说：“多早？难道还在你上课的时候把你从窗户捞出来？”她笑了，“不是，就是提前五分钟站在门口吧。”此时看到一个上幼儿园的小女孩肿着眼睛哭，她妈妈很生气：“怎么去幼儿园就哭！”我和蹦蹦相视一笑，我悄声说：“是不是和以前的你一样？”蹦蹦不好意思，让我别说了。

奶奶告诉我，昨晚我一出门上夜班，蹦蹦突然就大哭，问她为什么她不答。其实每周日晚和周一早，蹦蹦总是情绪低落，类似成人的“星期一综合征。”

李老师点评：

对于孩子的“糗事”或者“伤疤”，“相视一笑”足矣。戳破了，有意思吗?

由熟悉转为陌生，由休息转为学习、工作，总是不舒服的。这时父母从容的陪伴（需要忍住自己的急躁与愤怒）将带给孩子力量，还可强化孩子对新环境的兴趣，比如多问一点在幼儿园、学校里的开心事。最糟糕的，是不顾孩子的内心感受而一味批评、贬低。

“亲”之困惑 6月24日 周二

下午蹦蹦放学回家做作业，跳跳被奶奶领着到楼下骑自行车。吃晚饭时间，跳跳说什么也不上楼，非要在外面继续玩，先生出马，到楼下给抱上来了。跳跳很不爽，进门看我想寻求“帮助”，我给了“拒绝”的眼神，他一转弯就直奔爷爷哭诉：“要出去玩！”大家告诉他每天都可以玩，但是要有时间限制，比如吃饭的时候就应该回家吃饭。他不听，仍旧哭闹，我想让他自己到墙边“冷静”，爷爷不让，非要抱着哄，结果近一刻钟，还是哭闹“下去玩。”我和先生因为碍于爷爷奶奶没有继续批评，先生吃晚饭，带着跳跳玩了一会儿游戏，跳跳好了，也被奶奶喂着吃了饭，对这样的解决办法很无奈。

大人“阵线”的不一致，往往给孩子“钻空子”创造了条件。中国家庭往往就是三代或者四代同堂，有利有弊，解决“阵线”问题不易，关键在于强大的“平静心”，在老人面前不当面“挑刺”，又要对孩子划定规矩界限，不易。

李老师点评：

“易”与“不易”是比较出来的，跟事情本身没有太大关系。现实就摆在面前，我们能通过有效的行动解决问题，就“易”，解决不了当然就“不易。”

在三代甚至是四代同堂（即使不同堂，老人接触孩子的机会也很多）“阵线”不统一的情况下，我们夹在中间的父母要怎么做，这也是我经常反思的问题。

父母的首要托词是老人“不服管”，也许是“不敢管”，最有可能的是“没能力管”，也可以称之为我们中华民族的优良传统——孝顺。说到这里，我们来对孝顺稍加分析。在针对孩子教育的问题上，有“小孝”（即时的）与“大孝”（延时的）之分。不遵循孩子的成长规律而顺从老人对孩子“溺爱”，这是“小孝”；敢于“违抗”父母的作为，遵循孩子的成长规律，这是“大孝。”道理很简单，当孩子“长大成材”的时候，老人自然欢喜。反之呢?

以此看来，主要问题是我们的思维方式，是我们解决问题的能力。而这些又都来自我们自己的成长经历，我们就是在这种环境中长大的。是时候通过我们自身的努力来打破这种“链接”的时候了，为了孩子！

一切的抱怨，都只是在推卸责任。

父母自己带孩子“易”还是“不易”？生活“易”还是“不易”？

“动手”有危险 6月25日 周三

今天蹦蹦期末考试，早起她告诉我，不想去学校了，不想考试，我问为什么。答曰：要写满满的几张卷子，好麻烦啊。

中午，奶奶带跳跳去接蹦蹦，跳跳不让蹦蹦和同学一起走，推了蹦蹦一下，蹦蹦回推，跳跳直接后脑勺着地倒了。放学的家长孩子围观，有个家长对蹦蹦说：“后脑勺磕坏了就傻啦，你知不知道，等你爸爸妈妈老了，没人照顾他，你就得照顾他。”蹦蹦脸色有些变，小声说：“是跳跳先推我的！”此时跳跳看见很多人看他，哭得有些不好意思，问奶奶要纸擦眼泪。跳跳一直大哭回家，奶奶问他今天谁先推人，跳跳说：“我先推姐姐。”奶奶问：“你错了没？”跳跳说错了，随即说：“但是姐姐把我推倒了。”

先生把蹦蹦叫到屋子里单独训话，主要是让她长记性，记得弟弟还小，很容易被推倒受伤害，蹦蹦一直哭，似乎有些后悔。

下午我回家，蹦蹦开心地主动说：“我数学检查了六遍，还让老师给我检查了一遍。”我问语文呢？她说：“挺好的。”我问她怎么看待考试，她回答：“就是考试呗！”

李老师点评：

笔下的孩子是活生生的，喜怒哀乐跃然纸上。处在母亲角度，既能看到孩子的情绪，又能及时给予“恰到好处”的回应，那就是常说的“把孩子当人看。”多见的是，家长不自觉把孩子物化：“不许哭”、“不许乱跑”、“不许……”若是机器娃娃，当关上开关，会即刻停止行为反应，孩子区别于机器之处即在于是活生生的人。

当家长真正领悟到“把孩子当人看”的真谛，就会发现，每个孩子都是独特的天使。

延迟满足 6月26日 周四

早起临时决定全家去早市逛逛，蹦蹦跳跳很开心，早市有卖长条爆米花，两个人都想要，就买了。可能早上没吃饭，蹦蹦跳跳有点饿，就一直吃，我说：“一会儿妈妈请你们吃好吃的早餐，现在少吃点，留着小肚肚。”跳跳伸进袋子里的手顿了一下，放下一块大的，拿出一点渣渣，“妈妈，我留着肚子，就吃这一点点。”蹦蹦毫不在乎，依旧拿出一块大的来吃，“我还有肚子吃好的！”到了早茶店，跳跳狼吞虎咽地吃虾饺，蹦蹦明显胃口不如跳跳。其实对于小朋友来说，也许爆米花比虾饺更好吃，但对于“延迟满足”来说，就显示出性格差异。想想很有意思，小朋友很多性格真不是后天养成的啊。

下午，先生带着俩孩在大床上玩耍，各自玩各自滴。突然咚滴一声，跳跳脑袋着地，哇哇大哭。这个小朋友昨天被姐姐推倒磕到头，今早从床上滚下去一次，下午又是磕到，吓死我了，真怕给跌坏了，好歹就脑门有个小包。

李老师点评：

心理学将人格定义为“各种心理特性的总和”，呈现为气质和性格。气质相当于我们常说的脾气、秉性，与生俱来；性格则是在社会生活中逐渐形成的，是可塑的。

单就延迟满足来说，你给的“诱惑”是否“正中孩子下怀”，这点很重要。需求不同，诱惑物的价值也就千差万别。

惧怕“初次” 6月27日 周五

今天下午带蹦蹦去爵士舞体验课，蹦蹦之前表示暑期什么也不想学，就想在家里玩。怕她耍性子，带着跳跳一起去。体验课刚开始上，蹦蹦还是表示不想跳。我带跳跳站到老师旁边，跳跳有点紧张，但觉得很有意思。十分钟过去，蹦蹦蠢蠢欲动，终于走到场上开始学习，但非要我在旁陪着。跳跳听见音乐开始撒欢，需要随时抓着他别扰乱课堂秩序。蹦蹦跳得很有范儿，但不愿和其他三个小朋友一起跳，要求我站在旁边。下课后，老师赞她跳得好。我问她：好么？她说：挺好的。我问：喜欢学么？答：喜欢。

把兴趣发展成特长，其中会有曲折和坚持，尤其对于孩子来说，规范化就是受约束，一不小心就把兴趣也丢掉了，这个度很难掌控，只能摸索着来吧。将来能把兴趣经营成事业固然好，能保留住兴趣作为生活的色彩也不错。扶一把孩子，然后让其自由生长吧。

李老师点评：

对孩子学爵士舞的因势利导很棒。

每个人对生存的世界都有与生俱来的好奇，随之会转变成一种社会动机叫兴趣，可在成长过程中，某些兴趣却被打掉了。孩子“表示暑期什么也不想学，就想在家里玩”，背后隐含的是“学很累很苦”，学爵士舞是苦、累的过程，比不上玩的诱惑。我们需要反思，兴趣的培养是“尊重孩子的需要”，还是“依从家长的选择”？

“扔下”他，“扶持”他 6月28日 周六

早上我去上班，先生带蹦蹦去绘画体验课。9点半，先生给我打电话说蹦蹦哭，不进教室画画，先生把她放在画室，自己出来了。10点半，我赶去画室看情况，结果一推门见蹦蹦在和老师笑着说话。老师对我说：“她爸爸一进门就说这个孩子慢热，可能会给孩子心理暗示。蹦蹦进门就说不喜欢画画。我后来和她聊了一会儿，让她四处看，不画画，她挺开心的。”我看蹦蹦适应不错，就对她说去书城采访，12点接她，她痛快答应了。12点，我和先生一起去接她，发现她很认真地看大姐姐画的素描，并见了我就先说：“给我买马克水彩笔，我要画画！”回家后，蹦蹦画了长颈鹿，四处展示。

晚间，采访美国钢琴教育家佩里，问她小朋友遇到“坚持”的瓶颈怎么办？她说，不怕停下来，孩子心里还没有真正感受音乐，因此在钢琴上表达不出来，弹的时候就会枯燥。她建议多听经典音乐家的弹奏。好吧，以后多注意“倾听感受。”

李老师点评：

两位老师用不同的语言表达了同样一个意思：让孩子在轻松、自由的环境中去感受画画，感受音乐，继而喜欢，继而行动。这是培养艺术家的思路，至少也是艺术爱好者。

还有另外一种方式，就是在家长的“高压”之下，把孩子培养成一个会画画、会弹琴的人。他们可以以此为生，但他们从中体验不到任何的乐趣。

第三种最可悲，他们从小学习了很多的“特长”，但都没有坚持下来，甚至是反感、痛恨他们的所学，还落下了没能力、不坚持、不听话等话柄。

父母不让孩子学习“特长”会怎样?

隔代亲 6月29日 周日

昨晚蹦蹦说要给老奶奶画幅画，在今天中午寿宴上送给老奶奶当礼物。她问我画什么，我说你想想吧，她说想画蛋糕。结果晚上各种忙，没有画。早起，我问她礼物呢，蹦蹦说没画，说送以前画的长颈鹿吧。我问她是否应该说到做到，她犹豫再三说时间来不及，我说：“等着你。”最终还是画了蛋糕，中午送给老奶奶，老奶奶非常开心。

跳跳傍晚要到楼下骑车，不达目的就哭闹。爷爷心软，应承十分钟后带他下去玩，其实饭都上桌了。我抱起跳跳来到另一个房间，关上门，跟他讲先吃饭，他还闹，但有些平静了。他爸爸拿出iPad，跳跳跟过去看爸爸玩游戏，把下去玩的事儿忘了。十分钟后，告诉他游戏需要“加油”，只有他好好吃饭，才能再次启动。大家开始吃饭，跳跳吃得又快又好，饭后和姐姐玩，没再提出去玩以及游戏的事情。

李老师点评：

“她犹豫再三说时间来不及，我说：‘等着你。’”可贵而又智慧的，是妈妈这句“等着你”，看似简单的三个字，反映出的却是温柔的坚持。“温柔的坚持”力量强大，重点是如何用。面对类似场景，部分家长早耐不住评价。而你的只言片语，满载着坚持的力量，让蹦蹦感受到了爱的陪伴。

弹簧般精力充沛的跳跳，不断尝试他的“控制”，并为实现自己的意志（到楼下骑自行车）不懈努力（不达目的就哭闹）。爷爷“应承”、妈妈“闭门会谈”、爸爸“游戏诱惑”……跳跳饭后“再次启动”却已改弦易辙。

慈与善 6月30日 周一

蹦蹦傍晚第一次正式的爵士舞蹈课，很开心地去了，很开心地跳了，一扫之前体验课的哭啼别扭，下课表示："没跳够，想天天跳。"之前的纠结去哪儿了？

下课后带蹦蹦去台东夜市吃夜宵。饭后，路口处看见一个坐在轮椅上的残疾人和亲属写了一地的病情和遭遇，先生走回头给他们10元钱，我问蹦蹦："爸爸应不应该给他们钱？"蹦蹦说应该。我问为什么，她也反问为什么。我说："这个人残疾了，没法工作，没法赚钱，也没法生活，连吃饭的钱也没有，所以只好乞讨，让大家帮助他。"蹦蹦想了想问："他就坐在那里，我没看见他哪里残疾了。"我回答："他得了一种奇怪的病，只能待在轮椅上不能动。"她想了想说："那就应该给他钱吧！"

蹦蹦看好一把玩具扇子，说给弟弟也买一把，我问摊主说是三元一把，讲价五元两把成交。问蹦蹦："我们买便宜了还是贵了？"蹦蹦算了算说便宜。"便宜多少？""两元。""你怎么算的？"她又想了想，赖皮地笑，"便宜一元。"我告诉她要认真一点。

李老师点评：

当一家三口看到乞讨的残疾人时，爸爸妈妈有怎样的情绪反应？

相对于道理，行为对行为的影响以及情绪对情绪的影响更为直接和有效。任何一种行为，包括跳舞、慈善、学习、工作，如果没有情绪情感的投入，都不会长久。即使勉强为之，也不会有丝毫的乐趣可言。

残疾人乞讨的场景，爸爸给钱的行为，以及当时你们脸上的情绪表现，将给孩子留下深刻的记忆。

关于计划 7月1日 周二

昨日下午，蹦蹦和先生协商了暑期生活计划表。今日一早，先生张贴出暑期计划。我上午工作，奶奶带跳跳外出，蹦蹦和先生单独留守。下午总结：表现很好，全部按照计划完成学习任务。问蹦蹦爸爸态度好么？蹦蹦说还不错。先生说："我什么都没干，陪了她一上午。"在跳跳"缺席"的情况下，蹦蹦更容易安静地做完事情。

下午带蹦蹦去找钢琴老师做恢复性训练，蹦蹦比较认真，比这次"中断"之前学琴的表现好很多：不再扭来扭去，能够更快速地辨认出音符和手指所在的键。也许，有时候"中断"能够换来更好的出发。但愿吧。有时候反思是不是我不太重视她所有的课外学习，因为开始就只是让她玩兴趣，从未想过做特长生或者做专业，我的"不在意"会让她"不在乎"么？

今天起，过有计划的生活，对蹦蹦跳跳和我们大人来说，都是一个挑战。

李老师点评：

有过计划的生活——这种挑战只针对父母。

往大处说：民族存在决定民族意识，民族存在决定民族性格。往小处说：我们为人父母者能做的不是怎样教育孩子，而是我们能为孩子营造一个怎样的“存在”（环境）。

对于计划来说，规定“你每天要怎样”，远不如规定“我每天要怎样”有效。

回想一下我们几十年的人生，我们曾雄心勃勃地制订过多少计划？可又能认认真真地完成过多少呢？当我们自己完成不了的时候，我们会自我安慰；当孩子完成不了的时候，我们会做什么呢？

姐弟相伴 7月2日 周三

上午带跳跳做入托体检，特意拎上蹦蹦一起给他壮胆，因为之前跳跳体检总是哭，不配合。路上，告诉跳跳姐姐一起体检，跳跳表示高兴。上电梯的时候，跳跳有些害怕，不想体检了。我说：“没关系，有姐姐妈妈爸爸陪着呢！”进入体检室，蹦蹦先跑到带座位的秤上称体重，跳跳也跟着学。但站着量身高时，跳跳就有点紧张，蹦蹦在旁鼓励。医生拿听诊器听心肺的时候，跳跳小脸儿都红了，但还故作镇静，我半搂着他说：“没事，阿姨给你听听小心脏是不是很有力量！”跳跳说：“我是男子汉，很有劲。”

去验血室，蹦蹦忽然说：“不是给我验血吧？”我说不是。跳跳似乎还没反应过来，就被我抱着伸出手指头了。蹦蹦有点紧张地说：“那我先出去了。”我说：“你不是陪着弟弟么？”她笑了笑说：“我还是先出去吧。”跳跳扎针时没哭，先生让他看旁边的贴画，引开了扎针瞬间的注意力。扎完后，给跳跳用棉球摁住针眼处。跳跳很小心地说：“有点痛。”我说：“妈妈帮你摁着，一会儿就好了。”回家后，跳跳很开心告诉奶奶：“我扎针了，一点没哭，我是男子汉，不害怕。”

李老师点评：

当一个人害怕时，往往夸大外界事物的影响，低估自己的应对能力。有最亲密的家人陪伴，孩子的害怕被缩减，“似乎还没反应过来”，害怕的场景就已慢慢退隐。家人的陪伴是安全的港湾。对孩子回家后的“自夸”——“我是男子汉，不害怕”，家长也要给予充分肯定。

生活中，普遍存在的一个问题是“概念模糊。”比如，什么样的习惯是好习惯？相信绝大部分家长没有思考过。一个“概念”的内涵搞不清楚，直接导致的后果就是我们不知道在现实中如何去操作比如，如何培养孩子的好习惯。

再延伸一下。什么是爱？什么是母爱？怎样的爱是对孩子的爱？这都是需要弄清楚的问题。什么是“粗心”？

性别意识 7月3日 周四

下午蹦蹦说：“晚上能不能和你跟爸爸一起睡大床？”我说不能。她问为什么，我说：“你长大了，应该一个人睡了，以后你也会搂着你先生睡。”蹦蹦说：“我不想结婚，我不想生孩子。”我问为什么，她指指我剖宫产刀疤，认为非常疼。她又问我：“不从肚子里开刀，孩子是拉粑粑一样拉出来的么？从哪里拉出来的？”想了想，我打开《儿童大百科》翻出那一页画着男女区别的图，给她简单说了说肛门、阴道和尿道。她表示诧异：“孩子那么大，怎么能生出来？”我告诉她这个和气球一个道理，人的子宫和阴道就像气球，而且因为生孩子的时候有压力，孩子一下儿就出来了，她大概觉得有点道理，不再追问。我觉得有必要再叮嘱一下：“阴道口对女生来说很重要，千万不能碰这里，谁也不能碰，知道么？”

跳跳也遭遇有了性别意识，前几天忽然对我说不要看他尿尿，说：“我是男生。”还会以有没有小鸡鸡区分家里的男女。在同一本《儿童大百科》中，他这几日比较絮叨关于拉便便的过程。

李老师点评：

孩子的性教育好像是块烫手山芋，让家长不知如何碰触。其实，性不仅可以意会，而且可以言传，包括孩子。

孩子的“涉性问题”一般包括三个方面：性别认同、性冲动和性好奇。

跳跳（3岁）的表现就属于性别认同的范畴。所谓“性别认同”就是把自己在生物、心理、社会学方面的“性”协调一致，把自己看成男人或者女人。给孩子取什么名字、穿什么衣服、买什么玩具等，都具有性别认同教育的意义。

儿童也会有某种性的冲动，比如小男生抚摸小鸡鸡、小女孩用桌角摩擦生殖器部位等，家长切不可对此大惊小怪，更不要严加斥责。如要干预，最好采用巧妙的方式，如做游戏、讲故事等，转移其注意力。随着成长，这种行为会慢慢淡化。

孩子对世间的一切都是好奇的，“性”也包含其中。更何况，“性”在孩子的眼里和手、脚、鼻子并没有什么区别。蹦蹦（6岁）的问题就属于这一类。当孩子询问这类问题的时候，家长应坦诚相告，既不回避，也不说谎，更不可嘲笑或斥责，但也不必过分主动地讲，只要做到“有问必答”即可。

以上写的都是“说什么”，更重要的是，家长在说的时候伴随怎样的情绪、怎样的表情。坦然？羞臊？

玩伴儿 7月4日 周五

下午蹦蹦跳跳两个人一起玩玩具，蹦蹦打开整理箱，拿出更多玩具，并且跟跳跳划清界限，说都是她的。跳跳有些生气：“不公平，这是大家的。”蹦蹦不给跳跳，指着床上的玩具说：“那些是你的！”跳跳有些无奈，也妥协了。

玩耍了一阵，准备吃晚饭了。让蹦蹦跳跳收拾东西，蹦蹦把部分玩具扔到玩具箱里，不管了，大声说：“剩下的都是跳跳扔的。”跳跳开始一件也不收，被先生吆喝了一嗓子，“哇”地大哭，找奶奶寻求安慰，奶奶说：“自己收拾！”又来找我，我也说：“你应该去收拾。”见没人理会，跳跳很无趣地自己捡了玩具，把我拉过来说：“妈妈，你看看，你看看好不好，全是我收拾的。”我说：“很好，下次玩完了玩具，还要这样收起来。”

李老师点评：

“无奈”的跳跳啊！如果我是跳跳，我是多么希望妈妈能看到我的“成绩”啊！更希望的是，能得到妈妈的肯定，得到妈妈的亲吻或者拥抱！

孩子们，包括我们成人，并不是因为“道理”而继续一个行为的（下次收玩具），而是依据行为带来的内心体验（满足、舒服等）而继续的。

为“吃”登顶 7月5日 周六

今天家族聚会，一起爬毛公山。蹦蹦爬到一半，看到小姨不上山了，就开始闹：“我不想爬了，没意思！”我说：“我们就是出来锻炼身体的，必须爬！”跳跳闷着头往上爬，说：“妈妈，我有劲，我是男子汉！”又往上走了一段，蹦蹦又说：“都是楼梯，没意思！”姑姥爷说：“一只羊有四条腿，前四名每个人都吃一条腿。”跳跳说：“我要吃，吃很多。”蹦蹦不理，还是很不耐烦，说没意思。跳跳就告诉大姑姥姥姐姐不听话。路上，跳跳绊了一跤，有点痛，脸都红了，但咬牙说不疼。最终，蹦蹦跳跳还是都登上了山顶。

下山时，跳跳向大姑姥姥告状：“那天在宝龙开碰碰车，爸爸撞我了。”这件事跳跳逢人就说，说了近一周。还告诉老奶奶：“姐姐就是我妹妹，我每天都在家照顾妹妹！”这个小家伙最近到了絮叨期，而且乐于告状，总是说姐姐怎样怎样，他自己怎样怎样。

李老师点评：

孩子的表现不重要，重要的是家长怎样看待孩子的行为（“告状”、“絮叨期”）以及由此引起了怎样的情绪反应（担心、焦虑）和行为上的应对方式（解释、讲道理）。

和孩子游戏，或者说把和孩子的互动当做一种游戏，是很好的方式。只要不关注“问题”，“问题”就会慢慢消散。

被比较，有伤害 7月6日 周日

上午，奶奶带着蹦蹦跳跳去小区的理发店焗油，蹦蹦在理发店东逛西逛，跳跳坐在凳子上很认真地吃小冰激凌。理发师说："本来担心你们这个小的碰着，看来应该担心这个大的。"蹦蹦对此没反应，理发店的人就夸跳跳这个孩子真稳当。有个阿姨随口说："这个小姑娘真漂亮，谁家的？"跳跳噌地站起来说，"这是我姐姐呀！"又有奶奶"逗引"蹦蹦说："有个弟弟，你生不生气？"蹦蹦说："能不生气么？但是爸爸说了，不小心就有了，就只能生下来呗！"理发店里大人们笑成一团。

想起前一天家庭聚会，老奶奶和姑姥姥都夸跳跳"稳当"，当着蹦蹦的面说："你怎么不跟你弟弟学学。"还说："再这样，不如只要你弟弟。"感觉姐弟俩被这样比较很不好，但总会遇到这样比较他俩的说法。

李老师点评：

这样比较很不好！

往大里说，每个孩子都有自己独特的个性，都是这个世界上独一无二的。拿一个人所谓的优点和另一个人所谓的缺点相比较，这是什么用心啊？！成人似乎都喜欢"稳当"，这样的孩子让父母省心，省力，看着也"顺眼"，心里也不烦。但别忘了，他们还是孩子，孩子有他们的天性。

往小里说，对于跳跳，本来属于自己的爸爸妈妈包括他们的爱，不由自主地就被分走了一半，跟谁说理去啊！

多子女家庭的父母，要多多的关注长子或长女的内心感受，并在行为上切实地让长子或长女感受到——爸爸、妈妈没有变，爸爸、妈妈的爱也没有变。

外人的"嘴"我们无权干涉，只有父母做相当的努力。

误伤引起的误伤 7月7日 周一

早起带蹦蹦跳跳爬市内的浮山香苑，先生、蹦蹦、跳跳每人带一根登山棍，我认为这等小山用不着棍子，但三人坚持要带着玩。半山上，蹦蹦被先生的棍子误伤打到了脖子，非常生气，本来跟着先生走在最前头的她红着眼睛跑到我身边，开始不理睬先生。先生很无奈，带着跳跳往前走，蹦蹦在后面翻着小白眼："讨厌这两个丑蛋。"先生笑着说："我不是故意的，你别生气了。"蹦蹦还是很委屈，不和先生说话。

下山的时候，到清真寺门口吃烤羊肉串，蹦蹦开始表示不吃，后来看我吃，拿过去就咬，结果被签子烫到嘴角，我也没想到签子那么烫，没想到她能碰到了签子。先生很生气，对我说："你太粗心了，这个不怪孩子，就怪你。"我心里一堵，但没说什么，赶紧取消后来的行程，回家给蹦蹦擦烫伤药。路上跳跳不想回家，先生说："下午四点以后再带你们去海边。"跳跳还是不甘心，但也跟着上楼回家。蹦蹦回家后，与爸爸和好。

李老师点评：

人的情绪具有信号功能，通过情绪表达，可以传递某些信息、沟通某些思想。孩子的情绪往往"来也匆匆，去也匆匆"，你与爸爸都能尊重蹦蹦的情绪，难能可贵！

蹦蹦的不小心引来爸爸对妈妈的批评，委屈妈妈了！让我更为感动的是，你们"赶紧取消后来的行程"，而非"推诿指责"。

赶海　7月8日　周二

今天是今夏第一次海边游，跳跳一路很兴奋。赶上退潮，蹦蹦跟着爸爸和奶奶抓小螃蟹，跳跳坐在石头上玩水，拿了一只塑料碗装螃蟹，但跳跳非要把螃蟹倒掉，他用塑料碗玩水。我说要装螃蟹，他不听。看他实在也没什么好玩的，最后换了瓶子装螃蟹，让他用碗玩水。

蹦蹦赤脚玩，告诉她容易划伤，不听，还用石头去敲海蛎子，结果手指头划破出血了，蹦蹦一副不在乎的样子，照样玩，也没说她，给她包了手指。

跳跳看到一只螃蟹跑了，说要抓，结果又害怕，赶紧爬到我腿上，做树熊状，蹦蹦也上前，踌躇了一下，也没敢抓。先生问跳跳今天开心么，跳跳说："开心！不过就有一件事还不开心，我要吃饭！"蹦蹦要求吃牛排，跟我说："就是那天，跳跳还很小，跟奶奶在家，你和爸爸带我去吃的那家牛排。"我都愣了，这大概是两年前的事儿啦，她还记得。

李老师点评：

其乐融融的一家人！

陪伴孩子的过程中，在安全范围内给他们充分自由，让其全身心投入到快乐中去，既让孩子享受欢乐时光，父母也难得悠闲！

幼儿园报到　7月9日　周三

今天是跳跳幼儿园报到的日子，早上吃饭，蹦蹦训练跳跳，"你叫什么名字？"跳跳回答："王佑之。""几岁了？""两岁，快三岁了。"……跳跳回答得很痛快，蹦蹦让他大声点，他就很大声。10点多要出发了，跳跳开始犹豫，想让姐姐去，我说姐姐要在家学习，他有点胆怯，我说："妈妈拉着你的手，陪着你。"

到了幼儿园，老师问他叫什么名字，他拉着我的胳膊答了，声音还挺大。接下来办各种手续，跳跳有些不耐烦，想出去。有两三个老师围着他，问他叫什么，他就不答了，大头紧紧贴着我的胳膊，小脸也红了，明显地不好意思。我想了想说，“跳跳你回答老师好么？”他还是不语，然后拉着我跑到门口，说要回家。一会儿，奶奶来了，和保安以及老师打招呼，他们以前对蹦蹦都有深刻的“早上进园就哭”的印象，就问：“小的都长大了？又来了？”我继续办手续的时候，跳跳开始在大厅探头探脑，玩耍。新一季又要开启了，不知道跳跳上幼儿园会是什么状态？

尝试探索新事物时，必然带来某种程度的焦虑，经过多次尝试，渐渐接纳、融入，就会适应。孩子从等待到犹豫、再到面对，开始熟悉环境，“开始在大厅探头探脑，玩耍。”作为独立的个体，他又完成一次跃进！

至于未来的状态，相信他是独特的，他的独特会成为他人生的一笔财富。另一方面，能决定孩子未来状态的是家长的状态：家长从容，孩子就从容；家长焦虑，孩子就焦虑。

互相喂饭 7月10日 周四

早上我还在睡，听到咚咚的脚步声，跳跳嘴里嘟囔着“坏姐姐、臭姐姐”，就跑到我屋里来爬到大床上，一副非常生气的样子，我问他怎么了，他说姐姐不让他玩玩具狗，还推他。一会儿蹦蹦也跑过来，朝跳跳翻小白眼，对我说：“弟弟跟我抢玩具！他还掐我！”我说：“不管怎样，动手就不对。床上那么多玩具，为什么非要抢一个？”蹦蹦跳跳都在生气。不一会儿，两个人又抱在一起顶头了。最近放假，两人腻在一起的时间长了，打打闹闹，一般就让他们自己解决问题了。

中午，跳跳不好好吃饭，要奶奶喂饭，蹦蹦拍了下桌子，说：“跳跳过来，喂姐姐吃饭。”跳跳屁颠屁颠地过去，给姐姐喂饭，俩人一边喂饭一边大笑，旁边奶奶跟着喂跳跳，奶奶边喂边说：“上幼儿园吃饭怎么办？跳跳老是吃一半就跑了。”又说：“开始半个月就不要让他在幼儿园吃饭，送半天，吃饭前接回来。”我跟先生没接茬。最后，奶奶喂完跳跳一碗饭，蹦蹦自己吃完了碗里的饭。两个人都给我看碗，跳跳说：“妈妈，粒粒皆辛苦，给我再刮刮碗。”蹦蹦饭碗一扔，跑到屋子里干别的事情去了。

李老师点评：

心理学研究发现，孩子往往会朝着我们担心的方向发展，而担心在很大程度上就是通过这种言语传递的。夫妻二人没接茬，是因为肯定不会同意奶奶的提议，还是意识到奶奶的话会给孩子以不良暗示而没有给予强化？“担心的话”少说为妙，不说最佳。

好好吃饭　7月11日　周五

中午跳跳不好好吃饭，我对他说："你吃不吃？"他说不吃。我说："你不吃的话，下午什么也不能吃！"他表示可以，各种赖皮表情，先生让我当着跳跳的面把跳跳碗里的饭吃掉，告诉他下午不能吃东西。

下午跳跳喝奶睡觉，我出门工作，4点半回来的时候，奶奶说跳跳饿极了，自己跑到厨房吃了点心，还振振有词地说：是妈妈让我吃的。"我叫跳跳到身边，问他，他嬉皮笑脸地回答："我饿了。"我说："不是中午说了不吃饭不准吃东西么？"他笑嘻嘻地说："妈妈我晚上一定好好吃，啊哇啊哇大口吃。"我说："你记好了！"

晚餐时间，开始时跳跳自己大口扒饭，后来又想玩，我看了他一眼："谁说要大口吃饭的？"他笑笑低头吃。蹦蹦上前说："今晚我管着他，快吃！"之后，跳跳又不想吃，蹦蹦拿了本书坐他身边，"姐姐给你讲故事，快吃。"之后，蹦蹦又喂了跳跳两口。终于，跳跳吃完了一碗饭，很快心地拍胸口说："妈妈，你看我厉害不厉害。"

李老师点评：

调查发现，经过刻意训练与未经训练的儿童，成人后在进餐规律性方面并无显著差异。也就是说，孩子不按成人习惯进餐，并未影响其成人后的进餐行为习惯。当然，前提是保证孩子营养。

吃与不吃对孩子来说，根本没造成困惑，因为"饿了就吃，不饿就不吃。"需要反思，面对不按成人步调行动的孩子，我们的焦虑从何而来?

成功画画　7月12日　周六

早上9点，蹦蹦第一次上画画课，时长3小时，我把她送进门，就留她自个儿画了，并告诉她要喝完水壶里的水。12点去接她，老师告诉我，蹦蹦坐得住，一直画，而且画得快，画完了一张，又画了一张，画得不错。我终于放心，本来怕她这么长时间坐不住，蹦蹦给我看水壶，全光光。蹦蹦给我讲述画画过程："老师让我们画清凉的扇面，我就画了大海，还有一张是下雨，很凉快！"我问她喜欢么？她答："很喜欢，我还想接着画。"

下午去书城，小雨姐姐读书分享会，小雨姐姐问哪个小朋友愿意表演故事角色，蹦蹦很紧张，后退跟我说她不想。我说："不想就算了。谁举手，老师找谁。"她还是有些紧张。一直以来，蹦蹦对于"上台"这件事儿很抗拒，但私下里又很"自来熟"，我也一直没勉强她非要登台。但是昨天蹦蹦学舞蹈回来，告诉我老师可能带她们去电视台跳舞，我问她愿意表演么？她说愿意。不知是不是因为集体行动所以不抗拒了？

李老师点评：

对于没有尝试过，尤其是没有积极的内心体验的事情，我们往往是抗拒的。像画画一样，只要孩子能体验到这件事本身带给她的快乐，就会喜欢。

趋利避害、趋乐避苦是人的本性。

瞬间“走失” 7月13日 周日

上午带蹦蹦跳跳去看变形金刚展览，结果到了门口，跳跳发现人多嘈杂，表示害怕。先生抱起他，对他说里面有很多汽车，这才勉强进门。对于光线黑暗声音嘈杂的地方，跳跳总是抗拒。蹦蹦无所谓地跑了进去，但展览很差，蹦蹦很不耐烦地说：“赶紧走吧！”

我和先生很渴，没有卖矿泉水的，就买了脉动，蹦蹦跳跳非要喝，我说：“这是运动饮料，小朋友喝了不好，每个人可以尝一口。”蹦蹦很愤怒：“你偷偷买！”跳跳跟着也上前说我：“你偷偷买！”他俩每人喝了一小口，我和先生瞬间干掉整瓶。我说：“你们都有水壶，妈妈也没带水啊！”跳跳立马把水壶递给我，让我喝。去洗手间洗手，跳跳紧跟着我，蹦蹦先洗完手，瞬间不见，吓死我了，跳跳很紧张地和我一起找，回头发现她自己先去找爸爸和奶奶了，我很生气，蹦蹦说：“我跟你说了我先去找爸爸。”但我丝毫没听见，告诉她：“必须妈妈答应你了，你才能走！”

对于孩子，买的东西似乎总是好的，他们不管卫生不卫生、营养不营养。从跳跳后来的举动看，只要父母表达了真实的情感，三岁的孩子是完全可以理解的。

不知道在买“脉动”之前先问孩子要水喝会有怎样的结果？

火，噌噌地 7月14日 周一

早上蹦蹦红着眼睛说想回姥姥家住几天，我说打电话给姥姥，姥姥说这两天感冒，让蹦蹦过两天过去。蹦蹦不乐意。先生凌晨看球，睡了三小时起床，见蹦蹦哭哭啼啼，冒火了，大声训她：“这才是你自己的家，未来十几年你都得在这里住。姥姥夏天那么累，还要照顾姥爷，没空整天照顾你！你回去又整天看电视！就在家里待着吧！”

蹦蹦很不开心，认为在家里放假还要写作业什么的，先生更火大，“每个孩子都这样，要么开心玩，要么认真学习，让你学习就磨叽，你用少的时间学习，多玩玩多好！”蹦蹦不作声。先生又说我，认为我告诉蹦蹦姥姥邻居小朋友过生日，她要回去送礼物，我想了想，没搭理他，事后告诉他：“那是上周说的事儿啦，你叨叨什么。”上午，蹦蹦做了四页练习题，也没有太大情绪。

李老师点评：

是什么突然让孩子红着眼睛说想回姥姥家?

在平常，孩子是否也会用“哭哭啼啼”的方式来表达自己的不满或欲求?

孩子他爸如果睡足了觉，会不会用发火的方式教育孩子?“没搭理他”是对的。

长夜，长　7月15日　周二

傍晚，带着蹦蹦跳跳去石老人海水浴场，两个人挖沙子不亦乐乎。去年夏天，跳跳见了水拼命向里冲，今年忽然有些害怕，先生带着他进到水边玩浪花，跳跳也就适应了，玩得满身都是沙子海水。

回家路上九点了，蹦蹦跳跳喊饿，先生提议吃夜宵，我不太赞成，这个点回家收拾收拾要睡觉了，先生坚持前一阵忙世界杯特刊没有晚上跟孩子玩，非要去吃粥和茶点，我最后没反对。没想到，两个在晚餐时吃了很多馄饨的小朋友，见了小包子和粥都拼了，尤其是跳跳，吃得有些“穷凶极恶。”吃完夜宵，跳跳表示还没玩够，不想回家。蹦蹦明显累了，眼睛有红血丝，但仍表示想继续玩。回家洗完两个小朋友，接着洗衣服，忙活到12点过了，没了睡意。

李老师点评：

忙活一晚的一家四口，心满意足后，妈妈依然辛劳到午夜，辛苦了!

今昔相比，差异显现。“去年夏天，跳跳见了水拼命向里冲，今年忽然有些害怕。”这是成长的表现。发展心理学研究证明：人天生具有“游泳反射”，即把新生儿放到水中，他会用类似游泳的动作划水和蹬水，但随着成长，孩子长到4~6个月，这种反射即会消失。这就是成长!

“骗”　7月16日　周三

下午带蹦蹦跳跳去万达玩游乐场，顺便去了超市，蹦蹦看到奶片，非要买。跳跳见了，放弃了推购物车的游戏，也跑到奶片处，大喊：“我要奶片!”看着两个人的“无赖”，也就妥协啦，跳跳选了红色包装，蹦蹦选了绿色包装。

出了超市，蹦蹦没忍住，先打开了，跳跳上前要一个，蹦蹦给了。然后蹦蹦要跳跳打开他的，给她一个，跳跳坚决不，撒腿就跑。蹦蹦很生气，跟我“告状”：“跳跳骗我，吃我的奶片，他不给我吃。”跳跳跑过来跟我说：“妈妈，我的是关着的，没打开，姐姐不听话，打开了。”先生出面协商，无果。让他俩一起照相，蹦蹦表示很气愤，不想跟跳跳一起照相。最终，说服跳跳打开自己的奶片，拿出一个给了蹦蹦，蹦蹦平静了。

看到孩子们的“争斗”以及在协调他们关系的过程中，你们夫妻二人有怎样的情绪体验？是觉得好玩，当成游戏，还是担心姐弟俩内心的感受？抑或是有些许的愤怒？不同的情绪体验将导致不同的应对方式。

犯错了，挨罚啦 7月17日 周四

接近中午，蹦蹦给我打电话告状：“弟弟惹祸啦，把你的化妆品全弄到床上，床单上都是，你快回来吧。”中午进门，已不见狼藉，奶奶告诉我，两个孩子“作”了一床凌乱。我把蹦蹦叫过来问怎么回事，她说：“我把你的化妆品拿到大床上。”我问：“为什么要拿？”“就是看看。”“是不是你拿过去，弟弟才玩的？”“是的。”“如果你不拿过去，一直放在洗手间，他会动么？”“不会。”蹦蹦开始有点掉眼泪，我说：“你知道这些都是花钱买的么？”她反问：“你为什么要花钱买？”我说：“你是不是也有防晒霜，也有脸霜？你为什么要抹？”她不做声了。

先生把蹦蹦跳跳叫到一起教训，两个人一会儿哭一会儿又笑，耍赖皮。最后蹦蹦承认不对，接受洗自己和弟弟内裤的惩罚。跳跳开始哭了两声，然后又问：“轮到说我了？”让他到墙角罚站两分钟，站了半分钟，他说尿尿，尿完后，自己跑到墙角，罚站啦。

李老师点评：

从和蹦蹦的对话看，孩子不仅诚实，而且已经知道错了。教育孩子的目的是为了让他们知错。适可而止，过犹不及。

相对于钱和弄脏的床单，对于这个年龄的孩子，他们对世界的好奇心也许更值得我们关注与引导。

“恐吓”疗法 7月18日 周五

下午，蹦蹦到琴行学琴，下课时老师悄悄问我：“蹦蹦怎么不咬指甲了？这次弹琴一次也没咬指甲。”我笑说：“被吓住啦！”几天前，先生给大家讲了一个微博新闻，说一个小女孩胃疼，到医院发现胃里有她自己咬的头发和指甲，做了手术取出。我和先生多次强调这些指甲在胃里还成长，没有刻意再去说蹦蹦咬指甲，但她在听的时候明显害怕，我还展示了一下剖宫产刀疤，告诉她做手术都是要用刀子切肚子。于是这几天，蹦蹦明显不咬指甲了。原来在这个事情上，“恐吓”比“苦口婆心”更有效果，呵呵。

钢琴课后，蹦蹦又在琴行自由画画，说是送给老师，很是开心。但学琴之前，她表示不想到琴行学琴，在家里也不爱练习。老师表扬蹦蹦这次练习手法等方面都有进步，给她一个大大的赞。

“原来在这个事情上，‘恐吓’比‘苦口婆心’更有效果。”——对一个心理足够健康的孩子来说，可以“被吓住”，“咬指甲”的行为消除。心理足够健康是关键！当孩子心理健康水平较低，“咬指甲”作为缓解焦虑的方式，若被禁止，可能出现类似“眨眼”、“玩头发”等行为。

“恐吓”可迅速缓解“成人的焦虑”，而不是孩子，虽见效快，但风险高。学着“漠视”或“温柔的坚持”，这要求家长有足够承担焦虑的能力。

跳跳3岁啦 7月19日 周六

今天跳跳三岁了，爷爷要大展厨艺，下午带蹦蹦出门，蹦蹦问我给跳跳送什么礼物，先生说不是订蛋糕了么？蹦蹦说：“蛋糕是生日必需品，不是礼物。”先生说：“我给他买礼物，你又得要，下个月就是你生日了，你有礼物，他又要，干脆都不要。”蹦蹦说“我这次不要，你给他买吧。要不今晚出去玩，当做给跳跳的礼物？”我说：“你缺觉，得早睡。要不你自己在家睡觉，弟弟的礼物就是让他自己出去玩。”蹦蹦不同意。

晚上吃饭，我给蹦蹦跳跳剥大虾皮，我说这个新鲜，蹦蹦立马把这个本来在她盘子里的虾给了跳跳。晚餐，蹦蹦时不时给跳跳个好吃的，并且主动拉他照相，跳跳很开心。今晚，蹦蹦还独立完成了洗澡，并且嘱咐一定要把这件事写到日记中。

蹦蹦跳跳的成长于细微处见成果！不知妈妈内心感受如何?

若尝试将内心的那份感受抛洒纸上，想必喜悦与自豪感倍增！记录，让你的情感慢慢泛起，并植入文字中。继而，这份情感更会反哺生活，一家人的喜乐音符也会随之泛起。

抢沙发 7月20日 周日

朋友送来一对儿童沙发，蹦蹦跳跳急忙“瓜分”，但两个人都喜欢同一个，先生说：“沙发是大家的，不能分开。”我也说：“这个坐坐，那个坐坐，不是更有意思？”蹦蹦想到一招，把两个沙发对起来，一个坐着，另一个伸腿，跳跳也有样学样，于是都欢喜了。

过了一会，蹦蹦又出招，让跳跳去拿几本书，两个人坐在一头儿阅读，跳跳领命拿书，但有点挤不进一个沙发，想翻脸，先生说：“两个人太热了，别挤了，到床上去看书吧。”两个人听话了。先生把沙发搬进了卧室。傍晚，只见跳跳在前开着他的四轮小车，蹦蹦在后推着沙发，两人合作无间，又把沙发推到客厅，对在一起，玩互相压腿的游戏，我说：“蹦蹦小心点，千万别踢着弟弟的小鸡鸡。”蹦蹦问为什么，我说：“踢坏了他怎么尿尿，不就给憋坏了？”蹦蹦点点头，但两人玩疯了，又不知深浅了。

看完日记感觉很舒服。可能是日记中姐弟俩的亲密无间让人舒服，可能是妈妈富有生活气息的善意提醒让人舒服，也可能是因为没有那么多的说教让人舒服。

“两人玩疯了，又不知深浅了。”——多美的画面。

手工活儿 7月21日 周一

下午带蹦蹦学琴回家，看到跳跳在玩纸质的汽车模型，大概是之前蹦蹦已经剪好了，但没有粘起来，跳跳怕姐姐说他，赶紧说：“妈妈，我想粘起来。”蹦蹦很大气地说：“姐姐给你粘起来！”因为没找到胶水，蹦蹦说用双面胶，我帮跳跳粘一个，蹦蹦自己也粘一个，因为手比较快，蹦蹦把汽车的一个部分剪掉了，她立马说：“没事儿，就是个牌子，无所谓。”跳跳把双面胶剪了一条下来，蹦蹦怕浪费了，教给他粘在塑料计算器上，跳跳很听从姐姐的意见。最后我把汽车粘起来了，跳跳很开心。蹦蹦粘了一半，就不干了，跑去做别的事情。

最近天热，蹦蹦跳跳脾气见长，今天先生不让跳跳拆快递箱子，小子竟然跑到墙角玩自己生气。晚上蹦蹦刷牙很马虎，让她重刷，她摔了洗手间门，我过去问她想干什么，她气鼓鼓地不语，最后还是重新刷牙了。

虽然描述的是“天热，萌娃脾气见长”，但旁观的我却不禁想说一句俗却可耐的话：“锅碗瓢盆敲起来，家庭气氛升上来。”

每个人都有表达情绪的需求，无固定标准。作为“小”人，他们也有表达情绪的权利和自由，漠视行为，关注情绪即可。

雷声，不可怕 7月22日 周二

雷雨天，跳跳对于打雷有些怕，但还是强作镇静和姐姐在客厅里玩，忽然一个超级大惊雷，跳跳尖叫了一声，蹦蹦也大叫，结果是跳跳哭着跑到小屋找我，趴在我身上吓哭了。我一边揪揪他的耳朵，一边搂着他说："跳跳不怕。"蹦蹦也冲进来，不过是笑着的，说："真是的，把我也吓了一跳。"

然后她转身又去玩了，跳跳趴在我身上哭了一小会儿，好了。

先生把他俩搂到大床上，给他们讲打雷，比如打雷的时候不能打电话，不能在大树底下，两个人听得挺开心，开始和先生闹成一团。晚上奶奶回家，跳跳跟奶奶重复打雷的注意事项，说得有板有眼，乐坏了奶奶。

李老师点评：

跳跳3岁的年龄对于这种异常响声的"怕"是出于本能，随着妈妈的拥抱、爸爸的讲解，以及在这个过程中爸爸妈妈体现出来的从容与淡定，孩子会渐渐变得不再害怕。也就是说，当孩子害怕的时候，父母的情绪（怕与不怕）以及应对方式对孩子的影响是很大的，很多的"怕"其实是学会的。

熏陶舞剧 7月23日 周三

晚间带蹦蹦去大剧院看加拿大的儿童现代舞剧《热带雨林精灵夜》，蹦蹦很开心，跳跳不高兴，下午就对我说："妈妈我也要去大剧院，黑灯，我不哭。"之前跳跳每次去看演出，都是进场的时候故作镇静，只要一黑灯，音响起，他就大哭害怕，我想了下，还是没带他去，等长大点再说吧。

到了大剧院，满满的家长孩子，一开场，是小丑式的舞蹈，类似舞剧的序幕，蹦蹦就一个劲儿问我："怎么还不开始，这是什么意思？"我让她小声一点，告诉她还是序幕。之后开演，作为现代舞剧，对儿童来说有点晦涩，蹦蹦一个劲儿问："什么意思？"我想了一下，告诉她："你感受一下舞蹈，舞蹈本身就是美的，不是非要有意思。"她不做声，开始默默看，期间还是会不耐烦，但总是看完了全场。

李老师点评：

人是社会动物，也就是环境动物，即所谓"近朱者赤，近墨者黑。"之于艺术，环境很重要，熏陶远比灌输要好。

赞同妈妈的做法，不急，不躁。

学习这件事儿 7月24日 周四

假期学校没布置作业，我给蹦蹦买了一本暑期练习册，每天让她做两页。最近蹦蹦开始很不耐烦，今日大爆发，问弟弟做什么？妈妈做什么？为什么只有她要写作业。先生也冒火了，“整天让你写这两页，十分钟的事儿，你就磨磨叽叽找麻烦，每个人都有自己的事儿要做，你弟弟长大了，也要学习。学习不是为了我和你妈妈，是你自己。”

蹦蹦开始翻小白眼，非常生气，然后消极怠工，不好好写，先生恼了，让她就写一下午，过了两分钟，我去看蹦蹦，结果大小姐跟没事儿似的，写着，玩着。

带蹦蹦下午去买面包，让她付账，她不乐意算，我问她面包35元，我要给阿姨几个十元，她开始不答，后来说三张，我说你再想想，她又开始东扯西扯，不搭腔。学习啊。

李老师点评：

对于孩子的学习，真是不想说，但又不得不说两句。

先回想一下我们自己。七八岁的时候我们愿意学习吗？我们是从什么时候开始认真学习的？认真学习是因为知道了学习的重要性，还是迫于家长和老师的压力，还是真的开始对知识感兴趣？

再看一下我们周围。拥有大学学历以上的人有多少仅仅是拿文凭混口饭吃？混饭吃不好吗？又有多少对知识丧失了兴趣？知识有用吗？典型的表现是除了关注快餐性质的资讯外再不读书。书比微信还好吗？这就像那些考完钢琴十级的孩子发狠地说再也不动钢琴一样，他们从小学到初中、高中已经被“知识”灌得恶心了。如果教育到最后的结果是把一个人求知的欲望打掉了，那这种教育就值得我们怀疑，值得我们反思。

任何一个孩子都对未知有着天然的探索欲望，父母只要不横加干涉，不催逼，加以适当的引导，孩子的求知欲就会一直延续下去。问题是，我们为什么要这么着急地让孩子在这么小的时候就去学习一些所谓的“知识”、所谓的“技能”呢？

可以推给教育体制，可以说为了今后的竞争，可以找到很多很多理由。但有一条是肯定的，那就是缓解我们为人父母者的焦虑。

如果反其道而行之，逼着孩子“不学习”会有怎样的结果？

好好学习，天天向上！

停不下来 7月25日 周五

晚上带蹦蹦去看钢琴演奏会，出发前，告诉蹦蹦不要和同行的小朋友打闹，不要干扰旁边的人听演奏会，她答应得好好的。

演奏会开始，两个钢琴家以幽默夸张的表演逗得小观众哈哈笑，蹦蹦就有点“拉不住了”，开始发出连续不停的笑声，还去跟旁边的小伙伴做鬼脸。虽然这是一场针对儿童的，不是正襟危坐的演奏会，但蹦蹦的表现也有些过分，我让她小声点，她还大声说话，我就用很小的声音跟她说话，告诉她她如果大声我就不回答问题。散场后，搭朋友便车，结果蹦蹦在车上继续与小朋友笑闹得夸张，我和朋友告诉他俩小声一点，都不听。

回家后，发现奶奶在看电视，蹦蹦就表示不想洗澡不想睡觉，我把电视关掉，她红了眼睛，闹别扭，把口水喷到刷牙的杯子上，我一时恼了，用两根手指头敲了她的嘴巴一下，她一下呆了，然后安静了一下，我告诉她把杯子刷一下，洗脸，刷牙，最后她鼓着腮，把所有事儿做了，自己上床睡去了。

李老师点评：

孩子在演奏会上、在朋友的车上为什么会这么快乐，妈妈有了解吗？能否找个合适的机会分享一下孩子内心的感受？陪孩子聊聊天？

我非常赞同给孩子养成良好的行为习惯、生活习惯，但这事不能太急，不能太刚。

孩子回家表示不想洗澡不想睡觉，也许更多的是在表示她还没有玩够，兴奋劲还没过。妈妈的“强硬”行为让整个事件戛然而止，如果换做我们成人，又会有怎样的反应？

自己做主 7月26日 周六

今天蹦蹦第三次去上画画课，一进画室，就开心地找老师去了。提前一刻钟去接她，看她在画室里画得很认真，拿着画出来时，老师对她说：“这次画得真好，我都想收藏起来了。”蹦蹦很高兴，跟我解释，这幅画画的是植物雨伞，老师说森林里的小动物们下雨的时候需要雨伞，所以她画了漂亮的蘑菇，长在树上，可以当做小动物的雨伞。

回家之后，奶奶问蹦蹦怎么样，蹦蹦很得意：“老师说要把我的画收藏起来呢！”先生看了画，说不错。我让先生告诉蹦蹦具体好在哪里，先生很认真地给蹦蹦讲了一下，认为她的色彩感很好，但是用的色有些重，层次感不是太好，给她指了一些地方，蹦蹦听了听，很干脆地说：“已经画完了，不能再改了！”

李老师点评：

看至尾声，油然而生一种情感，即抱一抱这个活泼健康的孩子！

男性思维与女性有很大差异，多数情况下，男性习惯于理性、简洁。爸爸说“不错”已对蹦蹦做了肯定，继续深入则掩盖了孩子的雅兴。作为父母，我们常陷入如此境地，“如此爱”常夹带着“伤害。”

换做你，是如何欣赏蹦蹦的画作呢？

暗黑系 7月27日 周日

先生临时起意，带蹦蹦跳跳去逛栈桥，顺路到四方路吃面。晚间的四方路灯光灰暗，更显破败，蹦蹦表示，“这个地方我有点害怕。”一直挂在我的胳膊上。到了面馆，人声鼎沸，她眼睛有点红了，我和先生告诉她没关系，大家都在一起。先生说：“你应该多看看各种环境，这是老城区，你看周围也有很多小朋友在吃面。”跳跳对于嘈杂的地方依然不喜欢，但两个人还是对肉夹馍和烤肉串有浓厚兴趣，吃起来也就不计较环境了。

吃完去栈桥，虽然已经晚上9点多，但游客接踵摩肩，跳跳要求爸爸抱着，有点怕。栈桥上人多，各种卖艺乞讨，跳跳说：“一定领好了，别掉了。”蹦蹦也一改一个人乱跑的习惯，拉着我的手，总结这个晚上真恐怖。

李老师点评：

孩子对环境会有一种本能的警觉，但有爸爸妈妈陪伴的“恐怖晚上”对孩子也会是一种很好的经历。任何人一生都会遇到各种困难，甚至是恐怖的事情，这时候心中有无父母（来自于童年的记忆）就会起到至关重要的作用。恐怖不可怕，只要孩子能感受到父母作为后盾给他们的安全感。

“这个晚上真恐怖。”从一个孩子嘴里说出来，别有一番风味。

小“老师” 7月28日 周一

傍晚蹦蹦翻出玩具吉他，先是百无聊赖地乱弹一气，我感觉噪音太大，让她别乱弹了。跳跳自己在玩玩具车。过了会儿，见没动静，两人爬到大床上，蹦蹦当起了老师，教跳跳弹吉他，而且“有板有眼”，听见她说：“好好弹，一会儿就发小粘贴给你。”“对，就这样。”跳跳很是顺从，跟着姐姐的指挥，很沉稳地回答：“嗯，好。”

两个人很有耐心地玩了快半个小时，后来跳跳有些不太愿意被指挥了，听着像两个人吵了几句，只见跳跳像小青蛙一样气鼓鼓地过来告状：“姐姐用脚丫踢我的头！”我问疼不疼，跳跳说不疼。“为什么踢你？”“她就是踢我。”“姐姐不是故意的吧，和你闹着玩吧？”蹦蹦过来说：“他先打我的！”我说：“你们玩的时候好好玩，注意点。”两人也没当回事儿，告完状各自散了去玩了。

李老师点评：

这就是孩子！这就是应该表现的样子。

妈妈的镇静很重要，千万别把孩子的“告状”信以为真，说者无心，听者也就别有意。你不当回事，他们也就不当回事。游戏而已。

追随 7月29日 周二

傍晚，带蹦蹦跳跳去看哆啦A梦展。本以为跳跳会对展厅有恐惧，但看到那么多的哆啦A梦，他和蹦蹦一样立马撒欢啦。

蹦蹦二话不说，跟每个哆啦A梦摆造型，要我给她拍照。跳跳开始只欢乐，后来也要求照相，也开始摆造型。先生让他们到一排排哆啦A梦里照相的时候，蹦蹦自己跑到情景区去了，并且回来拉上跳跳就跑。跳跳压根也不听爸爸的话，跟着姐姐跑到另一边，蹦蹦拿什么道具，跳跳就跟着玩什么。当然，跳跳玩得不如蹦蹦溜，造型也远不如姐姐。

看完展览搭电梯，电梯里还进来其他人，跳跳默默挨近蹦蹦，拉起蹦蹦的手，蹦蹦抬头看了我一眼，和我交换一个小眼神，笑了笑，“他怎么就赖着我了？”然后拉着跳跳。

李老师点评：

跳跳“赖”上一个能带他撒欢、摆造型、活力四射的蹦蹦，“赖”的背后有这些因素支撑。倘若妈妈是那个满场撒欢的带领者，那“赖”的对象必然转移。“赖”的过程是模仿学习的过程，将学习到更多主导、适应这个社会的能力。

“跳跳默默挨近蹦蹦，拉起蹦蹦的手，蹦蹦抬头看了我一眼，和我交换了一个小眼神，笑了笑……”多美！

玩水粉 7月30日 周三

下午，先生陪蹦蹦跳跳玩水粉。之前教过蹦蹦几次，一直没让跳跳参与。这一次，先生给跳跳勾了一个汽车框架，让跳跳自己用水粉涂色，跳跳大约画了十分钟，涂了一个团，就玩别的去了。

蹦蹦用了近半个小时勾了一个花瓶的框架，然后自己选了五六种颜色，先生教给她蘸多少水、多少颜料，并且告诉她一定要小心、有耐心。蹦蹦的框架画了很复杂的花纹，先生告诉她不着急，花三天时间着色，蹦蹦用水粉着色画了二十分钟，忽然大叫，跳跳吃了颜料，我跑过去一看，跳跳嘴巴粘了两三处颜料，先生赶紧给他洗了洗，又说了说他，跳跳趴在先生身上哭了两声，又好了。

李老师点评：

欣赏这么一幅亲子绘画图，不禁满处找寻妈妈的身影……看到跳跳“吃了颜料”，妈妈的内心有何起伏变化？进一步尝试用文字将自己的内心图景及感受记录下来，记录的过程是整合的过程，帮助把无意中隔离的情感自然释放，让你的爱能被“发现”！

关于死亡 7月31日 周四

下午在单位上班接到妈妈的电话，说是表姨重度昏迷，让我下班后去医院看一眼。晚上7点多，回家跟先生会合，先生说在家里时蹦蹦问怎么了？告诉她姨姥姥可能会去世，她很惊讶地说："她不是好好的吗？她比我姥姥就大两岁啊！"到医院，表姨刚刚去世，表妹和她的6岁小儿子以及其他亲属正在帮她穿寿衣，6岁的小朋友还不知道生离死别，就在那里默默看着。没想到平时看起来那么健康的人忽然就走了，心情很低落。

回到家，蹦蹦还没睡觉，我告诉婆婆表姨走了，蹦蹦睁大眼睛又说："她还很年轻啊！她才60多岁了，太姥姥都93岁啦，不是都好好的吗？"我告诉她："是因为生了很严重的病，突然去世。"蹦蹦好似也没太放在心里，过了一会儿就爬到床上睡了。

李老师点评：

六七岁孩子的世界里，死亡是很神奇、神秘的事情，没有成人世界中的那些繁杂。对于成人，面对亲友死亡，能做的是节哀，而后更珍惜现有的一切。而孩子"好似也没太放在心里，过了一会儿就爬到床上睡了。"

看展览 8月1日 周五

上午先生带着蹦蹦跳跳去了博物馆看《天山往事——古代新疆丝路文明展》。这是跳跳第一次进博物馆，因为感觉黑，有些怕，要先生抱着，后来慢慢适应后，开始对一些兽首之类的文物很感兴趣，要求拍照。

蹦蹦一路跟着讲解员听讲，记得上次她到博物馆根本不听讲解，这次有进步。中午我跟他们碰面，问蹦蹦最感兴趣的是什么，她给我讲"死人"："一个老女人，死了很多年，都干巴啦！"然后复述："所有的东西都是从新疆地底挖出来的，那个大罐子，都是碎的，用胶后来粘起来的！"我问她漂亮么，她说挺漂亮的。问跳跳，跳跳说挺好看的，问他看见什么，他说看见黑羊了，专门骑孩子的。我笑问他："不是孩子骑羊羊？"他笑了。本来以为他们太小对这种文物展不会感兴趣，没想到都还找到了兴奋点。

李老师点评：

从一个多月的日记来看，父母几次带领孩子参加各种音乐会和展览会，这会极大地开阔孩子的眼界。在孩子这个年龄，不要要求他们太多，重在参与。

"看见黑羊了，专门骑孩子的。"我笑问他："不是孩子骑羊羊？"他笑了。多么温馨、俏皮的亲子互动啊！

拒绝上课 8月2日 周六

上午送跳跳去英语课堂，路上他表示不上课，因为调整老师，从熟悉的女性中教改为男性外教，跳跳就不爱去了。年初报的班，目的是让跳跳提前为幼儿园准备，中间各种周折，一个多月没去了。现在重新拾起来，跳跳对课堂倒是很熟悉，熟门熟路地玩各种玩具，期间有其他家长和顾问跟他讲话，他都有问必答，就是对进教室不搭腔或者转移话题，中间我和顾问各种利诱，不上当，我抱着他进入教室，他又跑出来。

问他为什么不上课，他回答："就是不上课。"他吃小饼干，我说这是奖励好好上课的小朋友的，他答："你看，反正有这么多！"我说我进去上课，他对我说："你快点进去吧！"让他从门缝里看看人家上课，他笑嘻嘻地把门关上了。没跟他着急，他也和我嬉皮笑脸。和顾问商量，以后先和外教老师多见面吧，可能是跳跳对男性外教比较排斥，临走的时候，跳跳主动说："下个礼拜来上课！"

李老师点评：

对妈妈没跟孩子急表示高度的认可和赞扬。任何的父母都可以去体验、去验证：只要你能做到不着急，孩子的问题就会得到很好解决。反过来，你越着急，问题就会越严重。

男子汉 8月3日 周日

今日带蹦蹦跳跳去超市，进门，两人都想要一个推车，蹦蹦想坐着，跳跳想独立推着一个。协商后，跳跳决定推着蹦蹦，蹦蹦很享受地坐在推车里，跳跳用力推着她，到了文具区，蹦蹦想要削笔器，跳跳就跑过去给她拿一个，蹦蹦看不好，就指挥他拿另一个，跳跳颠颠地给姐姐拿，并且嘱咐她："你坐好了啊！"把我和先生给乐的啊。

半途中，先生推着蹦蹦去买油，我带着跳跳买饼干，跳跳看好了蛋卷，毫不犹豫地拿了巧克力味道，过了一会儿蹦蹦也过来，犹豫要椰子味还是香草味，跳跳上前给她拿了椰子味，很"阿沙力"地说："姐姐，给你！"也不管我和先生同意否，拿着就雄赳赳地走了。有趣的是，下午奶奶回家说，路上遇到邻居小朋友悠悠的奶奶，悠悠奶奶说："真巧了，悠悠正好和跳跳分在一个班，悠悠在家里说，要一直跟着跳跳，如果有人欺负她，就说'跳跳，你上！'"不知道跳跳的男子汉气概，会不会从小被姐姐给培养出来了呢？

李老师点评：

今天的字里行间"似蜜拌"，一家人的其乐融融，定是羡煞旁观者。对孩子的行为，既有规则又能顾全孩子热情，足够好的爸妈定会养出独特卓越的孩子！

"姐姐，给你！"多么具有男子汉气概！

带弟弟 8月4日 周一

今日下午，我跟先生上班，奶奶在家带蹦蹦跳跳。晚上回家，跳跳看到我就“告状”，“姐姐不好好学习，姐姐不睡觉！”我看了看，蹦蹦已经睡着了。奶奶说，下午跳跳午睡，她答应蹦蹦只要写完三张口算题，就可以看 iPad。结果蹦蹦五分钟写完，正确率很高。

奶奶表示要到楼下做按摩，问蹦蹦能否在家照顾弟弟，奶奶以为她会说害怕，结果蹦蹦想了想说：“跳跳醒了哭怎么办？我弄不了他。”不等奶奶回答，蹦蹦又说：“他醒了我就给他看 iPad 吧。”结果奶奶做完按摩回家，跳跳还在睡。这几天，蹦蹦有时候能有点“带弟弟”的意思了，虽然大多数时候是带头“捣蛋。”好吧，捣蛋也是一种玩法，说明这个暑期没让他们分开住是对的，感情伴着打打闹闹突飞猛进。

李老师点评：

我们常用三维观看世界，却忽略四维观，即三维加上时间。就像一杯水放到面前，我们能看到的是一杯清水，它无色无味、可以解渴。但同时，从时间的维度上看，它每时每刻都在蒸发、变腐，我们却“视而不见。”

带弟弟“捣蛋”的成长，感情随之突飞猛进，这就是成长的魅力，时间的魅力！

“玩“包扎 8月5日 周二

下午，跳跳自己抠手指头上的小刺儿，结果出血了，跑去找奶奶，带着哭腔，“奶奶你看我的手破了，怎么办，赶紧包包吧！”然后跑去找药箱，找创可贴，很期待贴创可贴。跳跳翻开箱子，拿出创可贴，正好蹦蹦有空，蹦蹦很有爱心地给他打开创可贴，并且帮他仔细地包好了，跳跳很炫耀地给大家看他包了创可贴的手。

晚上我回家，跳跳给我说：“妈妈，我的手出血了，破了。”我问疼不疼，跳跳回答：“疼，我去包一包。”又去找创可贴，蹦蹦就说他：“你下午包的呢？”跳跳说不知道，又撕开了一个。我问：“下午谁给你包的？”“姐姐。”“你去找姐姐再包一包。”蹦蹦又很有耐心地给他包好了。

李老师点评：

对于宝贝孙子的“见血”，本以为会有奶奶的积极保护，但看到的却是跳跳的满眼期待、蹦蹦的爱心照料及妈妈归来后的“不以为然。”这些行为积极顺应了跳跳的好奇心，就在这许多的小打小撞中，孩子们得到了健康快乐的成长。

小九九 8月6日 周三

为了二年级的乘法，最近在让蹦蹦背诵小九九口诀，两天进阶一个数，但蹦蹦有时候认真，有时候走神，让大人们时有爆发。

下午，先生带蹦蹦在背关于四的乘法，就让蹦蹦坐在椅子上，很严肃，结果蹦蹦还是走神，而且一会儿赖皮，一会儿小哭泣，先生彻底火了，跟她大声说："你怎么回事，怎么老走神？"蹦蹦就哭，如此各种循环，折腾了近一个小时，两个人不欢而散。

晚上，分别向我"告状。"先生认为蹦蹦太不认真，蹦蹦认为先生过于严厉。我对蹦蹦说："你应该更用心一点，背过的时间越短，你越有时间做别的事情，而且你不是很快就能背过么？"

李老师点评：

在孩子遇到问题时，若心中已建立恒定的情感依附客体（一般是妈妈），她就会较好地处理问题，并适时地寻找妈妈的支持。最初是直接的帮助，长大后更多的是情感的支持。蹦蹦"告状"更多的是寻求妈妈的温暖，这份温暖如果能及时给予，孩子的探索行为即会自然增强。所以，给孩子讲道理前，先给些温暖的支持！

小算计未遂 8月7日 周四

下午带蹦蹦跳跳去派出所办理身份证，跳跳进了派出所，有点呆，指着各种宣传画说"警察"，对于拍照片的棚子也比较抵触。结果蹦蹦先跑过去照相，看到电脑里的图像"直播"，跳跳争着要过去照相。照相的时候，跳跳站到椅子上，警察阿姨让她立正，他两只小脚丫站得很拢，很认真，搞得大家都笑了。

我交钱，警察给了我两张发票，蹦蹦一张，跳跳一张，蹦蹦自己的画了几笔，就想把跳跳的换过来，告诉他："你要这张，这张好。"跳跳摇了摇大脑袋，坚决不换。回程路上，说起下午去跳舞，本打算安排跳跳去太姥姥家等着，跳跳不从，蹦蹦"哄骗"他说："你在太姥姥家吃的，看电视，爱干吗干吗，没人管你，多好！"跳跳坚决不从，"不！我要去看跳舞。"最终，跳跳陪着蹦蹦去上舞蹈课了。

李老师点评：

孩子使用小伎俩，虽然"未遂"，结果却是皆大欢喜。父母为达成某些目的，也常使用相对高级的"伎俩"，比如"诱惑"，甚至"威胁恐吓"，结果就不太好预测了。明辨并满足孩子的需求是极为重要的。

不“让服” 8月8日 周五

吃完晚饭，准备带蹦蹦跳跳去楼下小广场溜达。跳跳要求骑自行车，蹦蹦也想骑。我说别打架，下去一人骑一会儿，跳跳说：“姐姐老抢我的！”蹦蹦说：“跳跳每次骑就不下来，他不会给我骑的。”自行车原来是蹦蹦的，其实她骑起来已经有些小了。

下楼后，跳跳就紧紧跟着车子，到了平地，就骑上了。下坡时，他不敢骑，蹦蹦接上了。到了广场，跳跳要骑，蹦蹦开始玩一个闪光的小飞碟，跳跳骑了五分钟，蹦蹦翻脸了，但跳跳不下车，蹦蹦想抢，跳跳推了蹦蹦一把。我对跳跳说，“怎么可以打姐姐，说对不起。”跳跳说，“姐姐对不起。”蹦蹦没搭理，很生气。各种劝说跳跳，蹦蹦骑上了车，但她也不太爱骑，绕了一圈，给了跳跳。蹦蹦又去跑步，累了，就坐在车子上，让跳跳带着他，并且指挥他掉头跑，因为她要看月亮。跳跳开始很配合，后来觉得太沉了，骑不动，又发火。两个人为了自行车，一会儿好一会儿打，最后很开心地吃了个甜点回家了。

李老师点评：

我们眼里看到的是“打”，在孩子看来也许就是一种游戏。他们在游戏当中摸索、体验为人处世之道，并为今后生活做预演。

“两个人为了自行车，一会儿好一会儿打，最后很开心一人吃了个甜点回家了。”

孩子很开心，一定是父母不做过多干预的结果。

画兔子，连续画兔子 8月9日 周六

今天蹦蹦上画画课，12点钟去接她的时候，她刚好画完，看她又画了一只兔子当主要形象，与上周画的一样，就问她，“你为什么又画了兔子？”她顶了我一句：“我愿意，你管我了。”想了想，没跟她“翻脸。”

上了几周画画课，步骤已经很熟练了，蹦蹦拿着画去找老师扫描，自己收拾马克笔、课件、水壶。之前都是我帮她一起收拾，没想到今天她收拾得这么利索。收完之后，我们俩一起下楼，我又问她关于画兔子的事情，她回答：“因为我喜欢小兔子。”好吧，本来我还在想连续以兔子为主形象，会不会是她缺乏想象力或者习惯于一个形象，现在又想，两个画面的兔子和构图都不一样，或许就是因为这阵子喜欢小兔子吧。回家后，蹦蹦把资料夹放好，又拿出一张纸开始画蝴蝶。

李老师点评：

给孩子空间和机会，孩子就会自理，就会发挥想象力。反过来说，是家长的包办代替和焦虑，限制了孩子的发展。看到孩子利索的收拾，画的兔子和蝴蝶，妈妈有怎样的感受?

小“娇贵” 8月10日 周日

有些日子没爬山，今天阴天，四个人10点半出发，小爬一下浮山新苑。路上，野草长得很茂盛，跳跳只要有草扫过腿边，就“哎呀”一声。因为有些热，跳跳走了几步，不想走了，要求我抱着（最近开始赖我，没事儿就想抱着了）。我说：“你不是出来玩的么？累的话我们就回家。”跳跳想了想，自己继续走。

路上，不论有石头，还是有草，跳跳总是发出声音，先生就说：“你怎么这么娇气？”蹦蹦一直跟着我走，有时候不小心会扭一下，但她对我说：“我扭一下就疼一会儿，过一分钟就好了。”蹦蹦还对我说班上有同学会跟老师说扭了脚一个周不上体育课，我说：“你有时候不是也说这疼那疼，不想上体育课么？”她笑了笑。

李老师点评：

“你怎么这么娇气？”这句话也许会强化孩子的“娇气”。

如果我们不喜欢孩子的某种表现，可以忍着不说，也可以说“正话”，要勇敢一点。大量的研究已经证实，如果父母仅仅是指出孩子身上的“缺点”，不仅不会让“缺点”消失，而且会让“缺点”巩固。

一夜长大？ 8月11日 周一

早上起来，我把蹦蹦跳跳今天要穿的衣服放在床上。蹦蹦起床后主动刷牙洗脸换衣服，大人们一句话都没有说。早餐的时候，先生说：“蹦蹦今天怎么忽然大了似的。”月底是蹦蹦生日，问她要什么礼物，她纠结好几天了，每天都有新想法，包括自行车、照相机、耳环、发卡，甚至是十块钱。今天上午她又说：“要不就不要礼物了，又要花钱。”上午吃个冰激凌，蹦蹦主动给跳跳吃，并且帮他用勺子刮好。

中午跟姥姥姥爷和老奶奶一起聚餐，蹦蹦主动给大家倒果汁，而且还自己剥好了炸鱼，给老奶奶鱼肉吃。大家都夸了蹦蹦。傍晚回家，跳跳在床上玩小汽车，蹦蹦在画画，忽然两个人吵了起来，原来是蹦蹦突然把跳跳玩的汽车一把全拿过去玩，跳跳非常生气，小脸气鼓鼓，大声吆喝：“姐姐！”蹦蹦坚决不让。

唉，长大的表现原来是时隐时现啊。

李老师点评：

成长的道路不是直线上升，而是曲折盘旋，“时隐时现”才是该有的表现。当我们关注孩子好的表现，及时给予奖励，这个行为就更容易保留并再次出现。

小小暖男 8月12日 周二

最近跳跳开始耍赖皮，走路或者上楼梯的时候想让大人抱着。下午外出回来，一进单元门，先生说赶紧走，让跳跳在最后没人可赖。但奶奶走在最后，跳跳说："我累了。"奶奶说："你自己走吧，奶奶也累。"跳跳说："奶奶抱抱吧！"奶奶说："哎哟，奶奶腰疼，不行了。"跳跳很紧张，立马去给奶奶捶腰，捶了几下后，很认真地问："奶奶好了没有？"奶奶说："哪儿能好得那么快？"跳跳又捶了几下，奶奶说："好了好了，但不能抱你了。"跳跳说："好吧。"自己噌噌地上了楼。

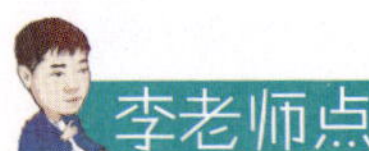

李老师点评：

孩子的成长，需要一家人如此同心协力的"遗弃。"当如此"无情"之后，换回的是孩子赖皮行为的消退。孩子就是如此的简单，就是如此的听话，就是如此的"好对付。"及时关注并强化他的"暖男"行为，就一定会养出一个优秀的暖男。

照相，一种折腾 8月13日 周三

去年下的订单，因为跳跳的哭闹，一直没有拍摄完一套成长照片，今天约好了到影楼。蹦蹦非常开心，要求影楼化妆师给画得很漂亮。跳跳也跟着瞎开心。

在选衣服的时候，给他俩选了棉麻风格的两套，结果蹦蹦认为裙子不够闪亮，生气了，被老爸说了两句，开始哭，很多人哄她说是妆花了不好看，她勉强不哭。我想了一下，告诉她还可以挑一套衣服呢，再挑闪亮的纱纱裙子，她开心了，而且有些兴奋过度，要求化妆师给她用粉红眼影，奶奶过去说不要让她那么多要求，她竟然回了一句："你管我！"奶奶生气了，但没有当场发作。

化妆师给我化妆的时候，她说："别把妈妈化得比我漂亮。"跳跳还是比较配合，玩着各种玩具，终于完成了拍摄任务。

李老师点评：

只想感慨：女儿长大了！

如此多的要求，背后隐含着独立、审美的发展。从某种角度说，蹦蹦的自尊是强大的，因为她敢于为自己争取适当的权利。也正因这些"不配合"的行为，才被更多的文字记录，这一页的历史，她就是主角。

带头鼓动 8月14日 周四

早上吃饭，蹦蹦跳跳都不太好好吃，奶奶随口说："好好吃，一会儿出去玩。"蹦蹦接茬说："去大福源逛逛吧！"奶奶也就随口应了。结果吃完饭，蹦蹦主动穿好衣服，并给跳跳找出衣服，准备出发。

先生起床后，问蹦蹦今天的作业写完了没？又怕太热，不想让他们去，蹦蹦带着跳跳一起哭闹。先生火了："你答应每天做两页题，不做。就知道出去玩，你去大福源买东西么？就知道带着跳跳'作'。"奶奶说："早上都好好吃饭，自己穿衣服了。"我说："这都是他们应该做到的，怎么就成了条件了？"蹦蹦不乐意，跳跳也跟着闹。奶奶说："说了去就去，回来再学习。"我也不赞成出去，天热而且逛超市也没意义。最终奶奶坚持带着蹦蹦跳跳出门去了。

12点多，三人回来，兴高采烈，带着肯德基的薯条，蹦蹦跳跳二话不说就先吃完薯条。午饭的时候不太正经吃饭。饭后写口算题，依旧磨磨叽叽。

李老师点评：

每天一篇日记，能按时完成否？

像这种"每天要怎么样"的计划尽量少做或者不做，因为太难。更重要的是，这会损害亲子之间的关系，会让孩子有挫败感。如果非要制订计划，以"短平快"为宜，坚持坚持就能完成一个，孩子的自信心就会逐渐建立。

给孩子提建议，最好是心平气和的时候说，别搞得像两口子吵架：陈芝麻烂谷子，哪句狠说哪句。

作为父母，应该对孩子心平气和，应该在关注孩子学习的同时关注孩子内心的感受，应该更关注孩子是否快乐，应该……，应该……，应该……

看了这些应该，感觉如何？

排序！排序！ 8月15日 周五

跳跳最近非常喜欢小汽车，不仅在马路上指着各种汽车喊出牌子，在家里也酷爱玩玩具车，还有一个嗜好，就是给汽车排队。

中午，他把所有玩具车倒在小沙发上，为排序苦恼，因为排一行根本排不下，我给他出主意排两行，或者排到沙发扶手上，他很开心，认真排列。奶奶喊他吃饭，他说等会儿，又非常认真地继续排他的车，还把不是汽车的玩具扔到了一边。最终，所有车都排好队，才去吃饭。同时，让蹦蹦把四散的绘本收拾好，结果她一通忙活，最后在书橱里见到的是她乱塞进去的书。有时候，很多东西真是天生啊。

李老师点评：

人与人之间存在着先天的差别，但心理学会把所有精力放在后天的培养上，因为可以操作。精灵一样的姐弟俩，在给家长带来“无穷烦恼”的同时，是不是也带来了无穷的快乐呢？

参加画展 8月16日 周六

蹦蹦画画的工作室晚上在书城24小时书店开动漫作品展。虽然蹦蹦学习不久，还是有两幅画入选了。昨天就告诉蹦蹦，一家人一起去参加，蹦蹦挺高兴，还打电话给姥姥让她也去。

今日下午，我和跳跳睡午觉，蹦蹦自己换了裙子，在家里各种摆，晚上去了书城，蹦蹦很兴奋，但对自己画的画并没有“展洋”，就是看见老师和同学开心，在画展现场窜来窜去，跟着年轻漂亮的女老师，非常开心，基本不搭理家人，我也没去管她。跳跳觉得人多，乱，非要从24小时书店出去。本想让蹦蹦觉得“正式”一点，留个念想，结果还是各玩各的。蹦蹦回家后，对画展也没有太大留念。算了，看重或者不看重都是一种性格，就这样吧。

李老师点评：

“算了，看重或者不看重都是一种性格，就这样吧。”——妈妈心中的那个小女孩，应该“正式”一点。念想落了空，语带淡淡的失落。对于孩子，参与的过程更能让她满足，而非结果。孩子就是孩子，站在她的角度，一切都是如此恰到好处。

耗着耗着，有结果了 8月17日 周日

经历了三个周在教室外玩耍，不上外教的课，跳跳终于进了课堂。今日特意早去，先让跳跳和小伙伴佑佑进了教室玩汽车，佑佑奶奶正夸奖跳跳呢，他说：“快上课了，我们出去玩。”搬起一箱子汽车就走。正好，外教和其他孩子以及家长进门了，跳跳紧张了，开始哭，我抱着他说：“听一会儿，妈妈和你在一起。”

大约两分钟后，外教开始上课，还脸对脸对跳跳打招呼，跳跳把头藏到我怀里，五分钟后，跳跳开始对外教夸张的表演有兴趣，对外教很羞涩地笑。十分钟后，开始跟着外教说英语了，而且开始在教室里活泼起来。在窗外看的顾问一个劲儿朝着跳跳比大拇指。想想前三周，跳跳根本不进教室，我也就不急不慢跟他耗着，终于耗出了成果。

李老师点评：

之于孩子的成长，没有什么比“温柔的坚持”更重要。

温柔的背后是父母稳定的情绪与行为——不急，不躁，不指责，不打骂，不强迫；坚持的背后是对于孩子的信任——相信孩子能学会，相信孩子能学好。

想一想我们教孩子叫“爸爸”、“妈妈”的时候，为什么那时候我们的情绪是稳定的？为什么那时候我们从没有怀疑过孩子的能力？

搞怪 8月18日 周一

傍晚奶奶自己带着蹦蹦跳跳去广场玩耍，蹦蹦遇到小学同学，但是不太搭理人家，跳跳遇到隔壁楼上的小伙伴悠悠，看到悠悠骑自行车，跳跳也想骑，悠悠妈妈就让他俩一个人骑一圈，两个小伙伴很开心。

过了会儿，大家到一边休息，有个爸爸带着6岁多的女儿，那个女孩更活泼，在广场直接开练劈腿、抬腿，她爸爸无可奈何。跳跳突然过去对女孩很认真地说：“你傻了吗你？”女孩爸爸大笑：“她已经玩疯了！”然后夸奖蹦蹦真好，蹦蹦今天一早就穿着纱裙，说自己是公主，此时一听夸奖，更是一抬头，一拎裙子，说：“我是公主啊！”

只要有蹦蹦差不多大的小朋友想搭讪蹦蹦，跳跳就气鼓鼓地跑过去，攥着拳头狠狠地说：“这是我姐姐啊！你干什么你！”奶奶晚上对我说，俩活宝让周围的人笑成一团。

李老师点评：

从文字中散发出来的欢乐一点也不亚于亲身体验！作为妈妈，肯定更加骄傲与自豪，因为内心空落或悲伤的妈妈，无法给言语赋予如此活生生的欢乐！

家有一活宝就算是生命的恩赐了，可你却有两个！真让人羡慕嫉妒恨了。

预防针 8月19日 周二

今天要去打预防针，跳跳坚决不打，蹦蹦就哄他：“姐姐打，你不打，就去看看。”上午路上，跳跳还叨叨不打，我说：“你去看看，需要你打，你就打，不需要就不打。”

进了打针的屋子，蹦蹦说：“妈妈我有点冷，一会儿你也抱着我打吧！”我试了下她的手，有点凉，说：“你有点紧张？”她说就是有点冷，我说：“你从小打预防针从来没哭过，没关系。”我抱着她打，打完也不冷了。跳跳一看姐姐打，就开始后退，抱着他打，他开始号啕并且挣扎，我坐着抱着他，摁住胳膊，他爸爸摁住腿，针很快打完，跳跳还是抱着我哭，问他疼不疼，没什么表示。在外屋观察时，两个人互相拿着棉棒，又乐了。

李老师点评：

对于未知的事物，孩子总是心存恐惧。但只要有家人的陪伴，经历过了，就会有一个相对客观的认知——不像想象中那么可怕，没那么疼。

天下事有难易乎？为之，则难者亦易矣；不为，则易者亦难矣。让我们以稳定的情绪，培养孩子直面问题的勇气。

战斗，未果 8月20日 周三

晚间带蹦蹦跳跳去小区广场玩，因为前两天蹦蹦遇到一个同级不同班的女同学，当时蹦蹦看她，她却向蹦蹦翻白眼，两个“公主病”上身的小姑娘斗了一晚上的“架子。”蹦蹦自己换上纱裙，要求散着头发，拿出润唇膏涂上，准备去“战斗。”跳跳要骑自行车，并且要穿深蓝色的小汽车图案T恤。因为热，哄着蹦蹦编辫子了，告诉跳跳，穿白色晚上才能一眼看到他，他也穿了。

到了广场，却没遇到蹦蹦同学，满腔斗志化为乌有。遇到跳跳的小伙伴悠悠，跳跳骑车带着悠悠，悠悠搂着跳跳，两小无猜。回程，蹦蹦要骑车，跳跳不让，拿头顶蹦蹦，好好劝说，让蹦蹦骑上了，半路跳跳要骑，蹦蹦一使劲骑跑了，跳跳气得尖叫，我抱了抱他，最后也哄好了。

李老师点评：

面对着孩子的“奇思妙想”，家长哄完这个哄那个，最后皆大欢喜。如果父母不认可孩子的这些想法或要求，又会是怎样的一个局面？

孩子总会用他们的纯真给生活增添无尽的欢乐，你感受到了。

“两个”的好 8月21日 周四

下午，跳跳睡了两个多小时，蹦蹦百无聊赖，对我说：“我没事儿干，快把跳跳叫起来吧！”我问干吗，她说：“陪我玩呗，我一个人多无聊。”我说之前你不总说弟弟是多余的吗？现在知道有个玩伴好了吧，她说：“好了好了，能跟我一起玩就好。不过之前我一个人，有姥姥有小姨可以陪我玩啊！”

想想之前蹦蹦总住在姥姥家，反思一下自己的“失职”，遗憾又自责啊。想起今早一起来，跳跳就跑过来告状，说蹦蹦用脚踢床，之后又对我说：“把姐姐卖了，换个新的床。”我问她：“那姐姐没有了怎么办？”他说：“那就算了吧！”如今两个人好的时候一起狂欢，一会儿又打起来互相告状，两个还是比一个好吧。

李老师点评：

印象中，像“遗憾与自责”这种带有情绪的词语在日记中出现的频率很低，不知是故意略去了，还是不想在日记中表达？但我依然能感受到近来日记中描述的变化，能通过你的描述体验到孩子带来的快乐，体验到你内心的快乐。

小爱心 8月22日 周五

早上起来，感觉腰伤复发，傍晚约了理疗师，蹦蹦非要跟我去，跳跳也闹，只好对跳跳说是带着蹦蹦去弹琴。到了推拿所，蹦蹦很开心，还蹲着身子把头抻到按摩床底下，跟我对眼。我怕她捣蛋，让她看手机上的舞蹈课视频，复习舞蹈，她自己跑到门口看去了。最后要拔火罐，她非常感兴趣，跑来看，但一看点火，就有点怯，说还是出去吧。等拔好了，她才又凑近观察，感觉很有意思。

回家后，跳跳问怎么了，我说有病才会出现红色圆圈，他说：“我不想妈妈有病。”蹦蹦也跑过来看，告诉我哪里更红一些。跳跳照例又要来扑我，我说：“妈妈腰疼。”他就坐到一边，不扑了。吃晚饭的时候，蹦蹦开始让我帮她剥螃蟹，后来自己也剥了个蟹钳，给我放嘴里吃，我欣然接受，说：“谢谢！”蹦蹦：“说不客气。”

李老师点评：

多懂事的孩子啊。

何谓“懂事”？知晓事理、善解人意。那怎么才能让孩子“懂事”？

父母不能表现得太强。你表现得太强了，孩子就弱，弱者是没有能力体谅强者的。对孩子的严格控制、严厉惩罚、过分保护、溺爱都是“太强”的表现形式，但其核心却是父母内心的“弱”。

敢于承认自己的不足，敢于承认自己没有能力对孩子进行全方位的呵护，敢于把自己内心的真实体验和孩子分享，就是在“示弱”，孩子就有了成长的空间和机会，就会变得越来越“懂事”，就会不断地给你剥蟹钳吃！

课堂小捣蛋 8月23日 周六

今天上午，去英语亲子课的路上，跳跳开始说：“不想去上课，只想去玩玩小汽车。”我说：“那玩一会儿小汽车，再上课。”他说：“不想别人看我。”我说：“爸爸妈妈都看着自己的小孩，老师每次看你，都是跟你笑，他很有意思是吧？”跳跳笑着说是。

进门后不久，同班的佑佑来了，跳跳主动给他一个小汽车，两个男生在教室外小玩一会儿，但语言交流不多。开始上课，跳跳拒绝，但没哭没闹，几分钟进入状态，老师说单词他也说，不一会儿，孩子们就地打滚，自由散漫。老师放英文歌的时候，跳跳大唱一句："少林功夫好啊，真是好！"跳跳在地上躺着时，另一小男生一屁股坐他肚子上，跳跳也没翻脸，感觉是闹着玩，朝着我就扑过来。下课的时候，跳跳说明天还要来。

寓教于乐的课堂，孩子是会喜欢的。

孩子的天性就是活泼好动，负责任的教育必须以孩子的成长规律为基础，如果过早或过多地以刻板僵硬的方式给孩子灌输所谓的知识，必将适得其反。

"国共"合作 8月24日 周日

中午爷爷煮了丝瓜海鲜汤，用了几个小鲍鱼调味，跳跳特别喜欢吃，蹦蹦也要吃，平分了一人两个后，跳跳很快吃完，还要，但没有了，蹦蹦主动把其中一个让给了跳跳，跳跳很不好意思地说了谢谢。

下午，蹦蹦爬高，把先生藏起来的儿童涂料够了下来，趁大人不注意，都打开了，拿出纸张，给跳跳涂了两手满满的，自己也涂了，在纸上乱涂。等我发现，跳跳两个手都是绿的，好在这个涂料本来就是手涂的。蹦蹦主动自己洗了，跳跳举着手傻乐，我让蹦蹦给跳跳洗，蹦蹦笑着就帮他洗了。我问："谁弄的？"跳跳主动"告状"："都是姐姐打开的，你看，都是她。"蹦蹦也说："跳跳自己也涂的，那么多都是他自己涂的。"跳跳还特意去拿了变形金刚机器人，告诉我："姐姐给我拿下来的。"蹦蹦接着说："跳跳把一个手臂弄丢了。"嗯，一会儿互相合作，一会儿互相"揭发"，好吧，让他们自娱自乐去吧。

孩子还小，出于自我保护的本能，"诿过于人"实属正常，但这次姐弟俩"互相揭发"的机会可是妈妈提供的——"谁弄的？"既然断不了这"官司"，又何必问呢？

如果是孩子"自动自发"地到家长面前"互相揭发"，家长有几种应对方式呢？可以选择听，甚至可以明察秋毫，替他们判断是非；也可以选择不听，让他们自行解决。哪种方式更容易让孩子"互相揭发"的行为持续呢？

让他们自娱自乐去吧！

纠结的烦恼　8月25日　周一

本来说好今天姥姥来接蹦蹦回去住两天。下午姥姥来家里玩，蹦蹦开始犹豫，说回姥姥家怕睡不着觉，但是又表示想回姥姥家玩。跳跳在旁边一听，也要回姥姥家住。我问蹦蹦："以前不是一直在姥姥家住着么？怎么现在又说不适应？"姥姥说："看蹦蹦高兴吧，想住就住，不想住就算了。"蹦蹦眼眶子有点红，她爸爸也表示让蹦蹦自己决定。

最后，犹豫再三，蹦蹦还是选择不回姥姥家住了。但是傍晚的时候，蹦蹦又表示："回姥姥家住两天就好了。"有时候，真对她这种犹豫纠结彻底无奈了。

李老师点评：

犹豫纠结，好像是个"老问题"了。但还是那句话：别关注。父母不关注，就不会强化。父母的心宽了，孩子也就自由了。

生活不会有"彻底无奈"，今天的"彻底"，其实就是明天的开始，时间会把内心的"彻底"改变。

幼儿园初体验　8月26日　周二

今年幼儿园采取一个月适应入园，今天是跳跳的约谈日，我带着他去幼儿园适应一个小时。路上，跳跳表示不想去，问为什么，说："我不敢。"到了幼儿园门口，跳跳不进门，刚好碰到我认识的老师，告诉他院子里有自行车，他就屁颠屁颠地跑进园子骑车子去了。巧合的是跳跳正好和小伙伴悠悠分在一起，悠悠叫着跳跳一起进教室，老师把小板凳一字排开，五个小朋友坐一边，家长们坐在另外一角，跳跳不从。老师让我和他坐一起，跳跳坐下后，搂着我的胳膊，叨叨"我不敢"，但眼神还是有些期待，我也没多说话，就搂搂他。

老师让他们自我介绍，跳跳还是站起来说了名字。在游戏环节，跳跳主动要求去坐小朋友一排，靠着悠悠。等到老师带着他们熟悉教室，跳跳已经跟上队伍了，而且很开心地用小杯子接水喝，但除了跳跳悠悠认识，一起说话玩耍以外，几个小朋友之间没有互动。最后离开的时候，跳跳还是很开心的，表示还要来幼儿园玩耍。

李老师点评：

对于未知的、不熟悉的环境，孩子出现畏惧的心理十分正常。如果家长的情绪稳定，引导方式得法，就会帮助孩子更好、更快地适应环境。孩子这种成功适应环境的经验，会对其今后产生巨大的影响。

日记中描述孩子进园骑车时用了“屁颠屁颠”，描述孩子眼神时用了“期待”，离开时用到了“开心”，这是细心观察的结果，这是情绪稳定的表现。尤其值得肯定或者赞扬的是，当孩子叨叨“我不敢”时，妈妈的反应——“我也没多说话，就搂搂他。”没有什么比妈妈的怀抱更温暖、更安全。

孩子在妈妈的耐心陪伴下，渐渐适应了新的环境。

偏心 8月27日 周三

中午爷爷到家里来下厨。蹦蹦喜欢拔丝地瓜，最后的保留菜就是这一道。吃饭的时候，大家都觉得爷爷做的鱼好吃，奶奶给蹦蹦夹了很多，蹦蹦就给了爸爸一些，他张大嘴享受了女儿的“进贡。”爷爷表示不吃鱼，就把鱼都给了跳跳，蹦蹦看了爷爷一眼，爷爷就说：“跳跳小，让着他，多给他点。”接着又说：“蹦蹦你喜欢什么，爷爷就做给你了都是按照你的要求！”蹦蹦也没说什么。

饭后，蹦蹦要求爷爷给她画个画，跳跳要求爷爷讲“小花猫”的故事。因为蹦蹦态度强硬，爷爷就先给蹦蹦画画，结果跳跳恼了，大叫，爷爷立马抱起他：“爷爷的宝贝孙子，爷爷一会儿就给你讲，等着你到爷爷家去住，爷爷天天给你讲。”蹦蹦“哼”了一声，对跳跳说：“就是骗你玩的。”又对爷爷说：“怎么每次都说带跳跳去，不公平！”爷爷赶紧说：“我的宝贝孙女大公主也去。”蹦蹦摆了个公主POSE，爷爷无可奈何地笑了。

李老师点评：

天伦之乐。好好体验，好好享受。

蹦蹦表达了自己的需要与不满，爷爷虽说有些“无可奈何”，但也做出了妥协与改变。这给了我们一个重要提示：只要我们敢于说出自己的需要与想法，对方就有改变的可能。但前提是情绪稳定、关系良好。

誓不罢休 8月28日 周四

一早准备带着蹦蹦跳跳回姥姥家过个小生日，蹦蹦非要穿裙子，跳跳坚持要去姥姥家附近坐碰碰车。我告诉蹦蹦去玩穿裙子不方便，她说那她就不玩，我说这个不现实。奶奶就让她先穿着裙子，到姥姥家出去玩的时候再换。后来先生出面，告诉她不能穿裙子，到游乐场很不方便，蹦蹦妥协了，但要求带着裙子。换了三遍衣服，终于出门，跳跳从出门到姥姥家，说了无数遍去玩碰碰车，我说先和姥姥姥爷玩一玩，再出去，他就开始间歇性地叨叨。

到了游乐场，蹦蹦表示她也坚决要玩，我问她不是说她不玩么？她表现得跟听不见一样，就是要玩。两个人一起做小汽车，跳跳还要求坐碰碰船，就是非要把能玩的都玩一遍，想想马上都开学了，满足了大部分要求。蹦蹦比较满意，跳跳还没坐够，一个高兴一个嘟囔着上车回家了。

俗话说，众口难调。难调也得调，父母不易啊。

“我问她不是说她不玩么？她表现得跟听不见一样，就是要玩。”说话算数，还是孩子吗？成年人又有几个说话算数的呢！——想想马上都开学了，满足了大部分要求。

“交际”的第一步 8月29日 周五

今天跳跳第二次幼儿园约谈，嘟囔着“我不敢”，还是被我牵着进了班级，很快就跟着老师做手工，非常认真地粘了大西瓜贴图，而且没有让我坐在他旁边。

接着，老师让他们自由玩玩具，跳跳和另一个男孩一起玩“钓鱼”，开始挺好，后来小男生好像要拿跳跳手里的东西，跳跳往回夺了一把，大喝一声：“你干什么！”老师上前调解了一下。我没干预，由此想跳跳虽然在班里年纪小，但还是知道“反抗”，也不会主动攻击别的小朋友。

园里碰到蹦蹦当时的老师，聊起来，她对我回忆说，以往有小朋友欺负蹦蹦，她只会看着老师，老师开始不知道为什么，时间长了就知道了，会把蹦蹦叫到一边，蹦蹦只笑不说，领她到没人的地方，蹦蹦才会说小朋友欺负她。三年下来，蹦蹦没有主动告状一次，偶尔回家告诉我某个小朋友讨厌，基本我会让她不要搭理，实在讨厌，就告诉老师，之后蹦蹦倒是也没纠结。作为小朋友的第一次参与“社交”的幼儿园，应该是训练他们独自解决问题的地方，也不想过多干涉，只是适时指导点吧。

李老师点评：

“不过多干涉，适时指导”这个原则没问题，但该原则一定要建立在了解孩子的基础之上。掌握了基本情况，我们才能判断哪些需要干涉、需要指导。

原则体现的是普遍性，而普遍性寓于特殊性当中。特殊性就是具体的干涉，是对“适时”之时（时机）的把握。

愉悦地送机 8月30日 周六

今天早上我出发到澳大利亚，蹦蹦跳跳一起要到机场，本来怕他们哭闹，不想带他们去。蹦蹦这几天每天都在提醒我要带礼物，但是每次都要求的是不同的礼物。跳跳也跟着姐姐起哄，但对于礼物没有太明晰的概念。

蹦蹦今天早上有点小忧郁，问我："下周开学，谁送我啊？怎么办？"从幼儿园到小学一直都是我早上送她，她很依赖我，我说："爸爸或者奶奶送。"她想了想说好吧。跳跳对于出差也没概念，他爸说一个礼拜见不到我，他也没啥反应，就是过来搂着亲亲，对于我准备出发的行李箱和各种物品非常感兴趣，拿了我一个简易便携衣架，很开心，表示占为己有。到机场，俩人都还挺欢腾，在车上跟我各种招手，放了心。

下周就开学了，不知蹦蹦第一个周会不会早上哭泣。跳跳也要进入每天半日亲子入园，根据上周约谈的表现，有家长陪在一边应该没问题。先生很开心地表示，正好我出差回来，接上跳跳独立入园半日的一周，由我送孩子，大家很安心。

李老师点评：

面对第一次，失败是常态，成功反倒是偶然。不是说"失败是成功之母"吗，如果第一次就成功了，成功就是一个没有母亲的孩子，不但可怜，而且无力！

妈妈出发前有着些许的担心，但孩子的表现良好，不知这种反差意味着什么。

两地挂心 8月31日 周日

蹦蹦今天报到，下午通电话的时候，先生说她今天早上哭了，昨天下午其实就开始"忧郁"了。好在今天下午情绪又好了。跳跳主动抢过电话对我喊："妈妈我想你！"我问："蹦蹦呢？"蹦蹦才给我在电话里说："妈妈妈妈，我想你！"

先生说，上午蹦蹦跳跳说："小'老婆'不在家，就可以为所欲为啦！"真是哭笑不得。过会儿，跳跳又在电话里大喊："妈妈你快回来吧！"有点酸了一下，想蹂躏他的大脑袋。挂了电话，阿德莱德的天色已经很晚，赶了两天的飞机，累坏了。想想明天还要一早起床，洗洗睡，又担心明早蹦蹦上学，跳跳幼儿园的半日亲子，唉。

李老师点评：

都说"儿行千里母担忧"，原来反过来也是一样。这就是心理。我们不是和那个真实的人打交道，而是和这个人在我们心中的形象打交道。

安心出差，看看家里离了"定海神针"会"闹出"怎样一副天地。

读书的问题 9月1日 周一

下午蹦蹦放学，通电话说暑期老师还要求背15首古诗，假期我也没注意，发现班级群里很多家长在讨论，也有没背的，有家长贴出来，发现其中四首之前无意间给蹦蹦背过。语文老师还要求看书，先生让她自己写书名，写得很少，老师说蹦蹦看书少了。其实我认为读书不在列书单的多少，也不是一二年级多读就能提升阅读和写作能力的，关键在于四五年级，怕就怕老师对蹦蹦的态度以及蹦蹦的反应。据说今天上学早上还可以，情绪不高，但也没哭，中午回来吃饭不多，大概放假时间长了，需要适应一下。

跳跳今天下午是奶奶一起陪着亲子半日，据说非常不好，一直缠着奶奶，也不跟着老师做游戏，也不吃饭，老师给他照相，他就背过脸去。奶奶说是因为下午没睡好就给叫起来领着去幼儿园了，我想也可能因为是奶奶，他更撒娇。明天上午的课想让先生去，但他表示上午是3小时，太长，不去。

李老师点评：

安心出差。很多事情亲力亲为可以解决，遥控指挥只会添乱。

可以借这个远离家庭的机会反过头来重新审视一下家庭，“跳出庐山看庐山”也许别有一番风景。

甩手掌柜 9月2日 周二

一早起来，收到微信，说是蹦蹦跳跳昨晚半夜都发低烧，上吐下泻。先生跟我要蹦蹦班主任的电话，想跟老师沟通一下，还要了平时联系的儿科医生的电话。过了一会儿，说是蹦蹦不发烧，准备去上午的课，但是跳跳还是有些低烧。我感觉有点着急，但又鞭长莫及。

8点的时候，说是蹦蹦又有点肚子疼，最终还是跟老师请假了。跳跳在微信里跟我说：“妈妈我发烧了，还拉臭臭了。”我说真是烦心啊，先生回：“你烦什么，又不在家，我才受不了了。”跟身边同时出差的朋友交流了一下，说是先生们真是甩手掌柜。看到先生在朋友圈发布孩子生病，同事回复他：“别撒娇。”笑死了。

李老师点评：

同事的回复非常有想象力，也很有智慧，一语就道破了爸爸发布孩子生病这条消息背后隐藏的动机。爸爸在撒娇，妈妈要多多地给予关注和鼓励，以期爸爸在今后好多多地干活，摘掉“甩手掌柜”的帽子。

周三“遥控” 9月3日 周三

早上7点50分左右，跟家里通电话，先生问我让不让蹦蹦去上学，因为还是说肚子有点痛。我说还是去吧，本来蹦蹦就对上学有点“抵触”，越这样越不好，我让他跟蹦蹦班主任打电话，当着蹦蹦的面，请老师多多照顾一下。最后，蹦蹦还是去学校了。

下午通话时说蹦蹦表现还可以，就是肚子还是时有疼痛。跳跳似乎都好了，也有精神头了。好在这两天先生是轮休，在家里和奶奶一起忙活，爷爷也有过去帮忙。但电话里，先生开始有些急了。想起出发前，他对我说，我正好出去，让家里清静一下，没想到一出门，家里就突发状况了。唉。

李老师点评：

假设一下，如果孩子没有生病，家里会清净吗?

所谓突发，是因为超出预料。从这个角度讲，从来就没有什么“突发状况”，只有想得不够周到。——突发不以我们的意志为转移，但我们完全可以把突发纳入我们的预料。

状况百出 9月4日 周四

下午通电话，一声“妈妈”在电话那边，我以为是跳跳，结果是蹦蹦。我愣了，问她怎么没去学校，她让爸爸说，先生说蹦蹦还是拉肚子，又吃不进药，吃一口吐一口，下午没什么文化课，就没让她去，说跳跳吃药很勇敢，一口就喝进去，所以不拉肚子了。

原来咨询过儿科医生，说是肠胃感冒，吃点蒙脱石散，止住拉肚子就可以了。然后先生就开始诉苦，说奶奶被鱼刺扎手导致甲沟炎，爷爷好像有些犯了过敏，蹦蹦喂药喂不进去。跳跳到幼儿园的亲子半日不乖……跳跳在电话告诉我：“幼儿园，就是吃饭吃饭吃饭。”我问：“你怎么不跟小朋友玩?”他说：“没事儿干。”奶奶说是班里只有三个小朋友没去亲子园，跳跳无所事事，跳跳的朋友悠悠不听指挥自由散漫，还有个小男生抓着奶奶不撒手。好吧，听起来挺混乱的。晚上，先生微信说蹦蹦还拉肚子，准备去给她打吊瓶，我坚持要想办法给她吃药，又不是大毛病，饿一点不要紧，别脱水就行，而且打吊瓶不好。他回我：“有本事你回来喂。”

李老师点评：

心难安啊!

爸爸经过这几天的魔鬼训练，有点难以招架。关注孩子的同时，多多关心老公吧。

既然无能为力，就别再“指手画脚。”

出国游学的思考 9月5日 周五

今天跟几个在阿德莱德游学的留学生志愿者聊天，问他们将来会不会回国，有人说在澳洲生活比较舒服，打算在这里扎根；有人说不适应外国的生活，还是要回国的……其实我也一直在纠结这件事，蹦蹦跳跳长大之后要不要出国游学？

让他们出去，是想让他们感受不一样的生活，但是感受之后呢？有比较就会产生落差。关键还要看孩子今后的心态，毕竟要融入另一个社会不容易，融汇中西文化更是不容易。这又牵扯到多大送孩子游学的问题，太小容易适应，但不放心；太大又怕错过成长的关键期。唉，这个问题从蹦蹦出生后就时不时拎出来想一想，还是无解。

目前我美好的心愿是等蹦蹦上高一，我与她一起出国游学，她学她的，我学我的，互相照应一下，然后尊重她的意见决定去留，跳跳可以“投奔”姐姐。但先生认为中国人还是要落叶归根，而且老了的时候希望孩子在身边。无解啊。

李老师点评：

让孩子出国游学，应是很多父母都考虑过的。但这个问题最终应由谁来做出选择，在未做出选择的这几年里——蹦蹦今年一年级，到高一还有9年——家长和孩子应做点什么也许更值得考虑。

如果孩子有独立自主的精神，有独立思考的能力，那他一定会自己决定自己的生活。如果没有，那父母就应考虑得再长远一点。

未来属于我们，也属于孩子，但终将属于孩子！

片段式生活 9月6日 周六

今天各种转机飞行。与同行的妈妈们聊起孩子，各自拿着照片说小朋友的趣事，真的感觉很想念蹦蹦跳跳。

有的妈妈说一天不见孩子心里就空了，有的妈妈说孩子要磕着一下，她自己都得先哭了……我觉得有些“心虚”，大概属于很不感性的女人，我是家里唯一一个拎着哭闹的孩子去幼儿园的，出差工作也不会心心念念地想孩子。我经常跟朋友开玩笑说，我可以把生活片段化，调整工作模式和看孩模式。想起来先生多次说他是“爱孩子而爱”，我是“责任而爱。”

其实，我心里有一个坚持的原则：自己做得好，过得好，孩子才能被潜移默化；虽然做了父母，但是也不意味着为了孩子活着，还是应该首先对自己负责，但是也有时候会纠结，他们现在还小，或许不能完全理解并且追随。

李老师点评：

对孩子的爱，需要多深？情，需要多浓？深度与浓度不是问题，问题是我们表达爱与情的方式。在孩子年幼时，我们可以直接地、全方位地来表达，比如“含在嘴里”；但随着孩子的成长，就要把孩子“吐出来”，帮助并引导他们去尝试错误、体验生活、适应改变；再大一些，就要把孩子“推出去”，让其作为一个独立的个体去迎接风雨的洗礼，父母做好“灯塔”与“港湾”即可。

这是以孩子的成长规律为基础的，是孩子真正需要的爱与情。

但在这个过程中，父母由于自身的“不成熟”，往往会以满足自己的需要为前提，对孩子施加所谓的爱与情，比如，事无巨细地照顾孩子，其实仅仅是在缓解自己的焦虑。

同意你的观点：做好自己。孩子正是因为小，才会被潜移默化，继而“理解”，并且追随。

归家 9月7日 周日

一整天的飞机，今日凌晨到家，看到蹦蹦跑到大床上，占据中间位置，原来睡前就说为了迎接我归来要一起睡。忍不住亲了她一大口，她竟然还睁开眼睛朝我笑了笑。早上6点半，蹦蹦跳跳都起床了，蹦蹦眼睛睁得很大，对我说：“妈妈妈妈我的礼物呢？”跳跳还处于迷糊中，揉着小眼睛就“黏”过来，在我身上滚来滚去，对我说：“妈妈，妈妈，我想你。”处于头昏眼花浑身酸痛的情况下，这也是一种甜蜜的幸福吧。

婆婆一早去早市买东西，先生去踢球，我强打精神起来给他俩煎鸡蛋，结果很给面子，跳跳自己把饭都吃了。然后跟我一起收拾行李箱子，看到我带的糖，跳跳很开心，自己拿着剪刀就剪开吃，还主动分给蹦蹦和我。蹦蹦表示对这些吃的兴趣不大，对于我给她买的粉色发卡非常满意，说：“妈妈你记着，以后给我带礼物，我不需要这些吃的什么的，我就要这些漂亮的东西。”

李老师点评：

短暂分离后的重聚，相信无论妈妈还是孩子都会有不一样的感受。尤其对孩子，是一次难得的成长经历。因为，分离才是人生的主题。

小团圆 9月8日 周一

昨日在太姥姥那里，跟奶奶爷爷一起过中秋节，今日带着蹦蹦跳跳回姥姥家，下午，忽然感觉公公很讲究这个节日，就跟婆婆说是不是晚上让爷爷过来一起再过一次中秋。果然，爷爷很开心地来了。先生开始还不想让爷爷过来，怕爷爷做饭累着。

跳跳今天不止一次对我说：“妈妈，你别出差了，你刚出差，我就想你。”亲爱的小“大头”也就这几年和我黏糊，好好享受吧。突然发现，这个小子似乎又大了点，对待姐姐也更“强硬。”

晚上上班搭同事班车，同事说先生真“矫情”，上个周一直说自己带俩孩子多么辛苦，多么无奈。好吧，想起下午先生还对我说上周就有提醒短信说要交电费，他觉得麻烦，等着我回来再交。好吧，是不是我“惯”的？

李老师点评：

儿子的“黏糊”和儿子爸爸的“矫情”似乎异曲同工。

是不是你“惯”的？如果是，再想想为什么要“惯”呢？在惯别人的同时，满足了自己哪方面的心理需求？——惯别人，其实是惯自己的反向形成。

好的开始 9月9日 周二

今天早上，我送蹦蹦上学，本来还有点担心放假之后上学又会纠结，结果是跟我一路开心到了校门口，很雄赳赳地进了校门，也没像一年级的时候一步三回头交代我早点来接她。心情很靓。

下午是跳跳幼儿园第一次无家长陪伴的“独立半日。”奶奶昨天就开始焦虑怕跳跳哭，不适应。我说没问题。中午跳跳跟奶奶去送姐姐的时候，跟奶奶说害怕，回来我说：“没事儿，妈妈陪着你。”两点钟送跳跳，路上他还挺开心的，到了门口，看着小朋友自己进去，他变脸了，开始大哭，我告诉他：“我就在门口等着，下午跟姐姐一起接你。”他还是号啕，我跟他慢慢讲，他非要跟我一起进幼儿园玩。最后老师出来，抱他进去，看他最后没有挣扎只是哭，有点放心。回家后，我写稿子，奶奶坐立不安，非要去幼儿园再看看，回来说看跳跳跟着老师小朋友一起在走廊做游戏，走到门口附近就往外看看。

4 点 50 分带着蹦蹦去接跳跳，路上买了两袋子彩纸，蹦蹦说送给跳跳一袋子。跳跳见到我和蹦蹦非常开心，冲过来拥抱亲吻，一滴眼泪都没有，还跟我展示获得的小粘贴。老师对我说，跳跳哭了一会儿就好了，而且语言表达非常清楚，晚饭也吃得很好，上幼儿园没问题。放心啦。

李老师点评：

好多孩子都会有这样的表现：进门前号啕，被老师抱进去后哭一会儿就好了。

好多家长都会有这样的表现：孩子进门前号啕时焦虑不安、难舍难分，孩子进门后依然焦虑不安、难舍难分。

是孩子不愿上幼儿园，还是家长不愿让孩子上幼儿园？是孩子离不开家长，还是家长离不开孩子？对于分离、对于新环境的适应，好多家长不如孩子。

家长的镇静一定是孩子成长的最大动力。

教师节礼物 9月10日 周三

昨天下午放学，蹦蹦就对我说："明天教师节，早上给老师买朵花。"并且要求买一张贺卡，我告诉她自己做是不是更好。于是她晚上忙活半天，自制贺卡。今天早上学校门口正好有人卖花，就给她买了三枝，很开心地拿着进了校门，而且对手里的花似乎有点恋恋不舍。其实给老师礼物这件事儿很是难搞，送礼吧，不符合个人做人原则；不送吧，又怕潜规则。至少蹦蹦的学生生涯，基本还是保持了原则，今天早上的花，觉得也不算是送礼，顶多是应景吧。

中午蹦蹦说老师收了一堆花一堆巧克力，她送的贺卡，班主任很开心。只要孩子开心就好。其实我们不能为孩子"铺路"一辈子，而是应该通过潜移默化让他们学会做人，只有自己做出气场，才能让老师也好，他人也好，单单是因为喜欢他才对他好。

早上，跳跳的半天幼儿园基本复制头一天，路上走时还开心，门口又开始号啕，被老师抱进去，我也转身走了。中午接的时候，老师说进去就好了，跳跳还一直紧跟着班主任刘老师。想想当年蹦蹦就一直黏着班主任小于老师，这姐弟俩啊。

李老师点评：

是的，只要父母想开了，像是送礼不送礼、上学不上学、铺路不铺路、是否号啕着上幼儿园等这些事情就都开朗了。因为所有这些事情的意义都是我们人为赋予的，既然是主观的，就有了"想开了"的可能。如果"想不开"，就是在自讨苦吃，或者是因为"不想想开。"

"抗拒"加剧 9月11日 周四

今天跳跳的独立半日是下午，中午家里比较热闹，爷爷奶奶还有一位客人，跳跳很开心，蹦蹦也因为吃了冰激凌月饼而开心。本来我打算1点钟送蹦蹦上学后就上班，结果先生说怕爷爷奶奶送不了跳跳，非让我再待到两点。

刚过1点，奶奶说了句关于幼儿园的话，跳跳突然开嚎，说："今天不去幼儿园，明天再去幼儿园。"好熟悉的台词啊，蹦蹦以前经常说。爷爷的脸色开始变了，偷偷跟奶奶商量不送了，我和先生坚持送。半个多小时的时间里，跳跳赖在我怀里，一会儿哭，一会儿又止住，我就慢慢跟他磨，转移注意力。出门的时候，跳跳突然号啕大哭，赖在地上蹲着，我只好吓唬他，这么大声音会招来坏蛋的，他才变小声。路上，我一路抱着，倒也没大哭，到了幼儿园门口，又开始嚎，还吐了一口，但开始口气妥协，表示要我和他一起去幼儿园里面玩。最后，班主任出了门，抱过跳跳，他也主动伸手跟了班主任，我赶紧闪，偷偷看见他和班主任在看走廊照片，貌似一点不哭了。

李老师点评：

既有爷爷奶奶的“呵护”，又有爸爸妈妈的坚持，孩子很难做啊！

孩子的情绪和欲望一般并无所谓好坏，只是满足情欲的方法和行为有好坏之分。教养，在于启发、引导和帮助孩子，以日益符合社会规范和愈来愈有效的行为模式，去满足他们的情欲，而非批评或企图扼杀他们的情欲本身。妈妈正在用稳定的情绪和实际的行动，帮孩子养成更加符合社会规范的、更加有效地满足自己情欲的行为——成长，不哭。

舞蹈小跟班 9月12日 周五

经过昨日的剧烈反抗，不敢想象今天早上的情景，结果却是，在家时，跳跳听到幼儿园三个字，说了几句不想去，再也没多说。送蹦蹦上学后，下起雨来，我和奶奶一起撑伞送跳跳，因为自己拿了一把伞，跳跳挺开心，一路自己走着去，到了幼儿园门口，也没有哭闹，甚至没有要求老师出来抱进去，只是跟着保安爷爷走向教室，并且在途中回头，跟我和奶奶说再见。我和奶奶“惊呆”啦，怎么也没想到今天是如此顺利啊。

下午奶奶带着跳跳陪着蹦蹦去上爵士舞课，跳跳先是躺在沙发上喝了一瓶奶，然后“下场”，模拟小姐姐们压腿、跳舞，非常认真，搞得现场很欢乐。老师下课后夸他，很少有这么小的孩子能待这么长时间啊。话说跳跳最近爱上学姐姐跳舞，经过一个月的模拟，终于能学几个姐姐的舞蹈动作了。

李老师点评：

榜样的作用是无穷的。

教育可以分为显性教育和隐性教育。显性教育就是我们有意而为或精心设计，包括学校教育、各种的兴趣班等；隐性教育就是孩子在父母为之营造的环境中自然而然接收到的，包括父母本身，包括父母为人处世的模式，包括领着弟弟陪姐姐跳舞，等等。无论显性还是隐性，都或多或少地附带着父母的意愿，但孩子却不是被动地接收，不是镜像式反映，不会父母让学什么他就学什么，他们有自己的选择。通常的情况是，父母在某方面的意愿越强，孩子在某方面的意愿就会越弱。所以，如果父母想让孩子好好学习，简单直接的催逼，远不如潜移默化的影响，比如让自己成为孩子的榜样。

又顽皮，又专注 9月13日 周六

停了两周亲子英语课，今天早上奶奶先带着蹦蹦去画画。我起床带跳跳去英语课，结果跳跳表示“不想去”，我说：“就是去玩一玩，妈妈还陪着你。”他还是说不想去。到了门口，他嘟囔了几句也还是进了门。

上课时间，跳跳毫不犹豫地冲进了教室，跟外教打了招呼，开始很认真地跟着外教说单词，玩游戏。虽然中间也在地上打滚，小捣蛋，但跳跳是班里听老师说单词的时候最认真的。搞笑的是，上课时，有个调皮的小朋友压住躺在地板上的跳跳，跳跳使了劲，很快挣脱了，而且认为很有意思。跳跳也学小朋友，去揪外教的腿毛，好尴尬。

回程问跳跳为什么不去揪爸爸的，他说：“爸爸的比老师的少，老师的好揪。”通过这几天幼儿园、英语课，觉得跳跳在注意力上比蹦蹦更容易集中，而且在课堂上相对“沉得住气”。好在二年级开学后，蹦蹦也进步了，回家第一件事儿就是做作业，自觉多了。

李老师点评：

再看一看，其实每个孩子身上的优点都远远多于缺点。

只要家长更多地关注孩子的优点，家长的情绪就会变得更加放松和快乐，这样孩子的优点就会受到正向的强化，孩子就会变得越来越优秀。

意外的回答 9月14日 周日

夏季里爬山不多，今天早上家族出动。姨奶奶家的小朋友也一起，老老少少十来号人，去爬毛公山。开始蹦蹦想缠着小婶婶，但我和先生让她跟着我们：“小婶婶也要带自己的孩子，我们才是一家人。”蹦蹦不太乐意，最终还是跟着我上山了。

路上，比跳跳大三天的小表姐笑笑，最终也和蹦蹦跳跳一起玩，蹦蹦向来喜欢带着小朋友玩，也很喜欢笑笑，没想到跳跳还会主动牵笑笑的手，看来还是小伙伴一起玩比较好。中午下山去吃羊肉，蹦蹦要求挨着笑笑、跳跳坐着，满足了小朋友排排坐，吃饭的时候，跳跳喜欢吃羊排，蹦蹦还分了他一块。下午回家的时候，因为一张贴画，蹦蹦跳跳又打起来了，奶奶对蹦蹦说：“你中午对弟弟那么好，还主动给他肉吃，现在你这么多贴画，给他一张吧。”结果蹦蹦忽然笑了：“给他吃是因为我不爱吃！”

李老师点评：

不知家长们听到蹦蹦的“惊人之语”是怎样的反应？其实我们每个人都是这样，只不过随着年龄的增长，我们变得更加圆滑，变得更加会压抑、隐藏自己真实的情感。

孩子的一句话，让我看到了什么是——纯真。

斗智斗勇斗体力 9月15日 周一

昨晚夜班回家凌晨一点，结果早上五点蹦蹦起来小便，跳跳也突然起床，都爬到大床上“搅和”我。迷糊中，蹦蹦又回小屋睡了，跳跳却在我身上爬来爬去，又要起来拉臭臭。

快7点，蹦蹦又对跳跳说了句幼儿园怎样，跳跳开始小哭：“今天我不想去幼儿园！”无名火突然冒出来，我对蹦蹦吼了一句：“你是不是故意的，不是说不要提幼儿园么！”蹦蹦带着小“挑逗”的笑对我说：“我没说什么啊！”转身对跳跳强调说：“今天不去幼儿园！”结果跳跳听了幼儿园三个字，又开始缠磨我。

后来我抱着跳跳，看见蹦蹦在收拾书包，对他说：“妈妈要出差，爸爸要上班，你变成个小‘大头’，塞进姐姐书包里，跟着姐姐去上学吧！上课的时候突然冒出来，吓老师小朋友们一跳！”跳跳听着觉得不错，开始主动要求吃饭，赶紧跟上姐姐，别落下他。最终，两个一起牵着去上学的上学，幼儿园的幼儿园。还不错，跳跳进了幼儿园，直接冲向老师，跟我说拜拜了。

李老师点评：

下夜班，还要对付两个“调皮捣蛋”的孩子，妈妈辛苦了！

蹦蹦带着小“挑逗”的笑对我说：“我没说什么啊！”转身对跳跳强调说：“今天不去幼儿园。”蹦蹦这个小精灵越来越有意思了。

小社会 9月16日 周二

出个小差，傍晚到家时，蹦蹦跳跳各玩各的，我说：“谁来抱抱妈妈？”跳跳站起来说：“我！”过来抱着一顿乱啃。奶奶告诉我，跳跳回来时说中午在幼儿园吃饭，菜被旁边的小朋友打翻，我问跳跳：“你有没有告诉老师？”“没有。”“那你能吃饱么？”“剩下的我都吃了。”我说：“没吃桌子上的吧？”“没有。”我告诉他，小朋友可能是不小心打翻的，但吃不饱是需要告诉老师的，接着让蹦蹦给他示范举手说还要。

晚上蹦蹦告诉我，老师给她换了座位，又换回以前的男同桌了，我说你觉得他怎么样？她说：“其实挺好的，今天我搬椅子的时候，真的搬不动了，他就帮我搬了。”想想去年蹦蹦还为了坐在哪里纠结，现在适应良好了。因为蹦蹦学到了2008年奥运会的课文，晚上给她和跳跳一起看了NBC拍摄的开幕式，很开心。

李老师点评：

很开心。

孩子是从爸爸妈妈的“脸”来判定自己的表现的，也就是说，当孩子看到爸爸妈妈高兴的时候，就会认为自己的表现很棒，是可爱的；当看到爸爸妈妈愁眉苦脸的时候，就会认为自己是糟糕的，是不被喜欢的。所以，送给孩子最好的礼物就是——开心的笑脸！

争 9月17日 周三

早上起来，跟蹦蹦跳跳赖在小床上。跳跳躺在我身上，蹦蹦表示需要一个“地盘”，跳跳赶紧扒紧了我说：“没有地方啦。”蹦蹦表示生气，滚到一边，我对她说：“过来躺妈妈这边。”蹦蹦过来，跳跳就拿大头把她往一边顶，蹦蹦真有点生气了，就打他脑门，很响亮的两下，我对蹦蹦说：“你跟他闹玩可以，但不能太使劲，也不能打脑袋，可以考虑肉肉多的小屁股。”跳跳也没恼，还是拿大头顶姐姐。蹦蹦终于如愿趴在我身上了，跳跳看着没辙了，一边说：“叠罗汉！”一边压到姐姐身上，蹦蹦大叫：“太沉了，喘不动气啦！”两个人笑成一团。

因为昨日出差不在家，奶奶听别的家长说很多孩子不在幼儿园午睡，也把跳跳接回来了，后来发现只有三四个家长接了，有点后悔。今天早上跳跳就问，可不可以不在幼儿园睡觉。奶奶又纠结给不给老师送礼的问题，我和先生表示没必要，奶奶有些恼，认为我们对“小的”不够上心。先生说：“蹦蹦那时也没送，不是很好么？”但奶奶认为跳跳不像蹦蹦那样会说，而且太有规矩，反而会导致老师不够关注。好吧，只能说奶奶比较焦虑，拖着吧。

李老师点评：

“叠罗汉”，多么温馨快乐的场景啊。我在想，如果我们愿意，这种场景可不可以天天出现?

世间事，了犹未了，何妨不了了之。一个“拖”字，不仅显示了妈妈情绪的稳定，也彰显了妈妈解决问题的手段和对事实的清晰判断。

“带领” 9月18日 周四

各自放学回家。奶奶默默“偷听”到姐弟俩的一段对话。蹦蹦很认真地问跳跳：“你到底喜欢不喜欢幼儿园？”跳跳想了一下：“还可以吧！”

蹦蹦“语重心长”地说：“你这是刚开始，你得熬三年，你就慢慢熬吧！”跳跳不太明白，问什么意思。蹦蹦说：“你就熬吧，上学比上幼儿园有意思！”

我问过蹦蹦为什么觉得上学更有意思，她回答幼儿园总是在重复：重复画一个形状、重复做一件事，而学校总是学新鲜的。自打跳跳上幼儿园，蹦蹦就总有意无意提起幼儿园的话题，只要看到跳跳不想去幼儿园，蹦蹦就得意地笑，告诉我：“他不爽我就挺高兴的。”有意思的是，蹦蹦同班的一个女生也是这样对待上幼儿园的妹妹的。

今天早上，蹦蹦上学要用橡皮泥，让我和她在路上买，偷偷趴我耳边说：“给我买个大的，给跳跳小的。”跳跳听说买橡皮泥，也说：“给我买个大的，给姐姐买个大大大的。”我问蹦蹦：“你有没有点羞愧？赶紧亲亲你弟弟吧！”蹦蹦给了跳跳一大口吻。

李老师点评：

一个摇头晃脑、语重心长的“教育”，一个牙牙学语、似懂非懂的“接受”，这就是大宝和二宝的区别。一对“鼻涕虫”之间的对话，彰显了孩子的纯真与快乐。如何协调，就看父母的智慧了。

独立 vs 纠缠 9月19日 周五

今天早上起床，跳跳流鼻涕咳嗽，这几天幼儿园就有小朋友同样的症状，想来是“串窝子”啦。经过一周“独立日”，跳跳上幼儿园一点儿不哭了，昨日走在路上，跑得很欢，还没到门口，就告诉我，“老师说，让我一个人走进去玩。”我说：“到门口再一个人。”进了幼儿园，看到老师，跳跳主动拥抱，然后跟我再见，一个人背着小书包雄赳赳地走进教室去了。没想到顺畅了到幼儿园的情绪，却又遭遇另一幼儿园难题——“生病。”吃了点小药，又联系推拿，一天下来没有恶化，精神还不错，还是喜欢赖在我身上。

蹦蹦早上没带英语书，课间给她送到传达室。中午回家，问她知道没带书么？她说知道啊，我说你没着急？她很不以为然地说：“到一班跟同学借一本就是了呗！”没想到二年级她就如此适应并解决学校问题了。在不经意之间，他们或许就“大了”，但“纠缠”仍在。

李老师点评：

独立与“纠缠”看似矛盾，但其实是统一体。独立让我们看到孩子的成长，纠缠又让我们看到亲情的联结，也正是通过“纠缠”，家更温暖、更让人留恋！

蹦蹦跳跳妈妈感言　发现平和的自己

记录三个月“蹦蹦跳跳的日子”，用 90 天导正“一念之差。”其实，《三个月改变孩子一生》这个课题，直接指向的是改变妈妈的心理，慢慢累积，默默变化，我得到的是平和，更坚定的平和。

之前也看过一些育儿书，现学现卖过多种“规矩”孩子的方法，却并没有想到从内心改变，进而影响孩子甚至整个家庭的气场。很幸运，这次参与了李克富老师领衔的课题，帮我打开全新角度的育儿心经。

写日记的方式，让我每天回顾日子是怎样过的，想到蹦蹦跳跳的各种搞怪就会微笑，回味，提升幸福感；而书写的过程，也是整理心情的过程，发过的火，生过的气，回头再看，原来都不是事儿，并引以为戒；每天接收的回复，或得认可，或被“挑刺”，细想一下，又会换个方向品味生活。

然后，三个月，我没有学习任何具体育儿方法，只是发现了平和的自己，却能在与孩子相处中自然生成这样那样的“方法”，有点“高手过招，重在意念”的意思。

李老师点评　孩子是母亲内心的风景

蹦跳妈比较理性，日记中所呈现出来的，也都是对自己两个孩子比较“客观”的记录，干脆利落，从不拖泥带水，甚至连句议论和感慨都难以见到。读者一定会觉得，读这样的日记有些枯燥，我也不喜欢这样日记，可它却吸引我几乎一天不落地读了 90 天。临近尾声，头脑中竟不停地回响着一个熟悉的旋律，填上词是：时间都去哪儿了？还没读出味道你就结束了；连续读了三个月，满脑子都是蹦蹦跳跳哭了笑了。

至此，我明白了，这种我不喜欢的日记类型，却也是我最需要的。透过这种理性的描述，我才能清晰地看到母子互动的真实情境，并由此佩服蹦跳妈那种能将事件还原的文字功力。

蹦跳妈的日记是一种很有代表性的日记范本，如果读者能带着如下问题去阅读，其中的妙趣就会自然显现：

❶ 在读蹦跳妈如此真实的记录时，你头脑中能出现蹦蹦和跳跳的样子吗？

❷ 如果你能见到蹦跳妈，把你头脑中蹦蹦和跳跳的样子描述给她听，她会认可你的描述吗？

❸ 你觉得生活中的那个 7 岁的女孩蹦蹦和 3 岁的男孩跳跳，真的像蹦跳妈所写的那样吗？

物理学和心理学的常识都告诉我们，我们看到的世界并不是世界本身，比如我们看到的红花绿叶只不过是花和叶在我们头脑中的映像而已，而花和叶本身是没有颜色的。也就是说，颜色不是一种客观存在，而是对光的反射。戴上这副科学的眼镜，再去看我们的孩子，你还会认为你“看到的”和“真实的”是一回事吗？

最近跳跳开始耍赖皮，走路或者上楼梯的时候想让大人抱着。下午外出回来，一进单元门，老公说赶紧走，让跳跳在最后没人可赖。但奶奶走在最后，跳跳说：“我累了。”奶奶说：“你自己走吧，奶奶也累。”跳跳说：“奶奶抱抱吧！”奶奶说：“哎哟，奶奶腰疼，不行了。”跳跳很紧张，立马去给奶奶捶腰，捶了几下后，很认真地问：“奶奶好了没有？”奶奶说：“哪儿能好得那么快？”跳跳又捶了几下，奶奶说：“好了好了，但不能抱你了。”跳跳说：“好吧。”自己噌噌地上了楼。

某个下午，我随便取了蹦跳妈在 8 月 12 日的这篇较短的日记，让我的学生们迅速读完后并顺着我的提问思考：为什么今天的日记蹦跳妈只写到了跳跳而没有写蹦蹦？当跳跳开始耍赖皮时，蹦蹦又在做什么？假若今天的日记是由蹦跳爸来写，他会只写跳跳不写蹦蹦吗？他写出来的跳跳和蹦跳妈写的是一个样还是两个样？同一个跳跳，爸妈写出来的怎么会两个样子呢？爸爸和妈妈写出来的跳跳，到底哪个更接近真实？

希望读者也立马读读这篇日记，看看自己又是如何回答以上问题的。我想，对这些问题的思考，会让你坚信：

无论是感情洋溢还是理性冷峻，你日记中所写出来的，只是从你的角度所看到的孩子；你看到的孩子和别人看到的孩子是不一样的——横看成岭侧成峰，你看到和别人看到的都不是孩子本来的样子。可你看到的孩子就是你心中的孩子，你对孩子的描述，也就是描述的你的内心。

每个妈妈，都是借助日记这种形式，通过对孩子的描述，展示着自己内心的风景。

那蹦跳妈理性的背后，还隐含着怎样的风景呢?

7 月 10 日日记

奶奶边喂边说："上幼儿园吃饭怎么办?跳跳老是吃一半就跑了。"

奶奶昨天就开始焦虑怕跳跳哭，不适应。我说："没问题。"

9 月 11 日日记

刚过 1 点，奶奶说了句关于幼儿园的话，跳跳突然开嚎，说："今天不去幼儿园，明天再去幼儿园。"好熟悉的台词啊，蹦蹦以前经常说。爷爷的脸色开始变了，偷偷跟奶奶商量不送了。

8 月 26 日日记

老师让我和他坐一起，跳跳坐下后，搂着我的胳膊，叨叨"我不敢"，但眼神还是有些期待，我也没多说话，就搂搂他。

8 月 29 日日记

我没干预，由此想跳跳虽然在班里年纪小，但还是知道"反抗"，也不会主动攻击别的小朋友。

作为小朋友的第一次参与"社交"的幼儿园，应该是训练他们独自解决问题的地方，也不想过多干涉，只是适时指导点吧。

8 月 30 日日记

先生很开心地表示，正好我出差回来，接上跳跳独立入园半日的一周，由我送孩子，大家很安心。

在跳跳上幼儿园问题上，爷爷、奶奶、爸爸、妈妈表现出了不同的态度和应对方式，对比一下就可以清楚地看出——蹦跳妈正在用自己的理性，平衡着家庭中弥漫的焦虑；用自己的理性，陪伴着孩子成长并去适应未来的生活——这是更深、更浓情感的表达!

第六章

母女之间的爱恨情仇

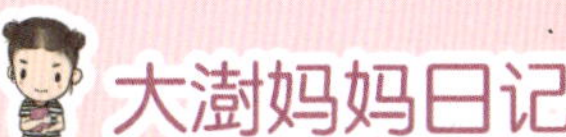
大澍妈妈日记

编者导语　母女间的爱恨情仇

读完大澍妈妈的日记，呈现在我眼前的是大澍妈妈与大澍之间那场无硝烟的战争。大澍妈妈“非打即骂”和大澍“非哭即闹”的抗争，相信在很多家庭中上演，也是万千家庭中的真实写照。大澍妈妈会因大澍几句重复的询问而怒不可遏，会因大澍一句不尊重姥姥的话而暴怒，也会因为大澍在排队检查时的走神火冒三丈。

殊不知大澍只是一个 4 岁的小女孩，她渴望妈妈能陪她一起玩耍；她不甚明了尊重的含义，又何来伤害到姥姥的自尊呢？她有着 4 岁孩子活泼好动、注意力不集中的天性。大澍就像她名字的含义——及时的雨，在面对强势的妈妈时，她选择用哭来获取想吃的零食，满足自己的需求；大澍会用哭来表达她对梳头发的不满；也会在与大澍妈妈角色互换时，用哭来表达她对妈妈的认可。

用语言沟通能获得的东西，却要用哭来换取，值得反思，在孩子成长的道路上，我们究竟做错了什么。养儿方知父母恩，养儿才能体会养孩子的辛苦与欢乐；养了孩子才会知道在孩子成长的道路上说过多少狠话，下过多少狠手，犯过多少错误。可是小小的大澍在面对如此火爆的妈妈时，真正做到了儿不嫌母啊，她依旧是那么的宽容与善良。大澍在被小朋友丁丁压在身下时，她的那句“妈妈呀，妈妈，你快看，我不敢动啊，我一动小弟弟就会被我弄倒！”令我感动落泪。大澍的善良宽容不止于此，面对火爆脾气的妈妈，大澍选择的是忘却和宽容，回报妈妈的是单纯的笑。也许相较于父母，我们的孩子更早地学会了宽容。

惊喜的是，大澍妈妈意识到自己的问题并尝试改变。她不再暴力相向，逼大澍服从，而采取迂回坚持的战术；她也不再因大澍玩泡泡而满心焦躁，而给她戴上围裙以防弄湿衣服。孩子的观察是敏锐的，孩子的感受也最真实，大澍哼起了小调，说了句：“妈妈，谢谢你。”我猜此时此刻大澍一定真切地感受到妈妈的爱。

人们常说“子欲养而亲不在”，却不知作为父母，把自己的孩子拴在身边，捧在手心，抱在怀里的时间也是那么的短暂。你是否也悄然发现，孩子已不再贪恋你的怀抱，你的亲吻，你的思念。成长的脚步不会因你的不舍而停歇，也不会因为你的流连而停止。某一天，你会发现孩子已悄然长大，与你渐行渐远。所以，孩子守在你身边的日子，少一些责骂，多一份宽容，多一些实际行动的爱。

讲道理没有用 6月20日 周五

讲完故事，我对大澍说我们睡觉吧，我今天不舒服，咱们各睡各的。

说完我背过身去，大澍显然恼羞成怒。我的后背先是受了一记无影脚，接着来了一发铁砂掌，我忍着疼痛和怒气决定实施冷暴力，就在这时，大澍竟然用她的小指甲掐了我的后背！先不说我的肥肉被掐很疼，我觉得掐人是非常“卑鄙”的行为。

我忽地转身对着大澍的大腿内侧也掐了一下，然后问她疼不疼？大澍怔怔得看着我，张口哇哇大哭。我说：“你掐我很疼，也很生气，你一点也不体谅妈妈身体不舒服……”巴拉巴拉说了一堆之后，大澍继续在抽泣，我才意识到她似乎没有听到我在说什么，我又犯老毛病了：讲道理。

我第二次转过身去背对着她，平静了一下心情。我再转过身来对着大澍撅给我的屁股说：“你掐我很疼，但我更伤心，我很爱你，可是你却伤害我，但我还是决定先原谅你！”

我保证我的大澍只听到或者听懂了最后一句。她转过身紧紧搂着我的头，搂在她的怀里，小肩膀一耸一耸地，泣不成声地一个劲儿地说：“妈妈，原谅我，原谅我，我错了。”

李老师点评：

和平，因曾经的战争而可贵！养孩子的酸甜苦辣就在这战争与和平的交替中得以体现或体验。事情之所以有了一个“美好”的结局，在于母亲的负性情绪得以宣泄之后和女儿的良好情感链接——没有了大堆的道理，有的是心与心的交融。

回想一下：你的情绪和语气语调，在讲道理和最后与女儿说话时有怎样的差别？你喜欢哪一个？

不做复读机 6月21日 周六

每到周末，从早上到晚上，我的大澍会问我一百遍以上：“妈妈你今天休息吗？今天陪我玩吗？”以前我会在被问第九十九遍的时候大发雷霆，怒不可遏。

“我不是告诉你了吗？！我今天休息！休息！休息！”

吓了大澍一跳不说，我自己瞬间也会觉得美好的周末糟透了。我难道不能有点自己的时间和空间吗？我的全部都要奉献给孩子吗？

那天听了李老师的点拨，我决定温水煮青蛙，虽然我也不知道自己是温水还是青蛙。

照例今天一早大澍问：“妈妈今天是周末吗？你上班吗？”我告诉她今天我不上班，我肚子疼，所以上午我们在家滑滑梯，下午我们陪姥姥去理发，顺便去坐两个摇摇车，晚上在家玩点读机。这个安排你看怎么样？大澍哈哈大笑，告诉我这个安排棒极了。

我只能说我今天只听到了五遍被问上不上班，陪不陪她玩。虽然次数还是有点多，但我很满足了，至少不用像随身带了复读机一样。

早上洗完脸，我让大澍自己搽香香，鲜奶乳液下去半瓶，大澍脸上也像被泼了化了的冰激凌，但是她很有成就感。

之前的周末，大澍会问一百遍“妈妈你今天休息吗”，为什么今天的大澍只问了五遍？让妈妈来回答这个问题。

半瓶鲜奶乳液和大澍的成就感比起来，是微不足道的！当然，也只有智慧的妈妈才能忍住即时的“损失”，去换取对于一个孩子及孩子的将来都至关重要的品质。

又要打人啦 6月22日 周日

今天下午我带大澍、大澍姥姥姥爷要回老家，因为大澍小姨要结婚啦！

大澍一天难掩喜悦之情，一直处在高度亢奋状态。终于等到了要出门的这一刻，却因为要带哪双鞋起了争执。我已经把她的鞋子打包好了，她非要另外再带一双蝴蝶结的粉红色皮鞋，我坚决不同意，她坚决要带，我亲爱滴爸爸妈妈袖手旁观，因为他们最高兴的事情就是看我怎么制服我滴闺女……

多次要求带无果，大澍恼羞成怒，恶狠狠地把她最爱的鞋子摔到了地上！我觉得自己又要爆炸了，抓起她的手往卧室里拖，准备暴打一顿。走到一半，我想起自己要平和！平和！然后转身又把她领回到门口，这时姥姥姥爷以迅雷不及掩耳之势抓起大澍破门而逃，救走了她。

我怔怔地站在门口看着那双可怜的蝴蝶结鞋子，真的不知所措了。

在“亲子战争”中，我更愿意见到孩子的胜利，见到家长的“不知所措”。这代表着孩子还有反抗“独裁”的能力，代表着成长的动力，代表着成长。最怕看到的是父母成了“常胜将军”，那将意味着孩子永远的失败。

“亲子战争”中双方都有“杀手锏”。孩子“非哭即闹”，家长“非打即骂”。大澍还小，想不出其他高明的手段，大澍妈呢？连个孩子都对付不了？

还是一起玩耍比较好。

意料之中的分别 6月23日 周一

今天我要早起驱车回青岛上班。我的大澍竟然在6点钟就醒来了，这个小孩子在这么小就心事重重，要是提前让她知道什么事情，她就会心神不宁。我真的有些担忧她以后面对事情的心理素质。

吃过早饭，我急急忙忙地准备出发了，大澍含着一口没咽下去的早饭对我大吼："等等！妈妈！我送送你呀！"我们两个一起下了楼，大澍送我到车前，亲了亲我的脸颊，对我说："妈妈，我爱你！开车慢点哦！四天后再来接我吧！"

我知道她留在家里的喜悦完全胜过对我的思念，这家伙只是掩饰自己的情绪怕我伤心而已。我从反光镜里越来越小的图象中看到，她送走我之后蹦蹦跳跳地就去小花园玩了，好像刚才没有发生过和我"生离死别"的悲伤，哼。

李老师点评：

（续写）哼——多懂事的孩子啊！早起，送妈妈下楼，吻别，自己去玩，不哭不闹！温馨的一幕。孩子在面对一件事情时的"心理素质"是在观察与体验中养成的，离不开不断的经历和锻炼。父母的低焦虑指数，是形成孩子良好心理素质的必要条件。

纠结的思念强迫症 6月24日 周二

今日是与我大澍分别第一日。

每次把她送回老家我都欣喜若狂，畅想着自己可以一觉睡到太阳晒屁股，不用一夜起来七百九十九次给她盖被子和N次小便。可是每每到了这段"无孩日"，我反而彻夜难眠，若能睡着，梦里也都是她的影像。一天不打电话遥控她，我心里就会空落落的。今天上午打电话给她，这家伙出去玩了。晚上8点半，又是出去玩刚回来。小孩子的世界真是单纯，脑海里只有吃和玩。

好不容易通上了电话，我絮絮叨叨地诉说我的思念之情，电话那头却十分不耐烦，似乎准备随时出发再出去玩。以往遇到这种情况，我总会逼着她说想我，爱我。今天我突然感到宝贝大了，离开我可以生活得很好，说明我不是那么不可替代。

她成长的脚步越来越急，我还没有做好准备。

李老师点评：

当你"突然感到宝贝大了，可以离开我生活得很好"时，感受如何？是否有被抛弃、失去存在价值的失落与悲伤？不和我们分离，是不知道有多"依恋"孩子的。成长的脚步不会停歇，我们要主动"远离"孩子，以给孩子腾出成长空间，但这需要相当的勇气。

你伤害了我，却一笑而过 6月25日 周三

与大澍分别第二日。我这两天忙着图书交易会，早上很早起床，忙到晚上很晚。即便这样，我也没有一刻停止想念大澍。

她在我肚子里的时候，我孕吐反应厉害，我真想尽快把她生出来，出生以后我觉得还是放在肚子里比较方便。她在家转转悠悠，不停提问题，黏着我的时候简直要烦死我，可她离开才两天，我觉得自己真的要疯掉。

今天一早电话会议如期召开，可大澍誓死不接我的电话。在我妈的威逼利诱下，大澍接了电话硬是一言不发，只是在听我絮絮叨叨。我说，“你怎么不说话啊？”她说，“你不是一直在说吗？！”然后把电话慌忙一扔，找小朋友玩去了。我忽然觉得自己有点多余……明天我决定开始使用欲擒故纵法，我就不给你打电话，看你还烦不烦我！

李老师点评：

如果孩子突然打电话哭着说：“妈妈，我想你了！”会有怎样的感受？当然不会是“胜利”后的喜悦，一定是更加的思念与心痛。

妈妈二字意味着什么？是“家”，是“港湾”，是“疗伤止痛”与“休养生息”的地方。其余的时间，让孩子去自由地翱翔与远航岂不更好？孩子想我们了，正是父母的价值所在。

你的心里只有我没有他 6月26日 周四

晚上9点多，我还在逛商店，手机突然响了！“妈妈！妈妈！我喝喜酒回来了！可好玩了，人可多了！……”巴拉巴拉说个不停，我一只手拿着手机听她汇报，另一只手还在脱着因为太瘦套在我身上脱不下来的裙子，这姿势肯定很销魂。

大澍似乎不关心我在没在听，还沉浸在晚宴的喜庆气氛中，说够了自顾自电话照旧一扔，洗澡去了。她只是需要倾诉，至于是不是倾诉给我这个亲娘并不重要。

我还是偷着乐的，见到了新鲜的事物，第一个想要告诉的人是妈妈，而不是爸爸。

提到爸爸，我不得不说一句，父亲和母亲表达爱的方式真的是不一样的，大澍爸爸好似只有在不忙的时候才想起来自己似乎还有个女儿，才念叨几句，而不是像我一样，时时刻刻地念想。我不再为爸爸在养育孩子方面付出那少得可怜的精力而感到不平衡，多少个轮回都是这样延续下来，怎能凭我一个扭转局面呢？太难了。

李老师点评：

既然感到“太难”，就别再“纠缠”。血缘关系是重要的，但更重要的是双方之间情感的链接。随着时间的推移，这种情况往往会有惊人的转变，那就是父亲对女儿的爱

会超越母亲。让我们拭目以待。

明天见到孩子你会怎样做呢？是“变本加厉”地“偿还”，还是淡淡地前行？

你在我心里是最美　6月27日　周五

晚上约了刚在老家办完喜宴的表妹和她婆家人吃饭，明天他们飞回深圳，今晚为他们送行。

席中，表妹婆婆提到了大澍，说她“很有味道”，我立刻心领神会，当一个小孩长得不漂亮的时候，总会有这些意味深长的词语来形容她。大澍容貌一直不稳定，对于一个女孩子来说，这最重要的东西一直被我在贬低。小时候一直说她丑，她会说妈妈漂亮！现在说她丑，她就说我不丑，我是最漂亮的！每个母亲都会觉得自己的孩子是最美的，但我只能说我是在客观地评价外貌好吗？

表妹公公说，见到大澍对她问候：“How are you？”大澍没有回答，羞涩地跑开了。这是我很头疼的问题，很多东西她能够表达，但是又羞于表达。当我偷偷看她在教室里学习的时候，她始终让自己和其他人保持距离，不像很多小朋友一样善于表现自己。而她一个人玩儿的时候，我却又分明听到了她在哼哼新学的儿歌！之前我都是跟她讲，要表现自己啊，要勇敢一点啊，但好似都是废话。

我该怎么办呢？她到底是缺乏安全感还是性格问题……

李老师点评：

“我立刻心领神会，当一个小孩长得不漂亮的时候，总会有这些意味深长的词语来形容她。”你的反应让我些许诧异，却又司空见惯。外在形象被赋予好或坏的意义，一定是在社会比较中形成的。说实话本身没有错，关键是看对谁说、如何说。前提是维护孩子的自尊。

人与人的行为表现千差万别，正因如此，才使生活变得五彩斑斓。孩子“能够表达但是又羞于表达”，是问题吗？一个活泼好动的孩子家长，肯定羡慕大澍的“乖巧娇羞”。

重逢真意外　6月28日　周六

高度焦虑的妈伤不起啊。

昨晚很晚入睡，今天很早起床。本想中午睡一觉再回家接大澍，可愣是躺了半个多小时没睡着，干脆顶着两点钟的太阳冲着我的家的方向开车上路。今天太阳真好，最近流行说什么来着，我和烤肉之间只差一撮孜然！

到了大澍姥姥家，我按了门铃，这个时间大澍应该是午睡起来的时候。

“叮咚——叮咚——”大澍大声地吆喝：“姥姥姥姥，来人了！”

我进门时，大澍正在沙发上翻筋斗，看见我进来眼皮不抬地继续翻。我也不理她，该喝水喝水，该洗手洗手，我就是让你找不到存在感！

我和妈妈王家长李家短地说了好久的话，我问大澍：“你怎么不叫妈妈？”

大澍羞答答地说：“妈妈！”然后跑过来抱着我的脖子亲了又亲，拿着我的手摸了又摸。

这孩子随什么人呢，和自己亲妈用得着这么矫情吗？！还得我先找个下坡给你下来！

李老师点评：

妈妈“长大”了！虽说没睡着，可见到女儿后的表现值得表扬。

大澍又亲又摸的时候你有什么感受？又是如何回应的呢？这得回忆一下，强化一下。

善解人意的决定 6月29日 周日

中午12点半到青岛，我们吃完午饭都快1点半了。这让我和大澍姥姥的午睡成了一个大问题，因为大澍在车上睡得稀里哗啦，把自己的午睡提前了两小时。现在她一点睡意没有，酒足饭饱，只待释放能量了。而我，因为昨晚没睡好，加上当了一个半小时的司机，现在上下眼皮已经长在一起了。大澍姥姥因为吃了晕车药，现在还是迷迷糊糊。

我和大澍商量，“你看会儿电视，妈妈和姥姥休息一会儿好不好啊？”

大澍说：“那你们睡多久啊？”“半个小时！”“好吧，妈妈。”

半小时后看我活过来，大澍对我说：“妈妈，我和你说个事情！”“什么事？”

“如果晚上你不想出去玩，我就和爸爸出去玩；如果爸爸不想出去玩，我就和姥姥出去玩；如果姥姥也不想出去玩，我们就在家玩，好吧？

我简直感动得热泪盈眶，她肯定是在我和姥姥睡觉的时候做了这个决定。

我知道这是个艰难的决定，平时吃完晚饭她一定是要下去玩的，和谁下楼不重要的，重要的是一定要出去。而今天，她看到我和姥姥的疲惫，做出了一个这么善解人意的决定。

原来家长的满足也是如此简单：晚饭后不出门便是“一个这么善解人意的决定”。家长多从成人的视角，解读孩子行为，其实孩子的世界更纯。学着蹲下来与孩子一同感受他们的世界，你的“简直感动得热泪盈眶”将会成为常态。

 我不要你的承诺 6月30日 周一

昨天晚上，和大澍爸爸“抛弃”了大澍去看电影《变形金刚》，出门之前我告诉大澍，我和爸爸出去有事情，要等你睡着了才能回来。

大澍说：“我还是等你回来再睡吧！”我说：“不用了，妈妈回来得很晚。”

大澍说：“那我看自己能不能睡着吧，要是睡着了就不等你了，要是没睡着就等你哦！”我说那好吧。唉，这个执着真是随她爹啊。

10点半回到家，大澍早已睡得东倒西歪，我赶紧也入眠。

3点45分，我看了下表。我不是自然醒的，是被大澍踹醒的。

“妈妈，我要小便！”“嗯，好，你爬过来，我在床边抱着你，来，快点！”

哗啦哗啦，舒服了。大澍冷不丁地和我说起了话：“妈妈，你什么时候回来的呀？”

“嗯，回来一会儿了，我回来你都睡了。”

“妈妈，我等你了！我使劲睁着眼睛，睁了好久你还不回来，睁着睁着不知不觉就睡着了！”

大半夜的，我清醒了。这家伙还是不会听我的，完全按照自己的想法，一定要坚持到坚持不了才睡觉。另外，我发现她还会用成语了！“不知不觉”！

 李老师点评：

大澍等待爸妈的执着引人产生联想：夜晚，一位焦躁的母亲等待外出约会的女儿……孩子对父母晚归未加评判或训斥，几句睡眼惺忪的对话却暖意融融，值得父母学习！

 誓做和平使者 7月1日 周二

真正意义上的半年过去了。今天是个特别的日子，我的大学好友来青岛玩，晚上我们全家要盛情款待。

同学的孩子是个Boy，叫丁丁，比小澍小一岁。大人吃吃喝喝，孩子在地上打作一团，大澍的洁癖荡然无存，和丁丁在地上翻筋斗。转眼间，我回头一看，大澍被丁丁压趴在地上，更奇葩的是他还骑在大澍身上！大澍趴在地上捶胸顿足，大声嚎叫：“妈妈呀，妈妈，你快看！我不敢动啊，我一动小弟弟就会被我弄倒！”我可怜的娃，被折磨成这样了，还知道先顾及丁丁的安全。再过一会儿，我又惊呆了！丁丁掰着大澍的下巴，目不转睛地欣赏着大澍如花似玉的容颜！大澍呢，就是嘿嘿嘿嘿地笑。当然，这个不太文雅的举动让可怜的丁丁被他妈妈狠狠地捏了腮帮子，大澍照旧嘿嘿笑个不停。

曾经在上幼儿园之前，我告诉她，不要去和小朋友打架，但是不能让别的小朋友欺

负你。至于怎么保护自己，有很多种方法。

就是这样一个简单的道理，死活跟她讲不通。难道捍卫自己的安全就这么难理解吗？

孩子似乎没有感觉到被欺负了，也没有感觉到自己的安全受到了威胁，是谁感受到了这些？

相对于之前、无数次来自于妈妈的“揍”、妈妈的“欺负”，这点小事又算得了什么呢？！“简单的道理”相对于妈妈的愤怒、身体的疼痛，也就显得无足轻重。

谁错了 7月2日 周三

连着这几天，在大澍和姥姥的对话中，我发现大澍十分不尊重姥姥。

下午带大澍姥姥看牙医，顺便从幼儿园接了大澍，路上大澍问我：“妈妈，我想吃肯德基，我们什么时候去买啊？”我正在考虑要不要给她买，大澍姥姥回答：“一会儿回家妈妈就带你去买好吧？”大澍极度不耐烦地大吼：“你别说！我没问你！”结果可想而知，我又无法抑制地暴怒了，我让她给姥姥道歉，她装完了聋子装哑巴，先问我该怎么道歉，又问我该说什么来着……因为我在开车，所以到家之前她至少是安全的，没有办法挨揍。

停车到楼下，我决定再给她一次机会，我说你给姥姥道歉，你刚才十分没有礼貌，不尊重老人。装疯卖傻姐又开始东扯葫芦西扯瓢。

好吧，我决定惩罚她不准吃肯德基，这家伙在楼下号啕大哭，一边要吃肯德基，一边死不认错。我任凭她哭个没完，期间过路人不断朝她投来同情的眼光，眼光里分明写着：“离婚后不能把孩子给男人，看找个后妈孩子多受罪……”

我只能忍住不揍她了，但是我能说到现在晚上7点半我还是在生她的气，不理她吗？！

李老师点评：

大澍妈妈，我很喜欢你的行文风格，但真的不喜欢你那“暴脾气”。

心理学告诉我们，负性情绪来自于自身的需要没有得到满足。那你需要什么呢？暴怒后的攻击，只会令你的情绪更差——越打越生气。想要控制情绪，只能从明确自己的需要开始，然后付诸有效的行动。

对于4岁的孩子，根本不会知道“尊重”二字的真正含义。他们的行为，很大程度来自于对父母行为的模仿，亦或是对暴力的屈从。

唯母独尊 7月3日 周四

早上，大澍在大便，我在洗脸，大澍爸起床过来对我说，让我给他把裤子送去干洗，又给我安排了几项工作，我本来就没睡好，一听头更要炸了，很没好气地打断了他的话。他一下子也被我惹怒了，朝我也抱怨了几句。我直接开始冷暴力来结束这段并不愉快的对话。我很闲吗？什么事情非要我去做？！

大澍现在坚决拥护"唯母独尊"，什么命令什么指示，只听妈妈的。生活照顾更是如此，我要是晚上外出晚归，她宁愿一身汗味入睡，也坚决不让姥姥给她洗澡，说姥姥不会洗。我外出有事，吃饭都要匆匆忙忙，屁股上像装了炮仗一样，一看到点就马上拉开信子点燃，哪怕把自己炸得稀巴烂，也要准时回家给她洗澡、喝奶、大小便。

我的大澍现在坚决要将母系社会的女性掌权制度发扬光大，我真是喜忧参半，在想自己是不是过于扮演了女汉子的角色？是不是要求大澍你过于坚强和忍耐，导致了你的挑剔和偏执？大澍需要我是因为她还没有长大，大澍爸你也没有长大吗？！

李老师点评：

首先要肯定妈妈的付出。如果孩子"坚决要将母系社会的女性掌权制度发扬光大"，那妈妈也已经把中华民族的传统美德发扬光大了。

看着妈妈风风火火的一天——"屁股上像安了炮仗一样，一看到点就马上拉开信子点燃"，很有趣。你描述的生活像被摁了快进键，繁琐的事情鱼贯而出……

装傻和真傻 7月4日 周五

幼儿园里的蚊子把大澍的脚脖儿啃得片甲不留。远远看去，像戴了一个紫红色的脚环儿……

今天放学答应大澍去做摇摇车，大澍先坐了要投三个游戏币的大轮船，然后紧紧攥着剩下的两个游戏币，先爬上了她最爱坐的要投一个游戏币的米老鼠，刚要投币，走来一个七八岁的小男孩，对着大澍龇牙咧嘴做鬼脸，吓唬大澍。见大澍愣头愣脑怯怯地望着他，小男孩很傲慢地对大澍说："你有游戏币吗？"

大澍说："有……""拿来！我给你投！"小男孩走上前一副要马上抢走硬币的架势。"不用，我自己会投……""你肯定没有！有的话拿出来我看看啊！"

只见大澍慢慢伸出握着硬币的手，当伸到小男孩可以看到的距离瞬间停住，以迅雷不及掩耳之势将手掌展开又迅速攥紧，然后飞快地又把手藏到身后，然后大叫："妈妈！你来帮我拿着游戏币吧！"说完，"叮咚"一声，将其中一个硬币投进摇摆车，开始摇摇摆摆……这一连串的动作迅速而连贯，小男孩直发愣。我暗暗高兴，当她确保不了自己有足够的能力来应对"敌人"的时候，采取了曲线救国的方针，还找了我这个外援！

李老师点评：

平淡的一切，经你“妙笔生花”而吸引眼球：嗜血的蚊子、傲慢的男孩、“呆萌”的大澍……一切都充满活力。女儿“临阵喊妈”的曲线救国方针表明，孩子面临“险境”会灵活处理。妈妈的细致观察，“有求就帮，无求不助”的态度，都值得赞赏！

差辈啦 7月5日 周六

大澍爸爸今天早上去参加单位组织的沙滩运动会，我和大澍决定去助阵，顺便修复一下被我搞糟的夫妻关系。

有洁癖的天秤女真不适合去这种地方，大澍嫌沙子弄脏鞋子，脱了鞋子嫌沙子弄脏袜子，脱了袜子是不能商量的事情，很简单，会弄脏脚丫！最后只能找了垫子坐在上面。

期间，大澍爸爸的一个同事对大澍说：“你想不想要小弟弟或小妹妹啊？让妈妈再给你生一个吧？”

面对这突如其来的问题，大澍很淡定：“我妈妈不想要，我想要，她不愿生我就自己生一个！”

最近这是常出现在我和大澍生活里的问题，总有人问她。而我，在她刚会说话的时候就告诉她：我只爱你一个，谁也不要。

大澍内心非常想有个小伙伴，见到小弟弟小妹妹亲也亲不够。但是她往往太顾及我的感受而说出违心的答案，现在她慢慢思考这个问题也许可以自己解决，不用麻烦妈妈。对于她今天的回答，我觉得是不是该好好计划一下这个事情。

李老师点评：

孩子很淡定，妈妈在反思。

怎样做是爱孩子？以孩子的需要为出发点，还是以父母的需要为出发点，或者以站在父母角度推断出的孩子的需要为出发点？

奇怪的生日宴 7月6日 周日

今天是我的姥姥生日，我带大澍回老家参加姥姥的生日宴。

午饭时大澍惊呆了，她哪见过这场面，一个大圆桌满满坐了20多个人，各种姥姥姨姥姥姨姥爷舅老爷舅姥姥，另外一个房间还坐着六七个有叫舅舅有叫表哥的。

大澍从小很少出席这种宴请场合，现在大点了，我会定期带她参加，但每次大澍都不拿自己当外人，直接用筷子搅别人都还没碰过的菜，或者直接站在椅子上去夹够不着的菜，再或者直接大叫：“妈妈！我要那个！就那个！”

而今天，饭菜上来，大澍乖乖地坐着，先观察了一下菜品，等开席大家都开始吃了，她趴在我耳边小声说：“妈妈，我想吃那个海带，你帮我夹一下吧！”一会儿又说：“妈妈，我想吃芹菜，你可不可以帮我夹一下？”整个席间非常有礼貌和讲卫生，我对她说：“你今天表现很棒，妈妈表扬你！”每当这种时候，充满表演天赋的大澍总会变得泪眼汪汪，充满感情地对我说：“妈妈我爱你……”

不知怎的，看了今天四世同堂的欢庆场面，以及大澍泪眼汪汪的表白，脑海中出现的却是大澍妈妈的“暴脾气”。真是不搭调，不搭调。

巧出对策 7月7日 周一

下午从幼儿园接大澍回家来，大澍奶奶还没有做好饭。

大澍说：“妈妈，我想玩会水……”

我在洗手间找出一个洗衣盆，倒上水，给大澍找来洗澡用的小勺，大澍自己不知从哪里淘换出来几个带盖的小瓶，开始玩起了水世界。直到大澍爸爸下班，大澍还乐此不疲。

大澍爸爸：“小澍，吃饭啦！”

大澍：“我不吃，我要玩！”

大澍爸爸：“不行！先吃饭……”说着就要过去拉大澍吃饭。

我赶紧拉住他，悄悄说：“别来硬的了，没用！”

我拉大澍爸爸到大澍看不见我们的客厅，大声说：“老公！这个虾太好吃了！我们多吃点，不用给澍澍留啦！”

大澍爸爸也挤眼弄鼻子地大声说：“好啊，快吃吧！你多吃点，咱俩都吃完！”

3秒钟后，我听到洗手间里勺子、瓶子、盖子被扔到盆里的声音，然后大澍边擦手边往餐厅呼哧呼哧跑，目不斜视，看不都看一眼我和她爸，一边跑一边说：“我先吃饭，吃完再玩！你们俩去玩吧！”

李老师点评：

夫妻双簧很成功！去掉以往的“生拉硬拽”，换成全新的“勾引”，就像远赴战场的士兵，由原初“小米加步枪”升级到“机枪大炮”，效果立竿见影！所以，我们缺的不是技术，而是掌握信息，使用更先进的武器！

花生惹的祸 7月8日 周二

下午接到大澍，我们去坐摇摇车。坐完摇摇车我去超市给大澍买了一包洽洽花生，买完发现是麻辣的。大澍拿到手就嚷嚷："妈妈，打开吧，让我吃一吃！"

"回家再吃吧，吃饭的时候再吃！""妈妈，不行，我现在就很想吃，拜托！给我打开！""拜托"是大澍最近常用的一个词语，用在求我办某事的时候。

"真的不行，还是回家吃吧！""哇哇哇……"大澍急红了眼，嗷嗷哭起来。

要是以前，我真的不用解释太多，直接会命令她把嘴闭起来，要不回家也没得吃。

我看她哭得差不多了，指着花生包装袋上的字对她说："你看，这写的是麻辣花生呀！你现在要是打开吃了，会觉得很辣，我没有其他东西给你吃啊，回家吃饭的时候吃，你要是觉得很辣，我们还可以吃口馒头喝口粥呢！"大澍破涕为笑地说："哦，原来这样啊，你怎么不早说……"然后巨欢欣无比，哪儿哪儿都高兴。

我有时想这孩子是不是有点儿……，一会儿哭一会儿笑的，转变得还那么快，真是天生的演员胚子！

李老师点评：

大澍妈的境界越来越高！面对如此雷霆大发的急眼大澍，你却气定神闲！脑海中那个火爆的辣妈，似乎被温柔娇羞的形象取代。不知你的转变是否可与大澍共用同一形容——"天生的演员胚子"。"回家再吃吧，吃饭的时候再吃！""真的不行，还是回家吃吧！"温柔的坚持，做得很好！

给爸爸的福利 7月9日 周三

昨天和大澍爸商量，我下午开会，需要他去接大澍。从昨晚我就开始交代他这个，交代他那个。有时候想想大澍爸爸也挺不容易的，每次都能从容面对我反反复复重复过九九八十一遍的事情，不会生气不会烦。直到下午，会议有变，取消了！

我短信大澍爸：会议有变，我去接孩子。大澍爸爸回：还是我去接，你今天歇歇。

我又坚持了一下：你要有事，我就去。大澍爸：没事，我去。

我想了几分钟后，决定挑战一下自己的焦虑，今天就是不去接大澍，完全交给大澍爸，看我到下班时会不会焦虑死！

我回：那你去吧。别太晚了，到门口打电话……又把我昨晚说的内容敲了一遍给他。

大澍爸依然好脾气：好的，放心吧，老婆。我告诉自己把心放回肚子里，有啥好担心的？！那是人家大澍的亲爹！虽然他很粗心，很慢热，但那是人家的亲闺女！能怎地？！

4点半，我都忘了这个每天让我牵肠挂肚的时间，喝了一杯咖啡，继续工作。

李老师点评：

“故事”铺垫到高潮戛然而止，意犹未尽啊！

业已忘记“局外人”点拨的角色，脑海里徜徉着千万个“怎么地了？怎么地了……”收回思绪，当你的焦虑慢慢退却，真应感谢你的大澍爸还有大澍！

男人和女人在接受任务时，有明显不同。女人习惯于同时传达或接收多个任务，但男人更习惯于一次接收或传达一个任务。当你“交代这个、那个，反反复复重复九九八十一遍”，而大澍爸依然好脾气地面对，你真应该窃喜——他竟然还能记得接大澍！

长大了 7月10日 周四

大澍现在每天放学见到我第一件事，就是要告诉我幼儿园里发生的和她有关系的趣事。“妈妈，今天中午吃的鱼肉，XX吃的鱼肉里有根刺，她把鱼刺拣出来放到了我还没吃的米饭里……”

“嗯……那你怎么办的？”这个叹号表示了我要爆发的情绪，可爱的省略号让我决定把它们先咽进肚子里。我怎么办，难道要去找他们老师吗？为什么吃饭不照顾好孩子？鱼刺为什么不剔干净？我觉得我有病，要是我去找老师的话。

“我告诉她，你把鱼刺拿走，放到你盘子的边上，不要放到饭上。”“然后呢？”

“然后她就拿走了啊，放到盘子边上了，吃完一块倒掉就行了！”

我一直觉得我的大澍是个“小家汉儿”，在家耀武扬威，在外就老实得要命，被比自己小的孩子推来推去，捏她的胖脸，甚至遭遇强吻，都只会大叫妈妈救命。

现在我发现，在没有妈妈的时候，她懂得原则性问题，知道捍卫自己的利益，而且还头头是道地教育人家。

李老师点评：

孩子很淡定！她必将影响妈妈，让妈妈也越来越淡定！

美女破相了 7月11日 周五

今天大澍下楼玩的时候带上爸爸昨天给买的飞盘，碰到邻居姐姐，两人玩起了飞盘。

我在一瞬间灵魂出窍，盯着她俩走神了，等回过神来，飞盘已经飞到了我的右眼皮上。回家一照镜子，发现都是内伤，稍微有点出血，但是太疼了，眼皮的皮肤还是很娇嫩的。我半闭着眼睛赶紧给大澍准备冲澡。

大澍问我：“妈妈，很疼吗？”“嗯，还可以……”我时刻牢记要树立一个坚强的榜样，一刻不能掉以轻心。

"妈妈，要不明天我和你去医院看看吧！不对，妈妈，你眼睛疼，开不了车啊！我去和爸爸说说，让他明天开车带你去医院吧！"话音刚落，她马上裸奔出去了，我听见她磕磕绊绊，急急忙忙地在和她爸下达这个指令，然后又跑回来，跳进了澡盆，洗澡期间告诉我，"我自己洗会儿吧，你的眼睛可别弄上水啊，会疼的……"

直到睡觉前，她还记得问我疼不疼了。

她睡着了，我看看镜中的我右眼高高地肿起来，突然天空飘来五个字：那都不是事！比起大澍对我的关心，这都不是事啦！

有大澍如此关心及周密安排，肯定"那都不是事！"

当妈妈突然"弱"下来，孩子瞬间就会"强"起来。孩子永远比我们想象的更优秀，多强化她的优势。在家，可以让大澍"罩"着你！

果汁分你一半 7月12日 周六

早上带大澍去看儿童剧。开车没多久，大澍说，"妈妈，我要喝果汁。"

因为在开车，我没有同意。大澍隔一分钟就问我要一遍，"妈妈，我要喝果汁。"最近，大澍向我索要东西无果的时候，竟然没有暴跳如雷地大哭，而是采用了持久战术，一直一直一直问我，直到要到为止。

要第五遍的时候，我被打败了，把车靠边停，打开果汁递给她，然后继续开车。

当我觉得可以安静片刻的时候，大澍一声尖叫！"妈妈呀！妈妈，果汁洒了！衣服全湿了！"我赶紧靠边停车，发现大澍的裙子全是果汁，掀开裙子呢，内裤也正在滴果汁，还有她的安全椅，以及我花大价钱买来的汽车座垫……

我还没来得及暴怒，大澍开始伤心欲绝地哇哇大哭："妈妈！我们回家吧，回家换衣服吧，我错了！"以前出现这种情况，我很自豪，觉得我的大澍爱干净。可现在她的这种反应让我好难过：她到底有多怕我批评她弄脏了衣服？

瞬间我的怒气都被怜爱冲淡，我不能让我的大澍再有这么大压力了。

我说："大澍，我们先去买衣服吧！你穿湿衣服不行，会感冒！"

对孩子同样的行为，妈妈为什么以前和现在的看法截然相反?

"瞬间我的怒气都被怜爱冲淡！"——也许是妈妈不再局限于自己的体验，而是体验到了孩子的内心，体验到了孩子遭受的压力。

一位能快乐着孩子的快乐、痛苦着孩子的痛苦的妈妈，就是好妈妈！

划定区域 7月13日 周日

大澍在厕所用泡泡枪吹起了泡泡。现在只要玩动水的玩具，大澍都会乖乖去厕所，因为之前滴在客厅地上的泡泡水不止一次让我和大澍发生过“大劈叉”，太危险了。

过了一会儿，我在客厅听见一阵哗啦啦啦，我悄悄走到厕所门口，看到大澍正用一块抹布奋力擦倒在洗手台上和洒在自己衣服上的水，还不忘把抹布放到衣服和肚子中间掏几下，尽管那水还滴滴答答地从肚皮上滴个不停。奶奶终于忍不住了，进去把大澍说了一通，大澍还是玩自己的。我去厨房找来做饭的围裙，给大澍带上，什么话也没说，转身就要走，大澍叫住我：“妈妈！妈妈！你干吗给我穿这个呀？”

“你玩水弄湿了衣服，会感冒的，穿上围裙就不会湿衣服啦！”

“谢谢妈妈！”大澍哼起了小调，“妈妈爱你，妈妈都给你……”

我出来告诉大澍奶奶，不要管她啦！让她玩吧，比起孩子玩耍的乐趣，我们的洁癖算什么啊，顶多多洗几次衣服呗！

李老师点评：

看了今天的日记，感觉说几句不痛不痒的赞扬话有些轻了。

一天天倒着看之前的日记，想着数一数大澍妈妈有多少天没有“暴脾气”了，遗憾的是老数错。是什么力量让一个人变化如此之快，如此之大？不会真是演员吧？

战胜自己 7月14日 周一

大澍对我的依恋就像我对我父母的依恋一样。往常只要我出差，我就把大澍送回我父母那里，只要放在那里，我的心就很安定。

但是这次出差正值大澍奶奶轮班照顾大澍，并且是只身一人。大澍奶奶没有带大澍睡过觉，没有给大澍洗过澡，想想这些就让我心神不宁。下午见到大澍，我赶紧把出差的消息告诉她，本以为她会像我一样伤感不已，谁知道人家只是轻描淡写地问了我出去几天，干吗去，然后就该干吗干吗了。

我说，“我出差了，接送都要找爸爸啊，晚上睡觉找奶奶啊，洗澡喝奶……”

大澍仔细地听完，很严肃地告诉我：“妈妈，我知道了，你放心吧。”

“那你会想我吗？”“会啊！”“那你会哭吗？”“不会啊！周五不就回来了吗？！”大澍不以为然。我失落的同时竟然感觉在嗓子眼里的心又放到肚子里了，我决定还是要挑战自己，要给大澍爸爸和大澍奶奶一个机会，更是给自己一个机会。不知大澍是不是看穿了我的心思，忽地搂过我的头，趴在我耳朵上悄悄对我说：“你出差我还是很舍不得你的！”

李老师点评：

“大澍对我的依恋就像我对我父母的依恋一样。”从大澍的表现看，这句话错了。

觉得孩子依恋自己（离不开自己）这种想法是很多父母都有的，事实证明，都错了。“子恋母”的现象是不存在的，存在的是“母恋子”。为什么会这样?

相对于原因，大澍淡定的表现、妈妈的反思，以及反思后的行动更加重要。

当我们清楚地意识到孩子是不那么需要我们的时候，那种失落、那种价值感的丧失，真的是无以言表，但那意味着孩子的成长!

想让孩子长大吗?

人前教子 7月15日 周二

早上送大澍到幼儿园，我签完到，就到校医那里找大澍。

一眼看到很多小朋友在排队检查，大澍愣愣地站在队伍外面，专心致志地走神呢。

我一个箭步冲上去对大澍说：“你干呢?！想什么呢?！妈妈刚才让你干什么来了?！”大澍终于回过神来，我真不知道她想什么想得那么出神。

我看到她故作镇定的样子，更是火冒三丈：“你想什么呢?！听见妈妈问你了没有?”

大澍一边回到检查队伍，一边朝着我尴尬地笑了。显然，大澍对于我在外人面前批评她感到非常不自然。

送她到教室，我离开后又偷偷趴到窗户上看她，我想知道刚才那一通骂有没有影响到她今天的心情。我看见我的大澍乖乖地去小便洗手喝水，然后自己搬个小凳子吃早饭。

下午接她，她完全忘记早上我对她的语言攻击，一见面就噼里啪啦地和我讲小朋友的事情。大澍能包容我对她的伤害，而我却总会因为她某天惹我生气而记恨好几天。我真的不能再标榜自己是个为了孩子付出多少多少的好妈妈了。

李老师点评：

在某种意义上，孩子是父母的老师!

不养孩子不知养孩子的苦与乐；不养孩子更不知我们养孩子及父母养我们犯了多少错!火爆的妈妈养出如此“气定神闲”且“不计前嫌”的大澍，该有多幸福!

启程第一日 7月16日 周三

闹钟上到5：50，我4点多就醒了，这个病没治了我觉得，一晚都在做梦。睡梦中的大澍哼哼唧唧说起了梦话，翻身又睡去。我赶紧收拾行李，向车站挺进。到了车站还不到7点，我坐在那里真是分分钟如坐针毡，没过一会儿就看看表，还不到7点，还不到7点！怎么还不到7点？！

好不容易熬到了7点，我给大澍爸拨通了电话："怎么样？起床了？澍澍怎么样？"

"妈妈！我起来了！洗脸了！大便了！梳头了！"我听到她的声音差点热泪盈眶，没有妈妈大澍的地球照旧转得很好！

"妈妈，我爱你哦！""我也爱你！告诉爸爸，我也爱爸爸！"

"哈哈哈，我不告诉他，你自己告诉他！"

"哎呀，我听见了！"大澍爸爸很不好意思地回答。原来这爷俩用免提给俺说话呢。

看完第一段，直觉反应是：这位妈妈在表达她对孩子的爱和自己强烈的责任心。看完后面，欣赏完这幅用语言描绘出的美丽温馨的画面，更觉得是妈妈在表达她获得的爱与幸福。

妈妈不在身边，不知这父女二人会有怎样的感受？

玩具PK妈妈 7月17日 周四

昨晚9点多，大澍给我打来了电话。我在我家座机上把我的手机号设置为一个快捷键，方便大澍骚扰我。

"妈妈！我要是睡着了你回来的话，我不会被你吵醒的，我非常想你搂着我睡觉……"我甚至听出她有点哽咽。

"妈妈不是说明天才回去吗？今天晚上奶奶陪你吧，我今晚给你买玩具好不好啊？"我赶紧转移话题，真怕她因为思念我而号啕大哭起来。

"玩具？好啊好啊！"大澍马上多云转晴，已然忘记了刚才说过什么。

我才不会告诉她，我一天要看多少次表，每到一个时间我就在想她在干吗，和谁在一起，饭有没有好好吃，奶奶给她洗澡洗得干不干净，去幼儿园的路上有没有晕车，放学的路上有没有得到爸爸准备的爱心零食，还有，有没有想我。一想到这些让我操碎了心的事，我就坐立不安，抓耳挠腮。

今天得到准确消息，明天晚上才能返程，我的小心脏啊，脆弱得快碎了！

李老师点评：

离开孩子的日子，真是不好过啊。

看来妈妈也在随着孩子的成长而成长。相信当孩子展翅高飞的那一天，妈妈就不会再这么"坐立不安，抓耳挠腮"了。

给我一个相信你的理由 7月18日 周五

忍着忍着到了8点半给大澍爸爸发了一条短信：今早送孩子顺利吗？大澍爸爸回：你不要这样，交给别人的事就应该相信对方，非常顺利！

我突然觉得好尴尬，哪怕这只是个信息，也像是被别人抓了现形的小偷，赤裸裸地被剖析了。知我者，大澍爸。

过了一会儿，大澍爸爸电话打来，跟我汇报了大澍这几天的表现。早上起床很乖，坐爸爸开的车不晕。下午接到大澍，爷俩还会手牵手地在幼儿园周边溜达一会，大澍爸爸会耐心地听大澍讲述幼儿园里发生的事情，还有那些从没出现在他的生活中的小朋友的名字，而且并不觉得无聊。

晚上，大澍爸爸和大澍会下楼找小朋友玩，大澍反而会玩得比平时自在，因为没有我一直在催促她快回家喝奶，快回家洗澡，快回家睡觉。睡觉时听奶奶讲一两个故事。

听起来，大澍过得和妈妈在时无异，为了能让自己心理平衡一点，我跟大澍爸说："细节你们肯定没有做好！"大澍爸很无奈："你相信我好吗？"

我回答，"目前，我只有相信你这一个办法，等我回去验收了再说。"

妈妈是勇敢的，因为如实地说出了自己的尴尬、自己心理上的不平衡。

当现实一点点摆在眼前，内心坚强的壁垒被扰动，就会成为你、大澍、大澍爸共同成长的契机。把握好这个机会。

大石头落地啦 7月19日 周六

昨晚回来太晚，静悄悄地进卧室，大澍已经睡着了。我借着月光，仔仔细细地看着大澍，最终确定：毫发无损。睡衣是新换的，皮肤滑滑的，洗过澡了，长长的头发像我做的那样用皮筋松松地绑在头顶上，避免睡觉时头发打结或者粘到脸上太热。

今天早上我还在睡梦中，大澍醒了。

"妈妈？妈妈！你回来了？！""嗯，妈妈再睡会行吗？妈妈太累了。"毕竟才6点多。

"嗯，妈妈，我自己玩会儿，不出声，你睡吧。"

过了很久，感觉又睡了一觉，但眼睛还是不想睁开，我感觉到一只软绵绵的小手在轻轻地抚摸我的脸颊，然后又抚摸我的眼睛，最后拿起了我的胳膊轻轻地吻了吻。

我突然鼻子酸酸的，我的大澍太善解人意了，又因为好几天没有见到我而欣喜，强压住喜悦，怕打扰我睡觉，就这样轻轻地抚摸我。我真不舍得睁开眼睛，就这样一直轻轻地被你抚摸多好，就像你睡着了，我也是这样地抚摸你。

李老师点评：

心底的石头终于落地，看来“世界”运转得很好！不知那一刻，心理的天平是什么样的状态？

大澍用无言的举动诉说着对妈妈的思念，暖意充满心田！你能按捺住、闭眼享受这份爱，是成长的见证！继续享受爱的蔓延吧！

我哪儿错了 7月20日 周日

午饭时，大澍开始抓耳挠腮，上蹿下跳，不知是不饿还是见到我回来太过兴奋，反正就是不吃饭。我把她的饭分到盘子里，放好了勺子、叉子、筷子，让她自己吃，她就是不吃。我很严肃地问她：“你不想吃可以不吃，可以去看电视，直到下次吃饭再吃。”

“下次吃饭是什么意思？”

“现在是中午，下次吃饭是晚上。要是晚上，下次吃饭就是明天早上。到下次吃饭之前只能喝水，所有零食和水果都不能吃。还有，从明天开始，妈妈不喂你吃饭，你想吃就自己吃，不想吃就下次吃饭再吃。”“哇——”大澍开始号啕大哭。

我惊了，怎么了？我没有揍你啊，也没有强迫你吃完这些，只是告诉你怎么解决这个问题。我看着大澍问她：“你怎么了小澍？”“妈妈，我吃饭，现在就吃，我自己吃！”然后甩起膀子开始手脚并用，左手叉子，右手筷子。

我看着呼哧带喘的大澍，有些愣了。我做错了吗？我没有打人啊，我也没有骂人啊，现在这一切是在给我解释：语言胜过暴力吗？还是我以前太暴力了，造成她条件反射？

李老师点评：

苛求对孩子的健康成长十分不利。它可以导致过分压抑情欲而形成心理冲突，也可以导致反社会行为。遗憾的是，许多望子成龙心切的父母对苛求缺乏正确的理解。他们认为，只要不打不骂，不采取任何强制性手段，就谈不上苛求。其实一切超过儿童发育年龄的要求都是苛求，即使对孩子提出要求时采取耐心说理的方式。同样，惩罚也并不限于打骂。限制自由，侵犯儿童应享有的权利，不理睬，不爱抚，不给应有的鼓励和赞许，以及唠唠叨叨，都起着类似惩罚的作用。

“我很严肃地问她……”，在这个时候你有着怎样的情绪体验？通过面部表情和语音语调又表达出了怎样的情绪？从孩子的哭以及后来的行为看，她似乎感到了很深的恐惧。难道是她感觉有被妈妈“抛弃”的危险？

女汉子出现 7月21日 周一

早上送大澍去幼儿园。在车上我通过后视镜看她，人家悠然自得地欣赏着窗外的车水马龙。

我说："小澍，妈妈要是不上班就好了哈！""哪里好了？妈妈！"

"我可以天天送你上学，接你放学，在家给你做饭，这样直到你上完大学该多好啊！"

大澍听了，眉头紧蹙，像是批评一个说话不着边际的孩子："妈妈，你放心上班就行了啊，我们教室里有'大眼睛'，你上班可以看到我在幼儿园里干什么呀。不过你上班也挺累的，出差这么长时间，还到那么远的地方……"我透过镜子看着她，觉得自己突然变得那么脆弱，因为感觉她很快可以不需要我。

"大眼睛"是大澍教室里的摄像头，我最早送她来上学时怕她难过，就对她说妈妈可以通过教室的"大眼睛"看见你在干什么，吃饭好不好，你想妈妈时看看"大眼睛"，妈妈就知道了。现在她没忘记我告诉她"大眼睛"的使用初衷，知道安慰起我来了。

我一旦弱下来，我的大澍马上就站出来成为女汉子了。

李老师点评：

当你"突然变得那么脆弱"，感觉大澍"很快可以不需要"你了，感受如何？弱下来需要很强的心理能量。当你通过这个"破茧成蝶"的考验，大澍这只小蝴蝶也会自由地在阳光下飞翔。

玻璃心 7月22日 周二

早上又犯了老毛病，催促大澍快快快！妈妈要迟到了！简直是要催死的节奏。

要出门发现大澍还穿着睡衣……大澍砰砰砰地跑到卧室，提溜出一件连衣裙来，奶奶正给她穿着，她幽幽地说："你看看我啊，还不会穿衣服，老师都教了我好几次了！"我一听，心里咯噔一下，说："没关系啦，总会学会的！"

着急忙慌地上车，赶紧赶往幼儿园。

在路上大澍依然很沉默，看着窗外。忽然对我说："妈妈，在我不去幼儿园的时候，我特别想穿着连衣裙睡午觉，试试热不热。我不想换背心穿着睡午觉了。妈妈，拜托，你就让我穿着连衣裙睡觉吧！"

听了大澍的话，我知道，老师的话让她不舒服了。赶紧对她说："老师不是批评你啦，老师愿意帮你换衣服睡觉的，因为怕你热啊，你不要觉得老师很烦啊！穿衣服慢慢总会学会的，好不好？"

大澍对着我点了点头，没有回答。心思重的小孩真是伤不起。

李老师点评：

孩子看着窗外，沉默着。一个孩子，为什么会选择沉默?

因为她感到不被理解。既然说了无用，甚至是说了招来一通道理、一通训诫，闭嘴就成了最佳的选择。无奈的选择，看了让人心酸。

可作为亲爹亲娘的我们，为什么体会不到孩子的内心，只一味地讲一些“破道理”呢?因为他们小? 因为我们忙? 也许更因为我们从小就没有被理解过，我们不会。想想我们自己吧，小的时候以及现在，心里话又向谁诉说?

被暴打 7月23日 周三

和大澍正商量睡前故事讲啥，她冷不丁地拿了一本封面是硬壳的故事书，对着我的脑门子来了那么一下子，书的角正好对准我的额头……

我一边压着怒火，一边摸着额头高高鼓起的包，问：“小澍，你为什么拿书打我啊？”

“……不为什么……”

“我要讲的故事你不爱听可以和妈妈说啊，是因为这个打我么？”“不是……”

“那你说不出来为什么打人，妈妈就要批评你，妈妈要打回来！”“不要，妈妈！”

“那妈妈今天告诉你，打人之后要是没有合理的理由解释，我就要批评你，惩罚你。听见没？”“听见了妈妈……”

碎觉！被打的眼睛刚好，又被打了脑袋。

想起了同事的一句话，搭进半条命生你出来，还时不时地被你“打”！

李老师点评：

忍着疼痛、强压怒火（没有被情绪所控制），寻找原因、提出规则（以解决问题为导向），自哀自怜、自我安慰（纾解负性情绪）。

当妈妈不易。这样的妈妈值得我们赞颂。

扔掉框框吧 7月24日 周四

我觉得我可以写连载了。

睡前故事讲完，大澍摸着我的脸说：“妈妈，你的脸胖乎乎的，真好玩！”

“嗯……你的脸也胖乎乎的！很晚了，咱俩睡觉吧？”

“妈妈，你睡吧，我自己玩会儿，不说话。”

“好吧。”说完我背过身去，闭上眼睛。

听见大澍小小声地自言自语道："今天没有打妈妈，还挺乖的！以后打人之前要想一想为什么打人，想不出来就不要打啦！"说完，还亲了亲自己的手，一撅屁股，睡去。

五味杂陈，说的就是现在的我。反思一下，是不是自己又开始拿条条框框开始限制她？以至于她的神经高度紧张，反反复复地提醒自己不要犯错？

也许"神经高度紧张"的是妈妈。

试想，我们心中的条条框框从何而来？当孩子违反了这些条条框框的时候，我们感受到了什么？是孩子的行为本身有问题，还是条条框框不合理？

孩子暂时一放，先关注一下自己的内心。

男生女生配 7月25日 周五

晚饭中。大澍奋力地吃着，突然很诡异地对我笑着说："妈妈，中午吃饭的时候XXX和XX坐在一起，小椅子还挨着一起吃饭！"这分别是一个男生和一个女生。

"怎么了，在一个小桌子上吃饭很正常啊，怎么就不能在一起吃饭了？"

"男生只能和男生玩！女生只能和女生玩！"

"老师是这样教你们的吗？不应该大家都是好朋友吗？！"

"我们说这个问题的时候老师没听见……"

大澍入园以来，思想接触了很多我觉得复杂的东西，比如告诉我小伙伴穿了什么颜色的裙子和鞋子，扎了什么样的辫子，最后再拜托我置办一样的行头给她，理由很简单：因为小朋友都穿那样的。

现在，又对男女之间的友谊报以鄙视的态度，甚至不能容忍。

小朋友的"小社会"意识开始萌芽了，当妈的真的要开始做好准备用尽脑细胞来为她指引道路了。

李老师点评：

孩子的"小社会"意识开始萌芽了。在这个过程中，孩子会接触到大量"新鲜"的事情，并且会有他们自己的看法，这很正常，家长也不需要过多担心。在和孩子交流的过程中，要关注孩子诉说时附带怎样的情绪——高兴、悲伤、紧张……通过情绪去判断事情对孩子产生了怎样的影响，而不仅仅听孩子说了什么。

相对于语言，家长的心态、情绪、行为会对孩子产生更深远的影响。你镇定，他就镇定；你紧张，他也会紧张。

明明白白我的心 7月26日 周六

今天真是专职带娃日，大澍奶奶去潍坊了，大澍爸爸开一天的会。

而我，一早起床给大澍做了一碗炝锅面，告诉她自己吃，我要去给自己做早饭。我煮好一包方便面，坐在大澍旁边吃。

大澍一边吃我做的面条，一边对我说："妈妈，你做的面条真好吃！不过你别告诉奶奶啊，我和奶奶说的是：'妈妈奶奶做的都好吃！'我要是说你做的比她做的好吃，奶奶会批评我的……"

每当大澍跟我说类似的话，我心里就会很难过。小小的人儿，单纯的年纪，喜欢谁不喜欢谁，喜欢吃什么不喜欢吃什么，本应脱口而出，随着年纪增长，反而要思量几番才敢说出让人满意的答案。难道这就是要"内方外圆"了？！

李老师点评：

按道理说，"内方外圆"是为人处事的一种很高的境界，但用在一个4岁的孩子身上，确实有点让人难过。

看大澍的照片，是一个非常非常可爱的小姑娘。真心希望，在今后日记中，能看到更多关于大澍快乐、开心的精彩描述，而不是像今天这样的担忧与难过。

真想每天都能看到。

你是我的小呀小苹果 7月27日 周日

大澍、大澍爸爸和我，难得三人坐一起，而且还不看电视。

我抱着大澍的脑袋深情地对她说："我爱你，我的孩子……"

大澍爸爸一看，不甘落后，赶紧也对大澍说："爸爸也爱你，你也是我的孩子……"

"我不是你的孩子！我是妈妈的孩子！"大澍很嫌弃地丢给爸爸这句话。

我顿时觉得好尴尬，替大澍爸爸的小心脏捏了一把汗。我赶紧对大澍说："没有爸爸，也没有你啊！你就是爸爸和妈妈两个人的孩子！"

"可是，我是在妈妈的肚子里长大的！没在爸爸肚子里啊！"

"呃，爸爸给了妈妈一个种子，妈妈身上结了一个苹果！苹果长啊长啊，长出了鼻子、眼睛、嘴巴……最后长成了小孩子的样子，然后长得太大了，小孩子就自己掉出来了，那就是你……""噢！原来我们都是小苹果……是歌里唱的那个小苹果吗？"

"呃，对啊，那首歌就是给你们小朋友写的……"

半小时后，厨房里。我听见大澍在和奶奶说："奶奶，你知道吗？我是一个红苹果！爸爸有种子，妈妈结苹果，那就是我……"

很美、很幸福的“苹果家族”！

大澍将爸爸“排斥”在外，妈妈却及时将爸爸拉回这个系统，并用这么富含想象力的故事，让这个系统更稳固地扎根于大澍的内心。这个家正在悄然发生巨变！快乐、美好的种子正在向着阳光奔发！

 美好三秒钟 7月28日 周一

我一边给大澍讲故事，一边摸着自己翻江倒海的肚子，对大澍说：“小澍，妈妈的肚子难受极了……”“唔……”大澍不吭气，当做没听见。

“小澍，妈妈肚子不舒服，你听见了吗？”“妈妈，那你快点讲！讲完了我给你揉揉！”

看，多有逻辑性，知道了条件的重要性。言外之意就是“你不给我讲，我就不给你揉！”

我不能不说心里有点难过，正巧大澍爸爸进来，我的炮火转移到他那里去了：“看，你闺女和你一样！我为你们做什么都是应该的，没人管我舒不舒服！”

大澍爸爸一看，就知道刚才定是发生了不平凡的事情。跟大澍说：“小澍快跟妈妈道歉吧！”

我一听又火了，你知道她做什么了你就让她道歉？！她怎么会知道自己错在哪里？我刚要爆发，忽然想起来早上广播里常说的什么“三秒钟，让生活更美好”，我在心里数了三下，然后说：“算了，没什么，小澍不明白错在哪里，她根本就没有错。”我继续讲着故事，大澍爸爸躺在我的身边，听我给大澍讲故事，顺便帮我揉起了肚子……

简单的三秒让今天以美好收尾！

相较于“体验到爱”，“付出爱”是简单的。放弃“等价回报”的现实原则，就能体验到更多的爱。你一直沉浸在爱中央！缺的，只是一点体验。

大澍爸爸躺在我的身边，听我给大澍讲故事，顺便帮我揉起了肚子……

 说话要算数 7月29日 周二

吃过晚饭，我叫大澍来洗头发。

“小澍，快来洗头发吧，洗完了你下楼和奶奶玩去！”

“妈妈，我今天不想下楼玩了！我要在家玩！”

“好吧，那我晚点给你洗头发吧，睡觉之前洗澡的时候一块洗好吗？”

“好！”大澍专心致志地玩着积木。

奶奶收拾好碗筷，说：“我下楼去啦！”

“什么？我也要去！”大澍一听马上转到发射状态，整装待发。

“你不是不下去了吗？你现在下楼回来晚了，洗了头发不干，还是不要去了吧？”我还是决定先用语言解决问题。

“哇——我要去，我就要去！”大澍蹲在地上大哭了起来。

一！二！三——算了，随她，头发晚一天洗也不会死人，再说了，我的头皮又不痒……

“小澍，今天妈妈给你一次机会，你现在可以和奶奶下楼，妈妈今天不打你，也不惩罚你，但是告诉你：说话不可以不算数。如果下次你再这样反悔，妈妈必定是要批评你的！明白了吗？”

“嗯，明白了妈妈！”

“你想洗头发就8点半回来，不想洗就明天洗。”

“妈妈，我痒，今天洗，我8点半肯定回来！”

李老师点评：

看到数数，脑海浮现出气球膨胀转而干瘪的画面——妈妈内在情绪调整、掌控得很好。与大澍的对话结果——“妈妈，我痒，今天洗，我8点半肯定回来！”。此处无“压”胜有“压”，更让人坚信：当妈妈能接纳越来越多的不完美，一切都将越来越完美！

家有小气鬼 7月30日 周三

晚饭时我榨好了西瓜汁，给大澍装到瓶子里，让她下楼玩的时候带着喝。剩下的我分装到杯子里，给大澍奶奶和大澍爸爸喝。

晚饭后，大澍爸爸带大澍和她的西瓜汁下楼玩去了。

到睡觉时间，这爷俩才回来，还有那个没有西瓜汁了的瓶子。大澍爸爸见到我就迫不及待地跟我“告状”。

“我跟她说让我喝一口西瓜汁，她不给我，怎么说都不给。我说家里还有，喝完了我们可以回家再拿。你知道她说什么？”

“她说什么啦？”

“……她跟我说，既然家里有，爸爸你就回家喝吧……”

大澍爸爸无语了很久，跟我说，最后他使用了装可怜的办法，说自己肚子疼，可能喝口西瓜汁就好了，大澍才给他喝了一口。哈哈哈哈。

李老师点评：

这个“告状”足以让最严肃的法官哄然而笑！

大澍爸“装可怜”换来的结果，比N多口水“贸易”的结果好的多。可见，“示弱”更容易让对方“就范”，从而达成示弱者的目标。

大澍妈近期的温婉，使记录的文字由“放马奔腾”转而“腾云游历”，平稳许多，很好！

这个不能有 7月31日 周四

今天接大澍之前都是坐立不安，因为之前答应她参加同事的婚礼，但我今天一个人偷偷地去了，没有带她……

参加完喜宴回来，去接大澍，一路上在犹豫，要不要告诉她我一个人已经去参加喜宴了呢？嗯，要诚实，还是告诉她吧，但是告诉她之后她会不会恼羞成怒、暴跳如雷，和我不算完啊？纠结纠结真纠结。

抱大澍在安全椅上坐好，我支吾了半天，和大澍说：“我有个事情要和你说，但不知道你会不会原谅我……”

“什么事情，你说吧。”“哎呀，我还是不说了吧。”“说！赶紧说！”

“嗯，那个，今天是豆豆阿姨的婚礼，妈妈答应你带你一起去的，但是我今天一个人去了……你生气吗？能不能原谅我？”

“哦，不生气啊，我可以原谅你，妈妈。等她下次结婚你再带我去吧……”

下次结婚……下次结婚……这个真的不可以有下次。

李老师点评：

妈妈犹豫、忐忑许久，结果却是大澍如此淡定、“童言无忌”的原谅！让我更感慨的是，你尊重孩子的权利，把孩子当“人”看。很多糊涂、专横家长，与孩子失约后，根本不会在意孩子的想法与感受！

大澍如此表现，妈妈释然的同时还体验到什么情感呢？

一块馒头引发了“血案” 8月1日 周五

晚上都要睡觉了，大澍突然要吃馒头……

奶奶一激动给大澍掰了一大块，我觉得有点大，就把这一块分解了，给了大澍一块三口就能吃完的馒头，大澍火了，气急败坏地大哭起来。

"妈妈你为什么给我这么小一块？我要大的！大的！"

"小澍，我们从来没有在睡觉前都漱口了的情况下还吃东西，对牙齿不好，还发胖！"

"不！我就要吃！"

"妈妈很严肃地告诉你，要么你把这块小的吃完，然后明天可以吃大的；要么这块小的你也别吃了！"

"我不吃！我大的小的都不吃！我什么时候都不吃！我明天也不吃！我再也不吃馒头了！"大澍开始歇斯底里了。

"嗯，好极了，妈妈就喜欢你这么有骨气！你这么有志气最好……""哇……"

我背过身去，装睡觉了。

"妈妈，这块小的还给你吧，我明天吃大的……"

识时务者为俊杰，这绝对是个善于察言观色的货。

李老师点评：

大澍的歇斯底里，被妈妈的淡定抑或"佯装"淡定泼了冷水，没了曾经的干柴烈火，自然各归平静。只要控制好情绪，亲子之间的"争斗"就会充满乐趣。

谁制服了谁 8月2日 周六

大澍看到路边有卖泡泡机的，很想要。我鼓励她说："你去问问那个叔叔多少钱，回来告诉我，我给你钱你去买。"

"呃，妈妈和我一起。"

"不用，我在这里能看到你，你去吧，我在这等你。你不是很想要吗？！"

"……我现在又不想要了……"

"好，那就不要了！"我要是不知道你在想什么就不配当你亲妈。每次鼓励她独自去做点事情，简直是比登天还难。

"唉，也不知道那个泡泡机好不好玩……"大澍幽幽地自言自语。

"好玩！看上去咱家还没有呢！你去问问多少钱，就这么简单，我给你钱你就买回来了！想要就自己去买！"

"不不不，我不想要，我一点也不想要，我什么时候都不想要……"

"好！小澍，我觉得你非常有骨气！我就喜欢你这么有骨气！"哼。

以上场景至少反复5次，终于，我说："这样吧，我跟着你去，但我不说话，你自己问价钱，然后买，好吗？""好！"

亲娘来，就这么点事，我们俩叨叨了至少一个小时。不过看到她买回泡泡机高兴的样子，我忍了。

李老师点评：

看似在“批评”女儿，实则是在表扬自己——看我多温柔，多能坚持！

相较于妈妈的“犹抱琵琶半遮面”，我要给予直接了当的表扬——在陪伴孩子成长的过程中，没有什么比“温柔的坚持”更重要。如果孩子一教就会，父母将失去存在的价值。

领导给俺放假啦 8月3日 周日

晚上和大澍、大澍奶奶还有大澍爸爸在外面吃了点饭，溜达到电影院。大澍爸爸对我说：“好久没看电影了，我们俩看个电影吧！”

大澍听到尖叫一声，提出反对意见：“不行！我也要看！”

“那我们看看有没有小朋友看的吧，有小朋友看的爸爸妈妈陪你一起看，没有的话你和奶奶回家，让我和爸爸看行吗？”我拉起大澍的手，和她走到影讯的显示屏那儿，一个一个念给她听，确实没有儿童可以看的电影。

“不好，你们今晚看什么我就看什么！”小朋友开始不讲理，伴随着眼圈红了起来。

我和大澍爸爸都蹲下，我抱着她的脑袋让她看着我。“妈妈陪你两天了，你很开心，但是你不能给妈妈和爸爸一个晚上的时间做点我们开心的事情吗？我和爸爸答应你，动画片上映之后肯定带你来，你要相信我们。好吗？”

“……好吧，那我睡觉之后你赶紧回来啊，要不街上都没有人了，多可怕！”

“谢谢小澍啦！”大澍爸爸开心极了。

李老师点评：

现实版的“父母恩爱，孩子懂事”！调查发现，当父母能平心静气地向孩子表达自己的需求时，如能坚持，结果皆是得到“小人人”的体谅与应允。

手机疑案 8月4日 周一

大澍在我敷面膜的时候要用我的手机听歌，不一会儿，听见大澍歇斯底里地叫：“妈妈快来啊！”

我冲进卧室，看到大澍很惊悚地举着手机，手机里面一个机器女人在说各种指令。我一把夺过手机，发现解锁都解不了，那个机器女人不停地在给我解释着我在干吗。

我瞪着两只因为生气瞪得又大又圆的眼睛，透过面膜质问大澍：“你把我手机怎么了？我怎么弄都修不好了！你刚才动哪里了？告诉我……”说了一堆，我就后悔了，不就是个手机吗？有什么大不了的。

大澍看着我，眼圈红了，哽咽着说：“妈妈，我真的没有动，妈妈，你手机坏了我好害怕，妈妈，我真的没有动……”

看着大澍泪眼汪汪的样子，想起她总是那么信任我，我真想给自己两嘴巴子。

我给同事打电话求救，终于让那个机器女人消失了，手机又恢复正常了。我对大澍说：“看，小澍，手机好了，你放心吧，就算修不好也没事，让你爸给我买就行了！呵呵……”大澍听着《小苹果》的歌声从手机传出来，破涕为笑。

李老师点评：

说完一堆缓解自身焦虑的话后，妈妈后悔，开始反思与检讨。能知道自己伤害他人而后改变自己，需要很大的勇气与毅力。所以，常见的是“伤人而不自知”、“自知却不改变”。想让阳光快乐洒满孩子的世界，父母就需要给孩子提供晴天。

友好协议 8月5日 周二

睡觉前大澍又照例眯着眼睛用两只小手在我胸前摸来摸去，这么大的孩子还保持着婴儿时的爱好。我觉得是时候给她戒掉这个坏习惯了。

“小澍，以后不能摸妈妈了，听见没？”

“为什么？”

“你看见幼儿园里哪个小朋友摸妈妈啊，你都快四岁了，这样会让人家笑话的！”

“那好吧，我每天就摸三次好吗？”

考虑到一下子戒掉很难，我接受了她这个需要过渡期的提议。

“亲一个，妈妈！”每当快睡着了，大澍都会来要个晚安之吻。

而我，时不时会恶心她一下，快要亲到她的嘴巴时候，我会用舌头像狗一样从她的下巴直线往上舔上去，路过鼻子和额头。今天我照例又来了这么一下子。

结果……

“妈妈！你不要舔我了！好恶心！”

“怎么了，我哪儿恶心了？我就喜欢舔你……”

“你看见幼儿园的小朋友的妈妈哪个伸着大舌头舔他们的孩子啊？！你这样不觉得很恶心吗？你以后每天最多舔三下啊，你听见没？”

李老师点评：

戒掉一个“坏习惯”，竟是这样的简单与顺利，是妈妈的手段高明，还是习惯本身就不坏？言传身教，以身作则很重要。

惊讶于孩子“活学活用”的能力——反应快，连语气都一样！——“你听见没？”

不和男生单独在一起 8月6日 周三

大澍早上咳嗽得厉害，家里没有人照看，我决定带她去单位上班。

大雨一直哗哗下着，停车的地方离单位有点远。快到单位的时候，我琢磨着让哪个同事来把大澍先接到办公室，我自己去停车，这样大澍可以不用挨淋。

“小澍，我给刘阿姨打电话，让她下来先接你到办公室好吗？这样你不用挨淋。”

“嗯，可以。”

“那要是刘阿姨还没来，就让王阿姨来接你吧！”“嗯，好。”

“呃，万一，万一她们俩都没来，我能让王叔叔来接你吗？”

“不能！不能！”声音马上提高八度。“为什么？”“不能和男生单独在一起……”

结果呢，就是，大澍打着她的小伞，我打着我的大伞，从停车场挪到办公室用了15分钟。虽然淋湿了一点，还好，安全到达。

李老师点评：

“不能和男生单独在一起……”大澍越来越可爱了，母女之间的关系越来越和谐了，生活越来越有情调了——“大澍打着小伞，我打着大伞，从停车场挪到了办公室……”

手机党的反思 8月7日 周四

今天一天累爆，感觉。早上7点半出门，9点才到幼儿园！9点！什么概念？就是我从青岛到诸城的时间。晚上吃完饭回到家，给大澍洗完澡就到睡觉时间了。

我真是太累了，给她讲完故事，我的眼睛就睁不开了。大澍钻到我的怀里，哼哼唧唧地没有睡意。无奈我只好打开手机看了起来，看着看着，我听见一阵轻微的啜泣声，低头一看，大澍已是泪眼模糊，委屈得不行了。

我吓坏了：“怎么了宝贝？”……无语，继续抽泣。

“我看手机不理你，你不高兴了吗？”“哇——妈妈抱抱我吧，妈妈！”

好吧，我承认我看手机不对，可是不至于委屈成这个样子呀。

小孩子怎么突然就脆弱起来？

李老师点评：

妈妈辛苦了！

父母真的可以尝试着和孩子交流自己的感受，例如：“妈妈感到很累，想休息一会。”相信孩子会听懂。即使孩子不依不饶，也最好不要用看手机这种方式来放松。因为对于一个人，最大的惩罚其实不是打骂，而是漠视，尤其是对孩子。

 话唠初长成 8月8日 周五

下午早早去接大澍，顺带接萍萍，因为晚上要和她们一家吃饭。接到两个孩子离晚饭时间还早，我问她们是想去海边玩球还是去家乐福，她们一致同意去家乐福。

走在去家乐福的这一路上，大澍拉着萍萍的手不断说着。

“萍萍姐姐，你想吃薯片还是土豆？萍萍姐姐，你想喝饮料吗？萍萍姐姐，要不我们买巧克力吧？”终于，终于，一直安静的萍萍忍不住了，慢条斯理地对大澍说：“你能不能别说了，干吗说这么多遍，拜托，你别说了……”

要是没有萍萍的反应，我觉得大澍话多其实还是可以忍受的。

虽然她总在我倒车的时候让我播放故事DVD，要求马上播放，丝毫不理会我似乎马上要撞到墙；也会在我洗脸的时候让我给她换动画片的频道，不能等到我洗完脸再换，要马上换，不管你是不是满脸泡沫，这些我觉得都还可以忍受。

大澍平时和小伙伴在一起玩耍的时间少，是不是她一直这么多话？是不是大家会反感她这么多话？我应该不应该正视一下这个问题？

李老师点评：

话多话少来自于比较，和萍萍比，大澍可能显得话多，和别人比呢？

孩子的行为模式是适应环境的结果。也就是说能让自己需要得到满足的方式，就会延续下来。反过来，环境变化了，孩子就会调整自己的方式。

 无声无息地成长 8月9日 周六

早上起床，大澍爸爸告诉我，大澍奶奶和爷爷一会儿从老家过来。

大澍爷爷每次来我家总会逗大澍，扬言要吃掉冰箱里的所有东西。这对抠门的大澍来说，简直是不能容忍，每次都会撕心裂肺地大哭，或者暴跳如雷。所以每次爷爷来，总因为这个问题搞得不欢而散，导致大澍一直不是很喜欢爷爷来我家。

大澍问爸爸：“爷爷要来？”

“对啊，爷爷来怎么办？他吃掉我们冰箱里所有的东西怎么办？”大澍爸爸简直犯贱至极。

大澍思忖了片刻，很淡定地说：“随他便吧！”

这让我和大澍爸爸惊讶得张大了嘴巴！因为在以前，这简直是不能触碰的话题啊！

我和大澍爸爸的默契使我们都没有问她为什么。

爷爷来了大澍表现得也非常热情，没有丝毫慢待。

宝贝变了，变得知冷知热，变得知道分辨，变得会处理这些问题。

李老师点评：

之所以惊讶得张大了嘴巴，是因为预设孩子还会重复以前的行为模式，是因为在预设孩子不会改变的前提下——看到了孩子的改变。

孩子在用实际的行动告诉我们，她在变，她会变。这是我们必须要坚信的！

妈妈发飙了 8月10日 周日

到商店买衣服，大澍爸爸比女人还女人不断地试衣服，简直让我崩溃，再加上大澍跳上跳下，让我愈加烦躁。

好不容易大澍爸爸试完衣服等着结账，大澍被挂满衣服的架子遮住了视线，看不到我和爸爸在她的不远处。便大喊："妈妈！妈妈！你在哪儿？"

"在这里，在门口！"我没好气地应答，心里盘算着恨不得快点离开这个让我愈发烦躁的环境。"妈妈！妈妈！我看不见你！"大澍的声音提高了八度。"在门口！"

如此反复五六次，我终于忍不住大喊一声："我在门口！在门口！不是告诉你了吗？！你没听见吗？！"我把正在结账的大澍爸爸和店员都吓得一哆嗦。大澍爸爸明显很尴尬加生气，毫不客气地对我说："你那么大声冲孩子嚷嚷干吗！"

我喊出来之后就知道自己错了好吗？！大澍从店里晃晃悠悠到门口了却好似什么都没有发生，牵起我的手领我回家。一路上大澍爸爸怕我的暴行再伤害大澍，一个劲地对她说："有什么和爸爸说吧，妈妈今天很烦耶……我们俩离她远一点！"

李老师点评：

大澍爸的"我们俩离她远一点"带给我的是"扑哧"一笑！想象着你在听到这些之后的表情会是什么？像个犯错被禁言的孩子，你会抓狂？愤怒？

虽然提高了分贝，但并未觉察到硝烟弥漫。作为妈妈，有表达的权利，更要有"知错就改"的勇气！

我等你等到花儿也谢了 8月11日 周一

昨天答应大澍，今天下班路上给她买前几天她在路边摊看到的电动三轮车。

下班时，大澍爸爸盛情邀请我在外共进晚餐，离上次单独约会好像有些日子了，我想了想答应了。先通知大澍奶奶不要准备我等二人的晚餐，又交代晚饭后给大澍吃感冒药的事宜，最后与大澍通了电话。

问过了她今天咳嗽是否有所好转和吃饭好不好、乖不乖等问题，我忽然想起来晚餐地点不路过那个卖三轮车的地摊，吃过饭回来人家肯定就收摊了，赶紧和大澍商量起来。

“妈妈晚上回家时那个卖电动车的叔叔就回家了耶！他要是不在，我就不给你买了啊；要是他还在，我肯定给你买回来好吗？”

“嗯，要是天黑黑的他就回家了，那妈妈记得明天买啊，好吗？”

“嗯，妈妈要是忘了，你就提醒一下我吧！”

“好的，妈妈，我相信你的！我要是晚上还不困就等你回来吧！”

“不用等我啦，困了赶紧睡吧！”

“我肯定，保证一点都不困，我转过身去那样，自己玩，等着你啊！”

“呃，好吧……”到家9点半，大澍睡呼过去很久了。

李老师点评：

大澍对妈妈望眼欲穿的等待，不知是否激起妈妈心中那份被“望穿秋水”的幸福？你与大澍的交流，已经放下“高姿态”，寻求意见式的互动，结果自然是两情相悦！

说到做到 8月12日 周二

下班堵车厉害，即便这样，我还是给大澍在路边摊上买了一个电动三轮车……停好车，我把这家伙抬到我那住在顶楼的家，已是满头大汗，气喘吁吁。

大澍隔着门听到我沉重的脚步声，在里面大喊：“妈妈！是你吗？”

“对，是妈妈！开门！看妈妈给你买什么啦！”

大澍从门缝里先看到我，又看到了她梦寐以求的三轮车，高兴地跳了起来！

“妈妈！你真给我买了啊？还真漂亮呢！奶奶，你快看啊奶奶！”

大澍奶奶看到后，悄悄跟我说，玩不了几天了，很快就坐不进去了，浪费钱……

我跟大澍奶奶说，我答应她给她买了，就不能反悔，不想孩子撒谎，就不要对孩子撒谎，不要承诺她我自己办不到的事情。

看到大澍笨拙地驾驶着心爱的三轮车，一到过不去的地方又不会刹车，宁可自己的腿先伸出去顶住障碍物，也不愿让自己的爱车受到伤害。我觉得孩子的幸福真简单。

盼望了很久的东西，真正让她拥有，她会非常珍惜。

李老师点评：

为大澍有这样的妈妈鼓掌！

孩子简单的幸福，举手之劳即可满足。今日看到如此幸福、懂得珍惜的女儿，是否已将脑海中她的种种“劣迹”擦除？父母与孩子的关系就是如此，只要有一方能将美好的基调设定好，整场演出的格调就自然展露。

金牌服务 8月13日 周三

头疼，头疼欲裂，都不知道自己是怎么晃晃悠悠地把车开回家。到楼下一想，大澍的爱车昨天骑得快没电了，还在后备箱里，又忍着头疼把车扛到了6楼上。

大澍正在家吃饭，我说我去休息一会儿啊，她说好。

没多会儿，她吃完饭，过来象征性地问候了我一下，得到了我的“恩准”后就去看电视了。

我刚迷糊着，她扑通扑通又蹦又跳地过来，“妈妈，你听不听电视上讲的故事？”

“嗯，我不听，我想碎觉。”“哦，好吧，那你睡吧！”

五分钟后。“妈妈，你睡了吗？”“呃，快睡着了……”

“你听不听电视上讲的故事？”“我不听，我想碎觉……”

“那你想不想听着故事碎觉……”我睁开眼看到大澍一本正经地问着我这个问题。

我忍不住扑哧一声笑了。娃啊，我的头疼都被你治好了。

身体舒服、心情愉快的时候，我们可以把如此的互动当做一场游戏。但在头痛欲裂、想睡觉并且已经迷糊的前提下，被孩子如此“骚扰”，竟然还能笑出声来，佩服！赞！

妈妈不好当 8月14日 周四

讲完故事，我拱到大澍怀里，说：“你抱着我吧！”

大澍嘿嘿一笑，用两只小胳膊搂住我，我说：“今天你当妈妈吧！我当小澍！”

大澍没有回答，只是很尴尬地嘿嘿笑着。

“妈妈，我要小便！”我闭着眼睛躺在她胸前对她撒娇。“嘿嘿……”

“妈妈，你给我唱摇篮曲，要不我睡不着。”我继续撒娇。“嘿嘿……”

“妈妈，你拍拍我睡觉吧！”我眯起眼睛看着她。

“嘿嘿……哇——”一声撕心裂肺的哭声在这样的时段响起格外惊人。问题是我不知道这是怎么了。

“怎么了小澍？怎么了？”

“我不想当妈妈，还是你当妈妈吧！”大澍委屈又不好意思地含着眼泪对我说。

不想当就不当呗，你哭什么。我真搞不懂。

我把大澍搂到我的怀里，开始唱摇篮曲，大澍听得心满意足，抬头深情地看着我说：“妈妈，我觉得还是你当妈妈当得比较好！”

李老师点评：

角色互换，虽然只换来这位小妈妈“嘿嘿”的笑声和突然的哭泣，但却加深了大澍对妈妈这个角色的理解与崇拜。大澍的这份“深情”更映射出妈妈的温柔，妈妈的辛苦。

做一个温暖、温柔、安静的妈妈真好！

一起长大吧！ 8月15日 周五

下午单位有事情，不能去接大澍，而大澍爸又去出差了。我只好联系大澍爸的同事去接大澍，他的女儿和大澍在同一个幼儿园。

到4点多我就开始看表，想着大澍有没有顺利地被接走？有没有在路上晕车？第一次坐外人的车会不会害怕？或者压根就不跟伯伯走？各种各种，在我的脑海里一遍一遍闪现。但是基于麻烦人家办事，我不好意思一遍遍打电话询问，就且忍着吧。

快到5点，接到大澍奶奶电话，问我怎么还没有送孩子回来。我的心里咯噔了一下，马上打电话。对方接通电话，对我说路上有点堵车，因为今天啤酒节开幕。随后就把电话给了大澍与我通话，我问她晕车吗，热不热，大澍忙着与姐姐玩，匆匆敷衍了我几句就把电话撂了。很好，我知道她很好就够了。

过了十几分钟，接到大澍奶奶电话，说大澍到家了。我的心一下子变得轻松了起来。大澍在成长，我也在成长。

李老师点评：

无论孩子还是父母，学会等待，都是成长最好的见证！学会等待要求一个人能扛得住焦虑。当焦虑不再缠绕父母，关系将发展得更好、更和谐。

下不为例的妥协 8月16日 周六

午睡起来想起来要去给大澍姥姥去医院拿几副中药。天气太热，我让大澍在家和奶奶玩，大澍誓死不同意。

我讲道理讲了几轮，没用。我觉得好像久违这个难以解决的局面了。软硬不吃，就是不听，没有商量的余地。

我说，你跟着妈妈可以，但是因为你不让妈妈和你商量解决问题，我今天惩罚你取消晚上说好的出去吃饭，还要取消一周唯一一天睡前玩电脑的机会，还有，明天一天不准出去玩，在家不准看电视。

就这样，就这样，我觉得我自己都不能忍受这么苛刻的惩罚，大澍竟然同意了，还是执意要跟着我去医院……

事已至此，我一点也不生气了，跟着就跟着吧，没啥大不了的。大澍奶奶在旁边对我说，“这样不行啊，以后要改，又不是去好玩的地方，医院哪能说去就去！这么任性。”我说，“就这一次，我会警告她的。”开车在路上，我说：“小澍啊，妈妈这次答应你，也不揍你，但是下次不可以了，我们要商量着解决问题，好吗？”

有台谁还不下啊，大澍愉快地回答我，“好！”

对未知事物的好奇是孩子的天性。至于成人世界里，“医院哪能说去就去”的顾忌根本不会理解。成人的观念与原则很多时候不自觉地会应用到孩子身上，而对孩子某些行为规则的制定，往往也是依托成人世界的经验，此规则非彼规则！

把孩子当孩子看，让孩子像孩子那样长大吧！

我的眼中只有你 8月17日 周日

我一看到大澍生病，就心情低落无比。每次都会翻来覆去地想大澍姥姥怎么把俺养大的，那会儿也没有那么多好吃的，也没有那么便利的就医条件，俺竟然也没有被咋哒死，长得还又高又壮的。

大澍晚上鼻子被鼻涕塞住了，用嘴巴喘气，像小猪一样哼哧哼哧地睡着憋醒，睡着憋醒。我在旁边彻夜难眠，真想让感冒转移到我身上。

焦虑，又开始焦虑。心情不好，烦躁，看大澍爸爸横竖不顺眼。

大澍爸爸都习惯我这没有由头的找事，安慰我说：“没有事，哪有小孩不生病的，我小时候那会儿，天天打针……”

“不要拿你小时候和我闺女比！”我咆哮着，真想把他的嘴巴缝上。

“老婆，你能不能放轻松点，孩子一生病就搞得紧张兮兮的……”大澍爸爸依然好脾气地安慰我。我的怒火被他浇灭了一半，最近老是感觉一拳头打在棉花上，闪我一下。

好吧，看在大澍流着鼻涕打着喷嚏还在沙发间蹦来蹦去，食欲尚佳，不耽误调皮捣蛋的份上，我决定原谅任何人，包括我自己。

很高兴看到大澍爸爸平稳的情绪。如果两个人都焦虑、“都乱了”，只会使问题变得更糟，尤其是妈妈那原本已经糟透了的情绪。

原谅了自己，才能原谅任何人。

大澍感冒 8月18日 周一

吃了几天药，大澍的鼻涕还是滔滔不绝。晚上吃过感冒药，我看着她发愁，她看着她的玩具发呆。

大澍爸爸在一旁优哉悠哉地看电视。好吧，我的火又来了。

“你到这边来，坐小澍旁边。”我压抑住怒火，对大澍爸爸说。

大澍爸爸龟速挪过来坐到女儿身边，问我：“你让我坐这里干吗？”

“你说我让你坐这里干吗？！孩子感冒了不舒服，不开心，你就不能陪陪她？抱抱她？安慰安慰她？”我一顿炮轰。

”哦……”大澍爸爸赶紧搂过大澍，对大澍说：“爸爸抱抱你吧？还是很不舒服吗？”

大澍白了他一眼，说：“我舒服极了，不用你抱……”

大澍爸爸明显很尴尬，我对他说：“你看你，我闺女宁愿自己忍受病痛都不愿要你的安慰！你都混成什么样了……”

大澍爸爸竟然没有被我这番我说出来就后悔的恶语而激怒，还是脸皮很厚地对着大澍“嘿嘿”，讨好着她。

不知怎地，我也不生气了，我的要求不高，我们不能代替孩子承受什么，但是要给她心灵上的慰藉，让她知道，我们和她在一起。有错吗？有错吗？

李老师点评：

妈妈的文字表达能力越来越强了，在不经意的“嬉笑怒骂”之中，把一家三口从头到尾夸了个遍——孩子懂事，爸爸“脸皮厚”地讨好女儿，自己呢？就不用说了。

我没有看到尴尬，或者说，我看到了尴尬后面的爱与温馨。

我懂你 8月19日 周二

晚上带大澍出去遛弯，我跟着她来到了一个卖小夜灯的摊前，卖主是个年轻的女孩，大澍奶声奶气地说：“阿姨，1块钱卖不卖……”

女孩很为难地说：“不卖……”

大澍好尴尬地回过头看着我，我拿回了一块钱，给了她5块钱。大澍仔细地看了看钱上的数字“5”，很欣喜地对我说：“5块！妈妈！”又转过头对女孩说：“阿姨，给你钱，我要买一个！”

女孩笑呵呵地说：“那你挑一个你喜欢的吧……”

小夜灯有各种形状，有小象、小猫、青蛙，等等。高潮来了，大澍蹲在这些小夜灯中间，非常纠结和痛苦，因为她选不出来要哪个。我说，“你喜欢哪个就拿哪个吧……”

大澍说，“都可以啦……”

我说，“那就不要了吧，你这样好痛苦……”

大澍说，“不嘛，我要……”

我说，“那你选啊……”

大澍说，“我觉得都可以……”

就这样，就这样，过了好久好久，大澍终于告诉我她要小猫咪的。

我为什么没有对大澍发火，因为我似乎看到了自己，我们都是有选择困难症的人。

一般情况下，当孩子的行为勾起了父母的心结时，往往都会发火。因为父母不能或者不敢对自己发火，只好发在孩子的身上。比如父母当年没有好好学习，或者学习的时候心不在焉，当看到孩子这样的时候就会拼命地教训孩子。

所以你给出的答案我不能苟同。我认为你之所以没有发火，是因为接纳了自己的所谓问题，所以就接纳了孩子的行为。既然接纳了，问题也就不存在了。既然接纳了，情绪也就平稳了。

第一不重要 8月20日 周三

因为咳嗽感冒好几天没有去幼儿园，大澍今天早上一睁开眼就跟我聊起了幼儿园，看来是想念小伙伴们了。

“妈妈，有一天我和王博远比赛，我竟然赢了！我从来没有赢过哎……洛熙挺好的，在旁边说：‘闵德涵你真棒！’”

大澍仿佛感受到了人间真情，先是赢得了比赛，又得到朋友的祝贺。

“那谁谁和谁比赛没有赢，她都哭了耶，不过没有大哭，就是小小地哭了一下。”

“那你告诉妈妈，输了比赛就要哭吗？赢比赛很重要吗？”

“嗯，我不知道……”

大澍最近事事想争第一，上楼梯不让我走在前面，说要让她当第一名，出去玩也要跑在我前面，还是要当第一名。我真没想好怎么处理她的这种好胜心。

“小澍，比赛赢不赢都没关系，妈妈觉得只要能参加比赛就很棒，自己努力了就可以了，干吗非要赢呢？我说的你懂吗？”

“嗯，懂。”小小的人儿，为什么要这么早就承担不必要的压力呢？

这个年龄的孩子“争第一”是正常而普遍的现象，是成长的表现，家长全力配合就行。

比赛就是要争第一！“重在参与”只是失败后自我疗愈的方式，目的是为重整行装、再上征途做好准备。敢于争先是良好心理素质的体现，甚至比“坦然”面对失败还要重要。敢于争先就不会害怕失败，只有害怕失败才不敢争先。特殊的情况是，为了掩盖自卑的心理去争先，一旦落败，就无法接受。

之前由于社会文化的限制，导致作为父母的这一代人对“永争第一”有了足够“黑”的心理阴影，这是时代给予父母的局限。现在到了正视这个问题，或者说让孩子正视这个问题的时候了。

你的是你的，我的也是你的 8月21日 周四

吃了晚饭，大澍爸爸坐在花园宝宝沙发上，我和他聊得正起劲，在看电视的大澍怒气冲冲地过来对爸爸说：“爸爸你起来，这是我的沙发！”

“你的沙发我就不能坐会儿吗？让我坐一会儿吧！”大澍爸爸采取先放低姿态的策略。

“不行，这是我的！你一会儿也不能坐！”大澍依然很嚣张。

大澍爸爸没有坚持，走开了。

我对大澍说：“小澍你不让爸爸坐你的沙发，那从明天开始所有爸爸给你买的东西你都不要玩了，既然要分，我们可以分得更清楚一点！”

大澍一听，开始哇哇大哭，“妈妈，不要！不要这样！”

“你先把嘴巴闭上，我问你，你为什么不让爸爸坐你的沙发？”

“那是宝宝的沙发，爸爸会给我坐坏的……”

“不会的，这是妈妈买的，妈妈知道大人可以坐，如果真的坐坏了，我买一个新的给你，好吗？”“嗯，好……”

“那现在爸爸可以坐了吗？”“可以……”

“跟爸爸道歉，请爸爸坐！”“爸爸对不起，你坐吧……”

大澍爸爸总感觉这样对女儿太苛刻，现在请他重新坐下还有点不好意思……

李老师点评：

两口子吵架：“嫁给你真是瞎了眼了。”是在表达眼睛不好？是在表达情绪。听“话”听“音”，如果纠结于字面上的表达，就读不懂对方真正想表达的“意”。孩子怒气冲冲地过来，真的是因为爸爸坐了自己的沙发吗？如果是一家三口做游戏，孩子的床、沙发、玩具是不是可以随意使用？

偶然得到的成功 8月22日 周五

晚上我和大澍爸爸都有事情，没有回家吃饭。吃过晚饭，我一看快到大澍睡觉的点，就赶紧开车往家跑，一路上心想也许能赶上给她洗个澡……到家一看大澍奶奶正在给大澍洗澡，我自己就把自己骂了一顿，瞎着急真是。

大澍兴奋地告诉我她今晚学会了滑板车！我一听也为她感到高兴，说来真是难为情，大澍个头长得不小，但和胆子不成正比，都快 4 岁了，脚蹬三轮车和滑板车一样不会，家里都有，但就是不敢骑。我忽然为自己没有见证她征服滑板车而感到遗憾，也许她也是这么想的，所以才着急告诉我。

大澍擦干身体就赶紧给我演示，看着她威风凛凛地站在上面，却又小心翼翼地驾驭着这个她曾经以为自己永远都不会玩的玩具，我忍俊不禁，庆幸自己没有逼着她学会玩这个东西，而是她通过自己的努力，学会了一件向往很久的事情，我相信她现在的成就感一定是满满的。宝贝，妈妈为你感到高兴！

被逼着，无论是学滑板车、钢琴，还是知识，最后的结果往往是打掉了孩子的兴趣，使孩子成为家长不愿意看到的那种人——胆小，没有音乐细胞，不爱学习。

成就感的前提是自由——自己的选择、自己的决定。我自己的选择与决定当然会自己负责任——成了我高兴，败了从头再来；被逼着——成了你高兴，败了你没面子，关我何事?

成就感会导致孩子自信，这对于孩子可是大事，望家长们多多考虑。

尊重劳动 8月23日 周六

晚上，大澍奶奶和往常一样，将青椒炒圆葱煮的时间久了点，因为怕大澍嚼不烂，色泽不那么好看。我刚夹了一口给大澍，她就“喔”一声，开始做呕吐状，并把一副“这么恶心的东西怎么能吃下去”的表情挂在脸上，丝毫不理会别人正吃得正香……在两次警告无果的情况下，大澍爸爸终于发火了，狠狠地批评了大澍，顺带说了一些我认为和刚才发生的事毫不相关的话，比如把你送农村去，让你看看贫穷的小朋友过得有多苦。

等大澍爸爸说完，我跟他讲，批评孩子就事论事，她不爱吃饭和她去不去农村有什么关系？别扯没用的。大澍爸爸竟然没有反驳我，可能觉得我说的对。

我对大澍说：“饭菜是别人辛辛苦苦做的，你不做饭就没有资格在这挑三拣四，更不能发出不礼貌的声音，你要是不喜欢吃，可以从今天开始永远不要吃这两种菜！”

大澍一听，也不说话，自己尴尬地笑了笑，开始大口大口地吃饭。

李老师点评：

很多父母都认为给孩子讲道理是管用的，以至于动不动就讲。

不用说一个 4 岁的孩子，就是我们所谓成年人，能听懂道理？自我们来到这个世界开始，我们听到的道理够多的了吧？现在如何呢？

道理是用语言来表达的，而语言是高度抽象的符号，我们可以说听懂了这些语言符号，但背后隐含的道理却不是用听就能懂的。比如哲学书上的那些字我们都认识，可连在一起，又有几人能解其中之意呢？跟一个孩子讲“粒粒皆辛苦”，无异于跟他们讲哲学。

这就怪了，孩子听不懂道理，为什么会有所改变呢？

答案在于他们读懂了父母的情绪——或喜或悲，或愤怒；读懂了父母语言背后想表达的“意”——我不喜欢，你要改。如若不信，下次讲道理时可验证一下：面无表情，不带任何情绪，像播音员那样把你要讲的道理念出来，看看孩子能否听懂。

孩子因为对语言的理解还不“纯熟”，所以可以很轻松地就能读懂父母言语背后隐含的“意”；父母因为嘴皮子太溜，所以不能会意，甚至词不达意。

肚子到底疼不疼 8月24日 周日

晚饭时大澍说肚子疼，并特别指出不是以前疼的那个地方，是在肚子上面一点。像以往一样，只要她一说哪里不舒服，大澍姥姥和姥爷马上陷入郁闷状态，饭菜立马也变得索然无味。倒是说不舒服的小朋友，一边啃着猪尾巴一边说，一会儿疼，一会儿不疼。

我一边让她吃饭，一边帮她揉肚子，一直问：“好点了没有？还疼吗？”

大澍停止了啃猪尾巴，对我说：“妈妈，还疼，但不是疼得不能忍受！”

我无语了：“那你说怎么办啊，我们不吃了，到床上躺好，妈妈帮你揉揉好吗？”

大澍立马来了精神，对我说：“要不我们去客厅的沙发上躺着揉？”（晚饭时间是动画片播出的高峰期，电视在客厅里。）

一听到这，正在郁闷的大澍姥姥和姥爷不动声色地开朗了……这不是真不舒服，而是在为自己的目的一直埋下伏笔哇！

“嗯，要么你就赶紧吃饭，要么我们就去睡觉那个房间躺着揉肚子，你选吧！”我最近常让大澍做选择题。

“妈妈，先吃饭，吃完了再去睡觉那个房间揉肚子……”小朋友又啃起了猪尾巴。

李老师点评：

看来能否“会意”同样取决于情绪的稳定。和情绪稳定同样重要的是：在知道了孩子的“如意算盘”之后的积极应对。

 智斗无厘头 8月25日 周一

午睡时间结束，我叫大澍起床。叫来叫去好不容易叫醒，我说帮你梳头发吧，好了，就这一句话，大澎开始号啕大哭，嘴里还一个劲地嘟囔："我不要，我不要……"

我说该起来梳头发了，都快3点半了，不能赖床了。

这下大澍竟然哭得更厉害了，把脑袋深深埋在胳膊里藏着，不让我和姥姥看见她的表情，只看见一堆堆眼泪顺着胳膊留下来……这是怎么委屈你了？为什么哭成这样？

大澍不回答我的问题，继续自顾自地抽泣。这种软硬不吃，誓死哭到底的样子让我又有点恼火，我经常怀疑这是不是我的孩子，怎么会有这么执拗的脾气？

我和大澍姥姥使了眼色，"妈，我们走，我们俩出去玩，让小澍睡吧！"

大澍一个骨碌翻起身来，坐起来抽抽搭搭地说："我也去……"

我赶紧把她扶好坐好，等她不哭了和她深刻地讨论了刚才那不合乎常理的表现，她就是不告诉我她为什么哭得这么死去活来……

我也懒得和她计较，出门溜达溜达去喽，虽然已经快4点半了……

李老师点评：

面对孩子这种突然的、莫名其妙的号啕大哭，不恼火是相当困难的，所以对妈妈优秀的表现予以充分肯定和赞扬。当孩子出现无缘由的哭闹时，家长最好的应对方式是转移其注意力（就像日记中描述的那样），或者是不闻不问（漠视）；最坏的办法是惩罚。

 姥爷也焦虑 8月26日 周二

晚上我才知道我让大澍姥爷早上送大澍去幼儿园是一个多么错误的安排！

大澍姥姥说大澍姥爷早上送小澍回来心情就不好，一天很郁闷。为什么？因为看见大澍早饭就是一片面包，没看见鸡蛋，没看见稀饭，更没看见凉菜！我说你们去早了，其他的早饭还没有端上来，有鸡蛋和稀饭或者牛奶，但凉菜或咸菜是肯定没有的。大澍姥爷依旧很郁闷，说怪不得上幼儿园瘦了，以后要去给她送饭！

我不能再忍受他说下去了，尤其不允许这番话出现在大澍的耳朵里。我好不容易说服自己包括大澍去接受这些别的小朋友都能接受的饭菜，现在大澍姥爷又来给我添堵！

是，幼儿园里的伙食肯定没有家里的好，但这并不代表我们有资格去要求所有的人做的和我们一样！也许是存在口感问题，但营养搭配肯定比我们这些挑食的强多了。

淡定淡定，我就发泄一下，就像我不能要求能听明白我讲的话一样，我不能肯定我把这些话说给大澍姥爷听，他能听进去！几十年的思维方式怎能说改就改，互相理解吧。

李老师点评：

很好。对于思维方式的改变，颠覆不可取，并存更有效。当然，互相理解是前提。

父女持久战 8月27日 周三

大澍姥爷屈尊来到我家，我觉得就是战争的开始。我几乎每天都有事情很不服，他总是企图压制我，我却一直在试图反抗，结果就是大澍姥姥自己生闷气。为了片刻的安宁，我总是在和大澍姥爷吵得最凶的时候退下阵来……有意思吗，我觉得没什么意思，我是不是觉得自己大了，见识的多了，而对大澍姥爷的言论产生了怀疑？可如果是我到了他那把年纪，大澍和我分享她的所见所闻，我一定要相信她所说的，不卑不亢地相信。

晚饭后大澍和姥姥姥爷带着她的电动三轮车下楼了，等再回来已是快9点，大澍一回来就眉飞色舞、口齿不清地和我描述她今晚是怎么指挥小朋友玩她的电动车的，还组织了一场赛跑，一直强调自己带着哨子就好了……因为嗓子都喊哑了。大澍姥姥和我抱怨，说大澍一出去就把玩具拱手相让，给别的小朋友玩，自己光在旁边指挥。我问那她知道别人玩完后把车推回来么？大澍姥姥说知道啊。

那不就得了，4岁，没有把玩具带出去不管，说明智商没问题，她只是更愿意分享。

李老师点评：

从妈妈和大澍姥姥、姥爷现在的关系，我似乎看到了妈妈的童年，看到了几十天前“暴脾气”的来源（现在的妈妈在孩子问题上已经很从容淡定了）。

妈妈和姥姥从孩子的同一个行为中看到了不一样的风景，这在提醒我们：孩子从行为中（游戏中）体验到的、收获的和家长认为的，一定是截然不同的两回事。家长切不可“以己之心度孩子之腹”。

悲催的姥爷 8月28日 周四

出去晚饭回来的车上。我看着反光镜里昏昏欲睡的大澍说：“小澍！不要睡觉哦，很快就到家了！”

大澍：“妈妈，我睡着了不要紧，到家你叫我起来我保证很快起来，不哭。”

大澍姥爷：“小澍，不要说不要紧……”

大澍忽然恼火：“怎么了姥爷，我和妈妈说话，你怎么了？！”大澍和我一样，以为大澍姥爷的意思是坚持不让大澍在车上睡着。

我赶紧说：“没事，小澍，你睡吧，想睡就睡，妈妈叫你……”

大澍姥爷："小澍我说……"

大澍终于火了，眼泪含着眼珠对大澍姥爷说："姥爷，我和妈妈说话，你怎么了？"（言外之意：你别插嘴！）

大澍姥爷咽了口唾沫说："小澍，我的意思是说，你不要说不要紧，说没关系是不是更好一些……"可把这句被憋回去两次的话说出来了。

"哦，哦，哈哈哈……"大澍尴尬地哈哈大笑，毫无睡意了。

我可以说最尴尬的是我吗？大澍刚才和姥爷说话的语气明明和我如出一辙！颐指气使，飞扬跋扈，我究竟对大澍做了什么？！

我们每个人都有父母，我们每个人都曾经是孩子，所以我们每个人身上都深深地打着父母的人格烙印。稍加留心就不难发现，我们教育孩子的方式要不然和当年父母教育我们一样，要不就是截然相反。教育方式不会无中生有，只能是我们当年的经历在今天的转移与再现。

心理学给我们一个很功利的目的，就是要斩断过去对于现在的捆绑与羁绊，让我们在保持、发扬优良传统的同时摒弃糟粕。"以史为鉴"，能让我们少走一点弯路。

硝烟弥漫的餐桌 8月29日 周五

大澍上周因病在家，吃饭的本领连续倒退，连稀饭也不会自己喝了。我要是吵吵几句，大澍姥姥马上跳出来护着大澍，并威胁我说，要是在吃饭的时候把大澍训哭了就和我不算完！我知道，大澍姥姥有心理阴影了。

我小时候，包括现在，大澍姥爷所有教训我的场合都是在饭桌上，不管大澍姥姥做的饭菜有多可口，被训完的我最后总是觉得索然无味。大澍姥姥把当时和大澍姥爷说的话现在又说给我听，我真的觉得好纠结，不知道是应该埋怨大澍姥姥不懂我们爷俩的心情，还是该听大澍姥姥的，吃饭时不教训孩子。

晚饭耗时快一个小时，大澍姥姥还是兴致勃勃地给大澍一勺一勺喂着稀饭，我一边看表一边对只张着嘴等喂的大澍说："小澍，妈妈跟你商量个事情。要么，你自己把稀饭赶紧喝完；要么，以后这种稀饭再也不会出现在我们家的饭桌上，就是以后再也不能喝了。你觉得怎么样？"

"妈妈，不要，我自己喝稀饭……"大澍说完抱起碗来咕咚咕咚开始喝。

如果有人喂、有人伺候，我也愿意过饭来张口的生活，自己吃多累啊！

大澍姥姥的建议——吃饭时不教训孩子，简直就是至理名言。一桌子好菜好饭，色香味俱全，全家人围聚，不正应是最温馨的时刻、享受生活的时刻吗？想想我们一天中一家人围聚的时刻能有多少？

心理学视野下的沟通，必须确保沟通的双方在同一频道。如果父母想的是借吃饭之机教训教训孩子，给孩子改改毛病，而孩子的全部注意力却在如何填饱肚子上，那么即使父母说破了大天，孩子也不会听进一句。

还记得小时候被老师叫到办公室批评的场景吗？低头站在坐在椅子上的老师对面，心中想着自己的心事，听老师絮絮叨叨说……

周末综合征 8月30日 周六

周末早上，一到生物钟里大澍该起床上幼儿园的时间，我就闭着眼睛醒了……身边的大澍也开始不停地在床上转着圈地烙饼。这个脆弱的时刻，只要我们俩都不说话，并且没有声音打扰，是一定可以重新入眠的，然后睡到7点半再醒来。

突然，门咔的一声被人推开了。大澍姥爷抱着昨天来做客的大澍五姥姥送给大澍的大号洋娃娃进来了！我又气又恼，低声对他吼起来："爸你进来干吗？！"

大澍姥爷很淡定地走到大澍枕头边，一边把娃娃摆到大澍睁开眼睛就能看到的位置，一边对我说："我要放在澍澍一睁眼就看到的地方，让她起床的时候高兴高兴！"说完，就出门了。

我能说我要气疯了吗？从小就是这样，谁要在我睡觉的时候吵到我，我就会气得发疯抓狂！你想让你外孙高兴，你考虑我的感受了吗？！我越想越气，准备出门好好和他理论一番。结果他出门晨练了，我真的清醒了，真的睡不着了。现在想想，真是自作孽。自己睡不着却一定要找个理由发泄怨气，大澍姥爷只是撞在了枪口上。

李老师点评：

仔细想想也是，我们每个人都会把很多自己不愿意面对、不敢面对的问题在外部找一个"替罪羊"。这样，我们心里就松快了，就不用自己解决了，解决不了也就不用自责了。比如很多人骂社会，骂教育体制，骂……这样就为自己的现状找到了合理的外部理由。

缉拿"罪魁祸首" 8月31日 周日

今天早上又被大澍姥爷吵醒！6点多到我房间里找昨晚他落在我床边的袜子！我决定给他买一打袜子，连着穿两周都不重样的袜子！

昨晚睡得晚，质量也不高，早上这么早又被吵醒，我的两个宝贵的懒觉早晨被破坏得惨不忍睹，要是我说心情很好，那绝对是骗人的。

午饭大澍依然吃得狼狈不堪，哪儿哪儿都是饭渣油渍，尤其是两只手，沾满了油，并且用这两只油手一会儿摸大澍姥姥脸一下，一会儿抓我胳膊一下。看我不理她，两只手一把搂过我的头。可能觉得还不过瘾，就用两只油手在我胳膊上蹭来蹭去……我终于受不了，警告了不止3次，不要用油手摸我的胳膊。可想而知，我一拍桌子，站起来对着她大吼了一顿。

大澍姥姥、大澍姥爷、大澍爸爸都惊呆了。尤其是大澍爸爸，看着我发愣。我知道他愣什么，因为我很久没有发飙了。

看着大澍，我告诉自己，完了，没控制好，又败了。我只好安慰自己，主要是早上没睡好，心情很暴躁，大澍撞在了枪口上，但是也不能否认她用沾满油的手到处乱摸是不对的呀！

李老师点评：

“又败了”——很客观的结论。孩子就是在用她那双油乎乎的手在勾引妈妈——发飙啊、发飙啊、发飙啊……

在人际交往中，我们的很多行为都是被对方“勾引”出来的。同样，我们也在不停地“勾引”对方。至于谁能落入“彀中”，就看智商了。哈哈。

棒棒糖PK妈妈 9月1日 周一

下午临出门送来我家做客的大澍五姥姥前，大澍爸爸告诉我，晚上可以陪我去看我特别特别特别想看的《猩球崛起》。我好想去看，但还是决定先征求一下大澍的意见。

“小澍，我晚上想和爸爸去看电影……”“好哇，我也想去！我陪你吧！妈妈！”

“呃，这个电影不适合小朋友看哦，妈妈要和爸爸去看！”

“不行！我就要去！哇——哇——”大澍开始号啕大哭。

大澍五姥姥和舅舅从没见过大澍这阵势，前一秒欢天喜地后一秒就哭天抹泪。

我叹了口气，抱着她的臂膀，让她看着我，很认真很认真地说：“小澍，妈妈每周需要有自己的时间放松一下，你能给我放两个小时的假吗？”

“不能！不能！”大澍声嘶力竭地哭喊。

好吧，我只能使出杀手锏了。我对大澍说：“这样吧，你给我放假的话，我给你一块棒棒糖吃！”说实话，我并不对这个交易的成功有十足的把握。

“好吧！我吃橙子味的！”说完，就去找糖了，好像刚才什么都没发生过……

幸福来得太突然，和我一样愣住的还有大澍五姥姥和舅舅，直接笑喷了。

李老师点评：

都说商场如战场，现在看来亲子之间也是斗智斗勇啊。还好，各得其所，双赢。

有一种冷叫妈妈觉得冷 9月2日 周二

早上临出门，发现大澍还是光着一双大脚丫子，穿着露脚趾的凉鞋。我一边打着喷嚏，一边替她感到冷。我让大澍姥爷给大澍拿一双袜子出来，大澍吵着嚷着说不冷，不穿。我看时间也来不及，就没坚持，娘俩赶紧下楼，上车，出发。

到了幼儿园准备抱她下车，我又看见了我备在车上的大澍的袜子，便和她商量："妈妈还是觉得挺凉的，给你穿上袜子吧！"我一边说一边给她套上一只，刚要套另一只，她气得在座椅上直抓狂："我说了，我不冷！我热！我热！"竟然还气得哭出了眼泪，五官也很纠结，都聚集在一起，憋得紫红紫红。我突然觉得这一幕好熟悉。

上初中的时候，身体弱。每天早上都是妈妈找好衣服安排我穿什么。她觉得冷就给我穿厚厚的，等我大点了，自己觉得感知没问题的时候，经常因为妈妈早上给我准备的衣服太厚而和她拌嘴，因为我觉得不冷。穿越了这片刻，我给大澍把穿上的袜子脱了下来，跟她说："那你冷了可要告诉妈妈哦！"

李老师点评：

很高兴，为孩子感到高兴，因为她有一位好妈妈。

这片刻的穿越，表面上是推己及人——"己所不欲，勿施于人。"但背后是对过去的反思与对现实的正视。反思，意味着过错；正视，意味着改变。这都需要足够的勇气。只要迈出了这一步，我们的心灵就会摆脱过去的羁绊，就变得自由了，孩子也就自由了。但这一步只能通过自己的努力，任何他人都没有办法替代。

路怒的愤怒 9月3日 周三

今天刚听广播学到了"路怒族"这个词，面对青岛这几天的交通，我觉得我真的是个路怒族了。今天更是如此，堵得到了饭点，我们俩在车上饿得把能吃的都翻出来吃了一遍！就差真皮座椅了……

6点多到楼下，我竟然看到了大澍爸爸的车在楼下！他今天不应该去打球吗？怎么会在家里？如果他早告诉我他要回来，他可以直接去接大澍啊，我干吗还非要穿越半个城市去接大澍呢？毕竟他离幼儿园近啊。带着这些疑问和我路怒族的愤怒，我咄咄逼人地上楼了。到家一看，人家都吃完饭准备出门打球了。

我气不打一处来，问他怎么会在家里。他说去客户那里办事，顺便就回来了。我说你还挺会“顺便”的，我每天好几个小时接送孩子，你就不能问一句？！问一句用不用你接会死吗？巴拉巴拉说了一通，反正就是他不对。大澍爸爸挨训之后加快收拾东西的步伐，赶紧出门了。临出门还悄悄对大澍姥姥说：“妈，今天还是不要惹雯雯比较安全……”

哼，无理争三分，我有错吗？我觉得我没错。

“就差真皮座椅了……”这是什么样的想象力？快赶上红军过草地了。

如果在训斥大澍爸爸的时候也能发挥一下想象力就更好了。老一套，没意思。

谁？敢说你错了！

数学奇才 9月4日 周四

我的耐心比较差，所以大澍的耐心可想而知。

大澍头发好多，每次洗完头发我都为了给她吹干头发而犯愁。因为她不等我吹干就坐不住了。今天晚上又洗了头发，我和大澍商量：“要不你躺在床上，把脑袋挨着床边，让头发垂下来，我给你吹吧？”得到恩准后，我拿起吹风机赶紧吹啊吹啊吹啊吹啊……

过了几分钟，果不其然，大澍开始烦躁，一个劲儿问我什么时候吹完啊……

我说：“这样吧，你数数，数到500我就吹完了！”

“500？ 500怎么数啊，我只会数到100啊！”

“哎呀，数5个100不就行了？”我一边说，一边赶紧加快动作。

“哦，哈哈，我懂了！数了啊，100！ 200！ 300！ 400！ 500！好了，数完了！”说完，她起身就走了……只留下我还在思索我刚才表达的是这个数法吗？！

快乐！灵动！多么富有生活气息的画面啊！闭上眼睛，想一想：如果亲子之间每天都有这样一个美好的瞬间，那生活会是怎样的幸福啊！

我其实是个演员 9月5日 周五

因为堵车加我的路怒症状，我觉得比较安全的就是今天把大澍放在家里，不去幼儿园了，这都是为了家庭稳定、关系和谐。

下班后大澍姥姥告诉我，一大早，大澍姥爷和大澍一人戴一个墨镜，还推着大澍1岁左右坐的小推车，两人去家乐福了。回来后，吃午饭的时候，大澍姥爷感慨大澍长大了，大澍接着说她大了就挣钱了。大澍姥爷说：“你挣钱了给妈妈花吗？”大澍说不。

“给爸爸花吗？”大澍还说不。“给姥姥花吗？”大澍依然说不。

“给姥爷花吗？”大澍坚定地回答：“给！给姥爷花！”

大澍姥爷一听，感动得就落泪了。问题是大澍一看姥爷哭了，接着就“啊哦——”一声哭起来，大澍姥姥一看老头子和大外孙哭了，也跟着落泪了。好好的一个午饭，被这三人吃得悲悲切切。我很鄙视地跟大澍姥爷说：“你以为她说的是真的吗？”

真不了解我的娃，她，其实，是个演员。

李老师点评：

存在即被感知。客观的真假并不重要，重要的是当事人是否感受到。比如，很多父母全身心地、毫无保留地去爱孩子（是真爱，不是演员），可孩子感受到的确并不是爱，而是其他一些别的什么东西，这就很悲哀了。

进一步，如果我们感知到了别人对我们的好，我们就会以积极的方式予以回应，就会强化别人对我们的好，就循环起来了。反之亦然。

爱 9月6日 周六

因为大澍姥姥和姥爷都在青岛，今年的中秋我就可以安稳地和他们在一起度过。我跟大澍爸说，你想回老家就回吧，过节回去应该的，我和孩子就不回了。

大澍爸爸面露不悦，对我说，“孩子可以不回去，你应该回去啊。”

我说：“你真可笑啊，我父母在这儿，我跟你回家过节，你觉得合适吗？”

大澍爸爸说：“我们中午吃个饭就回来，晚上在青岛和爸妈一起过。”

我说：“就此打住，这个问题讨论到天黑也没有结果，而且很有可能我们两个打起来，明天再说吧。反正我哪儿也不想去，就要在家待着休息，陪大澍。”

晚上睡觉前，大澍爸爸过来轻轻地对我说，“我明天自己回去吧，你在家休息吧。跟着我回去都是串亲戚，也没啥意思，估计你会觉得无聊。”

我发现他没有开玩笑的意思，就觉得有些不好意思，我说：”我不回去你不生气吗？“

大澍爸爸说：“不生气啊，为什么逼你做你不愿意做的事情。理解。”

李老师点评：

两口子的三种境界：相互信任，相互理解，相互欣赏。

从亲子的角度，夫妻恩爱就是对孩子的爱——真爱！简单说，夫妻恩爱，情绪就会好，情绪好了，眼中的一切就会美好，包括孩子；夫妻恩爱，亲子间的距离就会适当，就没有那么多闲工夫去盯着孩子；夫妻恩爱，还会给孩子以良好的榜样示范；夫妻恩爱……

快乐在哪里 9月7日 周日

晚饭后大澍在小广场用泡泡枪吹起了泡泡，不一会儿吸引来了很多小伙伴，都是1岁多的，围着大澍抓泡泡。大澍很有领导范儿，一会儿指挥这个，一会儿指挥那个，累得满头大汗。我对她说："小澍，过来休息一会儿吧！"正好小伙伴们也都要回家了，大澍顺势坐在我的旁边，把泡泡枪拧好放在地上。我递给她水，她刚要喝，对面走来一个年龄与大澍相仿的小姑娘，大澍马上把水瓶一撇，自己嘟囔着"泡泡枪"，然后马上站起来在小姑娘面前展示她的泡泡枪，炫耀之情溢于言表。

我曾经对大澍爸爸说过，大澍拥有所有玩具的乐趣，不在于这个玩具有多好玩，而在于她要向别的小伙伴去炫耀她有这个玩具，她沉迷于这种存在感。现在这种沉迷我觉得有些过了，简直是极度自恋。但是看到她专心致志地吹着泡泡，让别人去抓，我又觉得她是那么无私，甚至有些"傻"，自己服务于别人，自己的快乐源于别人的快乐，而不是源于这个玩具带给她的快乐。

我可能想的有点多了，孩子的世界哪能像我想的那么复杂呢？

孩子行为的意义是父母赋予的。上文中对孩子的同一个行为已经赋予了截然不同的两种意义，应该还有更多。既然赋予了意义，就有了价值判断，就有了好坏之分，随之而来的就会是父母或喜或悲的情绪，就会是根据这种判断和情绪对孩子行为进行的干预。

心理学大量的研究已经证实：孩子会成为父母希望成为的那种人。用文学的语言表达就是："只要父母的心中充满阳光，孩子的前途就不会有黑暗。"这也是给孩子记录阳光日记的意义及目的所在。

螃蟹历险记 9月8日 周一

中秋节。大澍姥姥把大澍姥爷买的螃蟹拎到厨房，准备杀生了。

我陪大澍在看光头强和熊二。忽然，我听见了奇怪的声音，很像熊二被光头强收拾了的惨叫。我们两个把耳朵竖起来仔细地听，哎呀，好像是大澍姥姥的惨叫，叫的还是我的名字！我们两个像穿了风火轮一样冲进厨房，只看见大澍姥姥的右手大拇指上挂着一只耀武扬威的大螃蟹！不用说，它肯定用它的大钳子钳住了我妈的手！大澍姥姥历来胆小、怕疼，此刻已经完全慌了阵脚。我用一块抹布先堵着螃蟹的鼻子，想先憋它会看看行不行。大澍姥姥又嗷嗷叫着让我用剪刀把它的这个爪子剪掉，我又去找到剪刀，正要剪这工夫，这家伙松了钳子。

大澍姥姥的手指头已经没法看了，红的红，紫的紫，还有很深很深的钳印。大澍看到之后，马上风风火火地跑到卧室，找来了创可贴，坚持自己打开，然后给大澍姥姥贴上。大澍姥姥摸着自己受伤的指头，又摸着大澍的脑袋，泪汪汪地说："姥姥没有白亲你啊！"

李老师点评：

同样是生活，有的人过得甜，有的人过得苦，有的人过得顺畅，有的人过得拧巴。

原因何在？在于每个人的内心。内心甜，生活就甜；内心拧巴，生活就拧巴。

顺序切不可颠倒！就像今天的日记，妈妈把一件看起来很不幸的事情描述得妙趣横生，就是最好的证明。

小白兔的苦恼 9月9日 周二

快到大澍该回家的点儿，门铃响了。我拿起门铃的听筒，听到了一片混乱。

大澍哭着说："我不上去！"

大澍姥姥说："小白兔没法扔下来！扔下来就破了！咱俩还是上去吧……"

小白兔是大澍的一个玩具，可以播放音乐。

我大吼一声："你们两个慢慢说，谁也不要插嘴！妈，你先说，怎么回事？"

大澍姥姥说，有小朋友在楼下拿收音机跳舞，大澍看到后就要回家来拿小白兔，让我把小白兔扔下去，她们在楼下接。而大澍姥姥觉得时间太晚，该睡觉了，再就是小白兔扔下去她们俩接不住……大澍非常执拗，一到这种情况，大澍姥姥是一点办法没有。

等大澍姥姥说完，我再问大澍。大澍还是坚持扔小白兔，她在楼下接。我对着门铃的话筒说："小澍，妈妈告诉你：一是上楼来，我们在家里拿着小白兔跳会儿舞；二是明天晚上带小白兔去找小朋友跳舞。如果都不同意，那你可以自己在楼下玩。妈，你上楼来吧，让小澍自己考虑！""姥姥，等等我，等等我！我明天再跳吧，妈妈！"

李老师点评：

随着妈妈情绪的稳定，孩子越来越不是妈妈的对手了。

暴怒之下的训诫与情绪稳定时的训诫，是完全不同的两个层面。暴怒之下，是被情绪所控制，所说的话都是不经大脑考虑的；情绪稳定时，是理智起主导作用，是以解决问题为导向的。再者，情绪是可以"传染"的。暴怒可以引起暴怒，平静亦可引出平静。

教师节遇上麻麻生日 9月10日 周三

风风火火的早上，出门前想起来今天是教师节……

一路上心心念着今天是教师节，也没给大澍老师准备点啥，路上不断闪过捧着鲜花的小学生，我更是懊恼极了。大澍看到我与往日不同，对我说：“妈妈，今天你过生日，你是不是很高兴啊？”我这才记起来前天和大澍说过我今天过生日的，我把这个都忘了。

“祝你生日快乐啊！妈妈！可是我给你画的生日礼物忘拿了……”

昨天晚上我的大澍奋笔疾书画了满满一张A4纸的圆圈，说是给我的生日礼物。

“没关系的！宝宝！咱们下午回家就把你给妈妈画的生日礼物贴在墙上！”

到了幼儿园，门口的告示栏上贴了一张海报，主要针对今天的教师节，要求杜绝送礼物、鲜花的现象，请家长配合，给老师一个纯净、平和的教师节。而园内，和往日也没有什么不同，不过我还是告诉大澍，要祝老师节日快乐。

大澍见到老师声音洪亮地说：“老师节日快乐！今天我妈妈过生日！”

呵呵，在她的心里没有孰轻孰重，只有同样的祝福。

李老师点评：

孩子的观察是敏锐的，孩子的祝福是深情的，孩子的心灵是纯真的！

“老师节日快乐！今天我妈妈过生日！”应该祝贺！值得祝贺！

无规则比赛 9月11日 周四

今天晚饭后，大澍已经完全把昨天的小白兔忘得一干二净了，拿着泡泡枪拖着姥姥下楼了。玩完了回来后，大澍姥姥跟我讲，小澍的胆子太小了，比她小的小孩都跑得比她稳当，她时时刻刻都非常小心。我听了以后不以为然，要是她跑得比你还快，谁还敢带出去？未必是件好事。但是，大澍姥姥还说了，小澍还是有优点的，比如，嘴皮子溜道。

加上大澍一共有四个小朋友在一起玩耍，其中一个当裁判，指挥包括大澍在内的三个小朋友赛跑，“预备——”声响起的时候，裁判对大家说：“都蹲下！和电视上的运动员一样，手扶在脚上，屁股撅起来！”其他两个运动员老老实实地蹲在地上，等待命令。

大澍从小蹲不稳，而且因为胖＋笨＋懒＋大澍爸爸到现在也蹲不稳，每次蹲，对她来说都是很痛苦的事。

大澍“傲视群雄”，对裁判说：“有两个蹲着的了，我站着就行了！我站着一样跑！谁说的站着不能跑……”

裁判似乎也说不出哪里不对，憋了憋气，大喊：“预备——跑！”就见大澍摇摇晃晃地溜达着就出发了。

李老师点评：

世界上没有两片相同的叶子，当然也不会有两个相同的孩子。这是真理，家长们都耳熟能详。但是，一到发现自己孩子身上，有自己不认可的“缺点”（切记，优缺点是同时存在的，就像手心手背。）的时候，往往就会把真理抛之脑后。正是差别，造就了孩子的“唯一”与独特！

“摇摇晃晃地溜达着出发”的能有几人？这叫——个性。

姥姥是奇葩 9月12日 周五

大澍今天没有去幼儿园。下午回家，大澍姥姥偷偷把我叫到一边，忍着笑对我说，今天她又作弄大澍了。大澍姥姥一直有颗孩子般的心啊。

午睡的时候，大澍姥姥给大澍讲完故事，就闭上眼睛准备带大澍一起睡。无奈大澍上蹿下跳，毫无睡意，硬生生地抠姥姥的眼皮玩。

忽然，大澍姥姥闭着眼睛说：“小澍！你在哪里？！我怎么看不见你？”

大澍呵呵大笑说：“我在这里呀！姥姥！你看不见我吗？”

姥姥说：“在哪儿？我真的找不到你了！”说着，还伸出手来胡摸了一通。

大澍扑过来，抓住姥姥的手：“姥姥！我在这儿！我在这儿！”

大澍姥姥一把拉住大澍的手说：“啊？你在这儿啊，我怎么一点也看不到你啊！完了，我的眼睛瞎了！”“瞎了？哇——”大澍号啕大哭。

大澍姥姥一看，赶紧睁开眼说：“你哭什么？怕我瞎了不能做饭给你吃了吗？”

大澍一看姥姥睁开眼睛了，哭声小了，哽咽着说：“不是……我怕你走路摔着，你看不见怎么走路啊，姥姥……”

大澍姥姥，你有意思吗？真是的。

李老师点评：

充满童心的姥姥，“不知该如何形容”的妈妈，不谙世事的孩子，组成了和谐快乐的生活，美不胜收！有意思！

妈妈又犯病了 9月13日 周六

孩子往往在和小朋友的交往中，才能发现和别人的不同。我们天天耗在一起，很多行为我时常觉得还好，还算正常。让她去接触更多类型的朋友，我到现在都不知道好不好。也许她会变得比以前更优雅，或者更粗鲁，不知道哪个才是她真正的自己。

大澍最近天天晚上都要下楼找朋友玩，很多都是刚见了一面，人家不理她，她就腆着脸一直跟着人家打招呼，虽然遭遇无应答，大澍没感觉什么，还问我："妈妈，小朋友怎么不回答？"但我觉得好难过。

因为我一直教育她要友好，要主动和小朋友打招呼才能做朋友。一般有人向她问好，我总是要让她应答。可当她主动去做这些事情的时候，往往没有得到我想要的结果。别人不理她，她还好，我心里好难过。可我有什么权利去要求人家必须理我的女儿？有什么能力让人家都和我的女儿一样的性格？不可能。是不是我的焦虑病又犯了？等她慢慢长大，这种挫折只会越来越多，也许我只需要她有一颗越挫越勇的心。

很对。只要妈妈不那么焦虑，就不会剥夺、替代孩子独立成长的机会，孩子的心就会越挫越勇，就会越来越强大。因为心灵的成长注定在挫折中前行。

不救王子 9月14日 周日

为了让大澍胆子大一些，我带她来看话剧。这是第二次。说实话，她来是看话剧，而我，是为了让她能主动参加话剧里演员和小观众的互动环节。今天我特意选了离过道近、离舞台近的位子。

上次来这家伙怯生生的，今天好多了，大大方方地找到位置坐了下来。舞台美轮美奂，情节新颖生动，而我，一直在盼着互动环节。上次到了这个环节，满剧场的小朋友都抢着举手，抢着上台。我的大澍把头深深地埋在靠背后面，恨不得钻到椅子下面，怕主持人看到她，邀请她上台。

终于，迷糊大臣要组建一支营救王子的军队，请小勇士上台了。大澍紧紧地握住我的手，我说："我们上去吧？有礼物的！""我不去！"大澍斩钉截铁地说。

"不怕的，你看上去的都是女生耶，你也去吧，去救王子！"

"我不想救他！一会儿他自己就出来了……"

"去吧！""不去！"如此反复十遍左右，我放弃了。

要是改变一个孩子的性格这么容易，我还当妈干什么。走着瞧，我就不信我等不到你抢着举手上台那天！

这充分显示了妈妈的信心，显示了妈妈对于孩子成长的信心。

回想一下孩子更小的时候。任何一位父母都会对孩子的成长抱有百分百的信心，没有人会怀疑孩子是否能学会说话，是否能学会走路，是否能长大。但随着孩子的成长，父母的心也渐渐急躁起来，渐渐变得不那么信任孩子了，典型的表现是在孩子的耳边不停地指导、不停地催促。这会适得其反。放慢脚步，放松心情。只要我们重归对孩子的信任，孩子就一定会对得起我们的信任。

从妈妈的描述来看，对于孩子的“胆小”是不认可的，或者说孩子的胆小，不符合妈妈心中对于孩子的要求。这也反映出妈妈心中的“胆小”，因为一个内心强大的妈妈是不会担心孩子的胆小的，也因为“胆小”无所谓好坏。

我本善良 9月15日 周一

今天大澍放学路上跟我讲了一件事情。大澍说前几天老师让带到教室的书，有一本叫《汤姆的小妹妹》是她的，但是今天另一个小朋友说是他的，两人争执不下，大澍将这本书送给了对方。我一听，马上要爆炸。

“你确定是你的书吗？你的书上不是都写了你的名字吗？”

“是我的呀，但是你写的名字好像掉了，老师又在上面写了乐乐的名字呢！”

“那你为什么不和老师说呢？你明天要去把书拿回来！”

“我不拿！乐乐已经谢我了！”

“送给乐乐没关系，但是你要告诉他书是你的！”“好吧！”

忽然，我对她的肯定产生了怀疑，难道人家就不能买这本书了吗？万一书真的是人家的呢？我跟大澍说，一会到家我们先找找，看我们的书在不在家。

翻箱倒柜，一片狼藉。然后，我终于发现那本书在一个角落里……上面还写着“闵”字，看来，我真是没有低估大澍的迷糊啊。

我叫来大澍，让她明天和乐乐道歉，告诉乐乐，那本书真的是他的，而不是大澍送给他的。大澍认真地点点头。

李老师点评：

好妈妈。

我们抛开这件事，说说孩子的言语表达。家长往往会对孩子的话“信以为真”——我不喜欢上学，谁谁不和我玩，谁谁欺负我，等等。然后就会担心、急躁，甚至马上要爆炸，继而就会被这种情绪所控制。其实，孩子说的这些话往往是“假”的，或者说家长在观察孩子情绪（消极、积极）的基础上，首先要弄清楚事实的真相，就像日记中妈妈做的那样。镇静，最重要。

电视迷的幸福 9月16日 周二

最近电视剧《勇敢的心》在热映。继上次我追的《打狗棍》之后，我已经好几个月不看电视剧了。但这次《勇敢的心》继续启用《打狗棍》全班演员，这不禁让我、大澍爸、大澍姥姥，甚至大澍都疯狂了。其实大澍不会盯着情节一直在看，只是时不时地看看里面那个曾扮演过马九斤的演员……7点半开始，一直三集连播到10点，这第三集我和大澍是铁定不能看的，因为我都会按时监督她睡觉，然后就剩大澍爸爸，优哉悠哉地“长”在沙发上，继续欣赏。

就在今晚，就在今晚！大澍突然不要我哄睡了！我简直不敢相信幸福来得如此措手不及！连哭带闹，连蹦带跳，就是让爸爸讲故事，让爸爸哄睡。我说：“那妈妈怎么办？”大澍手指头往客厅一指：“你可以去看会儿电视！等我睡着了你再过来！”我高兴得快哭了，虽然分辨不清她到底是真想要爸爸陪，还是想让我去看会儿电视！这娃，简直是太懂我啦！

李老师点评：

这娃，把他爸映衬得多么不懂事啊！

心有灵犀一点通 9月17日 周三

今天早上送大澍去幼儿园，路上我一再叮嘱她不要忘了和乐乐道歉，关于书的问题。

大澍一边答应一边问我：“妈妈，你说怎么这么巧呢，乐乐和我有一样的书！”

“对啊！你们还把它都带到了幼儿园，真是心有灵犀！”

“什么叫心有灵犀？”“呃，就是没有任何商量却做了同样的事情！”“哦……”

一路摇摇晃晃，快到幼儿园门口，对面驶来一辆和我们一模一样的车。我对大澍说：“快！小澍快看！这车和我们的一样！颜色都一样！”

大澍很淡定地望了一望说：“你们两个还真是心有灵犀啊……”

最近这丫头，已经开始学以致用了。

李老师点评：

这个年龄段，是孩子词汇量增加最快的时期，家长可以适当地做些引导。当然，孩子的“学以致用”大部分还停留在“照葫芦画瓢”的阶段，他们对于词义的理解和词语本身还有很大的差距。

温情生日夜 9月18日 周四

今年大澍的阴历生日怎么就成了阳历的九月十八日了呢……

下午接到大澍爸爸的电话，说晚上有事情，不能陪闺女过生日。怕闺女不高兴，大澍爸爸下午早早到幼儿园接到大澍，然后告诉大澍这个消息，得到大澍恩准后大澍爸爸才安心地去推杯换盏。

到了睡觉的时间，大澍又开始神叨叨，问爸爸什么时候回来，我们三个人要一起睡觉，一定要三个人睡在一张床上。不经叨念的大澍爸爸竟然回来了，当我们三人躺在床上手拉手的时候，大澍高兴得像被夹在汉堡里的培根，一个劲儿地翻滚，还很满足地自己对自己说，“生日真好，可以和爸爸妈妈一张床睡觉。”

我不是虐待狂好么？为了让你爸能有优质睡眠作为奋力挣钱的基础，我牺牲自己每晚陪伴你，你都不知道我一晚上要醒几百次看你有没有尿床，有没有蹬被子，现在反而被你埋怨为什么不能让爸爸和我们一起睡觉。随便啦，我不担心你爸会超越我在你心目中的地位甚至取代我。

你喜欢咋整就咋整吧，反正爹是亲爹，娘也是亲娘，没有便宜外人。

李老师点评：

能有如此之心态，妈妈的心情怎么可能不好！？

心情好了就不会急躁，不急躁脸上就会有笑容。你说，孩子每天看见的，都是一张带着笑容的——妈妈的脸，会是怎样的感觉?

你喜欢咋整就咋整吧，反正爹是亲爹，娘也是亲娘，没有便宜外人。

老家雀的装傻 9月19日 周五

到幼儿园接了大澍，大澍要求和同学玩一会儿。我看时间不早了，怕耽误了腰疼预约的推拿时间，就催促大澍该走了。连着说了四五遍，大澍已经自动屏蔽我的话了。

无奈，我只好蹲下，抱着她的肩膀说：“妈妈今天腰疼得很厉害，我们该走了，要不刘大夫就不给妈妈治病了，好吗？谢谢你牺牲自己的时间让我去治病！”

大澍委屈地憋红了眼眶，硬生生地把眼泪憋回去对我说：“那你等我和同学再见！”

等和同学告别完，大澍跟在我身后，像是自己咕哝，又像是对我说：“腰疼在家我给你随便按按就好了嘛，干吗非要去刘医生那里，这么早就回去……”

我蹲下看着她，很郑重地跟她说：“你生病的时候我有在家随便给你打针吗？”

“没有啊！”“对啊，有病就要去治病，自己在家随便弄弄是治不好的。懂吗？”

“哦！懂了。”

我知道你不是真心想问我这个问题，而是不甘心为了我的事情耽误你玩的时间，我觉得我装不知道这个事实挺好的，你爸说什么来着，赢在示弱。

爸爸的说法、妈妈的做法都是对的，都值得肯定。原因是，如果父母非要拆穿孩子的“西洋景”，那只能说明父母的心智和孩子处于同一水平。

我们每个人都曾经是孩子，都有过“有奶就是娘”的阶段，都是从懵懂无知的状态中走过来的，我们的孩子也必须经过这个过程。

父母请放宽心，只要我们不“拔苗助长”，不过早地要求孩子知道这知道那，不过早地拿成人的道德规范要求他们，等他们长大的那一天，等他们为人父母的那一天，他们就会像我们一样——知道所有！

大澍妈妈感言

90 天，我真敢拍着胸脯自豪地说：“我竟然坚持下来了！”因为此前我一直觉得自己是个毫无耐心的人，这一点体现在很多事情上，尤其是对我的大澍。

我曾因为她动了我少女时最喜欢的毛绒玩具而暴跳如雷，只因我觉得那是我的玩具；也曾因为她不小心洒了果汁而破口大骂，怨她不知道我洗衣的辛苦。后来在写日记的过程中我不断地问自己：为什么要这么苛刻地对待这可能是我今生唯一的孩子？一生中最快乐的时光却被我搞得胆战心惊，泪眼婆娑。

就在昨天，大澍把我新买的还没舍得用的腮红打开，用刷子刷掉了很多，也没能顺利涂到她的大脸蛋子上，满床都是腮红粉末。我当然还是忍不住惊叫了一声，但没有批评她。我错了，因为我没告诉她这个东西不可以动。

这样的状况频频出现，孩子一直是我的那个孩子，她没有因为我的苛刻而变得斤斤计较，也没有因为我的暴躁而变得毫不讲理，她还是一如初始的天真、宽容，这让我这个妈妈感到无地自容。我做得真的太不好了，如果我能和她一起玩耍，可能就不会像以前那么硝烟弥漫。牵着蜗牛慢慢走吧，欣赏那令她流连忘返的路边美景，更要珍惜能牵她手的这短暂时光。

李老师点评 为了孩子，父母须做出改变

我觉得，大澍妈妈的日记是最具有可读性的，一点都不矫揉造作，非常直来直去地再现了与女儿的互动。读的时候，我的脑海里时常闪出《猫和老鼠》的画面。

先播放一下 9 月 4 日的日记：

我的耐心比较差，所以大澍的耐心可想而知。

大澍头发好多，每次洗完头发我都为了给她吹干头发而犯愁。因为她不等我吹干就坐不住了。

今天晚上又洗了头发，我和大澍商量："要不你躺在床上，把脑袋挨着床边，让头发垂下来，我给你吹吧？"

得到恩准后，我拿起吹风机赶紧吹啊吹啊吹啊吹啊……

过了几分钟，果不其然，大澍开始烦躁，一个劲儿问我什么时候吹完啊……

我说："这样吧，你数数，数到 500 我就吹完了！"

"500？ 500 怎么数啊，我只会数到 100 啊！"

"哎呀，数 5 个 100 不就行了？"我一边说，一边赶紧加快动作。

"哦，哈哈，我懂了！数了啊，100！ 200！ 300！ 400！ 500！好了，数完了！"说完，她起身就走了……

只留下我还在思索我刚才表达的是这个数法吗？！

怎么样？大澍妈就像汤姆猫，总是闪现着机会主义的光芒，弓着腰在一旁时刻准备出击，而结果却总是以无奈而告终；而大澍就是杰瑞鼠，喜欢用挑逗的眼神看着这个世界，并且常常在不经意间把汤姆猫玩弄。和汤姆猫一样有意思的是，明知道斗不过杰瑞鼠，屡斗屡败却不能吃一堑长一智，比如心里也清楚"我的耐心比较差，所以大澍的耐心可想而知"，却依然明知故犯，最后自食其果，落得"只留下我还在思索"的结局。

尽管是两代人，但从个性层面看，我觉得这娘儿俩简直太像了！既然你掐了我的后背，我就以牙还牙掐你的大腿。你用大哭来表达委屈，我则用讲道理宣泄

愤怒。只是，在面对复读机般地询问“妈妈你今天休息吗？今天陪我玩吗”时，我看到了妈妈的怒不可遏，觉得自己美好的周末糟透了，叹息没有了自己的时间和空间，觉得把一切都奉献给了孩子，却没有看到对孩子心理的描写——我想，大澍大概也在抱怨：我怎么这么“不幸”，有这么个妈妈啊！

在7月22日日记中还有这样一句话：“在路上大澍依然很沉默，看着窗外。”我在想，一个孩子为什么会选择沉默呢？因为她感到没有被理解。既然说了无用，甚至是说了会招来一通道理或一通训诫，闭嘴就成了最佳的选择——无奈的选择！当时看到，内心的感受竟然是怪怪的。可作为亲爹亲娘的我们，为什么体会不到孩子的内心，只一味地讲一些“明知道对方听不懂却不得不说的大道理”呢？如果说出心理学的一个研究结论——是因为我们从小也被这样对待过！做父母的能够相信吗？

不妨反躬自省：小时候以及现在，心里话能向谁诉说？

大澍妈的日记就是现实版的《猫和猫鼠》。连续看了90集，我看到了，由喜、怒、悲、恐所调和出来的各种复杂情感，在这娘儿俩互动中的弥漫或流淌；所带给我的，是久违的天真快意。因此，我建议各位母亲在读的时候，也想想自己和孩子之间的爱恨情仇：为敌时，绞尽脑汁唇枪舌剑；为友时，耳鬓厮磨亲如兄弟。

我相信，现实当中，多数职业女性在做了母亲后，都或多或少地有过大澍妈妈这样的时刻，无所谓好，也无所谓不好，这就是他们的生活。他们的生活和你们、我们的生活不一样，但一样有烦恼，也不缺乏幸福和快乐。

只是，有些人把烦恼和痛苦留下，而把幸福和快乐丢掉了。大澍妈妈通过90天实实在在的作为和记录，90天的提升和修炼，是否能给更多父母以启示，从而去把丢掉的找回，把存在的体验，把未来的期待呢？

像对其他妈妈们一样，在给大澍妈妈的回复中，我们也没有提供任何方法，没有告诉她应该或必须怎么做，我们始终以欣赏的目光、观众的心态，跟大澍妈妈说着家常话，有一搭无一搭。我们想做和能做的，是让做父母的把对孩子的爱落实到行动，实现对养育本身的回归。

对4岁的大澍而言，还能够有比给她一个舞台，然后做母亲的与她一起表演，更美好、更精彩的生活吗？

妈妈是我的大玩伴

轶凡妈妈日记

So,cool!

编者导语　妈妈是我的大玩伴

读完铁凡妈妈的日记，我就一直在想，铁凡的妈妈究竟是一位怎样的人呢?她的观察是如此细腻，感悟又是如此深刻，文笔又是如此轻松活泼，使得日记中充满了乐观的情绪和生机盎然的生活气息。从日记中，我看到了一个温馨融洽的大家庭，一个童心未泯的妈妈，更让我看到了铁凡如童话般美好的童年。阳光、雨露、沙滩、知了和漫画，这些和铁凡相关的元素让我不禁想起罗大佑的那首《童年》：“池塘边的榕树上，知了在声声叫着夏天。操场边的秋千上，只有蝴蝶停在上面……”熟悉而又欢快的旋律，勾起我对童年的无限回忆。

日记让我看到了铁凡妈妈智慧而又不拘一格的教育理念——言传身教，寓教于乐，也让我看到了生命最真实的感动。铁凡妈妈没有对铁凡骄纵，有的是近乎怂恿的鼓动，让小小的铁凡有机会顺利完成了从买菜到做菜的全部流程，最终端出了那一道豪华版的蛤蜊炒鸡蛋；铁凡妈妈的鼓动也让小小的铁凡学会了独立掌钱消费，体会到了菜市场卖菜所带来的欢乐。所以不要总是埋怨自己的孩子就是家里的小皇帝或者小公主，什么家务活都不会做，没有独立生活的技能，殊不知作为父母的我们，何时能真正地放手让孩子尽早学习这些生存的基本技能呢?

日记中的铁凡是细心的，他会仔细地去掉花朵上的蚂蚁昆虫之后再送给妈妈,也会亲自确认无花果的甜度后将其送给自己的爷爷;日记中的铁凡是耐心的，他不惜花上时间寻觅、灌水、挖掘藏在小洞里的知了猴；日记中的铁凡也充满了无限的创作力，他会拿小拖鞋当渡船，小蝉当游客，在水池里玩划船接送游客的游戏。

我想正是铁凡妈妈这位快乐活泼的大玩伴，给了铁凡阳光、雨露、沙滩，让铁凡专注地捉影子、捉知了、捉昆虫，给了铁凡欢乐而又有意义的童年。就像日记中所描述的那样，铁凡的早晨是由最初的月亮味道，接着是天牛的味道，然后是早餐的味道；铁凡的周末是宽广明亮的蓝色、生机勃勃的绿色、爱心洋溢的粉红色；我想铁凡今后的人生也会一样的色彩斑斓、光明璀璨，充满着令人陶醉的气息。

 特别的生日礼物 6月20日 周五

对于轶凡来讲，今天是个小小特别的日子，也许除了亲手点燃六岁蜡烛那一刻以外，他自己并不觉得有啥不同，但对于老妈我，却认为也许是冥冥中注定的启示与安排。因为除了生日以外，轶凡今天还拍了人生第一次毕业照，妈妈今天也参加了《三个月改变孩子一生》的课题组！我的宝贝，亲爱的，我永远爱你！（这句是轶凡自己要求打上的）一个全新的起点就在眼前，他七分从容，我三分紧张！

对于我送的这份特别的生日礼物，轶凡想了想之后还是表示满意。尽管没有好吃好玩的那么直观，但当他看到我认真写下“轶凡日记”的时候，还是给了我一个热辣的湿吻（吻在脸上的口水都快流下来了）。轶凡说：“妈妈，我不要什么生日礼物，以后我有做错事的时候你别说我就行了！”一直认为自己还算是个温柔可爱的妈妈，看来在孩子心中还有进步空间啊！哈哈，但愿三个月后妈妈会更职业吧！不管每一个平常与不平常的日子，无论每一件所谓对与错的事情，让我们都可以平和快乐地度过就好！都说好的开始是成功的一半，有今天这样不同寻常的开始，成功一定在所难免喽！加油加油！

 李老师点评：

“一个全新的起点就在眼前，他七分从容，我三分紧张！”一句让我动容的话。

看起来是儿子有七分的从容，其实那是你的。如果你心中的紧张加一分，眼中看到的儿子的从容就会少一分。现实中又有多少的父母把自己内心的紧张加在了孩子身上呢？而且往往是打着爱的旗号。

真心地希望，所有的家长都能在孩子的成长历程中，只保留三分的紧张！足矣！

 人来疯 6月21日 周六

每到周末轶凡都格外精神，绝对不会给我任何睡懒觉的机会。今天自然也不例外，一大早就兴奋地爬起来嚷着要出发了，好在我们约了朋友们去烧烤，不睡便不睡了吧！

朋友带来一个四岁半的小女孩，名叫悠悠，尽管初次相见，两个小家伙倒是不会认生，以迅雷不及掩耳之势便疯在了一处，破坏指数实在大得惊人，踩倒了菜苗，碰洒了调料，他们觉得好可笑，我们觉得一团糟。

面对一只“人来疯”的小猴子，我从如来变成了唐僧，本来一切尽在掌握，却只剩下唠叨。众目睽睽之下，又不能施展紧箍绝技，真真汗颜啊！一整天下来，轶凡哥哥和悠悠妹妹结下了深厚的友谊，最后谁也不舍得离开。轶凡总结了悠悠妹妹的三大优点：第一，肯陪他玩；第二，性格很温柔；第三，说话很萌。我不由在想，除了帮他创造更大的朋友圈外，是否更该给他创造一个真正的妹妹呢？相信他一定是个不错的哥哥吧！

李老师点评：

面对“人来疯”的儿子，能看出妈妈些许的无奈，但更多的是对儿子的欣赏，以及由此而来的那种充满内心的满足与喜悦。

只要我们相信自己的孩子，一切就皆有可能。

还能记起儿子在你的怀中嗷嗷待哺时的感受吗?

雷声和闪电的游戏 6月22日 周日

下午还是晴朗的天气，晚上却突然下起了雷雨，豆大的雨点劈里啪啦地打在窗子上，轶凡直呼太爽了。可惜，今天只闻雷声却不见闪电，让轶凡少了一桩伴随童年成长的小游戏。话说轶凡的记忆力总是让我佩服的，每每讲起三两岁的小事都会记得清清楚楚，就像打雷闪电这件事。在很小的时候，姥爷、姥姥就会和轶凡玩这个游戏，闪电过后，大家就一起数：“一、二、三、四、五、六！”雷声自然就如约而至了，然后轶凡就会嘎嘎地笑得像只鸭子，这自然也是老人最开心幸福的时刻。隔代的溺爱在所难免，但当他们一起看《康熙王朝》，一起唱《红星闪闪》的时候，家的温暖足以融化一切。

轶凡盼着这场大雨过后知了就该出洞了，爷爷和姥爷早就准备了长长的杆子严阵以待，要和轶凡一起去粘知了，轶凡最爱的夏天已至，小昆虫们，你们准备好了吗?

李老师点评：

也许隔代的溺爱在所难免，但老人的那份从容也是年轻父母所不具备的。说到底，无论是隔代还是父母亲自抚养，关键的是抚养人的人格是否健全以及情绪是否稳定。

看这阵势，爷爷和姥爷是要 PK 啊。

显微镜 6月23日 周一

儿子的生日礼物姗姗来迟，好在带来的兴奋丝毫不减——因为老爸专门为他选了一款颇为专业的小小显微镜。父子俩认真对照着说明书学习投影仪、切片器，还有什么解剖刀、载玻片、塑料滴管……半个小时转瞬即逝，见他们不亦乐乎，我便安心写日记了。轶凡很早识字，先是喜欢翻阅各类动物百科，后来便是神话童话，现在连各类说明书都不肯放过，看完还会像模像样地教我们该如何操纵各种装备。对于识字这件事，确实未有家人刻意培养，反而偶然担忧会不会影响孩子的想象力和视力。我也曾选些适龄的绘本引导轶凡，却总是被他嘲笑太幼稚。眼见他的图书一格格侵占着爸爸的大书架，进而一本本将爸爸的图书据为己有，一只小书虫就这样无可阻挡地破茧而出了。

九点一刻了，那爷俩还在认真地观察他们的花粉细胞、苹果细胞、洋葱细胞……轶凡甚至还捉了只蚊子作为观察对象，可我是该让他去睡觉呢，还是该让他去睡觉呢？孩子的专注需要鼓励，热情需要保护，父子的互动需要支持，但是健康的作息怎么办？规矩又要不要有呢？作为一只在幼儿园就不太靠谱的妈妈，到了小学又该怎么办呢？唉，9 点 30 分，今天就到这里吧，捉那只小孩睡觉去！

李老师点评：

“不太靠谱”靠的是什么“谱”？刻板、僵化？对于孩子的成长哪个更有利，这不言而喻。规矩当然要有，更多的需要引导，需要慢慢来。规矩的其中一个好处，也许可以让孩子的兴趣始终处于“饥饿”状态，这有利于长期的发展。

9 点 30 分，那只小孩是该睡觉了。更该捉的是那只小孩他爸。

“戒小孩儿” 6 月 24 日 周二

昨晚兴奋过头，今天不爱起床，闹钟响了三次，轶凡还懒懒地藏在被窝里，假装没听见，直到我吆喝着小虾孵出来了，他才噌地一声蹿下床，鞋子也不穿跑来看小虾——小虾卵在显微镜工具箱里，昨晚就跟爸爸一起按照说明书泡上了。可惜虾卵和昨晚泡上时没什么变化，明知上当了，轶凡却不气不恼地说：“也许晚上就孵出来了，不用着急！”

其实，每天叫醒的“伎俩”千千万，赖床的本领却从不变。明知道不该把这事当游戏，可看他假装熟睡的样子实在好玩。很多问题的责任不在孩子而在家长，有时觉得真的应该“戒小孩儿”，当你忍不住亲他、抱他、爱他的时候，如何戒掉这种瘾呢？

说回轶凡，今天幼儿园带孩子们在社区的小山上做游戏，不等老师们出现，男孩子们就开始上蹿下跳了。原来一直觉得轶凡是个相对胆小不合群的孩子，今天却发现他玩起来也一样会跟伙伴们大呼小叫。想起卢梭在《爱弥儿》里讲的一段话，似乎是讲城里的孩子拘束太多，乡下的孩子高声惯了，更善于交流。孩子们就是应该属于大自然的，暑假来临，不晒成个小非洲人不许回家，哈哈！

李老师点评：

“戒小孩”！非常有创意的提法。

即使没有心理学背景的父母也大体知道“恋母”（孩子依恋父母）这个概念，但现实情况往往相反，而是“母恋”（父母离不开孩子）！孩子成长的一个指标就是离父母的距离（心理上的）越来越远，也只有这样才能成长，因为有了足够的空间。如果父母“不舍”“不忍”“不能”放手，那必将阻碍孩子的成长。6 岁，是需要慢慢“戒”了。

小心事儿 6月25日 周三

一早送娃去幼儿园，一晚接回来便洗洗睡了。很多时候都觉得和孩子一起的时间好少。睡前我便就此事与轶凡闲聊。

我：“轶凡，我们一起的时间好像有点儿短哦！”轶凡：“还行吧。”

我：“咱都没空聊聊你的小心事儿啥的。”轶凡：“我能有啥小心事儿？！”

我:“是啊，你多好，啥心事都没有！”轶凡:“我的心事就是能多玩会儿就好了……”

多令人羡慕的童年时光啊，清澈得连个心事儿都没有！

轶凡明天就要参加毕业演出了。爸爸说，就像平常一样度过就好，无须赋予更多意义。当妈的我却觉得心里些许感慨。六年时光，长了岁数，也长了岁月：长了身高，也长了距离。儿子轻松毕业了，貌似我还没能毕业啊！要加油哦，不然很快跟不上他的脚步了！

夜晚好安静，静得仿佛都可以听到他偷偷成长的声音。熟睡中的轶凡穿着爸爸小时候穿过的运动背心，这是奶奶三十年前珍藏下来的。轶凡呀，三十年后，妈妈能留给你的宝贝的，也许就是这些长长短短的日记吧！晚安，我的小男子汉，成长快乐！

李老师点评：

在陪伴孩子成长的同时，孩子也在帮我们完成父母的角色，这个过程是在“关系”中相互促进的。日常，我们往往认为自己都是在付出——为孩子操碎了心；但实际上，我们得到了相同的回报。在教育孩子“感恩”的同时，是否想过：是谁让我们成为了一名合格的父母？孩子的成长就是“长了身高也长了距离”的过程。

彩虹的约定 6月26日 周四

轶凡的毕业演出圆满结束，幼儿园生活正式宣告结束。感谢老师，感谢同学们，也要感谢轶凡一路向阳的成长。

回想起幼儿园里这四年的四场演出。第一年小小班，轶凡抱着妈妈的腿在舞台上嗷嗷大哭；第二年小班，参加团体操表演，他像只特立独行的小鸟满场乱飞；第三年中班，因为跟爸爸妈妈旅行耽误了排练便借故没有参加。这是第四年了，轶凡像是变了一个人，同时参演了三个节目！其中一曲手语歌《彩虹的约定》明显是走心了呢。记得他第一天学这首歌回到家便和姥爷讲：“姥爷，我们今天学了一首‘贱贱’的歌，我要唱给妈妈听！”后来，无论姥爷怎么威逼利诱，轶凡就是不肯唱，最终还是回家的时候才把这首歌偷偷地唱给妈妈听了。现在想来，那一天起，他便在心里与我有了彩虹般的约定吧。

用他幼儿园班主任的话来讲，轶凡的心是自由的，让人捉摸不定。他绝不会盲从你的指令与安排，总要自己想清楚才会做决定。自主当然是种难得的品质，但有时却希望像苏轼大学士说的那样：“但愿吾儿愚且鲁，无灾无难到公卿。”

小宝贝
我用彩虹和你约定
风雨过后阳光会微笑
平安的长大
迎接灿烂的未来
就像红橙黄绿蓝靛紫……

李老师点评：

孩子结束前一段路踏入新天地，与此同时，家长也迈上新台阶。成长属于孩子，也属于父母。回首过往，孩子由最初的“抱母号啕”到“特立独行满场飞”，再到“走心约定”，这些成长背后更是父母的“化茧成蝶”，肯定孩子的同时更应给自己鼓掌。

“但愿吾儿愚且鲁，无灾无难到公卿。”父母如真正以此为教子准则，想必彼时的“亲子教育”与此时不可同日而语。

充实的一天 6月27日 周五

每天上学的路上，轶凡总会采朵小花送给我，无论是迎春、雏菊，还是牵牛花，都会仔细检查过有没有小蚜虫、小蚂蚁，再送到我手中。每当他发现路边的小花和花上的小虫时，我才会发现不知不觉中自己已走出了好远。匆匆的脚步让我们错过的不只是路边的风景，还有孩子成长的过程。正如他看到的总是花朵，而我看到的总是蚜虫……

终于在周末放慢脚步，和儿子一起看望生病的爷爷，一起合唱《彩虹的约定》，一起帮哥哥填报高考志愿，还一起准备进入梦乡。这次，是他先匆匆睡了，显然充实的一天让他有些累了。这时我才可以静静思考，静静书写。孩子的成长仿佛就在瞬间，但又是清清楚楚的每一天。如果不是这样的机会，怕真的只有傻傻地问自己时间都去哪儿了。孩子你慢慢成长吧，不只是前方才有美丽。妈妈也慢慢成长吧，且行且珍惜！

李老师点评：

“孩子你慢慢成长吧，不只是前方才有美丽。妈妈也慢慢成长吧，且行且珍惜！”古语有云，“树欲静而风不止，子欲养而亲不待。”你的感慨可为许多家长敲响不一样的警钟——“亲欲养而子不待”。当你还能“和儿子一起准备好进入梦乡”时，真需要珍惜。随着孩子成长，这样的机会将慢慢减少终至消失。可见，养子的过程弥足珍贵。

金蝉脱壳 6月28日 周六

又是排练又是演出的一周繁忙过后，轶凡顶着太阳，把一场午觉轰轰烈烈地睡到了傍晚，对于这样一个大好的周末似乎有些可惜。眼见窗外微风习习，阳光也变得温柔含蓄，妈妈便又有些蠢蠢欲动了。去公园吧！妈妈一提议，儿子很兴奋，爸爸也响应。

傍晚的中山公园宛若仙境，人类入侵者刚刚退却，一切交还给自然。我们很快在湖边的一棵柳树下发现了知了猴的踪迹，这可是轶凡的最爱，寻觅、灌水、挖掘、蹲守……直到晚上9点，收获虽然不多，但足够回家观察上半宿了。

在路上打电话跟爷爷炫耀，爷爷问起，今天没去上象棋课吗？三个人共同吐了吐舌头，上象棋课的事早被忘到九霄云外了，因为全然不记得，所以都没有纠结过，真真是只糊涂的妈妈呀！

回到家，两只受伤的知了猴被轶凡炸炸吃了，剩下的两只并排趴在纱窗上，他选了左边的，发给我右边的，比赛哪一只会率先金蝉脱壳。蜕变的过程是一种震撼的美，我们已不止一次观察过。漫漫长夜留给小蝉去蜕变吧，儿子已挂着嘴角的微笑再入梦乡了。

李老师点评：

看完今天的日记，感觉很享受。享受文字的简练与优美，享受一家三口的默契与温情。

二人世界 6月29日 周日

拒绝了姥姥的盛情邀请，老爸也有事外出，剩下轶凡和我开始准备二人世界的晚餐。买菜做饭都是轶凡的最爱，楼下卖菜的阿姨也是他较为亲密的伙伴。到了菜摊，我便把权利彻底移交，买什么，买多少，选哪个，统统都由他来决定。因为轶凡从不挑食，所以选择和搭配通常还是比较合理的。可能是天气太热的缘故，今天的青菜有些打蔫儿，结果丝瓜同学先拔头筹，蛤蜊也不甘人后，入选了轶凡的晚宴菜单。

菜菜自己拎回家，自己洗蛤蜊，自己削丝瓜皮再切成片。尽管这个过程足以让整个厨房天翻地覆，但我还是很喜欢看他又专注又笨手笨脚的样子。一切准备就绪，轶凡觉得大功告成准备去看动画片了，我却说："你来炒吧！"轶凡又兴奋又紧张："可以吗？"事实胜于雄辩，在我的协助下，轶凡顺利完成了豪华版蛤蜊炒丝瓜，味道非常不错！

吃饭的时候，轶凡骄傲地觉得自己可以开个饭店了，让姥姥和奶奶和他一起当厨师，忘了爸爸做什么，只记得可怜的妈妈我被他安排做服务员，哈哈，好伤心。

李老师点评：

“只记得可怜的妈妈我被他安排做服务员，哈哈，好伤心。”伤心、可怜的字眼虽映入眼帘，却让“欢乐、活泼、融洽”的家庭映象徜徉在脑海，背后表达出“幸福、满足”的“意”才是核心。“尽管这个过程足以让整个厨房天翻地覆，但我还是很喜欢看他又专注又笨手笨脚的样子。”妈妈很棒，能坦然放手孩子尝试。这成就了轶凡今日的璀璨，当然也就不愁明日的辉煌。

小棋童 6月30日 周一

周一晚上的国际象棋课轶凡通常是不会缺席的，因为这是爷爷亲自陪同的一件大事。说来轶凡的国际象棋已经学两年了，最初是因为三两岁时轶凡就特别喜欢蹲在路边看爷爷们下棋，后来在家也把象棋、围棋、军旗、跳棋等各类棋具时常摆弄一下。四岁时，考虑到他的兴趣爱好和在幼儿园坐不住的表现，我们决定送他去学国象。过程持续了两年，结果还尚未可知，反正几经周折，板凳渐渐坐得稳些，和“小山丘”老师也变得亲密无间(小山丘是轶凡给岳老师起的小绰号)。虽然学来的开局技巧在实战中从来不肯用，但下棋这个爱好总算坚持了下来，暑假里每天都要杀上两盘。

几年间我们也尝试过让他学些别的东西，例如他喜欢的骑马、游泳或者钢琴，但只要从自由自在的瞎玩换到有法可依的课程，他就抗拒了。不知不强迫是不是就算妥协，反正目前是他胜利了，可我不知自己会不会一直心态平和地妥协下去，或者待成长过后会给出不一样的答案吧。

李老师点评：

如此“沉闷”的行文还不多见，真是可怜天下父母心啊！

“从自由自在的瞎玩到有法可依的课程”，就是从“游戏”到“工作”的过程，孩子“抗拒了”，这再正常不过。如何让孩子在“瞎玩”的过程中体验到真正的乐趣，从而发自内心地去喜欢，主动地去学习，这是我们每一位父母都需要考虑的问题。没有这个过程，没有孩子“自由的选择”，即使在我们的“高压”之下“屈服”了，也不会长久。

在孩子成长过程中，父母的“不作为”要远比“有作为”难得多。因为“不作为”，就要承受更多的焦虑以及对不可预知的未来的恐惧。而“有作为”，则大大缓解了这些负性情绪，至少将来我们可以对自己和孩子说：我努力过了。从这个层面说，“不强迫”就是“放手”，是担当，而“孩子的胜利”是因为得到了自由，得到了自由成长的空间。

无花果 7月1日 周一

楼下的院子里种着好多棵无花果树，因为可以自己采摘，所以自然就成了轶凡的最爱。每到夏季，他便像个小果农一样看看这棵的长势，尝尝那棵的味道。几年下来，仿佛和这些果树都成了伙伴，什么样的叶片品种好，什么样的果实味道甜，轶凡统统了如指掌。

因为要买四线方格本，所以今天早起，叫着轶凡一起去。时间的味道是各不相同的，轶凡说，6 点钟是月亮的味道，6 点半是天牛的味道，7 点就开始各种早饭的味道了。也许因为心是明亮的，所以孩子的鼻子也敏感，眼睛也灵光。隔着大老远，就让他发现了一颗超级大无花果挂在枝头摇曳生姿。熟练地摘下来，捏捏果然是软的，轶凡说："嗯，熟了！现在给姥爷送去吧，今年他还没吃过呢！"

轶凡是个从不小气的孩子，有好东西一定会和大家分享，今年他的第一颗无花果也是在咬过之后认为很甜很甜的情况下果断让爸爸送给爷爷的。

无花果是"看似无花却有花"的典型例子。它不仅有花，而且有许多花，只不过是人们用肉眼看不见罢了。我想这正如孩子，每个孩子也都有很多成人看不见的闪光点，希望这 90 天的修炼，能成就我不一样的透视眼！

李老师点评：

知了猴、无花果，月亮与天牛的味道。亲密无间的小山丘，熟识的卖菜阿姨，还有笨拙的洗菜削皮动作。怂恿六岁孩子炒菜的妈妈，兴奋紧张但敢于尝试的儿子。您过奖了，妈妈。我不知道分享为何物，只知道要像你们爱我那样爱你们。对于一个成长在城市中的六岁的孩子来说，如此丰富多彩的生活，鲜见矣！

虫虫的习性 7月2日 周三

尽管晚上 9 点才回家，轶凡也要坚持完成他每日的必修功课，就是举着小手电在院子里发现他的虫虫宝贝！当然只要出动便不会空手而回，今天的收获是一只正在孵化的小吱吱（一种叫声尖利的小蝉，轶凡说它的学名叫蟪蛄）。可能小的东西都比较活泼，小吱吱和一般的鸣蝉完全不同，不等翅膀完全展开，便开始四处乱转。轶凡说："哈哈，它怎么和我的习性一样呢！我在幼儿园就喜欢这样四处乱转。"吼吼，原来轶凡竟很善于总结自己的习性呢！我说："那你为什么要四处乱转呢？"轶凡："就东看看西看看，看有没有什么新鲜玩意儿。""那发现什么了吗？"我继续追问。轶凡："也没什么，每天都差不多！"

虫虫在轶凡的成长过程中占据着举足轻重的地位。也许正是这样的原因，使得他总是带着发现的眼光观察着周围的世界，甚至可能会用小昆虫一样的眼光观察世界。轶凡，大千世界姹紫嫣红，尽管也有风雨和怪兽，但希望你的眼里是更多的阳光和美好！

李老师点评：

我们的心里充满阳光和美好，我们的眼里就会是更多的阳光和美好，即使是“风雨和怪兽”，也会成为别样的风景。

闹别扭 7月3日 周四

今天和轶凡闹别扭了。因为在下棋的过程中姥姥笑了，他便大呼小叫。很多时候孩子为什么发脾气都让人难以理解，往往三代人共处的时候更容易出现这样那样的小插曲。今天又是如此，我提早回家接他放学，本想更近天伦，却惹得大家气嘟嘟地收场。

回家的路上轶凡说了好多好多次“妈妈对不起”，我都没有回应，在生气，也在反思，当然同时可能也在故意制造一种更加严重的气氛让他引以为戒。也许这种简单粗鲁的手段并不会有好的作用，但作为家长一到这样的时候就显得那么的懵懂无知。

每每发现真的让我们生气了，轶凡便会想出十八般手段哄你开心。因为错在哪儿他比谁都清楚，所以便又是认错又是拥抱又是搭讪，总之会哄到你笑为止，当然我的冷战也不会持续太长时间。

我想可能是因为大家都不怎么知道三代人该如何相处，进而大人会把一些自身潜在的情绪转嫁到孩子身上，孩子便成了导火索。老人有怨气，孩子有委屈，夹在中间的我呢，继续慢慢修炼吧！

李老师点评：

“很多时候孩子为什么发脾气都让人难以理解。”在孩子看来，成人很多的情绪也是难以理解。三代天伦的小插曲，像掉入寂静清潭的石子儿，虽不至轩然大波，但也给寂静的潭水增加了微波粼粼的优美。当接纳诸多小插曲，成人的情绪才不至于累加到孩子身上，自然也就把“老人有怨气，孩子有委屈，夹在中间的我”这样的状态消灭在萌芽里。慢慢修炼！

超级奶爸　7月4日　周五

今天是轶凡跟爸爸活动的一天。早晨我忙于补上昨晚偷懒没有完成的日记，就安排老公监督轶凡穿衣洗刷，背着书包去上学。晚上又有应酬，临出门之前跟轶凡郑重请假：晚上爸爸来接回家，早点睡觉。

我有事的时候，老公一般都会自动补位，推掉一切应酬回家看孩子。说实话，一开始对这一大一小两个孩子还真是不放心，一遍一遍打电话问。可男孩要多跟爸爸混才有男子气概，所以我有时会故意让他们父子单独行动，任凭自己在分离焦虑里苦熬。周末学钢琴和国象都是老公陪着。老公加班，也会把轶凡带到办公室玩一会儿。六一节期间回老家，我忙于同学聚会，把孩子甩给老公整整两天时间。老公也不含糊，带着轶凡东奔西跑逛景点，捕蜻蜓逮蝈蝈捉螳螂，吃烤肉吃昆虫吃海螺。看着老公的包里随身携带的纸巾湿巾水壶创可贴芦荟胶驱蚊膏，不禁暗中感慨一个超级奶爸就是这样炼成的。

结束了一天的奔波，回家的时候，果然孩子已经睡着了，两只脚丫还黑乎乎。家里一片狼藉，衣服玩具堆一地，真想把这只顽皮的小孩叫醒，问问他跟爸爸在一起到底都疯了些什么。算了，还是让他睡吧，去拷问那只大孩子去……

李老师点评：

在家庭中，真正地爱孩子，就先去爱你的另一半，也即关注夫妻关系，而非孩子本身。“我有事的时候，老公一般都会自动补位，推掉一切应酬回家看孩子。”有这样的另一半，有这样的贴心奶爸，家庭生活涌动和谐的音符就成为必然。

当你看到“狼藉”掩盖了昔日的整洁，也许更应自豪与欣慰——这个家、这俩孩子有你才够完美！

小学报名　7月5日　周六

早饭过后，我拉着轶凡假装耍赖：“妈妈想吃冰激凌了，你帮我去买好不好？”在这以前，轶凡还从未独自出门过马路买东西呢！不出所料，轶凡果断答应并抓了一大把零钱飞身出门去也。老公一直从窗口看着轶凡一路飞奔，连鞋子都跑飞了一只，便不停追问我：“能行吗，你真的让他自己去啊？！”当然没多久，轶凡就凯旋了，因为没有我喜欢的哈密瓜口味，他自己选了别的口味，并清楚交代花了15大元。

之所以在这样的早晨选择这样的举动，因为轶凡今天小学报名。我想告诉他，只要他愿意就没什么做不到的事。老公在一旁反复强调着报名、面试、上学的事，我就和儿子一起分享着他买来的美味冰激凌。

报名的结果当然是顺利的，轶凡说很轻松，没什么可怕，但不经意间透露出老师所提问的问题却让我有些愤愤然，不是写字就是算数，或者英语会不会……就这样把儿子交到他们手中，确实是心有不甘啊！也许不该在我心里埋下这样的种子，以免会在儿子心里生根发芽，外圆内方外圆内方，哈哈哈，也没那么可怕，小学你尽管放马过来吧！

李老师点评：

铁凡独立掌钱消费并非独有，但爸妈的幕后心理值得称赞！孩子成长不缺实践，缺的是父母以怎样的“理念”引导：孩子能做到的坚决不替代，孩子做不到的绝对给帮助！

“老公在一旁反复强调报名、面试、上学的事，我就和儿子一起分享着他买来的美味冰激凌。”你口中“大孩子”的桂冠此刻似乎应花落你头！很温馨、和谐的图景！

关于教育，小学放什么马不重要，重要的是如何策马为伍，共同陪伴孩子成长！

长在百汇穴上的海豚鼻子 7月6日 周日

可能是晚上睡觉没盖好，铁凡有些小感冒，但该下棋下棋，该捉虫捉虫，倒没有太大的影响。铁凡从小身体素质不算太好，又加上我这个粗心妈妈的放养方式，结果就常常出现各种“周末综合征”。几年下来，反而慢慢练就了日渐强健的铁凡一枚和自学成才的点穴宗师奶奶一名。

每每出现些这痛那痒的状况，铁凡都会主动请奶奶推拿，还渐渐对人体的经络穴位都略知一二了。记得四岁时一次去海底世界，铁凡看到海豚说：“原来海豚的鼻子长在百汇穴上！”就这样不经意的一句话着实让我们为孩子的学习力和想象力发出由衷的感叹！

李老师点评：

想来孩子的成长就是如此，遭遇怎样的家庭、怎样的妈妈就遭遇了怎样的成长路程。在这样交相辉映的互动当中，每个人的人生才有了斑斓色彩。相信只要学会欣赏，成长便无处不美丽！

话匣子 7月7日 周一

晚8点和老公一起接铁凡下课，尽管显得过于隆重，但总觉得这样的亲子时光值得珍惜。一出门就看到我们，儿子自然很开心，但随即有点小失落地对我说：“妈妈对不起，今天两盘棋都输了！”我说：“没关系啊，你已经有很大的进步了！”铁凡觉得一定是我听错了，再次强调：“是我输了！两盘都输了！”我说：“你已经开始在乎输赢这也是一种进步啊！”显然儿子似懂非懂，倒也没再追问，跑着抓知了去了。

慢慢跟在他的身后，我忽然觉得自己的简单鼓励似乎有些苍白，就又把他拉了回来，问他：“轶凡，输了棋你是不是有点难过？”轶凡点头：“是的！”我：“那我是不是应该陪你一起难过一下呢？”轶凡轻拍我的肩膀：“妈妈别不开心，因为今天的小朋友胡乱走，打乱了我的思路，我就总要想啊想，最后超时了，所以就输了……”一个小话题就这样又持续了很久。

看来孩子的话匣子是否愿意为你打开，在于你是否真正开启了一颗倾听的心，很多时候我们不曾察觉，但他却知道。

李老师点评：

“很多时候我们不曾察觉，但他却知道。”说出一个真理！研究表明：成人对世界的知觉主要靠大脑皮层的理性思维；儿童则是在全脑思维！儿童的顶叶也参与思维，但成人的顶叶已退出思维活动！所以，聪明人永远保留儿童的知觉。

开启一颗倾听的心的前提，是能否与孩子（成人亦如此）“感同身受”。孩子是在觉得“被理解”的前提下，才打开话匣子的。

骨灰级的爱好 7月8日 周二

晚饭后和轶凡一起惬意地散个步，天也特别蓝，云也特别美。不经意聊到轶凡即将结束的幼儿园生活，轶凡说：“现在我只剩下一个好朋友牛牛了，其他的朋友们都不来了……”听得出轶凡心里的依恋与不舍，也听得出他狡猾的另一层潜台词，就是幼儿园生活是不是结束了，他是不是也该收拾行李开始一个轰轰烈烈的暑假了。我故意说：“可暑假怎么安排我还没想好啊？”轶凡说：“我就想玩个够，天天抓知了！”我问：“你从三岁抓到六岁，每天捉了放放了捉不觉得烦吗？我们要不要换个玩法？”回答是坚定果断的：“我不烦，不要换！”

想来轶凡也算是个有骨灰级爱好的人呢，作为成年人的我只能自愧不如，也更不应该拖后腿才对。其实也想过让他口述知了日记或者观察解剖做标本啥的，又怕一下用力过猛，反而扼杀了孩子的热情，所以还是先把这个艰巨而光荣的任务交给老公吧。从家长一点一滴做起来，不求勾引宝贝上钩，但求同喜同乐共同进步就好。

李老师点评：

能将一件事，从三岁做到六岁已属不易，能依然保存那份似火的热情，更非一般。“自愧不如”的成年人，就更无须担心他是否上钩。“但求同喜同乐共同进步就好”，请做好“快马加鞭”的准备，轶凡前行的脚步必然超越“共同”的速度！

分床的故事 7月9日 周三 （第20篇日记了，为自己庆祝一下）

早上起床，迷迷糊糊睁开眼睛，发现床边一左一右歪着的竟然是轶凡的小灰灰拖鞋，我也正是睡在他的小床上，才一点点想起这一夜睡得有点乱。先是轶凡挑了爸爸哄他入睡，半夜醒来又偏要喊妈妈抱抱，再后来自己撒个尿又去大床找爸爸……整个一乾坤大挪移。这样的剧目轶凡当然也不是第一次上演了，分床的故事相信很多孩子都曾执导过。其实分与不分，怎么分，什么时候分都不是问题，正如什么断奶啦、吃手啦、尿床啦，等等等等，都不知不觉地在某一天悄然消散了。只是不知作为男一号宝宝、女二号妈妈、男二号爸爸，还会演出些什么花样的剧目。很多时候家长就像一个二流编剧，孩子才是真正的导演，最终的戏怎么演，片怎么剪，票房怎么卖，我们的话语权必将越来越少，所以最好及早认清形势，学会如何喝彩。

李老师点评：

家长是做过几年“导演”的（最多到孩子3岁），但随着孩子的成长，无论你愿意不愿意，都必将慢慢“退位”。

“我们的话语权必将越来越少，所以最好及早认清形势，学会如何喝彩。”能够“站在庐山之外看庐山”已属不易，“学会喝彩”（当观众）当是为人父母者最高的境界！

主动，还是被动？一念之差。

第一个“第一” 7月10日 周四

姥姥姥爷出门几天，一大早我和老公送飞机，爷爷来接班送轶凡上幼儿园。爷孙俩看完荷兰阿根廷的点球大战，就兴高采烈地上学去了。一个不经意的安排，让轶凡成了第一个到校的小朋友。直到晚上接他回来，这件事还是令他兴奋不已，拉着我骄傲地说：“妈妈，今天我是第一个到幼儿园的！我去的时候老师都还没准备好呢！我吃完饭开始看书了小朋友们才来……”我真的没有想到，平日这个自由散漫的小伙子，竟然如此在意这个第一！我连忙抓住这荣誉的小尾巴紧跟着打气：“当第一的感觉是不是非常棒？”轶凡连连点头：“嗯！当第一就让人更有自信了！”儿子能体会到这样一层让我由衷欣慰，当第一名不仅关乎虚荣，更能成为一种向上的正能量时，多些又何妨！

为了明天早上还能第一个到学校，儿子早早睡了，相信他也一定会早早起床快快洗漱。荣誉感的建立，好习惯的契机，竟然都源于这样的一个不经意！

“不经意”的背后，是妈妈的敏锐与智慧的应对！而敏锐与智慧的背后则是一个人素质与修养的体现！

尤为重要的是，妈妈问话中用到了“感觉”二字。这在“不经意”间把孩子带到他自己的内心感受当中，会让他自己学会为自己负责，自己为自己开心。这样他在做任何事情的时候，会首先关注自己的内心感受，而不是外人的评价、世俗的眼光。这是生活快乐与幸福的重要基础。

今天第二名 7月11日 周五

早上继续保持早起，尽管这一次是到校是第二名，但轶凡也还是很快乐！本打算下周开始就放假，可就因为这样一件小事，轶凡决定下周还要每天第一名去上幼儿园。四年来，幼儿园都不算是个轶凡喜欢的场所，从少有自由到少有朋友，诸多原因让他想出诸多办法去逃避，不成想在临近尾声这么短短的几天，竟然还会有这样的转变，也算是画了个完美的句号呢！

“第一名乐乐特别胖，能吃好多好多东西。第三名堂堂很调皮，有时候我们会一起玩，但我打不过他……”一边听轶凡细数每一个小伙伴，一边在心里想，是轶凡靠自己的信心打败了妈妈暗藏的心魔。幼儿园也好，小学也罢，外物与自身一样都是不完美的，不该苛求，也不该逃避，即便在一片全新的陌生的领地，也要学会建立信心，学会寻找快乐！

“完美”、“陌生”、“信心”、“快乐”，只存在于我们的大脑，存在于我们的“心”，跟外界事物无关，仅仅是我们对于所感知到的刺激的解释而已。心中没有了“魔”，眼中也就看不到了。

“屋漏偏遇连阴雨”的根本在于“屋漏”。当房屋完好的时候，“连阴雨”就会成为一道美丽的风景。

大男生和小宝宝 7月12日 周六

下午和轶凡去看朋友家的小宝宝，这可是件让他兴奋不已的事。可惜刚到的时候小宝宝还在睡觉，轶凡忍不住蹑手蹑脚潜入房间，成功接近小宝宝。几次三番的折腾之后，宝宝自然也睡不安稳一觉醒来了。刚刚出生两个多月的小家伙胖嘟嘟软绵绵，摸他小手，捏他小脚都毫无反抗，还会还以热情的微笑，轶凡和他玩得特别开心，轶凡说：“小宝宝一定也特别开心，好希望他快快长大！”

和一个两个月的宝贝比起来，立即觉得轶凡不知长大了多少倍，像是个大男生了。看着他面对小宝宝时而兴奋、时而关心、时而调皮的样子，真心觉得应该要个二宝和他共同成长。想来他内心的孤单是我从不曾体会的，那份手足之情也断然是家长无法给予的。写这篇日记的时候轶凡就在身边，他说：“妈妈，叫我宝贝大王吧！”他也知道自己已不再是妈妈怀中的小小宝贝，这就是成长中的收获与失落吧！

李老师点评：

“成长中的收获与失落”也许只存在于妈妈的心中。

六岁的轶凡，就像一棵茁壮成长的小树，无论是阳光、雨露，还是狂风、暴雨，对他来说都只是一种经历而已。他在体验，但没有评价。

周末的沙滩 7月13日 周日

天气晴好的周末是多么的值得珍惜啊，一大早起来轶凡就计划着上哪儿去玩。对于孩子来讲，周末的意义不仅在于可以休息可以玩，更因为爸爸妈妈都在家，全家人可以一起出去玩！大人也是如此，放下各种纷繁的事务，被孩子带着出去傻疯上一整天是多么的幸福啊！

看着我整理泳裤、浴巾、小铲刀，轶凡兴奋地问：“我们是要去海边吗？”“那当然，今年我们还没去过呢！夏天来了，可以去海边喽！”

大海用热辣的阳光和沙滩欢迎我们到来，不等安营扎寨，轶凡就一溜烟地跑到海里，像只大鳄鱼一样趴在了浅滩上，石子是他的食物，浒苔是他的伪装……大自然就是这样的神奇，只要你敢投入她的怀抱，她就会还给你一个最本真的自己。

应该说生活在这样一个有山有海的城市还算幸运的，只要你肯跟随内心的召唤，就可以看到不一样的风景。而孩子就是那个心灵的使者，一定要多多倾听他的声音哦！

李老师点评：

“应该说生活在这样一个有山有海的城市还算幸运的，只要你肯跟随内心的召唤，就可以看到不一样的风景。而孩子就是那个心灵的使者，一定要多多倾听他的声音哦！”

只要心能静下来，只要能跟随内心的召唤，只要能多多倾听“心灵使者”的声音，就会无处不山水！

 捉影子的游戏 7月14日 周一

星期一晚的晚上照例要在象棋课之后才会接轶凡回家，我们都觉得一起交流的时间实在太少了。好在即便时间短，也不乏难忘的小精彩。

工欲善其事，必先利其器。为了能抓住更多的知了猴，前几天老公专门配备了户外用手电筒，一家三口拿着明晃晃的三只手电，那气势不知引来多少羡慕的眼神。收获的知了猴自不必说，今天还发明了新的玩法，就是捉影子游戏。

也许因为城里的灯光越来越多了，也许因为我们的脚步越来越快了，或者，也许影子也像尾巴一样都进化掉了？从黑暗里把影子照出来，就像从旧箱子里把记忆找出来一样的兴奋，和轶凡一起你抓住我的瘦影子，我踩住你的胖影子，你扮只小鸟，我装成妖怪……用了几倍长的时间才一路叽叽喳喳回到家。

有人说，孩子就像大人的影子，我却觉得孩子更应该是照亮我们的那束光，让我们不忘回头审视下自己留下的那片印记。

李老师点评：

孩子也是父母的镜子。都说“不做父母不知道父母有多辛苦”，也可以说“不做父母不知道父母当年教育我们犯了多少错误，给我们的童年遗失了多少美好的回忆”。

趁孩子还小，努力给他留下更多美好的印记。

 手机的俘虏 7月15日 周二

中午的一场大雨实在是淋漓尽致，让人不由得产生强烈的淋雨欲望，这件事是和轶凡早就约好的，今年一定要找个大雨天一起去淋雨。我问他怕不怕感冒，他说你不怕我也不怕。呵呵，没有兄弟姐妹做比较，孩子就只能处处以父母做参照了。晚上睡前也是如此，安排他入睡后就忍不住抄起了手机，轶凡问：“为什么我要睡觉，你就可以看手机？就因为你是大人吗？”这时候任何辩解都是苍白无力的，最好的方法就是缴械投降，乖乖去睡觉。当然，等他真的睡熟了，我就又偷偷爬起来，自投罗网被手机俘虏了。

想想还是很惭愧的，我们每天抱着手机的时间恐怕真的要比抱着孩子的时间多很多，还总是会理所当然、心甘情愿的样子，而面对孩子，就会忙了、累了、烦了各种托词。

善哉善哉，放下手机，立地成佛吧！

李老师点评：

手机与孩子，对立吗？自我与母亲的角色，对立吗？如果抄起手机能纾解我们的辛苦，又何乐而不为呢？放下手机，远不如拿着手机成佛！

多看看孩子 7月16日 周三

今天插曲比较多，老妈我略显不淡定。老公提议晚上带儿子一起出去放松，可看我没精打采的样子，还是选择了安安静静地在家歇着，直到比平日晚些才把轶凡接回来。

我赖嘟嘟地趴在床上和轶凡撒娇："妈妈今天不开心怎么办？"轶凡轻轻摸摸我的头安慰道："没关系，看到我就开心了！"儿子确实是灵丹妙药，只要见到他，所有的烦恼就都烟消云散了。睡前给轶凡讲了个长而又长的郑渊洁童话，那是我小时候最喜欢看的。轶凡说："这么长的故事一个可以抵四个了！"说完就心满意足地睡着了，留下我独自回味着无忧无虑的童年记忆。小孩子多好，一点烦恼也没有，生气了就哭，高兴了就笑，再大的不开心也长不过睡一觉，而我们的心都被什么堵死了呢？为什么一点点怨气也要装在心里出不来呢？多看看孩子，还自己一篇童话吧！

李老师点评：

有首歌这样唱：想不到现在，排遣孤独要靠智慧。听了略觉心酸。看了今天的日记在想，什么样的智慧能比得上孩子的这种天性呢？什么是智慧？多看看孩子，也许就是。

希望淡定不是你的追求。生活需要喜怒哀乐，这也会让孩子的情感世界更加的丰富。像今天的撒娇，也许就是孩子之前没有体验过的。

不可替代的礼物 7月17日 周四

明天是轶凡最后一天上幼儿园，我来不及等轶凡一起，便自己加班帮他给幼儿园老师准备了一份小礼物，感谢老师四年来对轶凡的照顾与帮助。送礼物这件事是几天前和轶凡商量好的，可惜没能等他亲自参与就越俎代庖了，心里有几分忐忑。结果自然不出所料，我显摆自己准备的漫画像多么精美可爱："轶凡，漂亮吧，妈妈帮你准备的礼物怎么样？"轶凡淡定地回答："挺漂亮的，但是是你准备的礼物，不是我准备的礼物！"我连忙想办法扯上关系："那你来签上名字吧！"轶凡看着书头也不抬："你签吧，就写刘轶凡的妈妈……"当妈妈哪会那么气馁，最终还是让他签上了自己的名字。

可是这种替代，看来确实更多地满足了我要表达的意愿而非孩子的。轶凡是宽容的，因为他并未对此显现太多的不满，只是这种淡淡的回应再次深深地提醒着家长，你和我是两个不同的个体。我，请勿代替！

李老师点评：

替代，满足的就是家长的意愿。替代，就意味着剥夺了孩子成长的机会。

为什么要替代呢？是在显示家长的"能"，还是显示孩子的"无能"？

不会笑 7月18日 周五

带去了老师们可爱的漫画像，带回了轶凡人生第一张毕业照，幼儿园的最后一天圆满结束。轶凡骄傲地告诉我老师们都很喜欢他的礼物，我也骄傲地告诉他："那当然，那是妈妈用心准备的啊！"尽管妈妈越权准备了这份礼物，但绝不妨碍轶凡真心送出并感受其中的快乐。

接下来该说说轶凡的毕业照了，"妈妈，你能找到哪个是我吗？""那还用说，就算闭着眼睛也能找到你！"这绝对是妈妈专属的特异功能，在一群小脑瓜中看轶凡瘪着嘴的小样子，实在很可爱。"可是，为什么是这样的表情呢？"我不由得问。"因为我不会笑了！"轶凡认真地回答。原来，他是觉得大笑的时候眼睛眯眯着不漂亮，萌萌的表情又不配合毕业隆重的气氛，所以就变成了这样子。这么小小的一个小朋友，拍张照片竟然也动了这么多小脑筋，真是好可爱！

我们又逐个认识了他的好朋友，还有他认为最帅的男生（他自己）和最漂亮的女生……这张终生难忘的照片和这段最纯净美好的记忆在此刻美好地定格。

一个能分享自己的生活、分享自己的快乐的妈妈，孩子一定是喜欢的。

孩子的生活与快乐是纯净的，这毫无疑问。如果说父母能分享，就说明父母的心也是纯净的；如果不能分享，只能说明问题出在父母，而不在孩子。

小苹果 7月19日 周六

像《小苹果》这样的神级曲目实在不是我的菜，风靡这么久，我从未完整地听过看过，可今天却因为一个偶然的机缘让我们一家三口人都爱上了它！

今天轶凡幼儿园开毕业Party，四年来全班的小朋友和家长们第一次聚在一起，好不热闹。鬼马的晓老师提议让爸爸们跳一曲《小苹果》，这可让这一群男爷们又是娇羞又是推辞，可惜都抵不住孩子们生拉硬拽，一个个都上了台。包括我们家这个大爸爸，绝对是膀大腰圆的山东大汉呢！看着大爸爸笨拙又滑稽的舞姿，不禁感叹父爱的伟大，没有上刀山下火海的考验，原来一只小苹果也可以！

"你是我的小呀小苹果儿，就像天边最美的云朵，春天又来到了花开满山坡，种下希望就会收获……"回到家还和儿子一起哼唱，才发现歌也动听，词也美！

今天我多么的开心，我和妈妈和爸爸一起打扫卫生。我是多么的欢乐。我们家的大肚子蝈蝈尽情地欢唱，我和妈妈在一起是多么的幸福。

李老师点评：

不由打开音乐听一曲《小苹果》，随着音乐看你的文字，仿佛置身爸爸们“雄壮”起舞的场景。是的，“一只小苹果考验的父爱是伟大的”。孩子的几个“多么”，就是我此刻所感！

有这样懂得欣赏孩子爸及孩子的妈妈，这个家是最温暖的港湾！

幸福的周末 7月20日 周日

上午全家小扫除，晌后睡了小午觉，日落吹吹小海风，晚饭打个小牙祭，回家再捉个三四五六只小小蝉，周末的小幸福便装得满满了。

直到懒懒地躺在了床上，轶凡才轻轻叫我说：“妈妈快睡吧，别忘了明天是星期一！”这个星期一，不是因为爸爸妈妈要去上班，而是因为刘轶凡小朋友要去参加比赛。轶凡学国象两整年了，之前参加过三次比赛。印象最深刻的肯定还是4岁时的第一次，和很多第一次相仿，主题都是眼泪。

记得那次，轶凡抱着妈妈大腿哭，怎么也不肯入场，惊天地泣鬼神的哭法让所有裁判和家长们无不为之动容。后来好容易进门了，看着棋局还是哭。弄得小对手不停和他商量：“求求你了，别哭了，快走棋吧！”结果小对手因说话被警告违例，可好像没有规定哭鼻子算不算违例。

哈哈，现在想起这个桥段，连轶凡也觉得很好笑。

明天又是一场棋局，无关乎输赢，从轶凡熟睡的样子我已经看到了他的胜利！

李老师点评：

回顾过往，曾经的“桥段”给这个“小幸福充斥的周末”增添别样风采。正因今天的小幸福，过往的桥段回味起来才愈显风趣。带着这种姿态，无关乎输赢的生活，才真正属于幸福的一家。

猜猜看 7月21日 周一

小名人赛顺利拉开帷幕，这是轶凡第一次自己要求参加国际象棋比赛。除了逐步建立的自信心以外，猜不透他为什么乐于参加比赛了，甚至还有些“迫不及待”。对于这个小家伙来讲，这个特定的阶段确实有很多暗藏的转变。

比赛有输有赢，水平算是正常发挥。只是每盘结束出来的时候，轶凡从来不会像其他小朋友一样把输赢挂在脸上。总是故作神秘地让你猜猜：“你猜我是输了还是赢了？”“哈哈，你又猜错了……这次猜对了……我不告诉你……”。是顾左右而言他，还是真的不在乎输赢的结果呢？应该说这是专属于他的一种解压方式吧。还有，操场上各种飞奔、捉虫、玩水也是他的解压方式，貌似根本不是来参加什么比赛的。

对于国际象棋这件事，我们没有像其他孩子那样一节不落地去上课，也没有按老师的要求每天去做题下棋，所以自然也没有要求过取得卓尔不群的成绩。可这种无所谓会不会变成一种根植内心的习惯呢？看来这件事，也要待我猜猜看！

李老师点评：

是否在意“输赢”，并非完全凭借“挂在脸上”、“挂在嘴上”来权衡。但作为结果的价值判断，输赢必然存在且合理。至于有待猜猜看的问题，唯一的答案即“咱们一起猜猜看”！

厚脸皮 7月22日 周二

想起比赛间的一个小插曲，作为今天日记的主题，就是轶凡难得一见的小小厚脸皮。其实事情很简单，比赛间歇，一个男生在草丛里捉到了两只大螳螂，轶凡一见便紧紧跟在人家后面，伸着小手不停地要：“你把螳螂送给我吧！求求你了！把螳螂送给我可以吗？送给我吧！就一只也可以……”可惜的是历经十几分钟，轶凡最终也没能成功，因为那个男孩也实在舍不得，好在轶凡的执着打动了螳螂兄，另外一只选择了自投罗网，才让这场无休止的索要画上了句号。

都说君子不夺人所好，这也是我个人的准则。可看到轶凡为了自己的喜好可以如此放下身段执着索取的时候，我却忽然觉得这也是一种难得的境界，至少我是做不到的。想要便去要，不羞怯也不怕被拒绝，发自内心的喜好绝对会让这一刻的情商指数飙爆表啊。可见每一张小小的脸皮在未经后天磨厚或者变薄之前，真真正正地映衬着他的内心啊！

李老师点评：

就像妈妈写的，孩子并不知道“脸皮”为何物。他所要的，就是通过自己的行为满足自己内心的需要。脸皮的厚薄以及君子的行为准则，只存在于妈妈的心中，而父母就是根据自己心中的准则来要求孩子的。

一个人的行为受着社会要求和个人自我需要的双重制约。如果父母的规则合情合理，既有限制又给予一定自由，那孩子就会形成既符合社会要求又满足自我需要的“两全行为”。这是精神健康的特征性行为。

每一张小小的脸皮，在未经后天磨厚或者变薄之前，才真真正正地映衬着他的内心！

听话与主见　7月23日　周三

对于这种天雷滚滚的日子，没有什么比待在屋子里更好的选择了。一整天没能出去玩，只在回家的路上顺便拣了两只小虫，对于轶凡来说算是少有的静谧时光。直到时针悄悄抛开8点，他还在抱着自己的童话一篇篇看个没完。

“弹个钢琴吧！”“轶凡去洗脸了！”爸爸隔空下达着各种指令，“妈妈让我再看最后一个故事可以吗？这次看完最后一个我就去洗脸。”轶凡紧急寻求后援。宝宝有点懒，爸爸有点烦，两个男人各有自己的意见，这分明是在让我练好太极拳。“书还有多久看完？弹完钢琴刷牙洗脸，剩下是属于你自己的时间，不用说最后一篇！”

相较于听话而言，我更希望轶凡能有主见。做父母难免有各种要求，但也可以让他选择自己执行的方案。这样才能让老妈长久保持可爱，不会轻易变成那只唠唠叨叨神。

李老师点评：

所谓“听话”，就是孩子压抑自己的要求。所谓“主见”，就是孩子违背父母的要求。二者看似矛盾，但只要父母不是“唠唠叨叨神”，不对孩子做过多限制，孩子就可以将二者完美地结合起来。

孩子能长时间抱着自己的书看个没完，这是多少父母梦寐以求的啊。

两只落汤鸡　7月24日　周四

猖狂的台风还没抵达就用雨水把人都关在了家里，实在好闷，所以今天和轶凡商量好挑战它一下下。别以为怕你就不敢散步，别以为怕你就不敢捉虫，麦德姆，我们来也。

哈哈，别看阵势那么大，我们也做不了追风的人，只是在它没能到来之前，选了一小段雨水不是很急的时间，丢掉雨衣雨伞下楼散了个步而已。

对于把自己变成小落汤鸡这件事，轶凡很是兴奋。可是刚一到雨中这家伙就变卦了，雨滴有点小凉，打在脸上睁不开眼睛，虫虫们也早不知到哪里避雨了，一位路过的奶奶批评我不给孩子打伞实在太不像话了……轶凡要快跑回家，我却放慢脚步：“说好了一起淋雨啊！”作为说话算话的小男子汉，轶凡牵起我的手：“好吧，我陪你一起走吧！”听着雨声踩着水花，两只落汤鸡成功诞生了。未来无论怎样的风雨，我们也一样携手走过。

李老师点评：

这样的妈妈上哪儿找啊！是妈妈要给孩子创造一个体验风雨的机会，还是妈妈心中那份童年的调皮没有得到满足？不管什么原因，一个比孩子还会玩、能陪着孩子一起玩的妈妈，一定是好妈妈。人生没有那么刻板，孩子也没有那么脆弱！

小恐龙阿冈 7月25日 周五

办公室搬家，整理出多年前的一套关于恐龙的无字漫画书，第一时间装进包包，用这样的礼物配合暴雨过后的这样一个周末就完美了。略出乎我意料的是，轶凡刚刚看到简单翻了两页就表示不喜欢，才想起日本漫画的版式和国内不同，再加上黑白的故事又没有台词，对于小朋友来讲，确实不属于第一眼就会爱上的书籍。

“那我们一起来看好不好？”结束了一整天的忙碌，我也想靠在床边，读一本轻松的故事了。轶凡连忙贱贱地靠在我肩头：“妈妈讲给我听！”小恐龙，走起！

说起来真的不得不佩服漫画作者的超高水平，完全不需要借助任何文字的力量，就那么活灵活现地刻画了一只顽皮可爱的小恐龙。尤其是一岁零一天的阿冈，不仅和我们的小宝宝一样吃饱就睡，而且最大的本领也是用坚硬的小脑瓜撞和柔软的小屁股蹲……故事不光很快迷住了轶凡，更把我带回了幸福的回忆中。走心的作品必然是成功的，正如我们的孩子一样，你用爱去倾注，他也必然成为充满爱的杰作！

李老师点评：

100位母亲会有100种爱：管教、限制、陪伴、引导、赞扬、打骂、提供优良的物质条件、对未来美好的设计、报各种学习班……都可以打着爱的旗号。什么是爱？爱来自何方？真正的爱不能有任何的前提条件，至于听话就爱，考一百分就爱，否则就不爱，就是有条件的爱。无条件的爱需要父母有一颗纯净的心，需要有稳定的情绪。心不纯净，就会把自己的想法强加在孩子身上；情绪不稳定，就会被急躁、愤怒蒙蔽了双眼。

四个小片段 7月26日 周六

A

一晚上捉了12只蚊子直到天明，早上昏昏沉沉，吃完早饭轶凡说：“妈妈快别烦了，一早上你一次都没有笑过！”才发现自己一点点不经意的坏情绪都逃不过孩子的眼睛。

B

带儿子一起陪爸爸参加笔会，三个多小时看人写书作画，轶凡竟一点也没烦，自己也画了若干植物和僵尸。午饭时轶凡说：“我想和他们一起去吃午饭，很难得团聚一次是不是！”很多次经历发现，只要你沉寂专注，他也自然会被感染得安定平和。

C

回家路上轶凡偶然看到一张写着马航坠机的旧报纸，便认真地跟我们讨论起MH370到底去哪儿了，回到家里，还和爸爸一起查了很多资料，做了若干模拟，还画了分析图纸。最终他得出的结论是由于飞机自身的原因导致它失联了。尽管政治的因素他听不懂，但他的视野里也关注着很多和我们一样的话题了！

D

大雨过后以为会有很多知了出洞，我便轻易答应轶凡晚上不捉够十只绝不回家。结果一直找遍了周边所有可能的大树小林，也只收获了三只知了和一只驼螽。遗憾地宣布任务未能完成的同时不忘借机教育轶凡：“人生快乐与否不在于取得了怎样的成绩，而在于设定了怎样的目标。”轶凡说他不是很懂，其实他很懂，也很快乐幸福。

每个人的一天，皆二十四小时，但时间点被赋予的意义各不相同。你和轶凡的一天，捕获并记录以上片段，让娘俩的过去，成为可以追忆、查询的历史，且是优秀的历史。若没有记录，那些最多算作纯属“过去的过去”。

妈妈的言传身教、寓教于乐，那份宁静、淡定，是孩子最大的幸运也是幸福。这样一个家温暖得让人沉迷！

“人生快乐与否不在于取得了怎样的成绩而在于设定了怎样的目标。”——怎样的目标才能让人生充满快乐?

退牙 7月27日 周日

很久以前在网上看到一个小乳牙盒很可爱，便顺手买了回来放在了角落里，今天碰巧被轶凡找了出来，可怜兮兮地轻轻抚摸着小盒子说：“小乳牙盒，我什么时候才能用上你啊，放在这儿真是太可惜了！”

轶凡中班的时候就有同学开始换牙了，刚开始是稀奇，甚至有点害怕，后来越来越多的小朋友变成了豁牙子，他就跟着有些心急了，总是跑回家对着镜子看有没有哪颗牙开始活动了，可惜小牙齿们都一个个坚强地驻守着自己的岗位，一点动摇的意思都没有。

轶凡让我帮忙找出小镜子，又开始数一颗颗小乳牙了。忽然，小家伙兴奋地跳了起来，大喊：“妈妈，我要换牙了，你快来看！”看着轶凡那么紧张兴奋的样子，当妈的必须配合：“真的耶，下排这一颗小门牙有些松动了，这可真是件了不起的大事啊！”

也许对于孩子一生中，比这更重要的事会有千千万，但能如此幸福分享的恐怕没有几件。从失落的牙齿中看到萌发的希望，这就是孩子带来的生生不息！

“真的耶，下排这一颗小门牙有些松动了，这可真是件了不起的大事啊！”

让棋 7月28日 周一

轶凡学棋两年有余，不光长了棋艺也还长了脾气！今天一不留神输给了姥姥，竟哭了个惊天动地。这些日子也许是到了自尊心的敏感期，例如说起爷爷让棋，就会委屈地说明明是他靠实力赢的，我们瞧他不起；再逢不让悔棋，又会说这是你不懂的规矩……

妈妈和以往一样保持缄默，让轶凡自己慢慢平复后，让他和姥姥讲明规矩再战一局。有了监督自然收敛了脾气，尽管还有些抽泣，但最终下赢了棋。所有人长舒一口气，仿佛面对的不只是一个棋局。

每个孩子都曾有过“输不起”的记忆。究竟要让他接受失败的锻炼，还是静静等待可以接受失败的那一天，也许没有标准答案。我对轶凡说：“告诉爷爷和姥姥以后都不要让棋，因为让棋也是一种瞧不起。输赢都没有关系，轶凡都能承受得起！”对此观点轶凡表示认同，也许下次输棋可能还会哭鼻子，但只有这样，输掉的才只是一盘棋而已。

“所有人长舒一口气，仿佛面对的不只是一个棋局。”看到这句话，真是感觉现在的家长挺难做，全家人都需要看孩子的脸色行事！写下这句话，心中的感受却不知是喜是悲，有些莫名其妙。

无法确定，孩子感知到的世界是否真实，因为他活在全家人精心营造的环境中。也无法确定，这会给他的未来造成怎样的影响，因为未来更加的不确定。

只要在妈妈的心中，认为“只是一盘棋而已”，那么无论孩子哭多少次，终将会认识到这一点。如果妈妈仅仅是口头上说说，情形可能就两样了。

妈妈的白发 7月29日 周二

对镜梳妆，妈妈发现自己又添几许白发，不禁感慨轶凡才六岁啊，自己为何就要老了呢？看妈妈不喜欢白发，轶凡决定要帮我除掉它。可是该想些什么办法呢，最简单的当然还是拔！三下并作两下，白发纹丝未动，黑发拔下一把，轶凡嘎嘎笑得像只大黄鸭。

没有孩子的时候一点也不会觉得自己变老了，听到父母的感慨也不懂其中几多愁。现在轮到自己，本以为还是个孩子的自己，面对着稚嫩地疯长的儿子和执着地疯长的白发，不再有为赋新词，只剩下年少旧话！

可惜留给感慨的时间只有那么一滴滴，轶凡又来惦记我的白发，这次还准备了梳子和剪刀，看起来实在有些可怕。哈哈，妈妈求饶了，管它白发黑发总好过没头发！见这招不行轶凡又找来了黑芝麻，盛起慢慢一勺塞进我的嘴巴。妈妈感动得眼泪差点留下，有儿如斯又何惧白发，只愿你快高长大，直到你一头白发，妈妈再帮你拔！

李老师点评：

君问归期未有期，巴山夜雨涨秋池。何当共剪西窗烛，却话巴山夜雨时。

日记中所表达的情感与意境，也许只有李商隐的这首《夜雨寄北》能勉强与之相应。

写日记 7月30日 周三

晚上轶凡都睡下了，忽然大声喊我："妈妈，你今天还没有写日记呢！"我连忙回答："宝宝快睡吧，我一会儿就写！"日记写到第四十天，儿子已经成了最忠实的小读者，也成了最称职的小监工。轶凡特别愿意趴在我身边看我写关于他的日记，还会不时提些小意见，例如中间一次忽然发现日记的题目从"刘轶凡日记"变成了"孙磊彦日记"，就一直追问为什么："不是写我的成长日记吗？为什么要用你的名字呢？"我只好解释因为点评老师方便整理，他说："那就应该叫刘轶凡的妈妈孙磊彦日记"。其实人家说的也蛮有道理，所以我只好表里不一地将文件名和日记题目分别采用了母子俩的名字，不知这一细小的改变有没有被敏锐的点评老师察觉呢？

儿子觉得日记是一件法宝，不仅记录了很多关于他的幸福甜蜜小细节，还让妈妈更温柔更少发脾气了。我也觉得日记是一件法宝，而关于它的威力，哈哈，只有我知道！

李老师点评：

日志的记录，对于每个人的意义都不会一样，我想，当这件法宝每日闪光时，它的意义已蔓延扩张。现在的轶凡，"特别愿意趴在我身边看我写关于他的日记"，设想当我们头发白尽，再与孩子分享这些"幸福甜蜜的小细节"，会是什么景象？

攀岩我不怕 7月31日 周四

晚来无事，轶凡提议去中山公园，妈妈早已知道，遵轶凡之意就像遵循来自内心的召唤，是一定不会失望的。果然到了那里，斜阳晚照，花草飘摇，轶凡说实在是美得冒泡。坏妈妈忽然心生一计，陪着轶凡骑了旋转木马，游了镜子迷宫，才好不容易诱骗着他去玩一点点小刺激的攀岩游戏。对于妈妈认为的这种男子汉游戏，轶凡一直没有兴趣。妈妈也偶尔调侃轶凡，因为属鼠，所以胆小也是在所难免的。

这一次明知道上了妈妈的小圈套，轶凡还是戴好防护用具，开始挑战眼前高高的峭壁。开头几阶还算容易，没多久就遇到难题，可能因为到了高处，手脚都没了力气。先是撇嘴后是哭泣，未等登顶还是选择放弃，但出乎他意料的是妈妈并没生气。其实很多事都没必要毕其功于一役，只要肯迈出了第一步，轶凡和妈妈今天就都已经取得了胜利。

李老师点评：

生气？谁生气？生谁的气？

因孩子的放弃而生气？即使孩子没有迈出这“第一步”，家长也没有生气的理由。说白了，面对孩子的“缺点”与“失败”，不生孩子的气，只是一个合格的家长应该做到的。

如果家长愿意，可以生点自己的气——既不完美，又不全能。

绿蜗牛 8月1日 周五

结束了一周繁忙的工作，终于迎来了期盼已久的周末，一想到接下来的两天时光是属于我和儿子的就会无比的轻松快乐。其实随着轶凡的成长，我们越来越多的空间和时间都心甘情愿地被他占据了，甚至连工作也都印上了轶凡的影子。

爸爸下班带回了一只绿蜗牛，这种稀奇的东西会成为某报一则有趣的新闻，这样的新闻视角当然要充满童心的人才会发现。儿子培养了老爸的童心，老爸也培养了儿子的洞察力。每每看到一些特殊的事情，轶凡都会认真地揪着爸爸问：“爸爸，这件事能写个稿子吧！”就这样，米虫堵塞的打火灶、公园发现的小蜂蛾、迟来的蜻蜓、污染的湖水，等等，都曾跃然纸上。

“蜗牛是如何变绿的呢？是不是传说中破坏生态的非洲大蜗牛呢？又有怎样的习性，喜欢吃什么呢……”轶凡像个小记者一样，观察、采访（爸爸）、查资料，相信不用等明天看到报纸，一篇生动翔实的稿子已经了然于胸了。

李老师点评：

一位表扬孩子的妈妈，其实都是在表扬自己和孩子他爸。因为孩子的成长离不开爸妈用心、积极的引导。这样的爸妈都应该表扬。

如果没有每周繁忙的工作会怎样？

做面包 8月2日 周六

时间进入八月，开始提前做好各类上学的准备，包括早餐这种小事也不能忽略，因为幼儿园四年都是不用在家吃早餐的。

买了个高大上的面包机回来，昨晚提前做了演练——操作不难，口味也不错呢！吃过早饭再来第二个，这可是轶凡钦点要做给爷爷奶奶的。毫不犹豫让儿子亲自动手，邪恶地憧憬着不久的将来老妈我坐享其成的快乐，哈哈哈。

小厨师照着食谱开始启动，量杯盛水，面粉称重，白糖、酵母、葡萄干也一样样准备好，连一枚小鸡蛋都不肯让我插手，要亲自打破。各种材料分头进锅，剩下的就是静等爱心面包出炉了！这种智能生活带来的快乐，连一个六岁的孩子都可以唾手而得。想想和他一样大的时候，家里还要生火做饭呢！好在明智的父母当年就肯放手让我去做，好厨艺的我也因此俘获了更多的朋友和幸福。

食物对于中国人有着不同寻常的意义，就像这只正在烘烤着的面包，承载的不仅是面粉与水的融合，更是铁凡及我与所有家人满载爱意的生活！

李老师点评：

同样是生活，同样是养育孩子，为什么有的家庭就充满了温馨与爱意，有的家庭则被矛盾与焦虑所填充？

答案只有一个：就看父母的心中充满了什么。

是真的吗？ 8月3日 周日

本想和儿子一起重温经典去看《神笔马良》的大电影，谁知道可恶的影院竟然不上映。只好改变主意去海边，偏偏广播又说海上浪大轮渡都停船了。接踵而来的变化让铁凡有些沉不住气了，怪我们说话不算，总是骗人。再三强调不是我们有意为之，尤其风浪的消息是刚刚来自于广播，铁凡还是坚持：“你怎么证明他说的就是对的，你怎么知道他不是在骗人？！”

“你怎么证明？有什么证据？是真的吗？有照片吗……”这一类问题经常出自铁凡之口，他也一定会通过各类途径让疑问得到求证。敢于质疑权威，绝不人云亦云，他倒是做到了，就是给这样的小孩儿当家长真的是种考验啊！

事实胜于雄辩，直奔栈桥。透彻的蓝天、洁白的云朵和温和平静的海面给了铁凡强有力的支持：“看，广播有时候说的也不一定对吧！台风也不一定说来就来吧！”得逞的小家伙撒丫子奔向了大海的怀抱，留给我们的是一个成长的背影。

李老师点评：

孩子撒丫子留下成长的背影，不经意已将成长带来的附属物抛向父母。当这些考验向父母压来，每个父母的感受及处理方式迥异。能在背影后注视、欣赏孩子的成长，需要父母极其强大的心理能量！糊涂家长常不甘心认输，不经意间讽刺、挖苦孩子。闭口不言与行动支持，是父母的升级考验！

音乐会 8月4日 周一

6点下班，火速接娃去听音乐会，今天是中国人民解放军军乐团的演出，这可是爸爸的最爱。可惜堵车这件事是何等消磨人的热情啊，历经一个半小时，几乎在开场前的最后一分钟才入场，真是让我有些担心轶凡会不会烦躁。

好在一开场的架势就震撼了这个小家伙，几十名英姿飒爽的乐手拿着各种个样的乐器闪亮登场，《中国人民解放军军歌》激昂奏响，轶凡也不由得跟着节奏鼓掌。就这样一首接一首曲子，偶尔听爸爸讲讲哪个是他当年吹过的大号，偶尔起立冒充三军接受观众的敬礼，又偶尔有点小不敬踢踢前面的椅子……不知不觉就过了中场！

趁着休息轶凡已和一群不认识的小伙伴们跑到广场上疯玩起来，我们也没有再强求他继续去听音乐会，本着适可而止见好就收的原则，留下这样一段好印象便足以让精彩再续了！9点半回到家抓知了吃晚饭，又是这样美好的一天！

李老师点评：

音乐陶冶情操，是一个享受的过程。能达成享受，必然以自由的享受为前提——“我们也没有再强求他继续去听音乐会，本着适可而止见好就收的原则，留下这样一段好印象便足以让精彩再续了！”这可以说是父母智慧的体现，也可以说是父母良好心态的表达——不强求孩子，实际上是不强求自己。

找缺点 8月5日 周二

一大早和轶凡散步聊天买早餐，话题说到了每天他在奶奶家的游戏，看书下棋不在话下，还有一种很神秘。我认真猜了几次轶凡都说不对，终于忍不住自己透露：“这个游戏不能说，说了妈妈会不高兴的！”“我可没那么小气，快快告诉我吧，我实在太好奇了！”为了瓦解他的心理防线，我佯装强化游戏的引力。

答案正如轶凡所猜到的是妈妈不喜欢的范畴，因为是用爷爷各种工具的打斗游戏。什么锥子、钳子、螺丝刀，这显然不适合作为游戏的道具。爷爷奶奶平日很仔细，对于安全问题神经却比较大条。

我说：“发脾气是个缺点，今天妈妈决不发脾气。而且你可以再来找找妈妈还有什么其他缺点呢？”从妈妈到爸爸，从姥姥到奶奶，我们认真找出了每个人身上的缺点，当然也包括了爷爷奶奶的安全意识这个问题，希望轶凡能帮助大家改正。

轶凡立马添了三分底气，原来不止他有缺点，大人也是不完美的，而且他还多了监督改正的权力！

李老师点评：

让孩子知道“原来不止他有缺点，大人也是不完美的”，这需要家长有很高的智慧和很大的勇气。当我们静下心来和孩子平等交流的时候，孩子往往会变得更加的懂事和自律。

强权只能一时，谎言也终有被揭破的一天，用这些武装起来的完美也必然靠不住。

小大人 8月6日 周三

今天的工作有点超负荷，回到家忍不住呵欠连天，爸爸又出去应酬，只剩我和轶凡两个人。轶凡看他的小恐龙阿冈，我则懒懒地趴在一边装死人。老妈瘫软在床上的样子让轶凡觉得好好笑，不由得戳戳我这里，挠挠我那里：“妈妈你是连说话的力气都没有了吗？”“妈妈你是连睁眼的力气都没有了吗？”“妈妈你是连吃橘子的力气都没有了吗？”“那你现在就像是一个小宝宝了啊！让我来照顾你吧！”

说完轶凡开始假装成大人一样，一会儿剥橘子塞进我嘴里，一会儿拿被子蒙在我头上，一会儿又唱着小曲哄我睡觉……任由摆弄毫不反抗的妈妈俨然变成了他的大玩具，直到爸爸回来才将他玩闹的热情从我身上转移开。

另一个房间里不睡觉的两个家伙又开始叽叽嘎嘎说开了绕口令，我也已经成功地被轶凡用他童真的方式带回了自己的世界。夜晚渐渐宁静下来，只剩夏日的温馨静静流淌。

李老师点评：

孩子，只有在母亲弱小的时候才能强大；也只有离开母亲，孩子才不再是孩子。无论是真弱还是示弱，也无论是真累还是装累，母亲完全可以用这样的方式，让孩子体验什么是强大和长大。夜晚渐渐宁静下来，只剩夏日的温馨静静流淌。

礼物 8月7日 周四

提醒几次之后，轶凡终于找爷爷确定了奶奶过生日的时间。倒不是因为我们不记得，而是希望轶凡也会把亲人的事装进心里。日子确定了，接下来就是和他一起为奶奶准备生日礼物。“送些什么呢？”我问轶凡。他早已经知道，送人家礼物要看对方的喜好，便开始认真分析奶奶的各种饮食起居兴趣爱好：“奶奶不喜欢吃水果，奶奶不喜欢出去玩，奶奶喜欢什么呢？奶奶喜欢研究推拿点穴……”各种分析之后还不算完，轶凡又逐个问了爸爸、妈妈和爷爷分别准备了什么礼物，才最终决定自己要画一幅画送给奶奶。

一件简单的事被我搞得好复杂，好在轶凡很用心，相信奶奶很开心。其实生日也好礼物也罢，它们本身都没那么重要，重要的是在于有没有真正用心对待你生命中挚亲挚爱的那些人！相信如果他可以学会这一点，将来也一定不会感到孤单！

李老师点评：

把一件简单的事情搞复杂，不容易。要付出时间，付出精力，背后支持这些行为的是稳定的情绪和对于事件的认知（如何对待挚亲挚爱的那些人）。孩子的成长离不开父母的引导，孩子的身上也一定打着父母的烙印。父母的心中有爱，孩子的心中就会有爱。一个心中有爱的人怎么会孤单呢?

捣蛋专家 8月8日 周五

说起家里的捣蛋鬼，至少有两只，一只是实至名归的宝宝，一只是当之无愧的妈妈。这不，看轶凡最近爱上了绕口令，妈妈就又开始蠢蠢欲动突发奇想了。爸爸教的绕口令是经典的“南门外有个面铺面冲南，面铺挂着个蓝布面门帘，挂着蓝布面门帘，瞧了瞧，面铺面冲南，摘了蓝布面门帘，瞧了瞧，面铺还是面冲南！”猜猜捣蛋鬼妈妈做了些什么？

当然先要改个词玩玩。妈妈开始各种胡编：“南门外有个面铺面冲西，面铺养着个肥净白净八斤鸡……”轶凡应对：“南门外有个妈妈面冲南，妈妈挂着个蓝布面门帘……”“南门外有个面铺面冲东，面铺挂着个蓝色大笨钟……”各种稀奇古怪的段子接踵而至，宝宝和妈妈玩得很开心，爸爸一旁听得很无奈！

作为捣蛋鬼妈妈看来，一张灵巧的嘴巴一定敌不过一个灵巧的脑瓜，所以我不希望儿子做个墨守成规的鹦鹉，还是和我一样做个开心的捣蛋专家吧！

李老师点评：

言传身教及寓教于乐的境界，想必就是这样吧！有个开心捣蛋的妈妈，孩子的世界就时刻上演开心剧场。当把所有的不希望完全换成期待，孩子就更有可能实现你的期待。

泡温泉 8月9日 周六

爸爸妈妈的万千次邀请也抵不过轶凡的一通电话，一大早爷爷奶奶终于同意和我们一起去泡温泉。一路上忽大忽小的雨让大家有一些小小的担心。好在奶奶说她小的时候最喜欢在下雨的时候去海里游泳，这才让轶凡放松下来。

到了温泉，偌大的池塘没几个游客。轶凡像猴子归山一样，开始不知疲倦的疯玩。一会儿模仿鳄鱼上岸，一会儿学悟空钻进水帘……不知不觉，瓢泼大雨变成细雨绵绵，轶凡领着爷爷奶奶，像个小主人一样如数家珍地介绍起各种户外的特色温泉。安顿好爷爷奶奶，轶凡不忘顺手在树上“捕获”一只蝉蜕，经仔细鉴定之后，认为是比较罕见的恰蝉。小拖鞋当渡船，小恰蝉当乘客，水池里的划船送客的游戏让一家人乐不可支！

轶凡用各种专属于他的方式祝奶奶生日快乐，小家伙的每一句话，每一个拥抱，每一次碰杯都足以让奶奶眼睛里泛起幸福的泪花……

李老师点评：

都说，年轻时的幸福不是真正的幸福，老年的幸福才是真正的幸福。有儿孙陪伴的爷爷奶奶，体验的幸福定是最上加最！作为旁观的你，脑海里是否出现——几十年后你作为主角的幸福画面?

大乐购 8月10日 周日

消耗了一周，家里几乎“蛋”尽粮绝，所以下午决定和轶凡一起去购物。先在家里盘点清单：要买做面包的面粉、牛奶、葡萄干，要买洗漱用的牙膏、牙刷、洗发液……轶凡忍不住问：“可以买我喜欢的东西吗？”我连忙回答：“当然可以，你想买些什么呢？我们列个清单吧！”轶凡想了想说：“我还没想好呢，那是不是就不能买了啊？”

小家伙推的大购物车很快被装了七分满，直到买了他选的两袋酸奶和一包饼干之后，轶凡忽然歉意地说：“妈妈真是对不起，我又乱买东西了！”“为什么要说对不起呢？尽管花的是妈妈的钱，但是你也是家里的一员，你也有权利买喜欢的东西啊！”对于轶凡的这种“见外”略略出乎我的意料，看来大人的影子还在相当强势地笼罩着他的世界。

都说父母像大树一样为孩子遮风挡雨，但我还是希望这棵大树不要那么的密不透风，可以透过枝叶播撒阳光，更可以挥展身躯露出属于他自己的天空。

李老师点评：

对孩子来说，也许1岁前需要父母像大树。再往后，就需要大树慢慢变小，因为大树底下长不成树。对父母来说，最怕的是当习惯了大树，也把孩子习惯成了小树。

牵牵而就 8月11日 周一

下棋回家，沿路上的知了猴已悄然绝迹，从此要开始寻觅新的虫虫了！喜欢抓昆虫让轶凡在不知不觉中变得淡定随和，虫虫们跑了便跑了，死了便死了，没了便没了……周而复始，新的生机总会再次出现。

这不是，蛐蛐们开始替代知了伴着微凉的晚风高声歌唱了，闻声辨位，轶凡快而准地锁定了一片草丛，可蛐蛐这种东西却没那么好捉，因为身形小而敏捷又总是喜欢藏匿在狭小的缝隙，所以扑了好多次都没有成功。转眼间，我和爸爸已经被蚊子咬出了满身大包，开始催促轶凡回家吧，别捉了。轶凡却全然不顾蚊叮虫咬，执着地举着小手电筒四下寻觅，还不忘教育我们说："别着急，要坚持才会有收获！"

谁说的有道理自然都要听，我们只好乖乖就范，期待他早有收获。幸而天佑有心人，在爸爸的协助下轶凡力擒蛐蛐一枚，好戏圆满收场。回到家轶凡悄悄告诉我："其实这不是我要捉的那只，因为这只是母的，它不会叫！看你们着急了，所以就这只吧！"原来无论大人与孩子，只要心系牵挂，便会随心而就！

李老师点评：

心系牵挂，系的是浓浓的情感，挂的是相互间彼此的体谅。既然是心与心的沟通，自然会随心而就。怕的是父母隔离了情感，只跟孩子讲道理，讲应该和必须。但很不幸，这成了普遍的事实。想一想我们自己，看一看我们周围，动嘴不动心的父母有多少？

没有了情感，就会以自我为中心，就阻断了心与心的沟通。没有了情感，父母就不会去体谅孩子的内心，反过来，孩子也不会真正地爱父母，因为他们感受到的只有限制。

我们喜欢哪样的父母？当面对这样的父母，我们心中又有怎样的感受？

回家 8月12日 周二

姥姥姥爷出门一个月，今天终于回家了，轶凡一大早就兴奋地准备迎接。中午时分，舅舅去机场接飞机，妈妈和轶凡在家准备午饭，轶凡还特地亲自买了辣椒，给姥爷拌了他最喜欢吃的咸菜。可惜飞机晚点，左等右等直到下午四点他们才到家。

刚一进门，姥姥就被轶凡拖去下开了国际象棋，看来这是专属于他的迎接方式。轶凡还不忘问姥姥："这些天你练了吗？没练的话可是赢不了我啦！"轶凡开始一边下一边认真给姥姥讲解应该这样走那样将，看着乖孙子一个月间的变化，一路的颠簸疲惫也减了三分。

下完棋吃过饭，才到了最最期待的时刻。记得我小时候每次爸爸出差回来，都好喜欢把大行李里的东西一件件翻出来，因为其中一定会藏着神秘的礼物。无论是红茶菌、钓鱼竿，还是送给轶凡的蝴蝶标本，每件都要认真地研究一下。尽管他不会说，却相信他一定会懂得行李中装下的，是精彩的人生旅程！

李老师点评：

孩子是家庭的一分子，是生活的一分子，所以他们需要参与，需要在共同的行动中，去体验生活的方方面面。如果离开了这种参与和体验，或者父母没有给孩子提供这样的机会，生活之于孩子就会变得单调、乏味。

老照片 8月13日 周三

姥姥带回了很多老照片，这些照片连我自己都有很多年没有见过了。看着一个穿越时空的这个小小美少女，轶凡不禁笑我是个“可爱的小东西”，甚至还说好想欺负欺负她！哈哈，我想一定是他这个可爱的小东西唤回了我那个渐行渐远的小女孩。

除了妈妈的老照片以外，还有瘦版的舅舅、年轻的姥爷……每一张照片背后都牵动着这个家中沉淀的温情和故事。轶凡新奇地追问着当年的种种，甚至为他的缺席深感遗憾，哈哈。

翻开最后一本相册，里面竟然是轶凡定格在襁褓时的影像。现在看来，这也算是老照片了呢！恍惚间，我和轶凡同时产生了同样的疑问：“这个胖嘟嘟流着口水的小家伙是谁呢？真的是眼前这个活泼帅气的小男子汉吗？”他的过往仿佛和我小时候的事一样遥远。既然我们留不住过去，就留住现在吧！相信无论尘封与否，幸福都不会改变！

李老师点评：

老照片就是历史的见证，因为被翻阅，它所饱含的温情与故事得以释放。想想这份日志，给它足够的时间，就能实现一种时间的跨越。从跨越过去的那个点，重温你的记录，相信它和老照片一样，给看者无限的幸福感。

既然我们留不住过去，就留住现在吧！相信无论尘封与否，幸福都不会改变！

暑假的意义 8月14日 周四

转眼间，暑假已经过了大半，小学开学也指日可待了。奶奶开始担心，没有去幼小衔接，也没有养成个好的学习习惯，这么一个暑假下来，是不是少了些意义。我拉来轶凡讨论关于暑假的意义，晒得黝黑的小轶凡像只滑溜溜的泥鳅转瞬就从怀中溜走了。对于他来讲，晒最毒的太阳、捉最多的昆虫，看最多的故事书，甚至睡一个最长最长的下午觉都觉得很有意义吧。

看着在一旁专注地和爷爷下棋的小家伙，我不由地想，为什么暑假一定要有意义呢？我的六岁几乎已全然没有记忆，但童年的幸福感却很清晰。如果可以帮孩子挡住来自社会的各种攀比各种压力，让他多一些“没有意义”的假期才更“有意义”吧。轶凡歪头看看若有所思的我，喊道：“妈妈快来看我又杀了爷爷一个车！”妈妈就像抓住了一根救命稻草，再也不用纠结于所谓的意义，能陪着儿子一起，才是真谛！

李老师点评：

人，真是纠结，因为意义而纠结——离开意义我们将无法存活。

你的“没有意义”就是一种“意义”，而且是一种不一样的“意义”。也正因为找到了这个“意义”，你才能说服自己，让自己和孩子的行为继续。

怕的是不经思索地去追求那个“统一的意义”、“大众的意义”——那会让我们成为“扑火的飞蛾”，就没什么“大意义”了。

恋周末 8月15日 周五

周末是个守信的家伙，无论你盼望或者无视，它都会悄然而至，把我们拉回温暖的家庭。对于轶凡来讲，周末的意义肯定不仅在于可以休息的两个日子，关键是在这两天当中，爸爸妈妈都仿佛被善良的仙女施了魔法，多了笑容，少了急躁。

散步、聊天、做游戏，时针指向9点，显然已到了轶凡睡觉的时间。妈妈开始看好声音，爸爸也铺好笔墨纸砚准备写字。为了不用独自去睡觉，同时也体谅我们一周的辛苦，轶凡一会儿陪妈妈猜谁会转身，一会儿和爸爸学写书法。而对于我们，都选择了一种无声的小放纵。因为不仅是轶凡，爸爸妈妈也尚未满足这美好夜晚的三人好时光。

八月已过半，再有两周轶凡就该上小学了，怕是赶不及在此之前养成各种“好”的习惯。做父母的也总是很贪婪，到底该学会取舍还是享受满足呢？相信生活总会慢慢给出答案吧。今天很美好，可以幸福地睡下，也不急于起床，哈哈，晚安一百分！

李老师点评：

“相信生活总会慢慢给出答案吧。”很赞同这句话。多数人的“当下”，都被很多焦虑的事情充斥。为了缓解焦虑，大家在拼命地提前N天准备、赶在某个时间点之前做好某事，而恰恰忽略了人自身的“自组织”功能。痛，却不是快乐着，而是痛并苦着！

没有周一到周五，就不会有周末；没有日常的打拼，就不会有休息的美好；没了取舍，也就没了满足。

聚会 8月16日 周六

和朋友三家人聚会，四个小孩许久不见，转眼就打成了一片。轶凡最小却最调皮，一会儿找哥哥挑衅比武，一会儿跟姐姐捣乱猜谜。好在几个孩子都非常友善，尽管偶尔也找大人投诉一下下，但转眼就又平等地打打闹闹去了。看着他们叽叽嘎嘎笑得掀翻屋顶，不得不感慨孩子的世界就是简单。正如下午看的《驯龙高手》中拯救世界的那一群懵懂小龙，因为他们太小太小，所以才不懂威慑不被操控，最终打败了凶猛无比的大恶龙。（看我写日记的轶凡说："哈哈，我也很小，所以也不会被你操控！"晕倒，这不就是传说中的——"不听话"嘛！）

席间聊起生二胎的事，想生的说是为了孩子，不想生的也说是为了孩子。那这件事是不是要交给孩子说了算呢？我问轶凡要不要一个小宝宝？轶凡说好啊，那我就可以挠他脚心了。一会儿又说还是不要了，太烦了。吼吼吼，无论出于怎样的原因，我只知道自己真的很想再有一个和轶凡这样可爱的小宝宝！

李老师点评：

"二胎"探讨，和很多正式讨论一样，都是每个人的本性里，"为自己的行为寻找合适的理由"这一机制在发挥作用。无论选择何种行为，必须有足够的理由支持——这叫"师出有名"。"想生的说是为了孩子，不想生的也说是为了孩子。"孰是孰非？没有是非！这就是心理，信以为真！

不由得会思索一个问题：假如每个人来到人世前，都有权利选择是否降生，这个世界会是何种样子？

周日的颜色 8月17日 周日

最累的就是周末。洗洗涮涮吃吃喝喝，既要陪孩子玩又要陪老人过，百分百的痛并快乐着。轶凡当然最爱周末，因为这一天妈妈是属于他的，而且没那么啰唆。

我问轶凡："你觉得周日是什么颜色？"轶凡说："有时是绿色，有时是蓝色，有时是粉红色。"我觉得周日是又厚重又香浓的咖啡色。轶凡问："咖啡色是怎样的颜色？"我说："就是接近大树的黄褐色！"轶凡竟然说："啊？就是大便一样的颜色啊，那是我最不喜欢的颜色！"晕倒啊！我连忙止住话题，说回他轻快的色彩，宽广明亮的蓝色、生机勃勃的绿色、爱心洋溢的粉红色……有了清澈的心与明亮的眼睛，孩子的世界便如此色彩斑斓。

李老师点评：

我们曾经都是孩子，都曾有过清澈的心与明亮的眼，有过色彩斑斓的世界。可"聪明的"你告诉我，我们的日子为什么一去不复返呢？——是有人偷了它们吧：那是谁？又藏在何处呢？是它们自己逃走了吧：现在又到了哪里呢？

本该是我们的却成了他们的，他们的就是未来的。混搭的，是现实。而我们太现实了。

石榴树 8月18日 周一

很久很久以前，轶凡和爷爷奶奶埋下了一颗石榴籽，不经意间竟然长出了小苗，便将小苗移植到了楼下的花园的一角。夏天的丰盈雨水过后，小石榴转眼长得比轶凡还高，紧靠着的石头缝已经影响了它的茁壮成长，轶凡想给它找片更适合的土壤。

一大早，轶凡就叫爷爷拿来了小锹、小铲等各类工具，准备给小石榴搬家。可惜调皮的小石榴不是任人摆布的软柿子，先是挥舞着带刺的小枝条让我们别碰它，接着又深深扎根土壤坚决不肯动摇，弄得爷爷率领着爸爸和宝宝，费劲了九牛二虎之力也没能成功。轶凡说可能是因为小石榴和小石头住得太近成了好朋友，不舍得离开了。

轶凡的执着感动了保安爷爷，保安爷爷又摘了两枝小石榴送给他。轶凡依依不舍地去种新石榴树了，这次要选个合适的位置，等将来还要把原来的小石榴一起搬过来！

李老师点评：

一颗石榴树引发了很多思考：家人行动的陪伴，远比言语的教育指导更能为孩子提供支持！感动保安爷爷的并非轶凡单一的身影，更是一家人的这份陪伴！

田忌新编 8月19日 周二

爸爸把轶凡接回来，一进门，小家伙就嚷嚷着："妈妈，我要去洗脸刷牙准备睡觉了！"我一肚子疑惑，真是太阳从西边出来了，今天为什么不讲任何条件便乖乖就范了呢？连忙用犀利的小眼神逼问爸爸给出答案，可惜爸爸甩了一脸的骄傲便陪儿子洗漱去了。

顺利做好就寝准备，轶凡靠在小床上边看书边和爸爸讨论书里的细节。过不多时，儿子已安然进入梦乡，爸爸才溜过来炫耀他的丰功伟绩。

原来，回来的路上爸爸给轶凡讲了个田忌赛马的故事，还成功地和洗漱睡觉扯上了关系。故事的道理是这样的：同样刷牙洗脸看书睡觉，与其每天面对妈妈的催促，不如灵活地调整顺序，不仅毫不影响看书的时间，还会变回一只开心的妈妈。

妈妈的笑脸成了爸爸和儿子合作的胜利果实，妈妈也同样感受得到，在养成儿子生活习惯的同时，更多的是这两个男人心中的爱！

李老师点评：

妈妈的感受引出了一个重要的话题：情感。没有情感的教育是把孩子当机器；没有情感的习惯是驯养。给孩子喋喋不休地讲道理时，不停地和孩子说"应该"时，我们就在隔离作为人最基本的情感。而在没有情感的环境中长大的孩子就会变得麻木不仁。

去谁家 8月20日 周三

“今天去谁家”一直是轶凡和我每天都要讨论的问题，好在基本上都会得出一致的答案，可惜今天却不同了，本来说好了去姥姥家，轶凡却临时变卦，让我心有不甘。因为对于老人来讲，看孩子尽管是件颇为辛苦的活，但也同样充满着无尽的幸福和快乐。所以轶凡一直像个宝贝一样被两边的老人轮流呵护着。尤其姥姥姥爷离开了一段时间，刚刚回来不久，更是天天盼着轶凡的“大驾光临”！

为了不让姥姥失望，老妈我动用了威逼利诱各种绝招，可惜轶凡就不接招，来了个你有千条妙计，我有一定之规。就在我几近放弃的时候，忽然顿悟了，原本轶凡并没有那么的坚决，只不过是我的坚持挑起了他的斗志，你越是要他怎样，他便偏偏不从。不知不觉中，我已经被他带入了一场无关乎结果的游戏！

哈哈，狡猾的小敌人终于没有斗过经验老到的妈妈，我佯装妥协：“那就按你的意见去奶奶家吧，等你下次肯帮妈妈时我再送一只可爱的恐龙给你吧！不过你现在可以来和我选一下！”说完我便开始在淘宝上搜索起恐龙玩具来。在恐龙面前轶凡的上钩在所难免，尽管妈妈的手段并不一定高明，也不一定正确，但又是皆大欢喜的一天就 ok 了。

李老师点评：

相对于皆大欢喜的一天，妈妈能感悟到是因为自己的坚持，才导致了孩子的坚决——这更重要。很多父母会抱怨孩子“犟”、“执拗”，原因真的不在孩子，只是父母的方式导引出的孩子的应对方式而已。所谓问题都是父母强化的结果。父母变了，孩子想不变都不可能——就像跷跷板的两端。

宠物螳螂 8月21日 周四

一个多月以前，轶凡捉了一只小螳螂养在了奶奶家。谁也没有想到小螳螂在奶奶的花花草草上散养着活到了今天，中间还蜕了两次皮、修复了一柄大刀、长了一倍的身长。

轶凡和奶奶每天要给螳螂准备丰富的美食，大苍蝇、小蚊子、吊死鬼、八蜇毛都是它的最爱，要知道这些都是要活食才行，死了的一口都不会吃呢。渐渐地小螳螂已经和轶凡成了好朋友，每次从花草上接它下来，小螳螂都乖乖地爬在轶凡的小手上东张张西望望，一点也不害怕。面对这样一只通人性的小虫，一面慨叹造物主的神奇，一面又会想到驯化之后它还经得住风雨吗？它还会分得清敌我吗？它还能觅得到食物吗？

貌似在这八尺空间，人与自然和谐共处着，但出了门又如何？正如我们的孩子，精心饲养之后也会像这只小螳螂一样吗？不要让“茁壮成长”“温善驯良”蒙蔽了我们的眼睛，该放养时应放养！

李老师点评：

好厉害的妈妈！

世界上其他的爱都是为了“在一起”，而母爱却是为了“分离”。也就是说，真正的母爱，在于培养孩子适应他们未来生活的能力。

像日记中妈妈表达的那样，随着孩子的成长，父母对孩子“精心饲养”的浓度一定要慢慢降低，否则就是在剥夺孩子成长的权利。既然是剥夺，就代表着父母的行为并不是以促进孩子成长为前提，而仅仅是满足了自己的某种需要，比如缓解焦虑。

放养，说起来容易做起来难。难不是难在孩子没有成长的能力，而是难在父母没有放手的能力。

睡前故事 8月22日 周五

兴奋了一整天，晚上轶凡赖在我的床边说：“妈妈我困了，给我讲个故事哄我睡觉好吗？”想来很久没有给他讲过睡前故事了，每天好像都过得匆匆忙忙，早起如此，睡觉也如此。

拿起手机选个合适的故事，这是轶凡对睡前故事独特的要求。从很小他就要求睡前故事是要严肃认真的，一定不能胡编乱造，要有理有据有法可依。小时候都要照着书读，现在的书已被他读了大半，我们便只能从网络上搜寻些他没有看过的故事才能过关。

看来今天轶凡实在太困了，短短的一个故事没等讲完他就已经睡着了。轻轻拍着他的小屁股，回想起故事讲得最多的还是轶凡还未出生的时候。那会儿每天捧着肚子念童话给他听，他也会在肚子里一拳一脚地给我回应。故事讲讲停停就过了六年，好想在一直讲下去，不要完结。可轶凡梦中的笑脸静静告诉我他已经睡了，他已经大了。好吧，睡前故事快讲完了，但一定还有更精彩的故事在你我之间！宝贝晚安！

李老师点评：

现在的妈妈们太忙了，忙得“很久没有给他讲过睡前故事了，每天好像都过得匆匆忙忙，早起如此，睡觉也如此”。

可在并不久远的从前，“月亮在白莲花般的云朵里穿行，夜晚吹来一阵阵欢乐的歌声，我们坐在高高的谷堆旁边，听妈妈讲那过去的事情……”妈妈讲过去的事情时当然不用查手机，对于“经过了多少苦难的岁月，才盼来了今天的好光景”的亲身经历一遍遍重复，最后把幸福和美好注入孩子梦中。

当哥哥 8月23日 周六

今天带轶凡去朋友家做客，在朋友家轶凡做了一天大哥哥。在我们的朋友圈子里，轶凡当哥哥的机会不多，在家更是个孩子，所以习惯了集万千宠爱于一身。难得面对两岁半的一个小家伙，轶凡起初还真有些手足无措。

无论轶凡去拔草还是捉虫，小嘉嘉都一步不离地跟在后面喊哥哥。为了迁就这个小弟弟，轶凡不得不放慢了脚步，压低了声音，甚至俯下身来和弟弟一起做游戏。从被人照顾到照顾别人，轶凡学着大人的样子享受着其中的快乐。

这样的情景让我想起一位老师讲过的最幸福的人，那是他的一个亲戚，姊妹五人他行三，上有哥哥姐姐下有弟弟妹妹，这样的人际在眼下已让人羡慕不得了！如今轶凡做不成亲哥哥，今天这样也不错，这种身份的转化对于成长是无可取代的收获。趁他还不懂得人情的淡漠，一定要多创造机会当当有责任的哥哥！

李老师点评：

多一种角色，就会多一种体验，更多的体验会让孩子对世界的认知更全面。

机会一定要多创造，但如何做才能培养孩子的责任感呢？在孩子迁就、照顾小弟弟的过程中，家长有没有明确地告知孩子要照顾好小弟弟？我猜没有。因为从孩子的表现来看，他依然是把照顾小弟弟当做一种游戏，而非一种工作。

串门 8月24日 周日

妈妈在家补作业，爸爸带宝贝出去撒野。可惜天公不作美，不多时便叽里呱啦下起雨来。轶凡索性去接奶奶，这种皆大欢喜的顺水人情他最善于做了！

到了大姨奶奶家，宝贝又收获了意外的惊喜，那里竟养着两只可爱的大兔子！小白和大黑被轶凡折腾一上午，据说它们还从未和人类进行过如此热情的交流。大姨奶奶无比羡慕地夸赞轶凡又孝顺，又懂事，又活泼可爱……奶奶和爸爸自然也骄傲得合不拢嘴！

大人和孩子都是需要哄和表扬的，家族集体荣誉感也就在这样点滴小事上建立起来。可惜的是现在大家串门的机会越来越少，希望轶凡带着我们敲开更多扇紧闭的大门！

李老师点评：

“大人和孩子都是需要哄和表扬的。”这话是真理也是废话，因为几乎对所有人，在“知道”和“做到”、“意愿”和“意志”之间，有着难以逾越的鸿沟。《闻香识女人》的主人公“牢骚”道：每次走到了人生十字路口，我都知道该走那条正确的道路，可我偏偏不走，为什么？因为那条正确的道路走起来实在太难了！”

所有“可惜”的背后，都是遗憾，也都是逃避而非直面。

开学的期待 8月25日 周一

下个星期一就是轶凡正式开学的日子了，最近他也常常问起："妈妈，还有几天开学？"估计他关心的应该是还有几天疯玩的日子。很想和儿子一起回忆下我上小学时的事，可惜记住的多数都是如何逃学啦，怎样捉弄老师之类的，想想还是咽下了，这些故事还是等儿子和我分享的时候再吐槽吧。

如果我们不去把上小学赋予太多的含义是不是就可以和孩子一样轻松了呢？可惜前前后后书包就被送了三个！好在轶凡一点也不纠结，每次问他都说喜欢奶奶买的那个，因为他知道奶奶那个意味着更多。从这么小就懂得照顾别人的感受，这点比较像我，而且我们都愿意享受这种亲情，而并不觉得委屈，该自我的时候也很自我。

赶快开学吧，我有些迫不及待了，轶凡一定会在新的生活中找到更多的快乐！

李老师点评：

感觉妈妈的内心装满了俏皮与捣蛋！这些求学中的调剂品，让学校生涯成为饱含跃动音符的华美乐章。看来轶凡的新生活必然乐趣横生！

"上小学的含义"是谁赋予的？都赋予了怎样的含义？我们主动还是被动？

小礼物 8月26日 周二

不知什么时候养成的习惯，轶凡每天都会让妈妈给他带件小礼物。一本小书也好，一只苹果也罢，都会让他很满足。当然他也会报之以一朵小花、一张小画，或是一个大大的拥抱。渐渐地这件事已经成了妈妈和宝宝之间不成文的小情调。

昨天也不例外，回到家里好戏便开场："今天的礼物很神秘，被妈妈捉住关在包包里。谈论它的时候一定要小小小小的声音，被它听到会偷偷飞走的……"哈哈，连我都佩服自己故弄玄虚的能力，轶凡也特别配合地兴奋不已。

猜猜它的颜色，猜猜它的大小，猜猜它身上的小花纹……不多时，宝宝就这样被我乖乖地哄睡了，因为我答应他明早醒来这件神秘的礼物就会爬上他的小鼻头。

6点半小礼物如约而至，一只漂亮的小气球将轶凡从睡梦中唤醒，看着他睁开闪亮的小眼睛，捉住调皮的小气球，我知道今天注定又会灿烂无比，因为轶凡渐渐教会我快乐其实很容易！

李老师点评：

"我知道今天注定又会灿烂无比，因为轶凡渐渐教会我快乐其实很容易！"这话让我们看到，你是一位诚实的妈妈，没有颠倒"师"与"生"的位置。

其实，儿子快乐就是妈妈最大的快乐，妈妈在快乐着儿子的快乐。

新文具 8月27日 周三

文具盒这种东西，于我们是一种过往的记忆，于轶凡却是一种未来的期许。一个神奇的装备库，装满各种先进的武器，上学自然变得有趣。

都说孩子的文具盒太花哨会影响注意力，其实花哨与否都在心里。依稀记得我上小学时的文具盒，先是铁皮的，后来有了泡沫的，再后来更近的反而不记得了。

和轶凡一起削铅笔、选橡皮，再把他的名字贴上每一件小武器，真的是越看越神气！我忍不住央求轶凡："能不能送妈妈一个文具盒和两只小铅笔？"轶凡虽然有些舍不得，不过左挑右选，最终送了妈妈一大堆，相当大气。估计上学以后也会如此，贴上了名字也一定不妨碍他送来送去。

文具盒塞进书包，加上彩笔和小水壶已经很有分量了，还有若干书本等着你。我告诉轶凡背点重物有利于增加力气，轶凡亮出了小细胳膊上的肱二头肌，表示他毫无问题。相信你我的小男子汉，四天后，背起书包上学去！

李老师点评：

每个孩子在这个年龄都盼着像小哥哥、小姐姐那样背着书包上学。可是，为什么几年后，有的孩子就不愿意了？孩子对未知的事物有着天然的好奇，是什么原因让他们失去了探索的欲望呢?

首先，是成人急功近利的态度！其背后，是对于孩子成长规律、学习规律的漠视。其次，是不恰当甚至错误的教育内容和方式！比如灌输，不许怀疑，不鼓励独立思考，只让孩子"知其然"而不教孩子"所以然"。

一位家长或老师，即使教了孩子很多知识，但是，若摧毁了他的学习兴趣，败坏了读书胃口；或者阻碍了社交技巧和情趣的发展，苦了精神生活；或者未培养起独立思考的能力和正确的思考方法，那么，仍然是极大的过失，甚至可能害了孩子一辈子。

教育必须注重长期收益。

怪兽叔叔 8月28日 周四

妈妈的同事们是一群充满爱心的叔叔阿姨，他们一直是轶凡最好的玩伴。由着轶凡的喜好，三岁时叔叔们画了轶凡版的济公像，四岁时做了鞋儿破的小儿歌，五岁是小恐龙的动画片，现在六岁了，轶凡又发现了一个情投意合的大帅哥，这一次讨论的是关于怪兽的事。轶凡和叔叔一起，画了怪物山比利、狼人，还有最厉害的弗拉特伍兹怪——它的本领是放毒气，虽然没有翅膀，但长得像只导弹，会飞向高高的天空。面对这个属于男生的话题，怪兽拉近了相差20年的距离。最后轶凡还毫不客气地跟去了怪兽叔叔家里，顺便在叔叔家啃了西瓜，掰了玉米，吃了酸枣，连捉到的蚂蚱也都奇大无比，直到日落西山，轶凡才肯回家。哈哈，不知怪兽叔叔会不会觉得做妈妈的同事实在很不容易。但能让孩子喜欢的一定是满载童心的有爱的人，有爱的人也一定会有充满爱的未来！

李老师点评：

满载童心，才会有爱，才会有充满爱的未来。

满载童心，才会有快乐，才会有充满快乐的生活。

满载童心，才懂得游戏，而游戏人生是最高的境界。

成长，教育，是在让我们“满载的童心”越来越少？！

报个到 8月29日 周五

爸爸领轶凡潇潇洒洒去报到了，只留下妈妈伸长了脖子在外张望。呜呜呜，不能亲自看着他排好队牵着小同桌走进教室，真是觉得好可惜，但轶凡没有赖着妈妈就证明他有长大，要比我强！不知为何今年青岛的天空格外的蓝，还会有大朵大朵漂亮的云彩，今天也如此，清风阵阵，心也被吹化了。

哈哈，四班整好队了，看到轶凡和他的小同桌啦，是个清秀漂亮穿白裙子的小女生呢！同班还有他幼儿园的好友，还有两个胖嘟嘟的双胞胎小家伙，这配置算得完美了，精彩故事可以不断上演！等待的时间觉得好长，才刚刚一小时而已，期待他兴奋地跑出来，期待他讲讲新奇的班级，也满足我的好奇，呵呵。但校园的大铁门又生生地提醒着我要学会隔离……开始散场了，心渐渐淡定，留在原地，宝贝，妈妈在这里静静等你！

李老师点评：

试想，当一个人知道妈妈无论在什么时候、什么地点都在那里静静等着自己，心中会有怎样的一份温暖？会有怎样的一份安全？会有怎样的一份淡定？又会有一份怎样的坚强？今天的日记让我想到了我自己，相信很多人也会由此自我联想。

全家的小卫士 8月30日 周六

妈妈给自己安排了一整天超强度的体力活，直到晚上成功累残。晚上9点才接轶凡回家，然后把身体扔在床上就一动也不肯动了。可能是很少见到妈妈这个样子，轶凡觉得好好笑，一会儿戳戳这儿，一会儿挠挠那儿。见我还是没反应，索性轻轻举起小拳头帮妈妈捶起背来。那幸福、那骄傲自然就不必说了，两只小拳头温柔而有力地和着节奏一下下敲打在背上，再累再乏也都忘到脑后去了。

轶凡一直是全家人的小卫士，无论谁有些这样那样的问题，他都会想出自己的办法施以援手。例如和奶奶学了推拿点穴用来帮姥爷，或者和姥爷学了量血压转头去帮爷爷……这个爱操心的小孩，尽管还不懂责任为何物，却已开始悄悄扛上了自己的小肩头。相信一个有担当的小男子汉，将来一定会撑起自己的一片天！

李老师点评：

孩子什么样，就可以推知父母什么样。提到“教育”，我们往往会自动自发地认为——是父母教育孩子，很少有人想过为人父母者到底是否合格，是否也需要教育。做父母的，不但要教会孩子知识，更是给他们树立人格、品行的榜样。

上学啦 8月31日 周日

周五一年级新生报名，周日全校学生报到，周一正式开学……这上学的节奏一拍紧过一拍，全家人都不由得跟着调整到应急模式。只有轶凡最淡定，一早起床照例不紧不慢地伸够了懒腰，洗过了小脸，还看了一小会儿书。

早饭时轶凡问我：“妈妈，你说我上学会不会哭呢？”“为什么会哭呢？”我反问他。轶凡想了想自己笑了：“是啊，我为什么要哭呢，好像没必要哈！”结果可想而知，8点半整轶凡背着小书包径直进了校门，没眼泪，很笃定。

只是说好的11点半放学，被莫名地拖到了12点，制定规则的人为什么从不肯遵守规则呢？老师和家长都一样，不知该送回怎样的学校重新教育下。好在孩子们没那么小气，他们累了，他们饿了，他们出了校门就撒丫子跑回自己的世界了，但留下老妈面对老师布置的一二三四五六七，独自感慨貌似是我在上学，真的不易！

李老师点评：

现实，无论好坏，都得适应。可积极，亦可消极。抱怨，偶尔为之，怡情；多了，遭罪。

按图索骥，我们成人往往会用脑袋中的框架去对照现实，所以郁闷的时候多。

天真无邪，孩子是直接体验这个世界，呈现世界本来的面目，所以快乐的时候多。

好好学习，天天快乐 9月1日 周一

尽管今天才刚刚正式开学，轶凡却似乎已经适应了新的环境，还交了很多新的朋友，这样的速度确实有些出乎我的预料。

我以为他会不乖，其实他没有；我以为他会烦躁，其实也没有；其他我以为的种种差错都没有发生，真不知自己是不是该有些失落，哈哈。

五分钟睡着，十分钟吃饱都成了轶凡额外赠送的小惊喜，不值一提了。

我和爸爸谈论着，莫非是真的到了上学的年纪娃就自动升级了？而且这操作系统还自动查漏补错！

上了一整天的学，也没耽误晚上的象棋课，还和一个超高水平的对手打了个和棋。轶凡自信地说："我都上学了，赢她也不算什么！"真怀疑从哪儿变出的这么个小家伙。

听说明天只有上午四节课，轶凡有点不快乐，猜不透除了新鲜感以外，他到底爱上了什么？一个新的自我？

李老师点评：

孩子有如此表现，父母确应高兴。

就像文中所述，很多父母在孩子入校前都会有各种担心。智慧的，不问，或只问好的，透过孩子的情绪与行为，来推测孩子在校的表现；愚钝的，絮絮叨叨：有没有调皮、有没有烦躁、有没有不听老师话……似乎非要把自己的担心变为现实。

孩子没有出现父母担心的行为，说明父母的价值在降低，父母确应感到失落，但这种失落代表着成长！

请求帮助 9月2日 周二

今天该写点什么？是不是可以从上学的话题有所跳脱？可这事儿确实占据了一家人几乎全部的生活，不知道未来十几二十年的生活是不是都要这样过！怎样才是该有的正常生活？轶凡还好，老妈我有点受不了。

"请求帮助"是近来妈妈和轶凡间的新游戏，寻求帮助的不是儿子而是我——"别让妈妈发飙！""别让妈妈变啰唆！"每当遇到这样的情况，轶凡都相当配合，他要亲手打造一个更温柔可爱的家伙！开学一天半，手抄报两个、手工N多，还有其他种种就不必说。这种帮助没有和轶凡明说，只静静听轶凡讲他喜欢的老师，听轶凡唱他新学的歌……用这样的方式慢慢让自己心态平和。从上学以来，一直是孩子在教育我，和儿子一起"上学"，妈妈很快乐！

李老师点评：

孩子上学，是适应新的环境；孩子上学，妈妈也被迫需要适应这种新变化。两天，孩子适应良好，原因可能是孩子对于新环境没有固定的预期；两天，妈妈有点受不了，原因可能跟孩子的正相反——竟然没有按照我的思路进行，想"造反"不成？

估计一下，还能忍受多久？

怕黑 9月3日 周三

也许因为这几天上学太累，一到晚上轶凡都早早的一个人入睡，今天大半夜却爬起来大喊着怕黑，一定要开灯才肯睡。为了不吵醒邻居，爸爸很快想妥协，却被妈妈无情地拒绝了。虽说不肯同意却又不能大半夜讲道理，妈妈就把宝宝抱到身边，和他玩了一下下寻找亮光的游戏。电源的小插头，手机的充电器，月亮照射的窗影，甚至还能看到乌溜溜的黑眼睛！当然不用继续找下去，轶凡又已经悄悄睡去。

谁让宝贝遇到个不肯轻易妥协的妈妈，妈妈也遇到个难以对付的宝宝。谁想取得最后的胜利，一定不是靠声音更高或权利更大，而在于谁既肯用心，又肯动脑筋，哪怕三更半夜也要如此，哪怕天荒地老也要如此！

也许孩子都会怕黑，其实我们也会，但黑暗中也一定会有光明，一定会有倒影的风景，所以无论睁开或者闭上眼睛，黑暗也无碍我们牵着宝宝一路前行！

李老师点评：

今天的日记很哲学，也很有诗意。

“黑夜给了我黑色的眼睛，我却用它寻找光明。”顾城的黑眼睛让一代人觉醒，你的黑眼睛让儿子入眠，就“黑暗中也一定有光明”而言，异曲同工。

很受伤 9月4日 周四

近来几天，调皮的小猴子频频挂彩，不是磕破了裤子，就是划伤了手指。今天回到家，看到小颧骨上又多了道新的伤口，妈妈难免心头一紧。问起轶凡如何又受伤，轶凡无所谓地挠挠头说：“就是不小心撞伤的！”其实最心疼的要属姥爷，外孙伤点皮毛也会拿我这闺女兴师问罪。我会当着轶凡姥爷的面佯装打趣：“蝙蝠是靠声波判断位置，你像个没头苍蝇胡飞乱撞，是靠什么发现危险啊？”这样的问题自然得不到正面的答案，轶凡用上蹿下跳告诉我们：不用等好了伤疤就早已忘了疼。

说起来轶凡并没有妈妈小时候那么皮，姥爷也总会跟轶凡讲起妈妈小时候天天爬在暖气管子上的趣事。其实和妈妈比起来，轶凡胆小谨慎得多，但时而又很莽撞，这分寸的把握看来还要靠他自己经验的慢慢累积。只愿这期间小猴子早天学会少几分忘乎所以，少几道伤疤和不必要的成长代价。

李老师点评：

“少几分忘乎所以，少几道伤疤和不必要的成长代价。”——相信每个父母，在孩子成长过程中，都会如此祈盼。但现实情况，往往“很受伤”——“分寸的把握看来还要靠他自己经验的慢慢累积。”

胆小谨慎与时而莽撞，看似矛盾，实则统一。什么时候能做到妈妈那样“胆大心细”，就长大了。途径只有一条——得像妈妈那么“皮”（青岛话，调皮的意思），因为“皮”代表着尝试的机会多。

 顺顺利利一星期 9月5日 周五

上学以后的第一个周末，接儿子到家，卸下沉重的大书包那一刻，心才揣回到肚子里——准确地说，应该是妈妈的心揣回了肚子里，而轶凡那颗本来就活蹦乱跳。尽管有些不习惯晚上不去捉虫，也不习惯每天的话题除了 a、o、e，就是 3、2、1，但显然这些并阻止不了上学的各种新奇，轶凡很喜欢他的一年级。

尽管时间不早了，轶凡还是对着妈妈帮画好的课程表，讲着数学课他最喜欢上，英语老师很漂亮，信息技术课还没上，体育课就是练习整队……说到明天上什么课，才想起今天是周末，明天可以休息，而且一开学就赶上中秋佳节，有三天假期！也许幸福来得太突然，轶凡迟疑了一下才兴奋地跳起来：“耶！明天可以和爸爸妈妈一起出去玩喽！”

孩子心中的生活就是这么简单，快乐也是简简单单。尤其开学这几天，生活变成了两点一线，但也同样充实美满。你快乐所以我快乐，上学也快乐，周末也快乐！

 李老师点评：

习惯，代表着一套固定的行为模式；不习惯，代表着正在养成另一套固定的行为模式。生活是变化的，是流动的。所以，心理健康的表现之一，就是要让习惯的这种固定性，适应生活的这种流动性。

不习惯，不是不能习惯，而是这种变化会引起不快的体验。承受它，就会——你快乐所以我快乐，上学也快乐，周末也快乐！承受它，就会——习惯！

 卖菜 9月6日 周六

过节亲戚送了两箱蔬菜，可惜全家总动员也没那么大的胃口，眼见菜叶叶一点点泛黄，我便拉着轶凡商量：“宝贝，我们去把这些菜卖掉好不好？”“卖掉？可以吗？”轶凡对妈妈的提议又新奇又迟疑，但终于禁不住诱惑，扛起菜箱子卖菜去也！

风水宝地选在了平日卖菜阿姨的旁边，教轶凡提前和阿姨说好我们来“抢生意”了。向阿姨借了袋子把菜分成一包一包，轶凡和妈妈果断定价只卖一元。对轶凡第一次练摊，降低难度很重要，哈哈哈！面对这么便宜的价格，各路的姨婆自然捧场，轶凡还没来得及害羞，菜就转眼间卖了精光。小掌柜攥着收来的一摞小绿钱乐得蹦高！

卖菜阿姨觉得我们卖亏了，兴奋之余，我也有些许担心，会不会误导儿子赚钱太容易？但看到信心满溢的轶凡，就坚信了我们赚到了，很多！

李老师点评：

九州生气恃风雷，万马齐喑究可哀。我劝天公重抖擞，不拘一格降人才。借龚自珍的诗，希望妈妈能在当今流水线一样的教育体制下，引导出不拘一格的孩子。功莫大焉。

登山记 9月7日 周日

放假第二天，和朋友约好了去崂山，四个大人俩孩子，一路直奔九水。秋高气爽，山清水秀，远离城市的感觉那么的清爽，轶凡连声高呼："太美啦！"才发现这么俗的词出自孩子之口，也会变得那么诚恳动人，哈哈。

在山脚下吃一顿原汁原味的农家宴，两个小家伙不等吃饱已迫不及待地下河捞鱼了。结果鱼儿一只也没有，小孩儿却在水里撒欢儿了。好容易捉上来，换过衣服才慢慢拾阶而上，一路爬到尽头，不仅收获了花花草草、马陆蜻蜓，还找回了妈妈很多年的记忆。妈妈对轶凡讲起："上一次在潮音瀑下饮茶还是七八年前没有你的时候，当年也看到过鼻涕虫，但没敢捉；当年也蹚过清冽的泉水，但没敢把自己弄得浑身湿透……"当年的妈妈没有轶凡这么伟大，如今山还是那座山，风景却不一样啦。是轶凡让妈妈更多次停下脚步，而不急于登上山顶。是轶凡教会妈妈只求身在此山中，云深何必知其处。

李老师点评：

只有停下脚步，才能活在当下，也才有可能体验与思考"见山是山 - 见山不是山 - 见山还是山"的变与不变。

有一类恩人，就是那些将我们从"忙"（心 + 死）中拯救出来的人，比如儿女。正是他们的出生和成长，才让我们体验着"生活"，而不只是"活着"。

团圆 9月8日 周一

今天是2014年的中秋节，如果不是过节，这就是个平常而又平常的日子，那么既然被赋予了团圆的寓意，就一定要专程感谢一下陪我们团圆的家人们，尤其是可爱的轶凡，正因为有了你，举家的团圆才更有意义！

对于过节，每个人都会有不尽相同的心态，老年在感慨，中年在忙碌，只有轶凡这样的小孩子们才在真正享受节日的幸福。一大早轶凡就张罗着中午去姥姥家，晚上去奶奶家；一顿饭要出去吃，一顿饭要在家里做；晚上如果有月亮，就要带着大家好好出去散步赏月；如果没有月亮就在家早睡早起，准备上学……姥爷嬉笑轶凡真是个当领导的材料，所有的人都跟着他的指挥忙前忙后，也许这才是团圆的乐趣吧。

虽然十五的月亮最终羞答答没肯露面，姥爷也因身体不适取消了一顿团圆饭，但是相信轶凡早已深刻领悟了团圆的含义，一家人都住在心里，我们每时每刻都团团圆圆！

只有透过像轶凡这样“在真正享受节日的幸福”的孩子们，我们才能找到节日的本意。“真正享受”已经离我们远去，空留忙碌与感慨。本不该如此，但就是如此。人啊！

放轻松 9月9日 周二

放假前轶凡在学校写了数学1、2、3、4、5，昨晚爸爸检查，觉得“5”写得不够漂亮，要求轶凡重写，轶凡不肯，两人便开始了拉锯战，结果僵持到睡觉时间也不分胜负。今天一早爸爸勤快地擦去了一行歪歪扭扭的“5”之后，又把本子端到了轶凡面前……结果就是没有结果，只好妈妈出面调停，轶凡才不情愿地补上了被擦掉的那一行字。

儿子上学之后，妈妈严肃地展开了对爸爸的教育工作：“爸爸不应该私自擦掉轶凡的作业，这样的否定会打击儿子的学习热情和自信心，再遇到同样的情况可以再多写一行作为进步的比照，让轶凡知道通过努力他可以做得更好！”近三个月的修炼终于找到了用武之地，明显觉得说话的腰杆也硬了三分，老公只有点头称是的份。

开学这几天类似的事发生了很多，作业本编号写什么位置、家长签字签什么形式……当爸的神经绷得比儿子还紧。开学第一课，先让我们和孩子一起学会放轻松吧。儿子，上小学，而已！

李老师点评：

孩子上学之后，家长的神经绷得比孩子还紧的现象绝不是个例，为什么会这样?

妈妈难道就不怕孩子输在了“起跑线上”？

看起来，像是孩子上学这件事，让家长感到紧张和焦虑；其实，是家长对孩子上学这件事的看法（学好了，将来才能有好工作；学不好，丢人；等等），引起了紧张和焦虑。但为什么有的家长就不那么紧张、焦虑呢? 原因可能是，这些家长没有放弃独立思考的权利，没有被社会、被他人（包括所谓的很多专家）所宣扬的一些理念、一些价值判断主宰本属于自己的大脑。

体制是僵化的，但作为孩子的父母，头脑可不能跟着僵化，因为我们是孩子的亲父母。其实，教育孩子可以很简单，只要知道常识就行。比如：儿子，上小学，而已！

教师节 9月10日 周三

早上送轶凡上学，看到学校门口卖花买花的人群，才想起今天是教师节。暗自惭愧这么重要的日子也忙忙碌碌地忘记了。没有买花，只叮嘱了轶凡今天是老师的节日，记得要表现得更好，也要祝老师快乐！轶凡愉快地答应着进了校门。

到晚上，我以为教师节已过完了，轶凡却捧起他养的小花问妈妈："我可以把这盆花送给老师吗？因为老师很喜欢绿植，很喜欢同学们送给她的花！"轶凡想送出的这盆小花，相信和妈妈心中是不同的，或许和老师收到的也会是不同的。

这一株生机勃勃的小仙人球，尽管是个小刺头，但胸中流淌的都是最纯净最善良的汁液，但愿它能汲取到更多的阳光和正能量吧！教师节，祝所有的教师们健康快乐，你们阳光，孩子们才会灿烂！

李老师点评：

暗自惭愧不如公开道歉，忙忙碌碌只是暗自惭愧的合理化。

每一个孩子都应该像记住自己或父母的生日、记住国庆节一样，记住教师节。尊师重教不只是传统美德，更是行为师范，其意义在于：长大后我就成了你，才知道那块黑板，写下的是真理，擦去的是功利。我们做的的确不够。

约架 9月11日 周四

周四下午没课，轶凡早早在奶奶家完成了各种作业，回到家就可以轻轻松松和妈妈一起玩啦。一进门轶凡就拉着妈妈说悄悄话。今天先是骄傲地告诉我他得了两朵小红花，随后又补充说其实有的孩子得了仨！哈哈，妈妈为轶凡高兴的是，有这样的心态就够了！

接下来的秘密可不得了，轶凡说他和一个男生约好了在9月15号要打一架，地点就在爷爷家楼下。我问他为什么而战呢？轶凡认真地说："就是打一架嘛，不需要原因的啊！"那语气仿佛告诉我，男人嘛，总是要打架的。好吧，接下来讨论一下打架的规则吧，带不带武器，还有谁去观战什么的。

不知道那个男生是不是也有个这么不靠谱的妈妈，也不知道轶凡的第一次约架最终会不会打。当然，打架不是一场儿戏，但男孩子，也别轻易浇灭他那与生俱来的血性吧！

李老师点评：

这可不是一般的妈妈能有的态度。孙隆基先生在其著作《中国文化的深层结构》中说，中国的文化是"杀子文化"，其中的意思就包含了对男孩子雄性精神的"阉割"。

 思念的滋味 9月12日 周五

周末陪轶凡讲过故事静静躺在小床上等待美梦的降临。忽然小家伙眼中泪光闪烁，紧接着豆大的泪珠劈里啪啦滚落下来，搞得妈妈不知所措。顺着轶凡的目光看去，原来挂在床边的幼儿园毕业照换起了他的记忆，轶凡抱着妈妈伤心地哭着说："妈妈，我想他们了！我想美女姐姐和我的好朋友！"不知为何妈妈的眼泪也跟着不争气地流了下来。

本以为对于轶凡而言，还不知离别的滋味，幼儿园毕业那天，小朋友们也是一起叽叽嘎嘎疯玩到了深夜，只有感性的爸爸妈妈们一醉解离愁。时隔这么久，当我们都已淡忘，却不曾想原来孩子还深深记得。轶凡一边哭一边细数着那些朝夕共处了三年半的老师和共同成长的小伙伴们，哪怕是那个曾经总是喜欢挠他打他的小女生。初尝思念的滋味，是又酸又甜，小男子汉有时也会用眼泪浇灌他成长的路程，浇灌他思念的美。

 李老师点评：

秋风清，秋月明，落叶聚还散，寒鸦栖复惊。相思相见知何日，此时此夜难为情。

入我相思门，知我相思苦，长相思兮长相忆，短相思兮无穷极。

早知如此绊人心，还如当初不相识。

 爸爸的工作 9月13日 周六

妈妈在爸爸的单位搞活动，自然少不了轶凡的参与。不用等我们叫醒，一大早轶凡就把自己洗刷成了一枚小帅哥，等着和我们一起行动，早饭也选择去爸爸单位吃了。

到了食堂，看着丰富多样的选择，轶凡感叹地对爸爸说："你们单位还不错嘛，等你 over 了我来这里工作吧！"哈哈，一句话弄得我们哭笑不得，只好告诉他，不用等爸爸 over 他就可以来这里工作！甚至可以努力当爸爸的领导呢！轶凡觉得这个提议也不错，大家达成共识：既然有了明确的目标，就要更努力才行呢！

爸爸骄傲地借题发挥，开始大讲特讲新闻规则，仿佛给轶凡上了入职第一课。

轶凡很喜欢参与爸爸妈妈的工作，只要我们肯讲，轶凡就会认真地听，也许他眼中大人的世界和昆虫、恐龙的世界都一样是那么神秘有趣，好在我们可以交流，机会自然不能放过。而对于我们呢？ 20 年之后，轶凡从事的又会是怎样我们无可想象的工作？

 李老师点评：

20年后，孩子从事怎样的工作我们无可想象，但有一点可以确定：那是孩子所喜欢的，他是在为兴趣而工作，是在为生活（区别于生存）而工作；不是为了工作而工作，不是为了钱而工作。之所以这样说，是因为看到了妈妈的境界，看到了妈妈的心胸。

真心不希望，孩子们"寒窗"苦读20年的结果，仅仅是为了拿一个文凭，找一个饭碗。

起疹子 9月14日 周日

前天开始妈妈莫名起了好多的疹子，轶凡早上醒来就关心地跑到妈妈身边看我怎么样了。见疹子多了颜色也重了，轶凡赶忙拿来药和水让妈妈吃下，还要求我跟他去找奶奶推拿。妈妈感动地说：“有你帮我就够了，妈妈很快就会好起来！”轶凡摇头：“我还不行，我找的穴位都还不准呢，我都是跟奶奶学的，奶奶一定能帮你治好的！”有什么比儿子的关心更能治愈的良药呢？再多的疹子妈妈也不觉得痒了。

虽然没有像以往周末一样跑出去疯玩，但一家人静静待在一起的日子就是最幸福的。下午轶凡体谅地去奶奶家玩，留妈妈在家休息，作业和练习也有细心的奶奶帮助完成了。家在周末总会显得特别的温暖，因为家人齐整，爱意满载，也正因为这样，轶凡特别喜欢自己的家，从不肯在外过夜。不知过于恋家的小男子汉会不会少了志在四方的洒脱呢？呵呵，也许是我又多虑了！

李老师点评：

妈妈啊妈妈，不是多虑，而是“太贪”了。何谓“贪”？不合理的要求谓之“贪”。何谓“合理”？接受硬币落地的两种可能谓之“合理”。何谓“太贪”？苛求完美谓之“太贪”。不知过于恋家的小男子汉会不会少了志在四方的洒脱呢？

老师来电 9月15日 周一

今天要检讨一下自己的过错，因为难得和轶凡老师电话沟通了大半天，却只是听，很少说，没能好好把轶凡的优点讲得更多。好在爸爸紧跟着弥补了妈妈的错，又一次和老师聊了半个钟头那么多，要知道爸爸是干记者的！

老师说轶凡写字有点慢，我们相信过段时间就学快了；老师说轶凡上课会打扰同桌，我们认为他一定是把她当成好朋友了；老师说站队的时候轶凡会溜号，我们觉得他可能不经意站到小昆虫的队伍中去了！

亲爱的老师，请相信我们不是在自圆其说，入学两周，轶凡口中都是在学校过得有多快乐，他眼中的课程都是有趣的，老师都是和蔼的，同学们都是可爱的……他敞开心扉接纳着这个属于他的新世界，妈妈觉得这就足够了。

晚上爸爸妈妈和轶凡一起谈心，说起老师对轶凡很关心，轶凡很开心，妈妈才渐渐安心。

李老师点评：

首先，得弄清楚老师为什么打电话。是为了“告状”？是为了诉说孩子的不是？这仅仅是语言所传达的表面含义，背后真正想表达的，也许是希望家长认可他认真负责的

工作态度，是希望得到家长积极、努力的配合，是希望家长能分担他所承担的压力或焦虑。弄清楚了这些，知道在电话里该怎么说了吗？

其次，要为老师说几句公道话。一个人守着几十个六七岁的娃娃，而且这些娃娃还都是家长的“小宝贝”，还都没有熟悉或习惯集体生活，那种难度是可想而知的，由此引发的消极情绪也就不可避免。想一想我们自己，面对亲生的这一个，是不是也会经常生气、上火、发脾气？当然，老师的这种“盯着问题”的思路也是有待商讨的。

最后，对于传统教育体制，抗拒不可取，合作更不可能。如何做？没有什么固定统一的答案，只能靠父母发挥聪明才智。一句话，带着镣铐还能跳出优美的舞蹈才是真水平。

玩泥 9月16日 周二

前几天给轶凡买了橡皮泥，因为上学太忙，一直都没玩过。眼看今天回到家又已经8点多了，轶凡看着橡皮泥露出渴望的小眼神。爸爸想抓紧一切时间让轶凡再做两道国象的题，可妈妈知道轶凡的心早就飞到橡皮泥那里去了。毫不犹豫，玩泥玩泥！因为未来的日子一定有读不完的英语，做不完的练习，却很少有妈妈和轶凡一起玩橡皮泥。

轶凡和妈妈一起做了红心、花蝴蝶、蓝面条，还有撮得滚滚圆的小药丸。完成的每一件作品都被轶凡小心翼翼摆在了书架上，看得出轶凡珍视的绝不仅是这些橡皮泥而已。

睡觉的时间转眼就到了，说好了明早起来要做题，爽快地收拾好各种玩具，轶凡心满意足地躺在了他的小床上。尽管睡前又闹了些小小的别扭，但仍旧不影响这样美好的一天像那些彩泥一样留在轶凡和妈妈心中。

李老师点评：

一个六岁的孩子，竟然“因为上学太忙”而没有时间玩喜欢的橡皮泥。

但愿轶凡未来的日子不像其他孩子，有读不完的英语和做不完的练习，而是在玩的过程中就把该学的都学好了。玩和学，其实不对立。

作业来袭 9月17日 周三

作业这种东西，虽然算不得什么洪水猛兽，也算是个让人心存忌惮的东西吧。妈妈从小就不太喜欢写作业，所以深切盼望着各种教育改革减负信息。一开学，老师就宣布一年级基本没有作业，这可乐坏了妈妈同学。没想到妈妈以为的没作业和老师所说的是不太一样的，呵呵。今晚回来，就陪着轶凡两个人做到了9点多。其实想说的并非辛苦，而是发现，这样一种新的家庭互动，也是一种难得的亲子游戏。孩子带我们回到了童年，回到了曾经的“b，p，m，f”，想起了我们当年怎样记作业，聊起了我们和谁是同桌……这么不专心地写作业，自然用的时间更多。好在轶凡一点也不会烦，还会耐心地擦掉每一个写得不满意的拼音，认真地涂好每一个数字树上的苹果。

尽管轶凡的作业还经常出错，尽管还没有得到他期望的A+星，尽管妈妈觉得作业还是有点多……但是，就让作业凶猛来袭吧，轶凡和妈妈会一起愉快地消灭你！

改变不了世界就改变世界观，妈妈对于作业态度的转变是这句话最生动的注脚。反过来看，世界观改变了，世界就改变了。对作业的态度转变了，作业也就不是原来的作业了。再进一步，如果能在作业中找到乐趣或兴趣，那么也就不会再有多与少的分别。

 跳绳（没什么不可能） 9月18日 周四

入学没几天，就被通知体能达标要测试跳绳，这可不是轶凡的擅长。虽然几年来妈妈有意无意让轶凡多些户外活动，但跳绳这件事还真有点让人头疼。好在轶凡自信满满，哪怕跳了一个也会骄傲地翘起尾巴：“怎么样妈妈，我又进步了吧！”看来纠结紧张什么的，都是大人的事，孩子才不管那么多。

全家紧急动员之后，姥姥主动承担了帮助轶凡跳绳的重任，别看六十好几的年龄，姥姥身手可是相当灵活，跳绳打球全都不在话下。时间紧任务重，祖孙俩一放学就操练起来。没等下班，轶凡电话已打了过来：“妈妈，你猜我今天跳绳跳了几个？”妈妈放开胆子猜了10个，结果轶凡说：“太小看我了，我跳了16个！”妈妈确实没想到会有那么多，因为所谓的经验总是会放大了困难，削弱了自信，连想象力也变得不够跳脱了。

只有孩子一次次教会我们——没什么大不了，没什么做不到，没什么，不可能！

李老师点评:

看来纠结紧张什么的，都是大人的事，孩子才不管那么多。但随着年龄的增长，随着经验的增加，却变得没那么淡定了。那些总是会放大了困难、削弱了自信、连想象力也变得不够跳脱的所谓经验又是从何而来的呢?

途径可能很多，比如吃一堑长一智，连胆子也会变小。但最不可取的一条路必须明确：不能因为家长纠结紧张、胆小怕事，就教会孩子也这样。

相信孩子。不要因为自己的“小”，而阻碍孩子长“大”的可能。说白了，侏儒的父母，只要不用侏儒的标准要求孩子，孩子就有长成巨人的可能！

难舍的最后一篇 9月19日 周五

三个月的最后一篇日记，不知自己是否真正成就了这个小男子汉，90天沉浸的细节一点点浮现在眼前，连自己都被感动！庆幸冥冥中让轶凡有机会让大家见证他成长的这些天，也许因为有了更多的关注，正如被洒下更多的阳光雨露，让轶凡在这个夏天收获了更多的善良、自信、幸福……

此时，轶凡已经成为一个初入校门的小学生，每天早上会自己背起大大的书包开开心心地上学去。妈妈知道，此时的轶凡，小小肩膀能扛起的除了书包以外，还有男子汉的天空，小小脚步迈向校门的同时，还迈向了更加广阔的未来！90天以前妈妈更多期许，90天以后妈妈更多相信，孩子，你可以！

最后，谢谢课题组的各位老师各位妈妈们，让轶凡用小小的臂弯给你们一个大大的拥抱吧，因为是你们，让他张开怀抱拥抱了更加美好的世界！谢谢！

李老师点评：

我想，最应该感谢的，也许是自己。参加课题组的爸爸、妈妈们，都是优秀的。因为三个月的付出而优秀；因为把对孩子的爱落实到行动中而优秀；更因为，你们付出的行动是有效的。

俗话说：十年树木，百年树人。我们在不经意间，做了一件符合教育规律但违背现实节奏的事情——不急功近利地陪伴。90天的陪伴，作用已经初显。希望十年之后、二十年之后、三十年之后我们还能再相聚，这三个月付出的真正意义，也许在那时，看得更清楚。

轶凡妈妈感言

未曾亲历的人一定不会相信90天就可以创造奇迹，未曾亲历的人也一定无法想象90天的日记会有多不容易！对于每一个深爱孩子的妈妈们，在我们满怀希冀的同时，只要静下来一点点关注内心，一点点改变自己，孩子在你眼中就会闪现更多的活力。

回想过了多愁善感的年纪，就再未曾写过这么多篇日记。对于这个曾被我们赋予生命的个体，也曾千万次说过爱他胜于自己，但真正把每一篇日记写下来，才发现我们已错过了太多美丽。感谢编辑策划了这样的选题，感谢老师们每天的点评。是你们让我学会参悟妈妈的真意，是你们让这个6岁的小男子汉幸福地度过了人生如此重要的时期！我们不再更多地关注外界的认同和赞许，而渐渐清晰的是，人生并不都为了赢取掌声，让我们做回自己，更让孩子属于自己。Give me five，我和我的小男子汉，即便牵紧的手终会慢慢放开，从这90天开始，我们完全可以相信，前方的路必将属于幸福！

李老师点评　爱孩子的妈妈，是对孩子最好的爱

每日回复轶凡妈妈的日记，我的体会是既困难又轻松：困难在于，轶凡妈妈的日记和我们当初要求的“积极、正向、阳光”几乎没有距离，而且做到了始终如一，使我就像面对一幅完美的画，除了赞美以外不知道还能说些什么；也正因为如此，我就几乎不必用心和动脑，只需随心所欲地附和几句，就轻松地回复了。说实话，在刚开始读轶凡妈的日记时，我以为这是她“写”出来的，因为她笔下的轶凡好得超出我的预期，但经过了一段时间，尤其是与轶凡妈妈有过面对面的交流后，我逐渐相信，轶凡妈的日记就是轶凡和这个家庭的真实写照。

作为一名心理医生，我在门诊上遇到轶凡妈妈这类女性的几率非常小，但我知道，她们才是我们这个社会的主流。系统考察分析后会发现，这类女性具备如下特点：

❶身体、智力、情绪十分协调；❷适应环境，人际关系中彼此能谦让；❸有幸福感；❹在职业工作中，能充分发挥自己的能力，过着有效率的生活。心理学将这类女性称之为心理健康的人。以上四点，淋漓尽致地呈现在8月30日的日记中——

妈妈给自己安排了一整天超强度的体力活，直到晚上成功地累残了自己。快到9点才接轶凡回家，然后把身体扔在床上就一动也不肯动了。可能是很少见到妈妈这个样子，轶凡觉得好好笑，一会儿戳戳这儿，一会儿挠挠那儿。见我还是没反映，索性骑到了妈妈身上，可这下，却并不是捣乱，而是轻轻举起小拳头帮妈妈捶起背来。那幸福、那骄傲自然就不必说了，两只小拳头温柔而有力地和着节奏一下下敲打在背上，再累再乏也都忘到脑后去了。

轶凡一直是全家人的小卫士，无论谁有些这样那样的问题，他都会想出自己的办法施以援手。例如和奶奶学了按摩用来帮姥爷，或者和姥爷学了量血压转头去帮爷爷……这个爱操心的小孩，尽管还不懂责任为何物，却已开始悄悄扛上了

自己的小肩头。相信一个有担当的小男子汉，将来一定会撑起自己的一片天！

“养孩子真累！”这是无数年轻父母最普遍真实的感受，也是我们经常听到的抱怨。轶凡妈妈也是位年轻女性，也有着一份并不轻松的工作，她养轶凡累不累呢？答案是肯定的。可是我用电脑“查找”了这三个月的日记，竟然发现以上是唯一一次以她为主语出现的“累”，而且充满着调侃，暗含着幸福与快乐。其实，无论是心理健康的人，还是心理不健康的人，都要面对现实的生活，都离不开吃喝拉撒睡和柴米油盐酱醋茶。轶凡妈妈的日记，会让读者坚信：心理健康的人，具备一种将累化解甚至转化为快乐的能力。

我们看到，轶凡妈妈始终保持着乐观的情绪，热爱自己的生活，热爱自己的工作，善于在平凡中发现不平凡。更难能可贵的是，轶凡妈妈的那颗童心，把自己当成孩子，经常成为轶凡游戏中的大玩伴。温馨的家庭氛围和融洽的亲子关系——轶凡所沐浴其中的，正是无数人所倡导和追求的那种寓教于乐。希望读者在赏识这样的教育方式时，能够体会到创设并维持这种方式的心理背景，能够相信：良好的亲子关系和优质的教育，从来就不是什么具体方式和方法的问题，而是父母心理健康水平的体现！

阅读轶凡妈妈日记的过程中，我一直在想：心理健康的妈妈那么多，为什么她们不能像轶凡妈一样做得那么好？在 7 月 4 日的日记中，当看到她说“我有事的时候，老公一般都会自动补位，推掉一切应酬回家看孩子”时，我恍然大悟。我想，读者也会想到：这位积极、正向和阳光的妈妈背后，始终如一地站着一个理解自己并能主动分担家庭重任的老公，还有一个温馨幸福的大家庭。我想，读者也不会怀疑：爱孩子最好的方法，就是爱孩子的妈妈，帮助孩子的妈妈。

人生如河流，家庭就是水中行驶的船，父母是撑船人，孩子是乘客。船外的一切父母无法掌控，但船内的却须共同做好。只有齐心而协力才能让船安全行驶，让孩子内心安宁且健康成长。借助于轶凡妈妈的日记，我想请读者思考：当你累的时候，面对孩子的胡搅蛮缠或者调皮捣乱，过去你是如何做的呢？现在你又是如何想的呢？未来你有能力像轶凡妈妈一样去化解和转化吗？你会像轶凡妈妈一样始终保持健康的心理状态吗？

养育孩子不但需要学习，更需要反思！成功的经验无法复制。切记，做父母的，永远无法按照人家教育孩子的方式来照葫芦画瓢。

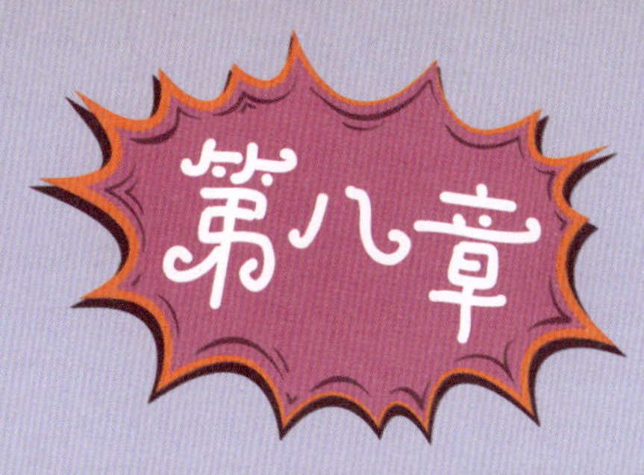
第八章

拥有发现美的眼睛
希希妈妈日记

What's this?

编者导语　拥有发现美的眼睛

在陪伴孩子的成长的过程中，我相信每一位妈妈都感受过来自现实中有形的或无形的压力。在面对这些压力时，并不是每一位都能扛下压力，面带微笑，心态平和坦然地去履行自己养儿育女的责任和使命。日记中的希希妈妈就是这样一位在压力影响自己的情绪时，尝试着慢慢地调整自己的情绪，放松心态，付诸于有效的实际行动，让自己的女儿希希能够更加自由快乐地成长。

日记中的希希妈妈也是勇敢的，在日记中敢于承认自己的自私和懒惰，尝试着改变自己，从最初的因为自己劳累而极少陪伴自己女儿玩耍，到后来能够抽出时间陪希希到沙滩玩耍、讲故事、画画和跳舞。我欣喜于希希妈妈这些积极的改变，我想这些改变希希应该最先感受到了。当希希妈妈以积极正向阳光的心态去看待希希的一切时，才会发现希希学会了叠被子、刷牙、洗澡；才会认识到希希因为学习绘画，懂得发现美和欣赏美；才会发现希希因为学习舞蹈，形体越来越柔韧和健美；才会发现希希因为学习象棋，思维将会更加活跃和缜密。

日记中的希希是爱美的，喜欢色彩亮丽的衣衫和鞋子，喜欢色彩鲜艳的花朵，喜欢那随风飘散的蒲公英；日记中的希希是纯净的，认为所有漂亮的东西都是好东西，却不知道这个世界上有些最美的东西往往也是最毒的；最大的心愿是自己越来越漂亮，最想念的人是爸爸和妈妈；日记中的希希也是温暖的，她会在妈妈说冷时，跑过来紧紧抱着妈妈说："我给妈妈当热水袋"，让人为之感动，也会在爸爸妈妈争执时，英勇地冲过来对爸爸说："不准欺负妈妈！"也会在妈妈感冒时殷勤地端茶递水，在爸爸生病时一遍遍叮嘱妈妈要给爸爸买药。

当希希妈妈以日记的形式，将希希优秀的表现记录在纸上，改变就这样开始了。当希希妈妈随时翻看这些文字的时候，会发现希希的优点在自己的心中越来越多，也会发现自己的快乐越来越多，某一天希希妈妈更会发现希希就像那破茧而出的蝴蝶，在太阳的照射下美得令人炫目。

 尽情地画吧！my Darling！6月20日 周五

今天这个课题启动会，给了我一个理由，让我记录下生活中的我到底是个什么样子，在与宝贝相处的时间里，到底该如何扮演“母亲”这个角色，让我徒然产生难以名状的压力，压力之下撑起内心的责任感、使命感。

这个夜晚，我很有耐心地一次次打回希希已完成的作品，宝贝一遍遍上演这疼那困的戏码，外加洒下金豆子。要我动之以情晓之以理地劝慰？那不是我的风格，我连哄带骗外加威胁地引她应付完成了那幅画。我终于长吁一口气，以为我们终于可以安心睡觉了。没想到小家伙像翻身农奴一样，获得了解放即享受起了自由，哪儿也不疼了，精神也瞬间高涨起来，开始自娱自乐地创作起自己想画的画来，还要同我比赛。自然，又是一副永远不会完成的涂鸦之作。

这一天，又即将翻过。我努力做到延长对孩子的耐心指数，其他的嘛，有待提高。

“到底该如何扮演‘母亲’这个角色，让我徒然产生难以名状的压力，压力之下撑起内心的责任感、使命感。”这话说得实在。

在陪伴孩子成长的过程中，相信每位父母都会体验到压力，但并不是每位父母都能在压力下履行其责任和使命。有责任感、使命感的父母会以“解决问题”为导向，会付诸有效的行动。你做到了。

孩子“翻身”前后的表现给了我们重要的提示——如何保护孩子的兴趣不被消磨，让孩子可以自由地成长，这是重中之重！有多少过了10级的孩子痛恨钢琴？有多少儿时无所不学、无所不会的孩子长大后连个爱好也没有？

哭，是情绪的宣泄 6月21日 周六

今天的天气，就如同5岁娃娃的脸，前一秒还好好的，不过一瞬间就下起了大雨，希希今天的行为也非常映衬今天的天气。

前一刻玩得不亦乐乎，就因为我跟她爸下了一盘象棋打成和局，她不乐意了，非要我们争个输赢，我生气地要收棋，她开始号啕大哭，我感到不可理解。你哭吧，我累了不理你。她突然拼了命地抓着我抓着棋盘，哭喊着下刚才那一局。我耐着性子说刚才是平局，她哭喊着没有平局，继续下。我决定不解释，继续收拾，让她哭吧。谁还能没有心情烦躁的时候，这个时候最好的办法就是发泄出来，让她哭，哭累了就好了，憋在心里才更容易长病呢。

她爸受不了了，把她扔进小黑屋。我一直很反对他这么做，在我们面前哭跟在小黑屋里哭是两回事儿，我不希望她发泄情绪的时候产生什么“幽闭空间恐惧症”，不利于她的身心健康。在里面哭的调子都变了，像受到惊吓一般，撕心裂肺地喊：“妈妈，妈妈，我不哭了！”我赶紧把门打开，把她拉出来说：“不哭了，那就自己去玩吧。”她还认死理儿：“下刚才那局棋。”直到我们决定出门溜达溜达，她才停止胡闹，嚷嚷着也要去，这一哭二闹三关小黑屋的戏码终于告一段落。

对于孩子毫无理由、不可理解的哭闹行为，我一直抱着熟视无睹的态度对待它，不是说不关心她，是希望让她慢慢学会自己调节情绪。

如果孩子的怒气是出于合理的原因，比如需要得不到满足、正当的权益受到侵犯等，家长就应给予孩子肯定评价，并帮助孩子克服阻碍、实现目标，或给予适当补偿；如果孩子的怒气是不合理的，最简单的办法是装着没看见而不予理睬，使其发怒因无效而自然消退。

当然也可以用目标转移的方法——这是一种积极的方法，但要求父母做相当大的努力，比如控制住自己的情绪。最坏的办法是惩罚，比如“关小黑屋”。

觉醒吧！懒惰！ 6月22日 周日

我是一个宅人，还是一个懒人，我喜欢睡到日上三竿，结果原定于10点半的希希舞蹈课都没上成，本以为今天就这样宅在家里多好啊！爷俩非拉着我去迪卡侬，到了商场一看，人声鼎沸，“砰砰吭吭”的躁动声不绝于耳，心情瞬间沉到湖底。希希可高兴坏了，每个运动器械没有她不玩的，而我却像傻子一样跟在她后面跑。希希在这些不起眼的小玩具上乐此不疲地玩，我感到很庆幸，宝贝没有因为我的宅就失去对玩的兴趣，没有因为我的懒就远离对生活和大自然的热爱！

虽说爱玩是孩子的天性，可如何玩、如何正确地玩，我确实是个外行，更别说引导。以至于在玩这方面，我一直采取“无为而治”的方针。每当宅在家里，宝贝说：“妈妈，好无聊，我们玩什么？”我会说：“你练舞蹈吧，你画画吧，你自己看书吧……”其实我心里想的是你别打扰我就行，咱们各玩各的吧。

唉！这又是耐心跟责任心同我性格里面的自私与懒惰在较量，今后要让正能量多多贯彻自己，因为我如此爱我家宝贝儿！

李老师点评：

在记录女儿的日记中，敢于承认自己的“自私与懒惰”，需要勇气。多少年后，女儿长大，看到这段文字，想必会潸然泪下。爱会让过去复活，会保持母女情感的鲜活。

没有人“规定”妈妈一定要引导、陪伴女儿。对女儿爱的表达，只要找到属于你自己的、独特的表达方式即可。

宝贝！你将来一定会交到真正的好朋友　6月23日 周一

上幼儿园之前，我家宝贝基本上不会跟同龄人接触，小区的孩子在玩，希希从不主动靠近。慢慢的，我意识到了这种弊端，她真的不太会交朋友，还容易受伤。

刚上幼儿园时，我每回问她：“你今天跟谁一起玩啊？”她总说：“没有人跟我玩，我自己玩。”我虽难过，可无能为力。有一次，宝贝跟我说：“谁谁谁今天跟我做朋友，但是她说只跟我做一天的朋友，明天她就不跟我做朋友了。”哭腔都出来了，我知道希希对朋友是非常珍视的。她之前总说那个小朋友多好多聪明，是她最最好的好朋友，我总拿“我不是你最好的朋友吗？”挤兑她，她就急了，说，“不，我最好的朋友是谁谁谁，你是我的大朋友。”

还有许多这种类似的朋友事件，包括被朋友欺负了，她都回来难过好一阵。其实，每当她跟我讲的时候，我的心都在滴血，是我没教会她如何结交新朋友，遇到问题如何解决。我总是抱着她说：“没事儿没事儿，这样的小朋友不是真正的好朋友，你还有我这个好朋友呢，我们永远都是最好的朋友啊！”

这样说，我是在安慰她此刻受伤的心灵，更是在安慰我自己，我的宝贝要坚强！

弟子规里有云：首孝悌，次谨信，泛爱众，而亲仁。如今独生子女的一代，如今生活在格子间里的我们，该如何引导我们的孩子做到兄友弟恭的行为呢？

李老师点评：

“引导我们的孩子做到兄友弟恭”，其前提是给孩子创造和同龄小朋友接触的机会。一个人心理的成熟离不开与同龄人的交往。接人待物是在人际互动中学会的，而非父母苦口婆心劝慰的结果。父母在日常生活中给孩子树立的兄友弟恭的榜样，是孩子兄友弟恭的基础。——行为对行为的影响非说教能比。

我给妈妈当热水袋 6月24日 周二

宝贝到了这个年龄，爱美之心反映在各个方面，喜欢色彩亮丽的衣服，喜欢美丽的花朵，喜欢蒲公英，看着它们随风飘散的样子，会为此欢欣雀跃很久。也正是因为年龄小，对美的概念相对狭小，例如，像今早上必须穿粉色的鞋子，即使它已经布满灰尘。宝贝认为所有漂亮的东西都是好东西，最大的愿望是自己越来越漂亮，越来越聪明。

宝贝爱妈妈，不仅表现在天天像小猫一样黏在我身旁，今天在广场上，妈妈说冷，宝贝跑过来紧紧地抱着我说："我给妈妈当热水袋。"心存感恩，谢谢宝贝。

宝贝喜欢奔跑，在小区的广场上，尽管没有自己熟识的小伙伴，但依旧玩得精彩，围绕着小区广场一遍遍奔跑，不知疲倦。

每天守着这样的宝贝，无论她有多么倔强，给我制造多少麻烦，我依然感到开心满足。

李老师点评：

透过叙述，我看到了由妈妈纯净的心灵所映衬出的那个纯净的孩子！

在孩子内心，美的概念并不狭小。"布满灰尘的粉色鞋子"，满足的是她内心的需要，而不是世俗的价值评判。

简单才是快乐的源泉。没有熟识的小伙伴也能够玩得开心，甚至精彩，虽说有时在我们看来不可思议。

孩子因纯净才"倔强"、"制造麻烦"，我们所感受到的"倔强"和"麻烦"源自我们的成熟。如果也像孩子一样回归纯净呢？内心纯净，会看到纯净的一切。

宝贝今天英勇地保护了妈妈 6月25日 周三

晚上吃完饭，本来说好一家人去小区广场玩会儿，宝贝她爹一句话把我惹恼了，"不去了！"本以为最期待出去玩儿的宝贝会抛下我自己跟她爹走，结果我家宝贝只是静静地说了句："妈妈去哪儿我去哪儿，我跟妈妈在一起。"她爹急了，拉着我要出去，我跟她爹争执起来，这时候，宝贝儿英勇地冲了过来，连哭带闹地掰开她爹的手，喊着："不准欺负妈妈！不准抓妈妈！"让我好感动！母爱顿时泛滥，破天荒地开始给宝贝讲公主的故事，陪她洗澡、跳舞、画画。睡前我对宝贝说："今天没出去玩不要紧，明天晚上妈妈一定带你出去玩！"宝贝又像小猫一样黏着我说："喵！妈妈，我最爱你了！"我也"喵！"回应她，嘻嘻！

李老师点评：

如果没有前两天日记垫底，乍看到“破天荒”这个词还真有些吓人。还好，再陪女儿玩耍时就不会这样形容了。

没出去玩耍比出去玩还丰富多彩，不知道明天宝贝是否会出去？丰富多彩源于创造，而与出去或不出去无关。

母女关系是好了，但是以“抛弃”宝贝她爹为代价，似乎沉重了些。呵呵。

有思想的宝贝 6月26日 周四

宝贝今天问我：“妈妈，老师说我很有思想，这是什么意思？”我想了一下，还是说：“老师在表扬你，说你聪明呢！”

幼儿园老师曾跟我说，我家宝贝个性非常鲜明，做事独树一帜，在小朋友中间从不随波逐流，虽然话不多，但思想非常特别，总有自己的想法。我一直觉得这样有个性的小孩儿挺好，也说明在她的成长过程中，我没有刻意压制她的个性。

刚开始学美术时，她的美术老师也说，希希画的每一幅画都包含着故事，我说：“这么多学生，教的东西都是一样的，怎么我家宝贝画出来的就跟别人不一样呢？我看不出来她到底画的是什么。”美术老师说，“如果每一个学生画的都是一样的，我画一他们画一，那么让他们买个相机好了，那绝对一模一样，我还教什么呢？别让凡·高式的人才断送在我们手里。”

我喜欢这样有思想、有故事、能讲给我听的小孩儿，可又怕她太有个性会变得另类，孤立于人群。现在她还小，正确顺势地指引我家宝贝在应该坚持立场的地方坚持自我，在应该听劝的时候倾听别人的意见，不要偏执。这对我来说是一个严峻的课题，我会继续与我家宝贝共同成长。

李老师点评：

多好的孩子啊！

当今社会所缺乏的正是这样有思想、有故事、富于想象力的孩子。其实，这些品质是孩子与生俱来的，只是因为成人不恰当的养育方式，让其消失了。

非常高兴孩子能碰上如此好的老师。——一个能看出孩子画中含着故事的老师，一个能尊重孩子的想象力和自由发挥的老师。

放下担心，陪伴孩子成长吧！

宝贝很了不起 6月27日 周五

宝贝早上又开始拖拉，还尿了裤子，这是本周的第二次把裤子弄湿了，每次都是忍着忍着，不憋到最后一刻不上厕所。她爸爸非常生气，对她好一个训斥，我朝她爹火了，“大清早朝我闺女吆喝，不想混了？裤子湿了就湿了呗！洗干净就是，别影响我宝贝的心情。”

我家宝贝已经很了不起了，当同龄的孩子天天尿床的时候，1岁多点的宝贝就知道半夜把我们叫醒，用她特有的方式告诉我们她要上厕所。我家宝贝从1岁半开始基本上就不尿床了，上幼儿园后，别人家小孩每天要准备两三条裤子更换，我家宝贝准备的唯一一条裤子很少能派上用场。

只不过，宝贝做事越来越拖拉、好玩、喜发呆，而上厕所就是一件很麻烦、很费时间的事儿。今天她爹的指责非常严厉，我不愿让宝贝心里存有这方面的负担，宝贝虽只有5岁半，但是已懂得对错和羞耻，过分的指责会导致宝贝以后明知道做错了也不告诉我们，岂不更严重。

李老师点评：

“我朝她爹火了，‘大清早朝我闺女吆喝，不想混了？裤子湿了就湿了呗！洗干净就是，别影响我宝贝的心情。”闺女毕竟是娘身上掉下来的肉，舐犊情深啊！

对“护犊子”的描写，幽默又温馨；能列举许多“宝贝已经很了不起”的事例，更让人钦佩。

心理学会教给家长“漠视孩子的不足，强化其优势”。漠视掉的“不足”，时间久了，就会被所强化的“优势”覆盖，最终“优势”会将“不足”修改，就像伟人不刷牙的毛病却被称为个性一样。

宝贝的耍赖 6月28日 周六

今天小家伙多次惹恼了我，我今天心情不好，不想顺着她。

比如：明天要上舞蹈课了，我说你今天压压腿吧，她开始给我拖，要玩一会儿，好，我让你玩，一小时……两小时……我再次说，你开始压腿吧，她说她还没玩够。我火了，把她手里的乐高玩具收起来，她不干了，大哭大闹，说我给她拆了房子，让我赔，我就说俩字：“压腿！”她不依不饶，一会儿让我赔房子，一会儿让我跟她说对不起，一会儿又说肚子痛。今天我不跟你叨叨，你不压腿什么也别干，最后在我的逼迫下，外加一部动画片，这件事终于翻过去了。

到了晚上，这家伙又说了一句让我很恼火的话，我严肃地说："希希，你怎么能这么说话呢？你必须向我道歉！"这家伙反而倒打一耙，说我划着她的胳膊了，还有一些莫须有的罪名让我跟她道歉。让我跟你道歉，门都没有。

也许我今天就是心情不好，对你没有耐心，但我今天就是不惯着你，我们僵持到最后，这家伙居然找爸爸睡觉去了。哼！没完。

李老师点评：

从描述看，今天的互动更像一场母女间的游戏。当然，字里行间渗透着妈妈的伤心与愤怒。说什么好呢？妈妈辛苦了！

"心情不好，就不想惯着你。"这当然没什么问题。可心情好了呢？对孩子的要求或者说既定的规则，最好能保持连贯和统一，不能成为父母情绪变化的附庸。

给宝贝放假 6月29日 周日

中午加班回来，面对女儿热情的拥抱满心感动，宝贝狡黠加谄媚地对我说她今天的舞蹈课表现好，期待我实现承诺去姥姥姥爷家玩，我只有笑笑以示鼓励，并附加一句："你真棒！"

下午，我带女儿回姥爷姥姥家，并"狠心地"把她留在那里，自己只身回家，一是适时给自己放松的空间，好让自己充充电，二是父母特别疼外孙，一周不见天天打电话催，我也觉得希希过去其实是代我尽孝，还有一点是姥姥认为跟着我们孩子吃饭吃不好，需要带过去改善生活。

宝贝爱回姥姥姥爷家，只要我一走，她就如脱缰的野马，作威作福，因为我父母的宠爱，我只能带回去管教。

这次，她又可以正大光明地偷懒了，没有我督促她压腿，不强迫她下棋，小家伙会玩得很开心。好吧，给你放两天假期！

李老师点评：

有两句话印象挺深。

❶"只要我一走，她就如脱缰的野马，作威作福。"——这才是孩子，才是一个能思想的人！一个杯子放桌上，你在与不在，它就在那里，也只能在那里。可一个孩子呢？你在与不在，她会作出不同的反应。其实，你"带回去管教"，是在协助孩子成长。

❷"没有我督促她压腿，不强迫她下棋，小家伙会玩得很开心。"我想说的是，拥有一个健康、快乐的孩子，足矣。孩子属于未来，他们肯定比我们更能适应他们的生活。

守望 6月30日周一

晚上，我跟宝贝视频，宝贝比见了我本人还开心，喊着："妈妈，我们比赛画画吧！""好啊！"找来纸跟笔，我跟宝贝画起了城堡，看我们认真开心的样子，老公在一旁嘲讽道："哼！希希在家的时候就从来不陪她，不在反而你俩还热情了！"她爸说的没错，把宝贝留在姥姥家，我总怀着愧疚的心情，即使能视频，但远不如女儿守在身边时候的那种心情，那是满心的满足跟心底的宁静。

看着女儿认真画画的样子，时不时举起来让我看看她画得有多好，我只有一遍遍夸奖她："真好看！你真棒！"女儿就更起劲地画起来，还跟我叨叨着要把这幅画送给未出生的小弟弟。

看着这样的宝贝，此刻，我真的很满足！

李老师点评：

希希妈，从老公的"嘲讽"和自己的感受来看，有点"矛盾"了。

是"狠心"地把孩子放在姥姥家让自己"愧疚"，还是觉得孩子在身边时没有陪她让自己"愧疚"？如果是前者，"愧疚"什么呢？自己没有尽到"管教"的责任？如果是后者，"那满心的满足跟心底的宁静"表现出来的似乎更应是"温情脉脉"，而不是"从来不陪她"。

放下"愧疚"，享受这"满足"的时刻吧！

学前教育，我做的不够 7月1日周二

今天跟朋友聊孩子教育问题，朋友孩子今年小学毕业考试全年级第一名，听得我满心羡慕。朋友说，每年都带孩子出去旅行，上小学后寒暑假也不错过，小小年纪已去过十几个地方了。孩子从小心智就得到锻炼，比同龄人多了不少见识，这对我的触动很大。

我问朋友，"在你家孩子上幼儿园时，你们教孩子认字吗？"因为我一直听说孩子的智力不宜过早开发，我自己也是上学以后才开始认字，不也是一个不拉的都认识。但现在自己周围充斥着各种高智商的小孩，四五岁能读书看报，这些妈妈们自豪地炫耀自家宝贝时，都能把我打击得言不能语，每逢有这样的话题，我都离他们有八丈远，生怕刺激到我这个不堪重负的小心脏。

友人的回答更是雪上加霜："当然，必须滴呀，不过不是强制认字，而是不经意地灌输，譬如走在街道上，抬眼就能看到的字，经常出现的字，孩子很快就记住了，认识的字她念出来还有种自豪感，这就增加了她学习的兴趣。"听完之后，我又难过又自责。

李老师点评：

看完，沉思。

教育孩子，到底为了什么？曾听某外国朋友说，中国人并不爱家，并具体指出，“中国的父母更关心的是家庭收入，更关心孩子的学习成绩，而不是快乐与否。”当下的社会环境，攀比无疑先增加了家长的焦虑，但最终承载焦虑后果、苦果的，却往往是家庭这个系统里那些弱小的孩子。

每位父母都有必要经常想想：所谓的教育，到底是真的为了孩子，还是为了缓解自己内心的焦虑？

下棋，也是一种品德修养 7月2日 周三

宝贝的国际象棋课已上满1个月了，在我不间断的监督跟指导下，宝贝的棋艺水平有很大的进步，今晚的象棋课老师要求做的十几道练习题全部答对了，在最后与小朋友的对弈中，希希也努力去思考，按照我之前教的策略，把对方分值高的棋子基本拿下，还没分出最后胜负的时候，对方小朋友开始哭了，埋怨他妈妈没有好好帮他，他妈妈很生气地带着他走了。我家宝贝则是哼着歌，收拾好棋盘，开开心心把家回。

这让我想起宝贝第一次上象棋课与别人对弈时，我让宝贝自己走棋，我本着学会输才知道如何更好学棋的政策，结果宝贝输了，号啕大哭。我为了让她不失去下象棋的兴趣，课上课下费了不少功夫。后来在课堂上不断进步、赢棋，她也相应地越来越喜欢下棋。

我其实不要求宝贝在象棋的领域有多高的成就，我的初衷就是希望宝贝通过象棋开启她的逻辑思维意识，锻炼她的思考能力，我希望这对她的将来会有所帮助吧。

李老师点评：

真为那个孩子感到伤心。在这个层面上，真的是在“拼妈”。

至于选择什么能力去锻炼，是人为的。但通过妈妈的努力，让孩子对象棋越来越喜欢，却有目共睹。

通过这一件事，培养了孩子的自信，是不是妈妈也越来越有自信了？

这个夜晚很充实！ 7月3日 周四

晚上给宝贝布置三项作业，❶同妈妈比赛画一幅画；❷讲泡泡熊的故事（目的是认字）；❸压腿，最后才可以洗漱睡觉。宝贝一听先画画，高兴极了，也不嚷嚷出去骑车了，

自己找来纸跟笔，就开始龙飞凤舞起来，自称要画出她最满意的画。我还是一如既往地看不懂，但我一直说："嗯嗯，你画得真棒！"

画画的时间总也不够用，抬眼一看9点多了，我开始让宝贝边压腿，边讲故事给她。给她拿来她最喜欢的泡泡熊的书，让她摆好压腿的姿势，我顺势开始边讲故事，边引导她认字（真是一举两得啊！）。

这是我第一次教她认汉字。我之前尝试过其他方法教她认识1、2、3…a、o、e…，一个一个地教，但我发现这种生硬的方式不仅教不会她，还搞得我也上火，她也烦躁，后来不光打怵，还非常排斥学习。我现在改变方式，给她讲她最喜欢的插画书，一页上没几个字，点着字教她，笔画少的跟常用的重点讲这是什么字，反复问她提醒她，再遇到让她自己念出来，念不出来也不逼她，全当讲故事给她，我希望在这种玩的过程中达到使她认字的目的。

通过今晚的实践，我发觉效果不错，至少没排斥。呵呵，明天再接再厉！

李老师点评：

关系大于教育，关系先于教育。

当你"改变方式，给她讲她最喜欢的插画书"时，识字的目的并没消失，但会发现她"至少没排斥"。原因何在？通过"投其所好"，母女由"教"的关系变为"共同分享"。

顺应孩子需求的同时达到识字的目的，何乐而不为？

兴趣的培养 7月4日 周五

工作了一周，今天是周末，我决定给自己放个假，回家后，我对宝贝说："今天呢，不给你安排作业了，咱们各玩各的哈！"我翻箱倒柜地找出五年前买的数字油画，摆好架势开始做起画来，小家伙被我这套工具吸引住了，找来垫子坐我跟前，安静地看着这个新事物（宝贝从没接触过油画）。我倒是一心一意地光顾着我自己了，连宝贝偶尔在旁边的碎碎念都无暇顾及。过了一会儿，宝贝从哪里找来一只玩具熊，把她支在我的画夹上，说："妈妈，让这只小熊陪你画画。""谢谢宝贝哦！"

我觉得有一件喜欢做的事情真好，兴奋劲儿充斥着我，半夜两点才意识到得睡觉了，我虽然今晚没督促宝贝学习，但我给自己的解释是："不懂得休息就无法充电，明天就无法带着好心情去生活。"宝贝多少也会受到熏陶，不是吗？

李老师点评：

言传不如身教！你的专注给孩子树立很好的榜样。如何将即兴的专注转为一贯行为并呈现在孩子面前？这值得用心思考。

对孩子的学习，你何时以“陪伴和协助”代替“督促和解释”，你就何时更有空闲与孩子一起分享欢娱！

 今天的事情一定要引以为戒啊！ 7月5日 周六

今天做错事了，我得引以为戒。

宝贝下午上象棋课，遇到一个厉害的对手，宝贝的分值一直处于下风。对方妈妈催着回家，没有分出胜负。

出了门，宝贝问我她下得好不好，我感叹道：“你挺好的，不过那个小男孩儿更厉害，希希你得加油喔！”希希不乐意了，想哭：“他没赢，我们打平了！”正巧碰上一个同事，问我小家伙怎么了，我随口说道：“输棋了，不乐意了。”人家一走，小家伙开始正式哭闹起来，“你为什么跟别人说我输了！我没输，我们打平了！”我顿时发现自己说错了，可是话已出口，怎么办呢？我说道：“虽然没下完，可是他得分确实是比你高呀！希希，没关系，咱们回家好好练习，下次赢过他！”

此时此刻，小家伙根本不听我说的任何话，开始闹，这一路上各种找麻烦，还不理我，也不听我任何的解释。

今天因为我的口不择言，伤害了小家伙的自尊心，事后我挺难过，今后我一定得注意。

 李老师点评：

心理的成长注定要在挫折中前行！

你的“口不择言”看似伤害了她的自尊，但换个角度看，却能增强她面对此类事情时的心理正能量。心理学认为，“内疚”是控制人的最好方式。父母需要打消内疚，才能让孩子成为独立、自由的人。当然，这不代表父母“为所欲为”、“一错再错”，而是学会突破，不被“内疚”牵制了脚步。

 失败的学习方式 7月6日 周日

由于本周工作太忙，压力也相对大很多，所以这周陪希希的时间跟精力极其有限，这个星期我们连小区广场都没去，周日加班回家，宝贝像往常一样冲过来给我一个爱的抱抱，讨好地跟我讲今天舞蹈课自己有多优秀，讨要芭比娃娃。虽然工作很辛苦，可看着这样的小家伙，什么辛苦、什么劳累都抛到九霄云外去了，后悔的是干吗让自己那么辛苦去加班，而不是亲自带宝贝去上舞蹈课。

休息一会儿后，宝贝拿来书要我讲故事，我一看机会来了，又可以教宝贝认字了。

我发现自己太急功近利了，目的性太强，这样故事基本上讲不下去，因为我不停地、反复地问这个字怎么读，宝贝不耐烦了，抱怨到："啊！这样子我都不知道这是什么故事了！我自己看，不要你讲！"然后她把书抱到一边，根据图片全凭发挥自己的想象力，在那里自编自导起来。我也不紧逼她，累了咱们改天再学，现在自己编故事也挺好！看来这种针对宝贝学习汉字的方式还有待提高，我需要再研究改进一下。

对于"方式"的"研究改进"可以放缓。当务之急，是如何才能使自己不那么"急功近利"和"目的性太强"。

是否想过，这是"由于本周工作太忙，压力也相对大很多"的结果呢？孩子，常常是家庭压力的受害者。

好脾气的修炼　7月7日 周一

不知道是不是心理作用，这连续两周多的自我反省跟自我监督，我对孩子的脾气改善不少，相对的，宝贝的任性跟无理取闹次数也愈来愈少。

今天，宝贝强烈要求玩淘气堡，我认为天太晚了，以我们还没吃晚饭的理由拒绝她，她开始赖着不走，并抹着小眼泪儿。她爸爸要发火，这是暴风雨来临的前奏哇！我急忙把宝贝拉一边，对她软泡硬磨，好声好气地撒娇讨好外加诱惑。承诺现在回家就可以看两集迪迦奥特曼，场面瞬间被我控制。这事儿若是搁以前，小家伙肯定会被她爸狂骂，或者直接拎走，然后小家伙不仅会哭得撕心裂肺，还会不服气。

我突然理解到"以暴制暴"这种方式真的不可取，没耐心跟没情商的妈妈才会采用这种不费脑子又能解决当务之急的方式，可是小孩子一定会记仇，会记得你对她的所作所为。

小孩子真的很好哄的，只要我多那么一些耐心，多用一下脑子，不违反原则的让步换孩子开心的一天，挺好！加油！

李老师点评：

心中有什么，眼中就会看到什么。当内心的爱与赞美越来越多，你看到的孩子就聪颖可爱。这种体验很好！

"'以暴制暴'这种方式……不费脑子又能解决当务之急的方式，可是小孩子一定会记仇，会记得你对她的所作所为。"虽逞一时之快并解了当务之急，但孩子会"记仇"般地模仿这些行为，随之而来的是暴力的对抗，后续的"鸡犬不宁"足矣让家长头昏脑涨。所以，聪明的家长，必然要"多那么一些耐心，多用一下脑子"。

承诺 7月8日 周二

又是繁忙的一天，接上希希，踏着浓浓的夜色走在回家的路上。8点半多了，广场上依然人声鼎沸。宝贝喜欢热闹，征求我的意见要在广场玩一会儿，我说不行，妈妈太累了，后天我们再来玩。宝贝今天格外懂事，似乎看出了我的疲惫，不再争执，只是有点失望地说："好吧！"

抬抬脖子，松松肩膀，忽然发现今天的夜色是如此撩人，不含杂质的深蓝夜空上镶嵌着点点繁星。宝贝的想象力比我小时候丰富，她说："现在的天空就像大海一样，地上有大海，原来天上也有大海呀！"小家伙的话就如同灵丹妙药，总是能抚平我的疲惫，就如此时。

我还是觉得我家希希的童年过得不完美，很难过。我该怎么补偿小家伙呢？明晚又要上象棋课，还是没有时间出来玩。宝贝，我欠你很多这样的夜晚，我记下来，印在心里，后天还你一个承诺。

李老师点评：

"我还是觉得我家希希的童年过得不完美，很难过。我该怎么补偿小家伙呢？"

思考一下：希希童年过得完美的标准是什么？你心中的完美真的是孩子需要的完美吗？

人常常认为自己"看到的"就是"真实的"，却不知，身处庐山之中是不识庐山真面目的。完美，不是一个客观的存在，只存在于我们的头脑中。而且，追求之心越急、越强，反倒会离完美越远！

向前看，从孩子身边溜走的时光都是独特的，无法复制与超越。

爱美的宝贝 7月9日 周三

宝贝堪当外貌协会的名誉会长了。

今天穿了一件蓬蓬纱裙，自恃甚美，多热的环境也要穿在身上供别人欣赏，以满足自己被夸奖的心理。不停地问我"我漂亮吗？我比谁谁谁好看吗？"在她爸爸那里就不停地问："我比妈妈漂亮，还是妈妈比我漂亮？"见到宝贝的熟人出于礼貌，都会赞叹小家伙长得好，这就助长了她对美丽的重视。这种想法不好吧，可是也没想到什么可行的方法引导。

我老公的回答是："你跟妈妈的美不一样，都好看。"我的回答是："漂亮有什么用，聪明的女孩儿才更漂亮。"孩子得不到标准答案，总是不厌其烦地每每提问。

回想起来，我对漂亮的意识是小学以后，那时不敢问爸妈这样的问题，而总是麻烦闺蜜回答我这种现在看来很幼稚的问题，看来我对宝贝的纵容比我爸妈对我要好很多。

李老师点评：

别小瞧六岁的孩子，随着社会交往，她的自我意识也在迅速发展，其中一个重要表现就是自我评价能力的提升，比如：更多地关注外表和行为，更多关注被接纳程度。此时，家长或周围人的积极评价，会帮助孩子形成良好的自我形象，并产生积极情绪。因此，尝试由衷地欣赏她的美，强化其优势，不久的将来你会收获一个积极、快乐的女儿！

俗语云，爱美之心，人皆有之。谁都不能免俗。

克服固执，需要好脾气 7月10日 周四

宝贝很固执，我一直都知道。

晚上，宝贝带着滑板车去小区广场玩，回来时经过一家超市，我们决定进去逛一下买点东西，但是拿着滑板车不方便，我提议把滑板车放超市门外头。小家伙犟脾气上来了，死活不让，说这样会被别人拿走的。我说那你跟滑板车一起在外头等着，妈妈买完了马上出来。宝贝不答应，竟让我在外面看着她的滑板车，她要进去逛。我耐着性子劝她，“放心，没有人会拿走的你滑板车，还是好人多的。”小家伙开始闹了，非说有人会拿走。我说：“没有发生的事情不要想那么多，要不咱们试试，真要不见了我赔你新的。”小家伙还是不答应，并开始抹眼泪了，“不好！一定会没有的。”我的耐心开始殆尽，深呼一口气，换一种方式吧，“要不这样，你把车放在这里的话，我就给你买瓶饮料，还让你回家看一集奥特曼，好不好？”听完这话，小家伙终于动心了，把车子放在门口她能看见的地方，跟我进去了。

出来后小车当然还在。这犟脾气，难道也遗传啊？！

李老师点评：

一定要把滑板车放在超市的外面吗？妈妈看着滑板车，让女儿进超市逛，是否真的不可行？让一个6岁的孩子相信“世界上因为好人多，所以滑板车不会丢”，是否早点了？

“犟脾气”一定存在于两个人的关系之中，孩子的所谓“犟”是以妈妈的“犟”为基础的。简单说，没有妈妈的“犟脾气”，就没有孩子的“犟脾气”。

不是先天的遗传，而是后天的强化。

耐心的宝贝 7月11日 周五

今天小家伙的生活非常平和，因为是周末，我自己也放松起来，找了不少电影回来看。

我在看电影的时候，小家伙就在一旁给我讲这讲那，时不时地问我什么问题，我都没听进去她讲的故事，怎么可能回答她的问题呢？只是“嗯嗯，昂昂”地附和着。小家伙不乐意了，对我喊：“妈妈！我最讨厌你说‘嗯！昂！’了，你不准这么说话！”“哦，这样啊！”我意识到我不应该无视她讲故事，“对不起，要不你再讲一遍？”我以为宝贝会发狂，没想到小家伙仅是很无奈地说：“好吧，那我再给你讲一遍，你好好听哈！”

呵呵，可爱的小家伙，只要你在妈妈身边，无论你做什么说什么，我都会感到安心和满足，希望小家伙也是这样想妈妈。

李老师点评：

小家伙安心和满足的前提是：妈妈能够在她讲故事的时候，专心倾听并积极回应；而不是只活在自己的世界中，比如自顾自地看电影。

小家伙，你怎么这么好呢？ 7月12日 周六

小家伙今天表现得非常出色。早上画画被老师表扬了，不仅色彩鲜艳，而且画得非常独特，不受别人影响。

下午上象棋课，象棋老师也表扬宝贝了，说棋艺有进步，开窍不少，还应该给小家伙评一个“精神文明奖”。

下课后我们到了海水浴场，小家伙玩得不亦乐乎的时候被一个大浪打翻，虽然我从沙滩上冲过去但还是有点晚，小家伙被灌了好几口海水，我以为她会哭会闹，结果一点都没有，很坚强。

我非常自责，是我看管不到位。宝贝，你的表现比我想象的要好，爸爸说希希比妈妈强百倍。宝贝，我为你骄傲！

李老师点评：

多好的宝贝啊！

爸爸的话似乎欠妥。无论妈妈在客观上有多么“糟糕”，我们都要帮助孩子在心灵里建立一个优秀高大的妈妈形象，当然对爸爸亦如是。因为父母是孩子的榜样，是孩子首要的认同对象，内化的父母的形象不仅会指导他们的行为，也是其安全感与力量的源泉。

不妨想一想父母在我们心中的形象。

买个芭比，哄宝贝开心 7月13日 周日

小家伙从昨晚开始就跟我闹别扭，埋怨我为什么没有好好看着她，让她被大浪冲倒，害她喝了好多海水。今天，为了缓解我的负罪感，也为了鼓励小家伙昨天临危不乱的精神，我决定给她买一个她向往很久的芭比娃娃。昨天海滩上的事情历历在目，现在想来每一根神经都在害怕，我都不敢深入去想，买一个芭比送宝贝也是对自己的一种安慰。

小家伙看到芭比的反应跟我预想的一样，乐得不知东南西北。我问宝贝："希希，你告诉妈妈，我为什么给你买芭比娃娃呢？"宝贝不好意思了，"你是奖励我昨天被冲倒不哭。""真棒！妈妈希望你以后也像昨天那样坚强，好不好？""好！"

我不知道给她买一个芭比哄她开心并能缓解我负疚心情的这种方式是否正确，但看到宝贝此刻开心雀跃的笑脸，我觉得无论怎样都是值得的。

非常能理解你彼时彼刻的心情。

我们一旦被"负罪感"这种内疚的情绪控制，会为缓解这种情绪而有所行动，想"不过分"是很难的。好在你已经有了觉察。

如果把"妈妈希望你以后也像昨天那样坚强"换成"你自己感觉棒不棒"会更好一些。这样会让孩子更注重自己的内心体验，而不是关注妈妈的肯定和表扬。

为什么会有"负罪感"呢?

你的开心，是我幸福的源泉 7月14日 周一

最近被打击的事情有点多，拿起笔来记录今天的日记发现无从下手。

宝贝今天感冒发低烧，但精神尚好，我回来这点工夫一直自娱自乐地玩耍，根据书里的图画声情并茂地自编故事，讲累了就自己玩小皮球，然后再堆乐高玩具，看着电视里世界杯的集锦，问我他们为什么哭，为什么笑，为什么疯狂地跑。我笑着回答宝贝，胜利的人当然高兴，失败的人就会难过，这就是足球的魅力，等你能看懂足球就明白了。

我是一个感性的人，有时消极，有时喜欢反省。今天，我喜欢这样静静的从角落中看着我孩儿，看着她能净化我的心灵，平整我的心绪，谢谢宝贝！

好好享受这种时刻！

愿能常怀一颗感恩的心，去对待正在净化着我们心灵的孩子。如果没有他们，我们

在面对“被打击的事情有点多”时，真的会心烦气躁，无从下手。

今天的日记，是一个“感性”的人，书写了自己的“理性”，并闪烁着“悟性”的光辉。

提问 7月15日 周二

今天朋友圈里朋友发了一则故事：问女儿三个问题，女儿答非所问，两个不在同一时空的对话碰撞出奇异的化学反应让我心动。回家的路上我拿这三个相同的问题问宝贝：“你最喜欢妈妈什么？”“最喜欢妈妈夸我画画画得好。”看来画画对宝贝很重要。

“你最不喜欢妈妈什么？”宝贝顿时没了精神，“我最不喜欢妈妈说不喜欢我。”

我有点难过，“你是妈妈的宝贝，妈妈怎么可能不喜欢你？”

宝贝还是没精神。我又问，“从1到10，你给妈妈打分，打几分呢？10分是满分哦！”

“什么是打分？”宝贝问。我说：“就是成绩啊，就像考试成绩那样，你给妈妈评分。”

“那妈妈，我给你打100分！”“这么高哇！”

“嗯！那你给我打多少分？”“我也给你打100分！”

同一时空，同一元素，顿时两颗心缠绕在一起……

李老师点评：

这个年龄，孩子的认知具有“以自我为中心”的特点，以为自己眼中的世界就是别人眼中的世界。即做出判断或回答问题时，更多的是从自己的立场考虑问题，很难做到真正意义的换位思考。就像对三个问题的回答，虽被问及对妈妈的评价，但孩子的回答总会回到自己身上，喜欢“夸我画画画得好”的妈妈，不喜欢“说不喜欢我”的妈妈……

“同一时空，同一元素，两颗心，缠绕在一起。”妈妈有此认识和体验，足够了。

又失去耐性了 7月16日 周四

午夜12点，我在反思这个晚上我对宝贝的不妥之处。

宝贝晚上又开始闹，知道邻居家小孩有了自己的小弟弟，宝贝非常向往，吵着闹着也要个小弟弟，让我生一个。被她吵烦了，我说不可能。让她自己哭去吧，我不理她，让她自己平静平静，等她好了，自己就会靠在我身边了。

到了洗澡的时间，我说宝贝你该脱衣服了，这样的话我吆喝了十遍不止，宝贝不动弹，嘟囔着“我腿疼”。我心思你腿疼跟我要你脱衣服有什么关系，然后没控制好情绪，习惯性喊了一嗓子，宝贝开始抹眼泪，嘤嘤呜呜地说：“我都没对你说什么，你为什么这样对我？”委屈的小模样让我后悔不已，干吗突然没了耐性。

这两件事如果放在1个月前，我可能不会去细想，还自我感觉良好。现在，我意识到我的耐心及对宝贝的关爱还差得很远。继续加油！

继续加油，考虑一下自己为什么这么没有耐心？我们是否只考虑自己内心的感受，用自己的标准去要求孩子？“现在，我意识到我的耐心及对宝贝的关爱还差得很远。继续加油！”但愿这样的意愿能立马变成意志，付诸行动。

宝贝的直白 7月17日 周三

早上，希希看到爸爸的第一句话是：“我最讨厌爸爸了。”原因是昨天爸爸照看她的时候摔倒了，磕破了膝盖。但是我又不经大脑地说：“嗯！好！那就不喜欢吧！”

她爸爸说：“没关系，你不喜欢我，我喜欢你就行了。”

这样的对话并不陌生，我跟她爸爸时常互讽为乐，也从不避讳孩子，只是这近一个月的日记生活让我受益匪浅，意识到这么做对孩子起不到正面的教育。老师前天有一句点评有点震撼到我：“想一想父母在我们心中的形象。”

我决定以后要注意一下在孩子面前的言辞，大人们要尽量互相尊重彼此，让宝贝认为她的父母是优秀的、正面的，而不是灰色。

能够在说出话之后有所觉察，这一个月便有了收获。父亲的回答体现了包容，值得学习。“知”易，而“行”难，快落实到行动吧。

从我做起，做一个正确的榜样 7月18日 周五

今天这次见面会让我深受教育，这一个月来，用心写日记，用心关注孩子，用心思考如何更好地做好妈妈这个角色。今天看到其他妈妈的表现，我看到了我的差距与不足。一直以来，我以我的标准要求孩子，以我的生活状态影响孩子。其实什么是优秀的孩子？不是大家都说好的孩子就一定优秀，沉默寡言、不善表现的孩子就不优秀。

宝贝见到我的朋友、同事，每次都是我提醒她叫“叔叔、阿姨”她才叫，从不主动，我一直觉得这样不好。后来有一天，她突然主动地叫我同事“阿姨”，被我好一个夸奖。结果这一天，她即使见到了陌生的叔叔阿姨，她都主动去叫，没听见都不行。这让我意识到还是以前不叫的好，没必要让宝贝做一个别人眼中的好孩子。

我要做的就是做好我自己，给自己定个坐标，用我认为正确的人生观、价值观去影响她，修饰完善她的人格，见证她的成长，自然分辨对与错、美与丑，我不再刻意干涉。

李老师点评：

随着孩子人生舞台帷幕的拉开，好的父母会由刚开始的“导演”（全力照顾孩子），渐渐转变为“演员”（陪伴孩子成长），一直到最后的“观众”（让孩子独立，欣赏孩子的表演）。

外部世界中没有对错、美丑，这些只存在于大脑，是我们“思维”的结果。

有句话说得挺好：只要父母的心中充满阳光，孩子的前程就不会有黑暗。

宝贝爱妈妈 7月19日 周六

宝贝今天的日子过得丰富多彩，有乖巧懂事有无理取闹，有欢笑有泪水。

从今天起，我会尽量去写宝贝开心的一面，从正面观察并记录下宝贝的生活，等以后再重读这些故事的时候，会是满满的感动跟欣慰。

最近网络上充斥着有关马航MH17被导弹击中的新闻视频，宝贝看了后问我：“妈妈，这些都是飞机上的小朋友的玩具吗？”

“对呀，可怕吧，这架飞机上的人可真可怜。”

“他们都炸死了吗？”

“嗯，是的。”

宝贝突然紧紧地抱着我，喊道：“妈妈妈妈，咱们永远都别坐飞机了！”

“为什么呀？”我故意惹她，“那你别坐了，我要去，我要去旅游！”

“不好！妈妈你别坐飞机，飞机会掉下来的，你会死的，我不要你死！”

“不会的，就算那样，你不是还有爸爸嘛。”

宝贝一下子哭了，喊道：“不！我要爸爸妈妈永远在一起！”

善良的小家伙，让妈妈感受到了你满满的爱。谢谢宝贝！

李老师点评：

妈妈感受到了孩子满满的爱，但这爱来得似乎有点小小的“残忍”。

孩子现在还无法全面理解现实生活中发生的事情，在这个阶段，还是要多给孩子灌输一些积极的、正向的、阳光的、安全的事情为宜。

我要等爸爸一起回家！ 7月20日 周日

宝贝真的长大了，爱爸爸妈妈不仅表现在言语里，也表现在了行动上。

回家的路上，爸爸说要去小区超市取一个快递，宝贝说要同爸爸一起去，我给拦下了，我说你走得太慢，爸爸走得快，我们慢慢往家走，你爸爸一会儿就会跟上我们。小家伙不乐意了，对我说："我们一起在这里等他回来。"那一个认真的表情，我故意逗她："那你自己在这里等她吧！我自己回家了哈！家里有冰糕，还有动画片等着我呢！""不！你不可以这样！你必须等爸爸！"我不理她，继续往家走，回头看看小家伙果然还站在原地焦急地望着爸爸拿快递的方向，看我回头看她，把头一横，倔强的小模样向我示威抗议。我心里一阵阵感动，就这样我们僵持了很久，直到爸爸出现在她的视野里，小家伙兴奋不已地冲向爸爸，拉着爸爸的手一起回了家。

孩子正在长大，那种"独乐乐不若与人"的高级社会情感正在萌生，希望家长多多呵护，多多鼓励。相信在不久的将来，孩子一定会成为父母贴心的"小棉袄"。

更为重要的是，妈妈在孩子的行为中看到的是孩子对爸爸妈妈的爱，而不是"任性"、"不听话"。这种积极、正向的关注对孩子的成长是非常有益处的。

宝贝哄姥姥开心 7月21日 周一

宝贝在身边的时候，我的磁场一片混乱，不知道要做什么，反正一切围着她转就对了。宝贝不在家，我的磁场集中强大，那是我自己的 Show Time。

拨通视频，小家伙依旧开心的笑容呈现在我眼前，问她："你想妈妈吗？"小家伙不回答，开始给我出怪样。姥姥说，"你孩儿知道你今天不来接她了，直蹦高，说又可以在姥姥家住一天了。"宝贝从小就知道讨好姥姥，知道姥姥宠她疼她，姥姥喜欢她住在这里，只要我不接，她就对姥姥说要永远陪着姥姥。姥姥唱"世上只有妈妈好"，她就改成"世上只有姥姥好"，把姥姥感动得一塌糊涂。

姥姥看她从来不管宝贝学东西，让她自由地玩，变着花样的给她做好吃的，什么事都依着她。我每次急着带她回家，就怕她把骄纵任性的脾气带回来。

现在我想明白了，每个人带孩子都有自己的方式，但是大家的目的都是相同的，因为爱她，希望她好、她快乐，哪种方式都是对的。

李老师点评：

没宝贝在身边的妈妈与没妈妈在身边的宝贝一样，“痛快”地享受属于自己的时间，没了约束的母女，自己的“Show Time”总会令人神采奕奕。

“因为爱她，希望她好、她快乐。”这是本源，只是方式各有不同。

斗智 7月22日周二

晚上10点半，我拖着疲惫的身体终于把小家伙带回了家，小家伙依然兴致很高，闹着看一集迪迦奥特曼，不由分说地打开了电视。

不能妥协！

我开始哇哇地哭，当然是装的。“呜呜呜，希希不爱妈妈了，妈妈都生病了。”宝贝顿时停止了哭声，不说看迪迦了，也躺了下来，靠在我身边，看着我。呵呵呵，世界终于安静了。

“希希，妈妈不舒服，你去把电视跟灯关上好吗？”

“嗯。”宝贝一点没犹豫，下了床，把电视、灯都关上，到我身边躺好，拉着我的手。

“希希，妈妈答应你，明天早上一定让你看迪迦，好不好？”

“好，可是妈妈，那个坏人会来吗？”“不会！”……

一夜好眠。

今天这种解决方式有些拙劣，但比之前也算是一种进步吧。以后尽量不滥用孩子的同情心，也不编故事恐吓她，我会继续摸索其他积极的方式来处理与孩子之间的问题，不会像以前那样硬碰硬。

李老师点评：

给妈妈的耐心与智慧点赞。

编故事吓孩子的方式可谓历史悠久，很多人就是从小被吓大的。静心思考，不难得出“这个做法欠妥”的结论。

至于“滥用孩子的同情心”，我认为实践是对的，只不过这种解释错了。在和孩子的关系中，为人父母者已经习惯了这一大一小、一强一弱的模式。当孩子“不听话”时，父母自然而然地就会“逞强”，而全然不知“示弱”为何物。妈妈在日记中体现的就是典型的“示弱”，典型的“以弱控强”。“示弱”不仅可以“控强”，还能为孩子腾出更广阔的成长空间，让孩子变得更独立，更有责任感。

只有心理上比孩子强大的父母，才懂得示弱，并敢于把示弱付诸行动。

无奈的萌娃 7月25日 周五

接连一周的阴天加下雨，宝贝都在家里被爸爸看护着。

爸爸看孩子有一个特点，他睡他的，让宝贝玩自己的。宝贝从周一白天只睡一觉演变成周五白天睡N觉，每天对爸爸说的最多的话就是：“我好无聊哟！”

真拿她爹没办法，回家的时候，宝贝她爹给我讲，他睡醒了，抬眼一看，宝贝躺在他脚边上，肚子鼓成了一个大球，把他吓了一跳，还以为眼花了，急忙起来摸她的肚子，原来宝贝自己玩的时候把衣服弄湿了，又叫不醒爸爸，找不着衣服换，只好把小被子裹成了一个球，塞进衣服里，这样，小肚肚就不凉了，她玩不了别的事情，又无聊地只剩下睡觉了。老公看着呼呼大睡的宝贝，可笑又无奈，还拍照留念。

我听后只觉得欲哭无泪，碰上二货老公PK萌宝贝儿，无奈呀！

李老师点评：

日记一定要好好保留！

等宝贝长大的那一天，好让她知道当年的老爸有多“二”，是怎样看护她的。现在的“无奈”，到那时一定会换来彼此间的“揶揄”和欢乐的笑声。

不要替代孩子成长 7月26日 周六

晚上，看朋友圈发了一篇文章，标题叫做“不要替代孩子成长”，看了标题，让我惭愧不已。

下午上象棋课，老师安排了对手后，我如往常一样坐在宝贝身边给她当军师。对面是一个3岁的小男孩，他爸爸一开始也同我一样，只在旁边看着，不知道是嫌我干涉我家宝贝太多，还是嫌他家宝贝走棋不思后果任意瞎走，最后他说：“你自己看着下吧！我不管你了。”他就去看手机了。

其实我蛮羞愧的，面对3岁的对手，我居然还没敢有放手让宝贝自己下的勇气，与其说我对宝贝不放心，不如说我对宝贝的依赖没断奶，最后虽胜犹败。我心里鄙视自己。

晚上看了这句标题让自己对号入座，连文章什么内容都羞于去看。

放手，需要时间。

李老师点评：

“放手，需要时间。”但不能无限等待，时间也不能成为不作为的借口。

尝试着一天放一点，是最好的方式。日积月累，集腋成裘。

放手不是放弃。孩子就是我们放飞的风筝，线在我们手中，是放是收取决于我们和孩子之间互动的张力，只有经过不断练习才能做到收放自如。

遗憾的是，我们见到一些父母，由于自身安全感的缺乏而不敢对孩子放手，最终亲子关系恶化，选择了放弃。这样的父母苛求的是完美，而不能在两个极端之间游走。

演出插曲 7月27日 周日

宝贝一早上都很兴奋，因为今天是她人生的第一场舞台表演赛。

表演很成功，孩子们赢得了周三上电视台的演出机会。这里我要讲的是发生的一个插曲。

11点半演出，宝贝们从9点开始化妆，一直在演出大厅等待。四五岁的小孩子是坐不住的，一会儿坐坐，一会儿站站，这时，突然从走廊那头传来一个母亲大声斥责宝贝的声音，并动手打了孩子。我震惊了，孩子马上就要演出了，什么情况？！过了一会儿，终于轮到宝贝们进场比赛了，家长们不能进去观看，守在门口等候，都在问这个妈妈发生什么事了？那个妈妈略带哭腔，后怕的表情尽显脸上，说刚才跟别人说话的工夫回头一看孩子不见了，到处找她，等转了几圈吓得都哆嗦了，回走廊一看，孩子自己回来了，气得动手打了她，她说："如果真找不到了，我还怎么活？"

当我们了解真相后，没有了责备，因为每个人都理解这位妈妈当时焦急的心情，每个人都盼着自己的孩子和别人的孩子都能在健康的大环境下安心成长。

李老师点评：

相信每一位父母都深爱着自己的孩子，但用什么样的行为才能表达出这份爱呢？

曾在马路上见过这样一幕：随着尖锐的刹车声，车停在了离小女孩子不足一米的地方，司机探出头来骂着。女孩也就四五岁，吓呆了。此时孩子的爸爸迅速跑过去，抓着孩子，边打边指责："不是不让你跑吗？撞死你活该！"彼时彼刻，孩子需要这样的"爱"吗？

不是每天都是艳阳天 7月28日 周一

今天烦躁，不愿多说话，小家伙跑过来问我："妈妈，你今天不高兴了吗？"我给她一个大大的笑容，"没有哇！"

"可是我看你就是不高兴了！"小家伙敏感，总能发现我情绪不好的一面。

我真的做不到在孩子面前永远保持开心和微笑的态度，但我尽量在做，最不好的情况就如今天，不高兴写在脸上，让宝贝看出来，因为我的心情也存在高峰和低谷，也会

出现我对宝贝的态度是好的，但对爸爸的态度又很恶劣的情况。宝贝会问我：“妈妈，你为什么对我态度那么好，对爸爸态度那么差？”我会很尴尬地说：“因为妈妈爱你呀！”

我希望宝贝理解，其实看到宝贝快乐、安好，妈妈的心底就已经见到彩虹了。

李老师点评：

妈妈从女孩成长为女人，再成为妈妈，角色在变化，但本质依然是人，是人定会有情绪起伏。有情绪本身并不是问题，问题在于是否能前后保持一致。情绪变化无常的父母，带给孩子的体验是父母捉摸不定，孩子的潜意识会体验到不可控的焦虑！因此，保持一致比“强颜欢笑”更重要，当保持一致后，再尝试让积极的情绪星火燎原！

“作为女人的妈妈”和“作为妈妈的女人”，哪个才是恰当的选择?

唠唠复唠唠 7月29日周二

最受不了宝贝的磨叽，我快崩溃了，最后还是崩溃了，声音不自主地高了八度，宝贝开始哭。我才想哭呢！

“好好吃饭！”说了不下20次。

“快快洗脸！”说了不止15次。

“快快快！9点了！”我不想变成复读机。

宝贝总是神游，不知道在想什么。明天8点就得到演播大厅，再不睡觉肯定早上起不了床。搂着她，哄着她，连续两天超负荷的舞蹈训练不仅没把宝贝累坏，反而随着明天的正式演出而更加兴奋。

希望明天一切顺利！

李老师点评：

妈妈的内心冲突很大，不想成为复读机，却又成了复读机！

明知道（或者事实已经证明）“唠叨”、“复读”不起作用，但很多家长却依然视之为“法宝”。是因为想不出其他的办法，还是没有去想其他的办法?

更糟糕的是，家长会把责任全部推倒孩子身上——磨叽，执拗，不听话……

家长认识不到自己身上存在的问题，又把全部责任推给了孩子，恶性循环就开始了，“问题”就真的成了问题并持续下来。

如此而行的结果是：世上万物依然按着它的节奏来来去去，而妈妈附带得到的却是一连串的崩溃！

意外状况 7月30日 周三

8点钟赶到演播大厅，作为最小的参赛组选手，这群小孩子不厌其烦地一遍遍彩排，大人们为之动容。

我当时的心情除了激动还是激动。

宝贝爱上了舞台，一遍遍问我什么时候可以再上台。演出结束到了颁奖的环节，问题出来了，宝贝的犟脾气来了。这支舞17个孩子不能都上台领奖，老师指定了两个孩子上台领奖。宝贝崩溃了，吵着闹着也要上，还问我："为什么他俩上去了，我要上去拿奖，我要拿冠军！"一边正在录播，一边宝贝哭闹。我拖拖不走，劝劝不动，我彻底凌乱了，一会儿捂她嘴巴，一会儿打她掐她，我当时的心情真是想哭无处洒泪的感觉。做父母做成这样太失败了！简直一万个崩溃。

终于把她拖出了演播室，一个拖人一个拽门，还被工作人员当成了人贩子给叫住了，好一个盘问。

回家后，宝贝和我吃了冰糕，我俩都冷静了下来。

我错了！我不该打她掐她。我当时已无智商可言。

宝贝的第一次登台，我想到了振奋的开头，但想不到凌乱的结尾。

真是有意义的一天呀！

李老师点评：

"一万个崩溃"说明还没有崩溃，因为真正的崩溃只有一次。既然没有崩溃，就得需要整合。

第一次登台的结尾虽凌乱，但我想，演出结束后，恰恰是凌乱的插曲，让这个"爱舞台、拿冠军"的宝贝给大家留下深刻印象！对于孩子来说，几十年后回首今日，那天的哭闹却会给她的回忆添上甜蜜的一笔！

在换个角度思考后，妈妈更需静心思索孩子的行为以及行为背后的东西……真是有意义的一篇日记啊！

想回家 7月31日 周四

因不可抗力，宝贝又被送到了姥姥家。

宝贝从来不接我电话，可能用电话同宝贝讲话，她的脑海里浮现的是一个严肃的妈妈吧！所以我们视频，视频里我展现给她的是一个大大的笑容，第一句话永远是："希希，你有没有想妈妈呀？"

宝贝喜欢看视频里的我，视频里的妈妈永远不会发脾气，因为我稍严肃点，宝贝就会不跟我讲话了，所以我总是笑容可掬地对着我家宝贝，说着鼓励她、赞扬她的话。

宝贝跟我讲，姥姥给她看了爸爸妈妈的结婚照，她很激动：“妈妈，你照得好漂亮呀！爸爸也好帅呀！妈妈，我想回家，我想你们了！”听着宝贝的童言稚语，我感动了，因为宝贝第一次在姥姥家主动提出要回家，因为想我们了，因为她看到了爸爸妈妈美美的照片。

我第一次直观地感受到了漂亮的爸爸妈妈居然也是赢得宝贝爱戴的重要砝码之一。

哈哈哈！

对于孩子更喜欢视频交流的描述，当跳出来看时，你会发现，孩子通过这种方式实现了主动控制，且更直观。当妈妈视频与面对面交流均达成“笑容可掬”的姿态时，那个“严肃妈妈”的形象就会慢慢退却，不知妈妈会怎样选择呢？

七夕礼物 8月1日 周五

今天是七夕前夜，我跟宝贝她爹在车上讨论明天的礼物问题，互相要求对方买礼物，小家伙凑了过来，问：“明天过节，你俩为什么不给我买礼物？我也要礼物！”

她爸爸说：“那明天过节，你给我准备什么了？”小家伙兴奋地开始想：“嗯，那我给你画一幅画吧！”“噢！画啊！那行吧！”

我也说：“还有我呢？你给我什么？”宝贝又想：“我做一个东西送给妈妈吧！”

“好！你今晚回家就给我做哈！还有姥姥呢？”我继续问。

“我送姥姥好吃的吧！”

“还有姥爷呢？”“我给姥爷买一包烟吧！”

“还有小姨呢？”“我送小姨一个玩具！”

“哦！送玩具给小姨肚子里的小宝宝啊！”“是呀！“

她爸爸说：“希希给每个人想的礼物都非常靠谱！不愧是我的宝贝，真聪明！”

被表扬的宝贝高兴得完全忘记了要自己的礼物，呵呵呵！

要礼物之前，先学会给予，不光是宝贝，我们大人亦然！

李老师点评：

将自己与孩子换位——设想被孩子这么询问，你将如何作答？估计很多家长会失去耐心，甚至粗暴地打断：“小孩子哪来那么多事儿！”

与孩子如此互动，真的需要父母的耐心；慢下来，陪伴，是对孩子自然成长的最好维护！

让女儿膜拜的爸爸 8月2日 周六

我特别喜欢听爸爸和女儿谈古论今，因为爸爸讲故事的方式和我不同，每次讲完，女儿眼里是满满的崇拜。

我跟她爸爸讨论世界局势、国家形势及历史的时候，宝贝就在一旁默默听着，偶尔问一句："爸爸，他们为什么要欺负我们，他们现在会不会再来中国欺负我们？"一脸的担忧。

爸爸把宝贝抱在怀里，给予宝贝温暖及安全感，对宝贝说："我们中国以前就好比一个怀揣珍宝的小孩，被强盗看到了，他要抢小孩手里的东西，你觉得小孩子能打跑强盗吗？"

"不能。"

"那就是了，你一点反抗能力都没有，但现在不一样了，中国强大了，军事实力增强了，强盗想打也不敢。就像等你长大了，和爸爸一样有力量了，我敢打你吗？"

"噢！"宝贝懂了。

"所以宝贝，你要是不想被别人欺负，就得学好本领，让自己强大起来，知道吗？还有就是你是中国人，咱们全家都是中国人，中国是你的家，只有在自己家里，你才是主人，而去了国外，因为不是自己的家，不是他们的公民，除非咱们国家足够强大！"

父女俩的谈话，估计宝贝需要N年才能消化，因为宝贝很小，有些词汇她听不懂，但是她此刻看爸爸的眼神近乎膜拜。

爸爸给予宝贝的不仅是一次爱国主义教育，更多的是一个父亲对宝贝的责任感和爱护。此时此刻，感受颇多，无以言表。

李老师点评：

爸爸"说了什么内容"不重要，重要的是在当时爸爸是"如何说的"。

首先是女儿的"问"在先，然后"爸爸把宝贝抱在怀里"，才开始了深入浅出的循循善诱。相信爸爸在说的时候，一定是在和颜悦色中透露着坚定，一定不会把那种没有经过消化的"仇恨"溢于言表，一定不会强行让女儿接受这本不该是这个年龄能懂的道理。无论是爱国主义教育，还是谈论其他的话题，亲子之间的关系、交谈的气氛永远是最重要的。能依偎在爸爸的怀抱里，听什么就不那么重要了。

爸爸给予宝贝的不仅是一次爱国主义教育，更多的是一个父亲对宝贝的责任感和爱护。此时此刻，感受颇多，无以言表。

双鱼座的天性 8月3日 周日

我家宝贝是十二星座当中的双鱼座，双鱼座天性中的爱幻想、富有创造力在她身上充分得以体现。

宝贝很小的时候，早上被自己做的噩梦惊醒。我告诉她，做梦就像历险，你可以做任何你想做的决定，当你想当的人物，宝贝要勇敢，勇敢战胜梦里的坏人。从此以后，宝贝不论晚上做了什么梦，不论有多惊险曲折，第二天一定会滔滔不绝地讲给我听。

有时她是保卫地球的战士，有时是与坏人作斗争的聪明小孩儿，她讲述的内容，她声情并茂的表情，就如同展开了幻想的翅膀，翱翔在她自己的故事里。

这个时候，不管我是否能听懂，是否用心去听，我都是专注地看着她，看着她的表情、她的动作，内心深处是满满的幸福。

李老师点评：

看到一个光环围绕的妈妈，这时的妈妈是平静的，眼中充满优秀，内心是满满的幸福。其实，幸福就是如此简单——“看到”优秀即可，即发现生活中的美好。更要多看到自己的优秀，每天告诉自己幸福和每天告诉自己不幸，结果大相径庭。我们需要美好！

打小报告？碰壁了吧？ 8月4日 周一

宝贝又被我送到姥姥家。

小家伙对姥姥悉数我的几大罪状，说家里最懒的人是妈妈，最勤快的人是爸爸，最聪明的人是她自己。妈妈什么也不会做，不会做饭，不会收拾家，妈妈只会做稀饭，爸爸会炒菜。

被姥姥厉声打断，姥姥严肃地警告小家伙：“不准说妈妈不好，妈妈工作很辛苦，比你爸辛苦，你爸有时间干，你妈没时间干，你不准说你妈妈，我不愿听，因为你妈妈是我的孩子！”宝贝在姥姥那里碰了钉子，不依不饶，朝姥姥喊：“我就要说！妈妈就是什么也不干！妈妈不会做饭！你太讨厌了！”姥姥也不甘示弱，不迁就小家伙：“你才讨厌！你再说你妈妈不好我对你不客气！”

宝贝喊：“你讨厌！讨厌！我讨厌你！”

在另一个屋子的我听着这祖孙俩的对话，如坐针毡，作为当事人，我不知道此时此刻该做些什么。

可怜的小家伙，谁叫你听爸爸对妈妈的歪歪评论，还打我小报告，我决定无为处理。

李老师点评：

无为处理这种方式很可取。姥姥就犯了“说者无心，听者有意”的“错误”，上了孩子的“当”。在这种情况下，愈是和孩子讲道理，就愈会让这种不合理的信念在孩子心中扎根。

如果真是源于爸爸对妈妈歪歪的评论，那爸爸的这种言行就有值得反思的地方。

为手链掉泪 8月5日 周二

前些日子我把手链让妈妈戴几天，今天来接宝贝，妈妈说不小心把手链掉在地上磕了一下，坏了。我那个心疼啊！！宝贝也很难过，因为她认为那是她的手链，还一个劲地跟我道歉。其实跟她半毛钱关系都没有。

我的心疼溢于言表，捧着手链，悲情的看着宝贝，奶声奶气地对她说：“希希，怎么办？我的手链坏了，呜呜呜……”宝贝被我感染，眼瞅着也要哭出来了。

在老妈没发脾气前，我赶紧把玩笑打住，“没事儿没事儿，宝贝，我开玩笑的，我可以让它马上复原。”我神秘地朝她眨眨眼睛。“怎么复原？能和以前一样吗？”“当然，放心吧。”小家伙眼睛一眨不眨地盯着手链，我看着她，感叹道，再值钱的饰品，再喜欢的挂件，都无法与你的真诚交换，你永远都是我最宝贵的财富。

李老师点评：

是啊，有什么物质的东西能和孩子的真诚、纯洁的心灵相比呢？

但能悟到这一点并在行为层面做到的父母，似乎不多。摔碎饭碗、弄脏墙壁、摔坏手机等类似的情况相信很多父母都遇见过，回想一下当时的所作所为。对于孩子所犯的错误，我们当然不能置之不理，需要教育、引导，但前提是不能被情绪所控制。

你的劝慰，使我心安 8月6日 周三

跟宝贝走在回家的小路上，宝贝一路叽叽喳喳，我都没心理会，但也没有对宝贝不耐烦，可能也是希望在这寂寞的夜晚，有一个人在身边吵着你、闹着你，对我来说也是另一种安慰吧！

我拉着宝贝的手，对她说：“希希，妈妈不开心！妈妈遇到不开心的事情。唉！怎么办？”宝贝听完后：“唉！这有什么呢？不好就不好，明天就好了呀！”

“明天不会呀，明天、后天、大后天都不会好了。”

“妈妈！这有什么大不了的，我告诉你哦，我们还是好朋友啊！”

呵呵，不在一个空间了。“可是妈妈如果没有钱了怎么办？就不能给你买漂亮衣服了，也不给你买冰糕了。”

“那就不买了嘛！我们还是一家人呀！”

是呀，幸好还有你！宝贝！

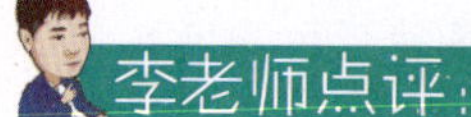

你表现得很好。

孩子肯定无法体会你现在的心情，但无忌的童言会是你走出阴霾的良药。在这童言的背后，我们也应该看到，孩子在面对困难时，内心的那份从容与坚强。

调整我的心态，不再情绪化 8月7日 周四

回家后找了一本书，躲在角落里看书去了，宝贝和她爸爸在一旁疯闹，我不理；宝贝过来告爸爸的状，我不理；爸爸过来告宝贝的状，我依旧不理。

爸爸说：“希希，你妈妈今天打算不理我们了，我们不跟她做好朋友了吧！”

“不！”宝贝捧着一本故事书，过来说：“妈妈，你给我讲故事吧！”

“希希，妈妈心情不好，自己玩去！”

“那你什么时候给我讲故事？”

“我什么时候心情好了，什么时候给你讲故事。”

夜深了，宝贝睡着了，我却失眠了。

我深知不应该有这样负面的情绪，看着宝贝，她才是我生活的重中之重，把心放下，回归简单，没遇到问题的时候谁都可以这么说，真有事的时候又有几人能真正做到呢？

怎样打开心结，让自己快乐起来，再看看宝贝，她不就是我的快乐之源吗？其他的都不重要。

活在当下，满足现状。大不了从新来过，关于这件事的不开心，到今天为止，从明天开始，记下新的篇章。

李老师点评：

努力活在当下，从而接受现状，迎接挑战。

工作如此，教育孩子如此，生活亦如此。

父母在此时的言行，也许是对孩子最好的教育——明天一定会好。

兴趣 8月8日 周五

参加了一个星座读书会，晚上回到家已经10点半了，小家伙还没睡，看我回来了高兴地抱着我。

问我："星座老师有没有讲双鱼座？双鱼座是不是最聪明的星座？"

"有哇！双鱼座当然是最聪明的星座。"

"还有呢？"宝贝拉着我问东问西，但星座学对宝贝来说太早，我匆匆应付。末了，宝贝要我讲故事，我已累得眼皮都睁不开了，挡不住宝贝的央求，还是给宝贝讲了睡前故事。

兴趣是一剂调味品，给我带来生活的充实和快乐，对生活的积极态度会感染我的家人，我的宝贝。希望我跟宝贝的兴趣、爱好永远都不要缺失。

李老师点评：

兴趣，是人认识某种事物或从事某种活动的心理倾向，它是以认识和探索外界事物的需要为基础的，是推动人认识事物、探索真理的重要动力。而人生来就有好奇心，就有对未知事物的探索之心，所以只要父母不做过多的干涉并适当引导，孩子的兴趣、爱好就永远不会缺失。

相信怎样的妈妈会养出怎样的孩子。持之以恒，让阳光持续普照！

不拉偏架 8月9日 周六

宝贝爹爱守着宝贝数落我的种种不是，今天在饭桌上又这样，我火了："你看我从来不在孩子面前说你不好，让你在孩子面前有个高大上的形象，而你从来不替我着想！"

"你把你的这些毛病都改了，我就不说了，你不改，怎么给孩子做榜样，还不让人说，我就要说，让希希知道这些行为不对，再说，我不说你我多没乐趣，我的乐趣就是说你。"

多可恶的人哪！我们吵得越厉害，希希就越快乐，还学她爸的样子，夸大我的坏习惯。

到了晚上，我对宝贝说："你是妈妈的好朋友吗？""是呀！"

"那你爸爸说妈妈的时候你为什么不帮着妈妈？你应该说：'不准说我妈妈！你才不好呢！'你为什么不说？"

宝贝说："那不好吧！如果我说了，爸爸就会生气，他就会说我的。"

"啊！你为了让爸爸不说你，你就和爸爸一起说我呀？你这种行为不好吧？太不厚道了！"希希听完光乐了。

李老师点评：

研究结果表明：目睹父母吵架，是孩子在世界上看过的最恐怖的电影！而你们的“吵架”却让孩子乐不可支。我想更多的源于，你们的吵架——语带爱意，甚至有种“打情骂俏”的感觉。家就不是个讲理的地方，因而，在家就无理可言，快乐幸福最重要！

吃饭时可不可以不走神　8月10日 周日

宝贝是不是太娇气了，大声对她说话她都要哭鼻子，中午吃饭的时候又走神了，等我们都吃完了，她的饭还是跟刚端上来一样的分量。

宝贝从两点吃到3点半，说一口吃一口，或者看着碗筷，脑子又不知神游到哪里。每一次吃饭，我都有种恨铁不成钢的撞墙感。她自己还委屈得要命，说两句就开始哭鼻子抹眼泪。

我爸妈说我小时候吃饭也这样，难道这也遗传？

现在是晚上11点半，宝贝兴奋地跟我讲她今天舞蹈课的表现，她基本功好，老师让她当班长，领大家一起练，向我邀功。我说我觉得你今天的表现我不满意，你看你吃饭那么费劲，吃了俩钟头还没吃完，你应该吗？

小家伙不干了，又开始哭。

我真不是铁打的，不发火不代表不上火。真想揍她一顿，还是忍了。

李老师点评：

如果吃饭成为一个问题，一定是父母养出来的。如果还没有想出更好的办法让孩子“改掉”这个“坏习惯”，那就先停止现在的所说所为，做到不提醒，不批评，不讲道理，不关注。不知道有多少父母能忍住？也许忍住了，好办法就想出来了。

吃饭成了“大问题”，很无奈的一件事情。

宝贝，我该拿你怎么办？　8月11日 周一

孩儿她爹今天批评我了，说我对宝贝说话态度恶劣。

那是因为她又不好好吃饭，吃一口玩半小时，最后我喂她，喂到最后一口死活不吃，又哭了，她爹一反常态，不仅不批她，还说我对孩子凶，什么嘛！

不是吃饭点的宝贝就像脱缰的野马，尽情尽兴玩耍。晚上临睡前，我跟她爹下棋，赢了。宝贝比我自己还开心，抱着我，黏着我，说“我最喜欢妈妈了！”

宝贝，我该拿你怎么办？

李老师点评：

很高兴妈妈还能看到孩子身上的其他优点，没有被“吃饭”这件事迷惑而一叶障目。进一步，不要被因孩子吃饭引发的负性情绪主宰自己。

喝了酒，成了话唠 8月12日 周二

因工作原因，晚上喝酒喝到狂吐。深夜了，接了宝贝回家，宝贝一个劲儿地埋怨我，一会儿说接她晚了，一会儿说我今天早上出门的时候不好好放鞋，俨然一副大人说教口吻，说吧说吧。此时此刻，我喜欢宝贝在我面前滔滔不绝地给我数落罪状。

是够晚的了，酒精上头并不会使我昏昏欲睡，反而非常喜欢说话。临睡前，守在宝贝身边，给宝贝讲起了我之前养的一条小狗，从怎么选的小狗到最后怎么迫不得已送人，给宝贝从头到尾地讲了一遍，饱含着我对小狗的感情，当我讲到抱着点点（小狗名）在路边大哭的时候，宝贝差点也开始落泪，直央求我把点点接回来。

讲完了点点，宝贝让我再讲故事，我又给宝贝讲了2亿年前的地球，及地球上生活的恐龙，宝贝听得意犹未尽。

虽然喝得很难受，骨头、关节都在痛，可是我喜欢这样的气氛，这样的夜晚，只有我跟宝贝，不用为做饭头痛，不用为吃饭发愁，就我俩，我说，你听；或者你说，我听。

李老师点评：

都说“酒后吐真言”，酒精果真是释放情感的催化剂，也成了今晚你和孩子情感的“黏合剂”。据说王羲之是酒后才完成《兰亭集序》的，酒醒后是没有那种神力的。

想问：当你酒后清醒时分，还能复制如此温馨的夜晚吗？

相信你能！期待！

爸爸的拉拢 8月13日 周三

宝贝象棋课输了棋，一哭二闹，我劝说无果，宝贝爸出马，先恐吓，继而哄，再到承诺，最后5串烤肉外加动画片一部成功把宝贝拿下，乖乖地黏在爸爸身上。

我气不打一处来，我怎么劝怎么哄怎么承诺她都不听，轮到她爸就变了，难道以后她一闹脾气我就喊她爸？！我的权威何在？

我说：“烤肉没有，动画片也没有！哼！谁叫你做错事在先！”

小家伙又开始哭，这次是搂着爸爸哭，就好像我得罪她了，她在跟爸爸告我状一样。

最可恶的是宝贝爸跟宝贝沆瀣一气，把我当做黄世仁，趁此拉拢她闺女，说我不好，说我要跟宝贝抢肉吃，拿她爸常说的话是他俩都姓王，是一家人，我姓李，是外人。

今天最后的结果是，两盘肉，收买了宝贝，也安慰了我受伤的心灵。

感受到的不是你的控诉和郁闷，而是在用一种特殊的方式表达你的幸福。

我说的，是对了呢？是对了呢？还是对了呢？

自夸，是为了博妈妈喜欢 8月14日 周四

宝贝向我自夸，说她今天表现得有多么好，我问你哪里表现好？老师夸你了吗？

“那没有。但是我有好好吃饭呀！虽然我每次吃饭都是最后一个，但是我一直努力一直努力地吃！”宝贝说话时的表情跟坚定的语气，我不由地勾勒出一幅宝贝拼命吃饭图，自己一个人的小饭桌，用心吃却怎么都不会吃完。

想到这，我嘿嘿嘿地笑起来，“好！很好！你努力就好！”

“妈妈，我是不是很坚强？我是不是表现得很好？”

不想反驳她，“嗯！是！你以后在家里吃饭也要这么坚强！”

“这……不行吧！”“为什么？”

“因为我在幼儿园已经坚强了，在家里就不能了，因为人不能一直坚强！”

这是什么逻辑，肯定又是哄我开心的话，看来吃饭问题是一项长期的、艰难的问题，慢慢影响吧！

如果把吃饭当成问题，就有可能是长期的、艰难的。如果不当成问题呢？

仅仅是慢点吃饭，就换来了全家人的关注，这是多么好的事情啊。

一个逗哏，一个捧哏，一出戏在有趣地上演。

被骂了就不幸福了吗？ 8月15日 周五

早上送宝贝去幼儿园的路上，我对宝贝说：“你看你多幸福呀！上幼儿园就是玩，有小朋友聊天、看书，想怎么玩久怎么玩，也不用学习，你是不是很幸福？”宝贝想了想，摇头，说：“我不幸福。”惊着我了，“不幸福？你哪里不幸福？”宝贝喊：“我就是不幸福，一点也不幸福！”在我的再三追问下，宝贝吐槽：“如果我长大了，结婚了，有自己的孩子了就不会被骂了！”

早上因宝贝起得晚，又被爸爸说训了一顿，爸爸训完宝贝跟我，自己拍拍屁股走人了。

我也很郁闷，我说："我都这么大了，不也被爸爸说吗？你做的不对被人说很正常啊，这不叫事儿。"宝贝说："不！我不要被骂！我长大了就没有人骂我了！"

唉！谁小时候没有被父母骂过，这就不幸福了，这自尊心太脆弱了。

李老师点评：

看来父母和孩子，对幸福的理解还真是天壤之别。

也许就像我们小时候都被骂过一样，我们也在重复着父母当年的教育模式：用自己之心去度孩子之腹。哲人早就说过：己所不欲，勿施于人。评判的标准总是自己的，我们从没有认真地站在孩子的角度上去考虑过问题。

孩子总盼望着长大，也许这就是理由之一吧。只要目标是成长，过程中的痛苦就会成为成长的阶梯。怕的是不想长大。

恐吓，逼不得已而为之 8月16日 周六

在外面，宝贝时常不让我领着走，总落在我身后，我因此一步三回头，就差脑袋后面长眼睛了，可以时刻看紧她，小家伙磨磨叽叽，总是喊两声她走两步，好累呀，累心！

今天，我就给宝贝讲了一个故事，"有一个小男孩，总喜欢落在妈妈后面走路，结果有一天，妈妈回头的时候小男孩不见了。"宝贝一下子紧张起来，忙问："他怎么了？去哪里了？""对呀，去哪里了呢，她妈妈到处找到处找，还报了警，警察也找，到处找到处找。""后来呢？他们找到了吗？""你觉得呢？""一定找到了，他只是去玩去了。"虽然我不想吓到宝贝，但我得让她知道在我后面走路的危险性，我说："他们找到小男孩的时候，小男孩已经死了，原来，坏人趁妈妈不注意的时候，捂住了小孩子的嘴，把他拐走了，并且把他杀害了。多可怜呀！你以后还敢走在妈妈后面吗？"

"不敢了。"小家伙急忙抱住我的手臂。呵呵，目的达到了！

李老师点评：

目的是达到了，可我看得怎么有点心惊肉跳啊！

其实让孩子快走的方法很简单，就是父母放慢脚步，跟孩子平行或者落在后面。这问题就出来了：父母为什么那么着急呢？催着孩子快走，催着孩子快吃，催着孩子快学……

体验一下：走在孩子前面催着孩子快走，和孩子平行或者落在孩子后面，哪个更难受？

学习他人，巩固自己　8月17日 周日

带宝贝参加舞蹈课，看见一个哭着被妈妈带来上舞蹈课的孩子，就守在妈妈身边。妈妈每劝她上台一次，她就碎碎念地说：“我不喜欢这个，我不喜欢这个……”妈妈一点火也没有，就是不停地劝、哄，劝累了休息一会儿，过一会儿再劝……

僵持了半个多小时，妈妈竟然抱着女儿一起上了台，她和其他四五岁的小孩子一起，做着压腿、下叉的基本动作，我和其他妈妈们都为她的勇气惊呆了。小家伙看着妈妈，终于也开始做起来。由于年龄小，天生条件好，搬腿下腰，劈叉都不在话下，再加上老师的实时表扬，小家伙越来越自信，表现越来越好。妈妈不再跟随，到后面看着孩子做。

老师说今天表现最好的孩子就是希希，她最认真。最后，今天班长一职的荣誉牌给了她。希希的表现，我们家长有目共睹。

我突然意识到，孩子优不优秀，表现的好与坏，真不是看孩子一厢努力。有多耐心、多坚韧的父母，就有多成功的孩子。父母的态度决定一切。

这位妈妈，我深表敬意。

李老师点评：

父母的态度，确实会影响孩子，但不能决定一切。相较于态度，父母的行为，更能影响孩子。

当一个妈妈口口声声对孩子说要认真学习，不要总玩，不要总看电视，而自己却抱着电脑、手机玩得不亦乐乎时，孩子是迷茫的——因为他听到和看到的是不一样的。所以在敬佩这个妈妈态度的同时更敬佩她的行为。

选择　8月18日 周一

宝贝的善良遗传自谁呢？

把宝贝留在姥姥家，晚上我们视频，我对着镜头里的宝贝说：“希希，你想不想妈妈？”

“想！”宝贝爸过来也问：“希希，你想爸爸不？”“想！”

我随口问：“你最想谁？只能选一个！”“两个都想！”

我故意逗她，“那不行，你只能说一个，说你想妈妈！”

“不行！我必须选两个！”“不行！你说选妈妈，等你回来我让你看迪迦奥特曼！”

“不行！我还是都选。”“为什么？你不看迪迦了？”

“不看了，我光选你的话爸爸会伤心的。”

我被震撼了，我闺女真懂事。但还是忍不住继续试探：“你爸爸现在不在这儿，你说吧！”“那也不行！”好吧！我不问这么幼稚的问题了。我家宝贝才5岁，我不知道将来长大了她是否还会记得今天说的这番话，会让她自己骄傲的话，但我会永远记得。

李老师点评：

多好的孩子。

这样幼稚的问题真的是不问为好。因为，这会让本来没有区别的孩子的心灵，人为地造成区别。还好，孩子的回答是让你满意的。

回想了一下，自己小时候以及周围的很多人，都曾被问过和问过孩子这个问题：喜欢爸爸还是妈妈？喜欢奶奶还是姥姥？成人似乎是在用这个问题来体现自己的高智商，或者当孩子给出答案的时候好“幸灾乐祸”，亦或是用孩子的答案来安慰自己不那么强大心灵……总之，如果还能想出任何其他的办法，来满足自己上述的需要，就不要用这种方式。

写给未来的承诺 8月19日 周二

宝贝发烧39℃了，但精神状态尚好。回到家，陪她看完迪迦奥特曼后，我俩开始聊天。有本书叫做《致未来的你——写给女孩的十五封信》，我对宝贝说：“你也给未来的自己写封信吧，我来执笔。”宝贝很高兴，开始给我讲：“第一，我将来要当画家，（这是她自己的爱好）。第二，等父母老了，我要给父母买一个大房子，然后再给自己买一个小房子（我成天对宝贝爸碎碎念的事情，宝贝居然上心了）。”

“将来我要找一个很帅的王子和他结婚，再买一个大房子。”将来我带着两岁的小宝宝出去玩游戏，回来的时候我让王子休息，我来干活。”

我打断：“为什么你干活？让王子干活呗！”“不！我要像爸爸一样干家务！”

我意识到了一个问题——不知对不对，我对宝贝的爱，宝贝记在了心里，局限在我就是一个妈妈；爸爸对宝贝的爱，宝贝记在了血液里，并影响到她人格的形成。

这么看来，我这个妈妈还蛮失败的，想哭……

李老师点评：

普遍认为，人格的核心部分或基本结构，是在人生的最初几年里大体上定型的，而这在很大程度上是亲子相互作用的结果。亲子关系是我们每个人来到世间的第一个人际关系，它对我们每个人的身心健康和人格健康都十分重要。所以，亲子之间亲密的、健康的关系才是最重要的。

还想哭吗？

手心手背，都是我的爱！ 8月20日 周三

宝贝喜欢找存在感，所以每当我跟爸爸聊天的时候，她都要插嘴跟我讲话，像今天，我回答了爸爸的问题，还没来得及回答她的问题，小家伙就不乐意了，还跟我闹别扭，不理我了。我说："我和你爸爸讲话的时候小孩子不可以插嘴，这样不礼貌。"小家伙理直气壮，"为什么你跟爸爸聊天，你为什么不跟我聊天？"继而又开始委屈地掉眼泪。

其实我哪有不跟她讲话，没看见我两边都在听嘛！事后我还得哄你，逗你开心。我不跟她爸爸讲话了，她反而没有问题问我了。

静下心来，回想宝贝今天的行为，是因为我家宝贝缺少关爱吗？还是关爱她自己已成为她生活的一部分？是什么原因让宝贝这么在乎她的存在感，我真的不知道，也许不需要知道。我真心愿意听你说话，诚意回答你问我的问题，这对我来说才是关键吧。

小时候，有没有听爸爸妈妈说过"大人说话小孩别插嘴"？

我小时候听过无数次，很不服气，心想"凭什么呀？"现在我依然在想：为什么大人说话小孩就不能插嘴？不礼貌？陪着爸爸妈妈说话怎么会不礼貌呢？一家人讲礼貌是不是显得有些见外啊？

孩子在六七岁之前基本上是以自我为中心的，他们很难分清自己与父母或者他人之间的界限。过了这个年龄，尤其是到了青春期，可能求着她，也不愿跟家长说话了。

妈妈会等你 8月21日 周四

今天，看了一篇漫画文章，名字叫做《妈妈请等等我》，其中有一段是："妈妈，你是不是也可以等等我，让我慢慢调整自己的生物钟，慢慢地适应你的时间表。"看了之后我好懊恼，同时，也让我想到了老师前些日子的评语。

早上送宝贝去幼儿园，在路上我为什么老催促她快点走，那是因为我上班要迟到了；在家吃饭的时候吃得很慢，我会催促她，因为她吃得慢会影响我收拾碗筷的时间，继而会影响我睡觉的时间。说来说去，都是围绕我的时间在转，以我的意识为中心。妈妈以前做得不好，妈妈愿意改正，慢慢地等你，陪你长大！

宝贝，你会瞬间长大，到时候不再受我叨叨，不再需要我等，那时，才是我真正的失落。

李老师点评：

随着孩子的降生，妈妈这个角色也就随之诞生了。但孩子成长过程中，妈妈的成长速度却不一定能跟上。如果妈妈的成长速度先于孩子或者和孩子同步，看到孩子的成长就会感觉欣喜；如果落后于孩子，看到孩子的成长可能就会感到失落。

如何增强自我保护呢？ 8月22日 周五

今天看朋友圈里发了一篇文章，讲的是中国小孩不会撒谎，遇到坏人不知道如何处理，往往出现可怜又可悲的结局，看得我很心痛。

回家后我问宝贝："如果今天只有你一个人在家，来了一个收水费的叔叔，敲门让你开门看咱家水表，你让他进来吗？"宝贝说："不让，不能给陌生人开门。"

"如果那个收水费的说，如果你不让我进去，我就把你家水闸关了，这样你家就没有水了，你和你爸爸妈妈就会渴死，你会开门吗？"

希希有点动摇了，看着我的眼睛，怯怯的："不让吧？"是疑问句，不是肯定句。

我说："希希，你听着，这是一个真实的事情，……所以，无论坏人说什么，都不要听。除了爸爸妈妈以外，你不要给任何人开门，记住了吗？"

"噢！"宝贝似懂非懂……

我们的孩子内心总是那么纯真善良，保护这方净土的同时，如何加强他们的安全防患意识呢？

李老师点评：

从一个极特殊的案例，就推出中国的小孩不会撒谎，非常牵强。而且，在遇到危急情况的时候，能否保护自己似乎也和是否会撒谎没什么关系。

既然是在朋友圈里看到的，那就应该有很多的朋友看到了，我们不可能一一确定他们的感受和行动，但有一点可以肯定：每个人的反应都不会一样。同一篇文章，为什么每个人看完反应会不一样呢？答案是：每个人的内心是不一样的。

鲁迅评《红楼梦》说：经学家看见《易》，道学家看见淫，才子看见缠绵，革命家看见排满，流言家看见宫闱秘事。我们看到的，都是内心固有的和想看到的。

与冰糕争宠 8月23日 周六

宝贝吃完午饭，吵着要吃冰糕，在我劝说无果的情况下，我只好板起脸说，“好吧，你去吃吧！我生气了！”

宝贝才不理会我，自己去打开冰箱，轻车熟路地拿出自己喜欢的口味，我好失落，悲从中来：“呜呜呜！你已经不是我那个听话的小宝宝了，你不爱妈妈了，对不对？”

宝贝依旧拿着她的宝贝冰糕，吃得津津有味，可看我的目光充满同情，应该是同情的眼神吧！我再接再厉：“呜呜呜，希希不爱妈妈了……”

宝贝虽然没有停止吃冰糕的动作，但是却把她最心爱的海马宝宝凑到我眼前，“妈妈，抱抱她。”

噢！这是拿她的海马宝宝来安慰我呢！可是我的目的是不让她吃冰糕，继续演戏：“我不要海马宝宝，我要我听话的小孩儿！”

……

唉！最后也没拿我的演技换出她的冰糕。

李老师点评：

想让孩子“吐出到嘴的肉”，的确是件很难的事情，还好妈妈一直在认真地“演戏”，没有恼怒成羞。权作打成平手，改日再战。这就是游戏。能和孩子玩游戏的妈妈当属好妈妈。

同你一起轮滑 8月24日 周日

今天天气真好，不冷不热，恰逢这样的好天必须要出去运动一下，于是我们一家三口带着刚买的轮滑装备，冒着点点细雨，在小区广场上滑轮滑。我是第一次滑轮滑，当然比不上滑了两年的宝贝跟从小就会滑的老公，宝贝每次从我身边滑一圈都会对我说：“妈妈！你要蹲着滑，这样才不会滑倒！”“妈妈加油！”“妈妈你慢点！”“妈妈你好慢，你看我比你滑得快哦！”

尽管我摔了三次跤，一身雨后的泥土，此时此刻，我珍惜我们一家三口开心的时间，看着宝贝由以前的龟速提升到现在的豹速，这完全是她自学出来的，我们没请任何老师指导过，我真高兴！我要多多努力，争取让自己快点学会轮滑，同宝贝一起飞翔。

李老师点评：

两年的时间，孩子“轮滑”由以前的“龟速”提升到了“豹速”，且完全是她自学出来的，没请任何老师指导，更重要的是现在依然对轮滑保持着浓厚的兴趣，这说明了什么？

可以肯定的是父母不着急。不急于让孩子学会，不急于达到什么样的水平，不急于和别的孩子比较，甚至是学不学都行。

在父母这种宽松的态度下，孩子渐渐培养着和“轮滑”的关系，培养着和“轮滑”的情感，至少父母的态度没有逼着孩子远离“轮滑”。俗话说：日久生情。这话对人、对物都适用。有了情感，割舍起来可就难了。

我们为什么爱孩子？在很大程度上，真不是因为我们生了他，而是养了他。再上升一个层次：“我们需要孩子，因为我们爱孩子”，而不是“我们爱孩子，因为我们需要孩子”。

宝贝的安全意识 8月25日 周一

早上出门上班的时候，小家伙还在呼呼大睡，不理她，自己上班去。下班接她回家，我问她，今天早上你醒来没看到妈妈有没有哭？宝贝说：“没有哇，我醒来后没有看到你，然后我到处找你，哪儿都找不到，我到楼上看到爸爸在抱着枕头睡觉，然后我就下楼吃饭去了，等爸爸醒来找我。”表现还不错，是长大了，比小时候强多了。

我说，“如果你发现爸爸也不在家怎么办？”“那怎么办呢？”

“那你就在家等着我们，肯定一会儿就回来，你千万别出门，谁敲门也不开，知道吗？”

“那万一那个人说要给咱们家停水怎么办？”

哇！我前天讲的故事记脑子里了呀，“那是骗子，骗你的。你别忘了那个小孩就是这样被坏人害死的，你一定要提高警惕，在家待着，谁敲门也不开，无论他说什么！”

我只能通过日常生活慢慢熏陶宝贝，让她有安全防护意识，希望能够帮助她。

李老师点评：

瞎扯几句。

❶当今社会，孩子独自在家的可能性还真是越来越小，小到什么程度呢？让我们回想一下：孩子长到这么大，独自在家几次？

❷假设孩子独自在家，碰上坏人的几率又有多大呢？使劲往大处想，有多大？

❸然后把上面这两个几率再乘起来，有多大？

❹在大部分家庭这个结果应该为零，或者趋近于零。

❺不必为这个或许并不存在的、空想出来的危险去教育孩子。

❻不必为这个或许并不存在的、空想出来的危险，因为父母的“教育”，而让孩子的内心充满危险。

小小迷茫 8月26日 周二

今天过得很平淡，平淡到我都不知道该写点什么。

晚上陪宝贝吃了饭，开始讲她最喜欢的关于地球方面的故事，告诉她地球的形成，从40亿年前地球的样子到2亿年前的恐龙，好累！

书到用时方恨少，我在这方面的知识也相当匮乏，还是说今天我没有耐心对宝贝发挥我的想象力？是该给自己充充电了，我的日子不能总围绕着“工作、孩子、吃饭、睡觉”四个现代化模式。

写了那么长时间的日记，我从刚开始的新奇、兴奋到后来围着孩子转，每天去发现宝贝不一样的存在，再到现在形式上的重复写作，我忽然觉得有点小小迷茫，常常在审视自己，是否改变了些什么？

李老师点评：

写日记的出发点和动机是让父母能积极、正向、阳光的关注孩子，让父母对孩子的爱落实到行动、落实到实处。很高兴看到希希妈妈的审视与思索，思索必然会产生迷茫，而迷茫正是思索的开始。希希妈妈，坚持下去哦，相信在坚持的过程中，会慢慢拨开迷雾，从迷茫中走出。

公交车事件 8月27日 周三

今天心情真糟！糟得连晚上的象棋课都不想上了，可小家伙还是跟她爸爸来了，应付完课程我们一家坐公共汽车回家。车上人不多，小家伙吵闹的声音又特别大，我不想在车上训斥这两个人，不断地用我凛冽的眼神看她爹，希望他能注意到我杀人般的眼神……

下了车，我板着脸，父女俩不以为然，她爹还对宝贝说：“你妈马上又要发飙了，咱俩得小心点！”又把她闺女弄到他的阵营里了。

没了外人，我开始教训她爹，“你知不知道刚才是在公交车上，那是公共场合，你们大笑大闹，不影响别人吗？你这么大了，没点公共意识吗？”

宝贝爹却说：“那没办法，希希跟我关系就是那么好，跟你在一块儿一点交流都没有。”

“那是在车上，让人看见这家人怎么这么没礼貌！”

“孩子嘛！该笑的时候就得笑，不要那么认真，管别人怎么想干嘛！”

无语了，算我今天心情不好！不跟你吵！

李老师点评：

孩子是家庭、是夫妻间的“黏合剂”，无论家长承认不承认。但如果赤裸裸地把孩子当成夫妻间“博弈”的砝码，就没什么意思了。

再者，在孩子面前，夫妻最好保持“统一战线”。左边是爸，右边是妈，别让孩子为难。

心情不好，适合吵架宣泄情绪，但于解决具体问题无益。

宝贝求胜的心情 8月28日 周四

晚上我跟宝贝下象棋，第一局宝贝赢了，不亦乐乎，第二局我赢了，嘿嘿，小家伙不乐意了，号啕大哭。我劝说无果，我看着她把棋盘掀翻，把没有掉落的棋子全部扔在地上，扔吧扔吧，我不发火。因为已经晚上10点半了，我实在没有精神和力气跟宝贝发火怄气，不如苦中作乐，开心地看着她扔棋子，看她抹眼泪。

估计宝贝也累了困了，很快大哭变成了抽泣，我说：“你把棋子收拾好，我们睡觉吧？”宝贝说：“不！你拣，你收拾！”争执不下。

好吧！我拣，我把扔的到处都是的棋子捡起来装到盒子里，宝贝突然说还差一个，在那床脚边，我一看可不是呢，那么犄角旮旯的地方，拿都很费劲，我说就剩这一个了，你来拣吧！怕她不答应，我急忙补充了一句，因为其他的都是我拿的，一会儿我还要关灯，宝贝想了想，答应了。

收拾完棋盘，宝贝躺在床上不到1分钟就睡着了。

哎！这个小家伙！我得学会软处理。

李老师点评：

软处理是非常恰当的一种方式，但必须以父母的情绪稳定为前提。也就是说，当父母能控制好自己的情绪时，处理自然会“软”；如果控制不住，想“软”也软不下来。

外在的软，需要内心的硬作支撑，而外在硬则是内心软的表现。

今天，幸福围着我！ 8月29日 周五

晚上邀请妹妹一家来我家吃饭，小家伙从幼儿园回来就抑制不住的兴奋，开始忙前忙后地打扫卫生，把家里一切碍眼的东西该归类归类，该隐藏隐藏，拦都拦不住。摆放桌椅的时候，非要把自己的座椅放在小姨位置边。

宝贝越来越懂事了，爸爸做了一桌好吃的，小家伙硬是忍着等大人们都上桌了再一起吃，我很欣慰。

平日里我在这些细节方面教育的并不多，不管是打扫家务，还是待人接物方面，我觉得宝贝爸爸给宝贝树立起了非常好的道德基础。一个家里有如此贤良的老公，如此乖巧的女儿，有时想想我真的很幸运，很幸福。至少此刻我是这么想……

前天生老公气，昨天“软处理”女儿，今天？很幸福。什么在变？

客观存在对每个人都一样，但每个人对客观存在的感受却有天壤之别。比如我们生活在同一个世界，有的人会觉得很幸福，有的人却整天牢骚满腹。老公还是那个老公，宝贝还是那个宝贝，能否感觉到幸运、幸福，只在自己的一念之间。

强迫与反思　8月30日 周六

今天我很惭愧，又做了一件蠢事。我一直想控制我的情绪，可是“想”跟“现实”是两回事，我无法压制我的冲动跟暴躁，事后又开始后悔。

宝贝下棋，尽管对手只有4岁，可我非要让她按照我的意思走棋，她不走，我开始着急，因为我看到前面有个坑，她走别的会被吃掉，可她不听，非要按她的想法走，怎么拦都拦不住，小家伙开始哭，我开始烦躁，还动手掐了她。对方家长一看，带孩子走了，我赶紧也拉着孩子走了。

我觉得好丢脸，我不该干涉她自己动脑筋。我平常告诉她输赢不重要，无论如何也不能哭鼻子。可每当她下棋时我都在一旁给她当军师，是我不想她输，是我对输赢太执着。

小时候父母总会说这样不行那样不对，我当时想就算前面是个坑，也让我跳一回，让我知道坑什么样子，下次你不说我也不会跳下去，现在长大了，面对自己的孩子，又开始重复父母的老路，我真心后悔今天象棋课的行为，只希望这种情绪不要继续滋长。

李老师点评：

如果没有觉察，我们就会在不自觉中重复父母当年对我们的教育方式，无论我们当年对父母的教育方式是爱还是恨。

回忆一下。你现在教育孩子的方式不外乎两种：和父母一样，和父母相反。

有了反思就有了成长。相信今后会越来越好。

可以试着写写自己的童年，写写当年和父母的关系。这种写回忆录的方式对于了解自己、对于了解孩子很有帮助。

 宝贝得奖 8月31日 周日

小家伙终于拿到了上次舞蹈比赛的荣誉证书，晒到了朋友圈里给大家秀一秀，得到了有史以来最多的点赞记录。朋友们赞叹不已。台上一分钟，台下十年功。虽然没达到10年，但这一年里宝贝的努力我看在眼里。

当有人对我说，你家希希又上舞蹈班，又上象棋班，又上美术班，你想累死孩子呀！其实最累的人是我，不仅周六周日全搭进去不说，平常不练功不下棋我还着急上火。

不过学这些是非常值得的。我每每都要解释一二，学舞蹈不是为了拿奖，而是锻炼身体的协调性；学画画是为了开拓她的想象力，有想象力的孩子心才不会被约束；学象棋是为了打开心智，锻炼反应能力跟跳跃思维，更是为了明年上学做准备。

跑题了，今天总而言之，是宝贝最开心的一天，不仅拿到了人生当中第一份荣誉证书，而且舞蹈课让希希得到“今日班长”一职，挂着“大队长”的头衔不亦乐乎。

 李老师点评：

荣誉感的培养与建立对孩子的重要性是不言而喻的。看一看那些伟大的国家、民族、集体（企业、球队等）的成员，无不具有高度的荣誉感。对于个体，荣誉感也是促使我们前进、做的更好的重要力量。

荣誉感在某种程度上可以等同于我们日常所说的“面子”。“死要面子”固然不好，但“死不要脸”肯定也不可取。关键在于，我们要牢固的确立个人相对独立的价值观。

 拦架 9月1日 周一

不同于以往，我跟宝贝爸爸争执的时候，宝贝要么哭，要么闪一边。今天，宝贝居然去拦架，尽管我跟她爸爸是闹着玩打架，可小家伙非常紧张，勇敢地站到我俩中间，一手推一边，大喊：“你们不要吵架！吵架是不对的！”像个小小执法者。她谁也不帮，也不说谁不好不对，就像个小交警，疏导两辆即将碰撞的汽车。

那时，即使我真在生爸爸的气，也觉得挺幸福的，小宝贝又成长到了一个新的高度。

 李老师点评：

宝贝真的是成长到了一个新的高度，行为的有效性越来越高了。

父母争执的时候，宝贝哭是因为害怕，闪到一边也是因为害怕，但这两种行为都无法有效地缓解自己害怕的情绪，是一种消极的适应。而今天，宝贝通过自己的行为，成功地阻止了父母之间的争执，也有效地缓解了自己害怕的情绪。——情绪是无法直接控制的，只能通过有效的行为。

家有淑女初长成 9月2日 周二

傍晚，下着小雨，我和宝贝漫步在雨中。

小家伙在奶奶家玩了一整天，不知疲惫，走在路上开心地唱着歌哼着曲，给我讲今天跟奶奶玩了哪些游戏。即使我有再多的烦恼，此刻看到她也烟消云散了。

小家伙堪当现代淑女的典范，在我单位学象棋，被老师夸为精神文明奖最佳学员，被同事们誉为“真正的小公主”。宝贝坐电梯，去洗手间从来不跟别的小朋友争路抢道，在课堂上，从来不随波逐流，吵闹喧哗，或者与其他同学窃窃私语。

借着蒙蒙细雨，此刻安静且美好。执女之手，携女成长，心足矣。

李老师点评：

似乎很久没有“看”到这么美丽的画面了。

家有淑女初长成，相信自己也跟着成长了不少。如此，甚好。

自我批评 9月3日 周三

今天开家长会，老师给我讲，今天午饭吃虾，宝贝对老师说她不会剥虾皮，老师说那我也没有办法，你自己想办法吧！过了一会儿，老师过来一看，小家伙自己已经剥好了，吃了好几个，老师讲给我听，问我是否在家里把孩子照顾得太好，以至于好多事情还不敢独立去做。

这个现状我先表示歉意，其实宝贝这个年龄不应该有不会自理的事情，如果有，只能说我这个做家长的太懒了，懒得去教她。例如，吃饭我说十遍她不带动的，那与其训她，不如我喂她吃饭，还不会惹自己生气，还能很快把饭吃完。有时候不是她不会，而是她习惯了等大人给她都处理好了再去吃。甚至吃饭不用自己去拿筷子拿勺子，自然会有大人填到她的嘴巴里，慢慢养成了宝贝娇气的毛病。

以前觉得她还小，不在意。当今天被老师点出来后，发现该是纠正问题的时候了，纠正我俩的这个坏习惯。

孩子很多事情不会自理不是因为家长太懒了，而恰恰是因为家长太勤快了——老师的一句话“我也没有办法，你自己想办法吧”，孩子就学会了“剥虾”，而且还吃了好几个。生活自理能力不需要教，只要家长忍住焦虑，不替代孩子去做，给孩子锻炼的机会，孩子在实践中自然会“学会”。

最后的这句话是点题之语，需要纠正的确实是妈妈的坏习惯：喂孩子，可以一时不生气，可不能喂一辈子啊！

老师的震慑比妈妈厉害多了 9月4日 周四

回家后发现家里一片狼藉，小家伙把她的玩具扔得到处都是，我很累，让她自己收拾好，说了十遍小家伙不带理地，甚至我说在你没有收拾好之前不要跟妈妈讲话，小家伙都不为所动。这时我收到老师的家庭作业短信，今天的作业是小朋友们回家帮爸爸妈妈做力所能及的家务。

我了然，对宝贝说："你要是不把你的玩具收拾好，我就告诉老师你没有完成作业。"

老师的话比妈妈的话管用多了，小家伙立马开始收拾，边收拾边说："你不可以告诉老师，因为我在干活！"不仅如此，收拾完她自己的玩具，又开始收拾床，扫地、擦地。拦都拦不住。

我今天拿老师的话来威胁她，可是这不是我的初衷，以后还要想别的方式与宝贝斗智斗勇。

李老师点评：

由听父母的话、老师的话到自觉而为之，这是我们每个人都需要经历的过程。由起初的物质奖励到精神奖励（外部的）一直到最后的自我奖励，也是一个必经的过程。

慢慢来，别着急。只有"慢慢来"才"比较快"，切忌虎头蛇尾，"狗一阵儿，猫一阵儿"。

中班的评估感言 9月5日 周五

今天要完成幼儿园布置给大人的作业，写下对自家宝贝本学期的评价感言，我觉得自己写的不错，在这里臭美一下，请各位老师点评。

爸爸妈妈对宝贝的悄悄话：

宝贝儿，这一年你的变化可真大，生活上学会了叠被子、刷牙，自己洗澡；学会了如何面对与同学的纠纷；懂得了荣誉的取得与努力是分不开的。

因为学习绘画，懂得了欣赏美和发现美；因为学习舞蹈，形体越来越美好，越来越柔韧，还获得了电视台表演的机会和人生的第一张荣誉证书。

这一年，小家伙很努力，有欢笑、有苦恼，你可以很自豪地对自己说："在我上中班的时候，我学会了很多，那一年，我很快乐！"

李老师点评：

非常好的感言，积极、正向、阳光。

相信孩子吧！孩子的成长、孩子的变化一定会超乎我们的想象。

前提是，家长要减缓焦虑，降低预期。

看电视引发的争执　9月6日 周六

去姥姥家，小家伙放开了胆子跟我对着干，守着我看动画片看了3个小时，真是气坏了，冲上前去关了电视。小家伙开始哭，姥姥最受不了宝贝哭，安慰着给她再打开电视。我连续关N次，姥姥哄N次，开N次。

最后，我是坏人，被姥姥骂，一在姥姥家就开始教育孩子，惹孩子哭，姥姥不爱听宝贝外孙哭，就吼我回家教育，别在这儿惹她。

小家伙狐假虎威，放开了嗓子使劲哭喊，在家里守着她爹她可不敢这样。

我妥协了，本来就不太舒服，回屋睡觉。

过了一会儿，听姥姥在那劝，跟她好商好量，约定再看5分钟。5分钟过后，姥姥关上了电视，小家伙没动静了。

孩子长时间看电视不好，姥姥哄孩子的方式也有待探讨，但妈妈制止孩子看电视的方法也值得商榷。让孩子突然终止看了三个小时的动画片，就好比让一辆高速行驶的火车突然停车，那种“戛然而止”的感觉是非常难受的。姥姥后来劝孩子不看电视的方法就显得没有那么突兀，而是那么的水到渠成。

问题不是在姥姥家看了多长时间的电视，而是妈妈被“气坏了”。相信如果妈妈没有被气坏，是完全可以处理好此事的。

享受今天　9月7日 周日

宝贝在姥姥家没有接回来，尽管享受这难得的独处时间，可对宝贝的牵挂和思念有增无减，打开视频，不为了说什么话，就是看着她开心的样子我都满足得无以复加。

同事说赶紧享受这1年的快乐时光吧！明年上小学，你就彻底靠上了，你的全部时间跟精力就全在孩子身上了。也许吧，这一年我还有放纵自己的时间，把宝贝放姥姥那里，不用管她今天有没有学东西，看了几个小时的电视，我都可以睁一只眼闭一只眼。小家伙，你也好好享受现在在姥姥家的快乐时光吧，眼下，就是你最快乐的童年。

小家伙在视频里不断地给我摆丑模样，告诉我今天姥姥姥爷带着去了哪里，开心的样子比待在家里幸福多了。

李老师点评：

长大之后，总觉得童年是快乐的，是最快乐的。但在我们童年的时候，却总想着长大。那个时候的我们，能意识到快乐吗？珍惜吗？

原来，所谓童年的快乐，仅仅存在于我们的回忆中，存在于父母的嘴中。为什么？只有一个简单的原因：相比较而言，长大的我们并不快乐！

未来什么样？我们不知道。可我们知道从前啊！那可是我们亲身经历过的。于是乎，我们在不快乐的时候，为了平衡自己的心态，就找啊找，就找到了所谓的“快乐的童年”。可惜的是，回不去了。

生活，酸甜苦辣，五味杂陈。只享福不遭罪，不可能。为了享福而遭罪，又好比是“用青春赌明天”，不那么稳当。怎么办？

好好享受今天的生活，享受今天亲子之间的快乐。

温柔的小家伙 9月8日 周一

今天是八月十五中秋节，我不给力地开始发烧，全身酸痛地来到爸妈家过节，迷迷糊糊的，不是躺着就是睡着。小家伙一遍遍跑来嘘寒问暖，还给我讲姥姥姥爷讲给她的故事，还把她最喜欢的毛绒玩具拿来陪我，我感觉好温馨。

我强打精神，对宝贝说：“妈妈感冒了，你不怕被传染吗？”小家伙说：“我没有感冒，也没有发烧，妈妈你不会传染给我的，妈妈放心好了！”

我说：“那你给妈妈倒杯水吧！”“好！”小家伙毫不犹豫的给我端回来水；

“我想吃梨！”小家伙二话不说地给我把梨捎过来，还摸摸我的额头热不热，着实让我感动。

小家伙今天的行为，我写下来，记住它。以后小家伙有什么事情惹我生气的时候，翻翻日记，想想今天，也许我就不生气了。

李老师点评：

把孩子优良的表现记在纸上，是很好的方式。我们还可以记在心里，这样“翻看”起来会更方便。当我们心中记住的孩子优良变现越来越多的时候，我们的亲子关系就会越来越亲密，孩子就会越来越优秀，我们就会越来越快乐。因为心理学告诉我们——我们并不是和那个客观存在的孩子打交道，而是和孩子在我们心中的形象打交道。

致疼爱宝贝的亲人们！ 9月9日 周二

希希奶奶总认为希希是天底下最懂事最聪明的小孩儿，从奶奶那里，小家伙学会了五子棋、中国象棋、跳棋。奶奶总说希希学得很快，玩几次就能赢过她。

今天第一次教她玩桌上台球（小型的），小家伙玩了一会儿，就以7：3的大比分战胜了奶奶，奶奶乐得合不拢嘴。特别是我们临走之前，宝贝把台球收拾整齐放回原位，才放心地跟我一起走。奶奶得意得直朝我眨眼睛，那分明是说："你看我这乖孙女，在我这儿多好！多懂规矩！"

这一点跟姥姥姥爷是一样的，在他们眼里，不管希希是调皮无赖，还是偷懒耍滑，他们对我的口径都是一致的："希希是最听话、最懂事的小孩儿，你回去不要逼她干这干那，她是听商量的，我外孙、（孙女）多可怜！"

天下的父母总搞不定自己的孩子，但到老人手里，什么都是好的。

在这里，我只能感谢这些真心爱我孩、疼我孩的亲人们。

李老师点评：

我们活在关系之中，如母女关系、祖孙关系。在关系中的自己或他人，是在与他人的关系中被创造出来的。对方因我们的变化而变化，对方的性质是我们诱导出来的，反之亦然。就像老人眼里的孩子：懂规矩、听商量……这些都是诱导出来的。

老人带孩子，可能会有这样那样的不足，比如溺爱，但也会有年轻父母所不具备的优势，比如情绪的稳定以及对孩子的那份耐心与信任。

对老鼠的认识 9月10日 周三

回家路上看到一只死老鼠，小家伙是第一次见到这等动物，好奇心大作，欲上前一探究竟，被老爸急忙喝住，老爸开始给宝贝灌输老鼠身上的病菌多么可怕，从明朝的大规模鼠疫到欧洲半个多世纪的黑死病，将老鼠说成一种超级恐怖的动物。

老爸打开了话匣子，小家伙听得是全神贯注，又增长了见闻。最后是什么打败了老鼠呢？原来是香皂，把细菌都洗掉了，人类干净了，从此后鼠疫再也不可怕了。

看着这一大一小温馨的画面，我会觉得宝贝的童年非常完整，充斥着满满的爱。

李老师点评：

爸爸知道的还真不少！有这样知识广博的爸爸，小家伙长大后可能会成为一个历史学家呢！

可如果在小家伙看到死老鼠而“好奇心大作”时，不是“喝住”，而是一同观察那只死老鼠呢？说不定小家伙就会自此对动物，尤其是那些为人类所不喜欢的动物感兴趣，将来成为一个动物学家！

我们现在的教育，对孩子未来的成长会起什么作用？谁知道呢？“充斥着满满的爱”就好。

 如何克服自己想象中的危险？　9月11日 周四

我觉得我特别容易患得患失，好几次了，特折磨我，这次写下来，请老师们看看，我是否有些过分焦虑。

平常从奶奶那下楼梯宝贝都会拉着我的手，今天，这个晚上，宝贝嫌楼梯上有装修的味道，所以她蹭蹭蹭地往下跑，打开防盗门跑了出去。我吓坏了，我还在二楼上，外面漆黑一片，碰上坏人或者跑没影了我还怎么活，大叫一声“希希！”声音都变了，同时脚步加急，三步两步地跑到楼底。宝贝似乎听到了我惊恐的呼叫声，急忙又从外面开门进来，正好迎上了我，我惊魂未定，紧紧地拉着她的手，生怕她从我眼前消失，“你怎么不管妈妈自己一个人跑外面去了？你看外面那么黑，你不怕吗？万一遇到坏人看你一个人在门口一下子把你掳走了怎么办？”我喋喋不休地数落着，平复着我怦怦作响的心跳，我此刻极度的惊吓跟炮语连珠的口气把小家伙感染了：“妈妈，对不起，下次我一定拉着你的手一起下楼。”

是小孩子本身脆弱还是我内心太脆弱，夜晚，辗转反侧。

李老师点评：

焦虑源于对未知的恐惧！从某种意义上说，焦虑有利于人生存。举个例子：当歹徒拿起抢要打我们，你属于“歹徒尚未露面，你已溜跑走了”，肯定你更容易规避危险，生存的几率更大。换句话说，遇到危险情境你更容易“兴奋”，调动全身心应对，更容易成功！

是小孩子本身脆弱还是我内心太脆弱？辗转反侧，有答案吗？

 小家伙有些寂寞　9月12日 周五

又到周末了，太开心了。

紧紧拉着小家伙的手走在回家的路上，到小广场，看到了她的舞蹈班同学，开心得不得了。问题是两个孩子似乎不太会交流，不知道在一起怎么玩，玩什么。这俩孩子一

个喜欢奔跑，一个喜欢安静，小家伙既兴奋又着急，着急的是小朋友不随她跑，小家伙平常太寂寞了，难得有朋友一起玩，即使不能跑也要守在小朋友身边。

后来那个小朋友找她爸爸玩，小家伙就守在一旁看着她和爸爸玩。我离开原先站着的位置，本想如果宝贝看不到我，势必会到处找我，那时我就可以带她回家了。可小家伙只是朝我原先的地方看了眼，知道我不在，但依然没有找我的打算，还守在那个小朋友身边，看她和爸爸玩。

不得已，我喊她的名字，小家伙跑了过来，我说："回家吧！"小家伙没有像往常那样留恋小广场，愉快地跟着我回家，看来她也觉得没意思。

我觉得有点小伤感，但我说不出来悲哀在哪儿。

李老师点评：

妈妈对这些微妙差异的观察，很好！这个世界总是因"发现的眼睛"而美好，而非因美好才被发现！

"我觉得有点小伤感，但我说不出来悲哀在哪儿。"说不出来的悲哀，也许更具魅力。而那个"何事秋风悲画扇"的情怀，会让生活充满更多情趣！

与宝贝的拉锯战　9月13日 周六

明天要上舞蹈课了，连着两周我们哪天也没练习过，我很着急，让宝贝练习压腿、下腰，这就好比捅了马蜂窝，小家伙开始找各种借口、理由，又开始哭闹，就是不练。摆好了姿势就开始哭，一哭一闹就拼命咳，然后肚子疼，要休息，各种借口。我真要逼疯了，我象征性地打她屁股。她爸爸说她以后不准上舞蹈课，小家伙开始哭喊："你们为什么要这样对我！你们不爱我了吗？你得哄我！"这话，听着多煽情……

记得我小时候，被少年宫挑选上去学舞蹈，回来后父母从来不会让我练习一下，我又没有自律能力，应该说不懂，练了1年就放弃了，我一直遗憾着，觉得如果父母那时对我要求严格一些或者重视一些，今天的我肯定会不一样。

今天宝贝哭成这样，是为了明天上台更好地尽班长之职，小家伙现在不懂，我不会妥协。

我们抗战到11点半，小家伙屈服了，打着哈欠完成了所有动作的练习。

李老师点评：

回忆小时候，若当时父母能严格一点，你肯定会不一样……设想：当你的"宝贝"未来回忆小时候，会怎么评价今天呢？研究发现：我们不是模仿父母的教育方式就是反其道而行之！上有老下有小，处在中间的我们，总是累并"满足"着，满足自己心中的那个梦！

 补偿你一幅温馨的画卷 9月15日 周一

受同事影响，从今天起我要每天给宝贝选一篇经典的童话故事，每天晚上念给宝贝听。

以前总觉得她还小，听不懂，还有偷懒的成分，今天，尽管我的感冒还没好利索，嗓子嘶哑着，但我决定的事情一定要做到。从 iPad 上找到一本《绿野仙踪》，决定从这本书开始，开启我家宝贝对童话世界的憧憬。

夜色很浓，宝贝趴在我身边静静地听，我细细地讲，即使口干舌燥，也不缩水故事内容，故事很长，不知不觉两个小时过去了，宝贝听得意犹未尽。

作为交换，我要求宝贝也给我讲一个今天幼儿园的故事，听着宝贝稚嫩的童音，饱满的故事情节，我意识到我以前为什么不天天给宝贝讲故事呢，多自私的妈妈呀！从今天改正吧！

李老师点评：

“夜色很浓，宝贝趴在我身边静静地听，我细细地讲，即使口干舌燥，也不缩水故事内容，故事很长，不知不觉两个小时过去了，宝贝听得意犹未尽。”多么让人心动的画面啊！但愿这样的画面能够代际延续下去：有一天，宝贝的宝宝也会趴在宝贝的怀里。那时候宝贝再读你今天的日记，一定会两眼润湿，发出“长大后我就成了你”的慨叹。

 宝贝，妈妈和你一起想办法 9月16日 周二

我和宝贝经常会互相吐槽，像今天，走在回家的路上，宝贝跟我讲她不开心，因为她的朋友因为她不小心撕破了别人的书，还不是她自己的书而跟她发脾气，让宝贝赔别人一个新的，宝贝说其实也没怎么破，就是撕了一个小口子，宝贝不赔，她说这个好朋友就生她的气了，不理她了。

这个问题怎么办？我应该给宝贝一本新书让她赔过去吗？如果像她说的那样，只是撕了一点点，那真有必要让宝贝从小就认识到“赔偿”这个概念吗？我不想扩大这件事情，让宝贝纠结在书与朋友之间。我只得说：“你把书拿回来，看看妈妈能不能粘好它，如果粘不好，你同学不满意，那我们就赔她一本，好不好？”事情说到这里就告一段落，然后我开始讲我今天不开心的事情，小家伙听不懂，但她告诉我要努力！要坚强！

呵呵，小家伙，妈妈希望你永远能像今天这样，同妈妈畅所欲言。

李老师点评：

很精彩的描述。但“永远能像今天这样，同妈妈畅所欲言”却是妈妈的一厢情愿。渐渐地，宝贝的自主意识会增强，内心世界会扩大，秘密也会随之而来。有句话说得挺有哲理：宝贝会在妈妈的失望当中长成妈妈希望的样子。

哭，我陪你，等你平复 9月17日 周三

宝贝晚上有点不寻常，干什么事情稍不如她意就号啕大哭，似乎有天大的委屈，连最喜欢的画画都不乐意干，劝也没用，那我就让她冷静冷静。哭，也是发泄情绪的一种，虽然我不知道原因，但我也没必要非揪出原因吧！

我只是守着宝贝，看着她，慢慢地等她心情平复。

小家伙，虽然不知道今天的你为什么心情暴躁，但妈妈会用十足的耐心应对你的种种状况。

更多的妈妈会通过今天的日记体会到，应对宝贝的号啕，有时候耐心的守望是比急躁的干预更为积极和有效。

“无为”，其实是更高层次上的“有为”，是“有为”的升华。

心疼爸爸 9月18日 周四

宝贝爸爸生病了，病得很严重，医生说传染性很强，我必须把宝贝送到姥姥家。从幼儿园把宝贝接出来，宝贝问：“我们要去姥姥家吗？”“对呀！”

“爸爸是不是很严重？”“对呀！所以你要去姥姥家住几天，等爸爸好点了，妈妈再接你回家。”

“好吧！那妈妈你有没有给爸爸买药啊？”“没有。”我没说你爸打吊瓶就行了，感冒药家里都有。

小家伙急了，对我说：“你得给爸爸买药！这样爸爸才能好得快！”哇！小家伙好关心爸爸呀！我有点小小的感动。

路上，我又买了点螃蟹，小家伙又说：“你得给爸爸吃一个！”我开玩笑说：“不给！”小家伙又着急了，喊：“你必须给爸爸留一个，爸爸都生病了，爸爸那么可怜！你不给爸爸吃，我就不跟你做好朋友！”

小家伙对爸爸的感情表达得淋漓尽致，老公，我写下来拿给你看，你是否也感动了呢？那就快点好起来吧，我们都需要你。

李老师点评：

没有比“被需要”更让人精神抖擞的言语了！相信老公看到今天的日记，除了感动还会陡增力量。

“我们需要你，因为我们爱你”，而不是“我们爱你，因为我们需要你”。爱在前，需要在后。

任重道远 9月19日 周五

宝贝长得人见人爱，花见花开，就是不太会与同龄的小朋友交流玩耍，每次宝贝同姥姥诉苦，姥姥都要心疼一番，姥姥再对我诸多抱怨，视宝贝是一枚独行侠，在幼儿园里独来独往不说还尽受欺负。而我每次听完不置可否，一笑而过。

今天带宝贝走在回家的路上，拉着宝贝的手，宝贝一路没闲着，跟我说着贴己的话儿，等我不说了她就自己哼唱小曲，虽不成调，但忘我地哼唱，我嘲笑她唱得难听，小家伙无视我的嘲讽，反而唱得更加嚣张、更加肆无忌惮，我们就这样欢快地，互相嘲笑着，嬉闹着回到家。

我从不觉得宝贝内心不善交际是一个问题，内向有内向的好处，比方说心思会更细腻些，不会过早地接触社会恶习，不会随波逐流、阿谀奉承。可能会因为内向吃点小亏，但这是人生必须要经历的插曲，也许以后还会是丰富的记忆。

其实，我需要宝贝树立起强大的抵抗挫折能力，不惧困难的勇气，以及能够解决问题的魄力。这是我作为家长的责任，此职责任重而道远。

路漫漫其修远兮，吾将上下而求索。

李老师点评：

孩子的“诉苦”只是“一面之词”，家长可以通过更多的途径了解情况，也可以在观察孩子情绪的基础上“一笑而过”——如果孩子不喜欢那个环境，或者受到了欺负，就一定会表现出相应的情绪。

性格是在社会生活中逐渐形成的，没有好坏之分，受环境影响，尤其是受父母的影响很大。所以，不要着急地给孩子的性格下一个“论断”。

希希妈妈感言

日记写到今天，三个整月，很感谢各位老师给我这个机会参加这次课题，更感谢各位老师能够耐心地看完我这 90 天的所想所感。通过这次活动，我学会了很多，收获了很多，经历了李老师之前所讲的四个阶段，从“不知道”到“知道”，再到理解自己的“知道”，再到把这种“知道”行为在日常与孩子的相处中。

日记表达的只是我眼中的所见所感，老师们抽丝剥茧地观察，评语或者赞同或者批判或者支持或者反对，都在启发着我，影响着我，感染着我。看到你们的文字，我会有被鼓励的激动，也会有被批评时的不服气，不服气更会转化成一种动力，想更好地做到孩子眼中“好母亲”这个角色。

很感激这个课题，自我感觉还不错，宝贝给我的变化更明显，母女之间的感情更深化。宝贝将“爱父母”表达在语言上、行为中。

尽管这个课题结束了，但对我和孩子来说，这又是一个新的开始，没有专家地监督跟指导，我是否还能克服之前的种种恶习。

愿我不辜负于这 90 天的变化；愿我面对宝贝的心态永远保持阳光；愿宝贝在阳光下茁壮成长！再次向各位老师表达我衷心的感谢！

李老师点评　学会掌控自己的情绪

我曾尝试着给很多年轻的妈妈读了希希妈妈五天的日记，并特别提醒，请关注这位妈妈的情绪变化。

第一天：天气真好，不冷不热。这样的好天必须出去运动一下，于是一家三口带着刚买的轮滑装备，冒着细雨到小区的广场上去轮滑。我是第一次，当然比不上已经滑了两年的女儿和从小就会滑的老公了。女儿每次从我身边滑过，都教我说：“妈妈！要蹲着滑才不会滑倒！”“妈妈加油！”……尽管摔三次，一身雨后的泥土，但我珍惜一家三口开心的时刻，尤其是看着女儿由以前的龟速提升到现在的豹速，我真高兴！我也要快点学会，同宝贝一起飞翔。

第二天：早上出门上班时，小家伙还在呼呼大睡，我没理她，自己上班去。下班接她回家，我问她：“今天早上醒来没看到妈妈有没有哭？”宝贝说：“没有哇，我醒来后没有看到你，然后我到处找你，哪儿都找不到，我到楼上看到爸爸在抱着枕头睡觉，我就下楼吃饭去了，等着爸爸醒来找我。”女儿表现不错，长大了。

第三天：今天过得很平淡，平淡到我都不知道该写点什么。晚上陪宝贝吃了饭，开始讲她最喜欢的地球的故事……好累！书到用时方恨少，我在这方面的知识也相当匮乏，还是说今天我没有耐心对宝贝发挥我的想象力？是该给自己充充电了，我的日子不能总围绕着“工作、孩子、吃饭、睡觉”四个现代化模式。写了那么长时间的日记，我从刚开始的新奇、兴奋到后来围着孩子转，每天去发现宝贝不一样的存在，再到现在形式上的重复写作，我忽然觉得有点小小迷茫，常常在审视自己，是否改变什么？

第四天：今天心情真糟！糟的连晚上的象棋课都不想上了，可小家伙还是跟她爸爸来了，应付完课程我们一家坐公共汽车回家。车上人不多，小家伙吵闹的声音又特别大，我不想在车上训斥这两个人，不断地用我凛冽的眼神看她爹，希望他能注意到我杀人般的眼神……无语了，算我今天心情不好！不跟你吵！

第五天：晚上我跟宝贝下象棋，第一局宝贝赢了，不亦乐乎，第二局我赢了，嘿嘿，小家伙不乐意了，号啕大哭。我劝说无果，我看着她把棋盘掀翻，把没有掉落的棋子全部扔在地上，扔吧扔吧，我不发火。因为已经晚上10点半了，我实在没有精神和力气跟宝贝发火怄气，不如苦中作乐，开心地看着她扔棋子，看她抹眼泪。……收拾完棋盘，宝贝躺在床上不到1分钟就睡着了。唉！这个小家伙！我得学会软处理。

以上是我对希希妈8月24日至28日的日记梗概。好多妈妈听完，会笑着说，她写的怎么这么像我呀！

希希妈的日记，所表达的是自己真情实感，非常“原生态”。正因为如此，读后总觉得像你、像我、像我们。其实，无论承认与否，我们的情绪有时都会像这5天所描述的——变化的速度和程度就这么快、这么强烈。但不是每个人都像希希妈这样，能很好地观察并体验过，能把规律掌握：

24 日，看到女儿轮滑的速度由龟速提升到豹速，“真高兴”，并表示“要多多努力，争取让自己快点学会轮滑，同宝贝一起飞翔”；25 日，那种高涨的情绪就开始下降，这通过“早上出门上班的时候，小家伙还在呼呼大睡，不理她，自己上班去”就不难看得出来；接下来的 26 日，很自然过渡到“过得很平淡，平淡到我都不知道该写点什么”；27 日达到低谷，“今天心情真糟”，以至于象棋课都不想带女儿去上，课程完全应付；可 28 日呢？情绪开始恢复，尽管“实在没有精神和力气发火怄气，但却能苦中作乐，开心地看着女儿扔棋子，看她抹眼泪”，而且还总结出了对女儿的负性情绪予以“软处理”的经验。

希望更多的人能够像希希妈这样，通过日记这种形式，记录下自己的所作所为、所思所悟，以便从中发现规律，并最终像希希妈一样驾驭把自己的情绪。情绪的稳定是教育显效的基石，因为只有在情绪稳定下的教育，才能算是真正的教育，而不是情绪的宣泄！

但这种观察与体验、记录与驾驭，需要改变自己的勇气，需要付出相当的努力。事实上，并不是所有的父母都能像希希妈这样坚持完成。

从根本上讲，三个月完成的并不是每天的记录，而是由“自为的爱”到“自觉的爱”的跨越。“自为的爱”是种本能，是自动的反射，但母爱却必须超越这种本能，由“自为的反应”上升到“自觉的行动”。

希希妈是我们的榜样。

第九章

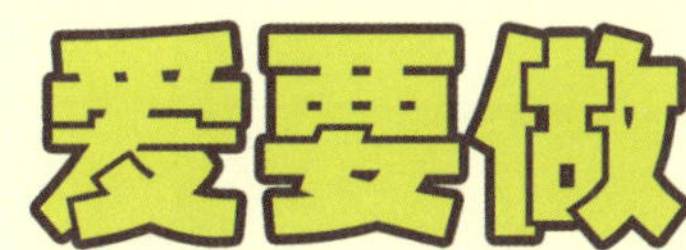

爱要说，爱要做

雨琪妈妈日记

So Happy!

Don't stop

编者导语　爱要说，爱要做

仔细拜读了宋樱老师——雨琪妈妈的日记，日记中的内容是那么的鲜活生动，触动我的心弦，让我感动落泪。没有枯燥的教育理论，没有高深的教育哲学，有的只是一幅幅温馨的亲子画面。雨琪妈妈对自己女儿的教育巧妙地揉进了生活中的点点滴滴。

从日记中，我看到雨琪妈妈的爱、宽容和理解，以及在女儿教育上的淡定和从容。雨琪在来上海上学之前，她是一个学习成绩非常优秀的孩子。但是来到上海之后，面对新的学习环境，雨琪的英语听写成绩不佳，雨琪自己内心也很焦躁。

诚然，在提倡素质教育的今天，仍旧有很多的老师和家长把注意力放在孩子的学习上，很少有人会关注孩子内心的成长，更别提站在孩子的角度去思考孩子成绩差时，孩子本身的压力就很大。孩子只要考试成绩下降，很多老师和父母就特别焦虑，严厉责备孩子，但是雨琪妈妈却表现得很平静，反过来安慰雨琪，给孩子积极的引导。

雨琪妈妈真正做到了给孩子一颗强大的内心，作孩子坚实的后盾，给予孩子真诚的沟通，伸出帮助的手，用切实的行为帮助孩子解决成长中所必须面对的问题，真正做到了爱不只是说，爱要去做。

还记得雨琪的土豆饼、王牌防蚊液、捉知了猴、蚂蚁家园，从中我看到了一个动手能力强，富有观察力、创作力和想象力的雨琪。感动雨琪妈妈的淡定，不是紧紧地把孩子捧在手心，而是选择放手，给孩子自己成长的机会；感动雨琪妈妈的尊重，尊重孩子的天性和兴趣，给了雨琪一个自由欢乐的童年。

同时，在孩子成长的过程中面临着大大小小的、有形无形的坎坷，面对这些坎坷时，孩子的内心是柔弱的。感动雨琪妈妈能敏感地捕捉到雨琪内心的恐慌，并尝试着陪伴她度过这道坎。

美发师的赞美，妈妈全身心的陪伴，小伙伴的夸赞，让雨琪轻松地度过了她人生中小小的坎。一直以来，我都认为爱是世界上最美的语言，爱也是世界上最好的教育，我想雨琪妈妈对雨琪的爱，使她走进孩子的内心，让雨琪自信、 开朗和阳光。

妈妈的滑板教练 6月20日 周五

今天我很快乐，在连续加班四天之后，终于赶在6点前到家了，可以陪雨琪在小区里散步了！听说雨琪一个星期就学会了滑板，我还没见过呢！

刚进小区，就看到了雨琪的笑脸，笑得很傻很天真！“妈妈，我滑滑板给你看。”雨琪踩着滑板飞驰，比我想象的还熟练，“这是我刚认识的哥哥和姐姐，就是他们教会我滑滑板！”说完，雨琪就和孩子们围着场地一圈圈地追逐，说着、笑着，完全忽略了我的存在。我远远地看着，很享受。我喜欢看她发自内心的快乐……

孩子们陆续回家了，雨琪悠闲地荡着秋千。我的目光落在滑板上，突发奇想，问雨琪："我能不能站上去试试？"没想到雨琪马上从秋千上跳下来，张开两臂说："我来保护你！先踩上前面的板，要不然滑板会翘起来。”她站到我对面，像极了一个教练！尽管我的尝试没有成功，但雨琪搀扶着妈妈，这一幕好温馨！我被感动包围着。

李老师点评：

如果今天的开篇是“又加班了”，结果是否会是另外一个样子？

开心的妈妈看到了开心的、乐于助人的女儿，女儿的表现又促进了妈妈的开心。没有因果，却又互为因果。

坚持到底，就是胜利 6月21日 周六

当我告诉雨琪从今天起要自己洗内裤时，她竟然没有像我想象的那样反对，我也没有费十遍口舌，只说了一遍她就乖乖去了，还幽默地说：“早知道不让你参加这个活动了！”我很欣喜，难道雨琪要配合我们的活动？无论如何，她在变，我也在变。

雨琪问：“妈妈，为什么报名时说选择6个妈妈，却选了8个呢？”“或许因为李老师知道可能有妈妈坚持不下来吧。”“那要是都坚持下来了呢？”“那也许会优中选优。妈妈争取写好，好吗？”“不是争取，是必须！”雨琪的语气变得异常坚定。“为什么？”“因为你要是选不上，我们之前的时间不就白费了吗？”“好孩子，你懂得坚持是最好的品质。但是，我们只要坚持下来了，即使没选上，也没关系，因为我们有收获啊！”

我很开心。雨琪以前做事总是虎头蛇尾，离成功一步之遥的时候，总欠缺一点坚持。今天，她却主动鼓励我坚持，我更得坚持下来了，给孩子做个榜样。

雨琪凡事都要争个第一，是不是妈妈凡事做到最好，给她潜移默化的影响？

李老师点评：

“当我告诉雨琪要自己洗内裤时，她竟然没有像我想象的那样反对。”

有时候是我们父母没想到要给孩子提供这样成长的机会，有时候是被我们想当然的想法吓住了——我们恐惧着我们的恐惧。试着放手，给孩子一个机会，孩子就会还我们一个惊喜。

凡事争第一，这是优秀的品质，运动员都是这样的。但他们还有另外一个优秀品质，就是不怕挫折，不怕失败，失败了绝不沮丧气馁。也就是说，他们追求第一，但不苛求第一。

借我一双慧眼吧！ 6月22日　周日

美术写生课上，老师蹲在雨琪身旁，说："我给你讲一讲'单点透视'。"雨琪赶紧站起来，让出板凳，"老师，您坐着讲，我站着听。"我在一边看着，心里美滋滋的。

下午从超市回来，雨琪和姥姥一起往家搬东西。雨琪说："姥姥，我帮您拉着单元门，您慢慢走，千万别着急，妈妈上次就在门口的台阶上摔倒了。"那一刻，我感受到雨琪的细心和她对家人的爱。

傍晚，大雨倾盆。我和雨琪去阳台"听风观雨"。当我被窗外的雨景吸引时，雨琪为我搬来了软沙发："妈妈，您坐！""谢谢，乖孩子！"我相信，我此刻的微笑是发自内心的！

今天，我充分感受到了雨琪自然而然流露出的爱和修养。可昨天呢，前天呢？在匆忙的生活中，我忽略了雨琪的爱，至少我没有给她充分的回应。而在她犯了一点错误的时候，我却每每毫不吝啬地大吼！这对孩子多么不公平啊！长此以往，她一定会觉得：妈妈不爱我。不，不可以！今后的每一天我都要像今天这样，用我的语言和微笑告诉雨琪："你真棒，妈妈爱你！"

李老师点评：

"我在一边看着，心里美滋滋的。""我感到了雨琪的细心和她对家人的爱。""我相信，我此刻的微笑是发自内心的！""今天，我充分感受到了雨琪自然而然流露出的爱和修养，那昨天呢，前天呢？在匆忙的生活中，我忽略了雨琪的爱，至少我没有给她充分的回应。而在她犯了一点错误的时候，我却每每毫不吝啬地大吼！这对孩子多么不公平啊！长此以往，她一定会觉得：妈妈不爱我。不，不可以！今后的每一天我都要像今天这样，用我的语言和微笑告诉雨琪：'你真棒，妈妈那么爱你！'"……

透过这些描写，我们看到，妈妈原来发现孩子缺点的"眼睛"，转变成了发现孩子"优点"的眼睛——这是天下最美的事情！

雨琪的考试观　6月23日　周一

后天就要期末考试了。面对比平时多的作业，雨琪带着哭腔说："我什么时候才能做完这么多作业啊？"我耐心地告诉她："今天的作业格外重要，都是各科老师认为最重要的内容，要认真地对待。明晚老师会让你们休息的。所以，只要坚持做完今天的作业，这学期的作业就全做完了！"

没想到，雨琪发表了她的"考试观"："期末考试不过是对一学期学业的检测，老师们为什么这么重视呢？复习这么长时间再考，哪里能反映真实水平呢？应该先考试，考完再针对不会的知识复习，直到全会！知识是自己的，从小学习是为了长大要用的。可是上学期，直到考试那一天，有的同学课文还没背过，考完就不用背了，难道背课文就是为了考试？考完就算了？""呵，你还挺有想法的嘛！你至少应该明白，老师给你们复习这么长时间，不就是想让你们所有同学掌握所有的知识吗？"雨琪皱了皱眉头，没说话。她所有的心思都在作业上，没时间继续跟我辩论。我今天晚上要做的就是耐心安抚她焦躁的情绪，耐心！

李老师点评：

孩子的"考试观"是自己独立思考的结果，这种独立思考的能力是宝贵的。

"难道背课文就是为了考试？"这是一个很多老师和父母都不屑一顾的问题。我们可以给"背课文"找出N条冠冕堂皇的理由来证明不是为了考试，但残酷的现实是，孩子们切身感受到考试、考试、考试，分数、分数、分数。长此以往，孩子对于知识的天然兴趣与渴望就被打掉，而变成为"考试"和"分数"而学习的机器。恶莫大焉！

孩子的焦躁情绪需要安抚，这种独立思考的能力以及对于学习的兴趣更需要呵护！

圆圆的荔枝，美好的愿望　6月24日　周二

期末考试前一天，雨琪痛快地在院子里滑滑板。我的脑子里闪过一个念头，"还需要再复习一下功课吗？考前要查漏补缺啊！"好在我忍住了。

晚上，我嘱咐雨琪再检查一下铅笔盒。雨琪说："放心吧，我带了四支钢笔和四支铅笔。"我端出水果，问："新鲜的荔枝，你准备吃几个？""六个，明天考三门课。"她果然吃了六个，许下一个美好的愿望。我装不懂，没说话。这时候即便是安慰，也可能使她更紧张，不如淡化呢！躺在床上，雨琪突然冒出一句："明天就考试了，我还真挺紧张的。"我轻描淡写地跟了句："你不是说过，'不就一次考试'吗？快睡吧！"

看着安然入睡的雨琪，我终于放心了。久经“考场”的雨琪，虽然还有小小的紧张，但再也不会像二年级考试前那样焦虑了。回头想想，那种焦虑源于一年级的 9 个 100 分（所有大考语数英全部 100 分）。妈妈的惊喜，老师的期望，让雨琪背上了沉重的包袱，她害怕那种 99 分就意味着失败的感觉。好在她现在已经调节得很好了，我也是。

“我装不懂，没说话。”这是很高的境界！

回想一下，当忍住“自以为是”、强烈的“指导”愿望时，得承担多少焦虑。

是因为对方需要指导才说，还是为了缓解自己的焦虑而说？这是个问题 (Question)，更是个问题 (Problem)！恭喜孩子，因为她已经调节得很好了；更值得恭喜的是，她有了一位也调节好了的妈妈！

期末考试终于结束了，小区花园里一大群孩子，就有了疯狂玩耍的理由。雨琪正跟小朋友打乒乓球，小男孩昆昆跨上雨琪的自行车，疯狂地绕圈。突然，一个急转弯，连人带车摔倒了，人和车摔得都很惨，人爬起来了，车摔坏了。

雨琪耷拉着脑袋回家了，回来就把自己锁在屋里哭。我敲敲门问怎么啦，“我为我的自行车而难过……”“出来吧，晚饭还是要吃的，边吃饭我们边聊聊。”还好，总算梨花带雨地坐到餐椅上。我说，“车子被摔坏了，妈妈也心疼，可事情发生了就得面对。每个人每天都会遇到很多人，很多事，包括不如意的事，要学着总结经验教训，也要学着调节自己的心情。”“我怎么骑自行车啊？”“会修好的，爸爸保证会帮你修好。”

对雨琪来说，或许吃饭可以“疗伤”！饿了，一定心情不好，吃饱了，就没有任何烦恼了，拎起滑板继续出去疯玩儿。

“难过”是种情绪，在这种负性情绪得到修复之前，任何道理都不起作用。

当孩子难过的时候，是什么阻断了我们体会孩子内心的通路，造成“心与心”的隔离？“少年”就“不知愁滋味”吗？“自行车坏了”对于孩子意味着心爱玩具的丧失，对于家长只意味着金钱上的损失，这两者不可同日而语！“以己之心度孩子之腹”也就不可取。

“道理”远没有“一顿饭”的作用大。

温馨提示 6月26日 周四

雨琪说，今天是期末“四天小长假”的第一天，先睡个懒觉，再好好玩玩儿。

早上，我上班之前还想嘱咐雨琪一些事情，于是给她留了个张条。这种小条我写过多次了，现在想想，以生硬的命令居多。从今往后，我得格外斟酌措辞，像朋友一样提醒她：“我的宝贝，别忘了你答应过夏老师这周完成那幅画的，周四周五可要安排时间做哦，周六妈妈休息，我们好出去 Happy 啊！”下班回家，我受邀参观了雨琪今天创作的乒乓漫画，很顽皮，很爆笑。

晚餐时，雨琪告诉我，“今天我在院子里看到一只小猫，好可爱。”饭后刚出门散步，雨琪就说：“妈妈，快看，这就是我说的那只小猫，说曹操曹操就到了。”只见草丛里露出一只圆嘟嘟的小脑袋。“它一定饿了，把我们晚饭的烤鸭碎渣拿来给它吃吧。”我和雨琪静静地看着它贪婪地吃着碎肉，生怕惊扰了它。从此，我们又多了一只宠物。

李老师点评：

心中想着“从今以后我得格外谨慎措辞”，可还是给女儿留纸条道：“别忘了你答应过……”想过这是否定式的表述吗？反话会强化孩子的不良行为。

如果在纸条中把“别忘了”三字去掉就好了。

兴趣 6月27日 周五

晚饭时间，雨琪讲起了院子里的小野猫，“一对叔叔阿姨特别喜欢那只小花猫，就抱起它来想带回家。可它激烈地挣扎，猛地一挺，摔到地下，逃跑了。”“别为它担心，猫是不怕高空坠落的，可它为什么不愿意跟阿姨回家呀？”我以为她会回答：“它喜欢自由！”没想到她说：“它妈妈在外面啊。”这就是孩子对妈妈的依恋吧。

饭后，我和雨琪的乒乓球对垒让我感觉不可思议，雨琪的进步神速啊！邻居奶奶说：“前两天雨琪还接不到球，今天就打得这么好了，只要孩子喜欢，学得快着呢！”我此刻的感觉呢？好像自己耽误了一个天才。因为去年冬天，我经过深思熟虑，让雨琪学了一阵子羽毛球，羽毛球不受场地限制，想打随时都可以打。可是，雨琪学完以后也不打，也没见进步。所以，孩子的兴趣永远不是家长可以强加的。雨琪问：“我现在去学乒乓球晚了吗？”我说：“学习永远都不晚。学的很好叫专业，学的较好叫特长，学的一般叫爱好。”“那不学呢？”“那叫不会啊！”我俩都笑了！

李老师点评：

与女儿的相处越发“行云流水、水到渠成”，幸福与满足之情溢于言表。

“孩子的兴趣永远不是家长可以强加的。”一语中的。现实中，一个孩子可能报了N个兴趣班，更准确地说“报了N个父母的兴趣班”，在此过程中，孩子的兴趣却被慢慢打掉。幼儿看到背着书包上学的哥哥姐姐，他们的反应几乎都是反问父母：“我什么时候去上学呢？”而短短几年，大批厌学孩子出现，不得不让我们反思——原因何在？

牛牛的妈妈很伟大 6月28日 周六

真巧！雨琪10岁的阴历生日和闺蜜石头的儿子5岁牛牛的阳历生日是同一天，这给了我和石头聚会的理由。

雨琪突然学会当姐姐了，哄着弟弟滚皮球、扔沙包、打扑克，看起来很简单的游戏，两人也玩得津津有味，让我和石头有了聊天的时间。自从牛牛被诊断为感统失调，她就彻底离开了职场，安心陪伴儿子的生活和训练。经历过无助、挣扎和绝望之后，她现在可以坦然面对不完美的孩子了。尽管他仍然口齿不清，时不时地闯祸，尽管他吃生日蛋糕会抹成花脸，喝饮乐多会洒满全身的衣服，她永远保持平和和耐心，没有呵斥，也没有责罚，仅此一件就让我由衷地佩服。我说：“小时候你可是个火爆脾气，现在性格大变啦！”她微微一笑，“我的性格早让他磨平了！”

回家的路上，我的心情久久不能平静。石头承受了多大的内心痛苦和煎熬啊！她最大的希望就是牛牛能健康地长大。我有一个聪明健康的孩子，我应该感到幸福，感到满足，享受她带给我的快乐！

李老师点评：

牛牛妈妈的性格被“磨平了”，但没有磨平她对孩子的爱。她正用自己的“平和与耐心”陪伴孩子长大。

很多拥有“聪明健康的孩子”的父母，却远没有牛牛妈妈那种“平和与耐心”，也背离了让孩子“健康的长大”这个看起来简单的终极目标。

把头发留住 6月29日 周日

今天，雨琪的爸爸回来了。父女两个一起运动、游戏，我也乐得清闲。趁着全家欢聚一堂，心情愉快，我便和雨琪开始了新一轮的谈判——关于王雨琪同学剪头发的问题。

雨琪喜欢她又黑又长的头发，喜欢被别人羡慕，更喜欢别人的惊叹。无数人问我："这么长的头发，洗头多麻烦啊！"说实话，真不麻烦！从3岁起，她就乖乖坐在板凳上，低头拿毛巾捂住眼睛一动不动。长大了，为了留住长发，她甚至自己烧洗头水，准备好洗发水、脸盆、板凳。因为她的配合，洗头用不了10分钟。可她快10岁了，是时候自理了。我提出：要么剪掉，要么自己梳、自己洗。雨琪坚决不剪，她的理由是不想在同学们面前改变形象。我劝她说："每个人的形象和穿衣服一样，都可以经常改变，给人眼前一亮的感觉，不好吗？"经过慎重考虑，雨琪做出了"巨大让步"，同意剪掉三分之一。可剩下的三分之二也是相当长的，也不是她自己能应付的！

谈判正在进行中……

李老师点评：

虽用了"谈判"二字，但构建的图景更像母女协同移动天平砝码，以求达到平衡。妈妈大段的描述，透出对女儿的肯定与爱。如此优秀的女儿，对自己头发怜爱有加，更懂得为自己努力、争取，至于去留本身，已不重要。

雨琪的"成绩观" 6月30 周一

又是一个出成绩的早晨，雨琪有那么一点儿坐立不安，一遍遍地念叨，担心语文作文跑题。我依旧是安抚，"已经考完了，不必多想。通过前一阶段的复习，妈妈知道你已经掌握了所有的知识，这就够了。考试多一分、少一分，妈妈不在乎！""可是老师在乎！"雨琪不假思索地脱口而出。

晚上回家，雨琪揭晓了答案——数学98.5，语文98，英语97.5。很不错的成绩！我没敢表现出兴奋，因为雨琪总感觉妈妈在意她的考试成绩。其实，到现在我也没搞明白，我们娘俩究竟谁更在意？反正我告诉她："妈妈对你的好成绩表示祝贺，下次不要再无谓的担心了，要相信自己！"没想到她并不领情，说："期末考卷批得松，要不然，我才不可能考这么高分！"其实我心里也疑惑，大多数的同学平均分都在95分以上，孩子们的学习真有那么好吗？

李老师点评：

当我们去劝一个人别伤心的时候，被劝的人往往会更伤心。安抚的效果很可能是强化了孩子对于成绩的担心。无论你重视还是不重视孩子的成绩，如果想让孩子不那么重视，不那么担心，那就装着和没事人一样吧。

雨琪会做土豆饼了 7月1日 周二

今天，雨琪告诉我一个“惊人”的消息：“姥姥教会我做土豆饼了！”我语气夸张地说：“是吗？我真为你高兴！”其实，我还是将信将疑。

爸爸刚进家门，雨琪就冲上前去大喊：“爸爸，我会做土豆饼了，我给你做土豆饼吃。”雨琪让我帮她把洗净的土豆擦成细丝，她自己熟练地打开一个鸡蛋，放进一勺面，切了一点儿葱末。等我将土豆丝放进大碗里，她嘴里念叨着：“就放半勺盐，不然就咸了！”

然后就是开火，倒油，下锅。我提醒了一句：“火要放小一点儿。”慢慢的，锅里的糊糊变硬了，雨琪似乎是运了一口气，一下把锅里的饼翻过来，露出了恰好金黄的一面。很快，两面金黄的土豆饼出锅了！

当雨琪把土豆饼端到爸爸面前的时候，爸爸说：“这是我吃过最好吃的土豆饼了！”雨琪也没忘了送给姥姥尝一角，姥姥说：“真香啊，雨琪的手艺越来越好了！”

我很幸福！我的宝宝长大了，当她一个人留在家里时，我不用担心她挨饿了。用雨琪的话说：“我掌握了一个独立生活的技能了！”

能够放心让一个十岁的孩子使用燃气、做饭，当今社会似乎还不多见。是姥姥、爸爸、妈妈的“淡定”给了孩子成长的机会。而且，在整个过程中，家长的回应也很到位。

“王”牌防蚊液 7月2日 周三

雨琪说她与蚊子有不共戴天之仇。每年她都会被蚊子咬几个大疙瘩，又红又肿，奇痒无比。每年也都有几只“倒霉”的蚊子死在雨琪的掌下。您别不信，雨琪见到蚊子的第一反应就是“拍死它”。

今天下班回来，雨琪向我展示了她的最新科研成果——“王牌防蚊液”。这是雨琪上网查到维生素B_1有驱蚊作用，受到启发研制而成。以自己的“王”姓作为品牌，既宣告自主知识产权，又彰显霸气。配方是将200毫升水中加入3片维生素B_1，再加入5片薄荷叶，最后滴入少量六神花露水，以增加芳香气味。出门散步前，雨琪特意给我抹在身上，检验它的效果。回家路上，我发布了“质检报告”：经实践检验，涂抹了你的花露水之后，我没有被蚊虫叮咬，说明它具有良好的防蚊效果。但是，我发现它由于添加了天然植物—薄荷，虽然增加了清凉感觉，但呈淡绿颜色，可能会污染衣服，所以不敢洒在衣服上，请加以改进。雨琪虚心地接受了我的意见：“我试试吧！”

大概这就是孩子的探究精神吧，是要好好保护和鼓励的！

李老师点评：

探究精神的前提是自由！雨琪的“科研成果”也是在自由中诞生的。

可以再引导雨琪查一点有关蚊子习性方面的资料，引导她去逐步建立“科研”思路、逐步建立科学的思维方式。

三好学生 7月3日 周四

今天，雨琪的家长会上，我感受到一些新的教育理念。校长说：“黄渤为什么会成功，因为他心态好，脸皮厚，老师怎样批评都笑嘻嘻的，快乐就好。”哈哈，这是我第一次听到一个校长表扬“脸皮厚”的学生，还真有道理啊！

“校级三好学生”喜报里总能找到雨琪，而她回家总是只字不提。直到我问起这次“三好学生”里为什么没有新新，雨琪才打开了话匣子，说：“她被顶顶 PK 掉了，她哭了！有什么好哭的？上次我和区三好学生就一票只差，我都没哭！”原来，这才是雨琪的追求。我赶紧说：“你没有哭，说明你心态好，你当时肯定也难过，但你很快就调整过来了，不必太在意。”“可这是个荣誉啊！”雨琪难掩沮丧。“李老师说过，要追求，但不要苛求，只要坚持不懈地追求就行。”我趁机告诉雨琪：“我班里有一个大姐姐，考前压力太大，拎起皮箱回家了。你怎么看？”“与其自暴自弃，还不如打起精神，继续复习。现在不学，将来的路会更难走！”我听得诧异！她心里倒是比大学生还明白。

李老师点评：

现在越来越多的人开始重视“理念”，像校长这样能让人产生共鸣的理念值得赞扬。

雨琪的追求，不是父母强加的，也只有她自由的选择，才更有可能成就她的辉煌。雨琪这一切“骄傲”，离不开妈妈诸多“诧异”的发现。父母如果都能坚持用发现的眼睛去捕捉并强化孩子的优势，那么所谓“不听话”、“让人头疼”的孩子，都将慢慢淡出我们的世界。

注意安全 7月4日 周五

今天真的好辛苦，下班时天已经黑了。也许是脚步太匆忙，我一脚踢在人行道的石柱上，差点绊倒。腿骨生疼，皮破了，流血了！你能想象我当时的狼狈吗？

这时我的手机响了，这是雨琪的第三个电话了。我尽量让声音轻松些，“宝贝，想妈妈了？”“妈妈，你什么时候回来啊？”“妈妈已经在路上了，乖乖等我哦。”“妈妈，你注意安全，你没有遇到危险吧？”“怎么会呢，妈妈不是正跟你聊天吗？”“真的没有？”“妈妈真的很安全，一会儿就到家了，乖。”“那你一定注意安全！”“好的。”放下手机，虽然我的腿还疼，但我的心情好多了。

每次加班，我和女儿总有至少一次这样的对话。我的心情是复杂的，有喜有忧。喜的是，孩子关心我，依恋我，让我的心里暖暖的。忧的是她言语里透露出的担心，难道这就是所谓的“不安全感”？这一点像极了小时候的我。记得小时候，每次爸爸晚回家，我都坐立不安，害怕他出现一些意外，一遍一遍地问妈妈：“爸爸为什么还不回来？”

难道这也会遗传？

当我看到这些，不免也在心底说：“一定要注意安全！”女儿对你的关心，令人生羡，与你同喜。至于“忧”，源于孩子真实感受，还是妈妈自己的投射？我想见仁见智。不妨告诉自己“有喜足矣”。

雨琪有一个约会 7月5日 周六

今天，我问老公，写日记以来，我的变化大吗？老公说：“变化很大，你比以前有耐心了，并且知道琢磨孩子的心理了。”老公的肯定对我很重要。

雨琪四年前的暑假家教老师，晓琳阿姨约雨琪去看儿童剧《白雪公主》。我建议她单独带雨琪去，不只是想为她省下一张价格不菲的戏票，也是觉得雨琪难得跟这样放心的年轻人独处，一定会有不一样的快乐！

毕竟很久不见了，能看得出来，雨琪跟阿姨走时还有一丝顾虑，想跟妈妈在一起，却抵挡不住看戏的诱惑。但当我去接她们时，雨琪的状态可大不一样了，很High，很Happy，不停地跟我分享看戏的趣事。“阿姨踩了口香糖，只好拿纸巾擦下来。”“然后呢？扔地下了？”我故意问。“没有，我们扔垃圾桶里了。”“这就对了。”“妈妈，演小矮人的演员比白雪公主还高。”“妈妈，小矮人一到观众席来，就被小朋友拽住了，第四个小矮人差点回不了舞台了！”就这样你一言我一语地聊着天，我想这就叫分享吧。

李老师点评：

这个世界唯一不变的就是变，只有变才能带来新事物！你的尝试让雨琪拥有不一样的体验及分享机会，很好！心理遵守“减多增少”原理，举例来说：当你献出一份爱心，你心中拥有的爱增加而非减少，即越减越多。雨琪的体验经过分享，快乐的感受已翻倍！

“变化很大，你比以前有耐心了，并且知道琢磨孩子的心理了。”对你的肯定，将“辛苦”消融，夫妻间，这么简单的肯定足矣！

梨花头 7月6日 周日

今天真要去剪发了，雨琪哭了。这次我能理解雨琪，她真是舍不得啊！我也很舍不得，毕竟是留了七年的乌黑发亮的长发。可是没办法，不能一直耽误孩子的自理。

美发店老板与我相熟，劝起雨琪来相当专业，“头发是越剪长得越旺，不剪不长，你见过小树吧？每年都剪吧？”“你自己看看，你下面的发质都不行了，不剪就分叉了，只吸营养不长长了！”雨琪完全听入迷了，问：“那我得剪到哪里？”叔叔一指肩膀，“到这儿吧，短发适合你，我给你剪个梨花头，保证你喜欢。”雨琪乖乖跟叔叔洗头去了，边走边问：“梨花头什么样？”

留了七年的长发一剪子就变短了！叔叔边剪边夸雨琪发质好，夸得她美滋滋的。剪完，雨琪一遍一遍地照镜子，“我这样也挺漂亮的嘛！”“这下我洗头简单多了！”“我想扎就扎起来，想散开就散开，不同的发型搭配不同的衣服！”看到雨琪如此喜欢新发型，我放心了。尽管雨琪偶尔也会冒出一句：“我的头发不见了，心里乱哄哄的。我可怎么见朋友们啊！”

李老师点评：

“这次我能理解雨琪，她真是舍不得啊！”——理解万岁！

美发师的一番话，让我看到了“专业”与“非专业”的区别。轻描淡写的几句话，却句句说到了孩子的心里，还美滋滋的——这是智慧！

夏天戴帽子的女孩 7月7日 周一

晚饭后雨琪说不想出去玩儿了。这不可能，真正的原因很容易想到，还不是怕见小朋友嘛！好不容易把她动员出去了，她却穿了一件戴帽子的衣服，把头发藏得严严实实的。我说：“你听说过此地无银三百两吧！你这也是欲盖弥彰。你要是不戴帽子，没人会注意你剪头发了，大热天你戴着帽子，每个人都会猜想你一定是头上有问题！”可不管我怎么说，她就是不摘。一群男生们在踢球，我走近了观战，雨琪却远远地徘徊。直到两个小朋友发现她，走过去，把她拽过来。这下所有小朋友都看到了雨琪的头发，两个男孩争相告诉雨琪：“你的头发比过去好看多了。”“你过去的辫子太长了，都不好看了。”自此，雨琪正式归队了，我想她明天不需要再戴帽子了！

我今天陪雨琪“出镜”，给雨琪一个展示新发型的机会，帮她一步步摘掉了帽子，坦然面对院子里的小伙伴。我对自己说：没关系，慢慢来，雨琪适应新形象需要时间。

妈妈的陪伴和同伴的认可同样重要！

孩子成长过程中，有形的、无形的沟坎遍布，而心理的成长注定要在这些沟坎中前行。当孩子面对“沟坎”时，沟坎本身并不可怕，怕的是“身边无人”，也可说“心里无人”，即没人陪伴与支持。雨琪很幸运，美发师的赞赏、妈妈的全身心陪伴、玩伴的赞美……一切都恰到好处！

暑假作息时间表 7月8日 周二

雨琪的暑假生活正式开始了。我照例没有给她选择暑假托管班，我认为假期应该离开教室，但要有暑假计划和作息时间表。

今天，雨琪拿出纸笔，问了一句：“早上几点起床？”我说：“7点半怎么样？”“这么早？”“起得太晚，吃完早饭天就很热了，怎么出去玩儿？早起可以灵活掌握时间，把充足的运动时间安排在10点前和16点后，躲着太阳。”雨琪答应着，开始制订计划。

孩子真是长大了！往年都是以我为主导，我说几点干什么就干什么，因为雨琪对时间没有任何概念。这次，她自己的计划有写作业、阅读、口算、手工、运动、练字，还有看电视、吃水果、帮助姥姥做饭，等等，动静结合，劳逸结合，丰富多彩啊！

雨琪非常认真地用彩笔画出表头，最让我满意的是特意强调了两点：要严格遵守和注意用眼卫生哦！我赶紧表扬，太懂事了！这很重要！

雨琪做完表格交给我审查。我一看，没有每一个时间段占一行，看起来真有点儿费劲。没关系，毕竟是雨琪第一次自己做，已经很好了！

李老师点评：

相信这个暑假将给孩子带来不一样的体验。这脱不开妈妈的成长与进步！

妈妈能承受孩子未参加各色辅导班的焦虑，这很不简单。孩子的暑期计划妈妈未过多插足，对于孩子，是她成长必然的走向，但妈妈能以如此赞赏肯定的姿态面对孩子的成长，更应肯定。我们常见一些“蒙在鼓里”的家长，潜意识里不接受孩子的成长，总想用替代来控制孩子，结果自然是两败俱伤。

我的耳朵呢？ 7月9日 周三

今天的事得从昨晚说起。昨晚我陪雨琪在小区花园里玩，踢球的男孩一个大脚，踢中了我的左脸和耳朵。我眼前一黑，那叫一个疼啊！不过我真没有生气，孩子又不是故意的。孩子们围拢过来，吓得不敢说一句话。那个闯祸的男孩表情紧张，一遍遍地说着“对不起”。我捂着左耳朵，忍着疼问那个小男孩：“我的耳朵呢？我的耳朵麻了，好像没有了吧？谁能帮我找找耳朵？”男孩终于被我逗乐了，我轻轻对他说：“千万别再踢大脚了。”男孩们跑开了。再转眼看雨琪，撇着嘴，憋着泪。我赶紧安慰她：“妈妈真没事儿。”

这事就这么过去了。

今天我一进家门，雨琪就跑上来问：“妈妈，你的耳朵好了吗？”“什么好了吗？”我真没听明白。“耳朵还疼吗？”真没想到，她还记得这事儿啊！我好感动，赶紧伸过脸给她看看，“宝宝，你看，不红了吧？妈妈一点儿也不疼了，谢谢你的关心。”没想到雨琪说：“别肉麻了！”扭头走了！

妈妈的幽默真不简单！若更多的人，都能用这样幽默的心态面对“意外”，生活的苦难等级自然急速下降！妈妈给雨琪一个很好的榜样示范！

偶然的一个“意外”，给妈妈一份女儿的爱的盛宴！看得我更加艳羡享受这份“肉麻爱”的家长。女儿是妈妈的贴心小棉袄儿，一点没错！

女汉子 7月10日 周四

今天，雨琪跟两个小“公主”一起玩儿。“公主”要去喂鱼，我家“女汉子”要去骑自行车，把我搞得分身乏术，焦头烂额。算了，还是玩沙包吧！这是雨琪超级喜欢的游戏，“公主”竟然没有玩儿过。小两岁的悠悠两下就被打了下来，一脸的不甘。我心一软，征求两个大孩子的意见，“我们再给悠悠一次机会吧！”萌萌没说话，雨琪气得转身走了。我好尴尬，只好去劝雨琪回来，“悠悠年纪小，我以为你能让着她。”“那游戏还有没有规则了？”雨琪毫不客气地反驳，右手一挥：“走，我们一起去做可乐喝吧（葡萄汁加小苏打）。”悠悠追在后面喊：“你真是会吃、会喝、会玩儿啊！”萌萌疑惑地问我，“她这么做你不反对吗？”“不。为什么要反对？”“你不怕她耽误学习吗？”“创造性思维也是学习啊？”萌萌没听明白，又问：“那她完不成作业怎么办？”“那不会，她从来不敢不完成作业，那是要承担后果的。”

最终，雨琪用她的热情和幽默，把萌萌留在了我家，两个孩子在卧室睡着了。

李老师点评：

我能隐隐感受到文字背后的那种喜悦与“炫耀”，你觉得呢？

女儿“会吃、会喝、会玩”，学习也挺好？这一切都来源于妈妈的支持与引导，而支持与引导又反映了妈妈内心的坚定与从容。我该夸谁呢？

孩子之间的交往，自有他们自己的规律与规则，而家长所谓的引导往往是缓解自己焦虑的结果，是按照成人的思维来进行的。这二者之间有天壤之别。

如果是另一位妈妈引领三位“公主”，她又会有怎样的感想呢?

今天是动物日 7月11日 周五

晚上散步回来，用乒乓球拍托回一只张牙舞爪的“知了猴”。“妈妈，我一直跟着一个阿姨捉知了。他们一共捉了21只，阿姨送给我一只。要是你今天早点儿回来就好了，也陪我去捉知了。”我能听出她的羡慕。我在心里对自己说了，有空一定带雨琪去。

雨琪把她的宝贝知了猴放进蝈蝈笼子里，然后开始吃西瓜，边吃边问：“知了吃西瓜吗？”“肯定吃，西瓜又甜又多汁。”雨琪赶紧咬下几块带红瓤的西瓜皮，塞进了笼子里。我说，“等着吧，明天早上它就‘金蝉脱壳’了，长出两只翅膀。”雨琪很期待。

雨琪的生日马上到了，她想让爸爸给她买“蚂蚁工坊”作为礼物。好吧，好吧，我答应了。但我也表示了担心，60只蚂蚁和1只产卵的蚁后，放在家里多么危险啊！我真担心“蚂蚁工坊”变成“蚂蚁大本营”。我得给它找个安全的地方！既然雨琪如此喜欢昆虫，我就投其所好吧，我的礼物是一套书——《酷虫学校》，暂时对她保密。

今天真是跟动物有关的一天啊！

李老师点评：

“知了猴”、“蚂蚁工坊”，让孩子的真实体验增多，内心也就丰富起来。现实中，当一个妈妈有如此担心后，常会把孩子的请求直接扼杀，而直接导致的后果是将孩子探索生活的热情扼杀于摇篮，得不偿失！赞赏妈妈如此淡定地为自己的担心负责。

听雨琪受批评 7月12日 周六

雨琪长这么大，头一次当着我的面被老师批评。美术老师严肃地说：“雨琪，你看看你画的这是什么啊！？人家比你小的同学画得都比你好！我今天批评的是你的态度，自己不好好画，老师指出错误，也改不对。你花上钱、花上时间来这里，就要有一天的收获和进步！你今天不但没有进步，反而助长了懒惰，加强了错误！”

雨琪面色凝重，一出门就哭了。我一句话也没说。一是我心情也不好，恐怕控制不住就要发火了；二是我想雨琪也许已经知道自己错了，也许正不服气，越说她越不服气！等吃大餐吃饱了，两个人心情都平静了，不经意间又说到此事时，我说：“妈妈不拿你跟别人比，你每次能比自己有一点点进步就行。”“我不会画枯燥的树根，下次我画个鱼，我画得最熟了！”“你小时候看见地下的东西，还捡起来尝尝呢，你现在还这么做吗?

长大了还能再做小时候做的事吗？”“那我画水粉，肯定比这次画得好！”“我相信，我等着！”雨琪开始盘算怎么能画好了，这就够了！

李老师点评：

妈妈情绪的稳定是最重要的。

在老师批评的时候没有“添油加醋”；出老师家门后“一句话也没说”；“心情都平静了”之后“不经意”的沟通，是孩子“盘算怎么能画好了”的基础。

对于孩子自己的事情，如果家长表现得比孩子还着急，那孩子渐渐就会认为学这学那都是为了家长，而不是自己想学的。这将直接导致孩子“不着急”、“不上进”、“兴趣丧失”、“半途而废”等一系列的结果。

宝贝，妈妈受伤了 7月13日 周日

晚饭后，我兑现了我的承诺——带雨琪去捉知了猴。可我们没有经验，很久才捉住两个。那个小男孩和他妈妈，捉了一个又一个，雨琪太羡慕了，不禁加入了他们的队伍，对男孩儿说，“你妈妈太强了，能逮那么多，我妈妈就那么没用！”我听了很难过。

收工回家后，我故意撅着嘴对雨琪说：“我受伤了！”雨琪疑惑。我说：“你想想，你画画表现不好时，我也没觉得你没用。我捉知了猴表现不好，你就离开我，还对别人说我没用。”雨琪虽然没有道歉，但她面露那么一点儿尴尬，伸出胳膊搂了搂我的脖子。“他妈妈虽然捉了20个知了，但只给了你1个，把19个留给了自己的儿子，我虽然只捉了两个，可我全给了你。想想谁更爱你？”雨琪没说话，但看得出她听进去了。“还有，虽然我今天“战绩”不好，但是我学会了。我们需要一个强光手电筒，顺着草丛里，灌木底下，大树干上，一定能找到。你跟了他们两天了，你学到了什么？”雨琪语塞。我说：“明天我们带上手电筒，再去试试。”

李老师点评：

很多父母觉察不到孩子的内心感受，以至于不理解孩子，造成亲子之间无法沟通或亲子关系的恶化。原因在于他们忽略了自己的内心感受，即使体验到了也不能通过合理的方式表达出来。

任何一位妈妈听了女儿说的“你妈妈太强了……我妈妈就那么没用！”心里都不会好受，但立即就会用理智去压抑内心这种真实的体验，更不用说跟女儿表达了。事实证明，当我们把心里的感受说给孩子听的时候，孩子是可以理解的。更重要的是，孩子得到了自己言语正确的反馈——妈妈受到了伤害，很难过——这可以帮助他们更好地成长。

捉放知了猴 7月14日 周一

今天晚上，雨琪和我拿上强光手电筒，又去捉知了猴！由于工具得力，方法得当，雨琪很快就和好朋友小迪一起捉住了5只。雨琪非常兴奋，她总算获得了“大丰收”！正在这时，小迪妈妈替知了们“求情”：“你们放知了一条生路吧，它在地下努力那么多年，才得到这个欢唱的机会，如果还没有长出翅膀就被你们逮住弄死了，它不是太可怜了吗？”我也帮腔，“今天你们放掉它们，它们爬上大树，会生很多宝宝，以后你们每年都可以捉知了。”两个小朋友一协商，决定每人留一个，放生剩下的三个。我灵机一动，问两个小朋友：“你们说知了猴是怎么变成知了的？”“背部裂开就出来了。”“哪个部位先出来呢？”一个说：“头。”另一个说：“肚子。”“你们见过吗？”“没有。”“那今天晚上你们亲自观察一下，记录下它蜕变的过程，做成观察日记，好不好？”孩子们都很感兴趣，说：“我会，我每半个小时观察一次。”“我今天晚上不睡觉了。”

孩子们回家了，他们的观察日记会写成吗？

李老师点评：

俗话说：言传身教。研究也发现，只有行为更能直接影响行为。

说到做到。这种行为上的示范将对孩子产生巨大的影响。

雨琪的表扬最珍贵 7月15日 周二

昨晚雨琪睡着后，我翻看她的暑假园地，结果我发现进度缓慢，尤其是昨天，大概就做了一页吧！怎么如此对待我的信任啊！我想发火，想把她拉起来训一顿。但是，我没有，我得想一个办法……

我找出一个小日记本，写下：雨琪今天做了哪几页暑假园地啊？然后画一个圈，空着。刚学的英孚英语掌握了没有啊？再画一个圈，里面写上“YES/NO”。今天雨琪做了哪些运动啊？又划一个圈，写上“乒乓球 / 滑板 / 自行车”。晚上给我汇报一下哦！

今天下班回来，我和雨琪一起检查作业。雨琪很有兴趣地用红笔填了空。我心中窃喜，效果惊人呀！我在下面写下：“今天作业书写成绩70分，明天我得了__分。”雨琪冲我扮了一个鬼脸，说：“自从参加了这个活动，妈妈经常能看到我的好处了。”“妈妈过去也看到了，只是妈妈不会表达，没有告诉你，现在妈妈学会了。”我给她看我写的日记，问她：“我写的好吗？”“你写的虽然没有优美的词句，但淳朴感人，不错。”我被她逗笑了，说：“我会继续努力的。”

李老师点评：

“我想发火，……但是，我没有，我得想一个办法”。

简单的一句话，却是质的转变——由“以处理情绪为导向”变为“以解决问题为导向”。反过来说，“问题”解决了，情绪自然就好了，亲子之间的关系也就变得更加和谐。

第一次自己洗头发 7月16日 周三

明天，雨琪就要过生日了。她成功地邀请了自己最要好的3个朋友来家里玩儿，开一个生日Party。所以，今天雨琪就开始准备了。首先，是收拾干净了自己的房间，然后是准备水果和零食。到我下班回来的时候，就已经万事俱备，只欠沐浴了！

晚饭后，雨琪自己准备好毛巾浴巾，边往洗澡间走，边自言自语：“这可是我第一次独立洗头啊！”想了想又接着说：“我聘你为顾问，指导我吧！”“好！”我在淋浴房外看着她像模像样地洗头，不断提醒：“把那一缕落在后面的头发也甩到前面去。”“挠一挠耳朵边上的头发。”“前额的洗发液冲干净了吗？”很快，雨琪就洗完擦干了头发。这就是给她剪头发的原因和我追求的效果，雨琪进步了，我解放了！

让我高兴的是，我们的课题启动一个月了，雨琪自己洗内裤也坚持一个月了，我想，又一个好习惯就要养成了！

李老师点评：

没有妈妈的解放（思想），就不会有孩子的进步。这不但是主观对客观的影响，也是一个个体对另一个个体的影响。没有亲身体会，很多人不相信这种给孩子记录阳光日记的方式会带来怎样的改变。有了亲身体会，才知道心理学所言的“信”到底意味着什么——意味着行动，意味着改变！

解放（思想）难吗？这才一个月啊！

不完美的生日Party 7月17日 周四

今天是雨琪10岁的生日，雨琪邀请了她最好的朋友新笛、元元和小迪来家里做客。小朋友们打水仗、下棋、打牌、读书、看电视，玩得好High。

我给雨琪和朋友们准备了哈根达斯“小公主”冰激凌蛋糕。担心小朋友们为分吃的大小而打架，我特意先告诉他们：“阿姨尽量分得一样大小，如果有差别，你们可要见谅啊。”元元马上说：“我吃小点儿的吧。”我表扬这个谦让的好孩子。

太阳下山了，孩子们在小花园里寻蝉蜕。我提议大家先齐心协力一起找，最后平均分。没想到这个我认为最公平的分配方法还是导致了矛盾，雨琪最后选的知了皮是小的不太完整的，她委屈得偷偷哭了，以至于没有开心地去送小朋友离开。

我很沮丧。这似乎成了定律，每次开心的一天，最后总是以不开心告终，因为不开心而否定之前一整天的开心和我的努力，让我所有的付出和心血付之东流。无数次我告诉雨琪：不要纠结于5%的不开心，要看到95%的开心，忽略5%的不开心，但作用不大，每每落入怪圈。

导致妈妈沮丧的原因是对完美的追求——从早到晚都要是开心的，以及自己的努力没有得到“应有”的回报。

对孩子来说，这一天的体验是完整的，没有按百分比划分的开心与不开心。是我们成人，按照自己完美的标准让孩子感到了其中的差别。其实，“不开心”对于孩子心理成长的作用要远远大于“开心”。

只要妈妈不纠结，孩子对于“不开心”就会“一笑而过”。

默契 7月18日 周四

今天带雨琪来参加座谈会，让她分享我们的活动。当我朗读感言时，雨琪突然严厉地说：“大点儿声！”一下把大家全逗乐了！是啊，雨琪的优点是上课回答问题声音特别洪亮，每每受到老师的表扬。雨琪对我的音量不满意，居然跟我齐读了一大段。虽然我们没有“排练”过一次，但我们读得颇有默契。

当李老师问大家觉得另一位妈妈的感言有什么问题时，我不自觉地看了看雨琪，她也正在看着我，我说：“对一个1岁多的孩子，读书太早了！”李老师点头。我想雨琪一定在为我高兴。因为雨琪不是一个上课积极回答问题的孩子，所以，在一切我和雨琪共同参加的听课活动中，我一贯积极回答老师的问题，只为给雨琪做榜样。这也成了我和雨琪的默契。

回家路上，雨琪说：“我好喜欢尹阿姨。”“因为她缓慢的语速和温柔的声音吧？”“你怎么什么都知道啊！”“我是你肚子里的蛔虫啊！”“你恰好说反了，我才是你肚子里的肉。”呵呵，每次雨琪猜出我的秘密时，总会这样说。

李老师点评：

母女之间的关系非常融洽。

关系先于教育，关系大于教育。任何的教育方法，都必须以良好的亲子关系作为基础！当孩子对你这个人有抵触情绪时，你说的任何言论，都会遭到抵制。

 嗨！这孩子！ 7月19日 周六

似乎上周雨琪挨的训还是留下了“后遗症”。今天早上叫雨琪起床去学画，她用被子蒙住头说：“不去！”怎么办？我没时间跟她磨嘴皮子，也不想生拉硬拽，赶紧上班去了，留她爸爸在家继续战斗吧！我刚走出家门，爸爸的电话就打过来，“水粉纸放哪里了？…颜料盒子呢？”这是准备出发的节奏啊！爸爸使用了什么魔法？回来我问雨琪，她说：“我本来就没想不去，你一走，我就给爸爸一个面子！”嗨！这孩子！

雨琪前两天玩儿滑板磕伤了膝盖，结成的痂皮很厚，渗出也有些浑浊，我准备用碘酒棉球给她擦擦。雨琪问：“疼吗？”我说：“有点儿，但是不擦的话，感染了就更疼了。”雨琪听完，很利落地拧开瓶盖，夹出棉球。我左手扶着她的腿，右手抓着她的左手，说：“我给你一点力量。”雨琪很认真地擦，像一个为自己疗伤的护士。突然，她的左手捏紧了我的右手，我的心缩紧了，忙问：“一定很疼吧？”雨琪抬起头，表情轻松，“我故意逗你玩儿，其实我一点儿也不疼。”嗨！这孩子！

“突然，她的左手捏紧了我的右手，孩子一定很疼吧，我的心缩紧了。”

从孩子落地剪短脐带的那一刻起，母子间生理上的链接就割断了，但通过日记中描述的这一细节让我们深知——母子间情感上的链接永远也无法割断。

两个生活片段，展现的是一个聪明灵活、俏皮懂事的雨琪。有这些“小任性”、“小俏皮”才越发说明，这是一个充满活力的孩子。

妈妈两次“嗨！这孩子！”，体验的是“揪心”与“释然”的转变——孩儿大不由娘啊！

连升两级 7月20日 周日

雨琪主动提出想在“英孚外语”里升级别了，雨琪和老师都觉得现在的3A级别对她来说太简单了。我尊重孩子的选择和老师的建议，今天去做水平测试。

透过玻璃窗，看到雨琪在认真回答，老师时而微笑，时而用手比画。测试结束，雨琪逃一般出来，说考得不怎么样。我半开玩笑地说：“老师们现在正在说，雨琪的水平上3A正合适，不能跳级，大不了我们就不跳呗。”我是想降低她的心理预期，即使成绩不理想，也有心理准备。老师笑着走过来宣布成绩时，雨琪吓得钻进了桌子底。老师

告诉她可以跳两个级别时，她兴奋地高喊："耶！我们班有个同学，英语成绩不好，可英孚级别比我高，就说比我厉害，这下她可不用神气了。"

当雨琪进入新班级的时候，轮到我紧张了，连跳两个级别，不知她能否适应？跟不上的话，自信心会受打击的。忐忑中，雨琪下课跑过来，对我说："妈妈，现在的课好难啊！不过，我能应付。""你太棒了！"

我真为雨琪的自我管理能力、积极进取精神和适应环境能力高兴。

李老师点评：

紧张，还是兴奋？——这两种心理状态背后的生理反应是一样的。从结果来看，应是兴奋！因为孩子在这种心理状态下很好地将"困难""斩于马下"。

"雨琪一天心情都很好！"——妈妈的心情呢？——"行，啥也不用说了。"

蚂蚁之死 7月21日 周一

雨琪终于建好了"蚂蚁家园"。可这个蚂蚁窝设计得太粗糙了，导入蚂蚁时的大逃亡，是不可避免的！

好大的蚂蚁啊！足有一厘米长！乌黑得有些可怕。我赶紧把丑话说在前头："如果有蚂蚁跑出来，我会把它按死，防止它爬进咱家。"雨琪没有反对。可当我真的把飞速逃跑的蚂蚁按死的时候，雨琪哭得很伤心："我不要养它们了，我不要它们死，你把我的蚂蚁害死了！"而我顾不上安慰她，不停地按，软软的，伴着令人毛骨悚然的"滋滋"声。我开始后悔，本想让孩子体验爱心，却目睹了残忍。

安顿好蚂蚁之后，我抱住雨琪，"对不起，我知道你为它们难过，我也是。"姥姥则不以为然："雨琪小时候看见蚂蚁，特意踩上去，用脚使劲碾一碾。"雨琪语塞。我赶紧说，"毕竟大多数蚂蚁顺利爬进去了，蚁后很快就繁殖出很多蚂蚁了。"

终于，我等来了雨琪的一句："我原谅你了！"她甚至在吃西瓜的时候掰下来一块，送到我嘴里，我很感动。但我心里还是有点儿忐忑，不知道有没有伤害到孩子。

李老师点评：

父母养育我们及我们养育子女的过程，都包含N多"后悔"与"伤害"，也常见有些家庭已变成孩子的"屠宰场"。养育子女的过程中犯错是必然，犯了错自知，并在以后尽量避免，这是难能可贵的。怕的是父母犯了错却不自知，且在不断重复着同样的伤害。

与孩子共同"建设蚂蚁家园"，导致些许"恶果"，有伤害更有收获。因前车之鉴，未来再处理类似事件时，孩子的经验即会发挥作用。

必须指出姥姥在关键时刻"发言"的"老道"，"不以为然"的只言片语，表面上是让孩子“语塞”，实际上是让孩子看到了事情（自己）的另一面。用心理学的语言来说，就是扩大了孩子的“意识范围”——姜还是老的辣啊！

 蚁后会死吗 7月22日 周二

一场大雨阻挡了我回家的路。在办公室里等雨停，突然特别想给雨琪打电话，告诉她我会晚点回去。我问雨琪：“你的小蚂蚁好吗？你喂它们了吗？”“喂了，我喂了它们你最爱吃的葡萄，还喂了水。不过，妈妈，蚁后快死了，趴在那里一动不动。”雨琪的语调有点伤心。“是吗？那真是个坏消息。”雨琪肯定会不开心，但客观地说，我的担心至少减少一半，至少蚂蚁数量不会增加了！“我们分析一下，是什么原因让它要死掉了？”“水土不服呗！”“有可能，也可能天气太炎热了，它被装在塑料管里几天几夜，受不了旅途的颠簸…”“妈妈，没关系，就算它们一只只死掉了，我也可以从院子里捉一群放进去。”“你能这样想就好。”“我和姥姥还清理了昨天的死蚂蚁。”“你们怎么做到的？”“简单，第一步是引诱，把葡萄放进另一侧的食盒，蚂蚁就纷纷爬过去了，我们就从容地清理了！”“你们真聪明。”

我很开心，因为雨琪享受了喂蚂蚁的快乐！

李老师点评：

家人的宽容，让孩子有了更广阔的活动空间。这个广阔的空间，会开拓孩子的视野，会大大提高孩子的行为储备。从这个层面来说，一时的快乐与悲伤，就更加显得意义非凡。

 自制收纳盒 7月23日 周三

明天是老师家访的日子，我让雨琪把房间收拾一下，准备迎接老师。

雨琪到自己的房间转了一圈，自言自语道：“挺干净的呀？还用收拾吗？”唉！就是这么一个不爱利索的小女孩！我撇着嘴说：“满屋到处都是你编织用的皮筋，到处都是小塑料盒，妈妈早就让你把它们收纳起来，不是吗？”“可我不知道收在哪里才好。”“让我想想，跟我来。”我走进储藏室，拿出一个圆圆的盛月饼的大铁盒子，里面还有五个大小不等的小圆盒子，一起拿给雨琪。雨琪很喜欢，她把编织材料放在其中一个小盒子里，把编织好的手链和戒指放在另一个小盒子里。还有空闲的盒子，雨琪就把她自己叠的弹弓子弹和自己做的肖像拼图分别放进去。最后用彩纸写一个标贴，用彩色的小星星粘在盖子上就大功告成了！满屋的皮筋和小零碎儿顿时不见了。

雨琪又进步了，学会了一个收拾房间的方法。

在和孩子互动的过程中，妈妈越来越得心应手了。

其实，雨琪每天都在进步，妈妈只是看到她“学会了一个收拾房间的方法”而已，更多的，则被认知的筛子给漏掉了——比如她的“从善如流”与“不耻下问”！

听风观雨吃晚餐 7月24日 周四

今天来家访的老师表扬了我，因为我“至少暑假没有给雨琪报那么多的兴趣班，从这个班接出来送进那个班，你看雨琪在家里多快乐，像小鸟。”

这几天每天都下雨，可雨琪并不觉得讨厌，她说：“坐在平台上，听着雨，读着书，是世界上最惬意的事。”楼下姥姥喊吃晚饭了，可雨琪迟迟不肯下去，“妈妈，我想在平台上吃，听着雨。”行，还是不行？雨琪给我出了一道难题。晚饭应该在餐厅，全家围在一起吃吧。但偶尔，雨琪想看着狂风暴雨，吃着晚餐，也没错吧。于是，我说：“好吧，我可以帮你支上小桌，但要你自己把饭菜端来摆上，吃完再自己收拾下去，你同意的话就可以。”雨琪坚定地说：“行！”我们各自坚守了自己的诺言，执行了我们的约定。饭后，我采访了雨琪，“在平台吃饭有什么不同吗？”“很不同，能看到暴雨敲打玻璃房顶，很有意思。”好吧，好吧，能感受到下雨的乐趣，不是很好吗？

妈妈在平台吃饭有怎样的感受？也能感受到下雨的乐趣吗？

如果我们在给孩子创造体验生活的环境的同时，也能体验到生活本身；如果我们在和孩子互动过程中也能体验到互动的乐趣，而不是仅仅为了孩子，甚至是委屈自己才去这样做，也许更好。

因为我们也在生活之中，孩子仅是生活的一部分。

海滩拾贝 7月25日 周五

台风过境。傍晚，暴雨走了，大风还在，彩云漫天飘动，空气无比清新。我突然想：要是带雨琪去看发怒的大海，该多好啊！雨琪一定已经吃饱了，哪怕我先不吃晚饭呢，多陪她玩一会儿。

海边没有我们想象中的惊涛骇浪，海滩上倒有大片退潮留下的贝壳。很快我和雨琪就捡到了两个大贝壳。“看，水潭里有小鱼，我要捉小鱼。”雨琪用手捞了几次都是徒劳，小鱼游得太快了，“可惜我们没有工具，有了！”雨琪突然兴奋地喊道：“用我的贝壳。”

她拿出大贝壳，慢慢地将一条小鱼赶到两个石头的夹缝里，用贝壳堵住出口，轻轻搅动水潭，小鱼丝毫没有发现危险，径直游进贝壳了。雨琪猛地将贝壳提出水面，激动地喊："抓住了，抓住了！"小鱼藏进了贝壳深处。拿着雨琪抓到的小鱼，我深感责任重大，生怕放跑它。倒是雨琪自己在临走时说："放了它吧，我想放掉它，你会不高兴吗？""怎么会呢？妈妈喜欢你像大孩子一样，有自己的想法。"

我们带着两个美丽的贝壳和美好的心情回家了。

李老师点评：

在海滩上和孩子玩耍，你更像孩子的妈妈还是孩子的朋友？这个问题还可以展开：当和孩子相处时，你是一个"作为孩子的妈妈"？还是一个"作为妈妈的孩子"？雨琪更喜欢前者还是后者呢？

在心理门诊，经常见到一些"作为妈妈的女人"，她们觉察不到自己的问题出在哪里，更不知道孩子们需要的是"作为女人的妈妈"——妈妈，首先是个女人！

雨琪的歌声很美妙 7月26日 周六

今天是周末，我去参加几个大学同学的聚会。席间听男同学讲第一次与妻子假离婚，是为了避开房屋限购政策，给儿子买了一套学区房，现在准备第二次假离婚，让妻子再生个二胎。我后悔因为这次无聊的聚会，错过了与雨琪共度周末。我真的很想雨琪，如果不是出于礼貌，我真想赶回家去陪孩子。

从姥姥家接到雨琪，我就忙不迭地问："跟姥姥在家干什么呢？""看《星光大道》。""好看吗？""我支持的小伙子晋级了，我今天晚上听到一支很好听的歌。"说着，她拿出我的手机，搜索并播放了羽泉的《奔跑》，边听边唱。我说："这是我第一次听这首歌，的确很好听，很阳光也很有活力。"我们一遍一遍地听了一路，雨琪一遍一遍地唱了一路。我变得开心起来，我的生活和工作中本没有音乐，雨琪的音乐和歌声给我带来了快乐！雨琪问我："我也去学学声乐，你说怎么样？"我说："可以啊，你得先考虑好。"

李老师点评：

是女儿、是音乐、是女儿的歌声，让你从世俗的悲哀中开心起来。如果之前的生活和工作中没有音乐，那可以原谅；但如果今后还没有，那就不能原谅了——因为生活不能缺少激情，而作为艺术形式之一的音乐恰恰可以满足我们的这种需求。

静心下来，与孩子平起平坐，结果不是"长幼无序"，而是平添如此多的欢乐与活力。孩子真的是上天赐给父母最好的礼物！

我们一遍一遍地听了一路，雨琪一遍一遍地唱了一路。

洗澡 7月27日 周日

天气太热，我和弟弟带着雨琪和表妹茗茗去“洗海澡”，享受清凉。她们带着游泳圈，追逐着浪花，时而乘风破浪，时而随波逐流，玩得不亦乐乎，直到天色渐暗才上岸。雨琪张开她的浴巾，把没有浴巾的我跟她裹在一起，我一直暖到心里！

回到家先要洗个澡。我很自然地对雨琪说，“带妹妹去淋浴房，我帮你们洗干净。”“啊！？不行！我长大了，不能跟妹妹一起洗，我自己洗。”噢，有道理啊！我没有想过。“那我带妹妹去另一个洗手间洗，你自己洗，可得把头发冲洗干净啊。”等我给妹妹洗完，赶紧跑过来看雨琪。雨琪正冲洗头上的洗发水，用来擦眼睛的毛巾放在惯常的地方。她伸过头给我看：“你看，我洗得很干净。”“是的，你很棒，你长大了！”

我感慨，如果雨琪真有妹妹，我照顾不到她的时候，她自己也做得很好啊！可惜雨琪没有弟妹，我照顾得太周到，雨琪没有机会。我得放手让雨琪自己的事情自己做，这对她的自理能力是极好的锻炼。

李老师点评：

日记中已明确地提到了，“放手让孩子自己的事情自己做”有两条途径：一是因为孩子有了弟弟妹妹不得已而为之，这无需多言；二是父母认识到这样做的好处而主动为之，这可就难了。

让自己少做一点，比如不给孩子收拾书包、不给孩子盛饭、不给孩子洗袜子、不给孩子洗头……为什么会很难？难道我们为孩子所做的这些都不是为了孩子吗？那是为了什么？难道我们存在的所有价值，都在孩子身上？

不知道。只有家长体验到“少做一点”时的内心感受——“少做一点”会更难受——才可能给出答案。但有一点可以确定，得到锻炼的一定不单是孩子的自理能力。

现在的母女更像两株依偎在一起的树，放手，就意味着各自独立的成长。

不该观摩的课 7月28日 周一

上周末，我终于为雨琪找到了合适的乒乓球老师，并送她去上了一节课。下课后的雨琪很兴奋，她告诉我说，“老师说我是她教过的最聪明的学生之一，怎么是之一呢！”“之一已经很好了，妈妈很为你高兴。老师为什么说你聪明？”“因为我第一次上课就能跟老师打七板。”看来，兴趣真是最好的老师啊！

我很好奇，乒乓老师的课是怎么上的？于是我今天决定留在课堂上“听听课”。刚上课没一会儿，老师就指导了几次：“注意球拍的方向”，“弯腰”，“右脚在前”。

虽然我这个“外行”觉得雨琪打得不错，可老师说：“你今天动作比较僵硬，不如上节课，放松点儿。”“放松不了，我妈在这儿就这样。”雨琪不假思索地说。

也许真跟我有关，那我以后不坐在这儿了。偷师学艺的想法也就算了吧。

李老师点评：

等到孩子熟练了，再观摩。

心理学中有个“优势反应强化学说”，指的是如果个体的活动是相当熟练或是简单机械的工作，他人在场会提高动机水平，使效率提高、活动绩效出色；相反，如果活动是正在学习的、不熟练的或是很“费脑子”的，个体完成任务需要集中注意力，需要一系列复杂的推理、判断等思维过程，那么他人在场反而会对个体产生干扰作用，使其活动绩效降低。

所以孩子练琴、练球、学习的过程中最好不要观摩。

蚁后没有死 7月29日 周二

好几天没有听到蚂蚁们的消息了。今天雨琪主动带我参观了她的蚂蚁家园。“我的蚁群开始工作了，挖了一条长长的通道。我还观察到了蚁后视察‘工程进展’，可它太胖了，行动困难，爬不上去，前面一个蚂蚁领着她，后面一个蚂蚁推着它的屁股，可她不仅没有爬上去，还摔到了最下面，一屁股坐在下面的蚂蚁头上。”雨琪乐得哈哈大笑。我很高兴，她能细致地观察和精确地描述，但我也很疑惑：“等一下，前几天，你不是说蚁后快死了吗？”“哦，没有，刚来时她可能累了。今天，她的大身子还被卡在窄窄的管子里动弹不得，我又以为它真的要死了。还好，它出来了，现在欢着呢！”“我们要相信它的能力，再说有那么多工蚁帮它呢！”“妈妈，你看，蚁后就在下面，周围有好多蚂蚁围着她。”“哦，”我指着角落问雨琪，“这是什么？”“这是前几天死去的蚂蚁，已经被它们堆积在这里，用褐色的黏稠的东西掩埋起来了。”

30多只蚂蚁自由地玩耍，真是一个快乐的家园啊！

李老师点评：

孩子的描述如此绘声绘色、惟妙惟肖，我都有些心动了！只有情感丰富、内心安全的人，才会有如此细致的观察与曼妙的表达。这背后体现了家庭和家人对“蚂蚁家园”的接纳，对雨琪的支持与陪伴！

亲身的体验，一定比看百科全书、电视节目所得的经验真实、丰富、牢固！

“挤”出来的户外活动时间 7月30日 周三

今天上午9点半接到了雨琪的电话。她情绪低落地告诉我：“我早上睡了个懒觉，9点才起，还没有户外活动，姥姥就让我学习了。”我笑着说：“姥姥做的很对啊，是你睡懒觉耽误了户外活动，难道还要再耽误学习时间把活动时间补回来吗？”雨琪语塞，略加思索，突然说：“那我自己挤出一个活动时间来。”我笑问：“你说说看，怎么挤？”“我用下午的作业时间把三页暑假园地一口气写完。”“那你自己安排吧。”

下班回家路上，我特别想知道雨琪是否完成了今天的作业。因为她的“挤”字用得好啊！“挤”字说明了三层意思。第一，雨琪知道应该遵守学习时间安排；第二，雨琪知道应该完成今天的作业；第三，雨琪不想打乱一整天的时间计划。所以，既想学习又不想耽误玩儿，那就只好提高学习效率，挤出时间玩儿了。只是不知道雨琪能否理解“效率”二字，是否以降低质量为代价。雨琪告诉了我答案：“我玩儿回来后半个小时就完成了满满三页作业，还检查了呢！”我说：“这就是高效学习。”

李老师点评：

事实证明，只要我们信任孩子，给孩子自由，他们其实非常自律。

孩子“不听话”、对抗家长或者老师，唯一的原因就是给他们的管束、限制太多。退一步讲，孩子小的时候可能还管得了，但他们终有长大的一天。

“专车”游世园 7月31日 周四

难得调休，我昨晚上网看了攻略和交通指南，准备带雨琪和表妹茗茗一起去世园会游览。

我按照攻略把车停进自驾车停车场，跟摆渡车站上20来人一起等免费大巴。5分钟后车没有来，有一个家庭开出私家车先走了，剩下的人更加焦急。10分钟后车没有来，又一个家庭开车走了。雨琪也有点儿着急了，说：“妈妈，今天不会没有摆渡车吧，我们也开车走吧。”“摆渡车15分钟一趟，再等等，”我安慰孩子们，“我们有一整天的时间，不用着急，等车也是我们今天出行的一部分。”15分钟了，唯一一个跟我们一起等车的家庭也派爸爸去开车了。雨琪露出了焦急的眼神，我看在眼里，凑到她耳朵边上说：“相信妈妈，等所有其他人都等不及先走了，摆渡车就来了。”正说着，摆渡车真的来了。看着望车兴叹、后悔不迭的母子，我拉着雨琪和妹妹高高兴兴上车了。“妈妈，你说的真对，这辆车变成我们的专车了。”“是啊！他们缺少了一点坚持，只有我们坚持到最后，得到了一辆专车。”

李老师点评：

妈妈的沉稳淡定，给雨琪树立一个正向榜样！只有妈妈的淡定从容，才能真正帮助孩子缓解内心的焦虑。等车的结果必然是等到，只是时间多寡之异。能抓住机会，带着孩子体验“坚持”，意义不亚于游世园会本身。

问题在于，为什么那么多的人不会或不能坚持？为什么在坚持的过程中会那样的焦虑——一个一个去开车，孩子不停地询问？

雨琪妈妈，你是如何做到的？

第一次自己在家 8月1日 周五

今天早上，姥姥姥爷要去医院查体，放假在家的雨琪没人带了。昨天晚上，我就跟雨琪商量：“明天一早你自己在家睡觉，要是醒了就自己洗脸、刷牙、梳头、吃早饭，好不好？”“不好，”雨琪不假思索地说，“我是未成年人，你不能把未成年人单独留在家里。你看过我们的安全教育，你忘了？”我无话可说，只好嘟囔一句：“话是这么说，但你都10岁了，不给任何人开门，应该没事儿吧。”“不行，我害怕。”姥姥不放心了，说：“要不，我不去查体了？”“别。”我不仅希望姥姥查体，内心更希望雨琪能独自在家，这也是上海之行的必要准备，平日姥姥照顾得太周到，到了上海没人带怎么办？“您还是去吧，这次社区查体要给您建档案呢！可我8点必须到岗。”“算了，你们别讨论了，我自己在家吧。”雨琪突然嚷了一句，带着明显的不情愿，但毕竟同意了。

结局是雨琪醒了，躺在床上磨蹭了一会儿，起来看了一会儿电视，姥姥就回来了。不管怎么说，雨琪体验了第一次，又成长了一步。

李老师点评：

成长必然伴随着痛苦，这是每个人的必经之路。

孩子的情绪我们要体谅。在她经历了痛苦、体验了这整个过程之后，就会对“痛苦”有新的体验——其实并不像想象中那么可怕。这种体验是珍贵的，因为我们往往会被自己的恐惧打败，而不是事件本身——我们恐惧着自己的恐惧！

父母们，愿意让孩子经受痛苦吗？敢于让孩子经受痛苦吗？能忍受得了当感受到孩子痛苦时自己的痛苦吗？能判断出自己对于痛苦的忍受能力和孩子成长之间的关系吗？正相关还是负相关？

爸爸的前世情人 8月2日 周六

雨琪的英语老师告诉我，雨琪非常盼望得到爸爸的“七夕节”礼物，因为“女儿是爸爸前世的情人啊！”我跟她爸沟通决定由我去商店买一盒精致的德芙巧克力给雨琪，当作爸爸寄来的。

当我把巧克力送到雨琪面前时，雨琪并没有欢天喜地，甚至连接也没敢接。她小心翼翼地问：“我爸送给你的吧？”我沉着应答：“你爸说今天是‘中国的情人节’，你不是他前世的小情人吗？你爸特意寄来的，我也以为是给我的呢！一问才知道是给你的。”“可我还是觉得爸爸应该给你送礼物。”“哦，你爸送我一条手链，你是知道的。”雨琪突然高兴起来，“那真是送给我的了？”略一思量，又问：“那你会不会吃我的醋？”我笑了，“傻孩子，爸爸爱你，妈妈怎么会吃醋。”雨琪总算放心了，“那我吃了，哈哈，我不断向爸爸要巧克力，终于跟爸爸心有灵犀了！这巧克力味道真好，他眼光不错，你别说！”我偷偷笑了。

虽然爸爸离雨琪好远，但爸爸在雨琪眼里是最好的爸爸，一直都是！

李老师点评：

现实世界的爸爸妈妈好不好、离孩子远不远不重要，重要的是孩子心中的那个爸爸妈妈好不好、离自己远不远。很多父母天天陪在孩子身边，也付出了大量的心血，但结果却是——和孩子的关系如同水火。

孩子终有展翅高飞的那一天，终有离开父母的那一天。那时候，那个心中的父母会陪伴他们一生。

想想我们自己，想想我们的父母。

大浪惊魂 8月3日 周日

每次带雨琪去洗海澡，不会游泳的我都只能站在浅海看她扑腾。好在今天舅舅不遗余力地带孩子们轮流去深海戏浪。每次踏浪回来，雨琪都兴奋地又跳又叫，每次等待舅舅带表妹茗茗玩时，都迫不及待，“妹妹怎么玩那么长时间啊！”听得我倒有一丝心酸：要是雨琪爸爸在家就好了！

受台风外围影响，海浪越来越大。众目睽睽之下，四个男士推着一个大皮划艇下水了，上面坐着四个五六岁的小孩儿。我眉头一皱，小声嘟囔：“让我们看看大浪怎么把艇掀翻的。”没想到，我话音未落，小艇已经被大浪掀到2~3米高的浪尖上，伴着孩子们的尖叫声倒扣下来。我来不及再看第二眼，大浪已经向雨琪身后翻涌过来，我一把抓过雨琪，掉头向浅海就跑，大头鞋陷在沙子里也全然不顾。跑到安全地带，我才告诉雨琪：“我的鞋丢了。”“在那儿！”雨琪跑过去把已经漂在海面上的鞋帮我捡了回来，好幸运！再看那几个小孩儿！已经被男人们一个个捞了出来，正吓得发抖哭鼻子。

大浪惊魂，不能再耽搁，我们赶紧回家了。

曾有报道说，一位妈妈以难以想象的速度把即将被火车碾压的孩子救出，听后都在感慨母爱伟大。我想，听过与体验过意义完全不同，有过“大浪惊魂”的体验，你的感受肯定更深刻！

独一无二的万花筒 8月4日 周一

今天，雨琪向我展示了她的手工作品——自制万花筒。“它由三块镜片粘贴成三棱形，再剪贴一些小彩纸片，用半透明薄纸封底。一个简易的万花筒就制成了。”虽然略显简陋，但图案同样是千变万化的！雨琪还总结了它的优点：“随时可以增减彩纸，变换颜色和图案。”我问她：“你哪里来的创意？”“暑假园地里有自制万花筒的方法，我就想到我的万花筒早就坏了，可是三块大镜片修修还能用，我就做了，”雨琪的语气里透着自豪。“你的万花筒的图案真是独一无二的美。”

雨琪突然想起了什么，问我：“妈妈，你的手机是什么牌的？是安卓吗？”“不是，是三星，但用的是安卓软件，怎么了？”“这两天爆发了手机病毒。”“你怎么知道？”“网上说的。”“那怎么办呀？”“网上有杀毒的办法，我来帮你，”说着，她熟练地查到杀毒方法，对着电脑帮我的手机杀了毒。我用欣赏的眼光看着她，微笑着说：“谢谢。”我的女儿长大了，我这个“网盲加电子盲”求助于她的日子不远了。

李老师点评：

妈妈满眼的欣赏，才看到如此自豪、有创意、懂事的女儿。如果妈妈饱含焦虑并将焦虑投注到孩子身上，想必表达更多的是：不好好学习，就会捣鼓这些花里胡哨的东西，有什么用！？女儿的成长因妈妈的成长而变得更加成果卓越！

一想到你，就会微笑 8月5日 周二

我心情不好，就像这阴沉的天气。天快黑了，雨琪今天的照片还没有着落。突然看到邻居家的地雷花开得正艳，我就对雨琪说：“这花挺好看的，你就站在这儿，我帮你拍一张吧。”雨琪一手拎着滑板，一手拿着竹竿网，眉头一皱，“不照。”“别闹了，一会儿天黑了更不能照了。”雨琪没妥协：“我告诉李老师，你逼我做我不喜欢的事，

不是抓拍，是假拍。”我无言以对，也懒得争辩，默默往前走。“你给我编一个小兔子吧，”雨琪边摘路边的狗尾草边说：“妈妈，你照吧，现在可以照了啊。”呵呵，看花不能照，摘狗尾草能照。

直到回家，我也没打起精神。突然我发现雨琪藏在了房间拐角，又想吓唬我！我悄悄靠过去，正想来一个“反吓唬”，雨琪猛地朝我的嘴里塞进一块香浓的德芙巧克力，爸爸送给她的。雨琪把包装纸也送给我，说：“这个送给你正合适。”纸上写着，“一想到你，就会微笑。”我真心地笑了。

不把坏情绪带回家，真不是一件容易的事！女儿竟学着逗我开心了。

父母要不要、能不能把坏情绪带回家、带给孩子，是个可以探讨的问题。

我们都在努力地为孩子营造良好的物质环境、精神环境，想着让他们无忧无虑、快快乐乐地成长，这没有错。但这种环境太单一。在这种环境中，孩子只能学会和心情好的父母打交道的经验，而没有应对心情不好的父母的经验。推而广之，孩子也就没有和心情不好的其他人打交道的经验。再进一步，孩子会觉得无论自己怎样做都是应该的，因为得不到父母正常的情绪反应——父母每时每刻都是开心的。

坏情绪每个人都难免，我们要做的是对自己的情绪保持一种觉察。我们可以坦诚地告诉孩子：爸爸妈妈今天不舒服了，想独自休息一会。要避免的是不能把这种坏情绪转移到孩子身上，比如指责或批评孩子。

眼镜度数又加深了 8月6日 周三

雨琪有点儿害怕今天的到来，因为今天去医院复查眼睛。雨琪戴上近视眼镜已经三年了，每到假期复查，度数都会加深，她很害怕面对。雨琪自从上周知道快要复查眼睛了，每天给自己规定，玩电子产品每次不超过20分钟，也常做眼睛保健操，很有点临阵抱佛脚的意思。可今天一检查，偌大一个视力表，她只能看清最上面三行，眼镜度数都达到300度了。还好，矫正视力还能达到1.0，也就是说，寒假新配的眼镜还能凑合用，不需要换新的，我和雨琪都是这么安慰自己的。

经过了复杂的心路历程，如今我已经能平静地接受这个结果——雨琪的眼睛近视了。三年前刚查出雨琪的眼睛近视的时候，我心里特别难受，特别自责。怎么就让孩子近视了呢，我和她爸都是轻度近视，我现在日常也不戴啊。大概是雨琪用眼太多，用眼太早，不分时间不分地点地读书，爱玩电脑游戏，自己不注意保护眼睛，大人提醒的还是不够多……总之，孩子近视了，而我能做的只有不断地督促她注意用眼卫生。

李老师点评：

顺利的时候享受，不顺利的时候承受，对于无法改变的事情我们只能接受，这是心理健康的表现。

接受，意味着内心冲突的消失，意味着我们会把所有的精力转移到解决问题上来。而不接受，就好像一个忙于内战的国家，是没有精力、也没有能力去抵御外敌的。

接受，意味着积极的应对。

雨琪不会溜冰 8月7日 周四

这两天检查了一下雨琪的作业进度。暑假园地快做完了，可剩下的都是最难的，平时不愿意做的了，所以进展起来特别艰难。鉴于这种情况，我只好规定了，明天周五晚上检查验收。今天我问雨琪进展如何？雨琪说："还剩两页了，明天一定做完。今天已经把以前遗漏的题目都补上了。"表现还不错。

明天，雨琪的同班同学组织小范围私人聚会，自愿参加，地点选择在国信体育场溜冰场。我问雨琪去不去？雨琪说："不去，我不会溜冰，去了还不是丢人。"我回答："随你便。"其实正合我意，因为我明天上班也没时间带她去。只是现在的孩子学的东西太多了，太高端了，像高尔夫、击剑、滑冰、马术，等等。雨琪都不会，我也没有想过让她去学。可今天，因为不会滑冰竟成了阻止她与同学聚会的原因。我和雨琪错了吗？

李老师点评：

错没错？需要自己给出答案！

女儿的回答，妈妈的感悟，都透露着些许的抱怨与无奈——"人在江湖"，难啊！

对于这个问题的思考可以体现在明天的日记中。

顺应雨琪的天性 8月8日 周五

雨琪同学的聚会好像不如往日的活动那么热烈，微信圈里没有图，也没有只言片语的讨论。虽然我不知道为什么，但我知道雨琪的同学中学高尔夫、击剑、滑冰、马术的不在少数。是孩子个人兴趣的选择，还是家长追求时尚、高端，或者显示财富和身份？我不知道别人的想法。我认为，运动的目的就是强身健体，放松心情。我宁愿孩子在阳光明媚的日子里到广场去滑滑轮滑，也不愿意她在炎热的夏天躲进人造的冰冷环境里穿着防水服滑冰刀。我宁愿周末带孩子去海边骑骑自行车，也不愿意让她套上厚厚的击剑服通上电去玩击剑。学会绅士的运动与造就绅士完全无关。正如丁先生即使夺得了斯诺克的冠军，我也没认为他是个绅士。

雨琪说："我没有上那么多兴趣班，一是因为我不学，二是因为你英明。"而我说，我是在忐忑中顺应着雨琪的天性，把雨琪放归大自然。如果有一天，雨琪自己选择了这些项目作为自己的专业，那我全力支持。

"我没有上那么多兴趣班，一是因为我不学，二是因为你英明。"

"不去，我不会溜冰，去了还不是丢人。"

不上兴趣班，就有更多可自由支配的时间与活动，可看到别人的特长自己心里又"不是个滋味"，这就是生活，处处充满了矛盾，并因矛盾各方的存在而显得五彩斑斓。

每个人都是这个世界上的唯一，每个人都可以根据自己的喜好来决定学什么、不学什么——无论出于什么样的动机。我们要做到的，就是不把自己的价值观强加在他人头上。当然，也要坚决抵制来自他人的任何强加的东西。

妈妈在"忐忑"中顺应着孩子的天性，甚至可以说，只有在"忐忑"中才能顺应孩子的天性。因为孩子的天性是需要我们慢慢去发现的，我们只能从一个未知走向另一个未知——没了忐忑，就没了敬畏，将使我们为所欲为！

好雨琪和坏雨琪 8月9日 周六

为去上海做准备，我给雨琪找了一个大学生家教——刘老师。本想帮她加强一下英语，结果，雨琪把老师气跑了！原因是控制不住玩电脑，不想学习。

我趁饭后在花园散步时对雨琪说："妈妈想听你说说今天的事儿。"雨琪说："我就是跟老师合不来。每一把锁都有合适的一把钥匙。你是我的钥匙，老师不是。""妈妈早就说过，因为不喜欢哪个老师就不学她的课，是很愚蠢的。"我接着说："妈妈喜欢你，妈妈不讨厌那个'坏雨琪'，因为'坏雨琪'和'好雨琪'都是雨琪的一部分。"雨琪明显对这句话很感兴趣，自己接着说："其实'坏雨琪'并不坏，她只是没有'好雨琪'指导她做正确的事情。""有哲理。妈妈教你个办法，你的两只手分别当'好雨琪'和'坏雨琪'，'坏雨琪'玩电脑失控时，你就让'好雨琪'出来教训它。试试看好吗？"进入了雨琪不喜欢谈论的话题，她明显不耐烦地说："我能管住自己。""好吧。"我先点到为止，以观后效。

孩子往往是因为喜欢任课老师而喜欢这门功课，这是常识，也是人性。当孩子与老

师关系不好时，想让孩子喜欢这门功课，难度犹如登天。而喜欢是心理现象，没有任何的逻辑可言，所以任何的分析与推理注定不会有什么效果。

相信每一位家长在“喜欢”这种心理现象上都曾有过丰富的体验。

父母与孩子关系融洽，孩子才可能倾听父母讲述的道理，否则只能是父母声泪俱下或大发雷霆，而孩子却如磐石，岿然不为所动。

孩子不耐烦时，妈妈适可而止，难得！

助人为乐 8月10日 周日

雨琪是个“热心肠”，她好像时刻准备着帮助别人。今天在酒店吃饭，我正在买充值卡，一个四五岁的小男孩在旁边踮着脚尖，想去拿一根吸管，可他怎么也够不着。只见雨琪急步走过去，拿出一根吸管，递给弟弟。小男孩笑了，说了声“谢谢”。好温馨的一幕，我也给了雨琪一个赞赏的微笑。

我今天晚上特别忙。明天有课，我正要备课，偏偏老公给了一个“紧急任务”，收拾随身不好携带的东西，明天有车带去上海。忙乱中，我说话的声调不自主地升高了。雨琪很严肃地对我说：“妈妈，你变了，你今天明显烦躁。”“是吗？妈妈向你道歉。不过，你了解妈妈今天忙吗？”“知道。”“那妈妈让你帮个忙时，你还百般推脱。这样吧，你照顾好自己，不让妈妈操心就是好孩子。”我心里就纳闷了，这个乐于助人的孩子怎么就不乐于助妈妈呢？还好，雨琪还算能听进妈妈的话，我们聊完之后，就帮妈妈收拾西瓜皮，然后乖乖睡觉去了。

李老师点评：

挺传神的一篇日记，反映出不少值得反思的事情，比如：这个乐于助人的孩子怎么就不乐于助妈妈呢？一般而言，我们都喜欢帮助那些比我们“弱”的人，也只有比我们弱得人才“有忙可帮”。是不是孩子觉得妈妈太“强”了？

决不翘课 8月11日 周一

今天下班有点晚。路上我接到了雨琪的电话：“妈妈，你怎么还不回来啊？我都等急了。”我想雨琪一定是想妈妈了，“妈妈很快就到家了。”“啊？！都快6点半了，我今天晚上有乒乓球课！你忘了？”糟了，我确实忘到九霄云外了，我赶紧找了个理由，安慰雨琪：“别急，你不是屁股上长了个大疖子？不是很疼吗？你还能去上课吗？”“我能！”雨琪很坚定。“那妈妈先跟老师联系一下，马上回家接你，或许我们还赶得上。”

当我赶回家的时候，雨琪正在大门口翘首企盼。当我们赶到课堂的时候，时间刚好。

送完雨琪，我长舒了一口气。姥姥告诉我："雨琪说你一定是把她的课忘掉了，我说那今天就不要去上课好了，雨琪说啥也不同意，非得给你打电话。"看来，兴趣的力量真是无穷的！

李老师点评：

孩子在自己兴趣驱动下的行动力，永远强于"父母的兴趣"驱动下的行动力！

如果妈妈没有忘记上课，会怎么做呢?

什么时间上课、上什么课都是固定的，对于孩子来说，记住这些没有丝毫的难度。如果每次都需要父母的提醒与督促才能成行，那父母就需要认真考虑了：是自己包办替代太多，还是孩子根本就不感兴趣?

妈妈歪打正着，一个情急之下为自己的遗忘寻找借口的托词（屁股上长了疖子），也成了激发孩子斗志（我能上课）的重要理由。能否主动而为之呢?

繁忙的夜晚，温馨的感觉 8月12日 周二

姥姥这几天腰疼，雨琪天天在家憋着。今天晚饭后我终于有时间陪她散步了，雨琪提着滑板说："我要带滑板去上海。""妈妈也觉得它是项好运动，只是它体积太大了，我们携带不方便啊！""没事儿，我自己抱着，不用你们帮忙。"看来她是决心已定，我也再没有什么反对的理由，只好说："滑着滑板上学，也是一道靓丽的风景吧。"

我们娘俩优哉悠哉的，直到我看到雨琪屁股上的疖子又红又肿，大有失控之势。我变得紧张起来，打听医生，打听药店。雨琪竖着小耳朵听着，颇有英雄气概地安慰我说："没事儿，我真不疼，大不了我就去切一刀。"我要出去给她买药，她坚决不同意，皱着眉头教训我："这么晚了，你出去多危险！"我很感动，多好的孩子啊！保险起见，还是带雨琪去医院打吊瓶吧，我很无助，也很无奈。10点多了，雨琪看着窗外，不禁说："深夜的城市好美啊！"她居然还有心情欣赏夜景，我被逗乐了！生活有时候也是一种考验，面对麻烦，雨琪比我的心态好多了！

李老师点评：

面对麻烦，孩子良好的心态，发现城市美好的眼睛，关心体谅妈妈的心灵——这是妈妈眼中的孩子。心理学告诉我们，心中有什么，眼中才会看到什么。妈妈心中充满了阳光，孩子就必定在阳光中长大。

孩子已经在用实际行动"反哺"妈妈了——才10岁啊。

来自爸爸的邮件　8月13日　周三

今天，我除了收到李老师的回复以外，还收到一封“特殊”的邮件，那是雨琪爸爸发来的信：“我每天都会看这些文章与照片，并全部下载保存，已经变成功课了。”不知为什么，我有一点小感动。我每天都会把我的日记同时发给他一份，也曾提醒他抽空看看我的日记，希望远处的他能了解我和女儿的生活。今天才知道他时刻关注我们，跟我一样关心孩子的成长和家庭的教育。

按李老师的建议，我会与雨琪分享我的日记。昨天我和雨琪都受到了李老师的表扬，因为我眼中的雨琪拥有“面对麻烦良好的心态，发现城市美好的眼睛，关心体谅妈妈的心灵”，因为雨琪“已经在用实际行动“反哺”妈妈了，才10岁”。我叫雨琪过来看看，雨琪读完也很高兴，但她幽幽地说：“完了，看来咱入选不了书了！”“为什么？”我不解。“因为我们做的太好了，李老师会不会不要我们了？”“放心吧，不会的。昨天李老师还指出妈妈的不足，指导妈妈进步呢。读者们也需要好榜样啊！”雨琪放心了。

李老师点评：

作为整体的家，爸爸虽然无法在旁见证你和雨琪的成长与进步，但心灵的时刻相随，给这个家一个坚实的后盾。

社会学研究发现，人在外力监督的情况下，会倾向于做出外界期待的行为。一旦这样的行为坚持下来，便会形成习惯。日记记录与陪伴亦是如此，并非简单的需要你用阳光的笔触记录一切，更重要的是将这份阳光内化。当有一天你不知道自己已经很阳光，却能“与物为春”时，那才是真正的阳光。

古法计账　8月14日　周四

雨琪喜欢玩橡皮泥。姥姥把雨琪玩剩的橡皮泥下脚料捏成了一个小茶壶。雨琪受到启发，爱上了制壶，一发而不可收。她用不同颜色的橡皮泥搭配，捏成大小不一、形态各异的壶，还把自己的作品送给我和英语老师做礼物。我舒了一口气，我能想象因为长了疖子不能出去疯跑的雨琪是多么难受，感谢橡皮泥，给憋在家里的雨琪带来乐趣。

晚上，我和雨琪一起收拾她的文具和学习用品。我平时不翻看雨琪的抽屉，除非她在场。书桌抽屉里有一个非常奇怪的物件，那是经过裁制的一小块黄色绸布包成的小包，用黄毛线扎着，里面包着几颗小围棋子。我问：“这是什么？”雨琪一看，立刻表情尴尬，沉默思考了一会儿，支吾着说：“这是我的记账石子。”我恍然大悟。雨琪不乱花零花钱，有时候她会把刚刚从我手里赖去的零花钱马上还给我说：“先寄存在你那儿吧，用时找你要，已经有好几百块了。”我还担心她时间长了忘掉，原来她有办法记账啊！我笑着摸摸她的头说，“心眼儿不少啊！”我们约好周末把钱存进她的存折。

从这点滴的小事中，我看到了生活，看到了孩子的创造力和想象力，看到了母女之间的默契。这些远比分数重要，这些会成就一个孩子的未来。

雪糕虽小，爱无价 8月15日 周五

雨琪的疖子总算见好了，我紧张的神经也稍稍放松下来。晚饭后，我跟雨琪出去散步，边走边聊，边闹边笑，不知不觉走进了超市。雨琪撒娇想吃个雪糕，轻车熟路地跑去拿了一个她最爱吃的"老冰棍"。然后，神秘兮兮地说："妈妈，我想再拿一个，你别看啊，你先走吧，别看。""好好好。"我笑着往收银台走去，心想，大不了想趁机多拿个"碎冰冰"，出了门我还看不见了？只见雨琪一手捏着老冰棍，一手藏在背后，笑眯眯的，样子滑稽。我正要付钱，被雨琪阻止了，"妈妈，让我来，用我的零花钱。"她手里的另一个雪糕终于暴露了——一个"雀巢雪糕"，我的最爱。雨琪付了钱，笑着把雪糕送到我手里。那一刻，我真的好感动，"宝贝，我的乖女儿请我吃雪糕了，真好吃！你给了妈妈一个大大的惊喜。"

雪糕虽小，满满的全是雨琪对妈妈的爱！

"我的乖女儿请我吃雪糕了。"——雪糕到手之后，有没有把感动、把感受到的爱表达出来？如果能更详细地记录下来就更好——记录能强化记忆。美好的记忆就是人生银行中最珍贵的储蓄，而且可以根据需要，在以后的日子里随时提取。

雨琪是雨琪，我是我 8月16日 周六

今天在饭店让我很上火。我们干等了40分钟还没有上菜，一问才知道是服务员忘记提交菜单。我好生气啊！语调不自觉地提高了，直到服务员道了歉也就罢了！

等我转头看雨琪，她的脸色很难看！她质问我为什么训他们。"因为他们犯了低级的错误，让你饿成那样，我就生气了！"没想到，雨琪说："他们忘了是他们的错误，你没心平气和地跟他们说，你也不对。""我只是表达一下我们的愤慨，并没说什么过激的话啊。"可雨琪失望地说："我们的性格完全不一样，我是息事宁人，多一事不如少一事。你完全相反，你是爱管闲事，引火烧身。"呵！就差说我"惹是生非，为非作歹"了！雨琪得出的结论是："我们两个就不应该在一起。"我的情绪很低落，雨琪说出来自己也很难过。其实，雨琪说的没错，我们俩为人处世的方式完全不同。

雨琪对我提出要求：不要当着她的面表扬其他孩子，当着她的面要心平气和地说话。我答应了。我也要求她：对妈妈说话不能急咧咧和大喊大叫。

我们和好了。

这是母女俩吗？怎么有种“三人行必有我师”的圣人味道？

孩子所言，对错不重要；妈妈所言，对错也不重要。因为家人之间没有真理，也就没有对错。那有什么？是和谐，是真心的接纳——我们和好了。

人性的三不主义：不愿改变自己；不愿公开隐私；不愿承认错误。每个人都不时被“三不主义”掌控，优秀的人并非不经历这三者，而是更能面对与改变自己。母女俩的这段记忆，虽夹杂低落与难过，但结果是双方积极的约定，“和好”的背后是超然的跨越。

雨琪的喜剧表演 8月17日 周日

今天是周末，早就跟几个同事约好带孩子一起聚聚。可雨琪坚持上完英孚英语课才去，雨琪说：“上英语是快乐的事，上完英语出去玩是最快乐的事。”

来到我们先前探过的休闲酒店，雨琪像主人一样落落大方地带着大家参观各个主题房间，获得阿姨们一致的好评。饭后，五个家长和四个孩子一起玩当下最流行的游戏“谁是卧底”。因为孩子们的“不按规矩出牌”，惹出了一连串的笑料，对于失败者的惩罚，也是极尽搞笑。雨琪的智慧和她的语言表达能力让她玩得游刃有余，这是意料之中的。出乎我意料的是，雨琪在做惩罚表演的时候，大方、逼真、幽默。遇到让大人们尴尬的题目时，雨琪每每主动请缨，“我来帮你！”她站在台前轻松诙谐地表演呼啦圈从脖子滑到脚，替大家解围，给大家带来快乐。话说表演不是雨琪的强项，她总是比较害羞。但今天，雨琪是完全放松的、快乐的，真叫一个“玩 High 了！”而我，欣赏着不一样的雨琪，享受着生活的快乐！

“上英语是快乐的事，上完英语出去玩是最快乐的事。”雨琪说出了一个心理健康的孩子的心声。如果一个 10 岁的孩子，把快乐地学英语和最快乐的玩颠倒过来——学英语成了最快乐的，“悲剧人生”也许就拉开了序幕。

感到快乐，应该是所有学习的根本动力所在，因为它体现的是“趋乐避苦”的本性。这样的动力，要比诸如获得更好的工作之类理想，更本原，更实在。

一幅没有画完的画 8月18日 周一

我今天偶然看到了雨琪上周六没画完的画——一个半坐着的人物，只画了一个轮廓。难道这就是一天的作品？陈老师的话在我耳边响起：“你来一天就要有一天的收获，不是让你花钱来浪费时间的。”顿时，我火冒三丈，叫过雨琪来就问：“一天，就画了这么几笔？”“这已经很多了，这幅画那么难，我画了好多遍。”“那也不至于画这么少，是不是磨洋工的老毛病又犯了？”雨琪哭了，“我没有，陈老师都表扬我进步了。”“那是陈老师都不屑于批评你了。”我脱口而出。雨琪已经泣不成声了，我突然就后悔了，想起那天雨琪高兴地说陈老师终于表扬她了。我赶紧说：“对不起，妈妈不懂艺术，你跟妈妈解释一下吧。”“老师说我知道画该怎么画了。”“你今天做的很对，有什么话就说出来，妈妈知道自己错了，一定会改的。”“你说陈老师都不屑于批评我了，太伤人了。”“妈妈道歉，妈妈不调查就发言。”

今天，我的话不但打击了雨琪的自信，还伤了她的自尊，很失败。雨琪又一次宽容地原谅了我。

因为偶然的发现，妈妈从昨天的欣赏到今天的脱口伤人，这种变化源于什么呢？是孩子一夜变坏了，还是其他？

想更好地陪伴孩子成长，就要学会宏观和虚化，着眼于看到孩子的全部，放掉细节。当越宏观、越虚化的时候，你才能真正做到正向的关注，并引导孩子成长。

给妈妈即时的觉察与道歉一个赞。

突击补作业 8月19日 周二

今天开始我就休假了，剩下的十来天假期就是我和雨琪的全接触了。

先细数一下雨琪的暑假作业，零零碎碎还有不少。这个家伙吧，倒不会不完成作业，但是每每拖到最后一刻，仅此一点就足以说明，暑假之初制订的计划还是执行不利的，不知能否归结为“孩子还太小”。雨琪自己的解释是，“要不是这个暑假有那么多数学英语要学，我早就做完了。”我的意见是：“各种学习时间是互不影响的，要是按计划执行，早就该做完了。”

最不能接受的是数学老师布置的600道口算题，做了一个暑假了，还剩200道。对不起，那就只好一口气做了。于是，各种委屈，各种拖延。我只好假装看不见，反正，雨琪知道今天必须完成了。结果是，终于——艰难地——做完了。

用雨琪的话说，跟你在家呆一天，真是太烦人了。我只用一句话应对：“本来我是要带你出去玩的，谁让你没按计划赶在妈妈休假前完成作业呢？”雨琪无语。

李老师点评：

给孩子建立规则的前提是家长坚守规则。妈妈，好样的！

两个问题：像口算这种低层次重复的作业，对孩子成长的作用究竟有多大？对一个10岁的孩子，将计划执行到目前的水平，到底该批评还是该表扬？

不求答案，唯愿深思。

啤酒嘉年华 8月20日 周三

今天是一年一度的“啤酒节狂欢日”。雨琪格外开心，还因为爸爸回来了。每年，我们全家都会去啤酒节，不喝酒也不吃肉，直奔“嘉年华”，雨琪几乎喜欢每一个惊险刺激的项目。

爸爸总是那么精力充沛，在前面疾走如飞，探索下一个目标，“雨琪，我们去玩海盗船。”或许爸爸给雨琪带来无比的安全感吧，听着周围一声声的尖叫，雨琪的微笑始终挂在脸上，一幅很享受的样子。

那个“快乐转盘”可不像听起来那么快乐，它疯狂地旋转颠簸！雨琪的双手紧紧抓着围栏，面色凝重，好不容易才坚持到结束，胳膊肘上一大片青紫，还磨破了皮。可能是太疼了，平时很少哭的雨琪擦了一把眼泪，情绪也不太好。我想，这下完了，这个小插曲破坏了今天亲子时间的温馨氛围，也许聚会要提前结束了。可我想错了，雨琪看到了“旋转飞车”，拉起爸爸就走，破涕为笑。

今天，我挺轻松，游乐场里她们父女是主角，我是观众加拉拉队员，也负责后勤保障，买水、拎包、看管门票全归我，但我同样快乐！

李老师点评：

轻伤不仅不下“火线”，而且有说有笑，拉起爸爸就走——继续玩！这心理素质，真是没得说。同样得给个赞的是妈妈，做观众和拉拉队员要比主角更值得称道。做父母的，从孩子人生的编剧加导演，到与孩子一同表演，等孩子到了青春期，就该退居幕后做剧务或坐到台下做观众了。母亲能离开女儿多远，女儿的心理就能够多么强大！

心灵鸡汤 8月21日 周四

今天，雨琪收到了好朋友小迪从美国发来的微信。小迪刚刚到美国，这周开始上学了。可是，意料之中的，他什么也听不懂，我想他一定很沮丧。我对雨琪说：“你跟他聊聊天吧，他现在需要朋友的鼓励。”雨琪拿起微信，说：“小迪，没事的。你刚去美国，听不懂没关系，你只要努力学就行，我去上海也可能听不懂他们说话呢。”雨琪能这么说我很高兴，因为雨琪也将面对新的学习环境。所有人都担心雨琪的英语水平，怕她跟不上。她自己能有这样的心态，我就放心了，说明她有心理准备，并且态度积极，知道会面对困难，也知道要努力学习。

我给小迪妈妈提了一个建议，两个孩子都人生地不熟，一时很难交到好朋友，难免孤独，可以每天固定一个时间让两个孩子聊聊天，说说彼此的见闻，倾诉一下苦恼，相互鼓励。两个孩子都很赞成我的好主意，他们又可以相处了。我也很高兴，我为雨琪提前准备了一剂“心灵鸡汤”！

李老师点评：

好孩子！因为对环境的变化有心理准备，而且态度积极。

好妈妈！因为能体验孩子的内心感受，并为孩子提前准备了“心灵鸡汤”。

之所以这样，是因为妈妈情绪的稳定以及对未来的信心。对于孩子来说，这就是最坚强的后盾。试想，如果妈妈处于焦虑的状态，又会是一副怎样的情景?

可爱的羊驼 8月22日 周五

今天，我带雨琪和茗茗妹妹去看羊驼展。

羊驼非常可爱。孩子们特别喜欢那只四个月大的超级萌的黄色小羊驼，她们买来胡萝卜喂小羊驼。可是另外三只大羊驼太强悍了，每次都把小羊驼挤到一边。“小羊驼吃不到，好可怜，”雨琪看在眼里急在心里，“得想个办法！哎，有了！”雨琪拿着胡萝卜条在小羊驼眼前晃一晃，马上向四方形围栏的另一个边跑去，小羊驼非常聪明，像跟雨琪有默契一样的，飞快地跟着跑过去，一口吃掉雨琪喂的胡萝卜，等大羊驼追过来的时候，已经吃光了！小羊驼一副满足的样子，雨琪一副小得意的样子。几次下来，大羊驼明白了，胡萝卜不是给他们的美食，雨琪再喂小羊驼时，他们也不跟着瞎跑了。饲养员叔叔走过来，教雨琪喂羊驼的正确方法，把小块胡萝卜放在手心里，等小羊驼过来衔走。叔叔问雨琪：“什么感觉？”雨琪很兴奋，“嘴巴软软的，舒服极了！”

临走时雨琪恋恋不舍，央求我：“妈妈，咱买一只回家当宠物养吧。”“哈哈，这咱可养不起，也不会养。”

李老师点评：

羊驼的可爱与聪明，更彰显了孩子的可爱与聪明——现实中的“见识”和书本上的“知识”是不能同日而语的！

有了这次见识：买与不买，羊驼已经在雨琪心理；会与不会，雨琪已经在把羊驼养育。

有青岛特色的礼物 8月23日 周六

出发前的最后一天，我和雨琪都万事俱备，只欠雨琪给上海新同学的礼物了。我和雨琪商量着，当然一定要给有青岛特色的礼物，最后我们一致决定送贝壳。

尽管我知道，我们的行李已经够多了，但这些贝壳还是有必要带的，既表达雨琪的友好，也能帮她尽快交到新朋友，只是体积和重量要控制尽量小啊！于是，雨琪去买贝壳前，我指着鱼缸里的几个漂亮贝壳问："雨琪，你想想，带到上海去的贝壳应该选哪种，应该避免哪种？"雨琪指着圆圆的小贝壳说："选这种，"又指着有突起和尖刺的贝壳说："这种容易碰掉尖刺，就不完整了，不能买。""你和我想的一样，这我就放心了。"

果然，雨琪买回了50个圆圆的贝壳，清一色的洁白，有光泽，很漂亮。我们把贝壳装在雨琪自带的小包里，由雨琪亲自背到上海去。

李老师点评：

礼物是热情与友好的表达，也是靠近人心并进而控制人心的"阳"谋。谁能及早地掌握了"阳"谋，谁就不再用阴谋精于算计，谁就会更阳光灿烂。

自己选择礼物，自己购买礼物，自己携带礼物——自己的事情就是要自己做！

家的味道 8月24日 周日

今天是启程的日子。

清晨不到5点，天还没亮，我就叫雨琪："起床了，我们要去赶火车了。"雨琪一扑棱从床上坐起来，不似平日的磨叽。"乖孩子，这么快就醒了，真懂事！"整个早上，雨琪忙前忙后，像半个小大人，一点儿没让我操心。可孩子毕竟是孩子，临走还是把我让她穿上的长袖衫忘记了。我一时焦急，埋怨了她几句，不为别的，只因高铁冷气足，怕她在车上睡觉，特意给她准备的长袖衫忘记了，我心疼。看得出雨琪心里也不是滋味，可嘴上还是不服："我没听见你让我穿。哼，我今天早上已经够乖的了！""一码归一码，算了，这事过去了，反正已经这样了，妈妈再给你找一件凑合吧。"

经过近一天的旅途劳顿，我们终于来到湖州爸爸家。我的忙碌从刷锅刷盆开始，做了一顿还算丰盛的晚餐，爷儿俩吃完，爸爸说："今天的晚饭格外好吃。"雨琪接着说："我们俩一来，这里就充满了浓浓的家的味道。"

是啊，一家人在一起，走到哪里都是家。

李老师点评：

家，或者说家的感觉，对我们每一个人都是至关重要的。有家，我们就有了安全的港湾；有家，我们就有了眷恋的理由和回归的希望。

“物质上的家”或者“形式上的家”——房子，远不如“心中的家”重要，只要一个人心中有家，无论在空间上走多远，都可以随时的停靠，随时的回归。

心中的家来自于父母间的恩爱，与金钱无关；心中的家来自于情感的投入，与道理无关；心中的家来自于家庭成员间的相互理解与宽容，与空间的距离无关。

做饭初体验　8月25日　周一

今天，对于我是忙碌的一天，要收拾爸爸家，又要打包行李，所以，对雨琪有些无暇顾及，雨琪略感无聊。我呢，尽量带着雨琪，让她处处给我搭把手。

我洗床单，就让雨琪帮我取下旧床单，铺上新床单。我拖地，就让雨琪在前面用扫帚先扫一遍。而雨琪最感兴趣的还是帮我做饭。首先，我安排雨琪帮我切比较好切的芹菜和豆角，我告诉她切寸段，她说：“这容易。”可是雨琪的手没有那么大力气，也没有掌握切菜的要领，切得好费劲，“原来，切菜没有看起来容易。”我耐心教她，还要关注她别切到手上。之后，我让她站在旁边看我炒菜，告诉她，炒到肉丝到变白的时候，加入芹菜同炒。等到爸爸下班回家，一家人坐在餐桌前，雨琪就开始向爸爸汇报：“这个芹菜和豆角是我切的，这个蒜瓣是我剥的，这个菜我尝过熟不熟，挺好吃的。”

哈哈，这是一次做饭的初体验。

李老师点评：

孩子的这些生活技能均是由模仿而来，从不熟练到熟练，关键在于家长给不给孩子这样的锻炼机会。有些家长，在孩子小的时候，以爱的名义，没有让孩子参与这类事情，等孩子长大后不会干、不愿意干时，反而批评孩子，是一件很没道理的事情。

两元钱的“福利”　8月26日　周二

总算有了一点儿闲暇，我和雨琪去超市买生活必需品。

雨琪还是小孩子脾性，看到电玩馆门前的“扭蛋”玩具，向我讨一元硬币玩一次，见到吐出的是一个蓝色的弹力球，开心得不得了。

一路上，雨琪像一只小鹿，在略显空旷的超市里接拍她的小球。我和雨琪不熟悉超市的环境，简直可以说是在偌大的卖场里搜寻啊！好在有雨琪头前带路，欢快地跑来跑

去，左寻右找，让推车子的我少走了不少路呢。很快，我们就买全了所有的东西，雨琪执意帮妈妈提那个稍小一点儿的袋子，那眼神稚嫩却坚定啊！着实让我感动。

又路过电玩馆，雨琪央求妈妈再给个好“待遇”，再玩一次扭蛋，换来一个“大弹力球”。

临走，我不禁对雨琪说：“这是妈妈跟你逛街最开心的一次了。”雨琪接着话说：“这是我跟妈妈逛街得到的最好的‘福利’了”。一个小球而已，雨琪的心思真有趣啊！

看到的是一对幸福快乐的母女！

只是稍微放了两元的“福利”，却得到双方最好的体验。看来，不是钱多钱少的问题，而是所予与所需恰好弥合。假若孩子只需一个小苹果，妈妈却热心地送来一筐梨，就可能换来双方的埋怨与委屈。孩子会认为：我就那么点小要求你也不满足，有能力送一筐梨，怎么就不能送一个小苹果？妈妈会认为：我对你这么好，这么爱你，你怎么就无动于衷？

不是多与少的问题，出发点都是爱，那么方式呢？内容呢？耐人寻味！

有“洁癖”的妈妈 8月27日 周三

一大早，经过近三个小时的车程，我们终于来到了目的地——上海。

爸爸提前给我们租下的房子比想象中宽敞，但比想象中还要脏。雨琪不禁感慨，租的房子就是不如自家的好啊。顾不上停歇，我就开始了打扫。考虑到房间太脏，也因为职业带给我的或多或少的“洁癖”，我没有要求雨琪一起清扫，只是偶尔喊她帮个小忙，雨琪说她是时刻准备着。因为昨天就给雨琪打好了“预防针”，爸妈今天会很忙，可能会顾不上她，所以，她即使百无聊赖，也没有干扰我们干活。不知过了多久，爸爸看到孩子坐在小板凳上，懒洋洋地看电视，过来对我说：“你看孩子多乖多可怜，累得不成样子也不敢爬到床上去。”“是吗？我跟她说过，卧室刚刚打扫好，但她还没有洗澡不能上床，再过5分钟，洗手间就打扫好了，我就让她过来洗澡。”

直到房子打扫完，全家都洗了澡，我才感觉终于干净了！我得感谢老公，感谢懂事的雨琪，他们在共同生活中理解并容忍了我的“洁癖”。

李老师点评：

“我得感谢老公，感谢懂事的雨琪，他们在共同生活中理解并容忍了我的‘洁癖’。”真的应该感谢！但也是他们爷儿俩的理解与宽容，使得你的“洁癖”维持了下来，他们也就成为了“洁癖”的“帮凶”。

五朵金花 8月28日 周五

今天，是雨琪开学的第一天。因为雨琪在青岛是坐班车上学的，所以，上到五年级，才第一次享受到这样的“待遇”—— 爸爸妈妈牵着雨琪的手送她去上学。

去学校的路上，雨琪还是有一点忐忑的，毕竟是新学校新环境。接她回来的时候，我也是急切地想知道雨琪在学校的情况，可雨琪对我和爸爸的询问不感兴趣，回答也是敷衍了事。不经意间雨琪也会透漏学校的小秘密。“这里的教室很宽敞。”“这里的课程很有意思，有些比较难，但有很多实验，我很期待。”“星期五的最后一节课是选修课，可以自己选择。”最让我们吃惊的是“我们班 25 人，有 20 个男生，是男孩班。一下课，一大群男生向我围过来。”“我们班加上我才有 5 个女生，号称‘五朵金花’。”“那你喜欢这样的班级吗？”“喜欢，男生有很多优点，小事儿少。”

总之，雨琪的开学第一天，在她看来并没有太多不同，但她还有很多东西需要适应。

李老师点评：

一个心理健康的孩子适应新环境的能力，超过成人，也会超过成人的预期。孩子是用天性在和孩子交往，没有成人的那些繁文缛节。其实，新奇就是最好的适应。

只要家长相信孩子，孩子就会自信，就会更好地适应环境。这是心理学的常识，但那些缺乏这种常识的家长，却认为是痴人说梦。

上海科技馆之行 8月29日 周五

都说上海科技馆很棒，今天我就带雨琪去参观一下，以此作为我们上海之行的第一站，也以此庆祝我 39 岁的生日。

一大早，雨琪开心得像一只快乐的小鹿。走着走着，雨琪突然问今天几号。“8 月 29 号。”“8 月 29 号？妈妈，今天是你的生日啊！祝您生日快乐！”“谢谢，妈妈很快乐！”雨琪有点尴尬地解释，“妈妈，我不是忘了您的生日，我是过糊涂了，您的生日我记得牢牢的。”“妈妈知道，我爱你。”“我也对您怀着真挚的感情，女士。”雨琪幽默地说。

上海科技馆好大啊！雨琪一进去完全被吸引住了，牵着我到处走走看看。我对她说：“宝贝，别急，慢慢看，我们有的是时间，我们玩一整天，还看不完的话，我们随时再来。”我觉得自己由衷的高兴，我终于有底气充分满足雨琪求知和探索的欲望，再也不必像参观北京科技馆一样，为了赶时间，一天之内走马观花。

就这样，整整一天，我们逛遍了动物、植物、地球、宇航、人体和机械等展馆，累并快乐着，庆祝了我的生日！

李老师点评：

十岁的孩子能清楚地、牢牢地记着妈妈的生日，并能幽默地表达对妈妈的感情，是一件很不容易的事情。

养育孩子是否成功的标志，不是孩子考了多少分，上了什么样的学校，干了怎样的工作，而是父母能否让自己进入孩子的心中！一个心中有父母的人，就有了家；一个心中有父母的人，就有了责任；一个心中有父母的人，就有了爱。

其实父母天然就住在孩子心中，只是在孩子成长的过程中，父母用不恰当的教育方式让自己渐渐远离了孩子。

信任 8月30日 周六

孩子的适应能力是惊人的。刚来上海三天，雨琪便逐渐适应了地铁出行。

看到妈妈在自动售票机上买票，激发了她对售票机的兴趣，每次都抢着投币帮妈妈买票。然后就看着地铁站里的各种箭头和指示牌领着妈妈上车下车，找合适的出站口出站。碰上人多，她还负责嘱咐妈妈："跟紧我，别挤散了。"

今天，爸爸妈妈带雨琪从外滩回来，一下地铁站台，就看到对开的两列地铁都进站了，该朝哪个方向坐？我和老公对视一下，立刻跑到其中一列看站名。只见雨琪拉起爸妈，焦急地说："就是这列，快上，快上！"我俩哪敢相信，仍旧仰着头看。雨琪急了，我俩也看清了，果然是这个方向，我们三人卡着地铁的"滴滴"声踏进车门。雨琪委屈地擦眼泪，"你们为什么不相信我？""我们特别想知道，你怎么知道方向的？""我来的时候数站牌时看得清清楚楚，大世界下一站是人民广场，现在回去当然坐这列下一站是大世界的。""高，你实在是高。"老公竖起大拇指，雨琪终于破涕为笑了！

李老师点评：

自信的重要性无需多谈，但我们要知道，每个人的"自信"都是在"他信"的基础上建立起来的。父母有多自信，就会给予孩子多少信任。孩子在父母或多或少的信任下，就有了或多或少的自由。在这个自由的空间中，孩子就会有或多或少的成功与失败，从而就会导致或多或少的自尊，最终形成或多或少的自信。

孩子为什么会委屈地擦眼泪？因为自我价值没有得到父母的认可，因为自尊没有得到满足，因为还不自信，因为她还需要父母的信任。

自我介绍 8月31日 周日

开学前的最后一天了。雨琪的新班主任——黄老师给雨琪布置了一项特殊的作业，准备好一个详细的自我介绍，9月1日开学时老师会正式向同学们介绍王雨琪同学。

一大早，雨琪开始准备自我介绍的发言稿。很快雨琪就写完了，拿给我和爸爸一看，只写了三行半。这怎么行？我和爸爸让雨琪认真构思，好好写，雨琪明显不耐烦。很少给雨琪讲道理的爸爸这次很认真地对雨琪说："这个自我介绍你必须认真对待，这是你的新老师在考验你，她通过你的自我介绍，就能知道你的学习态度、语言表达能力，甚至性格，在新环境里给老师和同学留下的第一印象非常重要。爸爸相信你的作文水平，你再回去认真构思一下，写写自己，写写在青岛的学校和班级，表达对上海同学的友好，向他们发出邀请，等等，都行。"

尽管有些不情愿，但雨琪还是照做了。她静下心来坐在书桌前认真写了，"活泼开朗，红瓦绿树，气候宜人"等词语跃然纸上。万事俱备，只欠开学了！

"尽管有些不情愿，但雨琪还是照做了。"为什么呢？因为孩子的心里是忐忑的，更因为爸爸的一番道理说到了孩子的心坎里，最重要的是，孩子有意愿、有勇气去适应新的生活。有了爸爸妈妈的引导与指点，相信孩子会越走越好。

良好的开端 9月1日 周一

在青岛时曾听朋友们说起，上海的教学质量很好，在青岛的好学生来到上海也跟不上功课。所以，开学第一天放学时，我就问老师雨琪在学校的情况，老师说："我今天看她没有什么问题。自我介绍也挺好，同学们都给她鼓掌。"我的心放下大半。

回家的路上，我特意跟雨琪聊聊天。我问："午饭吃得惯吗？""还行，中等美味吧。""今天的功课难不难？""不难啊，挺简单的啊！"雨琪的回答轻描淡写。"英语也不难？""不难，我们这学期要学音标了。""是吗？那恭喜你比青岛的小朋友超前学习了。""除了语数英以外，还上什么课了？""体育，老师表扬我了，说新来的同学坐姿好。""还上什么课？""品社课，老师说新同学写字不错嘛！""难怪你今天放学这么高兴，原来那么多老师喜欢新同学啊！""不光老师，几乎所有男生都是我的好朋友了，还有一个女生跟我长得很像，同学都说我们是姐妹俩。"从雨琪的话中，我知道她适应得不错，我该放心了！

李老师点评：

孩子能在这么短的时间里就适应了新的生活环境、学习环境，只能说明之前父母给打下了良好的基础。父母对孩子的爱一定是为了分离，或者说，是为孩子将来独立生活、适应社会做好准备。

雨琪遇到了麻烦 9月2日 周二

今天放学，在校园里遇见校长，她问雨琪："功课难吗？""不难。""英语听得懂吗？""听得懂啊！"雨琪自信地回答。"行啊，你水平可以啊！"校长笑了。

回家路上我主动表扬了雨琪。我说："妈妈这几天很感谢你。你和妈妈两个人在上海，你很体谅妈妈，给妈妈很多帮助，你特别懂事，妈妈谢谢你。"雨琪有点儿不好意思地回答："我长大了嘛！"

当我以为雨琪的适应期已过去的时候，雨琪却遇到了麻烦。"作文到底要不要抄要求？要写多少字？""英语课文抄写要翻译吗？"雨琪完全不知所措，她开始流泪。我陪着她，安慰她，抚摸她的头。但她还是说出来那句话："早知道这样，我就不来上海了，我要回家。""你现在也很好，你已经做的很好了，你不可能一天就摸清学校所有的事情。"我有点难过。不管雨琪怎样胡闹，我都不急不躁，好言相劝。我知道这是她焦虑情绪的发泄，我希望陪她早点儿度过这一关。

很难想象，雨琪哭完还能写出"春姑娘乘着风来了"这么美的词句！

李老师点评：

妈妈已经"修炼"得很好了，知道孩子只是在表达负性的情绪，而且自己的情绪一直很稳定。妈妈的从容与淡定，将是孩子渡过难关最重要的力量来源。

有些父母在听到孩子负性言论的时候，只听"话"不听"音"——只关注孩子字面上的表达，领会不了孩子说这些话背后想表达什么，情绪比孩子还不稳定，焦虑、急躁，甚至是暴躁，这样不仅不能解决问题，还会使孩子更加的恐慌和无助。

雨琪有点儿不适应 9月3日 周三

雨琪这两天领教了上海的教学风格。昨天晚上不明白作业要求，雨琪哭了两个小时，11点才睡。今天回来，雨琪懊恼地说"今天早上收作业才知道，原来练笔只需要写一段，而不是写一篇文章，我晕！"我笑她："你说你昨晚哭得冤不冤，值不值？"正由于那番折腾，英语背诵也没能保质保量地完成。今天早上英语老师检查了听写单词和课文，结果可想而知，雨琪说写错了6个。雨琪给自己找理由："老师怎么这样啊，也不给人留时间背过就检查。"我说："老师昨天就布置了，是你自己没好好背。我觉得老师很好，布置完马上检查，这就是效率。"我心里说：正好，再让你说简单，给你个下马威！

今天雨琪接受教训了。作业不明白的问题放学前就问同学了，回家也知道抓紧时间做作业了。我趁机赶紧对雨琪说："昨天我们睡得太晚了，妈妈今天上班都要打瞌睡了，你抓紧完成作业，并把昨天该背的单词背过，我们今晚补觉。"

雨琪做作业老实多了！

李老师点评：

妈妈适时的“煽风点火”，给了孩子足够的助推力。孩子之所以能妥善处理与新环境、与学习的关系，源于家庭（尤其是妈妈）给予的足够的安全感。有足够安全感的人，才更能融入环境，积极面对与处理周围的一切变数。

曲折蜿蜒中，孩子积极向上的力量倍足！

突然崩溃 9月4日 周四

崩溃来得太突然。班主任上午打电话说雨琪肚子疼，让我去接她。我心里很清楚，一定有事情发生了。

我并不着急，拿着雨琪的书包往家走，边走边问：“告诉妈妈吧，你遇到什么麻烦了？”“我肚子真的很疼。”“我相信你肚子疼，治疗的方法就是说出你所有的烦心事，说出来心里就轻松了，肚子也就不疼了，说吧，我们不用绕弯子。”“真的吗？我英语听写只得了70分，错了一大堆。我从没这么差，我的脸往哪儿搁？”反复就是这句话：“我的脸往哪儿搁？”“对于一个新同学来说，这很正常啊！妈妈既然让你来，就不在意你的成绩，妈妈只看你的学习态度。”“真的？你这么说我就放心了。”“真的。今天我们既然回来了，就彻底放松一下。明天我们可得打起精神好好学习，不能越拉越远啊！”“好的。”下午雨琪就开始认真地准备英语的单词和课文背诵了。

晚上，我去开家长会，我觉得，上海的孩子压力更大，课业负担、兴趣班、比赛夺奖一个都不少。

李老师点评：

没想到妈妈会如此镇静。

客观地说，这种磨炼并不是所有的孩子都能遇到的。只要我们相信孩子，只要应对得法，孩子就一定能重新站起来。

孩子的课业压力很大（才5年级），老师和家长，也把所有的注意力都放在了孩子的学习和身体的成长上，很少会关注孩子的内心感受，很少关注孩子心灵的成长。我们知道，生理年龄的背后有心理年龄，行为的背后也是以心理为支撑的。如果没有一个强大的内心，无论成绩多好，体格多棒，终究是温室里的花朵，不堪一击。

心灵的成长注定在挫折中前行。

伤愈亦突然 9月5日 周五

伤愈来得亦突然。今天雨琪边吃早饭边最后背了一遍课文，然后就背起书包上学了，没有半点犹豫，似乎昨天什么也没有发生。

下午放学，雨琪满面笑容，蹦蹦跳跳。我就趁雨琪心情好，乐呵呵地问："遇到什么好事了？""黄老师表扬我了，说我要强，还说如果有问题直接问老师。""这下你放心了吧？黄老师很喜欢雨琪，也很爽快，有困难你就告诉老师。""嗯！""今天英语又默写了？结果如何？""还是70分，"雨琪的语调很轻松，"虽然成绩一样，但我的单词和课文默写进步了，就是练习还是错的太多，要是练习做好一点，我就能得85~90分了。""看起来你今天不难过了？""我发现老师并没批评我。""老师和妈妈一样，会给雨琪适应的时间，我们相信雨琪会不断进步的，对吧？""嗯！"

我跟雨琪去超市采购了一大堆过节的物资。我教她选土豆、西红柿、香菇，她跑前跑后帮我去称重，出门还抢着提大袋子，忙得不亦乐乎。

看着轻松快乐的雨琪，我终于放下心来。

任何人，在成长的过程中，都会遇到这样那样的挫折。如何面对挫折，如何应对挫折，就成了至关重要的问题。孩子通过这次小小的"危机"，切身体验了挫折来临时的那种痛苦，体验了父母和老师对待她以及"危机"的态度，体验了直面挫折、应对挫折（背课文、考试）的整个过程。这就为今后面对、应对其他的挫折积累了宝贵的经验。注意，这种经验必须通过自己的切身体验。没有这种体验，仅通过简单的道理讲述，对孩子或者任何人，起的作用都非常有限。

心理学研究提示，人与人之间的竞争，最后一定是人格层面的竞争。而意志品质（自觉性，果断性，坚韧性，自制性）又是人格的重要特征之一，所以，有意识地培养孩子优良的意志品质，远比培养孩子考高分更有远见。

暖心的肉馅 9月6日 周六

自打来到上海，雨琪终于吃到了心仪的肉包子，用雨琪的话说："皮薄馅大，带灌汤。"她把那个大大的圆圆的肉馅儿掏出来放在碗里，我想她一定是像往常一样，留到最后一口吃下去，很满足、很过瘾！没想到，雨琪这次把它夹起来，递到我嘴边说："妈妈，省给你吃的。"我笑笑说："谢谢，妈妈不爱吃，还是你自己吃吧。"雨琪把嘴一撅，"大人都是这么骗小孩的，你根本不是不爱吃，是舍不得吃。"其实，我真没撒谎。我虽不是素食主义者，但我真的不爱吃肉，尤其是肉馅。可雨琪像爸爸，属于无肉不欢型，尤其爱吃肉馅。我正犹豫，雨琪又换了一副撒娇的模样，嗲声嗲气地说：“妈妈，你一定要吃下去啊！”孩子把话说到这份上，我再怎样解释都显得不近人情了。我一口吃下了肉馅儿，夸张地说：“真香。”虽然我没觉得口味有什么特别，但心是暖暖的。

我和雨琪都笑了。

相对于付出，坦然接受他人的馈赠是件更难的事情。

孩子为什么会省下自己心爱的肉馅给妈妈吃？一定是这个行为带给她的快乐大于自己亲口吃了肉馅！一定是妈妈的所作所为进入了孩子心中，并让孩子为之感动！很多父母抱怨孩子不知道分享，不懂得感恩，只能说明他们不知道感恩的前提是——有恩可感，只能说明在日常生活中用错误的方式让自己渐渐走出了孩子的内心。

接受，并给予积极的回应，会让孩子渐渐培育出“独乐乐不若与人乐”的高级社会情感。

思乡 9月7日 周日

雨琪来上海两周了，这两天常常情不自禁地说：“我想回家。”我能听得出来，这不是因为学习的焦虑，是她真的想家了。中秋小长假，老师布置了一篇作文——“我最喜欢的一个节日”，雨琪想起了很多往事，想起了中秋节全家人在阳台上吃水果赏明月，雨琪和爸爸高兴地躺在地垫上，透过玻璃房顶数星星……而今天，她只能弱弱地问一句：“我们今年能回家过中秋吗？”我只好摇摇头，雨琪的眼光里透着失望，她什么也没再说。

在青岛的时候，雨琪有一只乌龟，基本是姥姥负责养。这次来上海，为了排解雨琪的寂寞，我们千里迢迢把乌龟带来了，就放在雨琪的书桌台面上。原本我还担心乌龟无人照料会死掉，没想到小乌龟受到了前所未有的关注，雨琪每天都看它游泳，给它喂食，给它换水。雨琪说，乌龟比以前活跃了，爱动了，其实是雨琪观察它的时间多了。现在看来，孩子离开了依靠，会照顾好自己的生活。

李老师点评：

对失望的承受，是成长与成熟的表现，说明孩子已经能较为客观地理解现实，较为合理地处理现实与主观需要之间的关系。

离开了依靠，孩子哪怕不能“搞定一切”，也能学会适应。适应的意思就是“被一切搞定”。没有适应，就没有改变。——适者生存嘛！

第一个异乡中秋节 9月8日 周一

雨琪的第一个异乡中秋节，好在有爸爸陪我们一起度过。

爸爸和雨琪去看马戏回来，雨琪高兴得手舞足蹈，“太好看了，我把手掌都拍红了！”我问：“都看到什么了？”“小猴、狗熊、狮子、老虎……我们就坐在第二排，小白虎贴近了铁网，离我就这么近。”爸爸也兴奋地说，“雨琪问门票多少钱啊？我说160元，雨琪说这么贵啊！怪不得这么好看，值这个价钱。”爸爸乐得咯咯笑。

来到上海短短的两周，雨琪体验了多个第一次。用爸爸的话说：“大城市的生活对孩子是多有好处的，享有那么多的社会资源，增长多少见识啊！”增长见识是我带雨琪来上海的目的之一。

爸爸总是喜欢问雨琪：“你喜欢上海吗？”雨琪总没有正面的回答。我没问，我理解她，她正想家，她觉得“还是家里好啊！”家里有姥姥姥爷无微不至的照顾，雨琪过着公主般的生活，还总是不知足。出门在外一段时间，独自面对生活，回去就懂得珍惜幸福了！这也是我带她出来的目的之一。

李老师点评：

妈妈用心良苦。

有心理专家说，目的有内外之分。商人做买卖，目的是赚钱，这是外目的。儿童跑跑跳跳，在于活动本身给他以快乐和满足，这是内目的。很多行为既有外目的，也有内目的。外目的太强烈时，内目的可能消失。比如，如果过于注重带孩子来上海的这些既定的外目的，就有可能忽略欣赏生活本身。

无论我们有无目的，这个过程都会给我们很多，甚至比我们想到的还多。

可怜天下父母心 9月9日 周二

我和雨琪的生活似乎走上了正轨。

考虑到雨琪刚来上海，对周围环境不熟悉，我给雨琪找到了晚托班。雨琪下午放学早，晚托班的老师会接雨琪去写作业。一想到这也是雨琪经历的新事物，课外教育机构毕竟不是学校，我就冒出了100个不放心。昨天，我就絮絮叨叨地告诉雨琪：“跟老师过马路要走人行横道，要等红绿灯，手机是用来跟妈妈联系的，不要时不时拿出来显摆，妈妈不来接不要走出校门，更不要溜出来买零食……”雨琪烦得仰天长叹，“你有完没完啊！我本来对晚托生活充满憧憬的，让你说得我都不敢去了，那像个火坑啊！”唉，我也很为难啊！总觉得这是妈妈应该交代孩子的，可雨琪觉得自己长大了，没有耐心听下去。感谢雨琪，最后还是把我交代的事情重复了一遍。我总算放心了！

可怜天下父母心啊！

李老师点评：

“我也很为难啊！总觉得这是妈妈应该交代孩子的。”试想一下，如果妈妈忍住了不说，会有怎样的结果？不出意外的话，结果只有一种：妈妈憋死了，孩子好好活着。

雨琪的老师不好当 9月10日 周三

今天过得很平凡，本来没有任何值得记录的东西，直到晚上，我和雨琪之间爆发了一场冲突！

事情很简单。几天前雨琪亲口告诉我，她不会用介词。今天雨琪很早就做完了作业，我就想把这一课给她补上。我写了5个例句，借此告诉她年月用“in”，星期用“on”，时间用“at”。可她并不愿意学，不想听，不想看。我问她话时，她不回答，连看都不看我一眼。我火了，说了句：“你自己把这5句话写完。”我转身走了，去洗澡了。过了一会儿，她喊我，我不理，她连喊几遍，我都不理。她走过来看我，我说：“我是跟你学的，你都不愿意理妈妈，妈妈凭什么理你？”“我的句子写完了。”我看到了她最终完成的句子，但错得一塌糊涂。我忍住火教完，尽管她并没有认真听。我严肃地说：“明天我检查你的掌握情况。”她不屑地“嘁”了一声。

风平浪静之后，雨琪让我帮她拿浴巾，我递给她，心平气和地告诉她一句话：“你可以不会，但要虚心学。”雨琪点点头。

李老师点评：

好久没有看到妈妈生气上火了。

阳光日记不代表我们不会上火、不能上火，只要我们能确保在生气上火的时候不“教育”孩子即可。因为在生气上火的时候，容易导致亲子关系的质量下降，从而使教育效果下降。教育的前提是理智，否则教育就成了指责或教训。

震撼心灵的教育 9月11日 周四

昨天，雨琪对待学习的不屑态度让我忍无可忍。雨琪认真地跟我说：“妈妈，我觉得来到上海之后，我们的关系不如在青岛时那么亲密了。”我说：“我不觉得，你仔细想想妈妈为什么那么生气。”好在我和雨琪很快就和解了。

今天，我在医院受到了一次震撼心灵的教育。下午我参加了上海九院的全院会诊，是一个两岁的小女孩，左上颌骨恶性肿瘤，颧骨肿得很高，面部变形。她爸爸妈妈抱着她，无助地坐在那里讲述病程。几个口腔外科专家激烈讨论后得出的一致结论是：手术是唯一救命的方法，但代价很大，必须连同左眼球一起摘掉。我看到了母亲的眼泪和父亲痛苦的表情。一个下午，我的心里莫名的难受。

拥有健康的宝宝就是幸福，拥有健康聪明的宝贝，就应该感恩，拥有健康聪明懂事的宝宝就应该知足。所以，我应该对孩子的要求少一点，对孩子好一点，再好一点。

李老师点评：

孩子是作为一个独立的个体来到这个世界的，他们不是父母的私有财产，所以对孩子真正的爱是帮助他们长成自己，而不是长成父母希望的那个样子。——孩子的成长如果与父母的希望一致，那是上天的恩赐。

对孩子少一份要求，孩子就会多一份自由，就会有更大的长成自己的可能。也许，这就是对孩子再好一点的标准。耐心，耐心，耐心！

不轻松的话题，轻松地聊天 9月12日 周五

晚上，我写日记，雨琪赖在大床上，柔声细气地跟我聊天：“今天英语竟然没有考单词和课文，这些我背过了，全考的练习，我都不会。其实有些题我仔细想想也会，但速度太快，我来不及想，全做错了。我考得很差，你可得有思想准备啊！”“你分析得很好啊！你现在成绩不好很正常！”雨琪这才说：“老师说新来的同学不及格，老师要专门找一节课给我讲讲语法。”“老师真好！还是那句话，可以不会，但不可以不学，好好跟老师学就行。”“我已经很努力了，可我还是不及格，我真想回家！”雨琪眼里闪着泪光。“别着急，你才来几天啊？你欠缺的只是一点时间，耐心等一段时间，你一定会进步的。”

事情也不都是那么糟。雨琪念叨：“我担心语文考得不好，怎么办？”“哈哈，你根本不担心考得不好，你担心考不了第一名。”“你怎么知道的？”“哈哈，我是你妈妈，还不知道你的小心思？想当第一是好事，但不要苛求。”不过，体育课上，雨琪以每分钟51个仰卧起坐的成绩，着实过了一把第一瘾。

李老师点评：

心与心之间，因为沟通不畅而造成隔阂，因为沟通不畅而不能相互理解。有了如此这般母女间的沟通，相信不会再有孩子过不去的坎儿。

人这一生，成也沟通，败也沟通。良好的沟通能力，其实不是技术层面的学习与练习，而是由安全感垫底的自信和勇气。母亲，就是那个为我们的人生程序，写就底层代码的软件工程师。

先学还是先玩 9月13日 周六

早上，天下雨了，只好安心在家写作业了。雨琪的作业效率向来不高，总是拖拖拉拉，说过她多少次，可收效不大。

中午，雨停了。我对雨琪说："等你做完作业，我们去坐船游黄浦江。""现在就去，我回来再写。""要是回来很晚，或者很累呢？""我就剩下誊写作文，一会儿就写完。""既然你自己安排好了，就按你说的办吧。不过如果是我，我会先写完作业，就没有心事了。"

外滩很美。我们回来已经8点半了，雨琪洗完澡恨不得一头栽到床上就睡。我提醒她："该去写作文了。""明天吧，太累了！""之前我提醒过你的。你可以下次不这样安排，但这次还得按计划完成，对吧？"雨琪没再争辩，刚要去写作文，本来明天才回来的爸爸提前回来了。雨琪高兴地说："爸爸陪我玩吧。"我赶紧说："不可以，写完再玩。"雨琪懊恼地说："早知道这样，我早写完就好了。"

雨琪坚持完成了自己并不完美的计划，没有耍赖，这也是难能可贵的，如果她能接受教训，养成先学再玩的习惯，就更好了。

李老师点评：

既然是习惯，就不可能是一天两天养成的，父母要做好思想准备。

心理学中有个说法叫"温柔的坚持"，指的是如果父母想让孩子养成某种习惯（当然是父母希望的），需要情绪稳定，持之以恒。从这个角度说，想让孩子养成某种习惯的前提，就变成了父母先要养成某种习惯。

再者，无论是先学习还是先玩，都有完成任务之嫌，这似乎违背了家庭作业的初衷，这也是目前教育中一个较难解决的问题。从心理层面看，学习是孩子自己的事情，是孩子自己王国的内政，如果被外界干预太多，孩子的自主权就会受到侵害，责任心就会下降，就会影响其自治能力的养成。

素质教育 9月14日 周日

今天，雨琪开始了她上海博物馆之行的第一站——昆虫博物馆。爸爸有颇多感慨："本以为像这种博物馆会是冷门，真没想到有那么多小朋友参观，说明上海人对儿童素质教育的重视。雨琪确实认识很多昆虫，给我讲它们的习性，甚至能说出它们的种属目，有些我都不知道。""当然，她最近在研究整套的《酷虫学校》。"

趁爷俩去博物馆，我收拾了一下房间。雨琪的书桌有些凌乱，铅笔、钢笔散落了一桌子，原因是没有笔筒。我找来两个精美的月饼包装盒，略加修改，一个美观大方的笔筒就做成了。雨琪发现了这个笔筒，问："妈妈，这么高大上的笔筒，你怎么做的？""很简单，两个月饼盒，剪去一头，相对粘起来就行了。”“我也送给你一个。”不一会儿，我的床头柜上就出现了一个“黑白配”的笔筒，也是月饼盒子做的。我问：“这盒子哪里来的？”“前几天我看着漂亮就收起来，觉得可以做点什么，今天就用上了。”“谢谢！我收下了。”

也许雨琪真的有点像我。

李老师点评：

看今天的日记，幸福着雨琪的幸福。想起了法布尔和他的《昆虫记》，想到中国有哲学家、数学家、物理学家……鲜有博物学家。能够通过对昆虫的用心观察，并写下“四年黑暗中的苦工，一个月阳光下的享乐，这就是蝉的生活”之类动人语句的，只能寄希望于雨琪们了。

雨琪需要我的帮助 9月15日 周一

我想雨琪的学习遇到了一点儿困难。首先，雨琪还没有适应比较多的家庭作业；其次，不管是英语还是语文，对阅读理解能力的要求都很高。我看得出来，雨琪已经很努力了，但她完成起来有些吃力。在我印象里，我已经很久很久没有辅导过雨琪做作业了，但现在，她需要我的安慰、陪伴和帮助。

今天，雨琪的考试作文题目是：《爸爸妈妈我想对您说》，写与爸爸妈妈的一次误会，要写出真情实感。雨琪的作文破天荒地被扣去12分。雨琪委屈地说，我跟爸爸妈妈哪有误会啊，我怎么也想不出来，只好编了一个故事。我一看，故事里的母女，一个极刁蛮，一个似泼妇。也怪不得雨琪，她的确不会写这样的文章。我耐心地跟她讲，即使作文要求写一个误会，你也要写一个美丽的误会。在我的启发下，雨琪终于完成了这篇作文。

虽然我不会告诉雨琪，但是我个人认为，对爸爸妈妈说什么不好，为什么非得说误会呢？这个题目我小时候就不会写，现在孩子们还是要写。有些无聊，有些无奈啊！

李老师点评：

今天的所作所为，在行为层面上呈现的不但“是妈妈”而是“做妈妈”的标准：保持着自己的独立思维（应试、无聊的作文）；保持着稳定的情绪（承受由独立思维和现实情况带来的压力）；对现实有着清晰的判断（孩子在学习上遇到了困难）；用切实的行为帮助孩子解决问题（耐心讲解作文的写作方式，而不是发泄自己的情绪，唠叨，批评指责孩子）。

对付英语“拦路虎” 9月16日 周二

雨琪的英语听写问题还是没有解决，但她不再为此焦虑了。今天，我问起她的英语学习，她说：“我都不愿意学它了。”这可不是个好苗头，我赶紧说：“妈妈可不相信，雨琪不是畏惧困难的孩子。你记住妈妈的话，你像现在这样学一学期的英语，等你回青岛时，你的英语水平会提高很多。”雨琪点头。估计心里在憧憬下学期英语考班级第一的情景了。

今天的作业出奇的少，这对雨琪来说是个难得的缓冲。既然英语老师发现雨琪的语法薄弱，那我就趁今天的空闲，给雨琪补补语法吧。事实证明教雨琪并不是一件容易的事。首先，这占用了她的娱乐时间，虽然她没反对，但并不心甘。其次，她嫌我讲得枯燥，“你快把我讲睡了。”这就表明，今天的课不能继续了，再讲就是浪费彼此的时间了。略一总结，今天把现在进行时巩固了一下，也算小有收获吧。我告诉自己，来日方长，慢慢来。

雨琪睡得很快，她是真的很困。

李老师点评：

坚持，或者说需要“挺过”这段时间。

妈妈近来情绪的稳定，在很大程度上是认知层面的提升：不再纠结于孩子的分数；不再纠结于一城一地的得失；不再纠结于现在，而是看到了将来。一个能看到远方的人，自然不容易被当下的“风景”所迷惑；一个奔向远方的人，自然不会那么急功近利。

孩子也很辛苦，多体谅吧。

姚明漫画像 9月17日 周三

这两天，雨琪的作业完成得比以前快多了！雨琪就有了空闲时间。她迷上了画画，最爱画的是昆虫，照着《酷虫学校》里面的造型画，用水彩笔涂上自己喜欢的颜色，栩栩如生。前几天，老师让画一张偶像的头像，我建议：“你不是崇拜姚明吗？姚明正好是上海人。”“真的？姚明最简单了。”说画就画，划线，起稿，修改，一气呵成。我一看，好一幅漫画头像。今天雨琪高兴地说：“别的同学的画，老师都让写上头像的名字和内容，只有我的不用写。”“为什么？”“因为我画的像呗，谁都知道是姚明。”

看到雨琪喜欢画画，我颇多感触。雨琪学画多年，但天资不高，画技平平，遇到不感兴趣的内容就敷衍了事。来到上海，不用上美术课了，也没有美术作业了，反而自己拿起了画笔，想画什么画什么，自娱自乐，这不正是兴趣爱好的真正意义吗？而这一张张的昆虫画、人物画，不正是之前的积累打下的绘画基础吗？

所以，孩子兴趣的培养，要慢慢来，不必操之过急，更不必急功近利！

李老师点评：

“想画什么画什么，自娱自乐，这不正是兴趣爱好的真正意义吗？”“孩子兴趣的培养，要慢慢来，不必操之过急，更不必急功近利！”

连起来看三个月的日记，妈妈对孩子兴趣的发展并没有过于强烈的意愿，所以才会有以上如此透彻的领悟。不操之过急和不必急功近利的背后，是胜券在握的自信，并由此看到了孩子美好的未来。不求笑得最好，方能笑到最后。

妈妈的定义 9月18日 周四

接雨琪放学时，天竟下起了小雨。我右手撑开雨伞，让雨琪挽住我的右臂，雨伞自然而然地稍稍偏向了雨琪。我们并没有被下雨困扰，相反，雨琪偎依着我，感觉雨中漫步，分外浪漫。我也是，我被雨琪挽住的右手格外温暖，只是我提着“柴米油盐”的左手越来越沉，越来越湿，由酸变疼了。这时，雨琪看到了路边的冷饮摊，说：“妈妈，给我买个冰棍吧。”我伸出左臂，说：“你摸一下妈妈的胳膊。”雨琪一摸，什么也没说，拉着我就往前走，因为，我的左臂又湿又冷，雨中赶路确实不适合耽搁，况且天气还这么凉呢。雨琪还是挺懂事的。

不知哪一句话“得罪”了雨琪，她拿手中的包轻抡我屁股一下。我“哎呀”一声，半开玩笑地说：“有人说：妈妈的定义是一个可以不停得罪的人，有道理吗？”雨琪想了想，认真地说：“不对，我认为妈妈是一个你可以把所有的秘密都告诉她的人。”雨琪给出的答案让我很意外，也很感动，“雨琪，你能这么想，妈妈很欣慰。”我永远愿意做一个倾听雨琪秘密的人。

李老师点评：

“妈妈是一个你可以把所有的秘密都告诉她的人。”孩子的答案，可以定为检验妈妈是否合格的标准。是否拥有这样一个妈妈，也可以定为孩子是否幸福的标准。

几年前的药家鑫案，撞人后用刀将被撞女士捅死，是因为闯祸后担心自己的父亲知道而遭受惩罚，才做出了如此缺乏人性之事。

有调查发现：很多女生意外怀孕后，所想到的第一个求助对象，竟然不是自己的妈妈！——可以不求助于妈妈，但应该首先想到妈妈啊！

阶段性目标 9月19日 周五

一大早，我和雨琪边吃早饭边聊天。雨琪突然说：“我想好了，我准备用逐个超越的方法来提高我的英语成绩。”“什么意思？”“虽然我现在的英语成绩不好，但我会努力，一个一个超过班里的女生。等我超过宁欣大队长时，我就满意了。”“Good idea，把大目标分解成阶段性的小目标，这样更容易实现。你有乐观向上的态度，妈妈真为你高兴，妈妈相信你很快就能适应这里的英语学习。”

爸爸的归来让雨琪兴奋不已，不能安心睡觉。我皱着眉头对雨琪说：“快睡觉吧，别闹了，妈妈今天的日记还没写呢！”爸爸跟着起哄凑热闹：“对对对，赶紧睡觉，让妈妈赶紧‘挣稿费’。”谁知，雨琪一脸认真地对爸爸说：“你说的不对，妈妈写日记才不是为了挣稿费。”“噢？那妈妈写日记是为了什么？”“妈妈是为了正确地教育我。”我吻了雨琪的额头，“好孩子，你说的对，妈妈是为了得到李老师的指导，学习教育方法，教育雨琪健康成长！”雨琪乖乖地睡了。

三个月的日记，三个月的学习，我、老公和雨琪都将受益一生。

三个月，作为一个阶段性的小目标，已实现！虽然小阶段告一段落，但相信三个月带来的不是简单的昙花一现，而是让自己和身边的人受益，甚至让更多的人受益！

雨琪妈妈感言 三个月的修行

三个月时间过得真快！回想三个月的“日记生涯”，我很庆幸当初鼓足勇气参加这个课题，让我在雨琪即将进入青春期的时候，“进修”如何做一个好妈妈。三个月的日记，记录了雨琪成长的点滴，是我和先生送给雨琪的一份珍贵礼物。

三个月的修行，李老师给了我一双发现美的慧眼，让我看到雨琪的善良、懂事、要强、乐观；李老师给了我一颗强大的内心，让我克服焦虑，保持淡定平和的心态，学会“爱”雨琪。

三个月的修行，我学会了微笑、尊重、沟通、陪伴、守望。我学着用微笑肯定雨琪的优点，宽容地对待她无心所犯的错误。我试着尊重孩子的天性和兴趣，给她一个自由的童年。我明白了只有耐心倾听，真诚交流，才能真正走进孩子的世界。我理解了陪伴的含义，不是形影不离，而是做孩子心灵停泊的港湾。

三个月的时间，雨琪越来越开朗、阳光，一次又一次地展示着她的创造力和想象力，带给我一个又一个的惊喜；雨琪越来越自信、乐观，她很快地适应了陌生的环境，战胜了英语学习上的困难，也战胜了自己。在李老师的启发下，我真正体会到养育的乐趣，享受到“为人母”的幸福。我终于明白，爱她就要放开她，给她成长的空间，守望着她，在她需要的时候给她正向的指导和修正。我将向着这个新的高度和境界努力。

三个月的时间，感谢先生的支持，感谢雨琪的配合，更感谢李老师的指导和整个团队老师们的付出。三个月的时间，我在改变，雨琪随之改变，必将让雨琪受益一生，让我和先生幸福一生，感谢《三个月改变孩子一生》！

李老师点评 “好妈妈”才能看到“好孩子”

从第一天起，我就有一种梦想也是遗憾：如果不是三个月，而是连续读雨琪妈妈三年或者三十年的日记该多好！我想，倘如此，我有能力透过一个母亲的眼睛，沿着雨琪由“好女孩”到“好女人”，再到“好妈妈”的人生轨迹，发现更多成长的奥秘。

社会心理学的“图式”理论认为，一个人内在经验的差异，决定了对同一对象的认识会有不同的结果。用文学语言表达出来就是：生活中不是没有美，而是你缺少一双发现美的眼睛。哲学家说：存在就是被感知。

“境由心造”——佛家所言更为通俗而深刻：心中有什么，眼中才能看到什么；心中有佛，眼中就不会看到魔；心中有魔，眼中就不会看到佛。

临床心理医生则发现，心理抑郁的人生活中其实并不缺少美好，而心理健康的人也不是生活总充满快乐。

很多人可能没有想过，其实“好”和“坏”是相依而存、不能孤立的，哲学上称“任何事物都包含而离不开它的对立面。”只有认可了“坏”的存在，才能看到“好”的凸显。把坏的一面压抑下去，表现出来的就是好，而把好的一面压抑下去，他的坏也就彰显了。

很多父母可能没有想过，孩子是永远不能被“客观”认识的！我们所看到的孩子的“好”与“坏”，都是经过了自己的价值评判后，在大脑中呈现的一种主观映像。一个在爸爸妈妈眼中简直十恶不赦的孩子，爷爷奶奶可能喜欢得不得了；而就某具体行为而言，比如在家中养蚂蚁，有的家长会鼓励且帮忙，而有的则会认为不务正业而坚决扼杀。

反思一下就不得不相信：没有人比我们更了解我们自己，也没有人比孩子更了解他们自己；尽管上一代总看不惯下一代，但下一代必定超越上一代却是一条铁定的规律。

只可惜，这样的辩证思维不是每个妈妈都能理解的，至少那些总觉得自己孩子有问题、总是对孩子不满意的妈妈们是不能够理解的。发展心理学的研究早就证实，在运用诸如对立统一、量变与质变、否定之否定之类辩证思维的能力方面，成年人之间具有明显的个别差异，甚至有人是终身都缺乏的。

雨琪妈妈的日记告诉我，她的辩证思维能力很强。具体表现在：

一、她看到的是一个总处在阳光下的雨琪。这是一个妈妈最难能可贵的地方：在孩子的成长过程中必然会有着这样那样的不足，甚至会犯明显的错误，但做妈妈的首先是包容，认可那是一个孩子难以避免的事情，基于这样的认知，她会对所引发的负性情绪予以压抑和处理，而当再反馈给孩子时，她已经十分平静了。因此，当你看到一个妈妈在赞美自己的孩子时，一定要知道不是她的孩子有多么好，而是这个妈妈在内心里有效地处理了孩子的坏。而那些有问题孩子的妈妈呢？正好相反：他们的孩子不是不好，而做妈妈的却总是看到孩子的坏。

二、“好雨琪”和“坏雨琪”她都喜欢，正如雨琪妈妈在日记中所言：“妈妈不讨厌那个‘坏雨琪’，因为‘坏雨琪’和‘好雨琪’都是雨琪的一部分。”妈妈所爱的雨琪，是一个完整的人，而不只是这个人好的一面。只有这样的母爱才不功利。

雨琪已经 10 岁了，她不但养蚂蚁、打乒乓球、学英语跳级，还会在看《星光大道》时为自己支持的小伙子晋级而高兴，而且已经知道了不能跟妹妹一起洗澡而是自己洗……雨琪的童年期马上会成为过去，少年期就要来临。我们应该想到，此时此刻，这个在妈妈眼中聪明伶俐、乖巧可爱的小姑娘体内，荷尔蒙的积聚已近完成，接下来可能就是“狂风卷积着乌云”，“暴风雨，暴风雨就要来啦”！

雨琪妈妈，你做好准备了吗？如何才能让女儿迸发的青春能量如核电站般造福，而不像原子弹一样爆炸呢？

当雨琪已经到了青春期，如果妈妈依然能够做到什么事情都能像朋友一样敞开来谈，那个时候，我们就可以说雨琪妈不但是个“好妈妈”，而且是个“成功的妈妈”了。希望到那时，孩子对妈妈还能有 9 月 18 日日记中那样的评价——

雨琪想了想，认真地说：“不对，我认为妈妈是一个你可以把所有的秘密都告诉她的人。”

第十章

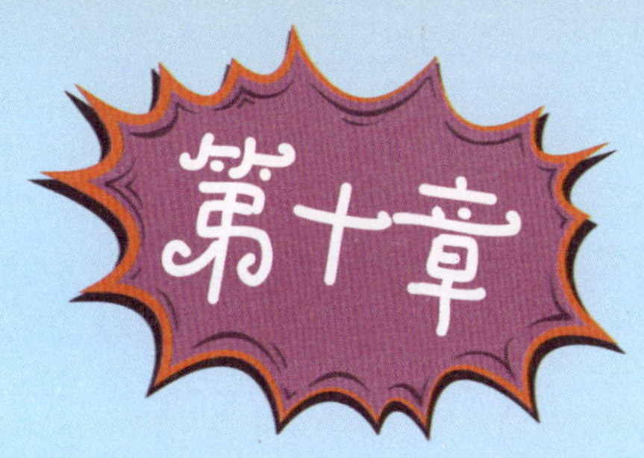

孩子的成长和心理的帮助

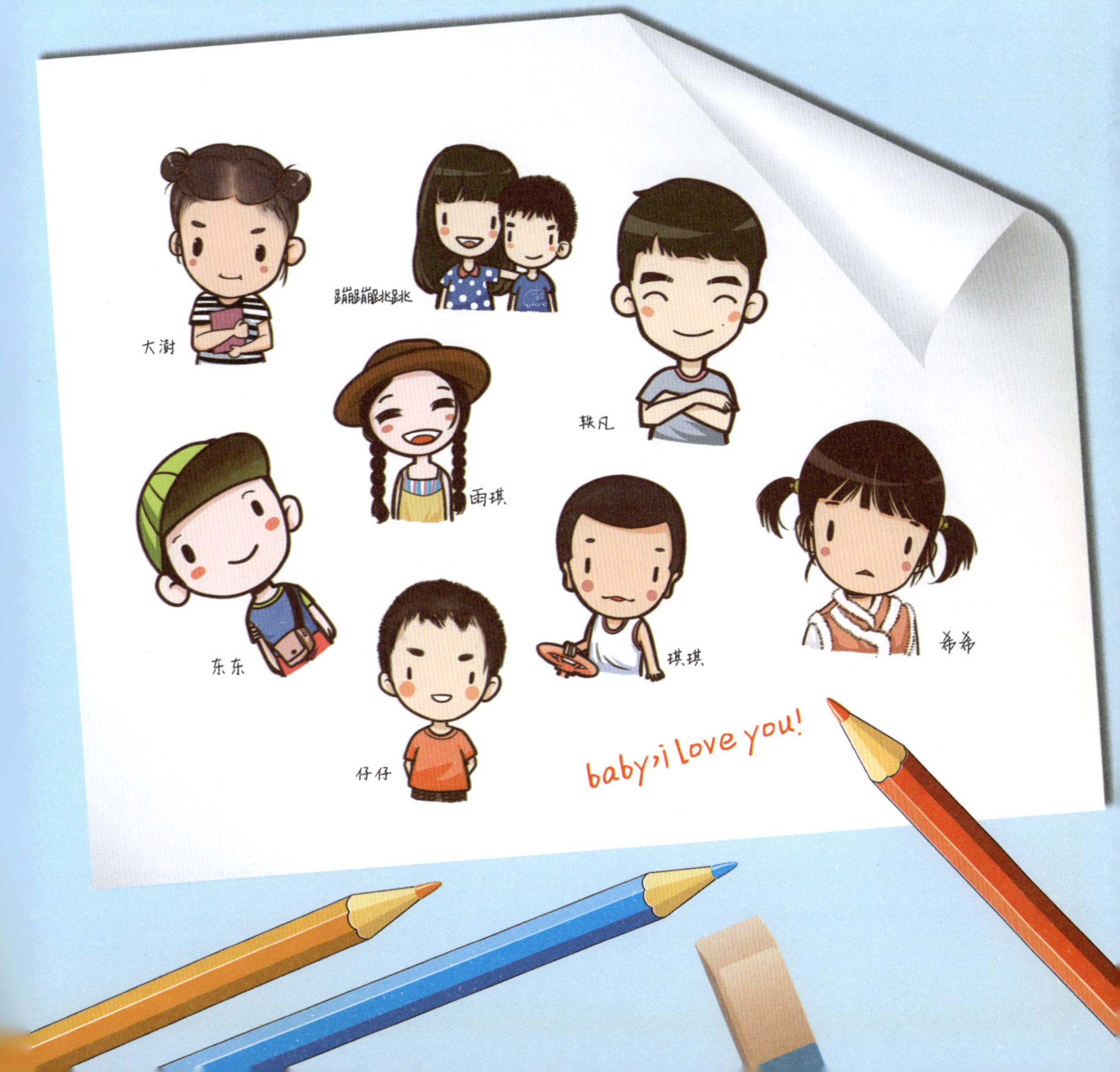

大澍
蹦蹦跳跳
轶凡
雨琪
东东
琪琪
希希
仔仔
baby,i love you!

自 2014 年 6 月 20 日《三个月改变孩子一生》课题组正式启动，到 9 月 23 日结题，按照既定的计划，除了每日的日记回复外，我还和妈妈爸爸们有过 6 次面对面的交流。每次见面，我都会根据课题的进展和在阅读日记过程中发现的问题，从相对专业的角度谈一点自己的看法。

以下内容就是历次交流的整理，只是做了必要的补充和调整。

◇ 养育是让孩子社会化的过程

一个精子和一个卵子的结合，造就了一个人的生命。可为什么在成千上万个精子中偏偏是这一个而不是另外一个能够与卵子结合，或者为什么这个精子偏偏能与那一个卵子结合？这本身就充满了不确定性。作为有智慧的人，从来就不会满足于“种瓜得瓜，种豆得豆”的自然遗传，但做父母的却总希望自己的孩子超越自己、胜过他人，从而有个更美好的未来。其实，这种希望背后也多少暗含着主宰孩子命运的企图。

父母们都知道，养育孩子的主要目的之一，是为了孩子能适应未来的生活，成为孩子那个时代而非父母这个时代的人，也就是成为未来的人；未来的人，一定不能再是个生物意义上的孩子，而必须成为一个社会人。心理学把“个体由自然人成长、发展为社会人的过程”叫做社会化。社会人，就来自于社会化。

20 世纪 20 年代，印度发现了两个被狼叼走并养大的孩子，从学术界到大众社会都称之为“狼孩”。狼孩是狼还是人呢？由于在狼群里长大，“他们”不习惯于直立行走，吃东西时用舌舔而不会用手拿，没有语言，也不能与人交流。无疑，狼孩只具备狼的本性而没有人的心理，原因就是没有经过人类社会的社会化。从这个意义上讲，把“狼孩”称为“孩狼”似乎更为确切，就像应该称“熊猫”为“猫熊”一样——熊猫是熊科而非猫科动物。

社会心理学认为，从出生的那天起，一个孩子就在父母心中获得了一定的地位，父母在其社会化过程位置独特、作用突出。童年是一个人社会化的关键时期，良好的亲子关系和父母的言传身教，对孩子的语言、情感、角色、经验、知识、技能与行为规范的习得均会起到潜移默化的作用。

没有人否认，一个孩子要想成为一个合格的社会人，不但得有爹娘生，还得由爹娘养；如果没有爹娘的养育，无法成为一个合格的人！

◇ 关系先于教育且永远大于教育

有个众所周知的化学常识是：在水中放上乙醇就是酒，在水中放上乙酸就是醋。这就是说，无论我们花多少钱，所买到的酒和醋，其实主要是买水。如果把教育比作酒或醋，那么，关系就是这酒或醋中的绝大部分——关系是教育的基质，它先于教育而存在，其重要性要远大于教育本身。

一个孩子是因为喜欢老师这个人，才会听这个老师所说的话，并进而对这个老师所教的功课产生兴趣的。用《礼记》中的那句老话表达就是：亲其师，信其道。“兴趣是最好的老师。”孩子一旦对某门功课产生了兴趣，教师才能发挥其“传道、授业、解惑”的功用，也才能实现真正意义上的“教”和“育”。有了兴趣作为基础，一个孩子就会非常容易进入学习状态，并进而确保学习时间或学习过程，取得好的学习结果或成绩也就顺理成章了。

观察或思考都不难发现，当下对孩子的学习成绩，老师、家长和孩子本身这“三方”共同关注，而决定成绩的学习过程却只能由老师和学生“两方”来关注，因为孩子的学习主要在学校内进行，家长想关注却难以实现。至于学习状态呢？那只能是孩子“一方”所关注的事情了。

关注点由“三方”依此递减到“两方”，再到“一方”，反映出当下教育的本末倒置。戴上心理学眼镜，我们所看到的更为本质的现实是：社会各界都在极力为“提升孩子的学习兴趣”而呼吁，恰恰是以反向形成的形式，反映出对孩子学习兴趣缺乏这一普遍现状的无能和无奈。再通俗而尖刻地说，对于孩子的学习兴趣已经没有人去关注了——“都关注”就等于“零关注”，就像“都是”重点就等于“没有”重点一样！

回到关系的原点上，并由此起步，无疑是从根本解决孩子学习兴趣问题的途径之一，也是捷径之一。正是深刻地认识到了这一点，才使得临床心理医生在教育这一传统领域内占有了一席之地，并正以迅猛的势头拓展着相关疆域。

亲子关系是一切关系的原型，它是实现父母对儿女的所有希望的必要条件。打好与孩子关系的地基，才能构建好孩子未来的大厦。

◇ 孩子的问题是家庭的问题

目前，很多父母通过媒体知道了社会上有一种叫做“心理咨询”的职业，就打电话咨询，或干脆将孩子带进了我的咨询室。毫无疑问，这些孩子真的是有问题，比如上网成瘾、厌学、叛逆、说谎、各种行为障碍，等等；父母也是真着急，以至于一见心理医生就泪流满面，或一句接一句地控诉孩子。我会听着他们说，看着他们吵——这不是无能，也不是无奈，而是心理咨询的要求。在看和听的过程中，我更加坚信：孩子的问题，其实是家庭的问题，孩子只是家庭问题的受害者而已。

孩子在出生的时候是没有心理问题的，孩子的心理问题是在社会化过程中形成的。这是一个不需要推导和论证的公理。那么，一个让父母用笑脸迎来的孩子，怎么会在长大后就成了他们伤心的对象？期间经历了一个怎样的由量变到质变（或者是突变）的过程？有人考虑过了，但没有找到答案；有人干脆就从来没有考虑过。于是，他们觉得孩子的问题在于孩子，与做父母的无关，更与他们的家庭扯不上边。为让心理医生相信这一点，他们能举出很多的理由，诸如自己的成长就是“树大自然直”之类。他们会问：自己的孩子，这么大了怎么一点道理都不懂？他们实在是无法和孩子沟通下去了，寻求咨询的目的就是请心理医生给孩子讲讲道理，让孩子明白道理。当然，为了孩子，花多少钱他们是不会在乎的。有人就曾对我说：“你要是给我的孩子戒掉了网瘾，我给你50万！”说着，拍拍自己的手提包，大概支票或现金就在包里。

这样的父母带孩子来解决心理问题，就好像推着一辆自行车来到了修车铺，见到像我这样的心理医生和见到修车师傅没什么区别——我这样说丝毫没有贬低修车师傅的意思。他们会说：“嘿，师傅，我的车不能骑了，你给我修修。”然后，他们就到一旁休息，等着付费，甚至干脆去忙其他的事了。

如果你是一位心理医生，会接受这样的任务吗？接受了这样的任务，你能完成吗？一开始我不接受，后来我接受了，但我要求咨询或治疗的不仅仅是“自行车”本身，还包括了骑自行车的人——这就是针对亲子关系的治疗。其中一个理念是：孩子的问题是家庭问题的一部分；要想解决孩子的问题，首先需要解决的是父母和孩子之间的互动问题。而一般情况是，如果孩子和父母的互动（沟通）出现了问题，父亲、母亲或父母之间肯定存在着问题！

要想解决孩子的问题，必须先治疗家庭，或治疗亲子关系，或治疗父母。

◇ “替代学习”与“代际遗传”

果真如伟人所言，“你要知道梨子的滋味，你就得变革梨子，亲口吃一吃”吗？心理学家班杜拉说，一个人能够通过对他人行为与结果的观察，获得新的行为反应模式，或对已有的行为模式加以修正，而不需要实际去体验。这就是著名“替代学习”或“观察学习”理论。行为是后天习得的，这个理论则进一步告诉我们，孩子的行为，无论好的还是不好的，也无论是意识到的还是没有意识到的，都可以通过对别人行为的观察而学会。这个“别人”，首先或最主要的就是父母。于是，我们会看到，比如诚实守信等好的品质可以由上一代传递给下一代，说谎奸诈等不良品质也可以在代际之间传递，非常类似于“龙生龙、凤生凤”的自然遗传。

生活中常看到，成功者和失败者，都会呈现某种程度的“家族聚集性”。也就是说，有些家族中诞生成功者的比例会明显高于另外一些家族，某些家族总是罕有“有出息的后代”出现。这种代际间关联，在让普通大众感慨的同时，心理工作者则会作进一步的探讨。比如，作为一种不良行为，暴力倾向一定不是与生俱来，而是后天学会的，有调查显示：对子女有暴力行为者，与其小时候曾遭受过父母的暴力成明显正相关；打老婆的男人，其儿子也更有可能打老婆。

我们应该通过这些实证研究，来反思、觉察自己的行为，尤其是那些不良行为。其目的就是做出改变或修正，否则，受伤害的永远是下一代。也只有建立在深刻的省察基础上，克服不良的“代际遗传”，“以身作则”、“言传不如身教”、“上行下效”、“桃李不言，下自成蹊”等道理才有可能变成一种自觉的行动。

事实上，当别人在评价一个孩子好坏时，其实是在评价这个孩子的父母是否合格。没有人不想做一个合格的父母，可并不是所有人都能做到合格。

◇ 养育孩子离不开学以致用

只有父母好好学习，孩子才能天天向上。从道理层面上讲，这话没有任何问题。人的一生离不开学习，出于养育孩子的需要，父母也需要持续学习。学的目的只有一个，那就是用。

那么，学了就会用吗？现实生活给出的答案常常是否定的。

有人会问，既然学了，为什么还不会用呢？或者，为什么有人学了立马会用，而有人学了却不会用呢？其实，在学和用之间隔着一个东西，叫“识”。我们所学的知识（Knowledge）包括两个部分：“知”（Know）和“识”（Understand/Insight），学了，意味着“知道”、“了解”了；如果再“识”了，也就是“领悟”、“体验”了，你就会用了。

一个说谎的孩子是知道自己不该说谎的，一个学习成绩不好的孩子也知道自己应该学习好。据此，我们曾做过一个调查，结果发现，在认知层面，那些认为没有把孩子养育好的父母，并不缺少养育孩子的知识，甚至要比那些把孩子养育好的父母更知道如何养育孩子！一项具体指标显示，正因为觉得自己的孩子有些问题，他们会买更多的书阅读，会投入更多的时间和精力，会去听各种各样有关孩子养育的讲座，甚至会参加更多的专业培训……可遗憾的是，调查的结果正如我们的预期，这些父母对于孩子的养育只“知”不“识”，因而对孩子只会讲一些道理，却不能够也不愿意去自身体验一下，这些具有普适性的道理，是否适合于自己和自己的孩子。

除此之外，我们还会面对更多新的问题有待于回答——

有人“知”了，“识”了，也会用了，可为什么却不能够用它去造福呢？比如多数人都不缺乏对“抽烟有害”或“酒后驾车”的“知”和“识”，某些情况下也的确能够做得到，但更多时候却是一如既往地伤害身体或违反法律。

◇ 关于知 - 识 - 用的四个递进式阶段

通过对心理学理论的思索和现实观察，我们觉得上述问题有了答案。在此基础上，知、识和用之间的关系也就有了层次分明的递进式解读：

第一个阶段：“不知道”自己“不知道”；

第二个阶段：“知道”自己“不知道”；

第三个阶段：“知道”自己“知道”；

第四个阶段：“不知道”自己“知道”。

比如：没有学过心理学的人可能不知道“心理是脑的机能，是对客观现实的反映”这一科学结论，也就不知道一个人的饿或饱，其实和吃的多少无关，而和大脑有关。当他知道了饿与饱这一过去所不知道的心理现象（而非生理现象）后，在吃饭时就能知道自己是在“喂脑袋”，而非喂肚子。“口腹之欲”的本质是大脑的“欲”，“大快朵颐”的本质是大脑的“快”，此时就进入“知道自己知道”状态，达到了“识”的阶段。在有了诸如“坚持一下，饿过一阵子后就不觉得饿了”的体验后，他就能够做到少吃或对某些食物不吃，而只要坚持一个阶段，就会“习惯成自然”、“日用而不知”，他也才真正做到了对心理学知识的应用。

生活当中，处于第一个阶段的人不在少数，“傻子是不知道自己傻的”；而那些上知天文下通地理、经纶满腹却一事无成的人，正处于第二阶段，他们很刻苦努力，因为知道自己的无知。具体而言，那些边开车边聊天而“不知道”自己在开车的人才是真正会开车的，而那些全神贯注、不敢些许分神的司机，只是达到了“知道自己知道”的第三个阶段；那些能够把孩子教育得非常优秀，而自己却根本就没有学过教育学，也不知道如何教育孩子的父母，才是真正的教育者，因为他们臻于“不知道自己知道”的最高境界。

◇ 习惯就是一种无意识行动

所谓“习惯”（Habit），就是你所“不知道自己知道”的行动（Actions），用精神分析的话说就是“无意识的”（Unconscious）行动。更深入的研究表明，一旦形成习惯，所消耗的能量就会大大降低，当事人对自己所做的也就不再那么“累”了。想想我们每天诸如洗脸、刷牙等生活习惯，这些心理学结论就不难理解了。

养育孩子也是一种习惯。由于形成了好的习惯，那些把孩子养育好的人也就觉察不到养育孩子有多么劳累，用他们的话说，“不知不觉，孩子就长大了，孩子就有出息了。”而正是没有形成习惯，甚至形成了不好的养育习惯，很多父母只能在养育孩子的过程中苦苦挣扎，可结果常常并不尽如人意。

如何形成习惯？本书的第一章至第九章已经从理论和操作层面回答了这个问题。但我们依然强调，这些答案只能让读者“知”，接下来的“识”和“用”就需要读者自己去体验，建议像书中妈妈那样去做。

孩子和孩子是不一样的，没有两个孩子一个样。因此，父母千万不要迷信于书籍、专家或优秀孩子父母告诉你的养育方法。不可能看了哪一本书，或听了哪段专家的话，就能够把孩子养育好了。

养育孩子需要科学－艺术－人文三位一体。其中的科学成分，可以通过读书、听课等方式间接获得，但艺术和人文部分则必须通过亲身实践。就像一个管理学博士不会管理一样，一个教育学家也不见得会教育。很多人没有学过管理学，照样把单位管理得井井有条；很多教育工作者甚至是优秀教师都不能教育好自己的孩子。我们发现：这些事实，只能让那些有智慧的父母醒悟；而那些不顾及事实也不能领悟者，倒不是缺乏智慧，而是被浮躁的心理蒙蔽了头脑。

能通过看书或听课的方式，就成了一个好妻子或好丈夫吗？不能！成为好丈夫或好妻子的前提是先结婚，也就是先成为妻子或丈夫。同样，“亲”和“子”并存是搞好亲子关系的前提，无法由父母一方唱独角戏。只有涉及亲子双方而不是父母一厢情愿的才叫亲子关系；诸如“陪陪”、“亲亲”、“抱抱”、“夸夸”等正向行为，才能促进良好亲子关系的形成，也才能使良好的亲子关系得以维持。

父母们需要明白，当你有意识地去陪、亲、抱、夸你的孩子时，就证明你的习惯还没有养成。此时此刻，别指望孩子会对你有什么回报，而是继续努力。

◇ 不坚信，不坚持，就无法形成好的习惯

我们经常见到，很多父母去听一些育儿或家教讲座，结果被演讲者讲得热血沸腾，觉得相见恨晚。这说明，这些父母和演讲者达成了某种一致。按说，接下来就该对演讲者所讲的坚信不疑或坚持不懈，可是，为什么常常过后又无法有效改变呢?

在我们的心理门诊，找我们寻求心理咨询的，都是那些意识到自己有问题却摆脱不了的人。这样的人身处一种严重的心理冲突当中：因为认为自己“不该”有问题，使得他们把自己划归到健康人行列；因为摆脱不了自己的问题，才让他们“成为”有心理问题的人。和这样的人打交道，时间长了，不难发现一些普遍特征，典型表现就是：他们对于在咨询过程中跟心理医生所达成的一致，不坚信或不坚持。

不坚信，属于认知层面。认知就是认识，作为一种心理现象，辩证唯物主义对它的科学解释是“脑的机能”。不坚持，属于行为层面。脑的机能即心理，决定了一个人的行为。不坚信和不坚持之间存在着必然的（因果）联系，或者说，不坚信是不坚持的必要条件。其实，职业心理医生从临床效果出发，是可以违反此逻辑而操作的。比如，你可以不坚信但能坚持就行，也可以做到坚信了却先不去坚持。正如圣·奥古斯丁所言，“人们一般都说，理解了才能相信，而我则说，相信了才能理解。”相反，如果一个人对于达成的一致不坚信又不坚持，就只能继续处在不健康或根本就不正常的状态里。有心理问题的人，常常是那些想的多做的少，或根本就是只想不做的人。

◇ 只有心理健康的人才能按道理做事

人的心理状态可分为正常和不正常，而心理状态正常者，又可分为健康和不健康。我们发现，只有在心理健康状态下，一个人才能听懂道理并且付诸行动，而那些明白道理却无法付诸行动的人，或者根本就听不进道理的人，其心理状态已经不健康或者不正常了。

去问问那些终日对子女唠叨但是没有任何效果的母亲们，她们会告诉你，自己也知道唠叨没有用处，而且还会招来孩子的反感，但却依然唠叨不止；去问问那些沉溺于游戏中不能自拔的孩子们，他们会告诉你，不但知道学习重要，还知道自己不该如此；再问问自己，不是也经常会做一些不该做的事情吗！

为什么会这样？电影《闻香识女人》中有段台词说得很实在：“如今我走到人生十

字路口，我总是知道哪条路是对的——毫无例外，我早就知道。但我从不走！为什么？因为太难了！”

太难了！把“知道”变成“行动”太难了！

是“迎难而上”还是“知难而退”？这就成了一个人心理健康程度的试金石。具体到可操作层面，心理医生会从十个方面予以衡量：心理活动的强度、心理活动耐受性、周期节律性、意识水平、暗示性、康复能力、心理自控力、自信心、社会交往、环境适应能力。

心理健康的人，不但能够直面问题而不逃避，而且还能够把想法付诸行动。

◇“心理助人”与“教育助人”

养育，就是在孩子的成长过程中父母提供的帮助。在养育孩子过程中，父母也需要帮助，我们把这样的帮助分为两种：教育帮助和心理帮助。心理医生，就是提供心理帮助的人。

心理助人和教育助人是不一样的。如果像教育助人一样的话，心理医生也就失去了存在的必要。遗憾的是，两者间的不同并不为大众所知，因此就有不少父母把孩子带到心理医生面前，希望我们像老师一样给孩子“讲讲道理”或“教育教育”孩子。

关于两者之间的差异，可以打个通俗的比方。当你走到一个丁字路口不知该向左还是向右时，诸如教育助人的方法，一般会直接给你指出该去的方向，并说明向左和向右的利与弊。而心理助人则不同，你不可能得到一个明确的答案，而是被提醒停下脚步做个反思：目的是什么？在确定自己外出目的的基础上，由你自己来做出是向左、向右、停止不动，还是原路返回的选择。无论怎么选择，都是你自己的选择；无论最终是否到达目的地，你都会为自己负责，因为你已经尽力了。一个人只要目标明确，又始终朝着这个目标前进，就会无怨无悔。

很多父母在养育孩子过程中遇到了问题，总是盼望着别人提供的帮助，并以此渡过险滩，踏上坦途，但对养育孩子的目的却不明确，甚至从来就没有思考过，总以人家的目标为目标，以人家的标准为标准。看到人家的孩子像杨树一样挺拔，就希望自己的孩子也像杨树，一切按照杨树的标准来养育，从来没有想过自己的孩子本来是柳树，也就忽略了自己孩子所具有的婆娑之美。其养育的结果呢？孩子到头来既不像杨树也不像柳树，怎么看都觉得异类，从而不得不寻求心理帮助。

一方水土养一方人。一个有问题的孩子，又是被怎样的水土养育出来的呢？这样的联想并不荒唐，只是那些认为孩子有问题的父母不愿或不敢去想“是水土出现了问题”罢了。

尽管不是专业的研究工作者，但我们所接受的是科学教育，我们所做的一切也都按照科学的思路进行，那就是“描述现象、解释事实、探求规律、预测行为，并最终指导实践”，我们习惯地简述为：What（是什么）、为什么（Why）、怎么办（How）。请注意，我们认为三者之间的关系并非并列而是递进的。也就是说，要想解释“为什么”，必须先搞清楚“是什么”，“怎么办”是建立在“是什么”和“为什么”基础上的。

遇到问题，先去搞清楚“是什么”。这是我们提供心理帮助的第一步，也是我们积极向社会大众倡导的众多方式或方法之一。

◇ 养育过程中的“因”与“果”

常常听到有的父母在议论谁家的孩子好，谁家的孩子不好。好或不好，是比较的结果，其关键是以什么作为标准。提醒父母，当觉得自己的孩子不尽如人意时，先要学会反思自己的参照标准。另外，还需要在因果关系上动动脑筋。

❶任何一个结果，都不太可能是一个原因造成的，而是多个原因导致了一个结果。比如说，一个孩子成绩好，就一定是这个孩子努力吗？不，努力只是一个因素，尽管这个因素可能十分重要。我们还要考虑到，这个成绩好的孩子可能智商比较高，可能父母教育得法，可能老师对他有特别关照，可能他的身边正好是一帮不太愿意学习的孩子从而让他脱颖而出……遗憾的是，尽管我们也相信诸如“天时、地利、人和”这样的多因素决定论，知道任何一个结果都不是由单一因素决定，但做父母的却更愿意相信，孟子之所以成为亚圣，是“孟母三迁”的结果，从而坚信自己的努力就能决定孩子的未来。

❷我们只能改变那些能够改变的原因，而任何一个原因的改变，一定会引发结果的改变。一份付出一定会带来一份或多份改变，尽管改变不见得是付出者希望看到的，也不见得是付出者能立马看到的。作为亲子关系的一方，只要父母做出改变，亲子关系一定会变，子女一方不变都不可能。只有对此深信不疑，我们才会觉得付出的努力有价值。

❸我们是先见到“果”，然后才去为“果”寻找“因”的。果在前，因在后，与其

说是因决定了果，倒不如说是果决定了对因的解释。社会心理学发现，归因不仅是一种心理过程，而且也是人类的一种普遍需要。这意味着：如果你对孩子满意，你一定会为你这个满意的结果找到一个令你满意的解释；相反，如果你对孩子不满意，也会为自己的不满意找到理由。从这个角度讲，是现在决定了过去，未来决定现在；是今天决定了昨天，明天决定了今天！如果有足够的自信，父母就能够站在未来，来看待今天的孩子。未来的希望会“对冲”现在的焦虑。

◇ 父亲在养育孩子过程的作用

随着脐带被剪断，孩子一出生就和母亲不再有生理层面的链接，但在心理层面母子还是一体的，而且会持续一段时间。此时此刻，母子是一个端点，父亲是一个端点，家庭依然像原来夫妻关系那样，是两个端点连成的线段。但随着孩子逐渐长大，母子开始分离，一个新的端点出现，原来的线段就成了三角形，以父亲、母亲、孩子三方为顶点。数学常识告诉我们，在所有的平面多边形中，唯三角形具有稳定性。可活生生的家庭毕竟不是平面几何，什么样的家庭三角形最为理想或稳定？是不等边三角形、等腰三角形，还是等边三角形？

一般认为，这个三角形如果呈等边状态最好，也就是父亲与孩子的距离，等于母亲与孩子的距离，等于父亲与母亲之间的距离。这当然是一种理想的状态，做到挺难。稍次一点的状态如何？我想应该是一个等腰三角形，就是父亲和母亲的关系可远可近，但是他们与孩子的距离相等。我们在临床上见到的因为孩子的问题而求助的家庭，基本上都不属于以上两种状态。母亲与孩子的距离太近，而父亲离孩子的距离太远，是最常见的一种情况。这种情况的临床表现是：母亲与孩子纠缠着，而父亲则脱离了孩子；从象征意义上讲，相当于母亲与孩子结合，父亲则与工作结合，于是，一家三口分裂为两个家庭。这样的家庭不出问题，才应该算是奇迹。

有了这样的理论认识，心理医生的咨询思路也就非常明确：想法让这样的家庭回归等边或等腰三角形状态。其中最重要的，就是让父亲在养育孩子过程中所缺失的功能得以补偿。

尽管都是自己的亲生骨肉，但父爱和母爱有着本质差异。弗洛姆说：“母亲是我们出生的地方，她是自然、土壤和海洋；父亲则不代表任何这样的自然资源。”母爱总是以孩子为中心，是无条件的；父爱则代表着规则和秩序，是有条件的爱——符合秩序和规则，才会给予精神上的鼓励和物质上的奖赏，才会给予爱！如果一个人自小缺乏父爱，就难以从以自我为中心的母爱牢笼中挣脱出来，无法具备设身处地为他人着想的共情能力，会在尊重他人和适应社会方面存在障碍。

纵向来看，一个孩子是从母亲的原点起步，经过父亲这道门槛，才最终踏出家门走向社会的。小的时候，我们围着母亲转，母子一体，受到百般呵护；逐渐地，我们围着母亲转的时间减少，而围着父亲转的时间增加，开始体会到父亲和自己是两个人；经过这样的过渡，我们才能最终作为独立的个体融入伙伴、朋友和社会。

◇ “假若让我有第二个孩子”

很多父母在带孩子找我咨询时，都流露过这样的意思：自己最大的失败就是没有把孩子教育好。同时，他们也不同程度地幻想过，假若再有一个孩子就好了，他们会吸取在教育这个孩子过程中失败的教训，甚至有人坚信，假若真的再有一个孩子，他一定能教育好。

父母们的心情可以理解。这些话也不过是说说而已，没有人会与他们较真儿。但是，假若果真让他们再有一个孩子，他们就能够教育好吗？他们能够保证不重蹈第一个孩子的覆辙吗？我看不尽然。

弗洛伊德说过，世界上有三件事，无论做出过怎样的努力，都会留下遗憾。一是治理国家，二是为人父母，三是精神分析。国家领导人在权力交接时肯定反思过自己工作中的遗憾；精神分析也是这样，当求助者走出咨询室后，分析师才知道哪些该问的没有问，而觉得本不该问的，却问了一箩筐。为人父母又何尝不是如此呢？“假若让我有第二个孩子”所表达出来的，正是与国家治理者和精神分析师同样的遗憾。记得上中学时，流行一首台湾校园歌曲，有句歌词唱道：“长大后才知道该念的书都没有念。”有时候我想，我们就是在遗憾中长大的，遗憾构成了我们生活的一个部分。

我们只能做得更好，没有最好。

那么，我们如何才能做得更好？这问题是现实而有意义的。再通俗一点说，我们怎样才能把这有“问题”的第一个孩子教育好呢？回答这个问题其实并不难，尽管许多父母回答不了，把这个问题推到了心理医生面前。

在咨询当中我发现，很多父母之所以回答不了这个问题，是因为，他们的眼睛老是盯着孩子，盯着孩子的问题。这种情况下，问题就被无限地放大了，大得超过了孩子本身。他们最容易否认的一个基本事实就是：孩子的问题从来就是父母的问题；孩子的“症状”，是父母的问题经由孩子的具体体现。这其中的道理，大概智商在70以上的人（没有智力缺陷）一想都能明白：孩子本来生下来是没有问题的，他的问题都是学来的。谁是孩子的第一任老师啊？父母。

有位母亲抱怨自己的孩子说谎。当然，在这位母亲看来，孩子的问题绝非说谎这一件事，这孩子还有严重的攻击性。这孩子14岁，被母亲带着走进我的咨询室时，趾高气扬，一副天不怕地不怕的样子。孩子没落座，就先问我：“听我妈说你想跟我谈谈。谈什么？你问吧！”我笑了。他问我笑什么，我除了笑仍没有回答。其实，此时此刻我真不知道说什么，我的头脑中闪过了第一次与他母亲见面的情景。这孩子不就是他母亲的翻版吗？那一天，他母亲从我咨询室里走出去的时候，我用了一个成语来描述这位母亲：飞扬跋扈。

我们的交谈还是顺利的。我说：“听说，你经常骗你的爸爸妈妈。这一点，你妈妈对你的意见很大。”

孩子没加思索地回答我：“都是他们教的！”

接下来，孩子用了大量的事实，让我确信：他之所以说谎，都是从父母那里学来的。而现在，他已经习惯了，已经改不掉了。

孩子的父母都是干部，尤其是父亲，在某个重要岗位上工作，晚上的应酬太多。在孩子的记忆中，这常常是父母吵架的导火索。为了不吵架，父亲经常在母亲的要求下按时回家，而且一进家门就把手机关了。于是，就经常有电话打到家里来。这个时候，孩子在母亲的要求下去接电话，一边坐在爸爸的身边，一边告诉电话里的叔叔阿姨：“我爸爸不在家。”“我爸爸有一个重要会议，得很晚才能回来。”……

“后来，这样的谎话我不用妈妈教就会说了。那个时候，我也就四五岁。”孩子说。

这只是孩子所举事例中的一个，更多的事例涉及他的父母为人处世的一系列道德问题，也涉及这对夫妻所在单位的钩心斗角尔虞我诈。当我选择性地把这些事例说给孩子母亲听时，母亲的脸红了。但这绝对不是领悟后的羞愧，她对我自言自语：“怎么这孩子什么都跟你说！”

看看，母亲对孩子还是埋怨，可这能怪孩子吗？谁能说，孩子的问题不是从父母那里学来的呢？

同样，有些父母大惑不解：我们对孩子确实是一片真心，关怀爱护备至，为什么孩子越大越变得自私？其实父母只要好好回想一下自己的言行，就不难发现其中的奥妙。

比如父母二人在谈论机关里分奖金、评级别时流露出来的自私心理，无意中却影响了孩子；又比如某次来客，父母用较次的糖果招待客人，把较好的留给自己家里人吃，孩子会不懂这个道理么?

不多说了。我的结论是，要想教育好自己的孩子，首先需要做到的是自我的完善，如果没有这个前提，即使再有第二个孩子，也会面临同样的结局。

有句广告词说："学琴的孩子不容易学坏。"这话是有道理的。可学琴的结果只能限于孩子不学坏的程度。但如果父母亲本人庸俗不堪，买架钢琴就想培养出孩子高尚的情操，怎么可能呢? 天下哪有这等便宜事!

◇ 做好父母的要点

有人调侃说，"专家总喜欢把简单的搞复杂。""听了专家讲的，竟然不知道如何养育孩子了。"为避免给大家这样的认识，我总结一下。

其实，要做好父母，记住两点就够了。第一点是，孩子能够做到的，千万别替他去做；第二，孩子做不到的，一定要帮助他去做。

先说第一点。孩子逐渐大了，能洗衣服了，父母就别再去为他洗衣服，否则，父母就是剥夺了孩子洗衣服的权利，对其成长是有百害而无一利的。因为发展心理学早就发现，一个人在什么年龄该学会做什么事情，或者更容易学会做什么事情，是有其敏感期的，错过了这个时期，根本无法或几乎无法弥补。尽管科学家做了巨大的努力，但"狼孩"到死也没有学会几句话，就是一个很好的例证。

非常遗憾，诸多父母正在以爱的名义，打着怕耽误孩子学习的幌子，做着剥夺孩子成长权利的事情——替代！其实，这样的爱，不过是父母内心焦虑的外在表达，并不是无私的母爱或父爱，他们急切地需要孩子的回报；怕孩子做家务而耽误了学习，更是父母们的一种错觉。从小爱做家务的孩子，常常比那些不做家务的孩子有着更强的独立性和吃苦耐劳精神。

成长是不能替代的，一个成长被替代了的孩子，其未来是可怕的。化蛹成蝶注定就是一个痛苦的过程，没有这个过程，一个毛毛虫会永远是个毛毛虫，不可能变成美丽的蝴蝶。明白了这一点，父母们就不要再埋怨"养来养去，却养出了个白眼狼"——这个"白眼狼"很可能就是在完成着那个化蛹成蝶的过程。相反，父母们倒是应该反思一下：自己的儿子已经到了青春期，甚至已经开始恋爱，却仍然穿上妈妈洗的内裤而不脸红！

在这样的男孩子心中，妈妈只是个妈妈，但他的妈妈却首先是个女人啊！一个不能辨别男女的男人，能成为一个真正的男人吗？他能在将来尊重女性这一点上迈出事关文明的重要一步吗?

孩子毕竟是孩子，孩子的成长离不开父母的帮助。这需要父母们做到：孩子做不到的，要帮助他去做。

那么，什么是孩子做不到的？这在日常生活中并不易识别。比如一个成绩考了倒数第一的孩子，我想这孩子是不想考出这个成绩来的，但是他没有能力做到考倒数第二，或者考出更好一点的成绩。这个时候，父母就应该帮助，而不是批评他。我们应该承认，就像工作不易、生存不易和生活不易一样，孩子在学校中的学习也不容易，他们同样需要来自父母的温暖、呵护和援助之手。

我觉得有个比喻是挺妥帖的。孩子出生之前到会走路，父母应该是导演，需要给他提供人生脚本，并教他该怎么做。慢慢随着孩子长大，他有了自己独立的意识，我们应该弱化导演的职责，而成为演员，与孩子同台演出，一起互动打闹，一起玩耍游戏。孩子再长大，父母就该成为剧务，对孩子的服务大于具体的指导。到青春期，就别再与他同台了，恐怕只能做剧务。之后的漫长岁月里，做个观众就足够了。因为孩子已经能够按照自己的脚本在人生舞台上表演，父母除了根据孩子的剧情而悲喜外，似乎不能再做什么。当然，除非他走下舞台，约你同台演出或主动寻求你的帮助。

但非常遗憾的是，有的父母终生都是导演，结果，孩子就难以演绎自己的人生。

◇ 情感隔离的父母

在咨询过程中，我常常问：你是一个“作为母亲的女人”呢，还是一个“作为女人的母亲”？很多女性会被我问得一头雾水，更多的女性则会在我的引导下由此深入思考两者之间的不同。

母亲首先是个女人，是在女人这个基础上所赋予的角色。由于知道自己是个女人，是个活生生的人，这种“作为女人的母亲”具有将心比心、感同身受的“共情”能力，因而和子女之间保持着牢固的情感链接，并能根据自己过去的经验和当下的体验，灵活多变地“把自己当自己、把自己当孩子、把孩子当自己、把孩子当孩子”。而那些“作为母亲的女人”则相反，就像演员在戏剧中所扮演的角色，始终以母亲自居，用自己扮演的角色压抑了自己的情感，也就自然地隔离了与子女的情感，因而不能设身处地地从子女角度思考问题。

一个妈妈当着我的面教育自己在读初一的女儿说：“如果你能坚持按妈妈说的做，每天记住20个英文单词，一周就能记住140个单词，一月就能记住600个单词……只需坚持一年，你所掌握的单词量就能达到大学四级水平，坚持两年就相当于一个英语专业的大学毕业生！”我笑着问，“你能像要求女儿的那样坚持做到吗？”她先是生气地对我怒目而视，继而陷入沉思，最后才承认：“不能！”接下来她说：“正因为我不能，我才希望她能，我才要求她能！”我知道，这话不是给我的解释，而是说给女儿听的。

“己所不欲，勿施于人。”可明知“己所不能”的，为什么却会“施之于人”？——这背后有着怎样的心理动因作祟?

这就是情感隔离！能够把如此违背常理的事情，说得如此理直气壮，得需要一个女人彻底隔离那种作为人的情感；“作为母亲的女人”——“它”只能也只是用一个母亲的“角色”在表达，从而忘记了自己是个女人，是个人!

当然，情感隔离的父亲也并不比情感隔离的母亲少。如果父亲和母亲不都情感隔离，使得子女的情感还能有所依附，这该算是不幸当中的万幸了。

◇ 当自己的孩子成绩不好时

最后，我想谈的这个问题与8位妈妈可能无关，但与这个课题有关。尽管我们这8位爸妈的孩子现在还小，多数还没有到上学的年龄，我也真心希望所有孩子将来都能在学校里是一个成绩优秀的孩子。但我们知道，成绩的好坏是比较的结果，待入学后，成绩不好的时候也就难以避免。因此，有必要在本课题结束时，先预防性地说一下。

一个孩子成绩不好是有多种原因的。这不是或不该是家庭教育的失败，也不见得就是学校教育的无能。我们知道，在任何群体中，都会有着个体的差别。如果把每个班级成绩第一名的孩子组成一个新班，立马又有了三六九等。因此，成绩不好的孩子的存在，是任何人无论做如何努力都无法更改的事实！我们得首先承认这个事实，尽管可以不接受这个事实。

经常听到父母和老师们教育孩子说，只要方法得当或者肯于付出，就能把学习成绩提上去。可是，任何一个孩子成绩的提升，都是以另一个孩子的成绩下降为代价的。心理学的观察发现：在一个班级中，老师都是通过批评成绩落后的几个孩子，鼓励了大多数中间的孩子，从而使得另外几个优秀的孩子越来越优秀。从这一点上讲，成绩不好的那几个孩子，承载着这个班级的大部分压力，从而为这个班级作着巨大的贡献。老师和同学，尤其是那些成绩优秀的同学，应该感谢这些成绩不好的孩子们。否则，没有了他们，本来在中间的那部分又会沦为成绩差的孩子；而当这部分新的差生再次离开，又会有其他的差生出现。比如，成绩倒数第一的孩子如果休学，倒数第二名就会成为倒数第一，从而承担起原来倒数第一者的全部压力；如果这位新的倒数第一者步前一位倒数第一者的后尘，也不上学了，本来倒数第三者自然成了倒数第一……以此类推，一个班级若只剩下原来的第一名，他的优秀就不存在了——“优秀者”本来就是与“不优秀者”比较的结果！

多年的临床实践证实，教育工作者很难接受以上观点；而让诸多父母接受这样的观点也实在不易，即使接受了，他们也会千万次地问：“为什么成绩不好的是我的孩子？”

这问题非常有代表性。“趋利避害”的本性，使得父母们总觉得这样的思考很合理。其实，普通大众可能想象不到，对这一问题的回答，也几乎成为测查一个优秀心理医生的试金石——心理医生会笑着给出一个反问作为答案：

“为什么成绩不好的就不能是你的孩子，而只能是别人家的孩子呢？”

有的父母会因此而尴尬，有的父母则真的列举出诸多理由，比如有位父亲说：“我们夫妻俩从小都成绩优秀，现在双双拥有博士学位，孩子的成绩怎么就这么差呢？”

心理医生无语。这位父亲认为博士的儿子就该是博士，可能从未想过，博士的儿子也可能只不过就是博士的儿子啊！不知道是上苍的公平还是人间的无奈，我们常常见到两个农民会把他的儿女培养成博士硕士，但一对博士硕士夫妻则把儿女搞得“啥也不是”。当然，啥也不是，也是父母的儿女。

对于“成绩不好是否就意味着‘啥也不是’”的讨论是无益的，尽管无数人这样认为，也有同样多的人不这样认为。有心理学研究发现，一个人的成就与三个要素紧密相关：欲望、个性和毅力，这其中不涉及学习成绩。跳出追求学习成绩的怪圈来看待一个孩子的发展，具有非常现实的心理指导意义，尝试着思考并进而做一下，父母可能会在面对自己成绩不好的孩子时，开拓一个新的路径。

欲望是第一重要的，一个人的成就永远不可能超越其欲望。个性仅次于欲望，它的心理内涵是，一个处处听话、循规蹈矩的孩子不可能有大的作为。毅力是确保其个性并实现其欲望的根本能量。我见过许多成绩不好的孩子，他们的欲望被打掉了，他们的个性被磨平了，而用父母和老师的话说，他们根本就没有毅力。这样的孩子相对少见，往往有着某方面的先天不足，因而心理咨询的效果不会太好。我见到的更多的成绩不好的孩子是欲望足，个性强，其毅力也强，突出的表现就是对自己感兴趣的事情学得既快又好，比如上网！他们成绩不好的原因主要就是对学习缺乏兴趣。我觉得没有必要担心这些孩子的未来，他们可能成不了博士硕士，但一样可以成为社会主义祖国的合格建设者。

接下来的问题是，我们的孩子成绩不好，父母该做什么？心理医生推荐一个相当可行的策略是，当父母觉得各种企图直接提升成绩的方法都在孩子身上试过，却仍未将其成绩提高起来时，变换一下方式可能更为有益，而且这样的变换越细节化，效果会越好，比如，饭后催促孩子去刷碗，而不是像以往那样赶着孩子去学习；别在其成绩差的功课上死下功夫，而是先把功夫下在成绩相对比较好的功课上……诸如此类。当然，其中最重要的，是保护好孩子的自尊。在不断的批评当中，成绩差的孩子的自信已经被打掉，如果父母连其自尊都不能给孩子留下的话，将来可能会真有麻烦了。

怎么才能让孩子保持自尊？答案很似乎很空洞，那就是爱！不是因为孩子成绩好我们才爱他，而是因为他是我们的孩子，我们就得爱他。爱不爱孩子其实有一个可量化的指标——陪伴时间的多少。

心理医生看来，爱，就是陪伴。

◇ 最后的说明

8 位爸妈是从众多报名者中，根据课题取样的需要而选出的。按照既往的经验，在三个月的时间内，会有两名入选者不能坚持，从而被自动淘汰，因此《三个月改变孩子一生》本来计划入录 6 位妈妈的日记。出乎意料的是，这 8 位妈妈爸爸竟然全部坚持了下来！尽管经过了反复对比和斟酌，我们依然无法做出取舍，最终不得不全部收入书中。

这 8 位爸妈为什么能够坚持下来？主要的原因很简单，那就是这些父母都是些负责任的人，从承诺那天起，他们就能深刻地理解做这件事情的价值和意义，因而愿意并能够坚持着为此付出时间和精力。

由于文字表达能力的强弱，个性的差异，心理健康水平的不同，日常工作强度的悬殊，使得每个妈妈爸爸在这 90 天的坚持中表现得全然不同。有必要向读者说明，并不是他们中的每个人都做得完美无缺，也曾出现拖沓、应付、牢骚，甚至想“打退堂鼓”

的时刻。作为本课题的专业人员，我们深知，这才是人性的真实呈现，是日常生活中的常态。也正因为在专业人员的督促、鼓励、鞭策下，他们能够最终坚持下来，我们才能直面来自社会各界对这个课题的“生态学效度”的质疑，这个课题也才有现实意义和推广价值！

《三个月改变孩子一生》这本书冀求告诉更多的父母：

❶ 如果想要孩子有个美好的未来，先要尝试着描述并记录下孩子的现在，这是把想法变成行动的第一步。

❷ 如果你能迈出这一步并坚持，孩子会随着描述而迅速改变。

❸ 如果你不能坚持下来，专业的心理工作者则会助你一臂之力。

❹ 这本书让你成为“读书育儿”的终结者。

图书在版编目（CIP）数据

三个月改变孩子一生 / 李克富著. -- 青岛：青岛出版社, 2014.12

ISBN 978-7-5552-1462-5

Ⅰ.①三… Ⅱ.①李… Ⅲ.①家庭教育 Ⅳ.①G78

中国版本图书馆CIP数据核字（2015）第003009号

书　　名　三个月改变孩子一生

著　　者　李克富

参与编写　徐少波　李德鲜　赵慧慧　漆琼娟（琪琪妈妈）　陈思纬（东东爸爸）
　　　　　姜　靓（仔仔妈妈）　贾小飞（蹦蹦跳跳妈妈）　姚雯雯（大澍妈妈）
　　　　　孙磊彦（轶凡妈妈）　爱希尔（希希妈妈）　宋　樱（雨琪妈妈）

出版发行　青岛出版社

社　　址　青岛市海尔路182号（266061）

本社网址　http://www.qdpub.com

责任编辑　尹红侠

责任校对　谢磊　赵慧慧

封面设计　祝玉华

插　　图　青岛五千年文化传播有限公司

制　　版　青岛乐喜力科技发展有限公司

印　　刷　山东临沂新华印刷物流集团

出版日期　2015年2月第1版　2015年4月第2次印刷

开　　本　16开（720毫米×1020毫米）

印　　张　33.5

字　　数　500千

书　　号　ISBN 978-7-5552-1462-5

定　　价　68.00元

编校质量、盗版监督服务电话　4006532017

（青岛版图书售出后如发现印装质量问题，请寄回青岛出版社出版印务部调换。
电话：0532-68068638）

本书建议陈列类别：亲子家教类　儿童心理类